郑州地区旧石器时代考古新发现论文集

郑州市文物考古研究院
北京大学考古文博学院 主编

科学出版社
北　京

内 容 简 介

本书收录了最近十多年来郑州市文物考古研究院和北京大学等单位研究者在郑州地区开展旧石器时代考古发掘与研究的成果。内容包括郑州地区旧石器时代遗址的地层、年代与古环境背景分析，多个遗址的发掘报告及相关问题的综合研究等，集中反映了该地区旧石器时代考古发现与研究的最新进展。

本书可供考古、历史、第四纪地质与古人类等多学科的研究者以及高校相关专业的师生参考、阅读。

图书在版编目（CIP）数据

郑州地区旧石器时代考古新发现论文集 / 郑州市文物考古研究院，北京大学考古文博学院主编. —北京：科学出版社，2020.9
  ISBN 978-7-03-066212-5

Ⅰ. ①郑⋯　Ⅱ. ①郑⋯②北⋯　Ⅲ. ①旧石器时代考古–郑州–文集　Ⅳ. ①K871.11-53

中国版本图书馆CIP数据核字（2020）第181464号

责任编辑：郝莎莎 / 责任校对：王晓茜
责任印制：肖　兴 / 封面设计：张　放

科 学 出 版 社 出版
北京东黄城根北街16号
邮政编码：100717
http://www.sciencep.com

中国科学院印刷厂 印刷
科学出版社发行　各地新华书店经销

*

2020年9月第　一　版　开本：787×1092　1/16
2020年9月第一次印刷　印张：33
字数：780 000
定价：238.00元
（如有印装质量问题，我社负责调换）

序

郑州地区位于黄土高原的东南边缘，北靠黄河，是中国自然地理从暖温带到亚热带的过渡区。该地区也是联结中国南北与东西的交通枢纽。得天独厚的自然地理条件与交通位置，使得郑州地区不但在中华文明起源与发展历程中发挥过重要作用，更早在更新世期间，就有远古人类生存繁衍，留下了丰富的旧石器文化遗存。郑州市文物考古研究院也一直关注区内旧石器时代遗存的发现与研究。特别是进入新世纪以来，郑州市文物考古研究院与北京大学考古文博学院合作，建立了中原地区旧石器时代考古教学与科研基地。两单位密切合作，发掘了多个重要旧石器时代遗址，开展深入研究，已经发表了数量众多的发掘报告和研究论文，为关注郑州地区以及中国旧石器时代考古研究的同行提供了一批难得的新材料。

最近十多年来，郑州市文物考古研究院与北京大学考古文博学院合作，先后发掘的遗址有荥阳织机洞、新密李家沟、新郑赵庄和黄帝口、登封西施、东施和方家沟、郑州二七区老奶奶庙遗址等。本论文集所收录的也正是这些遗址的发掘报告，以及与此相关的论文。

论文集收录的主要部分是近些年来郑州地区考古新发现的发掘报告或简报。其中数量较多，也较受读者关注的是新密李家沟遗址的发掘报告。该遗址发掘于2009年秋季和2010年春季，发现了从旧石器时代晚期到新石器时代早期的连续堆积，填补了中原地区从旧石器到裴李岗文化之间的空白，因而受到史前考古学界的高度重视。李家沟遗址的发掘情况，除了刊载于《考古》等期刊的简报，还按不同发掘年度与发掘区，发表了详细的发掘报告。这些报告发表的资料为探讨中原地区旧、新石器时代过渡与农业起源课题提供了很重要的新证据。

文集收录数量较多的还有郑州地区MIS 3阶段的一批遗址的发掘报告或简报，如郑州市二七区老奶奶庙遗址、新郑赵庄遗址、黄帝口遗址、登封方家沟遗址等。这些遗址连同多年来在郑州地区系统调查发现的旧石器遗址群，完整地反映了嵩山东麓晚更新世中期以来古人类的栖居形态。还有这一阶段典型的石片石器工业的技术特点也清楚展示出郑州及中原地区旧石器文化发展的连续性特点，进一步证实晚更新世以来，在东亚大陆的核心地区，人类演化与旧石器文化发展并没有因为末次冰期来临的寒冷气候等因素中断。在这些发现中，尤为引人注目的是在老奶奶庙遗址发现的数十处用火遗迹，及以用火遗迹为中心的人类居住营地遗址。赵庄遗址发现的远距离搬运石块垒砌石堆再放置古菱齿象头，是具有很明显的象征意义的特殊遗迹，在本地区乃至中国旧石器时代晚期都是首次发现。登封方家沟遗址本阶段人类利用原始沟槽地形来安排居住活动的遗迹现象等发现，也清楚反映出郑州地区MIS 3阶段的人类行为复杂化的特点。这些发现为探讨现代人在中原地区的出现与发展历史提供了更确切的资料。

郑州地区旧石器时代考古新发现还有登封大冶镇的西施到东施两村附近的石叶遗存。文集收录的东施与西施东区的发掘报告，介绍了新发现的石叶及细石叶出土地层、石制品组合特点以及石器生产的操作链等情况。在中国境内的旧石器时代晚期石叶技术，原来仅在西北地区的宁夏灵武水洞沟遗址发现。郑州地区的新发现，则将这种来自旧大陆西侧旧石器时代晚期的典型石器技术的传播交流范围扩展至中原腹地，为探讨晚更新世晚期东西方人类与石器技术的交流提供了很难得的新视角。

郑州地区旧石器时代考古工作起步于20世纪后期。90年代就开始发掘的荥阳织机洞遗址，为郑州地区为新世纪以来的旧石器时代考古发现与研究奠定了很重要的基础。文集收录的张松林和刘彦锋先生撰写的《织机洞旧石器时代遗址发掘报告》，系统记录了织机洞遗址20世纪90年代发掘成果。2001~2004年，由郑州市文物考古研究院（原郑州市文物考古研究所）与北京大学考古文博学院合作，再次发掘织机洞遗址。其中2001年度的发掘资料，由参与发掘工作的邵文斌进行整理，并在此基础上完成了硕士学位论文。征得邵文斌的同意，文集也收录了他的硕士学位论文。

文集的另一项内容是在上述郑州地区旧石器考古新发现的基础上开展的相关研究。这部分收入的论文也有十多篇，内容既有关于郑州地区乃至华北南部旧石器时代文化发展情况的总体讨论，如《嵩山东麓晚更新世古人类文化的发展》《华北南部旧石器晚期文化的发展》等，也有对郑州地区从现代人出现到农业起源的发展历程中具体问题的专门讨论，如《郑州老奶奶庙遗址石核类型学初步研究》《河南登封方家沟遗址的埋藏学观察》《中原地区现代人类行为的出现及相关问题》《李家沟遗址的石器工业》等。这些成果集中反映了近年来郑州地区旧石器时代考古研究的进展情况。

郑州地区旧石器时代考古能够取得上述发现与研究进展，也得益于多学科合作与综合研究理念的不断坚持与深入实践。文集的第一部分的几篇论文即反映了这方面的努力与成果。《郑州织机洞遗址MIS 3阶段古人类活动的环境背景》与《MIS 3阶段的气候环境与古人类活动》等，为认识郑州地区现代人出现与旧石器晚期文化的发展提供了清楚的古环境背景与相对年代框架。《河南新密李家沟遗址古环境分析》《李家沟、大岗与柿子滩9地点的地层、年代及相关问题》等研究，则为探讨郑州及邻近地区旧新石器时代过渡与农业起源等问题奠定了地层学、年代学与古环境背景的基础。

综观这部汇集了郑州市文物考古研究院与北京大学考古文博学院两单位长期合作、不断努力的成果，其核心主题是嵩山东麓从现代人出现到农业起源发展的历史进程。这些发掘报告或研究论文从不同角度，或提供了资料与证据，展现郑州地区旧石器考古的最新进展；或阐释晚更新世人类在嵩山东麓的行为与活动特点，以及从狩猎采集向农业社会迈进的历程与影响机制。衷心希望这部文集的出版能够更方便读者了解郑州地区旧石器时代考古的最新成果与进展。

王幼平　顾万发
2020年9月

目　　录

序

地层、年代与古环境背景

MIS 3阶段的气候环境与古人类活动……………夏正楷　王幼平　刘德成　曲彤丽（3）

郑州织机洞遗址MIS 3阶段古人类活动的环境背景…………………………………………
……………………………………夏正楷　刘德成　王幼平　曲彤丽（16）

河南织机洞旧石器遗址的洞穴堆积和沉积环境分析…………………………………………
………………………………………刘德成　夏正楷　王幼平　宝文博（28）

河南新密李家沟遗址古环境分析………………………………………………………………
………………………………张俊娜　夏正楷　王幼平　顾万发　汪松枝（36）

李家沟、大岗与柿子滩9地点的地层、年代及相关问题………………王幼平（54）

考古新发现

织机洞旧石器时代遗址发掘报告………………………………张松林　刘彦锋（65）

织机洞遗址2001年的发现与初步研究……………………………………邵文斌（86）

新密李家沟遗址发掘的主要收获………………………………………………………………
……………………………郑州市文物考古研究院　北京大学考古文博学院（144）

河南新密李家沟遗址发掘简报…………………………………………………………………
……………………………北京大学考古文博学院　郑州市文物考古研究院（152）

河南新密李家沟遗址北区2009年发掘报告……………………………………………………
……………………………郑州市文物考古研究院　北京大学中国考古学研究中心（165）

河南新密李家沟遗址南区2009年发掘报告···
················· 北京大学中国考古学研究中心　郑州市文物考古研究院（194）

河南新密李家沟遗址北区2010年发掘简报···
························· 郑州市文物考古研究院　北京大学考古文博学院（226）

河南新密李家沟遗址南区2010年发掘简报···
························· 北京大学考古文博学院　郑州市文物考古研究院（238）

河南新郑黄帝口遗址2009年发掘简报···
······ 王佳音　张松林　汪松枝　信应君　刘青彬　高霄旭　赵静芳　王幼平（251）

河南登封方家沟遗址发掘简报···
······ 林　壹　顾万发　汪松枝　何嘉宁　刘　拓　陈宥成　赵　潮　王幼平（262）

中原地区旧、新石器时代过渡的重要发现——新密李家沟遗址发掘收获·········
························· 北京大学考古文博学院　郑州市文物考古研究院（272）

老奶奶庙遗址暨嵩山东南麓旧石器地点群···
···················· 王幼平　张松林　顾万发　吴小红　汪松枝（279）

河南郑州老奶奶庙第3地点初步研究···
················· 李文成　汪松枝　顾万发　刘　拓　李昱龙　何嘉宁（291）

郑州老奶奶庙第3地点动物遗存研究报告···
························· 郑州市文物考古研究院　北京大学考古文博学院（302）

2015年郑州老奶奶庙遗址第2地点发掘简报···
························· 北京大学考古文博学院　郑州市文物考古研究院（324）

河南新郑赵庄旧石器时代遗址发掘简报···
························· 北京大学考古文博学院　郑州市文物考古研究院（332）

2017年河南登封西施遗址东区旧石器时代晚期遗址发掘简报·······················
························· 北京大学考古文博学院　郑州市文物考古研究院（345）

2013年河南登封东施旧石器晚期遗址发掘简报···
························· 郑州市文物考古研究院　北京大学考古文博学院（357）

相关研究

织机洞的石器工业与古人类活动 …………………………………… 王幼平（371）

李家沟遗址的石器工业 ……………………………………………………………

………… 王幼平　张松林　顾万发　汪松枝　何嘉宁　赵静芳　曲彤丽（386）

新密李家沟遗址研究进展及相关问题 ……………………………… 王幼平（399）

河南登封方家沟遗址的埋藏学观察 ………………………………… 林　壹（407）

郑州老奶奶庙遗址石核类型学初步研究 ………………………………………

………………… 陈宥成　曲彤丽　张松林　顾万发　汪松枝　王幼平（417）

郑州地区晚更新世中期人类的生计方式——老奶奶庙遗址动物遗存研究 ………

………………………… 曲彤丽　顾万发　汪松枝　陈宥成　王幼平（430）

MIS 3阶段嵩山东麓旧石器发现与问题 ………………… 王幼平　汪松枝（440）

嵩山东南麓MIS 3阶段古人类的栖居形态及相关问题 …………… 王幼平（453）

嵩山东麓晚更新世古人类文化的发展 ……………………………… 王幼平（463）

华北南部旧、新石器时代的过渡 …………………………………… 王幼平（475）

华北南部旧石器晚期文化的发展 …………………………………… 王幼平（484）

中原地区现代人类行为的出现及相关问题 ………………………… 王幼平（495）

略谈郑州地区旧石器考古几项新发现 ……………………………… 王幼平（503）

从现代人出现到农业起源——郑州地区旧石器时代考古新进展 ……………

………………………………………………………… 王幼平　顾万发（511）

后记 …………………………………………………………………………（517）

地层、年代与古环境背景

MIS 3阶段的气候环境与古人类活动

夏正楷[1]　王幼平[2]　刘德成[1]　曲彤丽[2]

（1. 北京大学城市与环境学院，北京　100871；2. 北京大学考古文博学院，北京　100871）

国内外大量的考古资料证明，在距今5.3万~2.5万年间，人类的文化发生了显著的进步，石器形态更加规范，骨角器和装饰品大量出现，狩猎工具更加专业化，遗址功能分区日趋明显，出现有意识的埋葬行为等。这些新内容的出现标志着旧石器中期文化的结束和晚期文化的开始[1~9]。而古气候学的研究表明，这一时期恰好是寒冷干燥的末次冰期内一个气候相对比较温暖湿润的小间冰阶，亦即深海氧同位素3阶段（MIS 3）[2]。文化演进与气候变化的耦合似乎暗示着两者之间存在着某种内在的联系。目前，人们不仅关注这一时期人类石器文化的发展，而且已经把注意力转向研究文化演进与环境变化之间的关系，进一步探讨旧石器中期文化向晚期文化过渡的环境背景。河南郑州织机洞下文化层的时代为距今5万~3.5万年，文化遗存和环境信息都十分丰富，为开展这一方面的研究提供了良好的场所。

一、织机洞遗址的古环境研究

织机洞遗址位于河南省郑州市西南约30千米的荥阳市崔庙乡，是一处旧石器时代中至晚期的洞穴遗址，地理坐标为113°13′E，34°38′N。20世纪90年代，郑州市文物考古研究所在织机洞发现了大量的石制品和动物残骸，根据出土石制品的性质，认为这是一处旧石器时期文化遗址[10]。2001~2004年，北京大学考古文博学院与郑州市文物考古研究所联合对该遗址的下文化层进行了进一步的考古发掘和年代测定，确认下文化层的年代大致在距今5万~3.5万年，属于旧石器时代中至晚期文化堆积[4]。

（一）织机洞洞穴堆积特征

织机洞为一个大型喀斯特溶洞，洞穴中充填有巨厚的堆积物，剖面总厚可达31m。根据岩性特征和文化遗物，整个剖面可以分为以下四部分。

顶部：为含灰岩角砾的棕黄色黏土质粉砂，角砾大小不一，数量较多。靠近本层底部有一层厚0.5m左右的棕红色黏土质粉砂。本层中发现有裴李岗文化时期的陶片，属

新石器时代。称上文化层。　　　　　　　　　　　　　　　　　　　　0~7m

　　上部：为含角砾的棕黄色黏土质粉砂堆积，角砾成分全部为灰岩，大小不一，砾径大者30~40cm，小者3~5cm，一般在10~15cm，呈悬浮状分布在棕黄色黏土质粉砂之中，略具成层性。其中产石制品，属旧石器晚期。称中文化层。　　　　7~17m

　　中部：为浅红灰色钙质粉砂质黏土，呈上平下凹的袋状产出，袋深5m，口宽4m，沉积物具有明显的成层性，单层厚1~2cm，靠底部层面下凹明显，与袋底基本保持一致，由下而上地层的曲率逐渐变小，到顶面已基本趋于平直。靠近本层顶部分布有一层黑色泥炭，呈透镜状，最大厚度50cm，向洞口方向变薄，仅厚10cm左右。　　17~23m

　　下部：为黄褐色和褐红色粉砂质黏土互层，含有少量的灰岩角砾。其中出土有大量的石制品，属旧石器时代中至晚期。称下文化层。　　　　　　　　　　23~31m

（二）下文化层的剖面特征与时代

　　我们主要对遗址下文化层进行了深入的研究。研究剖面位于织机洞洞口东侧，厚8米。根据岩性特征，该剖面由上而下可以划分为以下9层。

　　（1）表土层，棕黄色黏土质粉砂，含有灰岩碎屑。　　　　　　　　　0~0.6m

　　（2）土黄色黏土质粉砂，含有少量3~5cm灰岩角砾。本层有光释光年代数据37.4±3.51kaB.P.。　　　　　　　　　　　　　　　　　　　　　　　　0.6~1.6m

　　（3）钙板层，上部为灰白色，下部为砖红色，风化强烈，呈团块状，顶部起伏不平，厚度变化较大。含有少量石制品。　　　　　　　　　　　　　　　1.6~3m

　　（4）褐灰色钙质粉砂质黏土，含极少量灰岩碎屑，夹灰黑色锰质条带。含有少量的石制品。　　　　　　　　　　　　　　　　　　　　　　　　　3~3.65m

　　（5）褐灰色钙质粉砂质黏土，底部含薄层灰岩碎屑。含有少量石制品。本层有光释光年代数据46.5±4.12kaB.P.。　　　　　　　　　　　　　　3.65~3.82m

　　（6）砖红色钙质黏土，含较多灰岩碎屑，砾径3~5cm，扁平状，含有大量的钙结核。本层底部颜色变深，出现灰黑色锰质条带。含有较多的石制品。本层有光释光年代数据48.1±11.1kaB.P.。　　　　　　　　　　　　　　　　　　3.82~4.3m

　　（7）灰黑色砂质黏土，含有少量灰岩碎屑，发育钙质条带，西侧钙质条带较多。含有丰富的石制品。本层有光释光年代数据49.7±5.76kaB.P.。　　4.3~4.59m

　　（8）灰褐色粉砂质黏土，夹灰白色钙板团块，夹有较多的灰黑色锰质条带，分布不均。含有少量的石制品。　　　　　　　　　　　　　　　　　4.59~5.26m

　　（9）褐灰色砂质黏土，混杂有大量的灰黑色锰质条带和灰白色钙质条带，条带弯曲，产状多变，但基本上与洞壁保持一致，为洞底落水洞充填物。本层中含有少量的石制品。　　　　　　　　　　　　　　　　　　　　　　　　　　5.26~9m

　　据初步研究，织机洞遗址下文化层出土的石制品具有旧石器中期向晚期过渡的文化特征。光释光测年结果表明，下文化层的时代大致在距今5万~3.5万年之间，属于MIS 3阶段的早期至中期（表一）。

表一　织机洞遗址下文化层光释光测年数据

样号	层位	等效剂量（Gray）	年剂量率（Gray/ka）	年龄（ka）
B1	1		3.52 ± 0.1	
B2	2	171.2 ± 15.3	4.58 ± 0.13	37.4 ± 3.51
B3	3		7.85 ± 0.29	
B4	4	389.1 ± 40.4	3.93 ± 0.11	99.0 ± 10.65
B5	5	199.5 ± 16.6	4.289 ± 0.13	46.5 ± 4.12
B6	6	244.8 ± 55.9	5.09 ± 0.16	48.1 ± 11.1
B7	7	255.1 ± 28.5	5.13 ± 0.16	49.7 ± 5.76
B8	8	307.6 ± 24.8	7.579 ± 0.294	40.6 ± 3.63

（三）下文化层的孢粉组合特征

在研究剖面深0.6~5.26米的下文化层层位，按样长4cm连续采集孢粉样品79个。在实验室经酸碱处理，用д-6重液浮选，镜下共鉴定出孢粉科属39种，其组合如下（图一）：

草本植物花粉占72.2%~100%，为主要组分，共有17个科属，其中以蒿属（*Artemisia*）、藜科（Chenopodiaceae）、禾本科（Gramineae）为主，还有菊科（Compositae）、毛茛科（Ranunculaceae）、唐松草属（*Thalictrum*）、唇形科（Labiatae）、蓼属（*Polygonum*）、玄参科（Scrophulariaceae）、旋花科（Convolulaceae）、豆科（Leguminosae）、茄科（Solanaceae）、十字花科（Cruciferae）、小檗科（Berberidaceae）、车前属（*Plantago*）、伞形科（Umbelliferae）、大戟科（Euphorbiaceae）等。

木本植物花粉占0~37.5%，为次要组分，共有18个科属，除松属（Pinus）和柏科（Cupressaceae）之外，还有桦木属（*Betula*）、桤木属（*Alnus*）、鹅耳枥属（*Carpinus*）、栎属（*Quercus*）、胡桃属（*Juglans*）、枫杨属（*Pterocarya*）、漆树属（*Rhus*）、榆属（*Ulmus*）、槭属（*Acer*）、臭椿属（*Ailanthus*）、柳属（*Salix*）等。灌木植物花粉有桑科（Moraceae）、木犀科（Oleaceae）、鼠李科（Rhamnaceae）、麻黄属（*Ephedra*）、蔷薇科（Rosaceae）等。

蕨类植物孢子较少，仅占0~20.8%，共有4个科属，包括卷柏属（*Selaginella*）、水龙骨科（Polypodiaceae）、铁线蕨属（*Adiantum*）、石松属（*Lycopodium*）等。

下文化层所含孢粉组分表明，当时基本上属于以蒿属—藜科—禾本科组合为主的暖温带草原—疏树草原环境，气候比较温暖湿润。进一步的孢粉统计结果表明，下文化层可以划分为四个孢粉带，其中文化层底部为第Ⅳ孢粉带（剖面第8层，深4.59~5.26m），孢粉组合以蒿属—禾本科组合为特征，没有阔叶树和灌木，

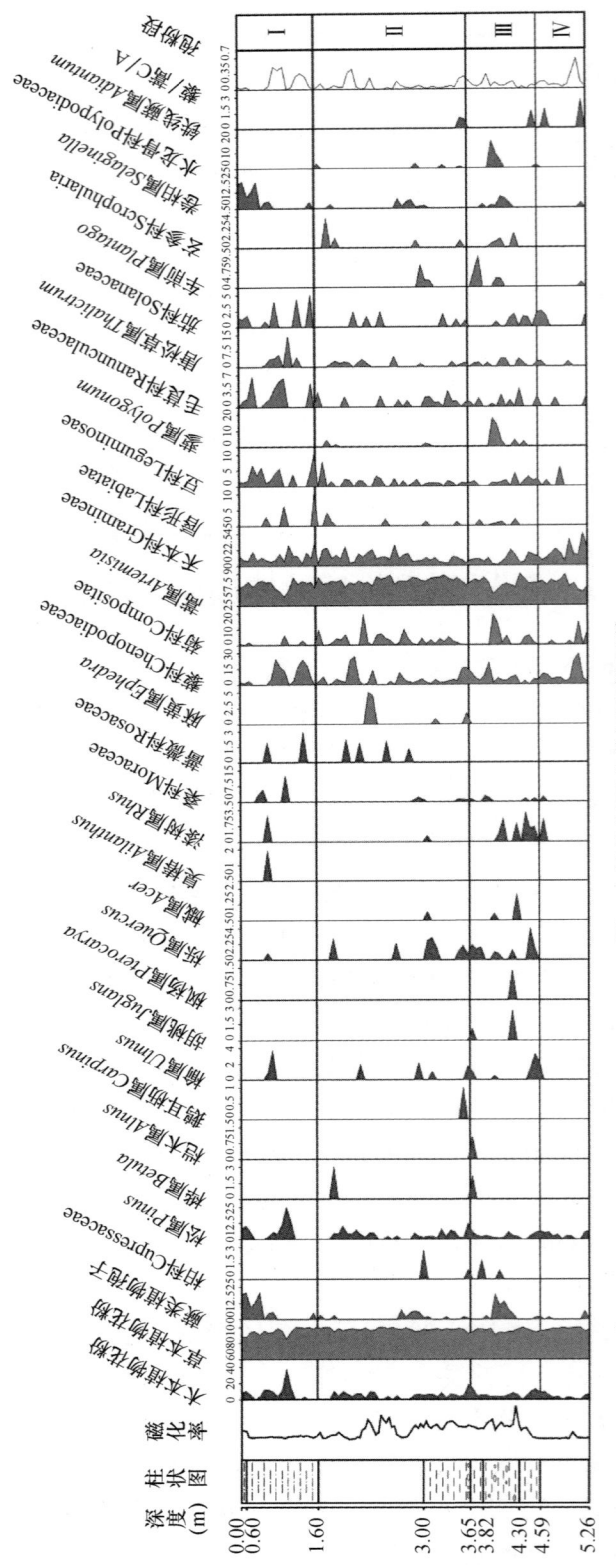

图一 织机洞下文化层孢粉图谱

指示温带蒿属草原环境，气候比较温和干燥；下部第Ⅲ孢粉带（第7、6、5层，深3.52～4.59m），孢粉组合虽仍以蒿属—禾本科组合为特征，但木本植物中除松柏类之外，还出现较多的阔叶树，其中乔木有桦、榆、桤木、胡桃、栎、胡桃、枫杨、漆、槭等，灌木有桑等，属于生长有喜暖落叶阔叶树的暖温带疏树草原环境，气候比较温暖湿润。本带上部（第5层，深3.52～3.82m）出现了藜科和麻黄等耐旱植物，而胡桃、枫杨等喜暖的阔叶树种消失，指示后期气候有变冷变干的趋势；中部为第Ⅱ孢粉带（第4、3层，深1.6～3.52m），孢粉组合以蒿属—藜科—禾本科组合为特征，阔叶树明显减少，在第4层中尚可见少数的榆、胡桃、枫杨、栎、漆、槭等，而第3层中不见阔叶树，属于温带干燥草原环境，气候比较温和干燥；上部属第Ⅰ孢粉带（第2层，深0.6～1.6m），孢粉组合以蒿属—禾本科组合为特征，阔叶树再次出现，属暖温带草原—疏树草原环境，气候出现向温湿方向发展的趋势。

石制品数量的分层统计结果表明，剖面中石制品分布普遍，但以下文化层下部的第7层和第6层最为集中，对应于下文化层时期气候环境最好的阶段，年代大致在距今5万年前后，属于MIS 3阶段的第一个暖期，表明当时的生态环境最适宜于古代人类的活动（表二）。

表二　文化层孢粉组合与石制品分布一览表

阶段	层序深度（cm）	孢粉浓度粒（g）	孢粉组合量（%）			气候生态环境特征	石制品数量
			草本	木本	蕨类		
晚期	第2层，60～160	2.8～41.4	72.2～100，蒿属—禾本科	0～37.5，阔叶灌木	0～20.8	温暖较湿，疏树草原	0
中期	第3层，160～300	5.4～30.8	86.6～100，蒿属—禾本科	0～10.4，无阔叶树	0～3.1	温和干燥，温带草原	2
中期	第4层，300～352	20～67.1	91.3～98.4，蒿属—藜科—禾本科	2～8.7，阔叶树少，仅有榆、胡桃、枫杨、栎、漆、槭等；灌木少	0～2.1	温和较干，温带草原	43
早期	第5层，352～382	22.4～53.6	80.9～96.3，蒿属—藜科—禾本科	3.7～18.3，阔叶树较多乔木有桦榆桤木胡桃栎等，灌木有桑和麻黄	0～0.9	温暖较干，疏树草原	43
早期	第6层，382～430	22.8～88.5	76.8～93.3，蒿属—禾本科	3.4～8.2，阔叶树较多，乔木有榆胡桃枫杨栎漆槭等	0～19.3	温暖较湿，暖温带疏树草原	247
早期	第7层，430～459	11.6～32.8	85.2～100，蒿属—禾本科	0～13.1，阔叶树较多，乔木有榆栎漆，灌木有桑	0～1.6		2596
初期	第8层，459～526	3～33.8	88.2～100，蒿属—禾本科	0～9.8，无阔叶和灌木	0～6.6	温和较干，温带草原	71

二、与周边黄土—古土壤剖面的对比

为了进一步了解织机洞下文化层时期的人类生存环境，我们选择织机洞周边地区广泛出露的黄土堆积，进行了古环境分析，试图通过黄土剖面的研究，把织机洞的洞穴堆积与黄土—古土壤剖面联系起来，从更大的视野来认识我国北方旧石器时代中—晚期文化发展的环境背景。

（一）与洞口附近黄土—古土壤剖面的对比

我们选取织机洞西侧约500m的黄土剖面，进行了比较深入的研究。该剖面厚16.5m，由上而下根据岩性特征可以划分为以下5层。

（1）浅黄色细粉砂，质地疏松，垂直节理发育，其中含有较多形状不规则的钙质结核，靠近底部发现一打制石器，属旧石器晚期，时代要稍晚于织机洞下文化层。本层底部有两个热释光年龄30.9±1.9和32.0±2.0kaB.P.。　　　　　　0.5～6.5m

（2）棕红色粉砂质黏土，致密块状，有孔隙，为古土壤，称上古土壤层。本层底部有厚25cm的砾石层，呈透镜状产出，砾径3～5cm，磨圆度和扁平度较好，为河流相堆积。　　　　　　　　　　　　　　　　　　　　　　　　　6.5～9.5m

（3）棕红色粉砂质黏土，致密块状，易干裂，沿裂隙面有铁锰膜，下部有铁锰小结核分布，为古土壤，称下古土壤层。本层底部有两个热释光年龄，均大于10万年。
　　　　　　　　　　　　　　　　　　　　　　　　　　　　　　9.5～12.8m

（4）砾石层，主要由灰岩、页岩和石英砂岩组成，砾径3～5cm，磨圆度和扁平度好，为河流相堆积。　　　　　　　　　　　　　　　　　　　　12.8～14.3m

（5）棕黄色粉砂质黏土，质地均一，致密块状。　　　　　　14.3～16.5m

未见底。

根据光释光年龄数据，我们推断剖面的第1层年代小于3万年，对应于马兰黄土（L_1）；上古土壤层的年龄大于3万年，相当于马兰黄土中的古土壤层（L_1S），与织机洞下文化层的年代相当；下古土壤层年龄大致在10万年左右，对应于黄土—古土壤序列的第一层古土壤（S_1）。第2层底部的砾石层意味着该剖面第2层古土壤与第3层古土壤之间存在有侵蚀间断。

在第2层古土壤与第3层古土壤中共连续采集孢粉样品60个。室内经酸碱处理和ц-6重液浮选，鉴定统计出孢粉科属20种，类型比较单调（图二）。其中第上古土壤层（L_1S）的孢粉组合（剖面中第Ⅱ孢粉带）以草本植物为主要成分，共有12个科属，其中以蒿属（*Artemisia*）为主要组分，藜科（Chenopodiaceae）、禾本科（Gramineae）次之，还有菊科（Compositae）、毛茛科（Ranunculaceae）、唐松草属（*Thalictrum*）、

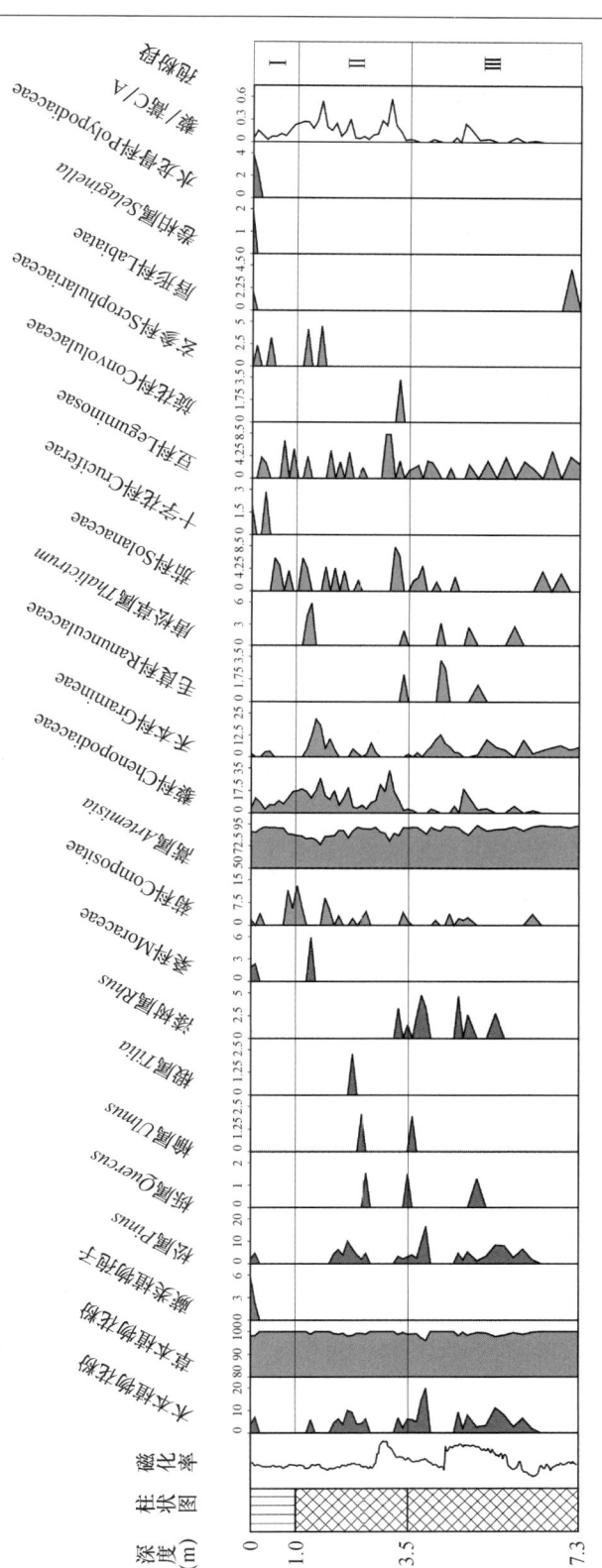

图二 织机洞外黄土剖面孢粉组合图谱

玄参科（Scrophulariaceae）、豆科（Leguminosae）、茄科（Solanaceae）、十字花科（Cruciferae）、唇形科（Labiatae）、旋花科（Convolulaceae）等温带草原常见种属；有一定数量的木本植物孢粉，包括6个科属，除松属（*Pinus*）之外，还有栎属（*Quercus*）、榆属（*Ulmus*）、椴属（*Tilia*）、漆树属（*Rhus*）、桑科（Moraceae）等喜暖的落叶阔叶树种；蕨类植物孢子2个科属，主要有卷柏属（*Selaginella*）和水龙骨科（Polypodiaceae）。这一孢粉组合与织机洞下文化层下部（第6、7层）的孢粉组合基本相同，同属比较温暖湿润的暖温带草原—疏树草原环境（表三）。

表三　洞外黄土剖面的孢粉组合特征

剖面分层	深度（米）	孢粉组合			气候-植物类型
		草本植物	木本植物	蕨类植物	
马兰黄土（L_1）	0.5~6.5	蒿属为主	有针叶树，无阔叶树		温凉干燥草原
上古土壤层（L_1S）	6.5~9.5	蒿属为主藜/蒿较高	针叶树为主，有阔叶树（栎榆漆椴）		比较暖干的草原—疏树草原
下古土壤层（S_1）	9.5~12.8	蒿属为主藜/蒿较低	针叶树为主，有阔叶树（栎漆）		比较暖湿的疏树草原

（二）与洛阳北窑遗址黄土剖面的对比

洛阳北窑遗址发现于2000年，东距织机洞约100千米。属于旧石器时代中—晚期的旷野遗址[11]。出土石制品主要分布在该地黄土剖面的两层古土壤之中，其中下古土壤层顶部热释光测年数据为89 490aB.P.，底部热释光测年数据为103 500aB.P.，对应于黄土—古土壤序列的第一古土壤层（S_1）。而上古土壤层顶部热释光测年数据为30 110aB.P.，底部按沉积速率计算大致在4万年左右，相当于马兰黄土中部所夹的古土壤层（L_1S），对应于MIS 3阶段中—晚期。磁化率测试表明，这两层古土壤都具有较高的磁化率，表明它们是马兰黄土堆积时期两个气候比较温暖湿润阶段的产物。其中上古土壤层出土的石制品比较细小，属旧石器晚期文化，与织机洞下文化层相当，与末次冰期中的间冰期（MIS 3）环境相对应，下古土壤层出土的石制品比较粗大，属旧石器中期（图三）。

织机洞遗址下文化层与洞外黄土—古土壤剖面的对比研究表明，下文化层人类活动时期在洞外黄土堆积区是L_1S古土壤发育时期，我国黄土研究表明[5]，这一层古土壤不仅见于郑州—洛阳一带，而且见于整个黄土高原，这意味着我国北方广大地区当时都处于比较温暖湿润的间冰阶气候，适宜的气候环境不仅有利于古土壤的形成，而且也为人类活动提供了良好的生态环境和广阔的生存空间。

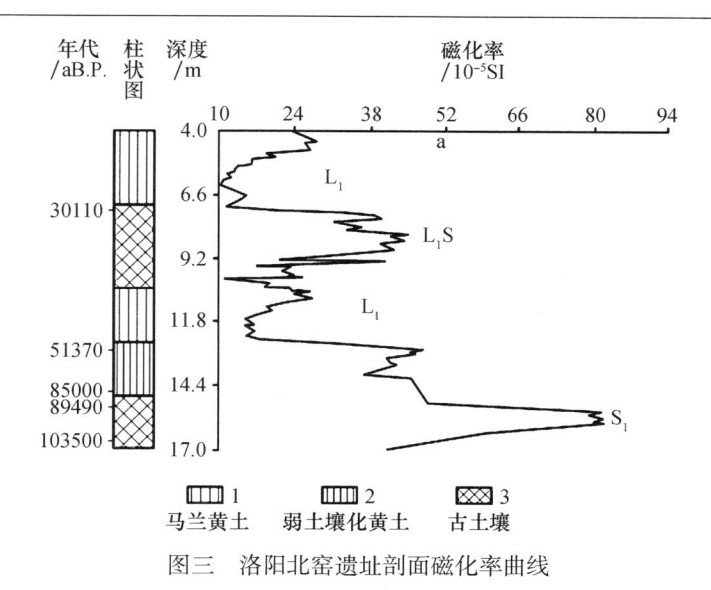

图三 洛阳北窑遗址剖面磁化率曲线

三、与北方其他同期遗址的对比

与织机洞下文化层同时期或稍晚的古人类遗址在我国北方有广泛的分布，如宁夏水洞沟遗址、内蒙古萨拉乌苏遗址、辽宁海城仙人洞遗址、山西峙峪遗址、北京山顶洞遗址、北京王府井东方广场遗址，另外在我国南方也有分布，如四川资阳人B地点和福建船帆洞遗址等（表四）。

表四 中国旧石器晚期主要文化遗址

地区	文化遗址名称		年代/ka
内蒙古地区	萨拉乌苏		40
中原地区	河南织机洞		50～35
	河南洛阳北窑		40～30
东北地区	辽宁海城仙人洞		40～20
西南地区	四川资阳人B地点		39～37
	重庆铜梁		25
华北地区	山西下川	上层	23.9～16
		下层	40～36
	山西柴寺		26或大于40
	山西峙峪		29
	山西陵川塔水河		26
	河北小南海		24
西北地区	宁夏水洞沟		30～20

续表

地区	文化遗址名称	年代/ka
北京地区	北京山顶洞	27
	北京王府井东方广场	25~24
华东地区	福建船帆洞遗址	35~37

（一）内蒙古萨拉乌苏遗址

萨拉乌苏遗址位于内蒙古毛乌素沙地南缘，也是旧石器晚期的旷野遗址。出土石制品多为小石片，通过锤击技术进行打片和修理；石器仍以边刮器为主，出现端刮器且加工精致，形态较规范。萨拉乌苏遗址的年代大致在距今4万年左右[12]，与织机洞下文化层相当，属于MIS 3阶段的中期。研究表明，当时毛乌素沙地南缘河湖广布，气候温暖湿润。适宜于古代人类生活[13]。

（二）宁夏水洞沟遗址

水洞沟遗址位于宁夏宁武，地处毛乌素沙地西南边缘，属旧石器晚期的旷野遗址。文化遗物以石制品为主，包括大量的石叶、三角形石片、细石叶、细石核以及多种石器（如尖状器、端刮器、凹缺刮器、雕刻器和钻具等），石器加工修理精致，形态规整。骨器和装饰品极少，但有火塘等用火遗迹。水洞沟遗址的年代据^{14}C年龄测定[14]，大致在距今3万~2万年，晚于织机洞下文化层，相当于MIS 3阶段的后期。从石制品出土层位的沉积特征来看，该地区当时属于气候比较湿润的冲积平原，河湖广布，与今天当地的荒漠景观有天壤之别[15]。有人认为，与中国传统的旧石器文化相比，水洞沟文化中出现了一些新的文化现象和因素，如形态规范标准的石叶石器、骨器的使用、装饰品的出现和大量的火塘遗迹等，推测可能与西方发生过文化交流，这种东西方文化的交流是否与当时中亚沙地南缘的环境适宜于古代人类的生活和迁徙流动有关，尚有待进一步工作。

（三）北京山顶洞遗址

山顶洞遗址位于北京西山山前的龙骨山，是我国著名的旧石器晚期洞穴遗址。山顶洞遗址出土的文化遗物有石制品、骨制品和装饰品，其中以装饰品的数量最多。石制品的生产和加工仍以锤击法和砸击法为主，石器种类比较单一，只有刮削器和砍砸器。较多的装饰品和骨角制品以及红色颜料的出现，说明在这个时期人类在认知能力上发生飞跃的变化。最新测年结果显示，山顶洞遗址年代在27kyr左右[16]，晚于织机洞遗址下文化层，与水洞沟遗址有所重叠，属于MIS 3阶段的后期。研究表明，该遗址的哺乳动物群组合显示比今天周口店要温暖湿润的气候环境[17]。

（四）北京王府井遗址

1999年发现于北京王府井，属于旧石器晚期的旷野遗址，遗址的古地貌位置相当于古永定河的滨河床沙坝，包括上下两个文化层，出土有石制品、动物化石和火塘遗迹。其中上文化层有^{14}C年代数据24.24±0.3kyr，下文化层有^{14}C年代数据24.89±0.35kyr[18]，其时代晚于织机洞下文化层，与水洞沟和山顶洞相当，对应于MIS 3的晚期。孢粉分析的结果表明，当时的植被主要由藜科—蒿属—莎草科组成，木本植物有冷杉和云杉，反映MIS 3阶段后期气候开始向温凉偏干方向发展[18, 19]。

上述我国北方旧石器晚期主要文化遗址的情况表明，在MIS 3阶段，尤其是MIS 3阶段的中晚期，我国曾经出现过一个旧石器文化相对比较繁荣的时期，当时不仅遗址的数量明显增多，而且石制品也较前有较大的进步和发展。

四、讨论和结论

在距今5万～2.5万年期间，世界其他地区和我国一样，也普遍出现古人类遗址增多，旧石器文化进步的现象，有人称之为"旧石器时代晚期革命"[20]。已有的证据显示，这场"革命"在西亚大致出现在距今6.5万～3万年，中欧和西欧出现在距今4.7万～3万年，南西伯利亚和蒙古分别出现在距今4.3万～3.7万年和距今3.3万～2.7万年。尽管这场旧石器晚期革命在全球不同区域的发生机制和模式非常复杂，但是它们都与全球气候在末次冰期内发生的一次气候升温事件，即"小间冰阶"（MIS 3阶段）的出现有着密切的关系。

近年来"过去全球变化"研究计划的成果表明，在寒冷干燥的末次冰期出现的这一期小间冰阶，其时间大致在距今5.5万～2.5万年。这一气候事件在深海岩芯中表现为深海氧同位素第3阶段（通常称MIS 3阶段）的暖湿记录，在黄土—古土壤剖面中表现为马兰黄土（L_1）中古土壤层（通常称L_1S）的形成。当时的气候状况介于末次盛冰期与全新世适宜期之间，属于现代气候的相似型[21]。中国位于亚洲东部季风区，研究表明，MIS 3阶段我国气候以增温增雨为主要特征[22]，温暖湿润的气候环境为古代人类提供了适宜的气候、丰富的食物和广阔的生存空间，人类活动空间扩大，人口增加，文化发展。虽然当时动植物资源相对比较容易获取，但气候波动和人口增加导致的生存压力仍然迫使人类要不断改进石器工业，获取更多的食物，以维持生计。我国在这个阶段遗址数目大大增加，并且不同程度地表现出旧石器晚期的石器面貌和技术特点，如出现端刮器和复合型工具等，也显示出环境对古代人类的影响和人类对环境的适应。

参 考 文 献

[1] Shea J J. The Middle Paleolithic of the East Mediterranean Levant [J]. *Journal of world prehistory*, 2003, 17 (4): 313-393.

[2] Brantingham P J. The Initial Upper Paleolithic in Northeast Asia [J]. *Current Anthropology*. 2001, 42 (5): 735-747.

[3] Cohen V Y and Vadim N Stepanchuk. Late Middle and Early Upper Paleolithic evidence from the East European Plain and Caucasus: A New look at variability, interactions, and transitions [M]. *Journal of world prehistory.* 1999, 13 (3): 265-319.

[4] Zilhao J and Francesco d'Errico. The Chronology and Taphonomy of the Earliest Aurignacian and Its implications for the understanding of Neanderthal Extinction [J]. *Journal of world prehistory*, 1999, 13 (1): 1-68.

[5] Pearson O M. Activity, Climate, and Postcranial Robusticity: Implications for Modern Human Origins and Scenarios of Adaptive Change [J]. *Current Anthropology*, 2000, 41 (5): 569-607.

[6] Mellars Paul. The Impossible Coincidence: A single-Species Model for the origins of Modern Human Behavior in Europe [J]. *Evolutionary Anthropology*, 2005, 14: 12-27.

[7] Shea J J. Neanderthals, Competition, and the Origin of Modern Human Behavior in the Levant [J]. *Evolutionary Anthropology*, 2003, 12: 173-187.

[8] Bolus Michael. The late Middle Paleolithic and the earliest Upper Paleolithic in Central Europe and their relevance for Out Of Africa hypothesis [J]. *Quaternary International*, 2001, 75: 29-40.

[9] Carrion S. Correspondence: the use of two pollen records from deep sea cores to frame adaptive evolutionary change for humans: a comment on "Neanderthal extinction and the millennia scale climate variability of OIS3" by D'errico and M.F. Sanchez Goni [J]. *Quaternary science reviews*, 2004, 23: 1217-1224.

[10] 张松林等. 织机洞旧石器时代遗址发掘报告 [J]. 人类学学报, 2003, 22（1）: 1-17.

[11] 夏正楷等. 洛阳黄土地层中发现旧石器 [J]. 第四纪研究, 1999, 19（3）: 286.

[12] 原思训等. 用铀子系法测定河套人和萨拉乌苏文化的年代 [J]. 人类学学报. 1983（1）: 69-76.

[13] 袁宝印等. 萨拉乌苏组的沉积环境及地层划分问题 [J]. 地质科学, 1978（3）: 220-234.

[14] 高星, 李进增等. 水洞沟的新年代测定及相关问题讨论 [J]. 人类学学报, 2002, 21（3）: 211-218.

[15] 袁宝印等. 水洞沟遗址第四纪地层与环境变迁 [A]. // 旧石器时代论集 [C]. 北京：文物出版社, 2006: 50-56.

[16] 陈铁梅等. 山顶洞遗址的第二批加速器质谱^{14}C年龄数据与讨论 [J]. 人类学学报, 1992, 2: 112-116.

[17] 尤玉柱，徐欣琦. 中国北方晚更新世哺乳动物群与深海沉积物的对比[J]. 古脊柱动物与古人类，1981，19（1）：77-86.

[18] 李超荣等. 北京王府井东方广场旧石器时代遗址发掘报告[J]. 考古，2000，9：781-788.

[19] 袁宝印. 北京平原晚第四纪堆积期与史前大洪水[J]. 第四纪研究，2002，22（5）：474-482.

[20] Bar-Yosef. The Upper Paleolithic Revolution[J]. *Annual Review of Anthropology*. 2002, 21: 363-393.

[21] 刘东生等. 黄土高原马兰黄土记录的MIS 3温湿气候[J]. 第四纪研究，2003，23（1）：69-76.

[22] 施雅风等. 40-30ka B.P.中国暖湿气候和海侵的特征与成因探讨[J]. 第四纪研究，2003，23（1）：1-10.

（原刊于《古代文明》第6卷，文物出版社，2007年）

郑州织机洞遗址MIS 3阶段古人类活动的环境背景

夏正楷[1]　刘德成[1]　王幼平[2]　曲彤丽[2]

（1.北京大学城市与环境学院，北京　100871；2.北京大学考古文博学院，北京　100871）

　　距今5万~3.5万年的深海氧同位素第3阶段（MIS 3）是寒冷干燥的末次冰期中一个气候相对比较温暖湿润的小间冰阶。国内外大量的考古资料证明[1~9]，在世界各地这一时期人类活动都十分活跃，不仅文化遗址分布广泛，数目众多，而且人类文化也出现显著的进步，石器形态更加规范，骨角器和装饰品大量出现，狩猎工具更加专业化，遗址功能分区日趋明显，出现了有意识的埋葬行为等。这些新内容的出现标志着旧石器中期文化的结束和晚期文化的开始。气候变化与文化演进的耦合似乎暗示着两者之间存在着某种内在的联系。目前，人们已经开始关注MIS 3气候变化与文化演进之间的关系，试图揭示旧石器中期文化向晚期文化过渡的环境背景。

　　20世纪90年代，郑州市文物考古研究所在织机洞发现了大量的石制品和动物残骸，根据出土石制品的性质，认为这是一处旧石器时期文化遗址[10]。2001~2004年，北京大学文博学院和郑州市文物考古研究所合作，对该遗址的下文化层进行了考古发掘和系统的年代测定，根据所含石制品的性质和热释光测年数据，进一步确认下文化层属于旧石器时代中至晚期，其年代大致在距今5万~3.5万年，恰好对应于深海氧同位素第3阶段（MIS 3），因此，织机洞下文化层人类生存环境的研究，对于揭示MIS 3阶段我国中原地区的气候环境及其对人类活动的影响，具有重要的意义。本文试通过对织机洞内外沉积物的古环境分析，重建当时人类的生存环境，探讨当时我国北方人类活动相对活跃的环境背景。

一、织机洞遗址的概括

　　织机洞遗址位于河南郑州市西南30km的荥阳崔庙乡（图一），是一处旧石器时代中至晚期的洞穴遗址。地理坐标为34°38′N，113°13′E，该遗址是一个发育于寒武纪厚层灰岩中的大型溶洞。洞口朝西，高4m，宽13~16m，洞深22m。索须河西支沟从洞前流过，织机洞位于支沟右岸的山坡上，洞口高于河床10m。沿沟发育有3级河流阶地，均为基座阶地，其中第三级阶地沉积物主要由黄土状堆积组成，厚13m，本级阶地在洞口附近不发育，但在洞口的南、北两侧保存较好，阶地面平整，宽数十米，高于河床10m，与织机洞洞口的高程大致相当；二级阶地和一级阶地分别高于河床6m和2m，在洞口附近保留完好，现已被用作农田（图二）。

织机洞内充填有巨厚的洞穴堆积物，剖面总厚可达31m。根据岩性特征和所含文化遗物，我们把整个剖面划分

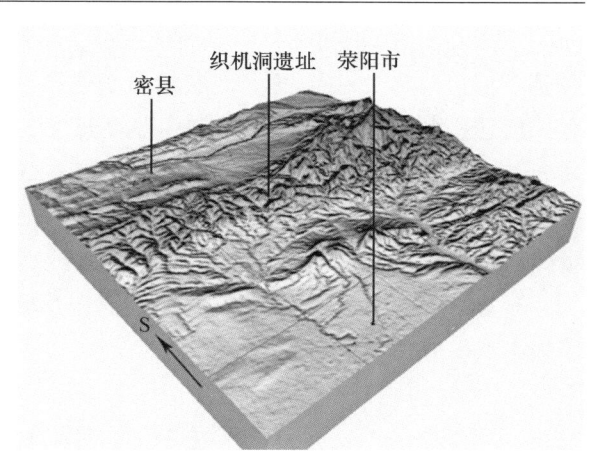

图一 织机洞遗址位置与地貌图

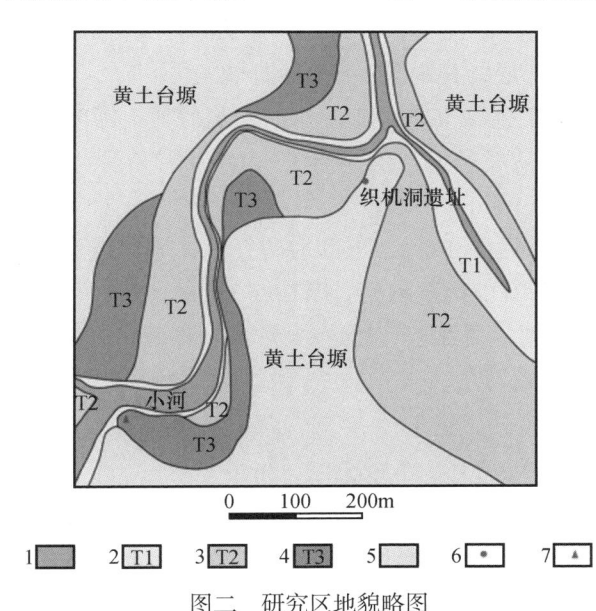

图二 研究区地貌略图

1. 河流　2. 一级阶地　3. 二级阶地　4. 三级阶地　5. 黄土台塬　6. 织机洞　7. 黄土剖面

为以下4个部分。

顶部：为含灰岩角砾的棕黄色黏土质粉砂，角砾大小不一，数量较多。靠近本层底部有一层厚0.5m左右的棕红色黏土质粉砂。本层中发现有裴李岗文化时期的陶片，属新石器时代。称上文化层。厚0~7m。

上部：为含角砾的棕黄色黏土质粉砂堆积，角砾成分全部为灰岩，大小不一，砾径大者30~40cm，小者3~5cm，一般在10~15cm，呈悬浮状分布在棕黄色黏土质粉砂之中，略具成层性。其中产石制品，属旧石器晚期。称中文化层。厚7~17m。

中部：为浅红灰色钙质粉砂质黏土，呈上平下凹的袋状嵌入下部地层之中，袋深

5m，口宽4m，沉积物具有明显的成层性，单层厚1~2cm，靠底部层面下凹明显，与袋底基本保持一致，由下而上地层的曲率逐渐变大，到顶面已基本趋于平直。其上覆盖有一层透镜状的黑色泥炭层，洞内厚度较大，可达50cm，向洞口方向逐渐变薄，厚仅10cm左右。本层没有发现文化遗物。厚17~23m。

下部：为褐灰色和灰褐色粉砂质黏土互层，含有少量的灰岩角砾。其中出土有大量的石制品，属旧石器时代中至晚期。称下文化层。厚23~31m。

根据下部层位出土有大量的旧石器中至晚期石制品，我们特选择剖面的下部层位作为本次研究的主要对象。

二、下文化层的沉积特征与时代

遗址下文化层的研究剖面位于织机洞洞口东侧，厚约9m。根据岩性特征，该剖面由上而下可以划分为以下9层，其中第2~9层属下文化层。

第1层：表土层，棕黄色黏土质粉砂，含有灰岩碎屑。厚0~0.6m。

第2层：土黄色黏土质粉砂，含有少量3~5cm灰岩角砾。本层光释光测年数据为37.4±3.51kaB.P.。厚0.6~1.6m。

第3层：钙积层，上部为灰白色，下部为砖红色，风化强烈，呈团块状，顶部起伏不平，厚度变化较大。含有少量石制品。厚1.6~3m。

第4层：褐灰色钙质粉砂质黏土，含极少量灰岩碎屑，夹灰黑色锰质条带。含有少量的石制品。厚3~3.65m。

第5层：褐灰色钙质粉砂质黏土，底部含薄层灰岩碎屑。含有少量石制品。本层光释光测年数据为46.5±4.12kaB.P.。厚3.65~3.82m。

第6层：砖红色钙质黏土，含较多灰岩碎屑，砾径在3~5cm，扁平状，含有大量的钙结核。本层底部颜色变深，出现灰黑色锰质条带，含有较多的石制品。本层光释光测年数据为48.1±11.1kaB.P.。厚3.82~4.3m。

第7层：灰黑色钙质黏土，含有少量灰岩碎屑，钙质条带发育。含有丰富的石制品。本层光释光年代数据为49.7±5.76kaB.P.。厚4.3~4.59m。

第8层：灰褐色砂质黏土，夹灰白色钙板团块，有较多的灰黑色锰质条带，分布不均。含有少量的石制品。厚4.59~5.26m。

第9层：褐灰色砂质黏土，混杂有大量的灰黑色锰质条带和灰白色钙质条带，条带弯曲，产状多变，但基本上与洞壁保持一致，为洞底的落水洞充填物。含有少量的石制品。厚5.26~9m。

织机洞遗址下文化层属洞穴堆积，其中出土的石制品具有旧石器时代中期向晚期过渡的文化特征。我们系统采集的四个光释光测年数据结果表明，下文化层的时代大致在距今5万~3.5万年之间，属于MIS 3阶段（表一）。

表一　织机洞遗址下文化层光释光测年数据*

样号	层位	等效剂量（Gray）	年剂量率（Gray/ka）	年龄（ka）
B2	②	171.2 ± 15.3	4.58 ± 0.13	37.4 ± 3.51
B5	⑤	199.5 ± 16.6	4.289 ± 0.13	46.5 ± 4.12
B6	⑥	244.8 ± 55.9	5.09 ± 0.16	48.1 ± 11.1
B7	⑦	255.1 ± 28.5	5.13 ± 0.16	49.7 ± 5.76

* 光释光测年由北京大学第四纪与考古学年代学实验室完成

三、下文化层的孢粉组合特征

在下文化层第2～8层（深0.6～5.26m），按4cm间隔连续采集孢粉样品79个。在实验室经酸碱处理，用ㄉ-6重液浮选，镜下共鉴定出孢粉科属39种，其中木本植物花粉18个科属，有松属（Pinus）、柏科（Cupressaceae）、桦木属（Betula）、桤木属（Alnus）、鹅耳枥属（Carpinus）、栎属（Quercus）、胡桃属（Juglans）、枫杨属（Pterocarya）、漆树属（Rhus）、榆属（Ulmus）、槭属（Acer）、臭椿属（Ailanthus）、柳属（Salix）等乔木和桑科（Moraceae）、木犀科（Oleaceae）、鼠李科（Rhamnaceae）、麻黄属（Ephedra）、蔷薇科（Rosaceae）等灌木；草本植物花粉17个科属，有蒿属（Artemisia）、藜科（Chenopodiaceae）、禾本科（Gramineae）、菊科（Compositae）、毛茛科（Ranunculaceae）、唐松草属（Thalictrum）、唇形科（Labiatae）、蓼属（Polygonum）、玄参科（Scrophulariaceae）、旋花科（Convolulaceae）、豆科（Leguminosae）、茄科（Solanaceae）、十字花科（Cruciferae）、小檗科（Berberidaceae）、车前属（Plantago）、伞形科（Umbelliferae）、大戟科（Euphorbiaceae）等；蕨类植物孢子4个科属，有卷柏属（Selaginella）、水龙骨科（Polypodiaceae）、铁线蕨属（Adiantum）、石松属（Lycopodium）等。孢粉类型比较丰富，基本上都是我国暖温带常见的植物种属。

根据孢粉统计结果，下文化层由下而上可以划分为五个孢粉带（图三）。

第Ⅰ孢粉带（深4.59～5.26m）：相当于剖面第8层。本段孢粉含量较低，平均孢粉浓度17.6粒/克，草本植物平均含量95.2%，以蒿属为主（平均含量60.5%），禾本科（平均含量19.2%）、藜科（平均含量8.8%）次之，其余为菊科、豆科、毛茛科、茄科、大戟科、车前属、伞形科、唐松草属等；木本植物平均含量为3.9%，主要为松属，偶见漆树属和桑科；蕨类植物孢子稀少，只有个别的卷柏属和铁线蕨属。此孢粉组合反映气候温和较干的温带草原植被环境。

第Ⅱ孢粉带（深3.82～4.59m）：相当于剖面第7、6层。本段平均孢粉浓度明显增大，达到33.4粒/克，草本植物花粉仍为主要成分，但含量有所减少，平均含量89.3%，其中以蒿属为主（平均含量60.7%），禾本科（平均含量9.6%）、藜科（平均

图三 织机洞下文化层孢粉图谱

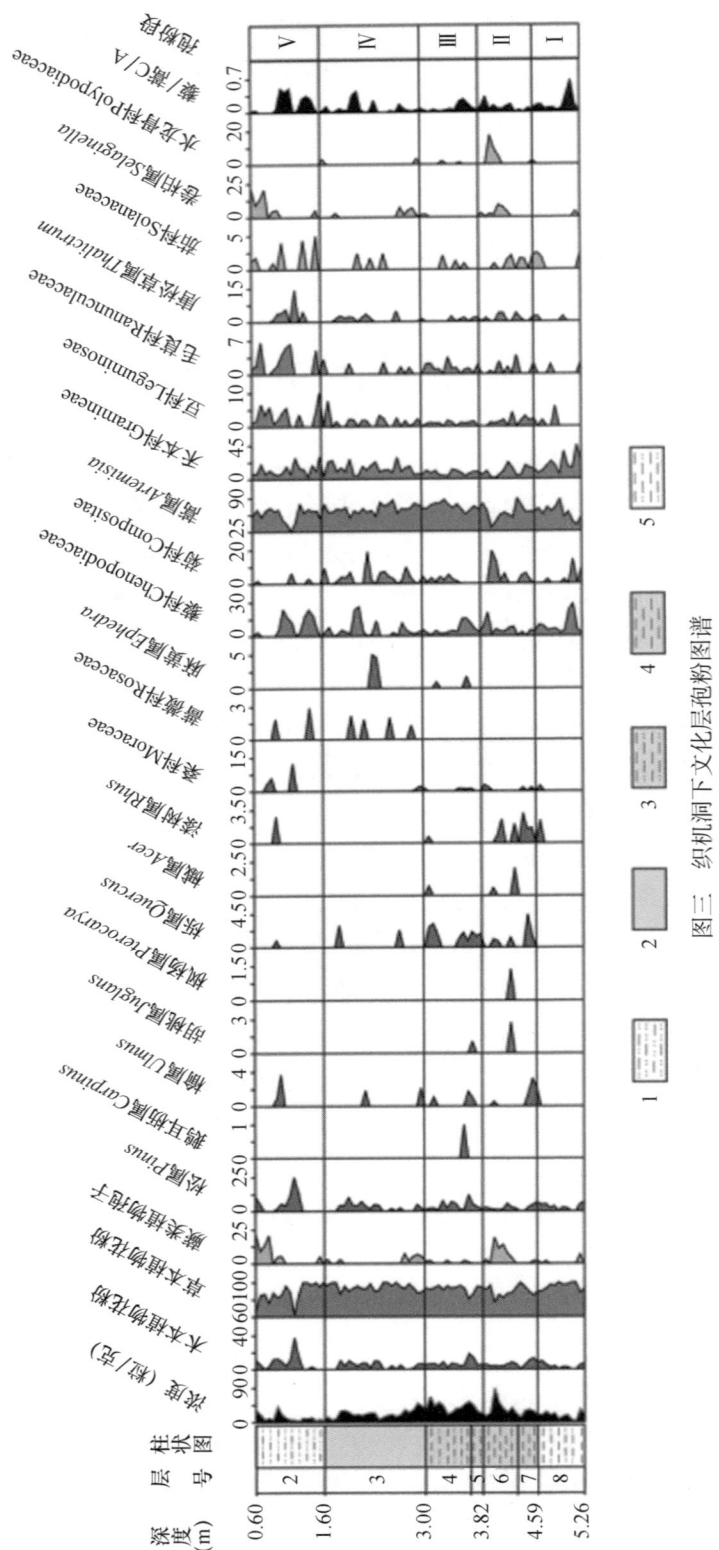

1. 黏土质粉砂 2. 钙积层 3. 钙质粉砂质黏土 4. 粉砂质黏土 5. 砂质黏土

含量5.5%）次之，还有蓼属、菊科、毛茛科、豆科、唐松草属、唇形科、茄科、旋花科、大戟科、车前属、玄参科、伞形科等；木本植物花粉平均含量增多，达到5.7%，除松柏类之外，还出现较多的暖温带落叶阔叶树，有栎属、榆属、胡桃属、枫杨属、槭属、漆树属、柳属、桑科等；蕨类植物孢子有所增多，平均含量5%，有水龙骨科、卷柏属、铁线蕨属。此孢粉组合反映了气候比较温暖湿润的暖温带森林草原植被环境。

第Ⅲ孢粉带（深3～3.82m）：相当于剖面第5、4层。平均孢粉浓度为39.3粒/克，孢粉组合中草本植物为平均含量92.6%，以蒿属为主（平均含量72%），禾本科（平均含量7.8%）、藜科（平均含量5.8%）次之，还有菊科、豆科、唐松草属、茄科、毛茛科、唇形科、蓼属、旋花科、车前属、小檗科、玄参科等；木本植物平均含量占6.8%，以松属为主，落叶阔叶树有栎属、鹅耳枥属、榆属、胡桃属、桦属、桤木属、漆树、桑科、木犀科、麻黄属等；蕨类植物孢子0.6%，偶见有卷柏属，卷柏属、水龙骨科等。此孢粉组合反映暖温带草原—森林草原植被环境，但气候要比第Ⅲ孢粉带干冷一些。

第Ⅳ孢粉带（深1.6～3m）：相当于剖面第3层。平均孢粉浓度为22.2粒/克，孢粉组合中草本植物平均含量94.6%，以蒿属为主（平均含量68.2%），禾本科（平均含量13.8%）、藜科（平均含量5.2%）次之，还有菊科、豆科、唐松草属、茄科、毛茛科、唇形科、蓼属、旋花科、玄参科等；木本植物平均含量为4%，以松属为主，落叶阔叶树数量锐减，只见个别栎属、榆属以及蔷薇科、麻黄属等。蕨类植物孢子1.4%，有卷柏属和水龙骨科等。属于温带草原环境，气候比较温和干燥。

第Ⅴ孢粉带（深度0.6～1.6m）：相当于剖面第2层。本带孢粉平均浓度为13.7粒/克，孢粉组合中草本植物平均含量为87.2%，以蒿属为主（平均含量57.9%），禾本科（平均含量11.8%）、藜科（平均含量7.9%）次之，还有菊科、豆科、毛茛科、唇形科、茄科、唐松草属、十字花科、小檗科、大戟科等；木本植物平均含量7.3%，主要为松属，仅在孢粉带中部的个别层位出现落叶阔叶树，有榆属、栎属、臭椿属、漆树属、桑科、鼠李科、木犀科、蔷薇科；蕨类植物平均含量占5.5%，只有卷柏属一种。属温带—暖温带草原环境，气候温和干燥。

四、下文化层人类活动与气候环境的关系

文化层中石制品的数量在一定程度上可以反映当时人类活动的程度，为此我们对文化层中石制品分布情况进行了分层数量统计，结果表明（表二），在距今5万～3.5万年的下文化层中，石制品十分普遍，但分布不均匀。其中位于文化层下部的第7层石制品最为集中，其数量达到2596件；第6层次之，为243件；其他层位石制品数量明显变少。如第8层只有71件，第5层和第4层总共只有43件，第3层仅有2件，第2层未见石制品。对照孢粉分析的结果，石制品丰富的第7层和第6层恰好对应于MIS 3阶段气候最为

适宜的时期，当时气候温暖湿润，织机洞周围是一片生长有喜暖落叶阔叶树的暖温带森林草原环境，适宜的生态环境有利于古代人类的活动。而在此之前的第8层，气候属温和干燥的草原环境，石制品不多；而从第5层开始，随着气候向干旱方向发展，温和干燥的草原环境取代了原先温暖湿润的森林草原环境，石制品明显减少。石制品数量变化与气候变化的一致性，说明生态环境可能是导致当时人类活动变化的重要原因（表二）。

表二 下文化层石制品分布与生态环境

层位	石制品数量（片）	孢粉带	生态环境特征
2	0	V	温和较湿的暖温带草原—森林草原
3	2	IV	温和干燥的温带草原
4	43	III	温暖较干的暖温带草原—森林草原环境，生长有喜暖落叶阔叶树
5			
6	247	II	温暖湿润的暖温带森林草原环境，生长有较多的喜暖落叶阔叶树
7	2596		
8	71	I	温和较干的温带草原环境

五、与洞外黄土—古土壤剖面的对比

织机洞周边地区，黄土堆积广泛出露。为了进一步了解MIS 3阶段古代人类的生存环境，我们选择织机洞周边地区的代表性的黄土剖面进行了地层学和古环境学的研究，通过黄土剖面与洞穴堆积的对比研究，把织机洞的洞穴堆积与洞外的黄土—古土壤剖面联系起来，试图从更大的视野来认识我国北方MIS 3阶段气候环境与旧石器时代中—晚期人类活动之间的相互关系。

（一）织机洞南黄土—古土壤剖面

织机洞南侧约500m，在与洞口基本等高的位置上发育有黄土剖面，该剖面厚16.5m，其中夹有两层古土壤，两者之间存在有一侵蚀面。其中上古土壤层（深6.5~9m）为棕红色粉砂质黏土，致密块状，有孔隙，厚3m，在上古土壤层顶部，我们分别测得热释光年龄数据为30.9±1.9 kaB.P.和32.0±2.0kaB.P.，由此我们推断，上古土壤层年龄应大于3万年，大致在3~5万年之间，属于MIS 3阶段（即L_1S），与织机洞下文化层为同期堆积。而下古土壤层（深9~12.8m）为深棕红色粉砂质黏土，致密块状，易干裂，沿裂隙面有铁锰膜，下部有铁锰小结核分布，厚3.8m。在下古土壤层底部，我们所测三个热释光年龄数据均大于100 kaB.P.。由此可以推断下古土壤层大致相当于末次间冰期的古土壤层（S_1）。

在该剖面的上古土壤层，从6.5~9m按10cm样长连续采集样品25个，孢粉分析结果表明（图四），上古土壤层的孢粉组合中草本植物平均含量达97.3%，以蒿属（平均含量74%）为主，藜科（平均含量13.1%）、禾本科（平均含量3.8%）次之，其余还有菊科、毛茛科、唐松草属、玄参科、豆科、茄科、十字花科、唇形科、旋花科等温带草原常见种属；木本植物孢粉平均含量只有2.7%，以松属为主，漆树属次之，还有个别的栎属、榆属、椴属、桑科等喜暖的落叶阔叶树种；没见蕨类植物孢子。这一孢粉组合代表了温和干燥的暖温带草原环境，与织机洞下文化层第Ⅰ、Ⅲ和Ⅳ孢粉段的生态环境基本相同。

（二）洛阳北窑遗址黄土—古土壤剖面

洛阳北窑遗址位于织机洞西约100km，属于旧石器时代中—晚期的旷野遗址，遗址沉积剖面以黄土堆积为特征，夹有两层古土壤。该遗址石制品主要分布在这两层古土壤之中，其中上古土壤层出土的石制品比较细小，属旧石器中—晚期文化，与织机洞下文化层的性质相当，下古土壤层出土的石制品比较粗大，属旧石器中期文化。

1999年我们曾对遗址的地层进行了年代学和磁化率的分析[11]，在下古土壤层顶部获得热释光测年数据为89.49kaB.P.，底部热释光测年数据为103.5kaB.P.，相当于黄土—古土壤序列的第一层古土壤（S_1），对应于末次间冰期。上古土壤层顶部获得热释光测年数据为30.11kaB.P.，底部按沉积速率计算大致在40kaB.P.左右，相当于马兰黄土中部所夹的古土壤层（L_1S），对应于MIS 3阶段。而磁化率的系统测试揭示这两层古土壤都具有较高的磁化率，说明它们都是比较温暖湿润气候环境下的产物，适宜于古代人类的活动。进而根据上古土壤层的磁化率明显低于下古土壤层，推测上古土壤层形成时期的气候环境不如下古土壤层温暖湿润，上下古土壤层之间在气候环境上的差别似乎可以解释两者在文化上的变化（图五）。

以上两个黄土—古土壤剖面中的上古土壤层（L_1S）与织机洞遗址下文化层在层位上相当，时代相近，都属于末次冰期中的间冰阶，说明织机洞遗址所在的中原地区，MIS 3阶段普遍出现比较温暖湿润的气候环境，植被以生长有落叶阔叶树的暖温带草原—森林草原为特征，适宜于人类生存和发展。

六、讨论和结论

距今5万～2.5万年的MIS 3阶段，在世界各地普遍出现古人类遗址增多，旧石器文化进步的现象，有人把这一现象称之为"旧石器时代晚期革命"[12]。这场"革命"在西亚大致出现在距今6.5万～3万年[1]，中欧和西欧出现在距今4.7万～3万年[3,6,8]，南西伯利亚和蒙古分别出现在距今4.3万～3.7万年和距今3.3万～2.7万年[2]。尽管这场革命发生的机制和模式非常复杂，但是它们都与全球气候在末次冰期内发生的一次气候升温

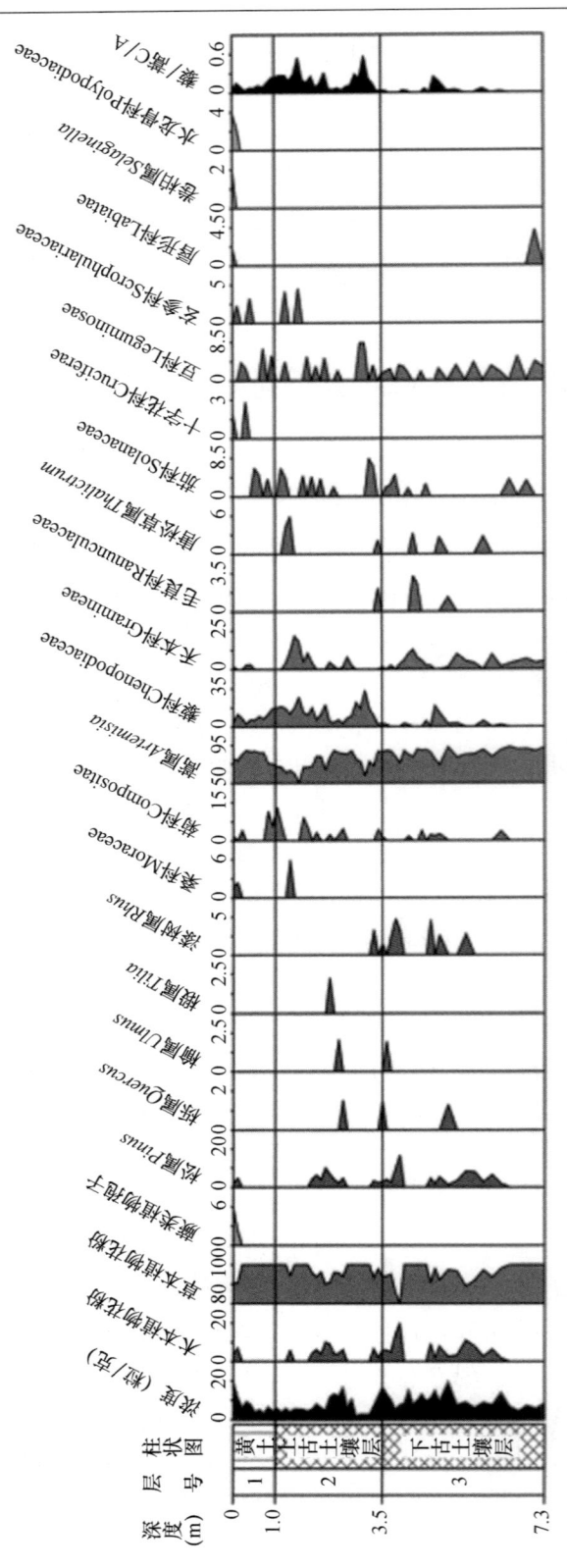

图四 织机洞洞外黄土剖面孢粉组合图谱

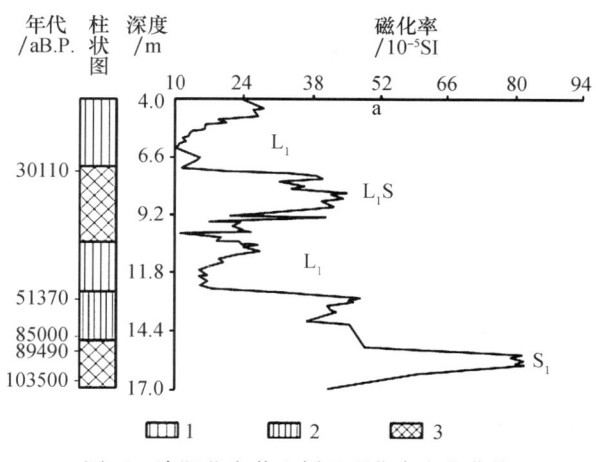

图五 洛阳北窑黄土剖面磁化率变化曲线
1. 马兰黄土 2. 弱成土古土壤 3. 古土壤层

事件,即"小间冰阶"(MIS 3阶段)的出现有着密切的关系。织机洞遗址属旧石器中—晚期遗址,是我国这一时期人类遗址的代表,与它同期的古人类遗址在我国有广泛的分布[13~19],其中比较著名的就有宁夏水洞沟遗址、内蒙古萨拉乌苏遗址、辽宁海城仙人洞遗址、山西峙峪遗址、北京山顶洞遗址、北京王府井遗址以及四川资阳人B地点、福建船帆洞遗址等,它们的年代大致在距今5.5万~2.5万年之间(尽管目前有的遗址在年代上还有争论)。在MIS 3阶段,我国出现分布如此广泛的旧石器中—晚期(或晚期)文化遗址,说明与世界其他地方一样,MIS 3阶段也是中国出现"旧石器时代晚期革命"的重要时期,中国旧石器中—晚期(或晚期)文化的发展和演变与MIS 3阶段的气候环境似乎也存在有某种内在的关系。

MIS 3阶段是寒冷干燥的末次冰期中的一个间冰阶,其时间大致在距今5.5万~2.5万年之间。这一气候事件在深海岩芯中表现为深海氧同位素第3阶段(通常称MIS 3阶段)的暖湿记录,在黄土—古土壤剖面中表现为马兰黄土中所夹的古土壤层(通常称L_1S)。当时的气候状况介于末次盛冰期与全新世适宜期之间,属于现代气候的相似型[20]。中国位于亚洲东部季风区,研究表明[21],MIS 3阶段我国气候以增温增雨为主要特征,温暖湿润的气候环境为古代人类提供了适宜的气候、丰富的食物和广阔的生存空间,人类活动空间扩大,人口增加,文化发展。虽然当时动植物资源相对比较容易获取,但气候波动和人口增加导致的生存压力仍然迫使人类要不断改进石器工业,获取更多的食物,以维持生计。我国在这个阶段遗址数目大大增加,并且不同程度地表现出旧石器中期文化向晚期过渡的特征,如出现端刮器和复合型工具等,显示出环境对我国古代人类的影响和人类对环境的适应。

致谢：本项目野外工作得到郑州市文物考古研究所张松林所长的大力支持，光释光年龄测定由北京大学文博学院宝文博测定，孢粉鉴定由河北水文地质研究所范淑贤完成，在此一并致谢。

参 考 文 献

[1] Shea J J. The Middle Paleolithic of the East Mediterranean Levant [J]. *Journal of World Prehistory*, 2003, 17 (4): 313-393.

[2] Brantingham P J. The Initial Upper Paleolithic in Northeast Asia [J]. *Current Anthropology*, 2001, 42 (5): 735-747.

[3] Cohen V Y, Stepanchuk V N. Late Middle and Early Upper Paleolithic evidence from the East European Plain and Caucasus: A New look at variability, interactions, and transitions [J]. *Journal of world prehistory*, 1999, 13 (3): 265-319.

[4] Zilhao J, d'Errico F. The Chronology and Taphonomy of the Earliest Aurignacian and Its implications for the understanding of Neanderthal Extinction [J]. *Journal of World Prehistory*, 1999, 13 (1): 1-68.

[5] Pearson O M. Activity, Climate, and Postcranial Robusticity: Implications for Modern Human Origins and Scenarios of Adaptive Change [J]. *Current Anthropology*, 2000, 41 (4): 569-607.

[6] Mellars P. The Impossible Coincidence. A single-Species Model for the origins of Modern Human Behavior in Europe [J]. *Evolutionary Anthropology*, 2000, 14: 12-27.

[7] John J, Neanderthals S. Competition and the Origin of Modern Human Behavior in the Levant [J]. *Evolutionary Anthropology*, 2003, 12: 173-187.

[8] Bolus M. The late Middle Paleolithic and the earliest Upper Paleolithic in Central Europe and their relevance for Out Of Africa hypothesis [J]. *Quaternary International*, 2001, 75: 29-40.

[9] Carrion S. Correspondence: the use of two pollen records from deep sea cores to frame adaptive evolutionary change for humans: a comment on "Neanderthal extinction and the millennia scale climate variability of OIS3" by D'errico and M.F. Sanchez Goni [J]. *Quaternary science reviews*, 2004, 23: 1217-1224.

[10] 张松林，刘颜风等.织机洞旧石器时代遗址发掘报告[J].人类学学报，2003，22（1）：1-17.
Zhang Songlin, Liu Yanfeng et al. Report on the excavation of zhijidong cave site [J]. Acta Anthropologica Sinica, 2003, 22 (1): 1-17.

[11] 夏正楷，刘福良等.洛阳黄土地层中发现旧石器[J].第四纪研究，1999，19（3）：286.
Xia Zhengkai, Liu Fuliang et al. Discovery of the Late Paleolithic site from the loess profiles at Beiyao, Luoyang, Henan Province [J]. Quaternary Sciences, 1999, 19 (6): 286.

[12] Bar-Yosef. The Upper Paleolithic Revolution [J]. *Annual Review of Anthropology*, 2002, 21: 363-393.

[13] 原思训，陈铁梅等.用铀子系法测定河套人和萨拉乌苏文化的年代[J].人类学学报，1983（1）：69-76.

Yuan Sixun, Chen Tiemei, Gao Shijun et al. Uranium series dating of "ordos man" and "sjara-osso-gol culture [J]. *Acta anthropologica sinica*, 1983 (1): 69-76.

[14] 袁宝印等. 萨拉乌苏组的沉积环境及地层划分问题 [J]. 地质科学, 1978 (3): 220-234.
Yuan Baoyin et al. Sedimentary environment and stratigraphical subdivision of sjara osso-gol formation [J]. *Journal of geology*, 1978 (3): 220-234.

[15] 高星, 李进增等. 水洞沟的新年代测定及相关问题讨论 [J]. 人类学学报, 2002, 21 (3): 211-218.
Gao Xing, Li Jin-zeng, D. B. Madsen et al. New ^{14}C dates for shuidonggou and related discussions [J]. *Acta anthropologica sinica*, 2002, 21 (3): 211-218.

[16] 袁宝印等. 水洞沟遗址第四纪地层与环境变迁 [A]. // 宁夏文物考古所编, 旧石器时代论集 [C]. 文物出版社, 2006: 50-56.
Yuan Baoyin. Quaternary Anratigrapohy and Environmen in Shuidonggou site. *Ningxia Relics and Essays in Paleolithic: in commemoration of the 80th anniversary of the discovery of Shuidonggou site*. Cultural Relics Publishing House, 2005: 50-56.

[17] 陈铁梅, Hedges R E M, 袁振新. 山顶洞遗址的第二批加速器质谱^{14}C年龄数据与讨论 [J]. 人类学学报, 1992, 11 (2): 112-116.
Chen Tiemei, Hedges R E M, Yuan Zhenxin. The Second Batch of Accelerator Radiocarbon Dates for Upper Cave Site of Zhoukoudian [J]. *Acta Anthropologica Sinica*, 1992, 11 (2): 112-116.

[18] 尤玉柱, 徐欣琦. 中国北方晚更新世哺乳动物群与深海沉积物的对比 [J]. 古脊柱动物与古人类, 1981, 19 (1): 77-86.
You Yuzhu, Xu Qinqi. The Late Pleistocene Mammalian Faunas of Northern China and Correlation with Deep-sea Sediments [J]. *Verterbrata Palasiatica*, 1981, 19 (1): 77-86.

[19] 李超荣, 郁金城, 冯兴无. 北京市王府井东方广场旧石器时代遗址发掘简报 [J]. 考古, 2000, 9: 781-788.
Li Chaorong, Yu Jincheng, Feng Xingwu. Excavation of an Palaeolithic Site at Oriental Plaza, Wangfujing, Beijing [J]. *Archaeology*, 2000, 9: 781-788.

[20] 李玉梅, 刘东生, 吴文祥等. 黄土高原马兰黄土记录的MIS 3温湿气候 [J]. 第四纪研究, 2003, 23 (1): 69-76.
Li Yumei, Liu Tungsheng, Wu Wenxiang et al. Paleoenvironment in chinese loess plateau during MIS 3: evidence from malan loess [J]. *Quaternary sciences*, 2003, 23 (1): 69-76.

[21] 施雅风, 于革. 40-30ka B.P.中国暖湿气候和海侵的特征与成因探讨 [J]. 第四纪研究, 2003, 23 (1): 1-10.
Shi Yafeng, Yu Ge. Warm-humid climate and transgressions during 40-30 ka B P and their potential mechanisms [J]. *Quaternary sciences*, 2003, 23 (1): 1-10.

（原刊于《第四纪研究》2008年第1期）

河南织机洞旧石器遗址的洞穴堆积和沉积环境分析[*]

刘德成[1]　夏正楷[1]　王幼平[2]　宝文博[2]

（1. 北京大学环境学院、教育部地表过程分析与模拟重点实验室，北京　100871；
2. 北京大学考古文博学院，北京　100871）

引　言

　　人类活动和自然环境是息息相关的，地貌和地层的发育如实地记录了地质环境的变迁。通过研究特定地区的地质地貌和古生物特征等来恢复古环境，然后结合该地区沉积地层中古人类活动遗迹遗物来阐述一定地质背景下古人类的生产生活方式发生发展的动力及其原因对理解现代人类与环境的关系有十分重要的指导意义。织机洞遗址是我国中原地区目前发现的一处重要的旧石器中晚期遗址。织机洞洞穴堆积地层厚度大，地层连续，时代为晚更新世初至历史时期，是中原地区重要的晚更新世洞穴堆积地层剖面。本文通过对织机洞周边地貌背景、洞穴地层沉积特征的观察和年代测定、孢粉分析等实验工作，讨论了洞穴地层的发育过程、当时的气候环境以及古人类活动与洞穴沉积环境之间的相互关系。

一、织机洞地区地质地貌

　　织机洞遗址位于荥阳市崔庙镇南，地处索须河上游，位于郑州市西南约50公里处，地理坐标34°38′N，113°13′E，是一处旧石器中晚期洞穴遗址（图一）。该洞穴遗址位于冲沟西侧的石灰岩陡壁上，洞口海拔高程450m左右，拔河高度40m，朝向350°。洞口宽13～16m，高12m，深约22m。洞前发育有一条近南北向小河，小河发育有三级阶地，分别高出河床11m、22m和39m，织机洞洞口与第三级阶地的阶地面大致等高（图二）。

---

[*] 基金项目：国家文物局文化保护科学和技术研究科题（2001003）、国家自然科学基金（40571168）、国家重点基础研究发展规划项目（2006CB806400）资助。

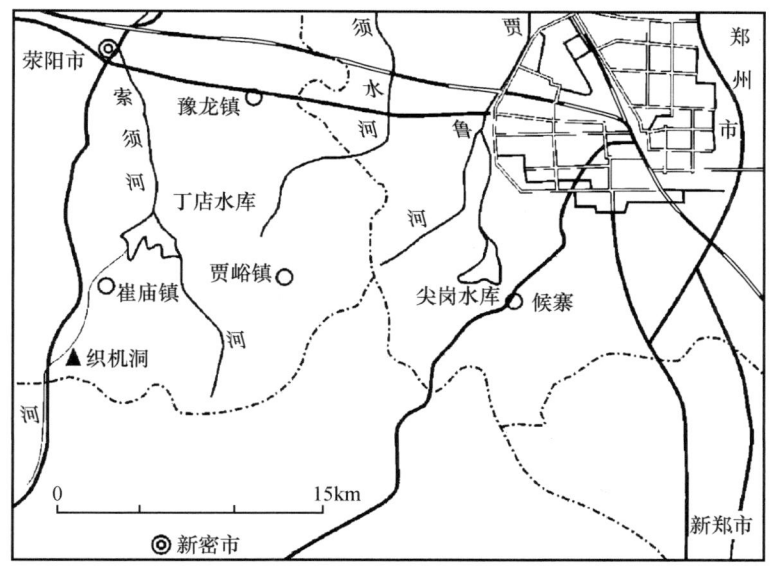

图一　织机洞地理位置图

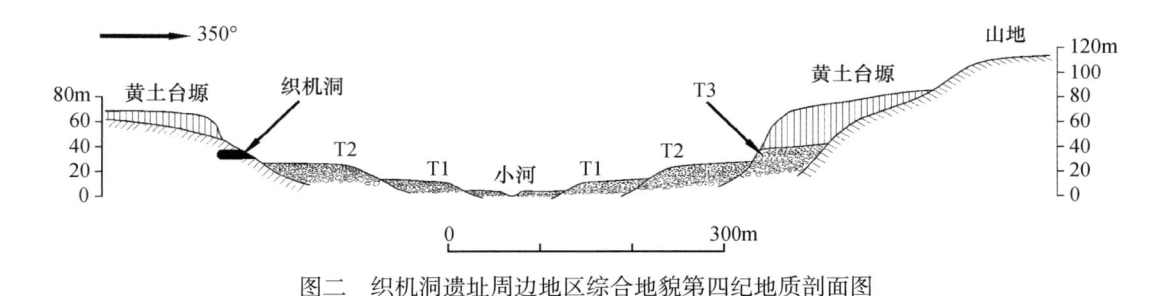

图二　织机洞遗址周边地区综合地貌第四纪地质剖面图

二、洞穴堆积地层

织机洞充填的洞穴堆积厚度大于15m，在前人工作和资料的基础上[1]，我们结合2003年和2004年的发掘，根据堆积物的岩性特征和所含文化遗存的性质，把堆积地层划分为四部分（图三）。

顶部：第8层

第8层　浅黄色粉砂，块状，含有少量灰岩角砾，角砾大小在10cm左右。上部含有秦汉时期的文化遗存；中部含仰韶时期的陶片，下部含裴李岗文化时期的陶片和磨制石器[1]，统称上文化层。根据所含文化遗存的性质，其时代应属全新世，其中中—下部为新石器文化，上部为历史时期。厚约3m。

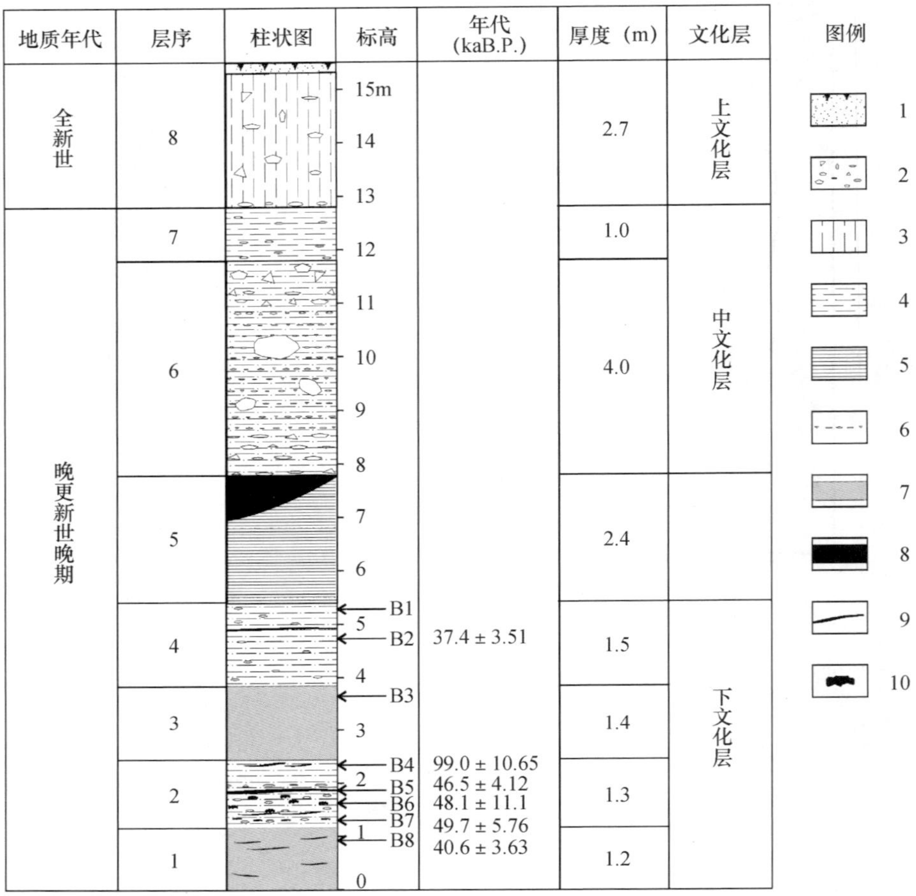

地质年代	层序	柱状图	标高	年代(kaB.P.)	厚度(m)	文化层	图例
全新世	8		15m 14 13		2.7	上文化层	1
晚更新世晚期	7		12		1.0	中文化层	2
	6		11 10 9 8		4.0		3
	5		7 6		2.4		4
	4		5 ←B1 ←B2 4	37.4±3.51	1.5	下文化层	5
	3		←B3 3		1.4		6
	2		←B4 2 ←B5 ←B6 1 ←B7	99.0±10.65 46.5±4.12 48.1±11.1 49.7±5.76	1.3		7
	1		←B8 0	40.6±3.63	1.2		8
							9
							10

图三　织机洞综合柱状图

1.表土　2.角砾层　3.黄土状土　4.砂质黏土　5.薄层钙质粉砂　6.细砾石　7.钙板　8.泥炭
9.黑色泥质条带　10.钙结核

上部：第6～7层

第7层　棕红色粉砂质黏土，块状，质地坚硬，易干裂，含有少量的钙质结核，发育垂直节理，厚约1m。没有发现文化遗存，可能属于更新世向全新世过渡时期。

第6层　浅灰黄色粉砂层，含大量的灰岩角砾，角砾似层状。角砾大小不一，大者粒径在30cm左右，最大甚至达到1m，大块的灰岩棱角尖锐，应为洞壁崩落下来的石块；较小的灰岩砾石大小在2～5cm，多呈扁平似圆状，经过一定程度的风化和磨蚀作用，说明经过流水的搬运。出土少量石器、人类用火遗迹和动物化石，为旧石器晚期文化，称中文化层。厚约4m。

中部：第5层

第5层　棕红色、灰白色钙质—粉砂质黏土，下部颜色偏红，粉砂的含量略有增加。本层在洞口横切断面上呈向上开口的袋状，具平行纹层，单层厚1~2mm，明显下凹，且由下至上，下凹的曲率逐渐减小，并接近水平。顶部在洞内保留有厚1m左右的黑色淤泥层。本层厚约2.4m。

下部：第1~4层

第4层　灰黄色粉砂质黏土，含有少量灰岩碎屑和灰黑色的钙泥质条带。含有少量石器。厚1.5m。

第3层　灰白、砖红色钙板层，顶部不平，有揉皱现象，含有少量石器，厚1.4m。

第2层　褐灰色砂质黏土，含有少量灰岩碎屑和钙结核，局部有灰黑色锰染的钙泥质条带。本层含有大量石器，尤其在下部比较集中。厚1.3m。

第1层　灰白、灰黄色钙质—粉砂质黏土，含黑色锰染泥质条带。含有较多的石器。本层厚度大于3.5m（未见底）。

第1~4层统称下文化层，为旧石器中晚期文化。

为了确定下部地层的绝对年代，我们在剖面下部地层中采集光释光样品8个，经测试取得了6个有效测年数据，大部分样品的年龄集中在距今5万~3.5万年之间，属更新世晚期，相当于深海氧同位素3阶段（MIS 3）（表一）。中间一个样品（B4）年代偏老，是相邻地层年代的两倍，为异常值，应当不予考虑。引起该样品测年数据偏老的原因可能与该层位堆积时不完全晒退有关。剖面中部和上部地层缺乏年龄数据，根据剖面下部年代为距今5万~3.5万年，顶部年代为全新世（小于1万年），推测剖面中部和上部的年代应在距今3.5万~1万年。

表一　织机洞下层剖面光释光独立测年数据

序号	样品编号	等效剂量（Gray）	年剂量率（Gray/ka）	年龄（ka B.P.）
1	B1		3.52 ± 0.10	
2	B2	171.2 ± 15.3	4.58 ± 0.13	37.4 ± 3.51
3	B3		7.85 ± 0.29	
4	B4	389.1 ± 40.4	3.93 ± 0.11	99.0 ± 10.65
5	B5	199.5 ± 16.6	4.289 ± 0.13	46.5 ± 4.12
6	B6	244.8 ± 55.9	5.09 ± 0.16	48.1 ± 11.1
7	B7	255.1 ± 28.5	5.13 ± 0.16	49.7 ± 5.76
8	B8	307.6 ± 24.8	7.579 ± 0.294	40.6 ± 3.63

三、沉积环境分析

根据织机洞剖面的沉积特征可以把洞穴的沉积过程由下至上分为四个阶段。

第一阶段：对应于洞穴堆积的下部（第1~4层）

这一阶段主要以钙质黏土和粉砂质黏土沉积为主，间隙发育钙板，主要为溶蚀残余堆积，堆积速度较慢。地层水平稳定，说明落水洞已经封闭。本阶段一直有人类活动遗存，含有大量打制石器、灰烬和烧过的动物的骨骼，表明当时古人经常在这里活动。说明此时洞穴为稳定的环境。

为了进一步分析该层位的气候环境特征，我们对该段剖面进行了孢粉采样。下文化层的孢粉样品按2cm厚度不连续采样，共采取了79个，控制剖面标高0.6~5.4m的地层，总长度为4.8m，即第1层的上部和第2~4层的全部（图四）。孢粉样品由地科院水文地质研究所孢粉实验室的张俊牌高级工程师负责室内的处理和鉴定。结果表明孢粉分属于39个科属，木本植物花粉18个科属，有松属（*Pinus*）、柏科（Cupressaceae）、桦属（*Betula*）、桤木属（*Alnus*）、鹅耳枥属（*Carpinus*）、栎属（*Quercus*）、胡桃属（*Juglans*）、枫杨属（*Pterocarya*）、漆树属（*Rhus*）、榆属（*Ulmus*）、槭属（*Acer*）、臭椿属（*Ailanthus*）、柳属（*Salix*）；灌木植物花粉有桑科（Moraceae）、木樨科（Oleaceae）、鼠李科（Rhamnaceae）、麻黄属（*Ephedra*）、蔷薇科（Rosaceae）；草本植物花粉17个科属，有蒿属（*Artemisia*）、藜科（Chenopodiaceae）、禾本科（Gramineae）、菊科（Compositae）、毛茛科（Ranunculaceae）、唐松草属（*Thalictrum*）、唇形科（Labiatae）、蓼属（*Polygonum*）、玄参科（Scrophulariaceae）、旋花科（Convolulaceae）、豆科（Leguminosae）、茄科（Solanaceae）、十字花科（Cruciferae）、小檗科（Berberidaceae）、车前属（*Plantago*）、伞形科（Umbelliferae）、大戟科（Euphorbiaceae）；蕨类植物孢子4个科属，有卷柏属（*Selaginella*）、水龙骨科（Polypodiaceae）、铁线蕨属（*Adiantum*）、石松属（*Lycopodium*）。

孢粉组分表明草本植物花粉占有绝对优势，最低百分含量在62.5%，最高达100%。而草本花粉中基本上以蒿属、藜科、禾本科为主，含有少量的豆科、茄科、毛茛科和唐松草属花粉。而木本植物花粉仅少量出现，松属花粉基本上连续出现，间断出现代表温湿榆属、栎属、漆树属和槭属花粉。蕨类仅少量出现，反映了洞穴的一定的湿润环境。总体属于以蒿属—藜科—禾本科为主的气候比较温暖湿润的暖温带草原—疏树草原环境。

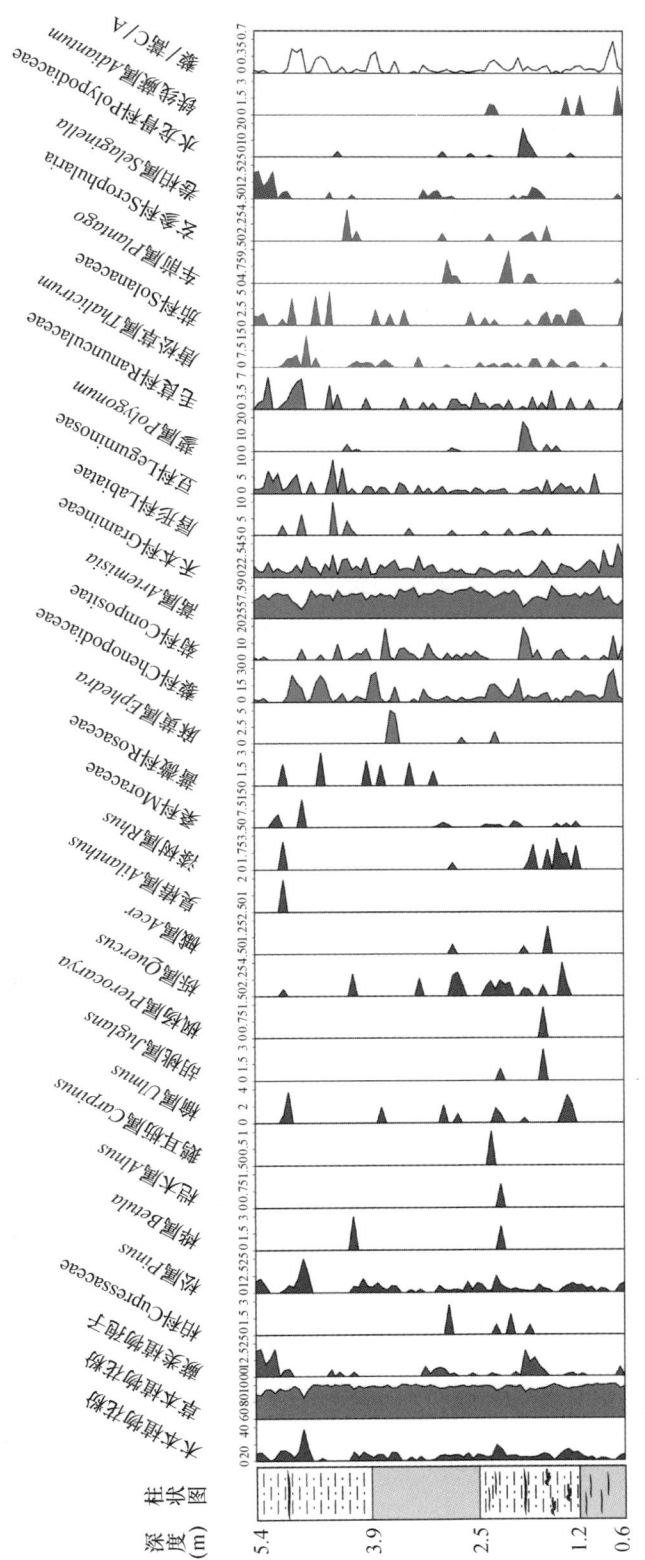

图四 下文化层孢粉组分百分比含量图

第二阶段：对应洞穴堆积的中部（第5层）

为一套粉砂—黏土质粉砂沉积物，地层由下至上呈现由强至弱的变形。说明落水洞在该地层发育时持续活动，流水不断掏空洞底沉积物，引起上部地层下陷变形，甚至局部发生了错断。连续而又稳定的薄层状粉砂—黏土质粉砂表明此时接受的是水动力较小的稳定水体环境。洞内该层顶部淤泥堆积表明在此时洞内为局部滞水、还原的沉积环境。这一段地层没有发现有古人类活动的痕迹。以上各种现象暗示着人类活动空间的丧失，洞内的积水和地层的塌陷使得人们暂时放弃了在此生活。

第三阶段：对应地层剖面的上部（第6~7层）

该段地层水平发育，指示落水洞停止了活动。厚层的大量的灰岩角砾和土状堆积以及没有层理显示都表明此时发生了大量的崩塌。这一阶段正处于末次冰期冰盛期，而恶劣的气候也可能加快了洞穴的崩塌。这段时期人类活动遗迹比较少。以上种种迹象表明这个阶段织机洞是一个不稳定的生活空间，气候也不太适宜。

第四阶段：对应剖面顶部（第8层）

为含有新石器文化遗存和历史时期人类活动的黄土状堆积。洞穴基本上被填满，层理更加不明显，并且常有人类来此活动，此时为冰后期暖湿的环境。

四、结　　论

织机洞地层的四个部分各自代表不同的沉积环境。第一阶段洞穴稳定发育，落水洞停止了发育，气候为比较温暖湿润的温带草原—疏林草原气候。第二阶段洞穴滞水，发育了薄层粉砂，洞里还有淤泥沉积。落水洞一直发育，导致该段地层发生了凹陷。洞穴环境是不稳定的。第三阶段为厚层角砾层，大量的灰岩角砾混合着黄土状土是本阶段典型的沉积特征，暗示着洞穴经常发生崩塌。这一时期也代表了一个不稳定的生活环境。第四阶段进入了全新世，也是为含有大量灰岩角砾的黄土状堆积。全新世我国中原地区的气候还是比较适宜的。这时的洞穴基本被填满，洞穴发育也是相对稳定。

古人类活动与织机洞不同的沉积环境是密切相关的。洞穴地层的四个阶段对应着古人类不同的活动强度。第一阶段稳定的洞穴环境和温暖适宜的气候适合人类在此生活，人类在此打制石器，生火进食，形成了含有丰富文化遗存的织机洞下文化层。第二阶段不稳定的地层和水湿的环境不利于人们在此生活，故没文化遗迹。第三阶段不稳定的堆积环境也使得人们不能长期在此生活，形成含有少量旧石器晚期文化的织机洞中文化层。进入全新世的第四阶段相对稳定的洞穴环境也为先人们在此活动提供了条件。

织机洞不同时期的人类文化还和气候环境有着良好的对应关系。在距今5万~4万年，稳定的洞穴环境和良好的气候为古人类发展提供了有力的自然物质保障。此时在适合人类生活的织机洞留下了大量的古人类文化遗存。而此时正处于深海氧同位素（MIS）3阶段，是末次冰期里的间冰阶。全球大部分地区是一个比较温暖湿润的时期[2~6]，正处于旧石器晚期人类大发展时期的前夕。这种温暖适宜的气候也许是为随之而来的"旧石器晚期革命"提供必要的准备。而在末次冰期冰盛期，人类的活动受到了一定的抑制，与此对应的织机洞地层第二阶段也反映了这种情况。全新世全球气候变暖，人类文化进入了繁荣时期，在织机洞顶部保存了丰富的新石器和历史时期古人类文化遗存。

综上所述，织机洞的古人类活动同织机洞的发育以及气候环境的变化是密切相关的。稳定良好的洞穴环境和温暖湿润的气候促进了人类在此生活繁衍，相反，古人类在此的活动则受到了一定的抑制。

参 考 文 献

[1] 张松林，刘彦锋.织机洞旧石器时代遗址发掘报告[J].人类学学报，2003，22（1）：1-2.

[2] 施雅风，贾玉连，于革等.40~30kaB.P.青藏高原及邻区高温大降水事件的特征、影响及原因探讨[J].湖泊科学，2002，14（1）：1-11.

[3] 施雅风，于革.40~30kaB.P.中国暖湿气候与海侵的特征和成因探讨[J].第四纪研究，2003，23（1）：1-11.

[4] 杨保，施雅风.40~30kaB.P.中国西北地区暖湿气候的地质记录及成因探讨[J].第四纪研究，2003，23（1）：60-68.

[5] 李玉梅，刘东生，吴文祥等.黄土高原马兰黄土记录的MIS 3温湿气候[J].第四纪研究，2003，23（1）：69-76.

[6] 陈一萌，饶志国，张家武等.中国黄土高原西部马兰黄土记录的MIS 3气候特征与全球气候记录的对比研究[J].第四纪研究，2004，24（3）：359-365.

（原刊于《人类学学报》2008年1期）

河南新密李家沟遗址古环境分析*

张俊娜[1]　夏正楷[2]　王幼平[3]　顾万发[4]　汪松枝[4]

（1. 北京联合大学考古学研究中心环境考古实验室，北京　100191；2. 北京大学城市与环境学院，北京　100871；3. 北京大学考古文博学院，北京　100871；4. 郑州市文物考古研究院，河南郑州　450000）

　　世界范围内旧石器向新石器过渡的时间均发生在距今1万年前后，对应地质历史上更新世向全新世转变的时期，此时气候环境发生了诸多波动[1~3]。研究这一时期古人类的生存环境，有助于我们更深入地理解从旧石器文化向新石器文化转变、农业起源等的动因和机制。目前国内外已有学者进行了相关研究，如夏正楷等人对于家沟[4]、柿子滩[5]、东胡林[6]等遗址的古环境研究，Vladimir Lozovski等人对Zamostje 2号点的研究[7]等。然而，由于旧—新石器过渡时期考古遗址的材料较珍贵，一直以来这方面的研究还较少，对旧—新石器过渡时期古人类生存环境的了解还不够深入。受考古发掘情况限制，我国中原地区目前还缺乏对旧石器晚期到新石器早中期连续堆积遗址的古环境研究。

　　作为中原地区旧、新石器过渡的代表性遗址，李家沟遗址于2004年底郑州市文物考古研究院进行旧石器考古专项调查时发现。2009年开始，北京大学考古文博学院与郑州市文物考古研究院对遗址进行了多次抢救性发掘，证实李家沟遗址的年代为距今1万年前后，包含从旧石器时代晚期到新石器时代早期的"细石器—李家沟—裴李岗"三文化叠压关系的地层剖面，为寻找中原及邻近地区旧、新石器时代过渡阶段遗存提供了地层学的参照[8~11]。李家沟遗址地层堆积连续、延续时间长、文化序列完整，是研究我国北方地区旧新石器过渡阶段古环境的宝贵材料。

　　李家沟遗址所在的华北地区在更新世末至全新世初期经历了末次冰消期的气候转暖、新仙女木冷气候事件（Younger Dryers）以及之后的气候升温期[12~14]，气候波动频繁，环境变化剧烈。本文拟通过对李家沟遗址地貌结构和沉积物环境指标的分析，探讨遗址所在区域旧—新石器文化过渡阶段的古环境特征，为进一步深入了解中国华北地区旧—新石器过渡时期古人类的生存环境提供依据。

---

*　基金项目：国家社科基金重大项目（11&ZD120）、国家自然科学基金（41501216）、北京联合大学人才强校优选计划（BPHR2018DS02）支持。

一、遗址所在区域的地貌结构

李家沟遗址位于河南省新密市岳村镇李家沟村西南约1km的椿板河（溱水河上游）东岸，地理坐标为34°41′19.2″N，112°41′15.1″E，海拔203m，高出河面约12m。

遗址所在地区属于豫西嵩山东南麓的山前黄土洪积倾斜平原，地势比较平坦，略向东南方向倾斜（图一，1）。平原上大小河流纵横，沿河流两岸，山前黄土洪积平原由于河流的下切，往往出现高度不等的黄土陡崖，形成黄土台地。其中河流上游的黄土台地相对较高，可达数十米，台地陡坎上出露有发育良好的黄土—古土壤剖面。沿河而下，黄土台地的高度不断降低，并逐渐过渡为冲洪积平原。

李家沟遗址的文化遗存埋藏在河流二级阶地的堆积物之中（图一，2），从阶地堆积物的底部到顶部，依次出现旧石器晚期文化遗存、新石器早期的李家沟文化遗存和稍晚的裴李岗文化遗存。

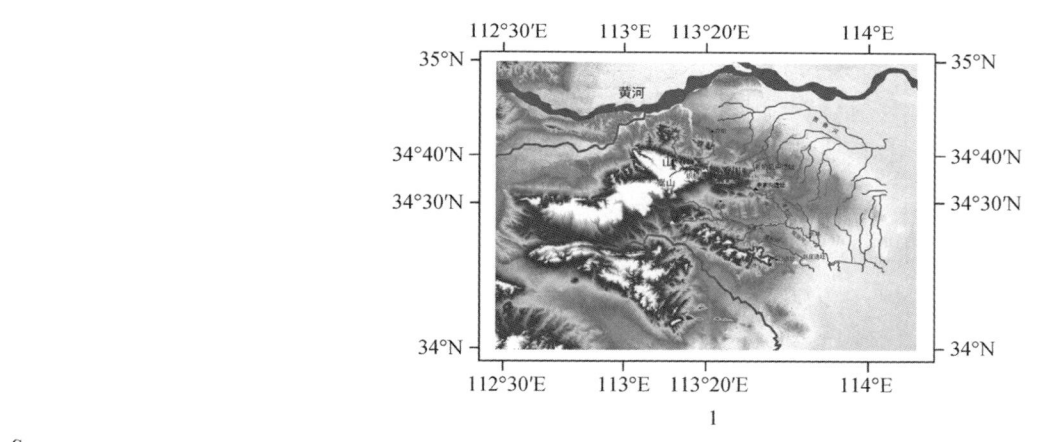

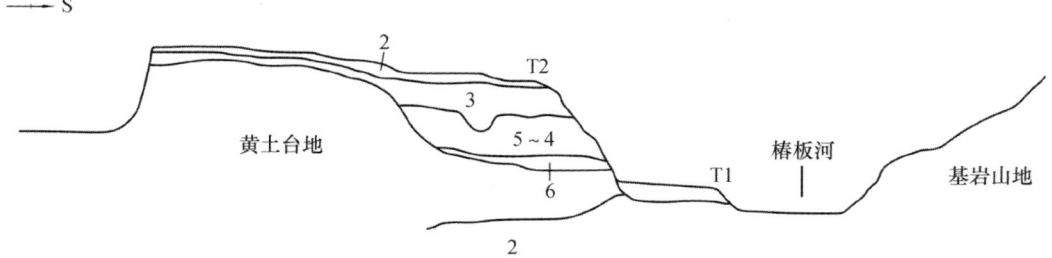

图一 李家沟遗址的地貌部位和地貌结构

二、采样地层剖面描述和年代

李家沟遗址包括南北两区,我们在南区南壁第3层、6层、7层,和北区东壁等同于南区第4~5层的层位采样。将两个剖面所采样品按照地层先后顺序连接起来,建立地层剖面。为了避免人类活动对沉积地层的影响,我们尽可能地选择包含文化遗物少的剖面处进行采样。共采集83个连续样品,每个样品厚度为5cm(图二)。剖面特征由上而下描述为:

第1层:扰土层,含有陶片和瓷片等近现代遗物,厚4~34cm。

本层未采样。

第2层:棕褐色砂砾石层,主要分布在南区,厚94~176cm。含有大量大小不一、略有磨圆的钙结核,构成明显的大型斜层理,属于原生钙结核经河流再搬运的堆积产物。层内含有少量裴李岗文化时期的陶片,疑为非原地埋藏。本层在区域内可见叠压在裴李岗文化层之上。

本层未采样。

第3层:暗灰色细砾粗砂层,主要见于南区,厚18~134cm。其分布呈不规则的透镜体状,中部厚度较大,向东西两侧变薄。透镜体底面为明显的侵蚀面,顶面略有下凹。组成透镜体的细砾粗砂磨圆度不好,但有一定的分选,其中可见较多的棕黄色粗砂细砾条带(长10~20cm),产状近乎水平,略有下凹,判断它属于侵蚀充填堆积。其中出土有零星的裴李岗时期的陶片,可能经过后期搬运,疑为非原地埋藏。

本层南区采样处厚115cm,采样23个,样品编号XL3-1~XL3-23。

第4层:暗灰色杂有棕黄色的黏土质粉砂层。在南区厚14~78cm,由于受上覆地层(第3层)的下蚀切割,仅在局部有所分布,属于侵蚀残余堆积。在北区,本层与下伏地层不易区分。文化遗物极少。

本层北区采样处厚50cm,采样10个,样品编号XLN4-24~XLN4-33。

第5层:暗灰色为主,杂有棕红色的黏土质粉砂。在南区厚40~156cm,含有少量

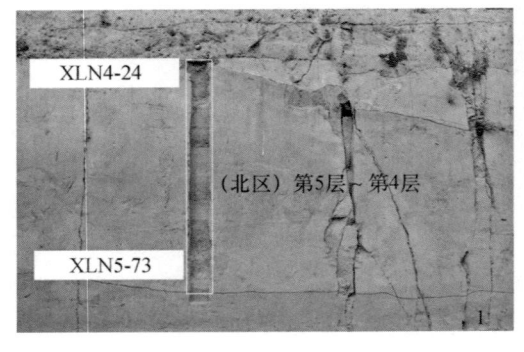

图二 李家沟遗址沉积物采样地层剖面

新石器早期的压印纹夹砂陶片和石磨盘等文化遗物,由于第3层的侵蚀破坏,本层被分割为彼此不相连的东西两部分。在北区探方东壁堆积比较稳定,致密块状,质地均一,其中发现数量较多的陶片、石制品(细石器和磨盘、石锛等)和小型鹿类动物的骨骼碎片等,属李家沟文化层。

本层北区采样处厚200cm,采样40个,样品编号XLN5-34～XLN5-73。

第6层:褐棕黄色砂砾石层。南区厚40～182cm,呈顶凸底平的透镜状分布,发育有较厚斜层理,初步推测为沙坝堆积。其底部分布有丰富的文化遗存,既有船形、柱状的细石核与细石叶等典型的细石器文化遗存,也有局部磨制的石锛与素面夹砂陶片,呈现旧—新石器过渡阶段的特征。同时还发现有用石制品和人工搬来的石块所组成的椭圆形石圈和大型食草动物(如大中型鹿类、马、牛等)的骨骼遗存。北区本层不甚发育。

本层南区采样处厚35cm,采样7个,样品编号XL6-73～XL6-80。

下伏地层:

第7层:灰黄色黄土,夹有棕红色古土壤层。为阶地基座。出露厚度大于15cm。

本层在南区顶部采样15cm,采样3个,样品编号XL7-81～XL7-83。

其中采自南区剖面第6层(细石器文化层)的木炭样品年龄在10 300-10 500 cal aB.P.(经过树轮校正,下同);采自北区不同层位的木炭样品年龄约为1万cal aB.P.(第6层)、9000 cal aB.P.(第5层)和8600 cal aB.P.(第4层)(具体测年数据见Wang等,2015,表2[15])。

三、沉积物古环境指标分析

为了进一步了解李家沟遗址剖面的沉积环境特征和古植被古气候特征,我们将所采集的83个样品做了粒度、磁化率、色度和孢粉分析。其中粒度、色度分析在中国地质科学院地质力学研究所第四纪地质与环境实验室完成,磁化率分析在北京大学城市与环境学院地表分析与模拟实验室完成,孢粉分析在吉林大学古生物学与地层学研究中心完成。各个环境指标的分析结果如下。

(一)粒度分析

1. 粒度参数特征

结果可见,沉积物的粒度组成以粉砂为主(40%～75%);砂次之(15%～55%),黏土含量较少(3%～10%)。不同层位的粒度组成存在较明显的变化(图三)。

第7层(401～415cm,黄土层)。此段粒径较细,中值粒径(Md)变动于27.45～37.73μm,平均值31.5μm。以粉砂为主(66.37%～70.8%),其次为砂(19.55%～27.75%),黏土含量较少(5.47%～9.65%)。

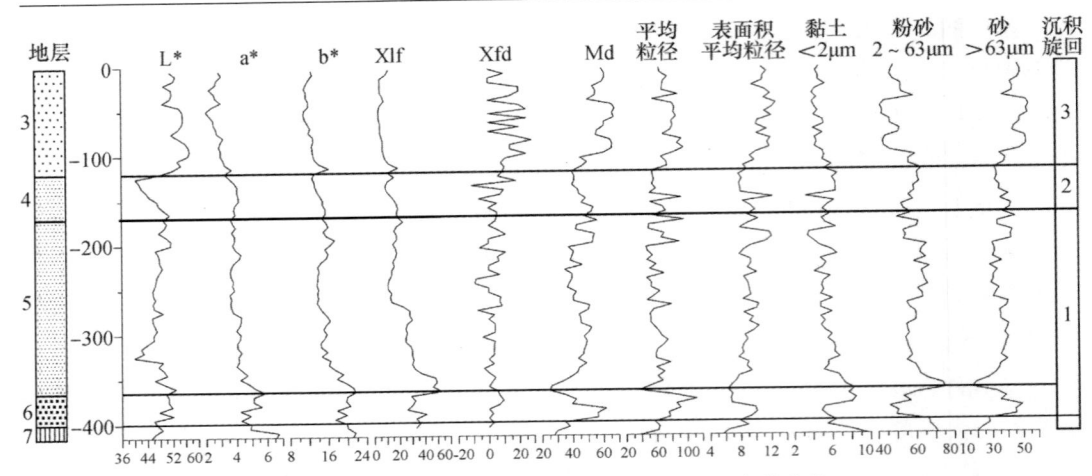

图三 李家沟遗址剖面色度、磁化率、粒度参数曲线

L*为亮度值，a*为红度，b*为黄度；Xlf为低频磁化率值，Xfd为频率磁化率值；Md为中值粒径，<2μm、2~63μm、>63μm为不同粒径区间的沉积物百分含量

第6层（366~400cm，旧—新石器过渡文化层）。此段粒度较粗，中值粒径（Md）变化于34.97~61.57μm之间，平均值46.53μm。以粉砂为主（45%~60%），但砂的含量明显增多，达30%~50%，含少量黏土（4.87%~8.43%）。

第5层（166~365cm，李家沟文化层）。其粒度变细，中值粒径（Md）变化于24.7~56.30μm之间，平均值43.64μm。以粉砂为主（50%~75%），砂的含量减少，仅占16%~46%，黏土含量较少（3.4%~8.3%）。

第4层（116~165cm，裴李岗文化层）。粒度较细，中值粒径（Md）变化于39.70~53.69μm之间，平均值45.60μm。以粉砂为主（52%~63%），砂的含量较少，占31.8%~42.2%，黏土含量较少（3.3%~6.6%）。

第3层（0~115cm，裴李岗文化层）。其粒度较粗，中值粒径（Md）变动于45.24~66.24μm之间，平均值为58.96μm。粒度组成以粉砂为主（40%~60%），砂的含量较多（35%~55%），还含有少量黏土（3.9%~6%）。

对野外沉积地层性状的观察表明，剖面底部的第7层，其岩性特征和中原地区常见的马兰期黄土—古土壤剖面相近[16]，推断为晚更新世（马兰期）的黄土—古土壤堆积，与上覆的阶地堆积（第6层）之间有明显的侵蚀面，属于阶地的基座。

剖面主体（第6~2层）具有河流沉积的特征，属于阶地堆积物，其年代从全新世早期到裴李岗时期。粒度分析结果表明，阶地底部的第6层以粗粒为主，向上第5层和第4层都以细粒为主，共同组成一个完整的河流二元结构，反映河流从河床相到河漫滩相的堆积过程，对应旧新石器过渡——李家沟文化时期；剖面上部的第3层，沉积物再次明显变粗，与第4层之间的侵蚀面十分清楚，代表第二个河流沉积旋回；至于剖面顶部的第2层，没有做粒度分析，仅根据野外剖面所见，其粒度更粗，与第3层之间侵蚀面清楚，属于第三个河流沉积旋回。后两个沉积旋回都缺乏上部的细粒部分，推测为侵蚀破坏所致。

2. 粒度曲线特征

根据粒度分析结果绘制出83个样品的频率曲线和粒度概率累积曲线，发现不同层位的粒度曲线具有不同的特征，从而反映它们在沉积环境上的差异，本文选择每层的代表性曲线进行讨论（表一）。

第6层：粒度频率曲线为多峰态，主峰在4～4.5Φ，含量约为4%，属宽峰，分选差。粒度概率累积曲线以悬移组分（>4.5Φ）为主，占50%以上，跃移组分（1.5～4.5Φ）次之，占30%左右，推移组分（0～1.5Φ）少量，仅占10%～15%。

野外所见，第6层位于阶地堆积物的底部，主要由粗砂和细砾组成，砂砾石磨圆差，分选不好，局部可见斜层理。根据粒度曲线特征和野外沉积结构，判断本层属于河床堆积。在河流急剧下切形成的河谷底部，由于河水流态极不稳定，物质来源比较复杂，有泥（水）石流、坡积物等不同成因的物质相互混杂。

第4～5层：粒度频率曲线以双峰态为主，主峰位于4～4.5Φ，峰值不高，峰态中等—较窄，两侧基本对称。粒度概率曲线由滚动段、跃移段和悬浮段三部分组成，其中滚动段（0～2Φ）占10%，斜率大，分选好，与第6层的粒度曲线相比，主峰峰值较高，各段分异比较明显。

粒度曲线的总体特征说明本层属于河床边滩—滨河床砂坝堆积。由于这里靠近河床，水动力条件较强。且受水面波浪的影响，水流携带的物质主要以跃移方式往返运移，部分粗颗粒还会以滚动的方式运移。

第3层：粒度频率曲线都为单峰，主峰在4.5Φ，含量7.5%～8%，峰态窄—较窄，分选好—较好。粒度概率累积曲线呈两段式，由跃移质和悬移质两部分构成，其中跃移组分（2.5～5Φ）占60%～70%，斜率较大，分选好，部分样品的跃移组分由斜率不同的两段组成，反映水流的往复作用；悬移组分（>5Φ）约占30%，斜率小，分选差；部分样品有推移组分。

野外所见本层底部具有明显的冲刷槽，冲刷槽下切在原先形成的漫滩堆积层之中，槽内含有多个条带状粗砂细砾的夹层，具有侵蚀再充填的堆积特征。根据粒度特征和野外沉积结构特征，推测第3层属于河床堆积。

根据剖面各层的粒度参数和粒度曲线特征，并结合剖面的野外沉积特征，我们可以进一步确定李家沟遗址剖面的阶地堆积物所反映的三个河流沉积旋回。

第一个旋回由剖面中—下部的第6～4层组成，其中第6层属于新河谷形成初期河床堆积，第5层以河床边滩堆积与滨河床砂坝堆积交互出现为特征，第4层主要为滨河床砂坝堆积，下粗上细，构成一个完整的河流沉积旋回；

第二旋回由剖面上部的第3层组成，主要由具侵蚀充填结构的河床堆积构成旋回下部的粗粒部分，由于后期侵蚀。旋回上部的细粒部分缺失，属于一个不完整的河流沉积旋回；

第三个旋回由剖面顶部的第2层组成，主要为河床相的砂砾石层，构成旋回下部的粗粒堆积。本层上部受侵蚀作用，缺少旋回上部的细粒部分，也属于一个不完整的河流沉积旋回。

表一 李家沟遗址剖面各层的粒度曲线特征

地层	代表性粒度频率曲线	代表性粒度概率累积曲线	粒度曲线特征	主要沉积类型	粒度特征	沉积旋回	文化时期
3			单峰、两段式分选较好，以跃移为主，悬浮次之	水动力很强，具侵蚀充填结构的河床堆积	粗	II	裴李岗文化
4			单峰、两段式分选较差，以跃移为主，悬浮次之	水动力较弱的滨河床沙坝堆积	略粗		
5			双峰、多段式分选较差，以跃移为主，悬浮和滚动次之	水动力较强的边滩—滨河床沙坝堆积	细	I	李家沟文化
6			双峰、多段式分选较差，以悬浮为主，滚动和跃移次之	物源和水动力复杂的河床堆积	粗		新旧石器过渡文化
7				黄土基座			马兰黄土

（二）色度和磁化率分析

根据图三所示，阶地堆积物（第6~3层）的亮度值（L*）变动于39.87~57.46之间，各层的平均值以第3层最高，第6层次之，第5层较低，第4层最低（图三）。红度（a*）变化于为2.03~5.84，各层的平均值以第6层最高，向上逐渐减低，第3层最低。黄度（b*）变化于11.02~21.6之间，各层的平均值以第6层最高，向上逐渐减低，第3层最低。而阶地基座堆积（第7层）的L*值较低，a*、b*等值较高，具有显著的黄土色度的特征[17]。

阶地堆积（第6~3层）的低频磁化率（Xlf）值变化于4~53×10^{-8}m^3/kg之间，均值变动于7.13~33.83×10^{-8}m^3/kg之间，在剖面第6层和第5层下——中部较高，第5层上部和第4层较低，第3层最低（图三）。频率磁化率（Xfd）变化于-4～28.6之间，均值变动在1.52～11.68之间，沿剖面Xfd变化以剖面的第5层下部最低，第3层最高。Xlf与Xfd的变化存在一定的负相关关系。

（三）孢粉分析

根据鉴定结果，李家沟剖面总体孢粉类型比较少，共出现35个科的植物种类。以草本植物花粉为主，乔、灌木植物花粉较少，蕨类植物孢子零星出现。淡水静水生长的藻类植物孢子在个别样品中有较多出现。根据孢粉组合特征，将该剖面划分为7个孢粉组合带（图四）。自下而上各带孢粉组合特征描述如下。

第Ⅶ孢粉带：对应剖面第7层（XL7-81～XL7-83）。

该带孢粉浓度极低（几乎为0粒/克），草本植物占绝对优势（84%～91%，均值87%），其中菊科含量居半（43%～48%），蒿属、禾本科、藜科和荨麻属含量相近。乔灌木较多（9%～16%，均值13%），主要为针叶树（松属，7%～12%），出现有暖温带落叶阔叶林的代表性树种柳属、桦属和榛属等。含零星环纹藻。

第Ⅵ孢粉带：对应第6层（XL6-74～XL6-80）。

该带孢粉浓度极低（几乎为0粒/克），草本植物占绝对优势（94%～99%，均值97%），其中菊科含量较多（25%～59%），蒿属（10%～29%）次之，禾本科、藜科和荨麻属含量较高。乔灌木较少（1%～5%，均值3%），主要为松属，出现有暖温带落叶阔叶林常见树种栎属、榆属、榛属、柳属、椴属等。含零星环纹藻。

第Ⅴ孢粉带：对应第5层下部（XLN5-73～XLN5-54）。

该带孢粉浓度为0～51粒/g，下部极低，上部明显升高。草本植物占绝对优势（87%～100%，均值95%），其中菊科含量居半（34%～67%），蒿属和荨麻属次之，禾本科和藜科较少。乔灌木少量（0～5%，均值3%），主要为松属，还有绣线菊属植物等落叶阔叶树，环纹藻明显增多（0～66粒）。含少量双星藻。

第Ⅳ孢粉带：对应第5层中部（XLN5-55～XLN5-56）。

该带孢粉浓度较大（44～45粒/g之间，均值45粒/g）。草本植物占优势（75%～79%，均值77%），其中除蒿属外，菊科、禾本科、荨麻属、藜科含量普遍减少。乔灌木含量明显增多（21%～25%，均值23%），主要为松属（10%～25%），含量达到峰值，除少数绣线菊属植物之外，不见其他阔叶落叶树。环纹藻较多。

第Ⅲ孢粉带：对应第5层的上部（XLN5-34～XLN5-57）。

该带孢粉浓度较高（28～80粒/克，均值为52粒/g），但变化较大。草本植物占绝对优势（90%～99%，均值96%），其中菊科（34%～69%）含量过半，蒿属（16%～40%）次之，藜科、禾本科和荨麻属较少。乔灌木少量（3%～10%，均值6%），主要为松属（1%～7%），还有少量绣线菊科植物，其他阔叶落叶树数量不多，

图四

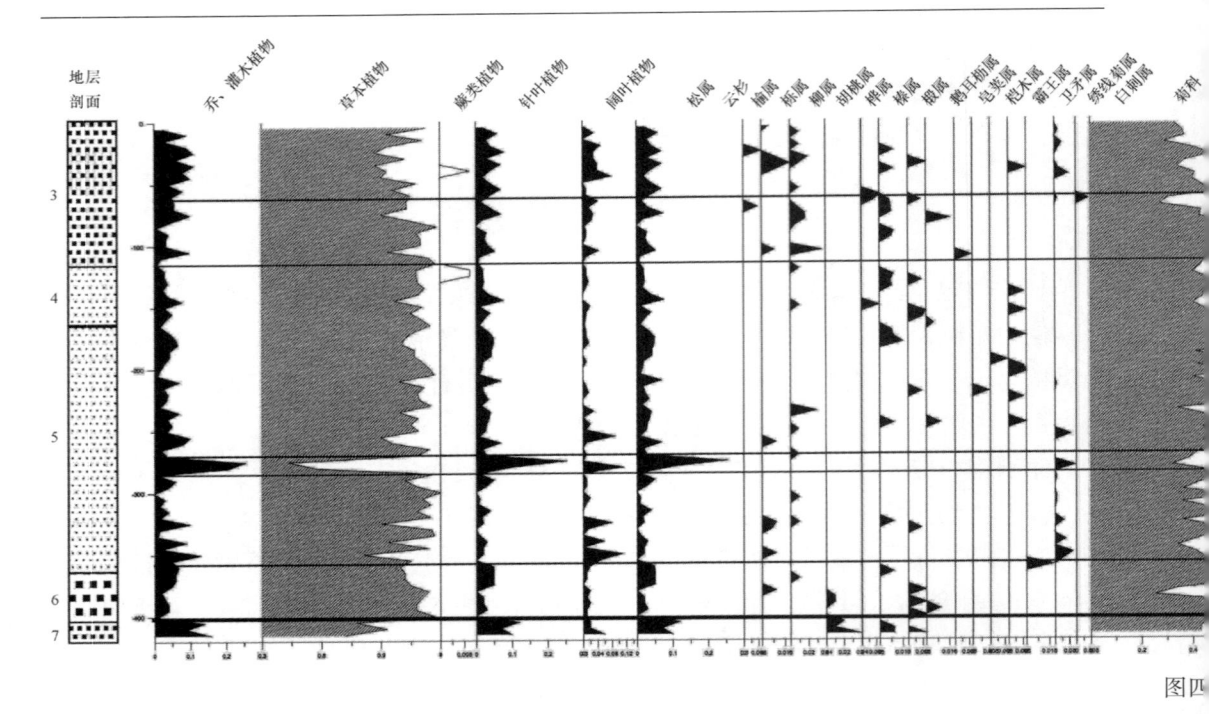

但种属较多，多为暖温带落叶阔叶林常见的树种，还有个别耐旱的树种（白刺属）。出现少量的水生植物和环纹藻。

第Ⅱ孢粉带：对应第4层（XLN4-24～XLN4-33）。

该带孢粉浓度较高（28～114粒/克之间，均值为67粒/克），但波动较大。草本植物占绝对优势（92%～98%，均值为96%），其中菊科含量过半（40%～97%），蒿属次之（21%～50%），禾本科、荨麻科和藜科普遍偏低。乔灌木少量（2%～8%，均值为4%），主要为松属（2%～8%），落叶阔叶植物零星，种属减少，线菊属植物消失。出现零星水生植物和藻类。

第Ⅰ孢粉带：对应第3层（XL3-1～XL3-23）。

该带孢粉浓度较高（25～219粒/克，均值为70粒/克），但变动较大。草本植物占绝对优势（89%～99%，均值为94%），其中菊科含量近半（29%～67%），蒿属次之（21%～80%），荨麻属、藜科和禾本科等伴人植物含量普遍偏低。乔灌木少量（1%～7%，均值为4%），主要为松属，落叶阔叶植物数量零星，但种属较多，包括榆属、栎属、胡桃属、桦属、榛属、椴属、鹅耳枥属、霸王属、绣线菊属等。

四、古地震遗迹分析

考古发掘揭示李家沟遗址地表以下埋藏有规模较大的断裂破碎带和众多的古地震裂缝。在探方壁上和底面，可以清楚地观察到这些构造形迹（图五）。

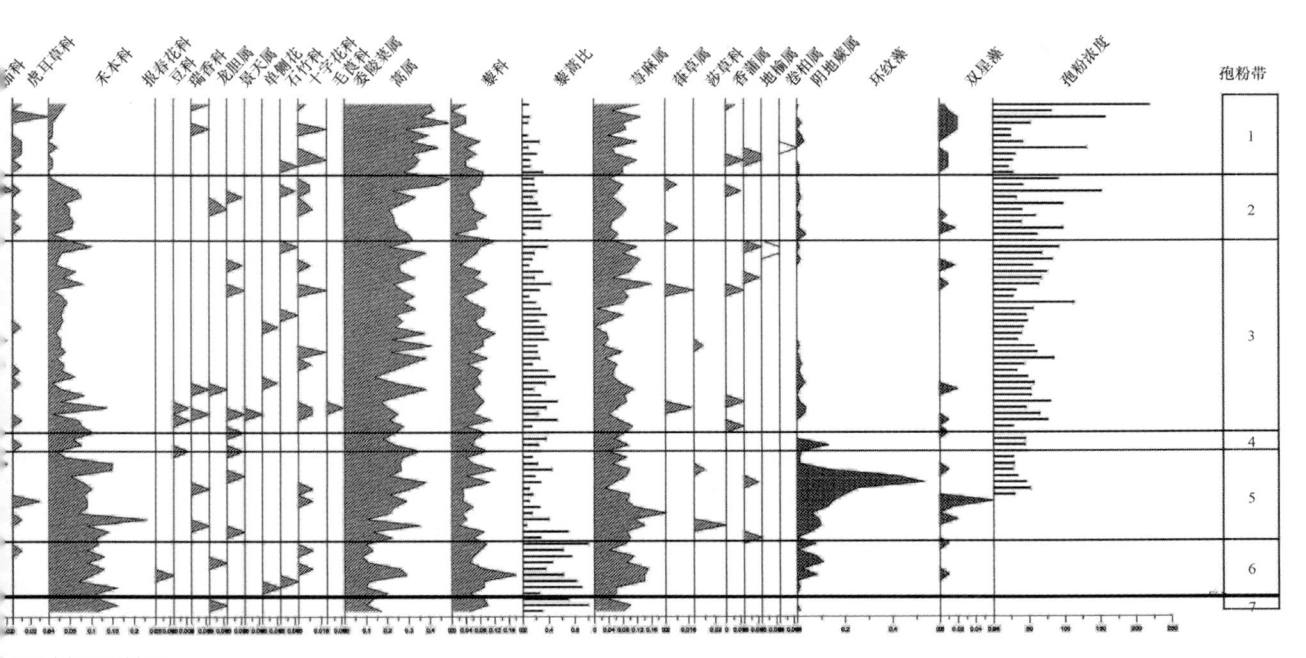

遗址剖面孢粉图

（一）断裂破碎带

　　主要见于探方南区南壁最东端的T2阶地后缘，这里发育有一条宽1米许的断裂破碎带（图五，1）。断裂破碎带内地层破碎，夹杂有大量不同时代阶地堆积物的块体，这些堆积物块体大小混杂、排列无序。破碎带的总体产状近乎直立，走向NNW，在南区其西南侧为阶地堆积，东北侧为构成黄土台地的黄土—古土壤，断裂带上被含有大量钙结核的第2层所覆盖。由于第2层中含有裴李岗时期的陶片，说明这一断层的活动时间

图五　李家沟遗址古地震遗迹

应该在裴李岗文化期间，属于新断层（活动断层），可能是老断层再次发生活动。在北区，这一断层破碎带西侧为阶地堆积，并造成北区的阶地基座面与南区阶地基座面之间出现一定的高差。

（二）古地震裂缝

在探方南区，在由第7层黄土—古土壤组成的阶地基座面上，可以见到密集布的大小裂缝。其中以探方南壁最为明显（图五，1），这里大部分裂缝开口于第7层顶面，彼此相隔10~20厘米，形状各异，有的呈上大下小楔状，有的呈两边平行的箱状，深度大于20厘米（以下探方没有揭示），裂缝中充填有来自上覆第6层的河流砂砾石，推断为古地震形成的地裂缝（图五，2、3）。根据裂缝没有进入第6层，其中的充填物为第6层的物质，推断这一地震事件发生在阶地形成之前，早于新旧石器过渡时期，不会晚于10 500年。由于这些裂缝都分布在阶地底部侵蚀面之下的黄土地层中，推测地裂缝可能属于黄土期的古地震遗迹，目前我们见到的仅仅是经河流侵蚀后残留的古裂缝根部。

在同一探方壁上，我们还发现有部分地裂缝从黄土向上分别贯穿到阶地堆积第6层、第4层和第3层的顶面，并且分别被第4层、第3层和第2层所覆盖，据此我们推断在第4层之前，第3层之前以及第2层之前，也就是说在新旧石器过渡时期结束、李家沟文化结束、裴李岗早期结束之前这三个阶段，本区至少发生过三次地震，根据地裂缝数量较少，推测这几次古地震的规模要远小于新旧石器过渡之前的那次地震事件。

这些古地震遗迹出现在大断层破碎带南界约10米的范围之内，有的甚至与破碎带相连通，说明它们的出现与大断裂带有密切的关系，是大断裂多次活动引发的古地震遗迹。

五、遗址沉积环境和植被环境分析

（一）沉积环境

根据剖面的色度、磁化率和粒度参数特征曲线，把与李家沟遗址相关的黄土—河流沉积过程划分为四个阶段：

黄土堆积阶段：对应于剖面第7层顶部，属阶地的黄土基座。此段粒径较细，以粉砂为主，其次为砂，黏土含量少量；红度（a*）和黄度（b*）值较高，沉积物偏红黄色，与黄土堆积相近[18]。说明这一时期是黄土堆积时期，对应我国马兰黄土堆积阶段[19~20]。

第Ⅰ河流旋回的早期阶段：对应剖面第6层，属于阶地堆积的下部。此段粒径较粗，以粉砂为主，但砂的含量明显增多，黏土少量。此段的亮度（L*）值相对于第7层的黄土堆积略有升高，红度（a*）、黄度（b*）值有所下降。低频磁化率（Xlf）处于高值段的低谷区。第6层所具有的上述颗粒粗，色浅，比较明亮等特征，都说明第6层属于河床堆积。

第Ⅰ河流旋回的中—晚期阶段：对应剖面第5～4层，属于阶地堆积的中—上部。此段粒径较细，以粉砂为主，砂的含量减少。此段亮度值（L*）、红度（a*）、黄度（b*）和低频磁化率（Xlf）值均低于下部地层，且都具有下部较高，向上缓慢降低的相同趋势。在325～310cm处和145～125cm处出现两处低谷，说明这一段河流开始流速较快，物质较粗，向上流速减缓，粒度变细。细颗粒的加入，尤其是黏土矿物和有机物的加入，使沉积物向上变暗，红黄程度变差。同时，早期水流较大，分选较好，铁磁性矿物比较富集；向上随着流速的变缓，铁磁性矿物有所减少，低频磁化率（Xlf）值降低。粒度变细、亮度和红黄度变差以及磁化率变小，都说明这一阶段属于河漫滩发育时期，而且经历了从河床边滩——滨河床砂坝交互至逐渐转变为滨河床砂坝的过程。

第Ⅱ河流旋回的早期阶段（晚期堆积缺失）：对应于阶地堆积的上部（剖面第3层）。此段沉积物粒度明显变粗，以粉砂为主，砂的含量较多，黏土少量。此段亮度（L*）值明显增大，也说明这一段沉积粒度变粗，比较明亮，分选差，反映河床堆积的特征。而红度（a*）、黄度（b*）和低频磁化率（Xlf）值降低。说明该层沉积物红黄程度不高，铁磁性矿物颗粒含量低，这与粒度粗的情况不一致，推测可能与沉积物中钙质成分增高有关，钙质成分会导致沉积物中铁磁性矿物百分含量的降低。粒度曲线和野外沉积特征表明，这一阶段属于新生沟谷的侵蚀充填时期。

根据旋回中的文化遗存和测年数据，第一个河流旋回出现在旧石器末期—新石器早期，大致在距今10 500～8600年期间，对应于全新世早期升温期[21, 22]。第二个和第三个河流旋回出现在裴李岗时期，大致在距今8600年之后，相当于全新世大暖期开始的时期[23～25]。

（二）植被环境

孢粉分析结果表明，整个剖面孢粉组合变化不大，各层均以草本植物占绝对优势，含量普遍高于75%，而乔灌木普遍在25%以下。表明在旧新石器过渡—李家沟—裴李岗期间，本区地处气候温暖湿润—温和偏干的暖温带落叶阔叶林（或草甸草原）地带。受遗址所处地貌部位（嵩山山前洪积平原或黄土台地）、土壤母质、气候和人类活动的影响，遗址周边的植被主要为疏林草地，仅第Ⅳ孢粉带时期出现草甸环境。

尽管孢粉组合所反映的剖面植被类型的变化不大，但通过孢粉浓度、孢粉组合的细微变化，仍然可以看出，以第Ⅳ孢粉带（第5层）为界，剖面上下两部分的孢粉组合存在有一定的差异：

剖面下部（包括第Ⅶ孢粉带、第Ⅵ孢粉带和第Ⅴ孢粉带）的大部分样品孢粉浓度极低，几乎为零，到第Ⅴ孢粉带上部才略有增加。孢粉组合中以菊科、蒿属为主，禾本科含量较多，藜科和荨麻属含量也较高，其他草本植物不但数量少，而且种属也比较少（11种）。落叶阔叶树含量普遍偏低，且种属偏少（8种），说明这一阶段属于温暖干燥的暖温带落叶阔叶林。遗址周围植被稀疏，是以菊科、蒿属、禾本科等草本植物为主，生长有少量落叶阔叶树的疏林草地。环纹藻比较丰富，表明当时河流（或湿地）比较发育。藜科和荨麻属伴人杂草的含量也较高，指示较强的人类活动。

剖面上部（包括第Ⅲ孢粉带、第Ⅱ孢粉带和第Ⅰ孢粉带）的大部分样品孢粉浓度较高，但波动较大。孢粉组合中草本植物占绝对优势，以菊科、蒿属为主，禾本科含量明显少于上部，其他草本植物虽然数量不多，但种属比较丰富（14种）。落叶阔叶树含量极少，但种属也比较丰富（14种）。说明这一阶段属于气候温暖整体偏干，但后期偏湿，波动逐渐明显的暖温带落叶阔叶林。遗址周边植被比较繁茂，是以种属较多（菊科和蒿属为主）的草本植物为主，并有少量落叶阔叶树的疏林草地环境。环星藻比较稀少，表明当时河流（或湿地）不太发育。藜科和荨麻属含量偏低，指示人类活动比较弱。

两者之间的第Ⅳ孢粉带（第5层中部），孢粉浓度介于上下层之间。孢粉组合中草本植物占优势，以菊科、蒿属为主，但所占比重减少，其他草本植物数量极少，种属单调（仅6种）。乔灌木，尤其是松属明显增多，落叶阔叶树仅出现少量绣线菊属。说明这一阶段属于气候温暖，但相对比较潮湿的暖温带落叶阔叶林。遗址周边植被比较繁茂，是以菊科和蒿属等草本植物为主，乔灌木稀少的草甸环境。附近有较多的松林分布。环星藻明显减少，说明河流（湿地）有所减少。较低的藜科和荨麻属含量，指示人类活动较弱，伴人杂草不多。

六、李家沟古人类的生存环境

通过区域地貌第四纪调查和沉积物的实验室分析，我们初步恢复了李家沟遗址的形成过程和李家沟古人类的生存环境（图六）。

1. 李家沟遗址出现之前（黄土平原和河流下切、河谷出现时期）（下伏黄土层）

李家沟遗址出现之前，在末次冰期（距今7万～1.3万年）干冷的气候环境下，本区接受了大量的黄土堆积（称马兰黄土）形成嵩山山前的冲洪积—黄土倾斜平原。在此期间的MIS 3阶段（深海氧同位素3阶段）[26]，气候相对比较湿暖，古土壤和河流堆积发育，在本区发现有丰富的旧石器文化晚期遗址，是古人类活动比较活跃的时期[27,28]。但是对于李家沟遗址出现之前本区环境的具体状况，由于我们只在遗址所在阶地的基座黄土地层顶部中采集了少数样品，对整个黄土剖面，尤其是被河流侵蚀掉的黄土地层没有进行系统的采样，因此，本文的实验结果只能反映黄土堆积期中某一阶段的环境状况，不能反映整个李家沟遗址出现之前的环境状况，也就是距今10 500年前后的环境状

A. 旧石器晚期：马兰黄土堆积时期

B. 新旧石器过渡之始：河流下切（板桥期侵蚀）

C. 旧石器晚期—新石器早期：皋兰期堆积

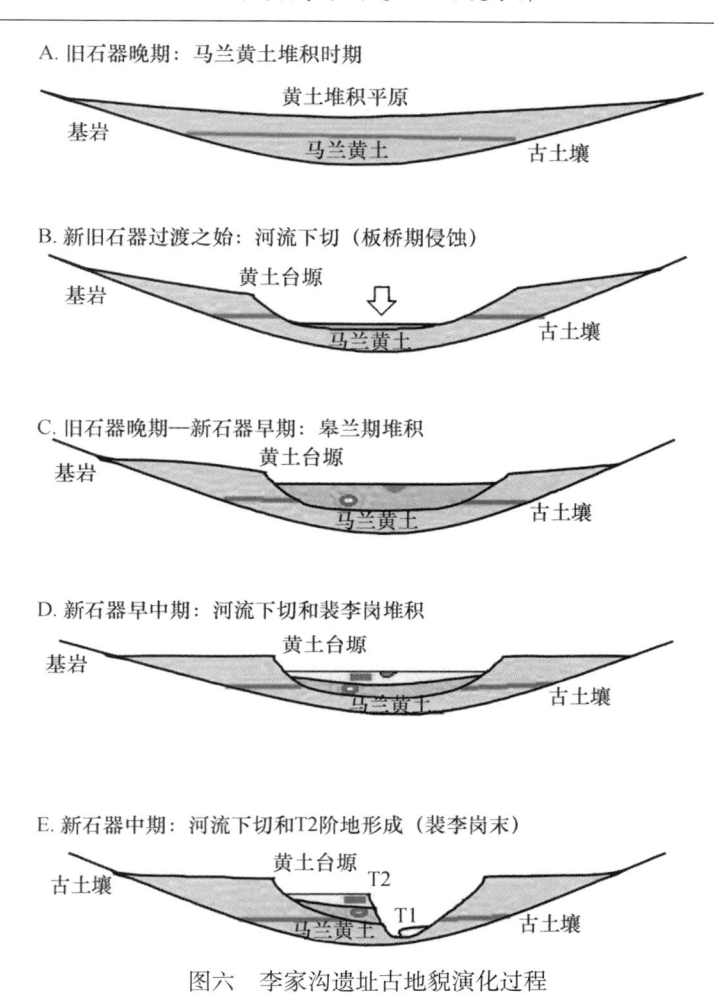

D. 新石器早中期：河流下切和裴李岗堆积

E. 新石器中期：河流下切和T2阶地形成（裴李岗末）

图六　李家沟遗址古地貌演化过程

况，两者之间在时间上有一个很大的空缺。

地貌结构分析表明，在李家沟遗址出现之前，本区发生了一次强烈的河流下切事件发生在距今10 500年前后的这次下切事件，在我国华北地区具有普遍性，前人称之为"板桥期侵蚀"[29]。我国北方随着新仙女木事件的结束，气候开始转型，由此引发的气候转暖、降雨增多可能是造成当时河流普遍下切的主要原因。而在李家沟遗址东缘发现的大断层破碎带和第7层黄土中出现的大量古地震遗迹，说明在第6层堆积之前，这里发生过断裂活动，并伴生有强烈的地震，并在这里造成了地表的脆弱带，地表脆弱带的出现有利于河流的快速下切和新河谷的形成。

2. 旧石器晚期—新石器早期（第6层）

这一时期，本区属于温带半干旱气候下发育的草本植物占绝对优势的典型草原环境，以菊科—蒿属—禾本科（或藜科和荨麻属）组合为特征。当时气候温暖干燥，植被稀疏，河流不太发育，湿地较少。在板桥期形成的新河谷中，黄土侵蚀面及其上面分布的地裂缝逐渐被河流堆积物所充填和掩埋。古人类主要生活在河床堆积面上，在附近的草原上从事采集和狩猎，并留下了他们使用的细石器和食余的大中型食草动物残骸。由于地震活动造成的大量碎屑物分布在地表，并在温暖干燥、降雨集中的气候背景下，形成河流沟谷中的水石流（或泥石流），水石流的发育可能会给当时生活在此的古代人类造成了一点危害。

3. 李家沟时期（第5层）

这一时期，本区仍属于温带半干旱气候下发育的草本植物占绝对优势的典型草原环境，早期以菊科—蒿属—荨麻属组合，晚期以菊科—蒿属组合为特征。气候比旧石器晚期—新石器早期要湿润一些，温暖干燥—温暖偏干变化，相对比较稳定，期间还出现过短暂的温湿气候，形成以菊科—蒿属—松属组合为特征的草甸草原植被。因此这一时期河流较前更为发育，是河漫滩形成和发展的时期。河谷中河床边滩和河漫滩滨河床沙坝比较发育，河流水域面积的扩大和河漫滩的堆积，形成了较多的湿地。这一时期，古人类生活在河床的边滩和河漫滩的滨河床沙坝上，在附近的草原上从事采集和狩猎，并遗留他们的遗物，包括细石器和食余的中小型食草动物残骸，而陶片的出土，说明古人类曾较长时间在此逗留，生活比较稳定。

4. 李家沟—裴李岗过渡时期（第4层）

这一时期，本区仍属于温带半干旱气候下发育的以菊科—蒿属组合为特征，草本植物占绝对优势的典型草原环境。气候温暖偏干，有干湿波动，是河漫滩滨河床砂坝发育的时期。分布较广的河漫滩和湿地，比较繁茂的植被和宽阔的河漫滩比较适宜于人类的生活。但目前其中发现的古人类活动遗迹较少，这可能与后期（第3层）沟谷强烈侵蚀造成的地层缺失有关。

5. 裴李岗时期（第2～3层）

这一时期，全球环境开始进入全新世大暖期，我国北方其他地区一样，本区也开始出现暖湿的气候环境，并导致沟谷的强烈下切，其最大下切深度可以达到第5层的底面，是沟谷发育的时期。这次沟谷下切事件可能是8.2kaB.P.气候事件的区域响应[30～32]。当时遗址周围仍属于以菊科—蒿属组合为特征，草本植物占绝对优势的温带草原环境。气候温暖，偏湿润，植被相对比较繁茂。这一时期的早期（第3层），随着偏湿气候的到来，降雨增加，沟谷规模随之逐渐扩大。晚期（第2层）阶段，根据第2层中出现由钙结核组成的大型斜层理，说明当时降雨明显增强，黄土地层中所含的钙结核经坡面侵蚀，不断从黄土中被剥离出来，然后经河水搬运磨圆，并作为砾石与其他砂砾石一起堆积下来，形成具有大斜层理的河床堆积。这一时期的沟谷堆积物，无论是早期还是晚期堆积物中，都出土有少量经过搬运的裴李岗时期的人类遗存，根据李家沟遗址以东数米的黄土台地上，分布有裴李岗文化遗址，且该遗址裴李岗文化层的上部与李家沟剖面的第2层相连，两者为同时异相，说明李家沟遗址上部的裴李岗文化遗物应该来自该遗址裴李岗文化层的上部，为非原生堆积。

七、结　　语

通过对李家沟遗址剖面的沉积物分析，我们试图理解李家沟遗址旧—新石器过渡时期古人类的生活环境。我们的研究表明，李家沟古人类居住在全新世初期河流下切形成的黄土冲洪积平原河谷中，周围为以菊科—蒿属—禾本科（或藜科和荨麻属）组合为特征的典型草原环境。旧石器晚期—新石器早期古人类主要生活在河床堆积面上，在附近的草原上从事采集和狩猎，并留下了他们使用的细石器和食余的大中型食草动物残骸。李家沟时期气候更加湿润，相对比较稳定，形成以菊科—蒿属—松属组合为特征的草甸草原植被，河流水域面积的扩大和河漫滩的发育，形成了较多的湿地，古人类生活在河床的边滩和河漫滩的滨河床沙坝上。裴李岗时期本区也开始进入全新世大暖期，出现暖湿的气候环境，并导致沟谷的强烈下切，是沟谷发育的时期。

断层破碎带和古地震裂缝的存在说明李家沟遗址处于新构造运动十分活跃的地方，从旧石器晚期到新石器早期，这里发生过间歇性的断层活动，并引发了多次古地震，这些断裂活动和古地震，不仅影响到一万年前后河流的下切和新谷地的形成，而且频繁出现的地震会给早期人类的活动带来一定的负面影响。

李家沟遗址古环境的研究结果揭示了从末次冰消期到全新世大暖期中国北方古人类生存环境的特征和演化过程，是目前中国北方从细石器文化到新石器早期人类生态环境演变最完整最连续的研究。这一成果有助于加深对我国北方旧—新石器过渡阶段的认识，为进一步研究旧石器文化向新石器文化的转变、农业起源、陶器起源等问题提供依据。

附记：北京大学考古文博学院和郑州市文物考古研究院的相关人员对野外样品采集、遗址考察等工作提供了诸多帮助，河南省文物考古研究院李亚萍、北京联合大学历史文博系郑晓雷帮助绘制部分图件，在此一并致谢。

参 考 文 献

[1] Anklin M, Barnola J M. Climate instability during the last interglacial period recorded in the GRIP ice core [J]. *Nature*, 1993, 364 (6434): 203-207.

[2] Grootes P M, Stuiver M, White J W C, Johnsen S and Jouzel J. Comparison of oxygen isotope records from the GISP2 and GRIP Greenlandice cores [J]. *Nature*, 1993, 366 (6455): 552-554.

[3] Porter S C, An Z. Correlation between climate events in the North Atlantic and China, during the last

glaciation［J］. *Nature*, 1995, 375 (6529): 305-308.

［4］ 夏正楷，陈福友，陈戈，郑公望，谢飞，梅惠杰.我国北方泥河湾盆地新-旧石器文化过渡的环境背景［J］.中国科学：地球科学，2001，31（5）：393-400.

［5］ 夏正楷，陈戈，郑公望，陈福友，韩军青.黄河中游地区末次冰消期新旧石器文化过渡的气候背景［J］.科学通报，2001，46（14）：1204-1208.

［6］ 夏正楷，张俊娜，刘静，赵朝洪.吴小红.10000a BP前后北京斋堂东胡林人的生态环境分析［J］.科学通报，2011，56（34）：2897-2905.

［7］ Lozovski V, Lozovskaya O, Mazurkevich A, Hookk D, Kolosova M. Late Mesolithic-Early Neolithic human adaptation to environmental changes at an ancient lake shore: The multi-layer Zamostje 2 site, Dubna River floodplain, Central Russia［J］. *Quaternary International*, 2014, 324 (10): 146-161.

［8］ 北京大学考古文博学院，郑州市文物考古研究院.河南新密市李家沟遗址发掘简报［J］.考古，2011（4）：3-9.

［9］ 郑州市文物考古研究院，北京大学考古文博学院.新密李家沟遗址发掘的主要收获［J］.中原文物，2011（1）：4-6.

［10］ 王幼平.新密李家沟遗址研究进展及相关问题［J］.中原文物，2014（1）：20-24.

［11］［15］ Wang Y, Zhang S, Gu W, He J, Wu X, Qu T, Zhao J, Chen Y and Bar-Yosef O. Lijiagou and the earliest pottery in Henan Province, China［J］. *Antiquity*, 2015, 89 (344): 273-291.

［12］ 童国榜，张俊牌，严富华，麦学舜.华北平原东部地区晚更新世以来的孢粉序列与气候分期［J］.地震地质，1991，13（3）：259-268.

［13］ Wang Y, Cheng H, Edwards R L, Kong X, Shao X, Chen S, Wu J, Jiang X, Wang X and An Z. Millennial-and orbital-scale changes in the East Asian monsoon over the past 224, 000 years［J］. *China Basic Science*, 2009, 451 (7182): 1090-1093.

［14］ Chen F, Xu Q, Chen J, Birks J, Liu J, Zhang S, Jin L, An C, Telford R, Cao X, Wang Z, Zhang X, Selvaraj K, Lu H, Li Y, Zheng Z, Wang H, Zhou A, Dong G, Zhang J, Huang X, Bloemendal J and Rao Z. East Asian summer monsoon precipitation variability since the last deglaciation［J］. *Scientific Reports*, 2015 (5): 11186.

［16］ 刘东生.黄土与干旱环境［M］.合肥：安徽科学技术出版社，2009：33-35，67.

［17］ 丁敏，庞奖励，黄春长，彭淑贞，杨炯，陈栋栋.全新世黄土—古土壤序列色度特征及气候意义——以关中平原西部梁村剖面为例［J］.陕西师范大学学报（自科版），2010（5）：92-97.

［18］ 王海燕，庞奖励，黄春长，周亚利，查小春，张文桐.郧西县庹家湾黄土剖面色度参数特征及其古气候重建［J］.水土保持学报，2017，31（2）：151-156.

［19］ 韩家楙，Hus J J，刘东生，R. Paepe, R. E. Vandenberghe.马兰黄土和离石黄土的磁学性质［J］.第四纪研究，1991，11（4）：310-325.

[20] 曹家欣，李培英，石宁. 山东庙岛群岛的黄土[J]. 中国科学：化学，1987，17（10）：1116-1123.

[21] Kutzbach J E. Monsoon Climate of the Early Holocene: Climate Experiment with the Earth's Orbital Parameters for 9000 Years Ago [J]. Science, 1981, 214 (4516): 59-61.

[22] 吴敬禄，沈吉，王苏民，金章东，羊向东. 新疆艾比湖地区湖泊沉积记录的早全新世气候环境特征[J]. 中国科学：地球科学，2003，33（6）：569-575.

[23] An Z, Porter S C, Kutzbach J E, Wu X, Wang S, Liu X, Li X and Zhou W. Asynchronous Holocene optimum of the East Asian monsoon [J]. Quaternary Science Reviews, 2000, 19 (8): 743-762.

[24] 施雅风，孔昭宸. 中国全新世大暖期的气候波动与重要事件[J]. 中国科学：化学，1992，22（12）：1300-1308.

[25] 施雅风，孔昭宸，王苏民，等. 中国全新世大暖期鼎盛阶段的气候与环境[J]. 中国科学：地球科学，1993（8）：865-873.

[26] Voelker A H L. Global distribution of centennial-scale records for Marine Isotope Stage (MIS)3: a database [J]. Quaternary Science Reviews, 2002, 21 (10): 1185-1212.

[27] 王幼平. 嵩山东南麓MIS 3阶段古人类的栖居形态及相关问题[J]. 考古学研究（十），北京：科学出版社，2012: 287-296.

[28] 王幼平，汪松枝. MIS 3阶段嵩山东麓旧石器发现与问题[J]. 人类学学报，2014. 33（3）：304-314.

[29] 吴忱. 地貌面、地文期与地貌演化——从华北地貌演化研究看地貌学的一些基本理论[J]. 地理与地理信息科学，2008，24（3）：75-78.

[30] Alley R B, Agustsdottir A M. The 8 k event: cause and consequences of a major Holocene abrupt climate change [J]. Quaternary Science Review, 2005, 24: 1123-1149.

[31] Barber D C, Dyke A, Hillaire-Marcel C, Jennings A E, Andrews J T, Kerwin M W, Bilodeau G, McNeely R, Southon J, Morehead M D and Gagnon J M. Forcing of the cold event of 8200 years ago by catastrophic drainage of Laurentide lakes [J]. Nature, 1999, 400: 344-348.

[32] 董进国，吉云松，钱鹏. 黄土高原洞穴石笋记录的8.2kaB.P.气候突变事件[J]. 第四纪研究，2013，33（5）：1034-1036.

（原刊于《中原文物》2018年6期）

李家沟、大岗与柿子滩9地点的地层、年代及相关问题

王幼平

（北京大学中国考古学研究中心，北京　100871）

自20世纪70年代裴李岗文化与磁山文化发现以来，考古同行一直希望找到时代更早，可以将本地区旧、新石器时代连接起来的考古遗存[①]。经过30多年的工作，在逐渐积累起来的田野考古资料中，有几处发现尤其值得关注，包括较早发现的河南舞阳大岗[②]、山西吉县柿子滩[③]，以及刚刚发现的河南新密李家沟[④]。这几处遗址都有比较清楚的地层关系与典型的文化遗存，为讨论该地区与旧、新石器时代过渡相关的课题提供了很重要的资料。本文拟对这几处发现的地层与相关问题进行初步探讨。

一、新密李家沟

在上述几处发现之中，当属李家沟遗址的地层堆积延续的时代长，文化特征变化明显。该遗址位于河南省新密市岳村镇岗坡村所属的李家沟村西，椿板河左岸的2级阶地。经近两年的发掘，已揭露遗址面积近百平方米。其已发表的南区剖面最为完整，自上向下可分为7层（图一、图二）。

第1层：表土层，褐色砂质黏土，只发现陶、瓷片等近现代遗物。

第2层：棕褐色的含碳酸钙胶结物层，以褐色粗砂为主，包含大量料姜石，有少量属于裴李岗文化的陶片，类似的堆积可见于本区新石器时代遗址，如新郑唐户遗址，在裴李岗文化层之下即可见到巨厚的含棕褐色的含碳酸钙胶结物层。

第3层：灰白色的砂砾层，含零星裴李岗文化陶片。

第4层：棕黄色砂质黏土，基本不见文化遗物。

第5层：上部为灰黑色砂质黏土，向下渐变为棕黄色，岩性特点与北区第5、6层相

[①] 陈星灿：《黄河流域的农业起源：现象与假设》，《中原文物》2001年4期。
[②] 张居中、李占扬：《河南舞阳大岗细石器遗址发掘报告》，《人类学学报》1996年15卷2期。
[③] 柿子滩考古队：《山西吉县柿子滩遗址第九地点发掘简报》，《考古》2010年10期。
[④] 郑州市文物考古研究院等：《新密李家沟遗址发掘的主要收获》，《中原文物》2011年1期。

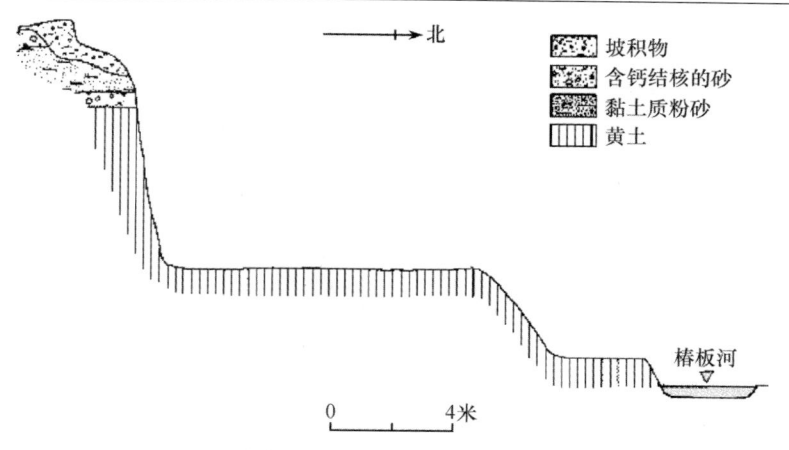

图一 李家沟遗址附近椿板河谷剖面示意图

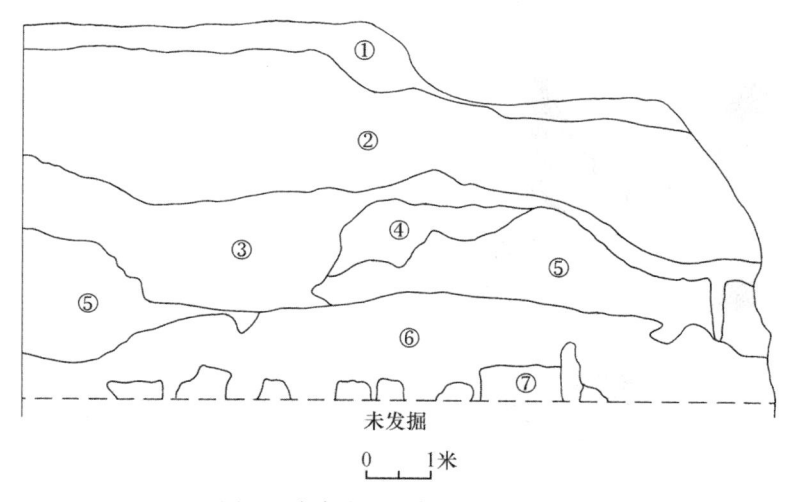

图二 李家沟遗址南区南壁剖面图

同，应与马兰黄土上的黑垆土层相当，含夹砂压印纹陶片与石磨盘等；

第6层：褐色砂砾层，含大量料姜砾石，发现有船形与柱状细石核与细石叶等典型的细石器文化遗存，同时亦见人工搬运的石块及粗大石制品，最新又发现局部磨光的石锛与素面夹砂陶片。

第7层：棕褐色黏土质粉砂，次生马兰黄土层，未见底[①]。

与南区隔一条人工沟相望的北区的文化层厚度也超过3米，从上向下共分7层。其第1～3层为近代堆积，第4～6层为新石器时代早期的堆积，发现了数量较多的陶片、石制品与动物骨骼碎片等。第7层则是仅含打制石器的旧石器文化层。按岩性与包含物的特点，北区的第4层当与南区的第3层属同期堆积，第5、6层与南区的第5层相当。北区

---

① 北京大学考古文博学院等：《新密李家沟遗址发掘简报》，《考古》2011年4期。

第7层应与南区的第7层相当，其所含石制品的时代也应早于南区第6层的细石器工业。

比较南北两区的地层堆积情况，南区的地层更为连续，可以清楚见到本地区从旧石器时代晚期向新石器时代过渡地层关系。加速器^{14}C等年代测定结果进一步提供了过渡阶段的年代数据。采自南区第6层（细石器文化层）的木炭样品的测定结果，为距今10 500～10 300年期间。南区第5层和4层的时代，比照北区^{14}C测定结果，应分布在距今10 000～9000年之间。南区第3层和2层的年代则不会早于距今8600年[1]。

结合地层堆积与所含文化遗存的性质来看，南区第2、3层当属裴李岗文化无疑。在发掘区内，已发现属于裴李岗文化的陶片有数十件，包括小口双耳壶等裴李岗文化典型器物的残片。南区3层灰白色细砂砾层中虽含裴李岗文化陶片，但该层并非原地埋藏，应该是裴李岗阶段流水作用的产物。而其上叠压的棕褐色的含碳酸钙胶结物层，在本区的全新世早期地层堆积中则是较常见，如新郑的唐户遗址即有类似的棕褐色的含碳酸钙胶结物层，且被叠压在典型的裴李岗文化层之下。所以，南区第2、3层的发现显然应归入裴李岗文化。

南区第5层和北区的第5、6层，无论是地层关系还是年代测定结果，都早于前述的裴李岗文化。其文化特点也明显有别于前者。这一阶段的文化层较厚，显示当时人类在该遗址停留的时间更长，使用规模较大且较稳定。东西长约3米、南北宽约2米的石块聚集区遗迹显然应与人类的居住活动有关。本阶段所发现的文化遗物包括石制品、陶制品、带有人工痕迹的动物骨骼以及人工搬运石块等。

这一阶段的石制品包括打制石器与磨制石器两类。前者有细石器与简单剥片技术生产的石制品。细石核数量不多，且以宽台面者为主；细石叶数量也很有限。普通石器的数量则较多，但多为权宜型工具，主要是边刮器与砍砸器。均较随意，没有固定的形态标准。原料多为石英砂岩与石英等。磨制石器则仅见石磨盘，矩形、板状、无支脚，简单修成直边、圆角。上表面是磨平面，局部已经形成磨光面。体积较大，长达30余厘米，重量超过15公斤。

已发现的陶制品均为陶片，两次发掘所获已超过200件，均为夹粗砂陶。大部分陶片的质地较坚硬，显示其烧成火候较高，已不是最原始制陶技术的特点。颜色有浅灰黄色、黄褐至红褐色等。虽可见多件不同陶器的口沿部分，但器形却很单一，均为直口筒形类器物，仍保留着早期陶器的特点。与前述裴李岗文化明显的区别是，绝大部分陶片的外表都有纹饰，包括间断似绳纹，似绳纹与间断似绳纹的组合纹与刻划纹等。

上述陶器以及石磨盘等特点，均与典型的裴李岗文化有显著区别。其时代与地层关系也明显早于裴李岗文化。虽然尚不见其他磨制工具，但其打制石器技术与工具组合也与更早细石器文化阶段的发现不同。这些情况说明，李家沟遗址发现的早于裴李岗文化的新型文化遗存，或有可能命名为"李家沟文化"。

---

[1] 北京大学考古文博学院等：《新密李家沟遗址发掘简报》，《考古》2011年4期。

比前裴李岗文化或称"李家沟文化"时代更早的是细石器文化遗存的发现，包括数以千计的打制石器，以及人工搬运石块、动物骨骼残片等。尤其重要的是，还有磨制石锛与陶片的发现。

打制石器也包括简单剥片技术生产的石制品与典型的细石器。前者的种类与数量均不多，加工技术也简单粗放，不见刻意加工的精制品。细石器的数量多，技术特征明显，有细石核、细石叶以及精细加工的工具，代表了本阶段的石器技术水平与文化发展特点。细石核主要是船形与扁柱形两大类，属于这两种类型不同剥片阶段的细石核均可见到。细石叶的数量不多，且多是剥片初期阶段产品，或形状不太适宜用作加工复合工具者。石锛扁平、长条形，灰色石英砂岩砾石，仅在一端磨制出锛形刃口，前后两面只做轻微磨制处理，然后在两侧打出对称的缺口，与磨刃面相对的一面亦保留有清楚的打琢痕迹，明显是为捆绑装柄所用。石锛的刃口有明显的使用痕迹，并已严重磨偏向一侧，不便再继续使用。

本阶段值得关注的还有数量较多的人工搬运石块。这些石块多呈扁平块状，岩性为砂岩或石英砂岩，当来自遗址附近的原生岩层。其具体用途尚不十分明确，但显然应与当时人类的居住活动相关。另一项新发现是陶器遗存，先后发现2片陶片，均为夹砂陶，素面，烧制火候较低，器型亦简单。虽然很少，但却可以说明陶器已开始应用于本阶段。

上述三个不同的文化类型，即从典型的细石器、前裴李岗（或称李家沟文化）到裴李岗文化在同一剖面依次出现，清楚地反映了本地区从旧石器时代晚期到新石器时代过渡的历史进程。

二、舞阳大岗

20世纪80年代后期发掘的舞阳大岗遗址，也发现细石器与裴李岗文化迭压关系的地层。大岗遗址位于河南舞阳侯集乡大岗村北的一处岗地之上。东临沙河故道，西南距现代沙河有5千米之遥。文化层不厚，从地表向下，有汉代、裴李岗及细石器3个文化层，总厚度只有1.2米左右（图三）。

第1层：表土层，黄褐色砂质黏土，含近晚期文化遗物。
第2层：浅黄褐色亚黏土，含汉代及裴李岗文化陶片。
第3层：灰褐色黏土，含裴李岗文化陶片。
第4层：褐色亚黏土，较坚硬，层表有V形小冲沟，细石器文化层。
第5层：浅黄色粉砂质亚黏土，质地坚硬，不见文化遗物[1]。

大岗遗址在裴李岗文化层之下发现典型细石器遗存。该地的发掘已发现石制品有

---

[1] 张居中、李占扬：《河南舞阳大岗细石器遗址发掘报告》，《人类学学报》1996年15卷2期。

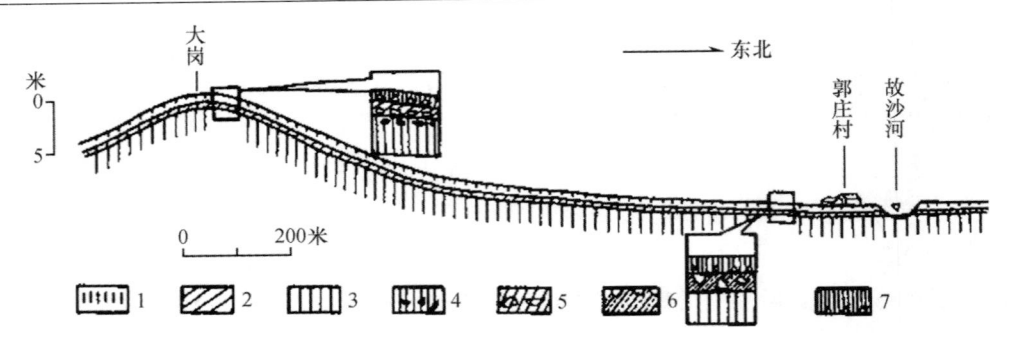

图三　大岗细石器地点剖面示意图（据张居中等，1996）
1. 顶层黄土　2. 顶层埋藏土　3. 马兰黄土　4. 细石器　5. 裴李岗文化陶片　6. 仰韶文化陶片　7. 汉代陶片

300余件。石制品的原料大部分为燧石，其次是脉石英等，均为小型的块状原料。从发表的资料看，大岗的细石器技术是使用船形、半锥形等细石核剥取细石叶。虽然这里也有楔形细石核的报道，但其可能并不是两面技术预制的产品。精致工具的种类较多，包括端刮器、边刮器、凹缺刮器、尖状器与琢背石刀等。另外还发现1件磨刃的残片。

关于大岗遗址裴李岗文化的情况，已发表的报告只笼统提及属于裴李岗文化晚期。在裴李岗与细石器文化层间有明显的侵蚀面，存在着沉积间断。所以，在大岗遗址从裴李岗文化的晚期到细石器文化之间还有明显的文化缺环。尽管大岗遗址的发掘面积很大，但发现的文化遗存并不十分丰富。这可能与该地点的性质有关，只是临时活动留下的零星遗物，还没有找到居址等主要活动场所。遗憾的是在大岗的细石器文化遗存之中，上述磨制石器的残片之外，还没有见到陶器制品以及石磨盘等[①]。

三、吉县柿子滩9地点

柿子滩9地点是近年来在山西吉县境内的清水河流域发掘的柿子滩遗址群之中年代较晚的一处。该地点坐落在清水河北岸的2级阶地上，南距柏山寺乡高楼河村约150米。海拔680余米。高出清水河河面约38米[②]。

9地点所处二级阶地为典型基座阶地，位于二级阶地面的后缘（图四）。

地层从上至下依次如下：

第1层：灰褐色黑垆土层，厚达170厘米，出土少量石制品。

第2层：黄褐色砂质黏土层，厚30～36厘米，无文化遗物。

第3层：灰褐色黑垆土层，厚26～36厘米，土质同第1层，有保存较好的人工用火遗迹，及石制品、烧骨、化石、烧石、烧土块、炭屑、蚌片等。

---

① 王幼平：《中国远古人类文化的源流》，北京：科学出版社，2005年。
② 柿子滩考古队：《山西吉县柿子滩遗址第九地点发掘简报》，《考古》2010年10期。

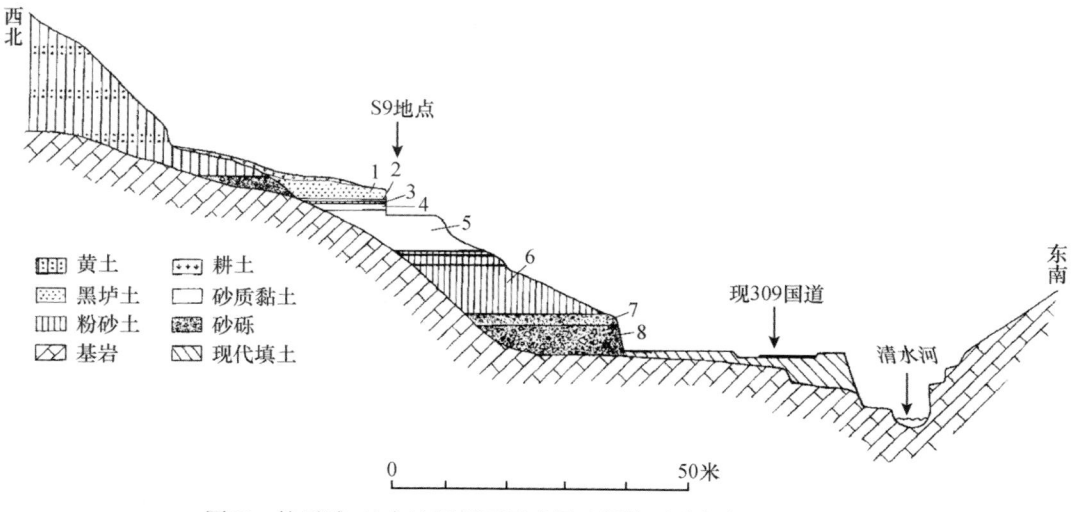

图四　柿子滩9地点地层剖面示意图（据柿子滩考古队，2010）

第4层：黄褐色砂质黏土层，厚约120厘米，土硬且致密，含石制品、烧骨、化石、蚌片及蚌壳或鸵鸟蛋壳穿孔饰品等。

第5层：黄褐色砂质黏土层，总厚度约8米，已发掘厚度约1米。文化遗物包含石制品和化石，以及比例不小的烧骨等。

第6层：粉砂土层，厚10米。

第7层：砂砾层，出露厚度约80厘米，灰黄、灰绿色砂岩或泥岩砾石，磨圆度中等。

第8层：砾石层，平均厚4米，砾石磨圆不好，源于当地基岩。

第9层：基岩[1]。

文化遗物发现于第1、3、4、5层。文化层呈北高南低，东西近水平。堆积较厚，3个年度的发掘总厚达4.5米以上。在第3层灰黑色黑垆土层及其下的两层黄褐色砂质黏土层中均有文化遗物发现。文化遗物以石制品为主，占7成以上，其余主要是动物骨骼碎片，还有十多件蚌制品等。石制品主要是打制石器，典型的细石器遗存占很大比重。磨制石器仅见石磨盘与磨棒。

柿子滩9地点的文化遗物虽出自3个不同的地层单位，但在文化面貌方面却还难以明确区别开来。在最上的黑垆土层，虽有用火遗迹的发现，但该层的石制品数量却远不及后两者，仅有50余件。不过从其细石叶所占比例之高来看，该阶段与本遗址较早阶段居民的石器技术并无明显区别，可能还是同一人群的延续。在文化遗存相对丰富的第4、5层之间，除石制品的组合之间有所差别，在石器技术与整体文化面貌方面亦不见显著不同。因而，在发掘报告的讨论部分，研究者也还是将其视为一体[2]。

---

[1] 柿子滩考古队：《山西吉县柿子滩遗址第九地点发掘简报》，《考古》2010年10期。
[2] 柿子滩考古队：《山西吉县柿子滩遗址第九地点发掘简报》，《考古》2010年10期。

石器工业最突出特点是锥形和柱形细石核技术居主导地位。细石叶在整个石片类制品中所占份额亦超出两成。这种情况在上、下不同层位之间没有显著变化。精制品类，也以端刮器、边刮器等细石器组合中常见类型为主。这些都是典型细石器工业的基本特征。不过缺少两面加工技术预制细石核，而主要使用锥形和柱形等宽台面细石核则与本地更早的细石器技术传统有关。

柿子滩9地点出土的石磨盘虽然也只有2件，但其原料与打制技术均与李家沟遗址的发现没有明显区别。所不同者是其出自黑垆土层之下的黄褐色土堆积之中，时代可能要更早些。还有这里出土的蚌制饰品，也还不见于李家沟遗址。

四、讨 论

比较上述3个遗址的地层堆积可以看出，这几者均坐落在2级阶地或相当于2级阶地的地貌部位。从黄土地层的发育过程来看，几者都含有大致相当于马兰黄土（L1）上部至黑垆土（S0）堆积，可以和同一阶段的典型黄土地层对比[①]（图五）。从已有的测年数据来看，亦都处于晚更新世之末到全新世之初。尤其值得关注的是，在李家沟遗址的剖面上，还可以清楚看到，在相当于马兰黄土堆积顶部，是距今10 500年左右的细石器文化层，其上则直接叠压着含压印纹粗夹砂陶的新石器时代早期文化层。该层的 ^{14}C 年代为距今10 000～9000年，堆积以灰黑色调为主，无论是地层堆积的序列或是岩性特点，均可与黑垆土层对比。再上则直接迭压着含典型的裴李岗文化的红褐色堆积。这一地层序列清楚地展示了该地区从旧石器时代晚期向新石器时代过渡的过程。

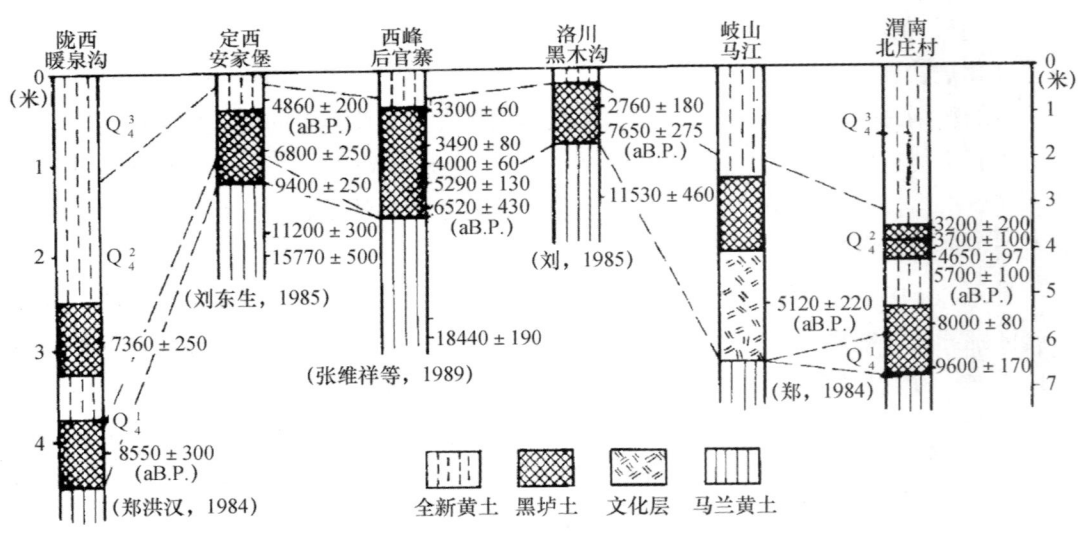

图五 晚更新世末至全新世黄土地层对比图（数字为 ^{14}C 年代数据，据孙建中，1991）

[①] 孙建中：《黄土高原第四纪地层之划分对比》，《黄土高原第四纪》，北京：科学出版社，1991年，77页。

在柿子滩9地点以及先期发表的1地点剖面,也可以清楚看到从晚更新世末至全新世之初的发展过程。如图四所示,在其2级阶地的砂砾层之上的黄褐色堆积,显然可以晚期的马兰黄土堆积对比。向上渐变过渡为黑垆土。典型的细石器文化从下向上连续分布,显然是同一人群所遗。而该遗址含细石器的黑垆土层的^{14}C年代为距今9000多年(校正后),显然已进入全新世。不过遗憾的是,不仅在9地点和1地点,而且在柿子滩遗址群的10多处地点,已发掘揭露的数千平方米的范围内,均还没有见到晚于细石器文化的新石器遗存[①]。

舞阳大岗的地层亦记录了中原地区晚更新世之末到全新世之初的堆积过程与文化发展情况。从整体来看,大岗地层虽不及前两者巨厚,但保存的地层层序则很齐全。最下部也是马兰黄土堆积,向上渐变过渡为黑垆土,再上则是晚期的裴李岗文化堆积。虽然在黑垆土层与裴李岗层之间存在着较明显的沉积间断,但仍大致反映了该地区从晚更新世之末到全新世之初的变化过程[②]。

上述3处遗址在地层堆积方面所显示的共性十分重要,这也当是中原及邻近地区晚更新世之末到全新世之初考古遗址地层堆积的普遍特点。类似的情况在邻近河南的河北南部的磁山遗址出露的剖面上,也可以很清楚地观察到,上层的红褐色砂质土是典型的磁山文化层;其下的灰褐色砂质土是黑垆土层;再下的灰黄色砂质土即是马兰黄土堆积。只是比较遗憾,在磁山文化层之下的黑垆土与马兰黄土堆积中,都还没有发现文化遗存。尽管如此,也还是可以看出,在中原及邻近地区,马兰黄土上部到黑垆土堆积的形成过程,正处于该地区旧、新石器时代过渡阶段。

几个遗址所发现的文化遗存,也清楚地记录了中原及邻近地区从旧石器时代晚期向新石器时代过渡的历史进程。李家沟遗址细石器文化层所发现的典型船形与扁柱形细石核及其所代表的细石器技术,在中原及邻近地区的旧石器时代晚期有较广泛的分布,如舞阳大岗遗址与吉县柿子滩遗址等,都是类似的发现。这几处细石器文化遗存,从地层堆积到石器技术与工具组合都与典型的细石器工业比较一致,仍属于典型的细石器文化类型。

然而值得关注的是,在李家沟遗址的细石器文化层却出现了磨制石器技术与制陶技术。尽管只有一件局部磨制的石锛与两件陶片的发现,但却反映此时已孕育着划时代的变化。还有数量较多的与加工石器无关的人工搬运石块的出现,这一现象亦不见于时代较早的旧石器时代文化,而与稍晚的具有较稳定的栖居形态的新石器时代早期遗存更为接近。这些情况说明,李家沟遗址新发现的细石器文化具有更明显的承前启后的特点[③]。

---

① 山西省临汾行署文化局:《山西省吉县柿子滩中石器文化遗址发掘报告》,《考古学报》1989年3期。
② 张居中、李占扬:《河南舞阳大岗细石器遗址发掘报告》,《人类学学报》1996年15卷2期。
③ 北京大学考古文博学院等:《新密李家沟遗址发掘简报》,《考古》2011年4期。

与大岗及柿子滩不同的是，李家沟遗址新发现有早于裴李岗阶段的早期新石器文化。从这一阶段的200多件陶片观察，李家沟早期新石器的制陶技术与细石器阶段发现的两件陶片的技法明显不同。从细石核观察，两者的细石器技术也有所区别，当属于不同技术系统。如果将李家沟早期新石器的发展与华南地区及华北北部同一阶段的情况相比较，也清楚可见，无论是石器或是陶器技术的发展模式均不相同。华南与华北北部地区在旧、新石器时代过渡阶段的文化发展，都很清楚地呈现着连续渐变的态势；而在李家沟所见到的细石器与陶器技术演进过程则存在着明显的断层。这种间断发展态势或许暗示，与前两者发展模式不同的原因，更可能是非本地技术因素在中原地区的旧、新石器时代过渡进程中发挥过重要作用。

五、小　　结

综合审视李家沟等几处遗址的地层堆积与文化发展特点，可以很清楚地看到中原及邻近地区从旧石器时代之末向新石器时代发展的历史进程。从记录了这一演进过程的几处黄土地层剖面来看，李家沟遗址新发现的三叠层，即裴李岗、前裴李岗与细石器等文化层尤为重要。细石器遗存从马兰黄土上部一直延续的黑垆土层，是几处遗址的共同特点。不过在李家沟的黑垆土层却出现典型的新石器文化遗存。在黑垆土层之上，还直接叠压着裴李岗文化。这一地层关系说明，尤其是马兰黄土之上，裴李岗文化层之下的黑垆土层，应成为在中原及邻近地区寻找更多的旧、新石器时代过渡阶段遗存的工作重点。

这几处遗址的发现也揭示了本地区旧、新石器时代交替过程的特点，即典型的细石器文化伴随着更新世的结束而逐渐退出历史舞台，以磨制石器、陶器以及反映相对稳定栖居形态的人工搬运石块等出现为标志的新石器时代，则开始在黑垆土堆积形成的时代正式登场。中原地区的新石器时代早期文化并非突然出现，而是孕育在本区更早的细石器文化阶段。李家沟细石器文化层新发现局部磨制石器与陶片，以及数量较多的人工搬运石块，正是新石器文化因素出现的萌芽，也成为联结中原及邻近地区旧、新石器两个时代的重要纽带。

黑垆土层出土的压印纹夹砂陶器与板状无支脚的石磨盘等文化遗存，可称为前裴李岗或"李家沟文化"的新发现，在一定程度上填补了中原及邻近地区从裴李岗文化（阶段）到旧石器晚期文化之间的空白。不过如前所述，这一新型文化的制陶与石器工艺等与其前后的发展并不协调，还存在着明显的文化断层。另一方面，同属黑垆土堆积形成期的柿子滩9地点与大岗等仍然流行典型的细石器文化，并没有与李家沟遗址同步进入早期新石器阶段。这些问题的认识，还亟待更多的工作和更努力的探索。

[原刊于《考古学研究》（九），北京：文物出版社，2012年]

考古新发现

织机洞旧石器时代遗址发掘报告[*]

张松林　刘彦锋

（郑州市文物考古研究所，郑州　450052）

一、前　　言

　　1985年年初，在全省开展的文物普查工作中，从荥阳县崔庙镇王宗店村织机洞内采集到夹粗砂褐陶陶片2片，为此本文作者赴现场进行复查，并从不同层位采集到部分篦纹陶片和石英石片等，认为是一处重要的以旧石器遗存为主，兼有新石器时代遗存的洞穴遗址。后又邀请省内部分专家到现场进行了为期一天的考察和研讨，均赞同上述看法。

　　1990年7月获准进行试掘，试掘区选定洞外斜坡部分堆积，同年9～12月进行第一次发掘，取得较大收获，经其后两次发掘以及通过对出土遗物的初步整理和观察对该遗址在中国旧石器考古学中的意义有了较深的认识，织机洞是近年来河南省旧石器时代考古的重要发现之一，地层堆积之厚，文化遗迹、遗物之丰富程度仅次于中国猿人遗址。因之，可以当之无愧地说，它是继北京周口店之后旧石器洞穴遗址（至少在北方）的最重大的发现。此外，在一个洞穴遗址内既有旧石器时代文化，又有新石器时代早中期文化，在中国也是首次发现。我们希望通过这篇简单报告，引起各方人士关注，共同促进河南旧石器考古向更广更深方向发展。现将对该遗址初步研究的结果报道如下。

二、环境与堆积

　　织机洞遗址在郑州市西南约50km处，地属荥阳市，在荥阳城南崔庙镇王宗店村北，地理坐标为34°38′N，113°13′E（图一），地处嵩山北侧的低山丘陵区边缘，海拔高程约为800m，丘陵绵延，沟壑纵横，水源充沛，植被丰富。这些低山多为石灰岩构成，岩溶作用强烈，喀斯特地貌发育，随处可见裂隙和溶洞，在已查明的10多处溶洞中，织机洞是埋藏有古人类遗存的遗址之一。

　　织机洞海拔高程452m。洞口方向西偏北100°，口宽13～16m，原洞进深40m，现进深22m，洞前有宽30～60m的季节性河床，洞口高出河床底部30m，洞下为南北长

---

[*]　基金项目：科技部基础研究重大项目前期研究专项（2001CCA01700）部分资助。

图一 织机洞地理位置图

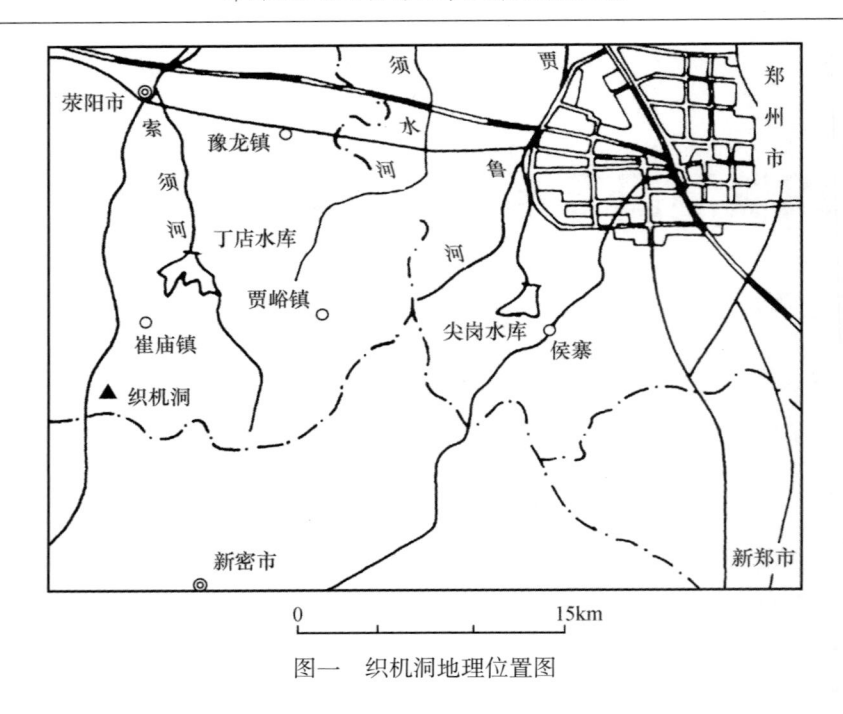

200m、东西宽100m的半月形河谷台地，高出水面6m。

织机洞东端有一个与山顶垂直相通的南北长16m、东西宽2~8m的裂隙；南侧有东西宽6m、高3m以上的溶洞口与南部裂隙相通。发现时，洞内大部已被堆积物填满，洞口堆积顶面距洞顶仅4m多，堆积呈斜坡状，从洞口向外逐渐倾斜，与洞前河床台地呈35°~50°斜坡。

从目前发掘情况看，该遗址最厚处地层堆积达24m以上，可以分23个层，现分层叙述（图二）。

全新世土状堆积（Q_4）

第23层：表土，厚0~0.2m。

第22层：深褐色壤土，含秦汉时期布纹瓦片、货泉铜币、草木灰以及少量蚯蚓粪便。厚0.3m。

第21层：红褐色壤土，含假菌丝体，下部尤多，也有蚯蚓粪便。土质黏，干裂后呈碎块状。中部发现仰韶文化时期尖底瓶片、夹砂陶罐片、黑彩钵片等，下部出土裴李岗文化时期的夹砂篦纹深腹罐片、红陶双立耳壶片、三足钵片与石铲等，厚1.1m。

第20层：灰黄色砂质黏土，含少量石灰岩角砾，厚0.4m。

第19层：石灰岩角砾层，角砾大小不等，角砾风化强烈，呈灰黑色，大者砾径可达0.5m以上，小者仅0.03m左右，厚0.1~0.3m。

侵蚀不整合

更新世（P.）

图二　织机洞柱状剖面图

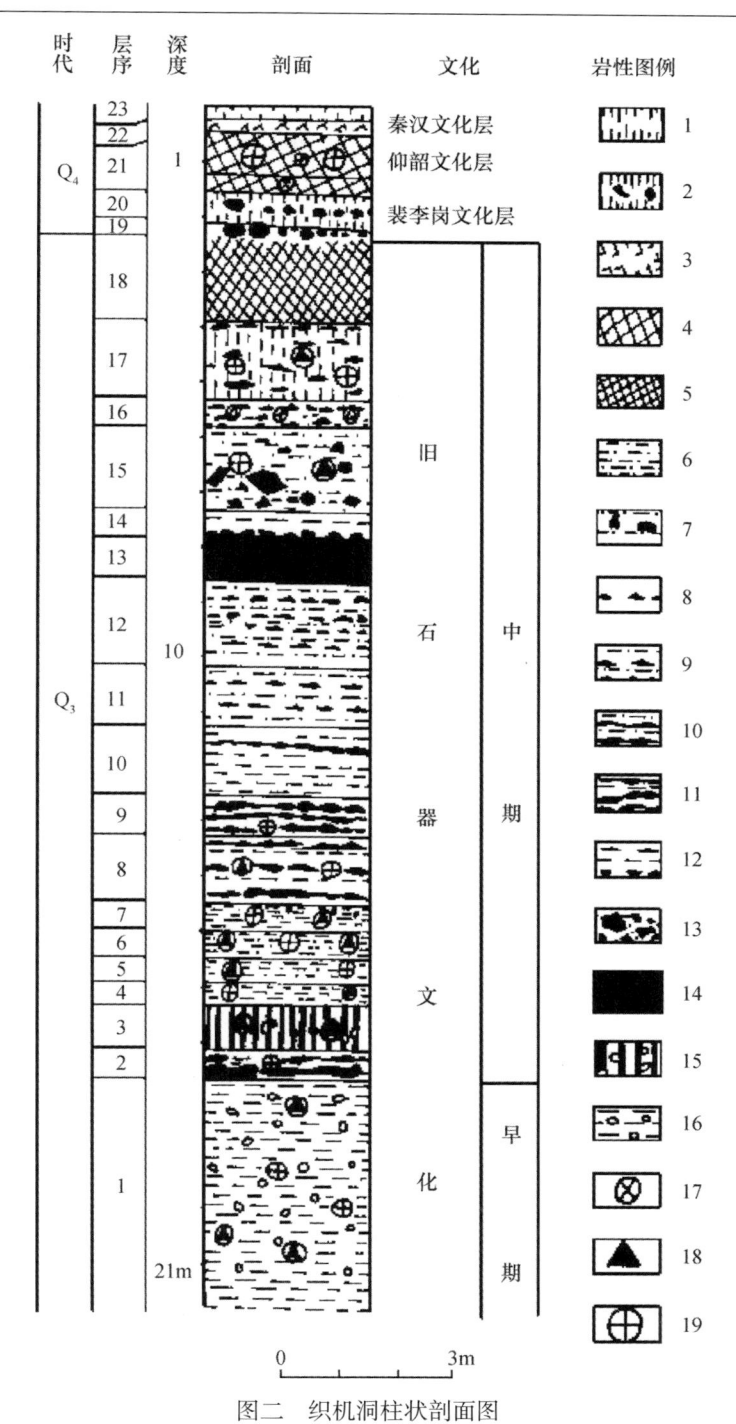

1. 表土　2. 黄土状土夹角砾　3. 深褐色壤土　4. 红褐色壤土　5. 棕红色第一层古土壤层　6. 砂质黏土　7. 黏质砂土夹角砾　8. 钙板　9. 砂质黏土、黏土与钙互层　10. 黏质砂土夹灰烬层　11. 砂质黏土夹灰烬层　12. 钙板、黏土与角砾　13. 角砾层　14. 灰烬层　15. 红色砂质黏土夹白色斑点层　16. 砂质黏土夹强风化卵石层　17. 陶片　18. 石器　19. 化石

第18层：棕红色第一层古土壤，质地坚硬，结构紧密，含蚯蚓粪便，干燥后为碎块状，厚1.4m。

第17层：灰黄色砂质黏土，顶层有5~10cm的钙质胶结层形成的钙板，含石灰岩角砾。从中发现少量石制品。动物化石有肿骨大角鹿（*Megaloceros pachyosteus*）下颌骨、斑鹿（*Pseudaxis* sp.）角、鸵鸟（*Struthis* sp.）蛋碎片等。同时在洞口中部发现有烧火遗迹三处，厚1.6m。

第16层：褐黄色砂质黏土，顶层为3~5cm的钙板。堆积中含石灰岩角砾、钟乳石碎块，出石制品以及动物化石，如似中国犀（*Rhinoceros cf. sinensis*）下颌骨碎块、斑鹿（*Pseudaxis* sp.）等，厚0.5m。

第15层：褐黄色砂质黏土，夹大量灰岩角砾和巨块石灰岩，大者达1m以上，遗物极少，厚1.5m。

第14层：灰白色与黄褐色黏土互层，层顶有0.05m左右的钙板，层底有厚0.08m以上的石灰岩角砾。遗物较少，石器均为石英质，器类有刮削器、尖状器及极个别不典型的石锥等，动物化石偶见肿骨鹿、犀牛的下颌骨，厚0.45m左右。

第13层：灰烬层，灰烬中含烧骨和少量黏土，从中发现少量的刮削器、尖状器及石片和脊椎动物化石，包括鹿角、肿骨鹿下颌骨与牙齿，还有相当多的啮齿类动物，一般厚0.5m，在洞内可厚达2m以上。

第12层：灰白色砂质黏土、黏土与钙互层，淤积，状如千层饼，最薄的厚度不足0.01m，最厚的0.03~0.04m，发掘中未见遗物，厚1.6m。

第11层：褐黄色砂质黏土，含锈斑淤积层，发掘中极少见遗物，厚1.00m。

第10层：褐黄色黏土淤积层，含淡黄色风化碎屑物，层中夹有灰烬，底部有一层灰烬，灰烬分布不均，厚0.05m，未见其他遗物，厚1.3m。

第9层：灰烬夹褐色砂质黏土，上半部多灰烬和白色团块状物，下半部砂质黏土层大部分被烘烤成棕红色。层内遗物较少，含石制品、破碎骨化石和烧骨，厚0.7m。

第8层：褐黄色砂质黏土夹灰烬，内有4层灰烬，上、下两层较厚，达0.08~0.1m，中间两层较薄，厚0.08m。层中偶含角砾和白色风化团块状物。从此层中出土少量石制品和鹿类的化石和烧骨等，厚1.2m。

第7层：黄褐色砂质黏土，中夹两薄层黏土，每层厚0.15m左右，含强风化石灰岩角砾，顶面局部有灰烬薄层，遗物较丰富，从中发现丰富的以石制品和鹿类为主的化石等，其石化程度较高，且多被浸染为黑色，厚0.45m。

第6层：褐色砂质黏土，内含较多强风化的石灰岩角砾，地层上半部灰烬较少，下半部灰烬较多，层顶局部有0.04~0.05m厚的钙板，遗物较丰富，其中石制品最多，化石多为烧骨，厚0.6m。

第5层：褐色砂质黏土，内含强风化的石灰岩角砾，偶含灰烬，遗物以石器制品为主，化石较少，石化程度高，以鹿类和啮齿类动物为多，常被浸染为黑色，厚0.35m。

第4层：灰烬与浅灰色土互层，每层厚5cm左右；顶层为4~5cm厚的钙板。层内包含物较多，基本情况与上覆层同，厚0.4m。

第3层：红色砂质黏土，分布有断续，厚薄不一，厚0.1~1.2m，层顶上覆及层底下垫橙黄色砂质黏土薄层。红色砂质黏土中含零散分布的乳白色块状和短条带状物，可能是铝土氧化的产物。层内含较少量石制品，化石亦少，厚0.8~1.2m。

第2层：灰烬层，层顶与层中有橙黄色黏砂土，包含物多，种类同上覆层，厚0.6m。
不整合

第1层：灰褐色黏土层，含黄白色的风化石灰岩角砾。层内包含物较多，出土较多石制品。从此层中发现较多的砂岩砾石及鬣狗粪化石等。已挖厚度3.7m，尚未见底。

从织机洞遗址剖面看，第一和第二层之间有沉积间断，向上连续堆积至第12层，出现层位不均匀的沉降，推测此时因洞底溶斗内堆积受水浸泡产生下沉所致，第10~12层为铝土风化物淤积层，不存在地层倒置和混乱现象。经对发掘资料的整理，织机洞遗址内旧石器遗存可分为两个较大阶段，第1~12层为早段，出土的化石石化程度较高，石制品原料中石英数量最多，燧石也占有相当高的比例；第13~18层为晚段，出土的化石石化程度较轻，石制品原料中石英占绝大多数，燧石用量明显地减少。依此划分，第1~12层为织机洞旧石器时代早段，第13~18层为织机洞旧石器时代晚段；第19~23层则为全新世遗存，其中第19~21层为新石器时代早、中期文化层。

三、动 物 化 石

织机洞遗址内出土的动物化石相当丰富，已得标本万余件。化石多破碎，其中早段的动物骨骼被强烈地矿化和浸染，并且大部分被包在钙质结核内；晚段的则石化程度较轻，由于没有发现较完整的化石，给鉴定带来一定的困难。主要材料包括下颌骨、单个牙齿、肢骨和粪化石等，依初步鉴定，开列化石名录如下。

1. 哺乳类

（1）啮齿目（Rodentia）

黑线仓鼠（*Cricetulus barabensis*），下颌骨，牙齿。

棕色田鼠（*Microtus mamdarinus*），颌骨，牙齿。

布氏田鼠（*Microtus bridti*），颌骨。

丁氏鼢鼠（*Myospalax tingi*），牙齿，下颌骨。

（2）食肉目（carnivora）

似狗獾（*Meles cf. leucurus*），单个颊齿，肢骨。

中国鬣狗（*Hyaena sinensis*），单个牙齿。

鬣狗（*Hyaena* sp.），粪化石多枚。

（3）偶蹄目（Artiodactyla）

斑鹿（*Pseudaxis* sp.），发现有颌骨，肢骨，角。

肿骨大角鹿（*Megaloceros pachyosteus*），下颌骨，单个牙齿和角。

原始牛（*Bos primigenius*），单个颊齿，下颌骨和一些肢骨。

（4）奇蹄目（Perissodactyla）

似中国犀（*Rhinoceros cf. sinensis*），单个颊齿，下颌骨和一些肢骨。

2. 鸟类（Aves）

鸵鸟（*Struthio* sp.）蛋壳片多件。

鸟（未定种），肢骨多件。

从上述动物化石名录可以看到，在哺乳类中，除斑鹿和獾外，其余属或种均已绝灭，其中中国鬣狗、肿骨大角鹿和丁氏鼢鼠为中更世常见的种，但肿骨大角鹿偶尔在晚更新地层中发现过。原始牛则是中国北方晚更新世常见的哺乳动物，最早的地史记录见于丁村旧石器时代遗址中，最晚到更新世临近结束。中国犀是中国南方中、晚更新世常见的哺乳动物，最早的化石记录见于元谋人化石层，河南地处中国南北方的中间地带，发现这种化石不难理解。从整个动物群性质看，既有中更新世常见种，又有明显的晚更新世典型的种类，故把含旧石器时代遗物的地层的地质时代暂定为晚更新世，不排除局部较早的可能性，这方面待详细研究后另行讨论。

四、文化遗迹、遗物

织机洞遗址文化遗存丰富，发掘中发现有用火遗迹和大量遗物。

（一）用火遗迹

在近100m²的发掘区中，虽然仅有20m²清理至24m深度，但从第2、4、7、8、9、13、15、16、17层内发现17处用火遗迹。这些用火遗迹多呈圆形或不规则形。遗迹层面上有灰烬堆积，灰烬下有烧烤痕迹，其周围及地面被烤成褐色或红褐色，火候不是很高。在第9层发现的用火遗迹旁有一块直径1.1m的岩石块，岩石周围发现有打击石片4片，刮削器2件。

（二）石　制　品

织机洞遗址出土的文化遗物中，除有打击痕的碎骨片、骨块外，主要为石制品。经过对出土的6546件石制品的初步整理，有修理或使用痕迹有的1597件，占已出土的石制品的24%。

石制品的原料包括脉石英，占77%，燧石占18%，余为玛瑙和砂岩等。需要说明的是：各层出土的石制品所用原料有所不同，如第10～18层中以燧石为原料的极少，大量使用脉石英，占94%，燧石仅占2.5%，砂岩与玛瑙占3.5%，第1～9层内脉石英占71%，燧石占23%，玛瑙与砂岩等占6%，从中可以看出早晚段石器原料的区别（表一、表二）。

1. 锤击石核和石片

石核形态不规则，石核可分为单台面和多台面两类。以单台面石核为主，多台面石核较少，少于总量的1/10。石核的个体一般都较小，较大石核约占总量的1/100。锤击石核共1194件，主要原料是石英和燧石。石核台面不规整，常常打几下无法利用就报废了。

出土石片很多，主要以石英为原料，用锤击法打片，多自然台面，个别有修台面迹象，台面上有若干纵脊。石片上诸人工痕迹，因原料而异，石英者打击点、半锥体不甚清楚，燧石者则多清晰，石片角以95°～110°的居多，超过120°的不多。石片背面多不保存自然面，少数的或多或少保留。石片形态多不规则，也有少数呈梯形、三角形和似长石片。

2. 砸击制品

能见到有砸痕的石英制品近20件，但能肯定它们是砸击制品却比较困难，两端可见砸痕的石片，即两端石片只有2件，将来深入研究，或许有更多这类标本的发现，但可以肯定当时人用过砸击技术。

（三）石　　器

石器1597件，因用途的不同，将石器分成第一类和第二类。

1. 第一类工具

第一类工具主要用于生产石制品，共有15件，第1～12层内发现8件，第13～18层中出土7件。这类工具只有石锤，可分为砸击和锤击两类。

砸击石锤　14件。其中砂岩砾石为原料的9件，石英块4件，燧石石核1件。它们包括单端石锤12件。如P.0384，系立方体脉石英石核，一长边上有不规则敲击疤痕，另2件为两端砸击石锤。P.01227，近方形圆角砂岩砾石，两端均有因砸击而形成的浅坑疤。

单端锤击石锤　仅1件。P.0501，矩形灰岩砾石，扁平体，一端较厚，另端较薄，有锤击痕迹，遗有几块碎屑疤。

表一　早段石制品分类统计

类型	石核 锤击	石核 砸击	石片 锤击	石片 砸击	第一类工具 砸石击锤	刮削器 单刃	刮削器 两刃	刮削器 端刃	刮削器 复刃	尖状器 正尖	尖状器 角尖	尖状器 复尖	石锥 长单肩	石锥 长双肩	石锥 短单肩	石锥 短双肩	砍砸器	雕刻器	合计	总计	百分比(%)
石英	655	52	1983	67	4	441	92	29	24	212	23	6	10	9	4	17	3	17	887	3648	73.18
燧石	248	18	547	33	1	180	18	13	13	50	5		1	5	2	4	5	10	306	1153	23.13
玛瑙	6		19			8	2			3	1					1			15	40	0.80
砂岩	22	5	80	5	3	21	2	3		2	2						2		29	144	2.89
毛坯 砾石					3	21	2			5							3		34		
毛坯 石核					5	85	7	5	4	52	7	2	4	5	1	7	1	11	191		
毛坯 小石块						56	6	4	5	26	1	1	1	1	3	1	1	5	111		
毛坯 锤击石片						417	85	24	24	157	21	3	4	7		4	5	10	762		
毛坯 砸击石片						13	5	1		3									22		
毛坯 碰砧石片						1													1		
毛坯 断片						57	9	5	4	24	2		2	1	1	10	7	1	116		
锤击加工 单面 向背面						444	58	26	20	224	2	6	11	10	5	18		23	854	69.03	
锤击加工 单面 向破裂面						178	20	10	9	26	24			1			2	2	270	21.82	
锤击加工 两面 错向						30	8		3	12	3			3		4		2	70	5.66	
锤击加工 两面 复向						22	5	5		4									32	2.59	
锤击加工 两面 交互打击						4		1			2								6	0.49	

续表

类型	石核		石片		第一类工具	第二类工具														总计	百分比（%）
						刮削器				尖状器			石锥				砍砸器	雕刻器	合计		
统计项目	锤击	砸击	锤击	砸击	锤石击锤	单刃	两刃	端刃	复刃	正尖	角尖	复尖	长单肩	长双肩	短单肩	短双肩					
砸击加工					8	2	1			1							1		5		0.40
分类小计	931	75	2629	105	8	650	114	42	37	267	31	6	11	14	6	22	10	27	1237	4985	
百分比（%）						52.54	9.21	3.40	2.99	21.58	2.50	0.49	0.89	1.13	0.49	1.78	0.81	2.18			

表二 晚段石制品分类统计

类型	石核		石片		第一类工具	第二类工具														总计	百分比（%）
						刮削器				尖状器			石锥				砍砸器	雕刻器	合计		
统计项目	锤击	砸击	锤击	砸击	锤石击锤	单刃	两刃	端刃	复刃	正尖	角尖	复尖	长单肩	长双肩	短单肩	短双肩					
石英	253	6	890	11	4	165	18	13	6	90	12	1	2	2	6	7	1	10	333	1497	95.90
燧石	2		29			2	3			1								6	37	2.37
玛瑙	1		1																2	0.13
砂岩	7		9	2	1	5											1		5	25	1.60

续表

统计项目\类型	石核 锤击	石片 锤击	石片 砸击	第一类工具 砸击石锤	第一类工具 锤击石锤	刮削器 单刃	刮削器 两刃	刮削器 端刃	刮削器 复刃	尖状器 正尖	尖状器 角尖	尖状器 复尖	石锥 长单肩	石锥 长双肩	石锥 短单肩	石锥 短双肩	砍砸器	雕刻器	合计	总计	百分比(%)
毛坯 砾石				2		7													10		
毛坯 石核				4	1	26	1				1							3	63		
毛坯 小石块						4	2	2	1	24	2				1	2			11		
毛坯 锤击石片						123	16	10	3	47	7	1		2		3	1	5	223		
毛坯 砸击石片						3				2									3		
毛坯 断片						9	1		1	18	2		1					2	35		
锤击加工 单面 向背面						110	8	12	4	75	10			2		6	1	10	246		71.30
锤击加工 单面 向破裂面						50	6	1	2	11	2		2			1	1		74		21.45
锤击加工 单面 错向							6			5					6	1			11		3.19
锤击加工 单面 复向						3	1					1							5		1.45
锤击加工 单面 交互打击						2													2		0.58
锤击加工 两面						7													7		2.03
砸击加工				6	1																
分类小计	263	929	11	6	1	172	21	13	6	91	12	1	2	2	6	7	2	10	345	1561	
百分比(%)						49.85	6.08	3.77	1.74	26.38	3.48	0.29	0.58	0.58	1.74	2.03	0.58	2.90			

2. 第二类工具

第二类工具指毛坯经加工成一定形状的主要用于加工生活资料的石器，计1582件，可分为5类。

刮削器　1055件，依刃口位置和数量，可分为单刃、双刃、端刃、复刃4组，其中以单刃为主，双刃次之，端刃和复刃较少。

单刃刮削器　是刮削器主要类型，822件，占刮削器总量的78%，其中以单直刃为主，单凸刃次之，单凹刃较少，凹缺刃极少。

单直刃刮削器　414件。加工方法以向背面加工为主，向破裂面加工次之（表三），以下举例说明：P.0936，毛坯为燧石石片，向背面加工，刃口位于右侧长边上，刃缘较长，双层修疤，修疤深长，刃角38°（图三，3）。P.0724，燧石石块毛坯，正面与背面均保留自然面，刃口位于的左侧，向背面加工，刃口宽直，修疤为浅长型，刃角35°（图三，2）。

表三　加工技术分类统计

石器类型	加工方法	锤击加工					砸击加工	合计
		向背面	向破裂面	复向加工	交互打击	错向加工		
刮削器	单直刃	288	110	12	4			414
	单凸刃	171	69	9	2			251
	单凹刃	91	49	4			3	147
	凹缺刃		4				6	10
	两边刃	40	9	3		30		82
	侧端刃	26	17	3		6	1	53
	平端刃	21	7	3	1			32
	圆端刃	17	4	2				23
	三刃	16	10			5		31
	四刃与盘状刃	8	1			3		12
尖状器	正锐尖	133	13	2		8		156
	正钝尖	166	24	2		9	1	202
	角尖	11	23		2	3		39
	喙状尖	1	2			1		4
	复尖	6		1				7
雕刻器		33	2			2		37
石锥		60	2			8		70
砍砸器		8	1			2	1	12
合计		1096	347	40	10	77	12	1582

图三 石器

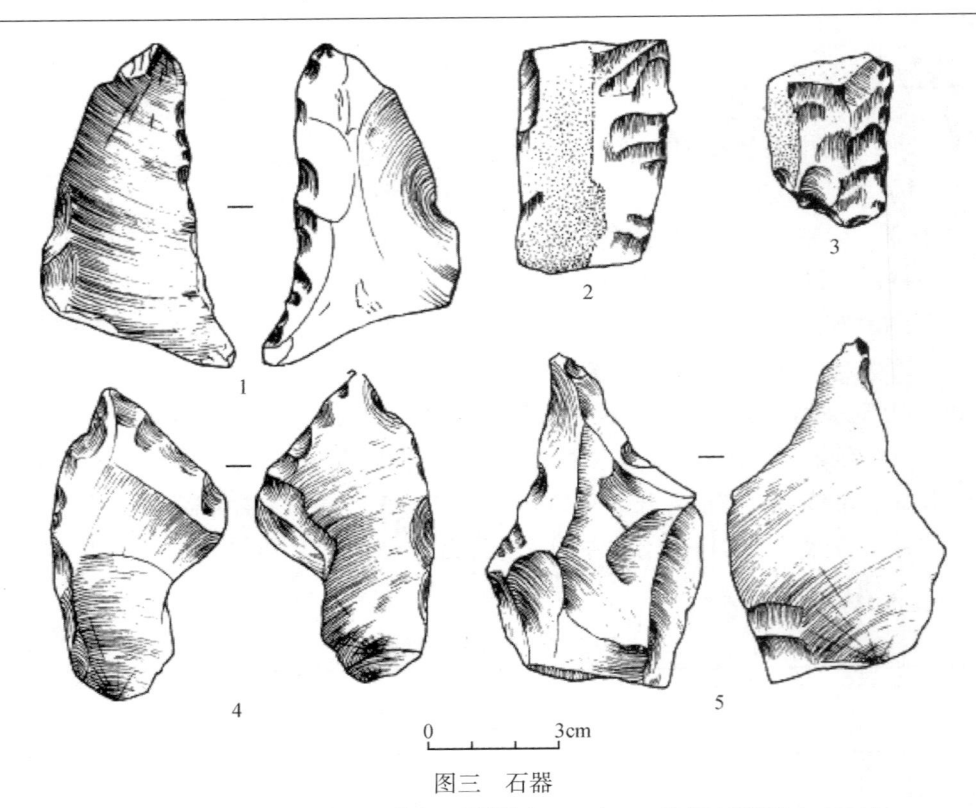

1. 单凹刃刮削器（P.6164） 2. 单直刃刮削器（P.0724） 3. 单直刃刮削器（P.0936）
4. 正尖尖状器（P.12163） 5. 正尖尖状器（P.3654）

单凸刃刮削器 251件。P.0583，系用脉石英石片制成，刃口位于右侧长边上，向背面加工，修疤浅宽，刃较锐，刃角54°（图四，7；图版一，3）；P.0450，将脉石英石片的左侧长边修理成刃，复向加工，修疤浅宽，刃角40°（图四，5）。

单凹刃刮削器 147件。P.6164，毛坯为玛瑙石片，刃口在左侧长边上，修疤浅宽，主要见于背面，但另一面上部也可见多个修疤，刃角42°（图三，1）。

凹缺刃刮削器 10件。其中锤击加工4件，砸击加工6件。P.0519，脉石英断块毛坯，向破裂面加工，将台面相对一端修理成刃，修疤浅宽，刃角62°（图四，3）。P.0376，脉石英石块毛坯，刃口位于左边，复向加工，修疤深长，刃角50°（图四，2）。

两刃刮削器 135件。刃口位于两长边和侧端边两种，其中两边刃82件，侧端刃53件。P.12162，以脉石英石片为毛坯，被两侧打制成刃口，轮廓呈长方形，加工较粗糙，其修理痕迹主要见于背面两侧，但破裂面左侧（左图）也可见加工痕迹，刃缘窄，修疤浅，刃角42°～47°（图四，6；图版一，9）。P.0917，毛坯系燧石石片，刃口位于两长边上，向背面加工，修疤深宽，刃角50°～55°（图四，1）。P.0722，系用燧石石片制成，侧端刃，侧刃为交互加工而成，端刃加工粗糙，向背面加工，修疤深宽，刃角38°～42°（图四，4）。

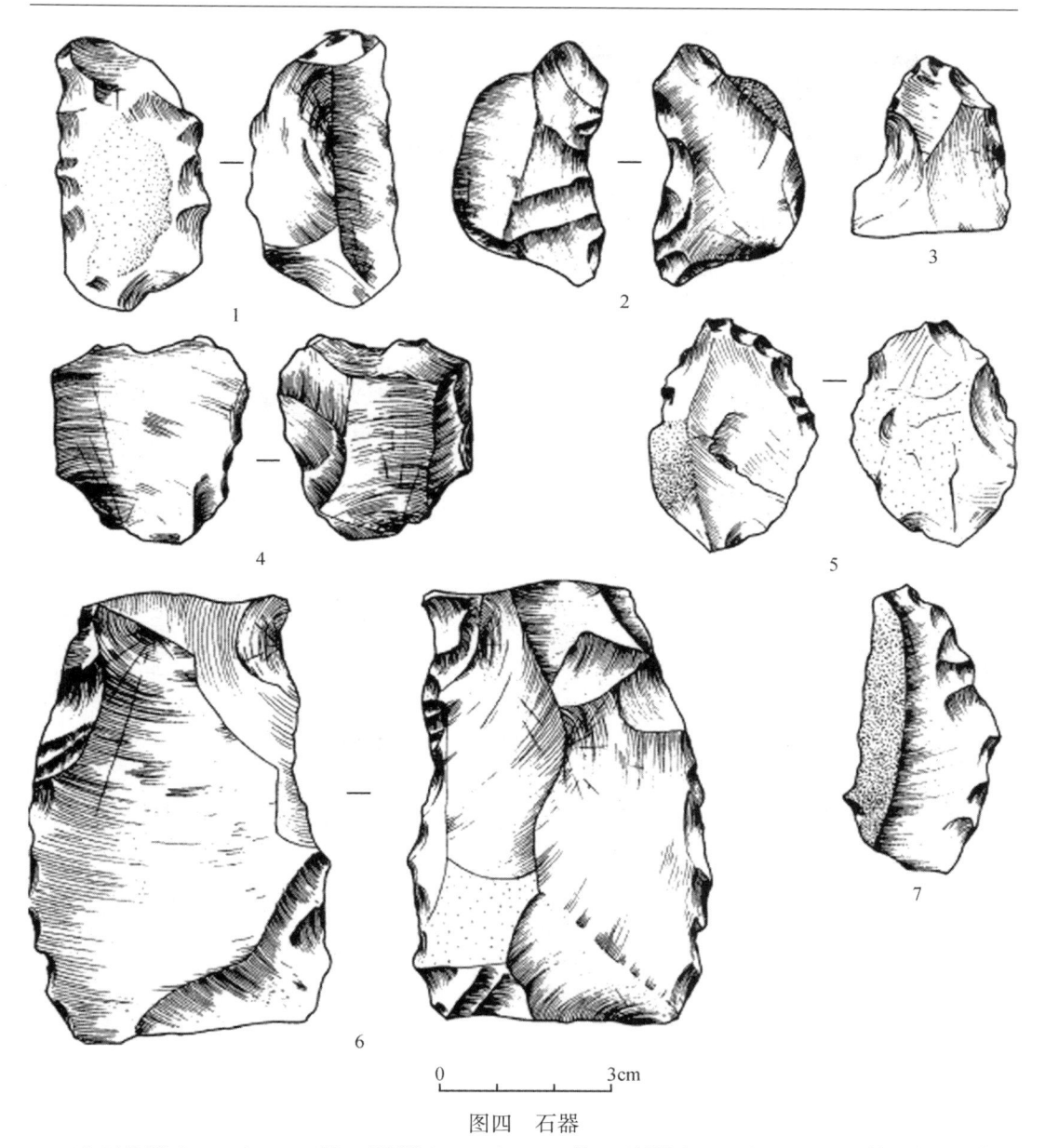

图四 石器
1. 两刃刮削器（P.0917） 2. 凹缺刃刮削器（P.0376） 3. 凹缺刃刮削器（P.0519） 4. 两刃刮削器（P.0722）
5. 单凸刃刮削器（P.0450） 6. 两刃刮削器（P.12162） 7. 单凸刃刮削器（P.0583）

端刃刮削器 55件。多数加工不好。其中平端刃32件，圆端刃3件。P.12172，是用脉石英石片做的，向破裂面加工，修疤浅宽，刃角52°（图五，7）。P.0279，脉石英石片毛坯，刃口位于台面相对的一端上，系向背面加工而成，凸弧刃，修疤深长，刃角51°（图五，6）。

复刃刮削器 43件。器形多呈不规则盘状，加工多较粗糙，甚至有的一侧或两侧

图五　石器

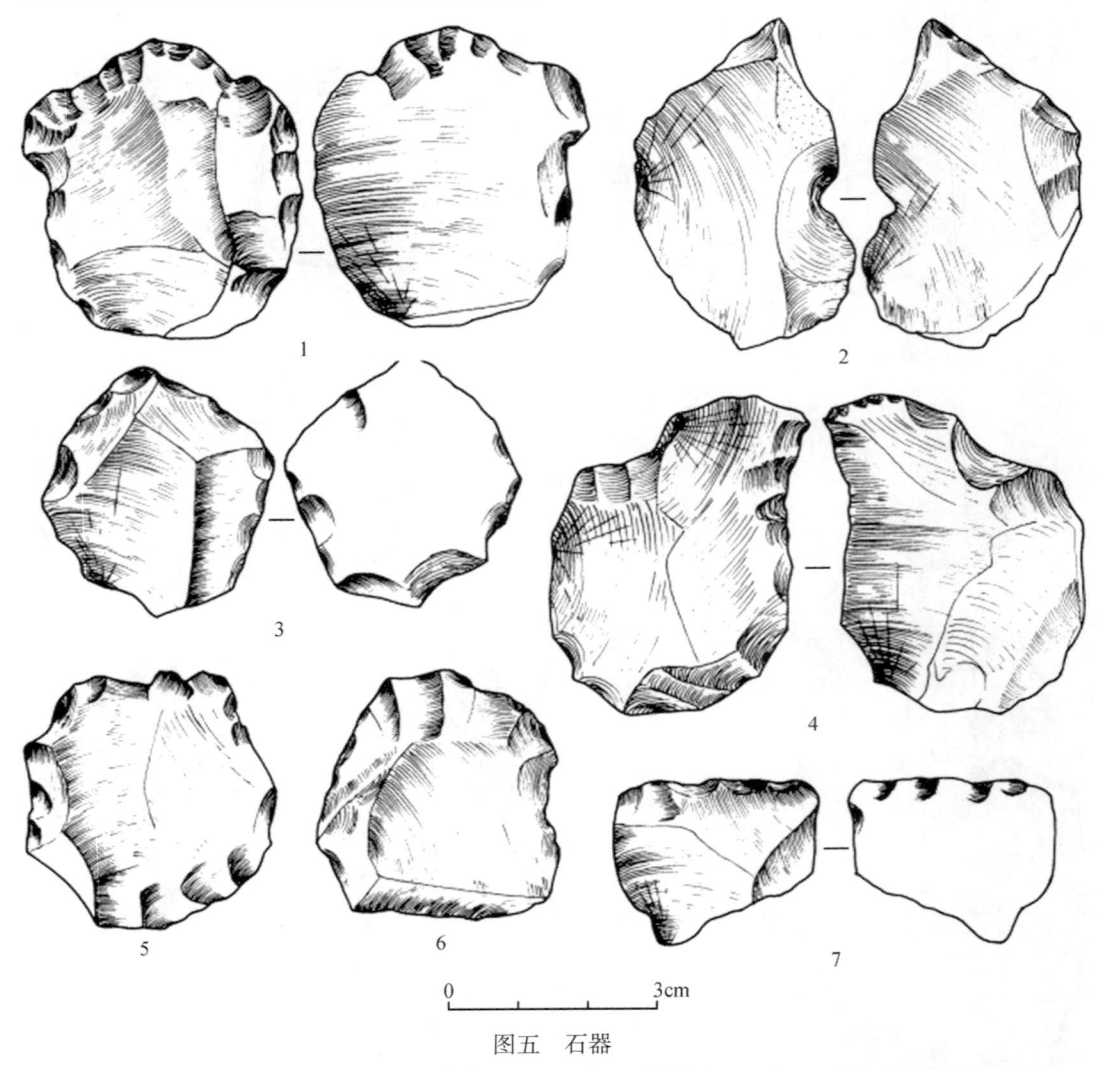

1. 复刃刮削器（P.3569）　2. 角尖尖状器（P.0674）　3. 复刃刮削器（P.3576）　4. 角尖尖状器（P.0935）
5. 复刃刮削器（P.1163）　6. 端刃刮削器（P.0279）　7. 端刃刮削器（P.12172）

仅有少量修疤，多数仅一侧加工较好。复刃刮削器中三刃的31件，四刃与盘状的12件。P.1163，毛坯为脉石英石片，呈盘状，向背面加工，修疤深宽，刃角40°～52°（图五，5）。P.3569，脉石英石片毛坯，盘状轮廓，三刃，复向加工，修疤深长，刃角41°～59°（图五，1；图版一，4、5）。P.3576，脉石英石片毛坯，盘状轮廓，四刃，复向加工，修疤深宽，刃角41°～54°（图五，3）。

尖状器　408件。主要是用锤击石片和断片做成的，在各类石器中，它是加工比较好的，基本上是两侧边经修理成刃，个别是一侧边加远端被加工成刃的，其加工方式是多样的，有向背面、向破裂面、错向和复向加工，早段还有交互打击的，其中以向背面加工为主，占本类石器总数76.41%，向破裂面加工居次，占16.95%，其余各种方式仅被偶尔使用。尖状器可再分为正尖、角尖和复尖三型。

正尖尖状器 358件。毛坯相对较长而大，尖刃在毛坯纵轴的一端，刃尖长而锐，如P.3654，燧石石核毛坯，向背面加工，修疤浅宽，尖刃角56°（图三，5）。P.12163，脉石英石片毛坯，交互打击加工，修疤深宽，尖刃角55°（图三，4；图版一，1、2）。

角尖尖状器 43件。毛坯短宽，尖锐而短，尖刃在毛坯的一侧角上或偏离纵轴线。P.0674，燧石石片毛坯，错向加工，修疤浅宽，尖刃角70°（图五，2）。P.0935，燧石石片毛坯，喙状尖，错向加工，修疤深长，尖刃角75°（图五，4）。

复尖尖状器 7件。石器轮廓呈菱形或三角形。有两端成尖的，如P.2434，脉石英石块毛坯，双正尖，一端残断，尖刃角51°（图六，2；图版一，7、8）。还有正、角尖的，是端侧修理形成双尖的，如P.0541，脉石英石片毛坯，正、角尖，错向加工，尖刃角60°（图六，1）。

雕刻器 37件。多使用不规则或三角形石片加工而成，其中有一部分毛坯为断片，以P.0510标本为例具体说明，它原是石英块，破裂面遗有多块片疤，背面曾做过修理，遗有多块修疤，在其顶端斜向右打了一下，使这部分生成一个凿子形的刃口（图六，5；图版一，6）。

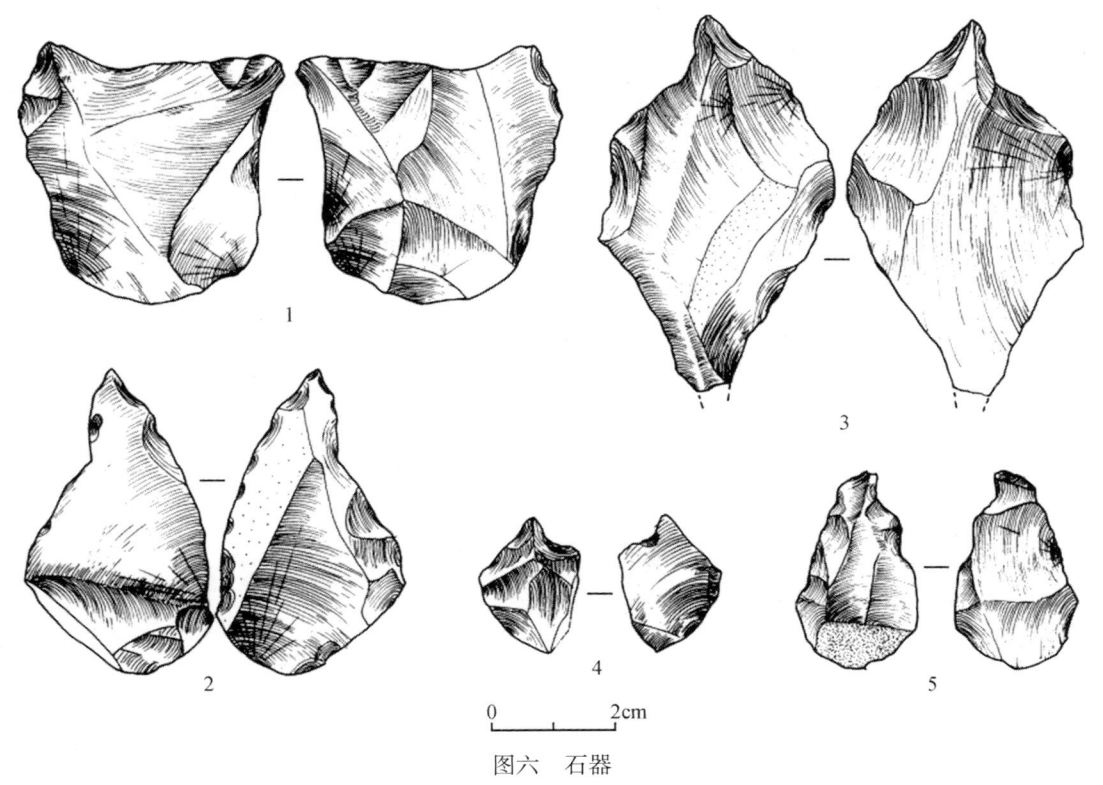

图六 石器
1. 复尖尖状器（P.0541） 2. 复尖尖状器（P.2434） 3. 长尖石锥（P.2029） 4. 短尖石锥（P.0666）
5. 雕刻器（P.0510）

石锥　70件。较多使用断片为毛坯,可分为长尖组和短尖组。P.2029,长尖石锥,以燧石石片为毛坯,向背面加工,修疤浅宽,刃角46°(图六,3);P.0666,短尖石锥,脉石英断片,轮廓呈菱形,向背面加工,刃角30°(图六,4)。

砍砸器　12件。块状和片状毛坯各半,其形状缺乏相对稳定性,经加工后,可再分为单刃和多刃,以下举例做具体说明。P.6165,毛坯为燧石片,略呈长方形,其两侧长边可见修理痕迹,系错向加工而成,刃角50°。前端为薄锐的缘,无加工痕迹,按传统分类可归两刃砍砸器,但从其形态和加工特点看,很像"手镐"(亦有叫薄刃斧)(图七,1)。P.12396,赭色砂岩砾石石块毛坯,轮廓呈长方形,复向加工而成,除一侧无修理外,其余各边都有打击痕迹,但只有右侧刃修理的比较细致,为缓弧形凸刃,刃口较钝,刃角80°(图七,3)。P.0439,棕色砂岩砾石石块毛坯,将右侧制成比较平直的刃口,刃缘较平齐,修疤呈浅宽型,基本单层,刃较锐,刃角60°(图七,2)。

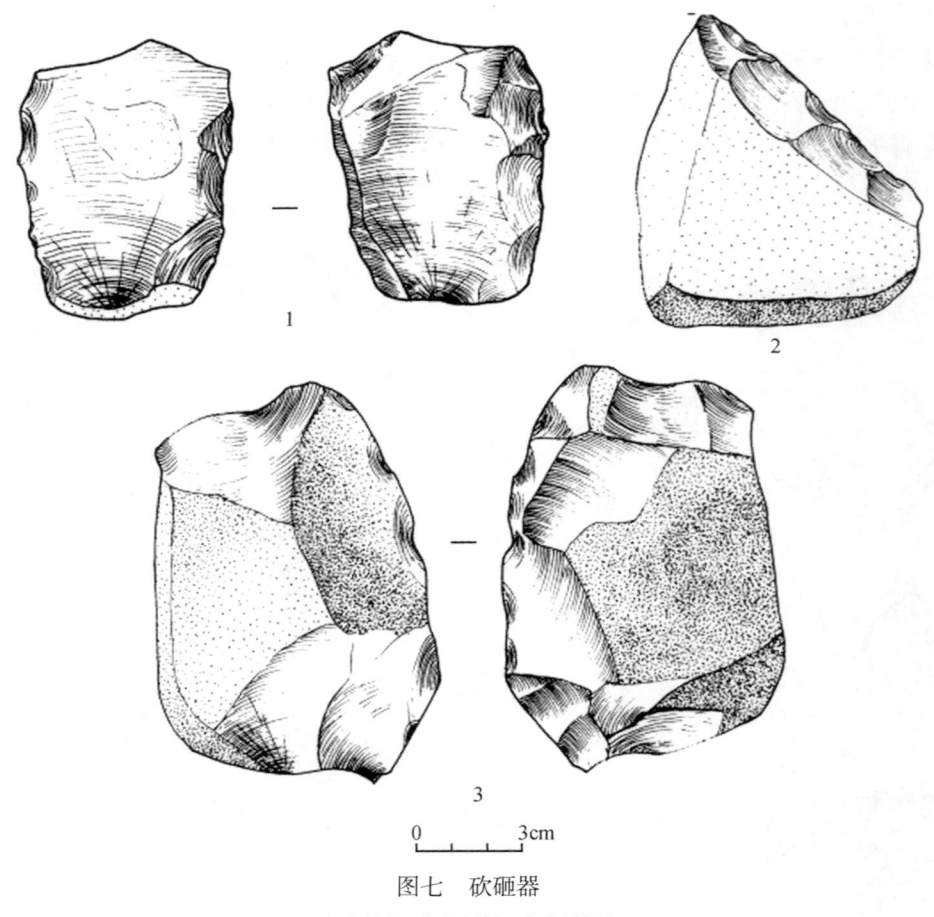

图七　砍砸器
1. P.6165　2. P.0439　3. P.12396

（四）骨 制 品

从织机洞遗址内发掘出土的大量动物化石中，绝大部分是被自然力压碎的骨片，也有人类敲骨取髓形成的骨片，有一小部分为啮齿类和食肉类动物啃咬过的骨段或骨片；另外还有一定数量的侧缘或端缘上有多个敲击疤痕的化石片，它们是在大裂面上可见再打击的痕迹，打击方向多为由外向内，有一部分是由内向外或交互打击的，这些情况说明它发生于肢骨破碎之后，似与敲骨取髓无关。由此看来，织机洞遗址旧石器文化层中可以肯定有打击骨器，但数量目前不详，有待深入研究。若依石器分类，可把它们分成刮削器、尖状器及铲状器等。其中以刮削器为主，尖状器和铲状器偶可见到，加工痕迹在骨片（包括部分保存骨管和关节的碎骨）的一端、一侧或两侧，其类型及形制如图八所示。

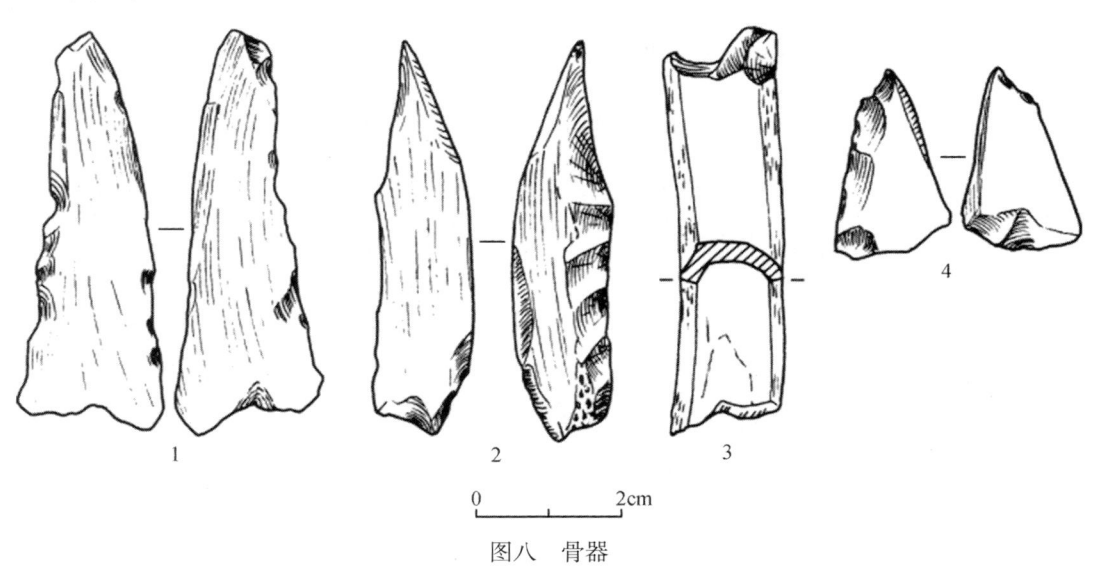

图八 骨器
1. 刮削器（7：81） 2. 刮削器（10：132） 3. 铲状器（5：59） 4. 尖状器（10：134）

五、几 点 认 识

综上所述，对织机洞史前文化遗址的文化特征、发展趋势、年代以及其在中国旧石器考古中的地位都有了一些初步的认识，述要如下。

（一）遗址的时代和性质

织机洞遗址的堆积达20多米厚，意味着时代跨度较大。除上部第19~22层4个层位包含裴李岗文化、仰韶文化及少量汉代遗物外，其中第20层为灰黄色砂质黏土夹角砾岩层,第19层为灰岩角砾层,第19层下侵蚀不整合,第18层为棕色古土壤层,从土质特征与沉积情况观察,其应为更新世晚期的沉积。经北京大学考古系年代实验室对第18层下钙板用不平衡铀系法初步测定,其年代为7.9万±1(0.9)万年,结合第17层内出土有数件大角肿骨鹿下颌骨化石等,第18层为古土壤层,其下还有近20m厚的沉积,其年代究竟距今多少万年,还有待更深入的研究。但值得一提的是第1层与第2～8层呈角度不整合接触,其时代也许会更早,至于能早到什么时代尚有待今后工作。但从已测年数据和哺乳动物化石看,旧石器文化层最晚的时间可能在距今7万年前,遗址堆积的肇始时代暂时保守地估计在旧石器时代中期的前段,也不排除早到旧石器早期的某一阶段。

从发掘中获得的大量考古遗物表明,织机洞不仅规模大,文化层堆积厚,遗存丰富,而且于第1层上部及第2、4、6～9、13、15～17层中发现有用火遗迹。在第2、4～10、13层内均发现灰烬。考虑到出土化石中有大量烧骨、多个灰烬层以及石制品如此丰富,织机洞遗址是人类长期居住兼石制品生产地应是肯定的。无论从石制品和动物化石表面看,基本上没有冲磨的痕迹,因之可以肯定,该遗址属原地埋藏类型。

(二)石制品时代工业特点和发展趋势

织机洞古人类文化涉及面很广,具有较高的用火能力,既发现火堆遗存,也有灰烬层,即是很好的说明;使用打击骨器,可补石器一些缺陷,如力臂短等。打击骨器在我国一些旧石器时代遗址中有所发现,而且有的遗址内数量还比较多,如北京周口店中国猿人遗址[1]、安徽和县人遗址[2]、辽宁庙后山遗址[3]、辽宁金牛山遗址[4]、山西许家窑遗址[5]、峙峪遗址[6]等都发现有许多带打击痕的骨片,虽然其制作大多相当粗糙,但我们认为除与敲骨取髓有关外,应与骨片做简单加工作为工具使用有关。织机洞的发现为打击骨器的研究增加了新材料。由于用火遗迹和打击骨器的研究工作做得不够,暂不包括在本文的讨论范围内,这里只着重论述石制品的特点。织机洞石器虽有上、下两期之别,但其共同性是很清楚的,可归纳为以下各点。

(1)大多数石制品是小型的(长度小于50mm),中型(长度51～80mm)和大型的(长度超过80mm)为数不多。

(2)石制品原料简单,仅有4种:脉石英、燧石、砂岩、玛瑙。分别占78.60%,18.18%,2.58%和0.64%。虽然石英是其主要原料,但燧石也比较常用。

(3)打片以锤击法为主,也曾用砸击法。锤击石片和石核形状多不定型,且多自然台面,未见有无疑的修理台面的标本。用砸击法打片,有砸痕的不少,典型的两端石片极少。

(4)依宏观观察,不经加工的使用石片比较多,连续细疤见于边的多于端的。

(5)存在少量的第一类石器,第二类石器主要是用石片做的,占73.45%,块状毛坯者不多,占26.55%,无疑是以石片石器为主的工业。

（6）石器类型具有多样性，包括宽刃类的刮削器、砍砸器（其中有一件手镐），尖刃类的尖状器、石锥和雕刻器，未发现石球和手斧。在石器中，刮削器是主要类型，占石器总数的66.69%，尖状器是重要类型占25.79%。

（7）修理石器基本上用锤击法，占全部石器的99.24%，砸击加工者仅占0.76%。锤击加工方式多样，以向背面加工为主，占69.53%，向破裂面占21.74%，错向占5.12%，复向加工占2.34%，交互打击占0.51%。由此可见，锤击加工石器的主要方式是向背面加工，向破裂面加工居其次。

（8）修理工作多粗糙，仅个别石器做过相当细致的修理。修理痕迹多见于刃口近缘，故常见者为单层修疤，且以深宽型者居多，修理成之刃口多较锐，刃角多小于70°。

如上述，从地层上看，可把织机洞旧石器时代文化分早、晚两段，两者存在着上述共同特点，显示出工业上的同一性，但地层厚达20多m，是长期生活的证据，在这悠长岁月里，在工业上也反映出其发展和变化。石制品上最大差别在原料使用上，虽然早、晚两段都是以石英为主，但用量有明显的变化，早段的占石制品总量的73.18%，晚段的占95.9%。而燧石的用量是趋减的，早段的占石制品总量的23.13%，晚段的占2.37%。另两种石料至晚段都有不同程度的减少。锤击法打片所产生的石片和石核无论从形态或石核处理情况看，无明显变化，现知的生产量和所占比例大体相当，唯有砸痕标本从早段到晚段有明显减少。从石器类型看，从早段到晚段刮削器由多趋少，前者占68.15%，后者占61.45%；尖状器则有所增加，从早段占24.57%到晚段占30.14%。从刮削器4个组情况分析，端刃组变化不大，单刃、两刃和复刃从早段到晚段的比例分别是：52.54%～49.85%，9.21%～6.08%，3.4%～1.74%。石器的毛坯块状稍减，片状趋增，前者由27.16%至24.35%，后者由72.84%至73.45%。另从技术上看，向背面加工有所增加，而错向、复向有减少的趋势。上述这一系列变化，不是质的（技术上的）发展，而是量上的变化，究竟什么因素促成或是无重要意义的量变（原料不在此列），有待今后深入研究，才能提出符实之论。

（三）织机洞旧石器组合的地位和意义

织机洞旧石器组合从石制品的诸特点看，都可从中国猿人石器中找到，故有理由认为在工业上受到中国猿人技术影响，特别是砸击法修理石器更显出它与中国猿人的密切关系，可同归于北方主工业中[7]。用砸击法修理石器，除中国猿人外，在长江以北尚无记录，虽标本量不大，但其意义重大。织机洞组合与中国猿人工业明显不同的是后者打片是以砸击法为主，而织机洞的是以锤击法为主，这一差异是反映中国猿人石器文化期后工业的共有特点：砸击技术趋向衰落，锤击技术占主导地位。石制品中多台面石核多于单台面石核，单刃石器多于多刃石器，是中国北方主工业的特点，织机洞石制品组合也具有这样的特点。从时代上考虑，它是已知（洞穴类型）北方主工业分布最南、时代较早、石制品最丰富的一个组合。从目前古人类热点问题之一——现代人起源来看，中国距今10万~5万年的材料还十分缺乏，因此织机洞的材料具有重要的学术价值。

织机洞地理位置处于中国的中部，从文化交流角度看，它具有十分重要的地位。有人曾提出旧石器文化交流走南阳通道，则织机洞晚于东北方的周口店中国猿人文化，也晚于近北的大荔人石制品组合[8]，而早于其南部具有相同石制品特点南阳小空山的组合[9]，显示出它具有旧石器文化南北交流甚至于哺乳类的南、北迁徙的"驿站"作用进一步研究会对旧石器文化交流问题做出重要的贡献，故织机洞遗址的发现与研究其重要性一目了然。深入研究织机洞的材料和开展对其周围的调查，将会对旧石器文化交流问题做出更大的贡献。

附记：从开始发掘，先后得到时任省文物局局长杨焕成先生、张文军副局长、文物处赵会军处长，国家文物局张柏副局长、文物处王军副处长，北京大学吕遵谔教授，中国科学院古脊椎动物与古人类研究所张森水研究员，中国科学院地质研究所周昆叔研究员，以及有关同志的指导和关心，并得到当地政府和群众的支持与帮助。在整理过程中，张森水先生给予很大的帮助和指导，王幼平先生也给予很多帮助。陈萍女士为本文清绘图件，图版摄影是刘彦锋。在此笔者对他们表示感谢。

参 考 文 献

[1] 裴文中，张森水.中国猿人石器研究[M].北京：科学出版社，1985.

[2] 吴茂霖.1981年发现的安徽和县猿人化石[J].人类学学报，1983，2（2）：109-115.

[3] 辽宁省博物馆等.庙后山——辽宁本溪市旧石器文化遗址[M].北京：文物出版社，1986.

[4] 金牛山联合发掘队.辽宁营口金牛山旧石器文化研究[J].古脊椎动物与古人类，1978，16（2）：129-138.

[5] 贾兰坡.许家窑旧石器时代文化遗址1976年发掘报告[J].古脊椎动物与古人类，1979，17（4）：277-293.

[6] 贾兰坡等.山西峙峪旧石器时代遗址发掘报告[J].考古学报，1972（1）：39-58.

[7] 张森水.管窥新中国旧石器考古学的重大发展[J].人类学学报，1999，18（3）：193-214.

[8] 吴新智，尤玉柱.大荔人遗址的初步观察[J].1979，17（4）：194-303.

[9] 小空山联合发掘队.1987年河南南召小空山旧石器遗址发掘报告[J].华夏考古，1988（4）：1-15.

图版一

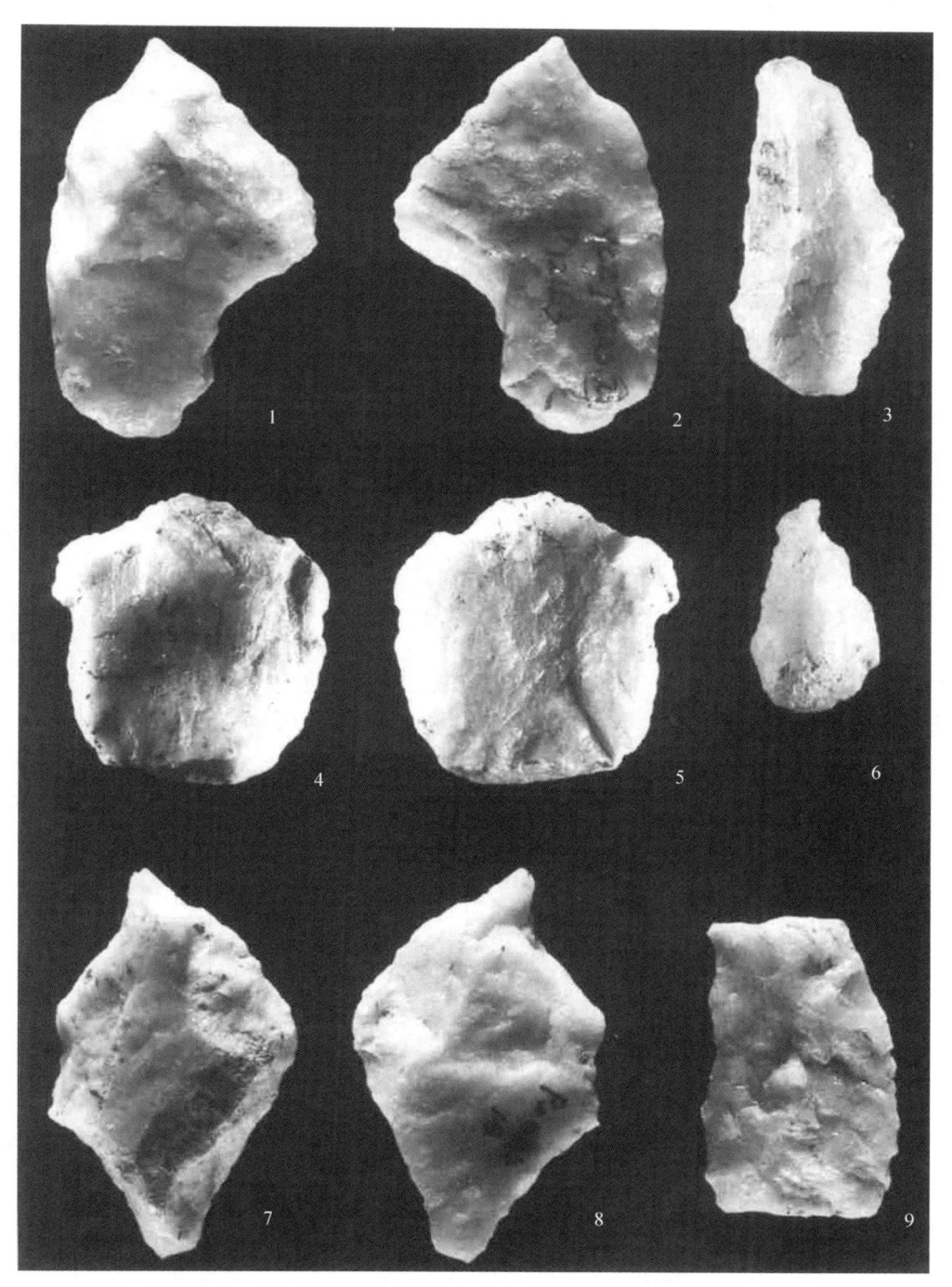

1、2. 正尖尖状器P.12163　3. 单凸刃刮削器P.0583　4、5. 复刃刮削器P.3569　6. 雕刻器P.0510
7、8. 复尖尖状器P.2434　9. 两刃刮削器P.12162

（原刊于《人类学学报》2003年1期）

织机洞遗址2001年的发现与初步研究

邵文斌

（秦始皇帝陵博物院，西安 710600）

一、概 述

织机洞遗址位于河南省郑州市荥阳西南部的崔庙乡王宗店村北（图一），1985年全国文物普查时由郑州市文物考古研究所发现，其堆积以旧石器时代遗存为主，最上层兼有新石器时代陶片等遗物。郑州市文物考古研究所1990年7月对织机洞遗址进行了试掘，同年秋进行了正式发掘，之后又进行了两次发掘，发掘面积共有100余平方米。在分为23层厚达20多米的堆积中，发掘出土了丰富的石制品、动物化石和古人类用火灰烬等遗存。该遗址的发现对中原地区的旧石器时代考古学及古人类学、第四纪地质以及古环境古气候的研究具有十分重要的意义。现在已经有学者对织机洞遗址的地层、环境[22]、动物化石和石制品加工[21]等方面进行了初步研究，取得了一定的成果。

图一 织机洞遗址地理位置示意图
（张松林等，2003）

2001年9～11月，北京大学考古文博学院与郑州市文物考古研究所对该遗址进行了再次发掘，发掘面积近6平方米，共发掘10个水平层，深度1米，涉及8个地层单位，出土了丰富的石制品和一些动物化石。这些遗存包含了大量的古人类活动信息，为研究织机洞遗址的埋藏环境、古人类对石料选择、加工、石器制作技术、石器组合、古人类对动物骨骼利用以及古人类行为等内容提供了丰富的材料。同时这些信息由于保存了相当长时间而受到自然埋藏环境的制约。埋藏类型的判定是室内研究的基础[2]，所以，要研究这些出土遗物，首先需要对其埋藏环境与特征进行分析，区分自然与人类活动的因素。鉴于研究目的的需要，本文将主要从旧石器考古学、动物考古学、埋藏学等角度对织机洞遗址2001年发掘区的材料及其所包含信息进行初步研究，具体从以下几个方面着手来进行：

（1）通过对遗物出土的产状、风化磨蚀等保存情况的统计分析，来辨别遗址的堆积性质，判定发掘区的埋藏类型，这是研究古人类文化和行为活动的基础。

（2）通过对石制品岩性、分类、原料利用、加工技术等的观察，研究石制品的制作加工技术和文化特征，并根据有关特征来分析人类行为特点。

（3）通过对动物化石种类、部位和化石上的人工痕迹观察与分析，研究古人类对动物性食物资源的利用和处理方式。

（4）通过对遗存所反映的人类技术、文化、行为等方面的信息分析，研究本遗址发掘区的性质特点，同周围地区旧石器文化进行对比，分析本遗址的文化特征及其与其他文化的关系，并为今后的研究提供一些思路和建议，为更多信息的提取和更多研究工作的开展提供材料。

二、地层和埋藏特征

（一）发掘情况介绍

2001年发掘区位于以前发掘过的靠近洞口的探方内（图二），是以前发掘工作的继续。由于探方中间部分已经发掘，使得2001年发掘区分为南北两部分，南区为以前发掘的5×5米探方的南隔梁西侧，面积约2平方米；北区为探方的北部，面积近4平方米。发掘区面积共近6平方米，发掘深度为10个水平层共1米。南北两区之间未保存直接的地层关系，依靠以前发掘所留的剖面可以将二区之间的地层关系衔接起来。

2001年发掘区的发掘以水平层为单位进行，同时照顾地层单位。南区出土标本仅有石制品，其中编号的1165件，未编号的2186件（附图一～附图三；附表一、附表三、附表五）。北区出土编号石制品664件，未编号石制品1333件，编号动物化石44件，未编号动物化石713件（附图四～附图六；附表一、附表二、附表四），另有大量烧过的石块、炭屑和一处可能是火堆的遗迹现象。

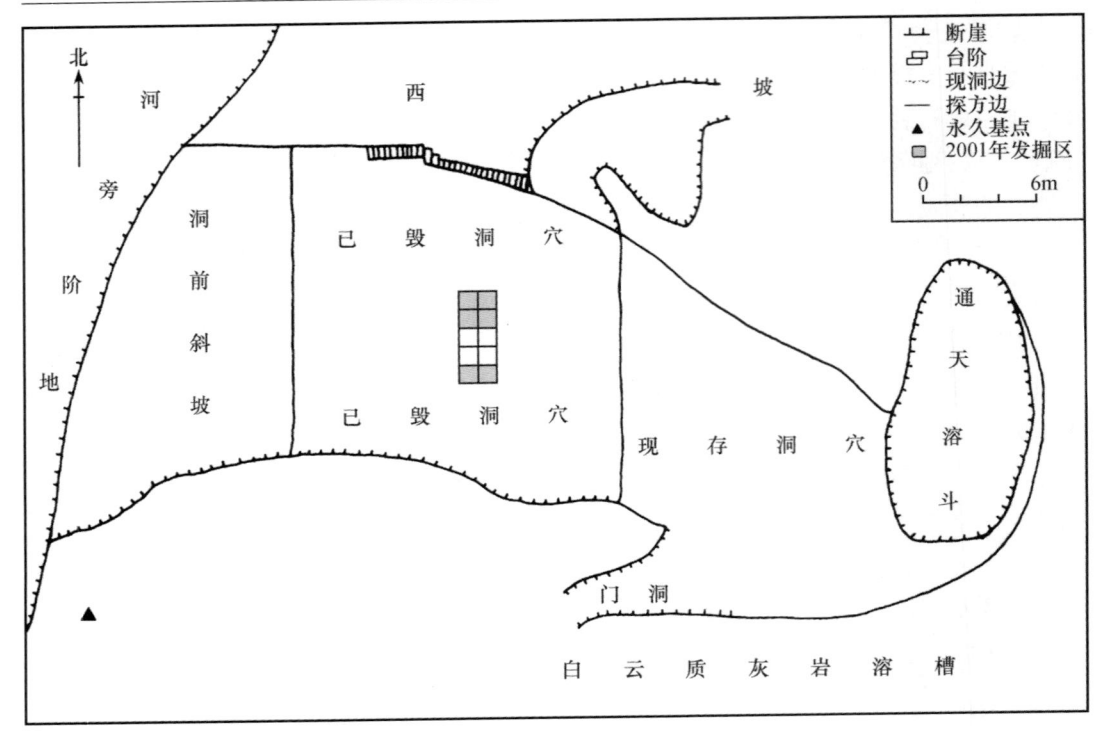

图二　织机洞遗址2001年发掘区位置图

（二）地层描述

2001年发掘区的南区，整个地层向东侧倾斜45°左右，局部甚至大于45°，西侧略缓；北区地层向西南方向倾斜。"从织机洞遗址剖面看"，可能是"洞底溶斗内堆积受水浸泡产生沉降所致"，"不存在地层倒置和混乱现象"[21]。根据以前发掘留下的剖面看：南区地层向北延伸可看出北区A层对应南区第4层，B层对应第5层，C层对应第6层。现以南区为例将发掘区地层（图三）情况介绍如下：

第1层：灰黄—白色砂质黏土，夹1~2cm厚的两条黑色条带，夹10cm左右紫红色条带，包含少量石制品。

第2层：灰黄色砂质黏土，结构较疏松，顶部和底部为黑色砂质黏土条带，局部夹白色斑点。有的地方夹很薄的灰绿色钙板层，厚约5mm。出土少量石制品。

第3层：浅褐色砂质黏土，结构较致密，质地较硬，局部夹较多米黄色—白色斑点，出土少量石制品。

第4层：砖红色砂质黏土，夹米黄色石灰岩风化块状、斑状、条状物，出土较丰富的石制品。

第5层：灰褐色砂质黏土，结构较疏松，夹白色团块状风化物，局部有锈黄色斑块，包含密集丰富的石制品。

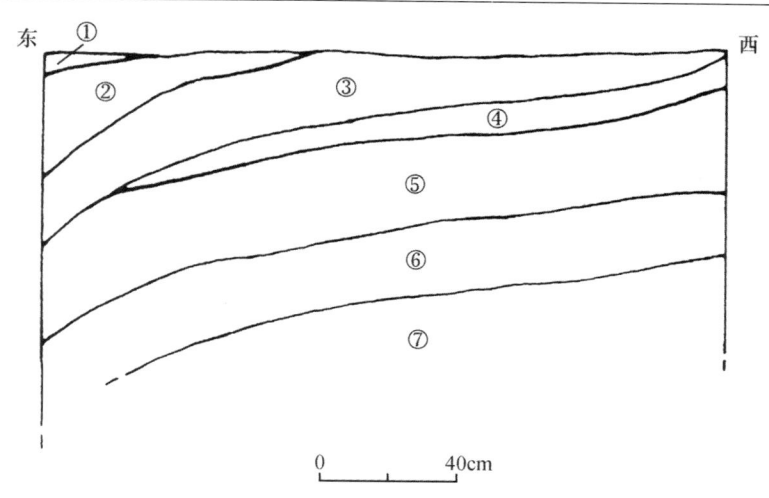

图三 织机洞遗址2001年发掘区南区S6、S1南壁剖面图

第6层：灰黄色黏质砂土，在洞南壁为胭红色，水平相变较大，由西向东由灰黄色渐变为粉红色，未发现任何文化遗物。

第7层：黑褐色砂质黏土，底部有白色石灰岩风化物，不含任何文化遗物。

第8层：石灰岩（基岩）。本层仅发现于南区的西南角，在S6和S1内未出露。

但是发掘区的北区堆积除了上述特点外，第5层还包含丰富的动物化石有鹿类、鸟类、啮齿类等。第6层仅零星发现3件石制品。

（三）埋藏特征

为了分析遗址的埋藏环境和特征，下面将对出土遗物的长轴、倾角、倾向等产状特征分别进行统计分析。

长轴是指遗物的形态长轴在出土时原始状态的方向，将其划分为5个等级（图四）："0"代表长轴方向垂直于水平面，"1"代表正北到北偏东45°（包括正南到南偏西45°）范围，"2"代表东偏北45°到正东（包括西偏南45°到正西）范围，"3"代表正东到东偏南45°（包括正西到西偏北45°）范围，"4"代表南偏东45°到正南（包括北偏西45°到正北）范围。

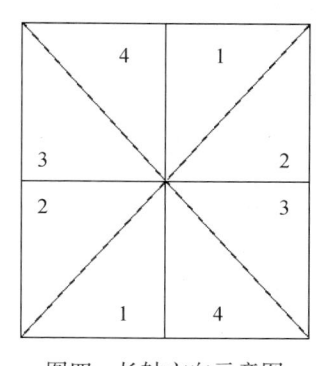

图四 长轴方向示意图

2001年发掘区的南区长轴分布没有规律（表一），除垂直于水平面的标本占2.94%外，其他4个范围的标本相差不大，分别为22.56%、22.77%、32.42%、19.31%。北区的标本长轴状况（表二）同南区类似，除垂直的标本占1.86%外，其他等级范围标本均在25%左右，同样没有明显区别。

倾向是指遗物在出土时原始状态的倾斜方向，根据东南西北四个方向，正北开始顺时针方向转一周为360°，以45°为一个单位把整个方向划分为8个等级，依次用阿拉伯数字"1"到"8"表示,另外,水平状态的用"0"表示,垂直状态用"9"表示。

在统计倾向的标本中,各个倾斜方向的标本所占比例差别不是很大(表三、表四)。但是,南区标本1和2倾斜等级的标本略多,北区标本则4和5倾斜等级的标本稍占优势,这可能和南区地层向东北方向、北区地层向西南方向沉降有关,而和其他自然力无关。除上述几个特殊等级分布之外,标本在其余各等级的倾斜方向分布上没有大的差别,比较平均。

表一 南区田野标本长轴状况统计表

长轴 地层	0	1	2	3	4
第1层	1	0	0	0	0
第2层	2	4	8	17	11
第3层	0	6	13	13	9
第4层	2	17	9	17	6
第5层	23	188	187	266	158
总计	28	215	217	309	184
比例(%)	2.94	22.56	22.77	32.42	19.31

表二 北区田野标本长轴状况统计表

长轴 地层	0	1	2	3	4
A(第4层)	0	12	14	15	6
B(第5层)	8	63	109	121	80
C(第6层)	0	2	0	1	0
总计	8	77	123	137	86
比例(%)	1.86	17.87	28.54	31.78	19.95

表三 南区田野标本倾向统计表

倾向 地层	0	1	2	3	4	5	6	7	8	9	未统计
第1层	0	0	0	0	0	0	0	0	0	1	0
第2层	2	13	16	3	0	0	0	4	3	5
第3层	4	13	7	3	0	4	4	1	5	1	20
第4层	3	24	12	2	1	1	2	2	3	2	30
第5层	51	238	144	61	39	55	45	55	118	29	147
总计	60	288	179	69	40	60	51	59	130	36	202
比例(%)	5.1	24.5	15.2	5.9	3.4	5.1	4.3	5	11.1	3.1	17.3

表四　北区田野标本倾向统计表

倾向 地层	0	1	2	3	4	5	6	7	8	9	未统计
A（第4层）	2	1	3	8	12	9	5	5	1	1	35
B（第5层）	26	30	25	32	64	110	48	25	20	8	235
C（第6层）	0	0	0	1	0	1	1	0	0	0	0
总计	28	31	28	41	76	120	54	30	21	9	270
比例（%）	3.9	4.4	3.9	5.8	10.7	17	7.6	4.2	3	1.3	38.2

倾角是指遗物在出土时原始的倾斜状态，根据遗物的倾斜、水平和垂直状态分为三个等级，依次用"1""2""3"表示。

2001年发掘的标本中，南区和北区在倾角的统计中（表五、表六）没有差别，其中以倾斜为主，少量的标本处于水平或者垂直状态。

表五　南区田野标本倾角统计表

倾角 地层	1	2	3	未统计
第1层	1	0	0	0
第2层	37	2	3	5
第3层	37	4	1	20
第4层	47	3	2	30
第5层	747	51	28	147
总计	869	60	34	202

表六　北区田野标本倾角统计表

倾角 地层	1	2	3	未统计
A（第4层）	44	2	1	35
B（第5层）	356	25	7	235
C（第6层）	3	0	0	0
总计	403	27	8	270

（四）遗物的保存状况

遗物的保存状况主要表现在两个方面：风化和磨蚀。

风化是指标本在埋藏以前露天发生的化学变化程度[13]。风化程度可以分为四个等级。0级（完好级）：石制品断口新鲜，结构致密；化石保存很好，无任何损坏，骨表仍富有光泽。1级（轻度风化）：石制品断口较新鲜，结构较致密；化石骨表状况略差，光泽度差。2级（中级风化）：石制品断口不新鲜，结构较疏松；化石骨表没有任何光泽，骨质显得疏松。3级（重度风化）：石制品断口看不到岩石节理细节，结构疏松；化石骨表凹凸不平，结构非常疏松。在2001年发掘区的标本中（表七、表八），石制品断口新鲜，化石多可以看到骨表面有一定光泽，保存完好和轻度风化的标本分别占80%和18%左右，中度风化者所占比例不足1.5%，没有发现重度风化的标本。

表七　南区田野标本风化情况统计

地层＼风化等级	0	1	2
第1层	1	0	0
第2层	42	3	0
第3层	62	0	1
第4层	71	9	1
第5层	797	162	14
总计	973	174	16
比例（%）	83.66	14.96	1.38

表八　北区田野标本风化情况统计

地层＼风化等级	0	1	2
A（第4层）	71	10	1
B（第5层）	483	133	7
C（第6层）	2	1	0
总计	556	144	8
比例（%）	78.53	20.34	1.13

磨蚀是指标本自然机械摩擦损耗的状况[13]。磨蚀程度同风化等级相似，也可以划分保存完好、轻度磨蚀（标本棱角分明）、中度磨蚀（棱角较分明，略有磨圆）和重度磨蚀（棱角不明显，磨圆程度很重）四个等级。根据磨蚀程度划分的标准，石制品和化石均保存很好，超过98%的标本没有任何磨蚀迹象，极其少量标本轻度磨蚀（表九、表一〇）。

表九　南区田野标本磨蚀等级统计表

地层＼磨蚀等级	0	1	2
第1层	1	0	0
第2层	46	0	0
第3层	62	0	0

续表

磨蚀等级 地层	0	1	2
第4层	79	2	0
第5层	962	11	0
总计	1150	13	0
比例（%）	98.88	1.12	0

表一〇　北区田野标本磨蚀等级统计表

磨蚀等级 地层	0	1	2
A（第4层）	81	0	0
B（第5层）	619	3	1
C（第6层）	3	0	0
总计	703	3	1
比例（%）	99.43	0.48	0.09

（五）遗存的种类

织机洞遗址2001年发掘区发现的遗存主要有石制品和动物化石两大类，此外还有一些烧石、灰迹等可能是用火证据的遗迹现象。其中发掘区的南区出土遗物全部为石制品（包括大量碎屑），可见零星炭屑。北区则出土有大量的石制品和动物化石、烧石等，动物化石多有切割、敲击以及火烧痕迹，部分石块经过火烧，有些石块烧的程度相当深，内部呈灰白色，质量很轻，稍用力即碎掉；烧石周围发现灰黑色土和大量黑色炭屑及被染黑的石英制品，可能为用火遗迹（图五）。

综合来看，织机洞遗址2001年发掘区的地层为原生的连续堆积，虽然后来发生沉降，但是其埋藏遗存等未受破坏。无论是石制品标本，还是化石标本，其长轴方向、倾向、倾角在各个等级的标本所占比例差别不大，未发现特别明显规律。从风化和磨蚀程度看，这些标本保存状况完好，没有受到明显的自然风化和外力磨蚀。地层、遗存的埋藏特征、遗物的种类和北区可能是用火遗迹的遗存结合起来说明发掘区的埋藏过程连续地发生于洞内，同时又属于原地埋藏。可以肯定地说，这里是古人类活动遗存的原地埋藏。

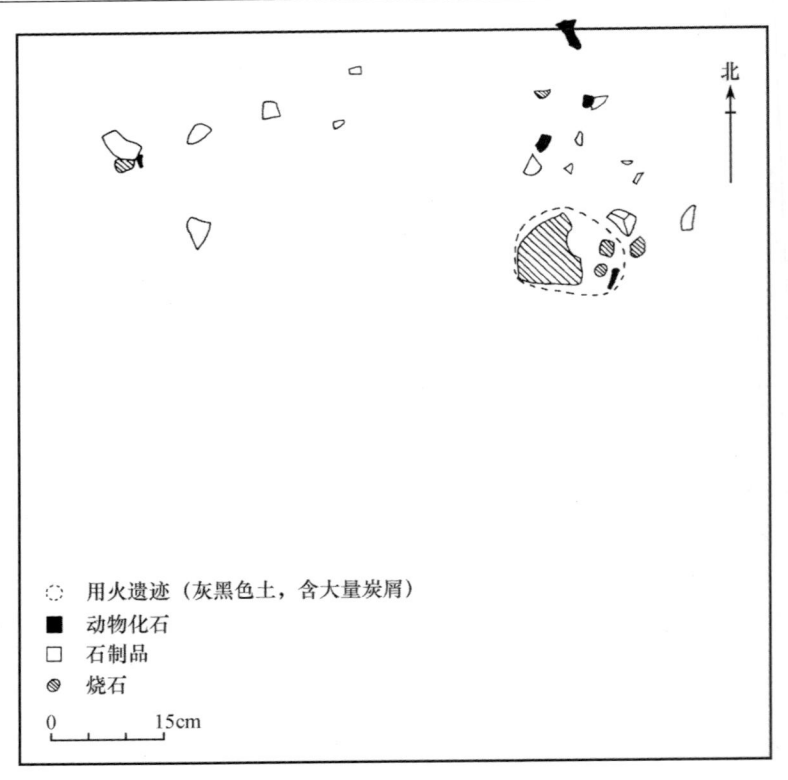

图五　北区S10第三水平层B层（第5层）遗物遗迹平面分布图

三、发掘区遗物分析

（一）石　制　品

　　2001年发掘区出土的石制品非常丰富，其中断块、碎屑等石制品加工副产品占主要地位，其次为石核、石片、残片、裂片等类石制品，精细加工的成形石制品如边刮器、凹缺刮削器、齿状刮削器、尖状器等石器也有不少发现。下面将对石制品的特征进行分析。

1. 石制品的岩性

　　织机洞遗址的石制品的岩性以石英、燧石为主，另外有石英岩、玛瑙、泥岩、硅质岩、火成岩、石灰岩等几种岩石（表一一；附表一～附表六）。在所有石制品中，石英约占56.8%，燧石约占36.6%，石英岩约占2.8%，其他每种岩性石制品多在1.5%以内。

　　石料分析是旧石器研究不可或缺的基本步骤和必要前提，有助于区分石工业中自然因素与文化因素，有助于认识工艺技术传统演变的特点和原因[4]。织机洞遗址2001年发掘区的石英质地较硬而脆，节理发育，易碎；燧石的大节理也比较发育，大多燧石制品可以看到光滑平整的节理面，但是其质地较石英细腻均匀，石制品形状较石英制品更容易控制，更规整。从二者不同类型石制品的比例（附表一～附表六）就可以看出来，石英节理发育，质地不如燧石细腻均匀，在断块和碎屑中石英的比例为60.6%；而在石器、石片等类石制品中燧石所占比例和石英差别不大，燧石占43%，石英占39%；尤其在石器中，燧石的数量还比石英多1件，为125件。可见，不同岩性原料的石制品在不同类型数量上的区别，不仅仅和原料资源的多少、是否容易获取有关，而且和岩石的质量、利用率、成器比例有密切关系。

表一 石制品岩性统计表

岩性	石英	燧石	石英岩	泥岩	硅质岩	火成岩	玛瑙	砂岩	待定	石灰岩
数量	3038	1956	152	82	55	31	14	8	7	5
比例（%）	56.8	36.6	2.8	1.5	1.0	0.6	0.3	0.16	0.14	0.1

2. 石核和石片

（1）石核、石片的分类。

可辨认的砸击石核和砸击石片各有4件，均为石英质。砸击标本少的原因可能有两个方面：一是该区的砸击技术居于次要地位，标本数量本身就很少；二是可能和石英节理发育导致砸击特征不明显有关。

石核片疤和台面的多少也可以反映古人类对石料的利用程度，石核片疤和台面越多说明石料的利用越充分。2001年发掘区的锤击石核有单台面、双台面和三台面三种，其中以单台面石核为主。

单台面石核 66件。01XZ1514（图六，1）：原料为红褐色石英岩砾石。台面为较平的砾石面。较大片疤的打击点处呈破碎的白点状，可见放射线，片疤略凹，台面角85度；主片疤旁亦有一片疤；远端残留一片疤，和上述二疤应为同台面疤。右侧为新鲜破裂面，左侧为圆滑的砾石面。片疤相对面为平整的新鲜节理面。

01XZ1497（图六，3）：原料为白色石英断块。台面角80°。扁平块状，台面平整，非节理面。有一长型片疤，打击点不很清晰，可见放射线状纹理，片疤上、下部较中部深凹。左、右侧为非节理平面。背部基本平整，但旁侧有一宽V形沟，可见破裂纹理，不见剥片特征。在较锐的长边上有断续的双向或浅平或深凹的小片疤，可能和使用或碰撞有关。

01XZ1572（图六，4）：原料为黑色燧石石块。台面为节理石皮面，有一个大片疤，略深，疤内有节理纹，不很光滑。台面角80°，其余各面主要为节理和自然石皮面。

双台面石核 42件。01XZ1394（图六，2）：原料为白色石英石块，长条块状，单片疤的台面为一节理面，台面角75°，片疤浅平，该片疤远端为节理石皮面。垂直于长轴的相邻面有略深的片疤，台面为近于平面的破裂面，此主片疤的旁边还有几个小的片疤，特征不很明显；主片疤的台面角为68°。

图六 石核

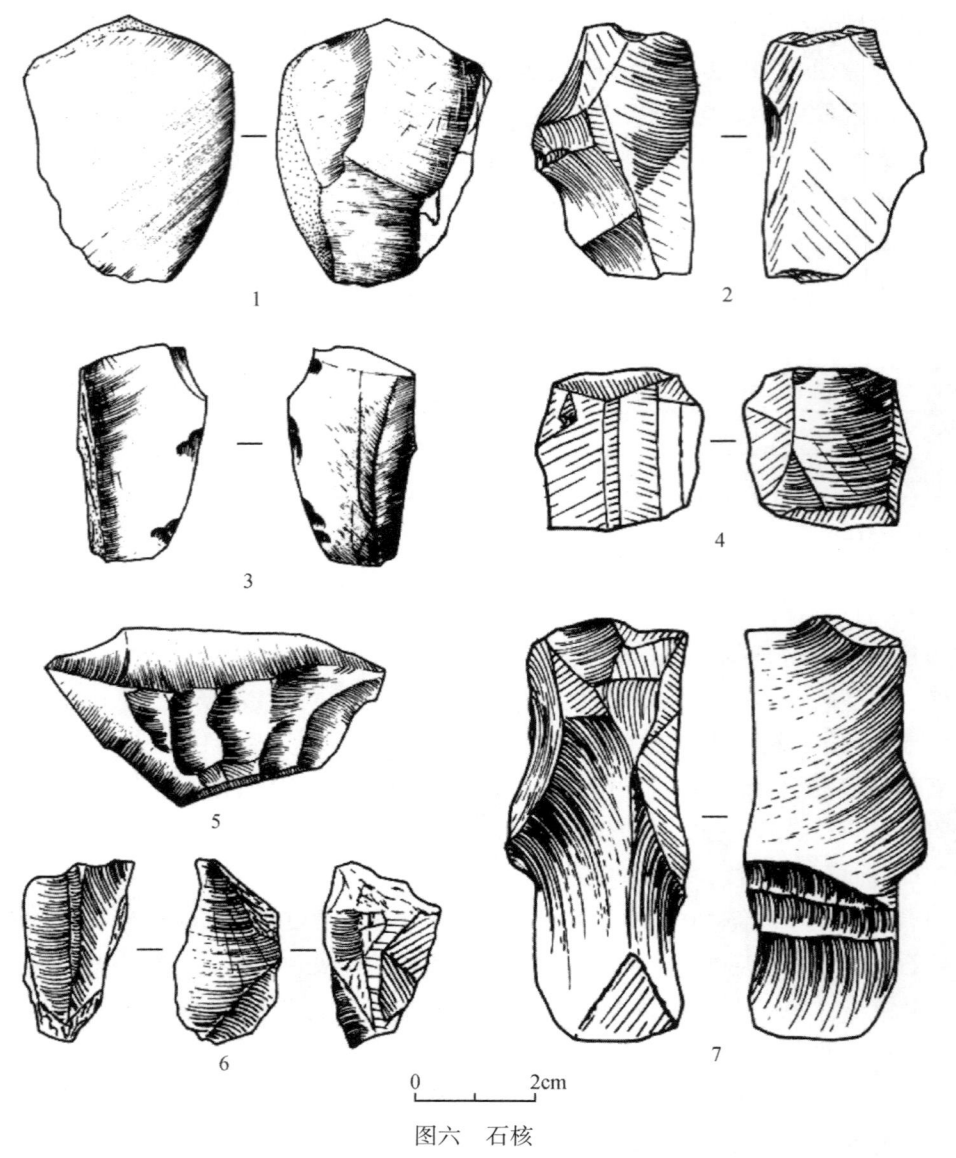

1、3、4. 单台面石核（01XZ1514、01XZ1497、01XZ1572） 2、5. 双台面石核（01XZ1394、01XZ49）
6、7. 三台面石核（01XZ1332、01XZ1102）

01XZ49（图六，5）：原料为黑色燧石石块。台面为石块石皮，非常光滑，为节理面，可见向右的同心纹，不同于打击石片的同心纹，可能和岩石发育有关。台面左端有一小凹疤，内部光滑，可见同心纹，石片疤的台面不清楚，往下有一浅平小鳞状疤。主台面有4个疤，相对端台面亦有2个疤。左侧为节理石皮面。台面角71°。

三台面石核 6件。01XZ1332（图六，6）：黑色燧石石块为原料。台面仅残留一个，为较大的破裂平面，不见剥片特征，中部略凹，此台面有四个片疤。以此台面相对端为台面有一个片疤,台面已经残掉。与主片疤面相垂直有一个残片疤,台面亦残掉。主台面片疤的台面角依次为75°、残、50°、残。

01XZ1102（图六,7）：以褐色石英岩石块为原料。右侧图的长片疤台面为小的平整面,片疤较浅平,台面角75°。以此片疤为台面,一侧有二较深的片疤,另一侧有很深的片疤,台面角依次为为57°、65°、70°。第一个片疤远端有三个似片疤状凹面,不很规整。其余为石块表皮或平的破裂面。

锤击石片包括完整石片和不完整石片两部分,其中完整石片依据台面和背面的情况可以划分为两大类,六小类[12]：台面为自然面的为Ⅰ型,非自然面台面为Ⅱ型。每一型根据石片背面的自然石皮面状况可再分三式,背面全都是自然石皮面为1式,背面部分是自然石皮面为2式,背面全非自然石皮面为3式。由此可以把石片划分为六类：Ⅰ1、Ⅰ2、Ⅰ3、Ⅱ1、Ⅱ2和Ⅱ3型。这六类反映了石料的利用状况和石片在剥片过程中的位置。现分别介绍如下。

Ⅰ1型石片　3件。01XZ1185：以黑色燧石石块为原料。光滑节理石皮为台面。石片角100°。腹面光滑较突,远端一角略上翘。背面为不同的节理石皮面或近平面的石皮。右侧有小段连续小鳞疤,较浅,可能和使用有关。边缘较薄,有崩损。

Ⅰ2型石片　30件。01XZ1755（图七,1）：以灰白色石英岩石块为原料。台面为红色节理面石皮,打击点清晰,打击泡较突。背面为两个同台面大片疤,远端和右侧下断面同为褐色节理面石皮。石片右侧有一反向打击疤痕。石片角115°。

01XZ1223（图七,2）：原料为黑色燧石石块。台面为节理石皮面,石片角112°。

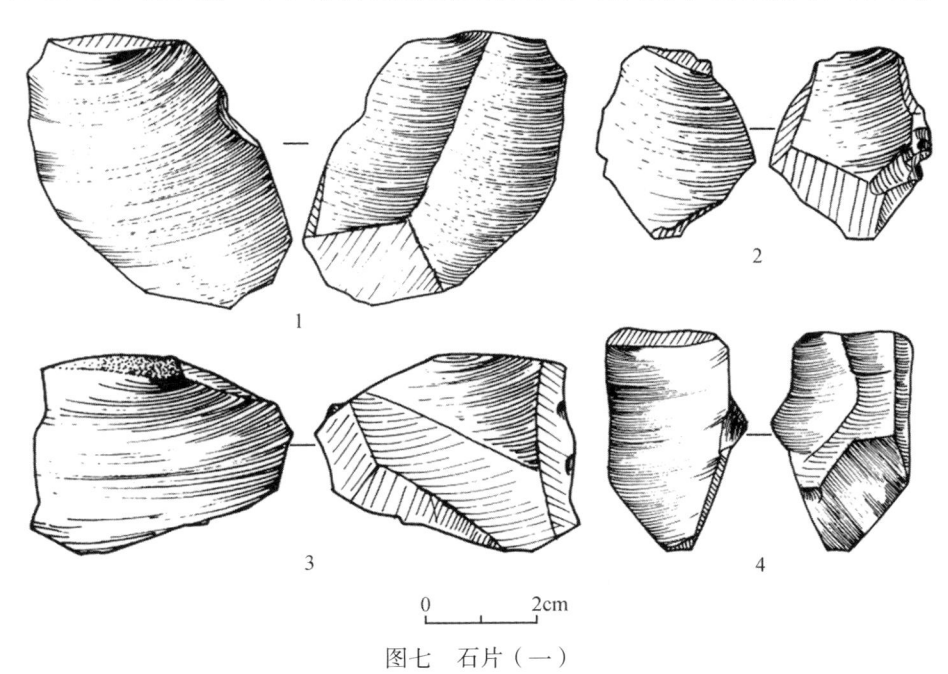

图七　石片（一）

1、2. Ⅰ2型石片（01XZ1755、01XZ1223）　3、4. Ⅰ3型石片（01XZ93、01XZ61）

打击泡较鼓突，下半部腹面较平略上翘，有斜的纹理。背面一侧和远端为节理石皮面。背面主要为一较深的大片疤，片疤远端高起，特征和该石片相似。石片的左侧有零星小疤，平行状，受节理影响，可能是无意识产物。

Ⅰ3型石片　31件。01XZ93（图七，3）：褐色石英岩，原料为砾石。砾石面为台面，较平滑。右上端面为平的破裂面。石片打击点、打击泡不明显，整个腹面微鼓，圆滑，规整。背面为一中等较深的片疤叠压一大的浅平疤；两侧为平的破裂面，无特征。石片的左侧有零星正向小鳞疤，石片角为103°。

01XZ61（图七，4）：以褐色石英岩石块为原料。台面为光平的节理石皮，台面角107°。腹面打击泡不明显，较平整，略鼓。背面为平的节理面和同台面片疤，较大的为阶状疤。

Ⅱ1型石片　2件。01XZ831（图八，2）：黑色燧石，以石块为原料。台面极小，平滑似节理面。打击泡鼓突；半锥体不明显，腹面上部鼓突，下部平缓，由于石料质地不均匀，腹面有贝壳状浅平疤痕。背部除一光滑旧节理面外，余多为蜂窝状自然石皮。石片右侧有三个浅平的反向鳞状小疤，远端有六条浅平的鳞状正向疤，不规则，不连续，可能和使用有关。

Ⅱ2型石片　56件。01XZ1233（图八，1）：以黑色夹灰色石皮燧石石块为原料。节理面台面较小，腹面较鼓突，因层状节理发育致使腹面不光滑，可见细横条纹理。背面为不规则不平整破裂面和自然石皮面，层状纹路发育。台面角113°。

01XZ400（图八，3）：原料为红褐色石英岩石块。台面较小，很平。腹面规整，打击泡微微突起，整个腹面变化不大，较平整；腹面远端有小破裂平面和小浅平疤。背面有三个同台面叠压片疤，背面的左侧中疤先剥片，然后右侧长片疤，最后为上部三角形小疤打破背面剥片脊。背面远端为光平的石块表皮。石片角112°。片疤均较浅平。

01XZ184（图八，4）：原料为白色石英砾石。台面经修整，整个腹面鼓突，显得较平，打击泡不明显。背面一侧为大片疤，片疤较平，和该石片特征基本相同；另一侧为部分残留砾石面；中部夹一小片疤；自然石皮下端为破裂的节理面和破裂平面。石片周边较锐薄，故产生小的缺口，几乎没有疤痕，可能和使用有关系。石片角102°。

01XZ1004（图八，5）：原料为黑色燧石石块。台面较平整，似经修整，腹面打击泡明显，上部有贝壳状浅平疤，整个腹面平滑。腹面左侧有三个反向浅平鳞状疤，一个正向鳞状疤；右侧有一反向一正向较深的小鳞状疤，可能和使用有关。背面一侧为紫黑色的节理面石皮；一侧为石片疤，台面状况不清楚，但不和该石片共用台面。石片角107°。

01XZ1148（图八，6）：紫红色石英岩砾石。台面较平整，似经修理，不见疤痕。腹面较平，打击泡不明显。背面两侧有二长形片疤，较浅平；在二片疤脊上端有二小浅平疤。背面的左侧下端为一平滑砾石面。背面有一以石片远端为台面的片疤，较浅平。可能和石料有关，石片、片疤的打击点和打击泡均不是很清楚。石片角93°。

图八　石片（二）

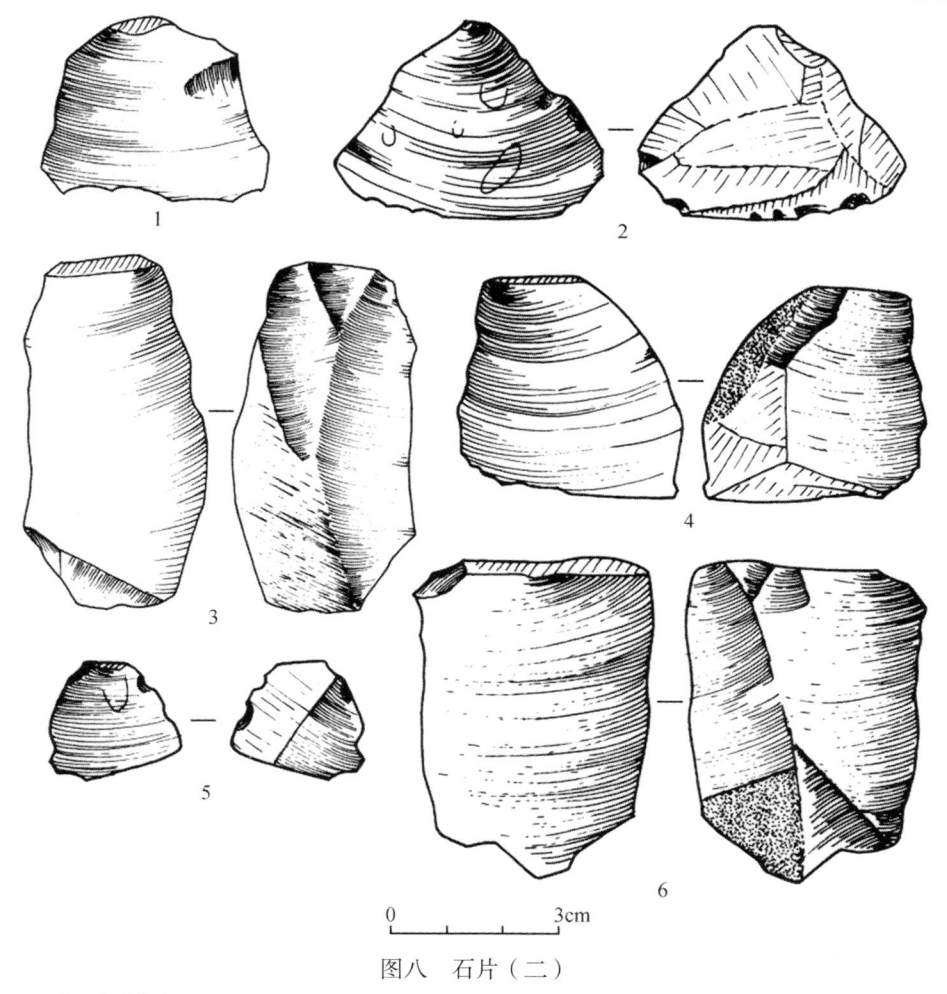

1、3～6. Ⅱ2型石片（01XZ1233、01XZ400、01XZ184、01XZ1004、01XZ1148）　2. Ⅱ1型石片（01XZ831）

Ⅱ3型石片　233件。01XZ1634（图九，1）：黑色燧石，质地细腻均匀，较其他燧石质量好。台面为光平的节理面。石片角120°。半锥体不明显，打击泡鼓突，整个腹面鼓突光滑。背面的中部为一石片疤，为三角形石片，台面角80°；在该片疤底部有三角形片疤，为该片剥片之前的石片疤，可见剥片次数至少有三次。在大石片疤的右侧有一较小片疤，为平行—阶状。石片背面左侧为节理平面，右侧有一较大宽短型浅平片疤，打击产生的同心纹非常清楚。

01XZ642（图九，2）：灰色石英岩。光平的节理面为台面，打击泡微鼓突，整个腹面弧度小，相对较平整，右断面似为节理面，平整。背面为一大片疤，打击点较清楚，整个疤内打击点下略深，整体浅平规整。远端有二正向鳞疤，疤形模糊，可能和使用有关；整个石片边缘较圆钝，略有磨蚀。石片角116°，片疤台面角80°。

01XZ1006（图九，3）：白色石英。台面较平整，似经修理。石片角是105°。打击点清楚，打击泡较平，整个腹面光滑。石片右侧有六个小的浅平的鳞状疤，连续排列，正向，可能是使用痕迹。背面一侧为长片疤，疤内不光滑，打击点较清楚。石片右侧边缘夹角为65°。

　　01XZ1056（图九，4）：黑色燧石。节理面台面。打击点清晰，腹面略鼓，规整。背面主要为同台面片疤，从片疤数量上看，石料利用比较充分。有以此台面的相对端为台面的小平行疤及节理平面。石片右侧有反向或深或浅小鳞状疤；远端有深的正向小鳞状疤，可能和使用有关。石片角111°。

　　01XZ1259（图九，5）：黑色燧石，质地粗糙。台面较小，中有一脊，似经修整。打击点清楚，打击泡较平，靠近打击点处有一贝壳状浅平锥疤。整个腹面较平整。背面一侧为平的节理面，一侧为共用台面的片疤，打击点清晰，阴疤较光滑，内有一小阶状坎。石片右侧和底部断面破裂，无任何特征。石片角122°。

　　01XZ983（图九，6）：黑色燧石。台面较平，上有短脊，似经修整。腹面打击泡圆突，中下部略凹，有几个细纹状小坎。背面有一同台面宽短型片疤，在其左下方有一横的浅平片疤，可见同心波纹。石片右侧和背面远端为节理面。石片角为115°。

　　石片类中除了完整石片外，还有一些虽然具有石片的全部或部分特征但有或多或少残缺的不完整石片。不完整石片包括裂片、断片和残片三类。

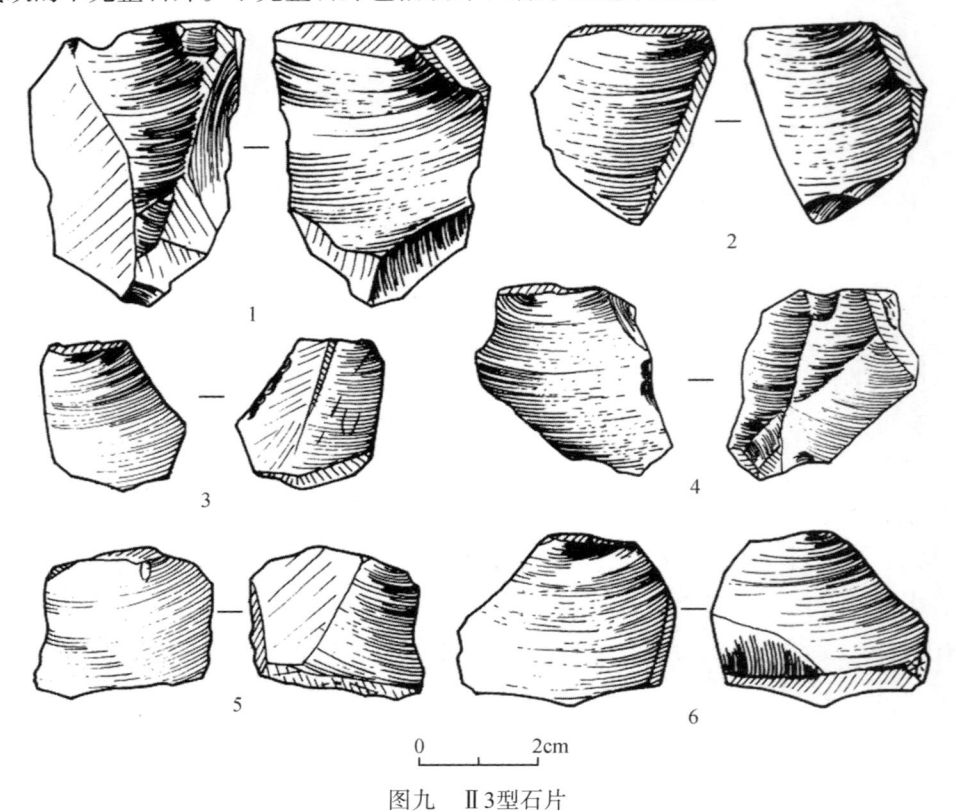

图九　Ⅱ3型石片
1. 01XZ1634　2. 01XZ642　3. 01XZ1006　4. 01XZ1056　5. 01XZ1259　6. 01XZ983

裂片　21件。织机洞遗址的原料为石英和燧石，节理发育，有一部分石片在剥片时受力的原因而从中部裂开产生了裂片。01XZ1541（图一〇，1）：Ⅱ3型左裂片，白色石英。近节理平面为台面，腹面微鼓，平滑。背面为各块小节理面和节理面间的小坡状缝纹。右侧裂面有向下的放射线，裂面为节理面，开裂原因可能是石英节理的发育。

01XZ17、01XZ18（图一〇，2）：二者可拼合，分别为右裂片、左裂片。原来为白色石英Ⅱ3型石片。台面窄长，为节理面，在打击点处裂开，可见明显的沿节理的放射线，腹面较平整；背面为以不同节理台面的片疤，和本石片特征基本相同。石片角98°。两件标本的坐标平面上相差1厘米，深度相差也为1厘米，可能打片时因为开裂不利于使用而直接弃置在原地。

01XZ1205（图一〇，3）：Ⅱ3型右裂片，灰色燧石。节理面为台面，石片角116度。左侧开裂，左断面光平似节理，打击泡鼓突而长，右侧边缘上翘。背面有一侧为节

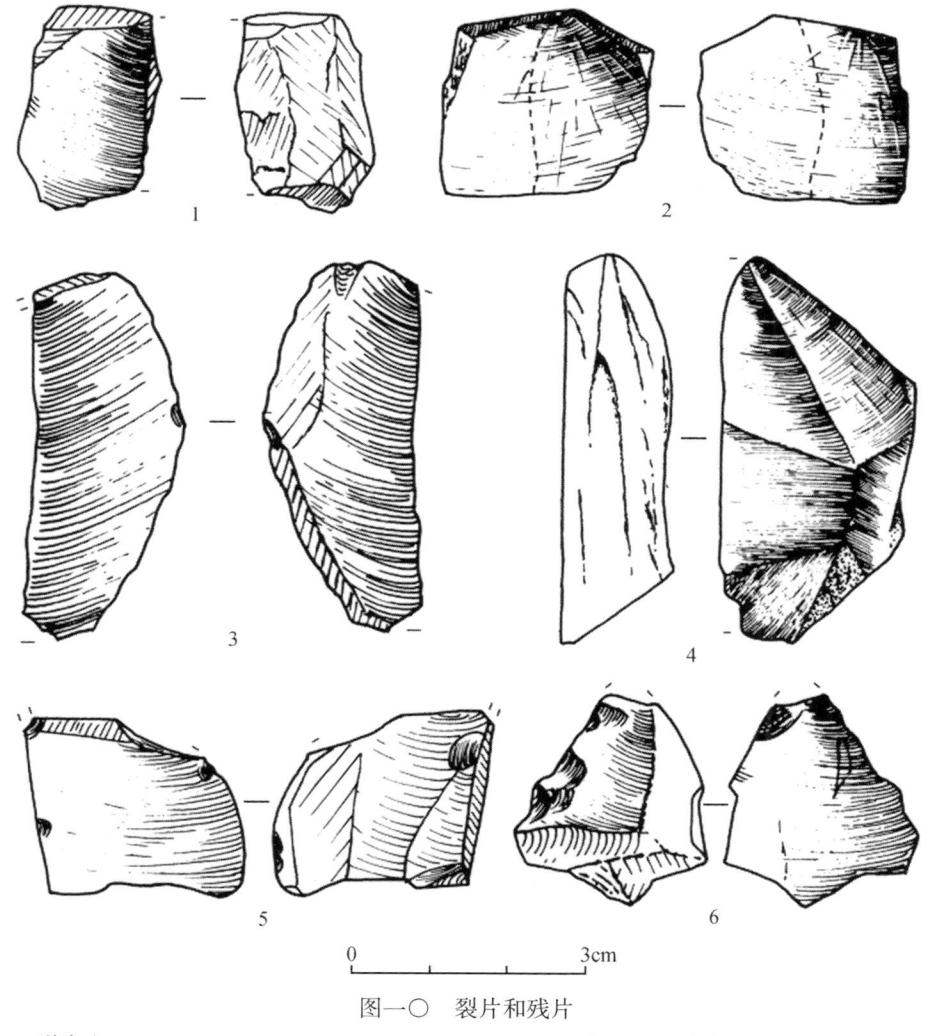

图一〇　裂片和残片

1~4.裂片（01XZ1541、01XZ18、01XZ17、01XZ1205、01XZ24）　5、6.残片（01XZ888、01XZ608）

理面，一侧为半个片疤，特征同此石片。右侧缘较锐利，可见零星小鳞疤和崩损痕迹，可能和使用有关。

01XZ24（图一〇，4）：白色石英右裂片。台面状况不详，已残裂。裂片似位于台面侧边，打击点非常清晰呈白色点状，位于扁平面的顶端断面中央，可见腹面略突，而右侧有一沿打击放射线剥片留下的三角形长片疤；在裂开的断面可见清晰的沿打击方向向下的裂纹。这些特征似砸击法，但下端却没有反击力的任何痕迹，可能仍属于锤击法。

断片　11件。在石片类石制品中还发现了断片，即仅保留石片的上端或者下端某一部分。在11件断片中发现远端断片3件，近端断片7件，中段断片1件。

残片　169件。这里的残片是狭义上的残片，具体指具有完整石片的全部或部分特征，局部残缺，而且不属于裂片和断片类的不完整石片。01XZ888（图一〇，5）：黑色燧石。台面打击点处仅左半边残留节理面。腹面鼓突，光滑。背面为一大片疤和节理平面。远端断面以背面片疤为台面，可见剥片留下的浅平光滑片疤。有零星小疤，可能和使用有关。

01XZ608（图一〇，6）：白色石英。台面端残，有一小片疤；腹面较平，有节理层间裂纹，打击泡不明显。背面有一中等浅平片疤，台面亦残，一侧为近节理破裂面，远端为小节理面。右侧有正向较深的小鳞疤，有的近于中等，可能和修理、使用有关。

除上述的石核和石片类型外，还发现了可以拼合的石核和石片：01XZ1511和01XZ1510，分别为石核和石片。二者可拼合为石块，灰黑色燧石。台面为节理石皮面，石核台面角111°，石片石片角为69°。石核片疤打击点清晰，可见放射线，较深片疤。石片打击泡鼓突，腹面光滑，下部略翘起。石片背面有中等片疤，较浅平；背面为圆角方形石皮节理面，远端有不规则小片疤；石核背面相同。石核背面还有浅平疤，台面和石核、石片主台面斜交，打击方向平行于主台面，石片角130°。两件标本平面坐标纵向和横向均相差2.5厘米，可能是在石制品加工过程中由于不适合进一步利用而直接留置在原地。

（2）原料选择。

在仔细观察的109件石核中，砾石原料有8件，占7.34%，石块原料有43件，占总数的39.45%，其余多为断块或者无法判断原料。其中砾石原料有5件为石英，3件为石英岩；石块中燧石27件，石英13件，玛瑙2件，硅质岩1件。

在观察出原料的79件石片中，有砾石面的石片22件，保留石块表皮的57件。这其中燧石40件，20件为石英，石英岩16件，其他岩性3件。

总体看来，石块在原料中占主要地位，其次为砾石。而在石块原料中则以燧石为主，砾石原料则以石英和石英岩占优。

（3）剥片技术。

石核的台面大多为自然节理石皮或者节理面，少数石核以石片疤为台面。石片同样多以石料的自然石皮面或节理面为台面，在详细观察台面的120件石片标本中，自然台面有80%，其中节理面或自然节理面台面为87件，占72.5%，砾石面台面占7.5%；另外，经修整台面占7.5%，素台面为5.83%，短脊和不平整台面各有2.5%，窄长似线状台面占1.67%。

石核的台面角主要集中在60°～90°（图一一；附表七），最小值50°，最大值95°。其中60°以下占6.14%，60°～69°有22.81%，70°～79°占34.21%，80°～89°占31.58%，余下5.26%为大于90°者。除石英岩石核台面角平均值超过80°，略大于其他岩性石核外，其他几类岩性石核台面角差异不大。

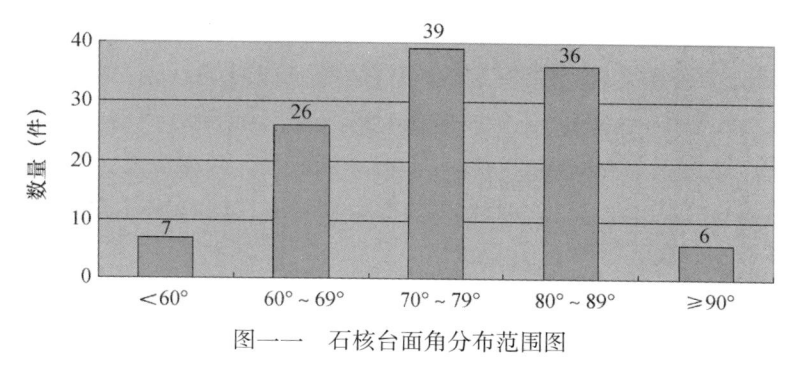

图一一　石核台面角分布范围图

石片的石片角平均在106°左右（图一二；附表八），主要分布在90°～120°，各类岩性石片的石片角几乎没有差别。这些石片角的最小值为71°，最大值为140°。总体来看，石片角的大小特征与石核的台面角特征基本吻合，石核台面角和石片的石片角成反比。这说明发掘区石核和石片有密切的关系。

石核的长、宽、厚平均为35mm×24.8mm×20.8mm，最小的长17.7mm，最大的长90mm。石核的平均重量除了石英岩的为43.3g外，其他岩性的石核都在20g左右。单台面石核平均重量为17.95g，双台面石核平均为21.39g，而三台面石核除去一件重214.4g石英石核外，其他5件平均重24.2g。可见石核的重量和台面数呈正比，可能是较大的石核剥片的台面选择的机会更多，从而也可以剥下更多的石片。考虑到石核的原料多是石块或者砾石，可能限于原料本身的体积，无法有更多的工作面。

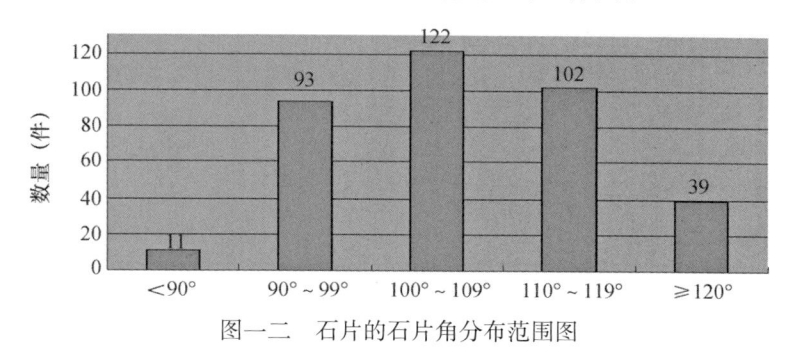

图一二　石片的石片角分布范围图

石片的平均长、宽、厚为29.6mm×26.2mm×10.9mm，最小的长12.1mm，最大的长88.7mm。石片的长宽比例看主要为普通石片（图一三），长宽比例集中在1附近。石片的总体平均重量为10.6g，石英岩和火成岩重量大于其他各类岩性石片，石英和燧石之间差别不大。但是各类型石片的重量存在着明显的差别，除了Ⅱ1型石片数量太少不利于比较外，其他几类石片自然石皮面越少重量越轻（图一四），Ⅰ1型石片平均重17.3g，Ⅱ3型石片平均重量最轻，仅为9.21g。这种情况反映了不同类型石片在剥片过程中处于不同的地位，在剥片过程中，保留自然面的多少和其剥片时石核的剥片程度有关，只有石核的第一个剥片才能够产生Ⅰ1型石片，依次类推。而石核剥片是石核体积递减的过程，随着体积的减小，石片的形态自然会逐渐变小。

石片的打击点和各类岩石质料有关，石英和燧石的打击点多不是很清楚，石英岩和火成岩等质地粗糙的岩石打击点大多清楚，破碎呈白色点状。在各种岩性的石片中，以燧石、玛瑙、硅质岩等为原料的石片打击泡多较鼓突，腹面规整，其中部分可以看到鼓突的半锥体和贝壳状浅平锥疤；但石英、石英岩等岩性的石片打击泡多不明显，腹面较平缓，石英石片的腹面还常有节理破裂的阶状坎，不见半锥体。岩性的质地特征使得

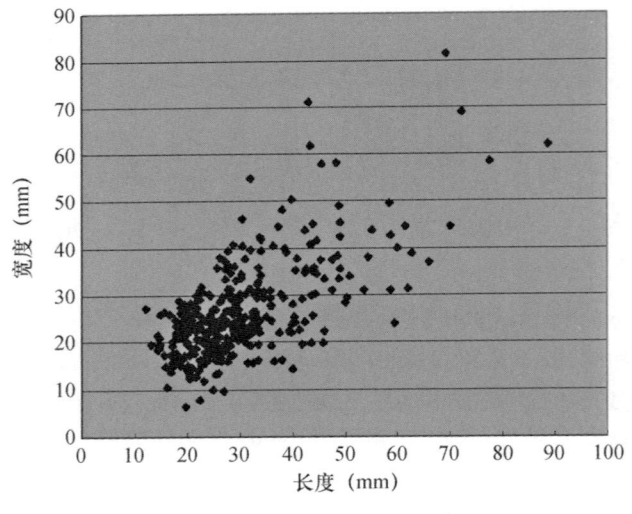

图一三　石片长度与宽度分布图

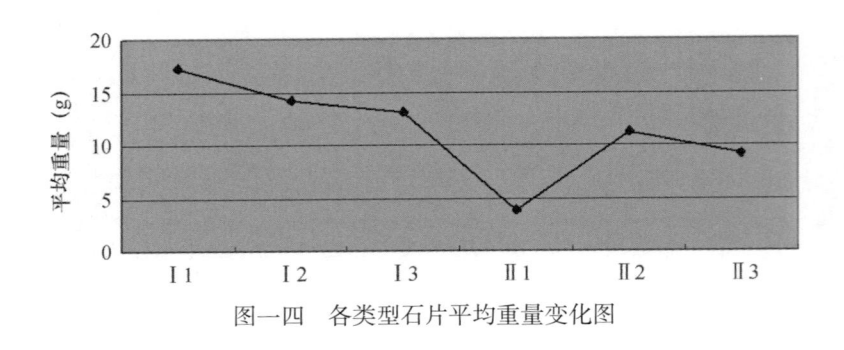

图一四　各类型石片平均重量变化图

石英岩的石片角略小于燧石、硅质岩类的石片角。可见，石料岩性特征对石核、石片的影响是明显的。

另外，402件石片中发现有97件有修理或使用痕迹，这些石片边缘有零星的小疤，但是没有修整的石器刃缘上的修疤连续和规则，可能和古人类直接把打制的石片作为工具有关系。

以上从石核、石片的台面、台面角、石片角、打击点、打击泡、半锥体等方面进行了统计分析，分别总结了各方面的特征，各类石核、石片不仅在技术上有一定差别，而且不同石料岩性本身的差异引起各类石制品之间形态上的区别。石片很有可能不仅仅是石器加工的毛坯材料，其中的一部分石片很可能在剥片后直接投入使用。

3. 石器的分类和特征

（1）石器的类型。

石器的种类以小型工具为主，主要有刮削器、尖状器、雕刻器和钻等几大类。刮削器可以分为边刮器、凹缺刮削器和齿状刮削器三类。其中边刮器占绝对主体，边刮器的刃部形态多样，可以分为单直刃、双直刃、单凸刃、单凹刃、复刃等几类。现在分别介绍如下。

单直刃刮削器　102件。01XZ967（图一五，1）：以Ⅱ3型石片为毛坯，白色半透明石英。台面平整，打击点清楚；腹面很平，微突，可见石片沿打击方向破裂时的纹理；有环状和放射状裂纹。背面亦平，但向边缘圆滑向下，似石片阳面，不见打击点、打击泡等特征。石片角为92°。刃缘选在石片右侧，正向修理，鳞状浅平小疤连续，刃口平齐。刃角60°。左侧有两个小的正向鳞疤。

01XZ377（图一五，2）：以白色石英扁状断块为毛坯。各面均为节理平面，在角度较大的一侧边缘上有修理的单向、连续、浅平的小鳞疤，刃角80°。

01XZ241（图一五，3）：黑色燧石Ⅱ3型石片为毛坯。台面为新鲜节理面。打击点清楚，半锥体明显鼓突，腹面平滑。背面呈锥状，为阶状或浅平片疤或节理面。以石片远端为刃缘，修疤以正向浅平、小鳞状疤为主，个别较深；有中等片疤，但浅平；间或夹反向浅平小鳞状疤。刃角为47°。石片角110°。石片右侧有小段连续浅平鳞状疤，可能和使用有关。

01XZ1843（图一五，4）：黑色燧石石块为毛坯，两平面均为节理石皮面。在两个平面所夹锐角的长边上，有连续、双向、浅平的小鳞状疤，刃口较平齐，刃角55°。在另一边上亦有中等浅平鳞疤，可能和使用有关。

01XZ1261（图一五，5）：黑色燧石扁平断块为毛坯。主要面为节理面。选取夹角最小的长边为刃口，先打击三个宽型中等浅平鳞状疤，然后修出连续的小鳞状浅平疤，个别疤较深，使刃口局部略显曲折。刃角为50°。修疤为单向；在中部有一浅平小鳞状反向疤。

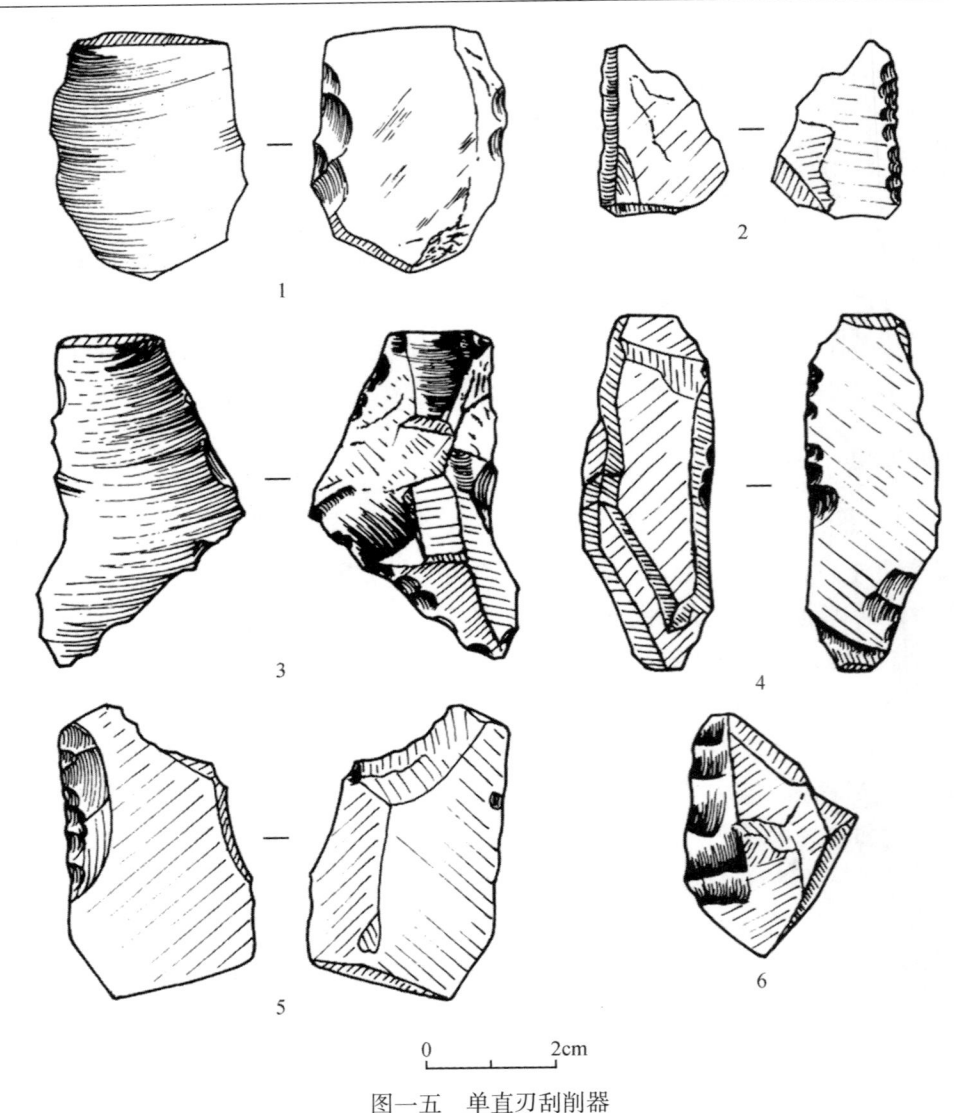

图一五 单直刃刮削器
1. 01XZ967 2. 01XZ377 3. 01XZ241 4. 01XZ1843 5. 01XZ1261 6. 01XZ866

01XZ866（图一五，6）：毛坯为白色石英断块。在断块的一个长斜边上单向打击出五个中等鳞状疤，均较深，使刃口略呈齿状，刃角为77°。断块为四边形柱体，超过三分之一面积为节理面。

单凸刃刮削器　29件。01XZ350（图一六，1）：以白色石英断块为毛坯。扁平断块一面为几个小节理面；另一面下端突起，不很规则，有几个中等片疤，可能是修理形状时产生。刃缘选择在周边单向加工，初为亚平行状浅平疤，然后再修出连续的浅平小鳞疤，刃角49°。右侧断面有一大的片疤，内有细碎小疤，可能和使用有关；另一面顶端亦有零星小疤，可能也和使用有关。

01XZ1417（图一六，2）：毛坯为白色石英石片。石片台面不清楚，腹面较平，可见竖的细纹理。背面基本为平面，略有突起弧度，可见竖纹理，有浅平节理阶。刃口选择在石片左侧正向修理，细碎的小鳞疤连续构成刃缘，刃角44°。

01XZ79（图一六，3）：原料为黑色燧石石块。毛坯为扁方块状断块，一面为褐色节理石皮，一面为新鲜节理面。横断面亦见褐色石皮。刃缘选择在圆突的边上，角度为70°，正向加工，连续浅平疤，鳞状、平行状；对于修疤所在断面讲，修疤为中等疤和长疤。

01XZ603（图一六，4）：原料为白色石英砾石。毛坯为扁平断块，一面为砾石面，一面为平整破裂面，断面为砾石面。可能将扁平砾石从中部击开来做毛坯。加工为单向，连续，较浅平，中等修疤为主，亦有小疤，多鳞状。左端刃角小为75°，右端较大，近90°。

01XZ824（图一六，5）：毛坯为黑褐色燧石Ⅱ3型石片。台面为平整节理面，腹面圆鼓呈一整体。背面有一同台面较深的片疤，其余为节理面和平整破裂面。刃部在石片右下侧，由连续较深的宽鳞状小疤组成，刃角50°。石片角101°。

单凹刃刮削器　25件。01XZ1137（图一七，1）：毛坯为Ⅱ2型右裂片，原料为黑色燧石石块。裂片的半锥体突出，上有小锥疤，顶端与台面相交面为石块自然石皮，残留台面为平滑节理面，左半侧沿燧石节理裂开；背面为节理面。刃口在裂片的右侧缘，由劈裂面向背面正向加工，修疤由下至上依次被叠压，片疤为较深的鳞状中等疤形，最

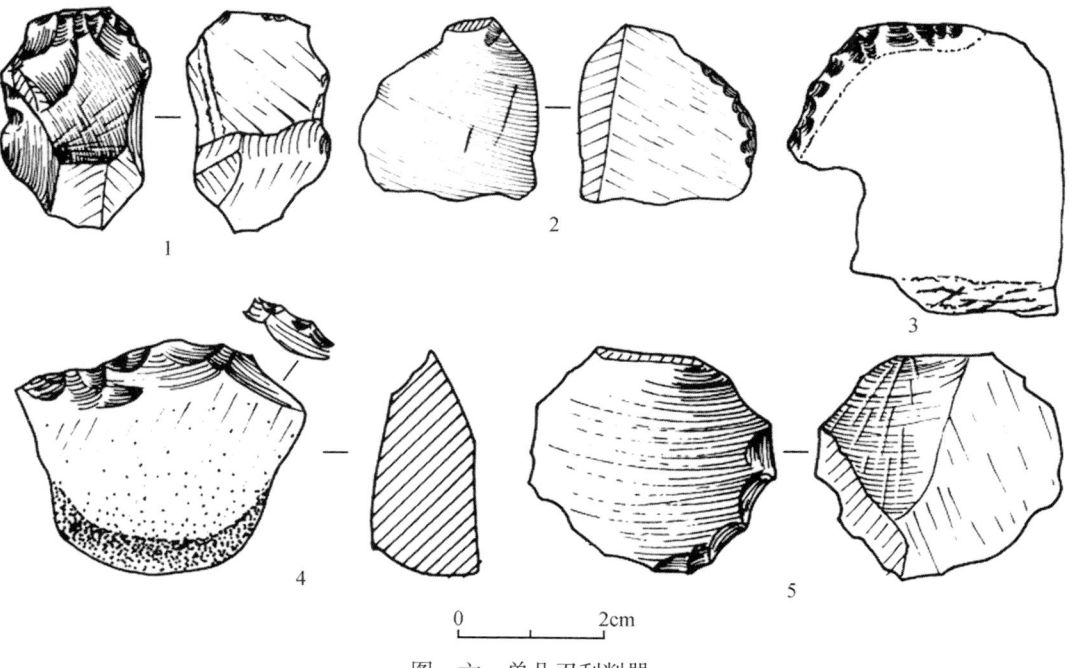

图一六　单凸刃刮削器
1. 01XZ350　2. 01XZ1417　3. 01XZ79　4. 01XZ603　5. 01XZ824

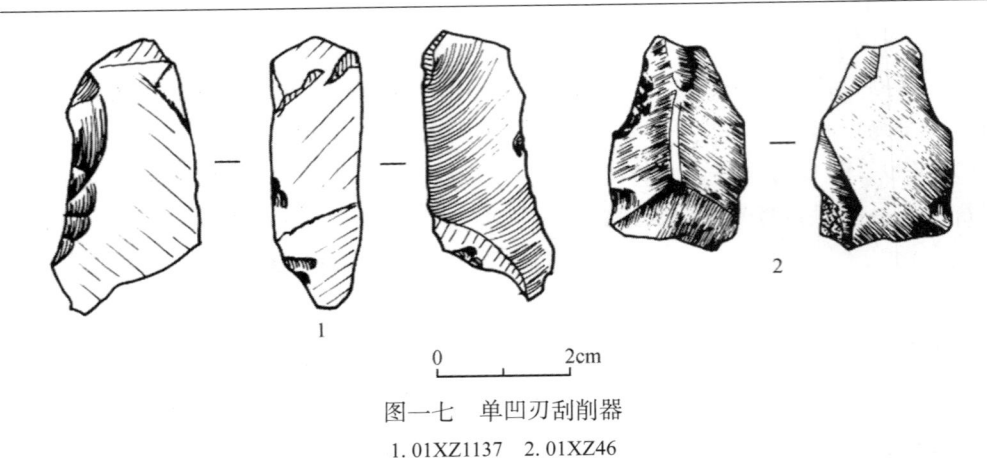

图一七　单凹刃刮削器
1.01XZ1137　2.01XZ46

上部修疤较宽短，为较深的鳞—阶状。中部有一反向小鳞状浅平疤，可能是使用时产生。刃角70°。

01XZ46（图一七，2）：毛坯为白色石英断块。断块一面基本为几个节理小面组成的平面，另一面为三棱锥状，每个小面较平。凹刃由几个相互叠压的小浅平鳞状疤连续构成，修理为单向—平面向锥状面，刃角55°。在刃口下端有一对对向鳞状小深疤。

双直刃刮削器　13件。01XZ782（图一八，1）：毛坯为白色三棱柱状石英断块。两端各有一小片疤，在两夹角较小的直边上，有单向或复向加工的浅平小鳞状疤，连续，亦有可能是使用的结果。各面较平，多小节理面组成的大的平面，不见大石片或片疤痕迹。刃角分别为63°和51°。

01XZ269（图一八，2）：以黑色燧石Ⅱ3型石片为毛坯。节理面台面，打击泡明显，腹面规整，背面为一中等片疤和节理面。右侧有断续反向小疤，鳞状，或深或浅平，可能是使用的结果。远端有基本连续的浅平小鳞状正向疤；左侧不规整大破裂面内有浅平正向小疤形成的直刃。石片角116°。远端刃角58°，左侧刃角68°。

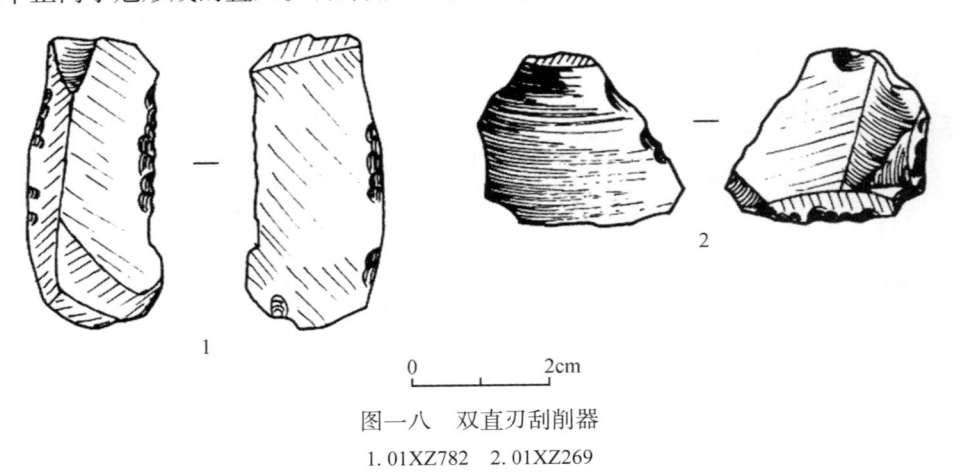

图一八　双直刃刮削器
1.01XZ782　2.01XZ269

复刃刮削器 24件。01XZ1020（图一九，1）：原料为黑色三棱状燧石石块。较长的刃缘刃角为60°，由较大的石块平面向有棱平面侧单向锤击修理而成，先在中部锤击产生较长的浅平鳞状疤，有较深的两个鳞—阶状中等疤和一鳞状疤。下部刃口由较浅的平行状疤和鳞状修疤组成。另一刃位于较大平面的边缘，与长刃口相对，加工方向与长刃口方向相反，亦为单向加工，刃缘由一中等鳞状修疤和两个较大的平行状修疤组成，其中一平行状修疤内有较小的鳞状疤痕；修疤连续，刃角65°。

01XZ1377（图一九，2）：毛坯为Ⅱ3型石片，黑色燧石。台面为小节理面。腹面略鼓，打击点清楚，可见放射线。背面有一同台面的大片疤，余多为节理面。石片角108°。凹刃在石片的左边上，为正向连续浅平鳞状小疤，刃口夹角40°。直刃在石片远端，连续浅平正向鳞状小修疤构成的刃口平齐，夹角52°。远端尖部有二反向小疤。

01XZ524（图一九，3）：毛坯为黑色燧石Ⅱ3型石片。台面很小为节理面。近台面处有鼓突的半锥体，打击泡较鼓，较大，下部较平。背面有浅平中等片疤和节理面，一侧为平整的破裂面以及不规则面。左侧边接近交错法，正反小浅疤交替，鳞状，使刃口呈弯曲状，疤连续，刃角43°。远端主要为正向加工，为连续的亚平行状修疤，较浅平，刃角70°。

01XZ563（图一九，4）：毛坯为白色石英Ⅱ3型石片。节理面为台面，打击泡不明显，腹面较平；台面左侧为高起节理面。背面为近节理面平面，上端较平，远端略有弧度转向，台面端有小片疤。凹刃在石片的左侧，正向短小鳞疤为主，连续，另有一反

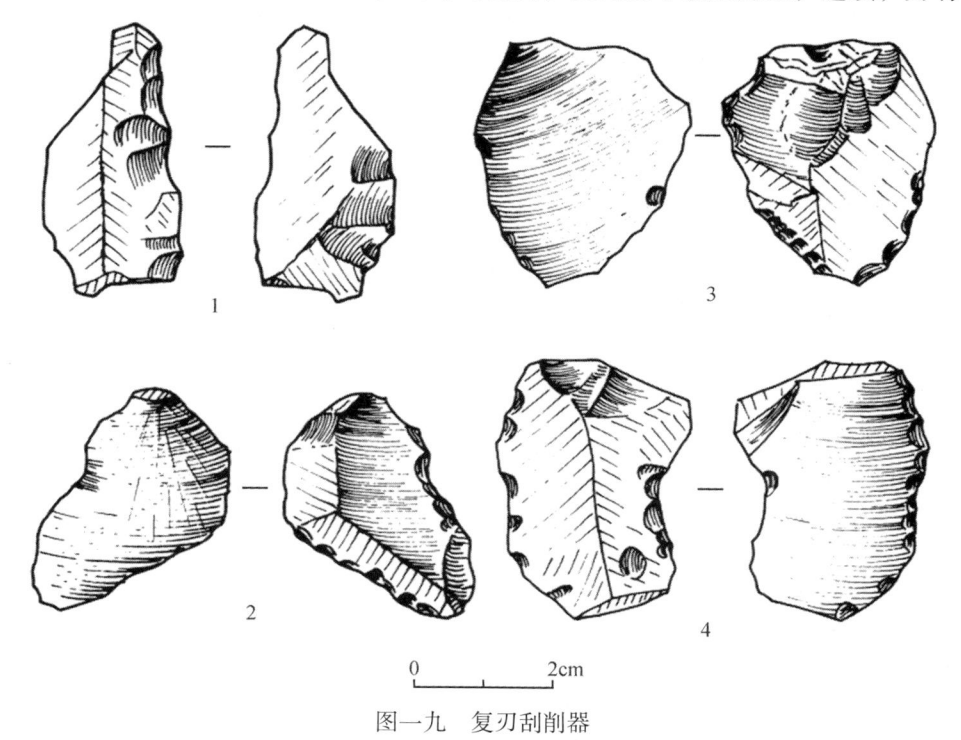

图一九 复刃刮削器
1.01XZ1020 2.01XZ1377 3.01XZ524 4.01XZ563

向小鳞疤，修疤均较浅平，刃角38°。凸刃在石片右侧，复向加工，反向为主，正向亦有，反向疤连续，均短小鳞疤，大多浅平，刃口较整齐，刃角38°。

齿状刮削器　20件。01XZ1384（图二〇，1）：毛坯为黑色燧石右裂片。小节理面为台面，打击泡明显，鼓突，下部较平，整个腹面光滑规整。背面为节理面。左开裂断面为平整面。刃角30°，右侧刃缘薄锐，修疤疤形不明显，边缘呈小齿状，反向修理，基本连续；旁边有一正向小鳞疤。

01XZ1706（图二〇，2）：白色石英断块为毛坯，原料为石块。扁平状断块，一面为节理石皮面，另一面为似节理的平整破裂面，石英晶体粗颗粒隐约可见。刃在最长的斜断面边上，由连续较深的大鳞疤构成，使刃口呈齿状，刃口较直，夹角69°。在另一斜边上有一正一反的两个鳞疤，可能和使用有关。

01XZ1408（图二〇，3）：毛坯为白色石英断块。各面主要为节理面。刃部在夹角相对较锐的边上，由平面向高起面单向加工，修疤呈鳞状，略深，连续，短小，其下有二较大的鳞疤，可能是先行修理；小疤使刃部陡起65°。刃缘呈齿状，较整齐。

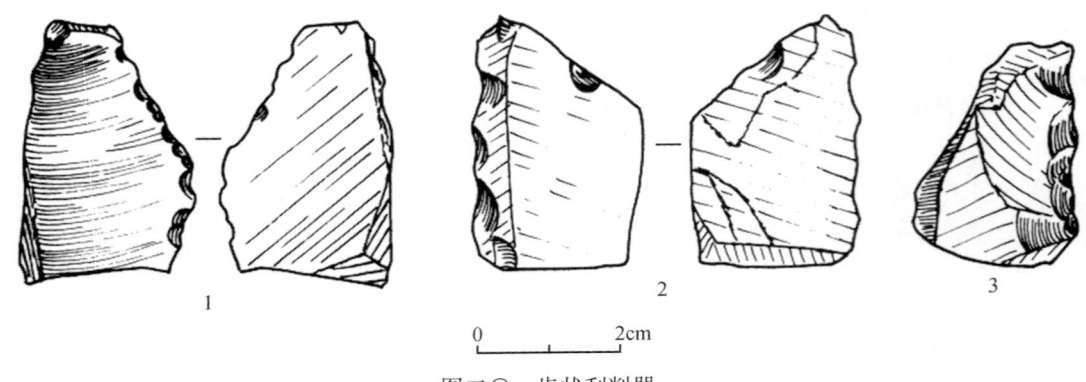

图二〇　齿状刮削器
1. 01XZ1384　2. 01XZ1706　3. 01XZ1408

凹缺刮削器　20件。01XZ1797（图二五，2）：浅褐色，Ⅱ2型石片，泥岩。台面为节理面，打击泡略突，腹面较光滑。台面后端为一斜交的石块红褐色石皮节理面。背面为以石片右侧节理面为台面的宽短型石片疤。刮削器刃口在石片远端，为反向打击出较大片疤，产生一弧形缺口，然后沿腹面片疤向背面的片疤修出连续的小浅平鳞状疤。刃角48°。

尖状器　19件。01XZ33（图二一，1）：毛坯为三台面白色石英石核。石核的主台面为平整的节理面，围绕台面周围剥片，有8个大小不等的片疤，多较浅平；在构成尖部的两个片疤很深，在尖部的两边各有连续、同向、较深的小鳞状疤，夹角86°。另有两个片疤分别以片疤面为台面，疤形明显，较深。由于石英节理发育，疤内多不光滑。

01XZ201（图二一，2）：黑色燧石断块为毛坯，原料为石块。一面为节理面，下端有二小片疤，较浅平。另一面高起，在两边分别修整夹出尖部，下端断面为节理石皮；左侧由平面向高起面修出中等略深的疤，连续，鳞状、亚平行状；右边有一大疤，使尖部略歪，大疤内和下端有同向小鳞疤。在尖部向上高起，呈凿状。尖部夹角70°。

01XZ186（图二一，3）：毛坯为白色石英断块。断块一面似锥状，由几个不规则破裂近节理面组成；另一面为节理面和平整破裂面构成。尖部由两条边夹成，每边由连续小鳞状疤构成，修疤多浅平；两条边的修理方向相反。尖部相对端有二小疤，可能和使用有关。尖部夹角80°。

锥钻　10件。01XZ36（图二一，4）：毛坯为白色石英Ⅱ3型石片。节理面台面，腹面略鼓，光滑，右侧因节理裂开而翘起。背面为起棱节理，不很规则。尖部由左正右反两个深疤构成肩状，尖端有小正向疤。石片左侧有反向、正向浅平鳞疤，右侧有正向小鳞疤。台面两侧亦有鳞疤。尖部交角64°。

01XZ249（图二一，5）：以白色石英石核为毛坯，原料为石块。石核台面为新鲜节理面，石核呈扁平状，片疤内不十分光滑，可见石英破碎的节理裂纹，打击点等特征依稀可见，片疤旁为节理破裂面。背面为石块石皮面和节理面。钻在石核台面相对端加工而成，尖部夹角65°，由片疤面向石皮面左、右侧修理而成，左侧断面亦有同向疤痕，右侧为锐棱可见或浅平或深的三个小鳞状疤。

雕刻器　9件。雕刻器器形均偏小。01XZ116（图二二，1）：双面雕刻器，白色石

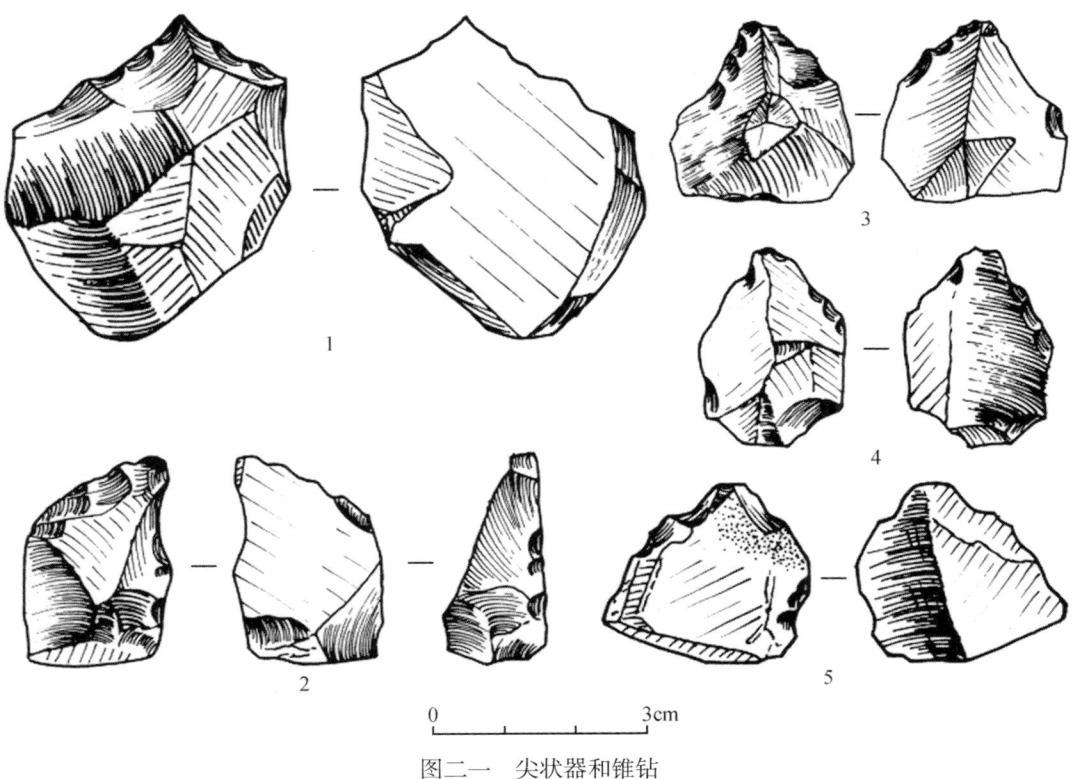

图二一　尖状器和锥钻

1. 01XZ33　2. 01XZ201　3. 01XZ186　4. 01XZ36　5. 01XZ249

英断块为毛坯。在扁平断块顶端有用雕刻器打法对向修出的三个小窄长疤，小疤构成的凿形刃口夹角58°。在另外两个边上，一边有两个小疤，不规则，夹角55°。另一长边有连续浅平小疤，方向与前述的边相反，可能和使用有关，非专门修理，刃角66°。

01XZ1326（图二二，2）：白色三角形扁平状石英断块为毛坯。两个扁平面为光平的破裂面。长边的断面为平滑节理面，在顶端有以节理面为台面垂至于扁平面用雕刻器打法打击出的凿形刃口，为单面打法。此片疤打破了扁平面上的两个平行状浅平长疤。夹角为67°。

（2）石器原料和毛坯。

石器中可观察到原料性质的标本有55件，其中石块48件，砾石7件。在详细统计毛坯（图二三）的256件石器中，毛坯为断块的最多，有105件，占41%；其次为石片，共96件，占37.5%；残片毛坯有34件，占13.3%；石块12件，占4.7%；另有少量的裂片和石核，分别占1.2%和2.3%。石器毛坯利用最多的是断块可能和石料中石英和燧石的节理都比较发育有关系；而燧石质地较石英细腻均匀，质量相对较好，能够产生较规整的石片，所以石器中石片的比例也很高。另外，石块作为毛坯说明当时人们在加工石器的过程中也会直接利用合适的石料进行修理，而省略掉预制毛坯阶段的程序。

石器形态普遍较小（附表九）。边刮器的平均长、宽、厚为32.1mm×25.0mm×

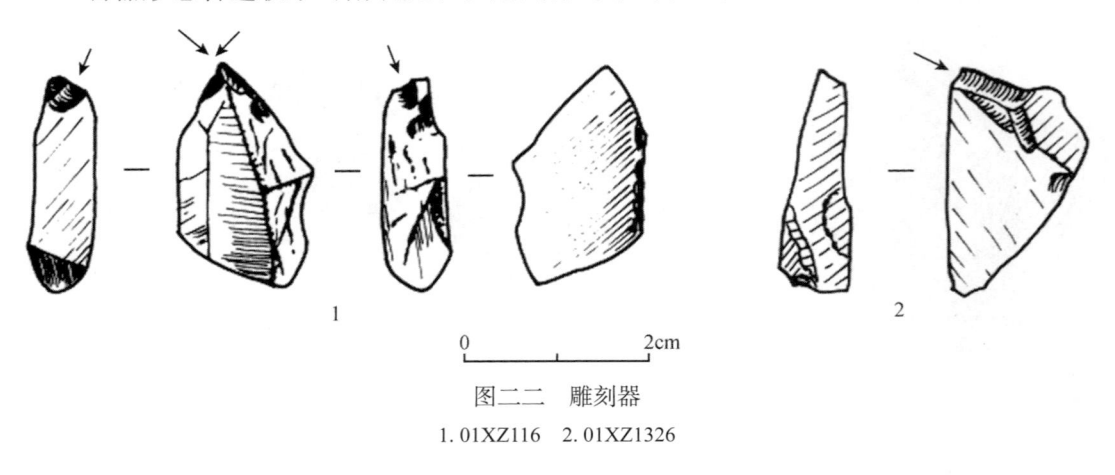

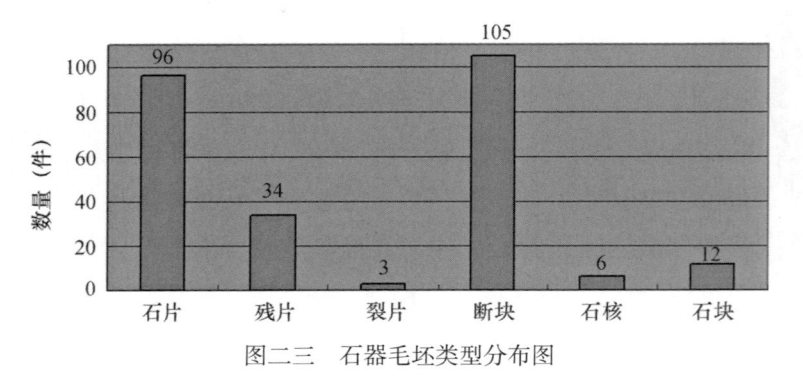

图二二　雕刻器
1. 01XZ116　2. 01XZ1326

图二三　石器毛坯类型分布图

11.4mm，平均重量为10.4g，最长的一件长61.5mm，最小的仅长15.4mm。其他器类的平均长度在25.5～32.7mm范围内，平均重量在10g左右。所有石器的平均长、宽、厚为31.8mm×24.8mm×11.5mm，平均重量为10.1g。石器个体的重量0.9～56.5g不等，这和石片的重量特征接近，反映了石器加工不会因为器类的不同而在选择毛坯上存在区别。各类石器在毛坯的选择上没有差异。而不同岩性的石器重量除了石英岩偏大外，其他各类岩性毛坯对石器的重量影响不大。但雕刻器不典型，重量和个体偏小。

（3）石器的加工技术。

石器的加工均采用硬锤直接打击法，修理出的石器刃角、修疤形状和大小、修理方向以及修疤的连续状况等具有以下一些具体的特征。

边刮器[①]的刃角分布在25°～88°（图二四），其中以50°～69°为主体，共114件，占到所有标本的63.3%。大于70°的标本31件，17.2%。可见陡刃边刮器在所有边刮器中占有一定的比例，这和毛坯选用断块、石块有一定关系。齿状刮削器和凹缺刮削器的刃角分别为56.1°和61.4°，而边刮器则介于两者之间为57.9°。这三者的刃角分布范围和区间具有相同的特点（表一二）。

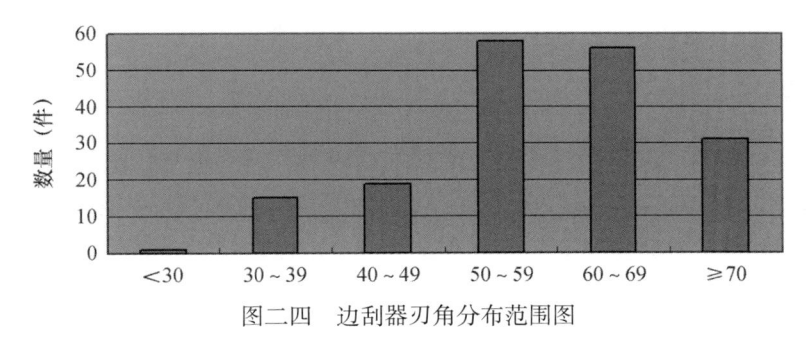

图二四　边刮器刃角分布范围图

在以石片和残片为毛坯的130件石器中，刃缘所选择的石片部位除了近端仅有3件外，石片的左侧、右侧和远端各占三分之一，没有明显的差异。断块或石块类毛坯加工的石器，多选择边缘夹角较锐的边进行修理，而且刃缘所在的边一般是毛坯各边中最长的，这样可以较有效地利用毛坯。

表一二　各类刮削器的刃角情况统计表

岩性＼角度(°)	<30	30～40	40～50	50～60	60～70	≥70	最小值	最大值	平均值
边刮器	1	15	19	58	56	31	25	88	57.9
齿状刮削器	0	1	0	7	3	1	30	72	56.1
凹缺刮削器	0	1	1	5	11	2	32	81	61.4

① 文中边刮器是单直刃、单凹刃、单凸刃等单刃刮削器与双直刃、复刃等多刃刮削器的总称。

石器刃口的加工方向以单向为主，其中断块单向加工占216件中的44%，石片正向加工占37%，石片毛坯的反向加工约占8.3%，另外错向、转向、复向、对向和交互均有发现，但数量较少，均在5%以内。

石器刃口的修疤有96%是连续的，极少量不连续。修疤形态以鳞状为主，约占83.9%；石英节理发育而产生的阶状修疤占7.6%；阶状—鳞状双形态修疤刃角约占4.7%；最少的为亚平行状修疤，仅占3.8%。这些修疤的形态和加工技术有着密切的关系。在一些石器的刃缘之外的边缘发现有零星不规则的小疤，可能和使用有关，说明有些石器不仅仅刃缘部分被利用，其他适合使用的部位不经过修理也会被投入使用。

根据修疤的长度占修疤所在面的比例可以把修疤分为短、中、长三种。在2001年发掘区的石器标本中，短小的修疤居于绝对优势地位，约占82.6%，中等修疤占14.6%，而4个刃口有短小和中等两种修疤共存，大型疤和大、中型疤共存的各有1件标本。

4. 断块和碎屑类

断块　1925件。断块是石制品打制过程中的意外的阶段性产品，不具有石片等预见性，打制的时候不存在概念模版，除去作为石器毛坯的部分外，绝大多数断块属于石制品加工过程中的副产品。但是这些断块中发现有157件有零星疤痕，大约占所有断块的8.2%。如01XZ1413：黑色燧石，扁块状，各面主要为节理面或近节理面平面，斜面略凹，似片疤，隐约可见同心波纹；斜面端断面较薄，有一垂直的窄长疤，形成凿形刃口，似雕刻器打法；斜边上有二小鳞疤；凿形夹角60°。这些有疤痕的断块除去少量由于边缘过于锐利可能和碰撞有关系外，其余大部分可能和使用或者修理有关，不具有石器加工的连续性和规则性。可见，古人类不仅利用一些合适的断块作为石器毛坯，还很有可能把某些边缘锋利、夹角较锐的断块直接投入使用。

碎屑　2339件。碎屑在所有石制品中占比例最大，约为44%。这些碎屑是在石制品打制过程中的副产品，由于形态太小而不像某些断块还有利用价值，完全属于废弃部分。最小的碎屑长、宽、厚仅为3.1mm×2.5mm×1mm。所有碎屑的平均长度为12.7mm，宽为9mm，厚为4.9mm。石制品的加工过程产生了大量的碎屑，这些碎屑的大量存在说明2001年发掘区是石制品加工的场所。

（二）动物化石

1. 动物化石的种类

动物化石均发现在2001年发掘区的北区，主要集中在S10和S15的B层（第5层）内。北区共出土化石标本757件，其中编号者44件，未编号者713件，可鉴定标本198件。化石种类有鹿、鸟、啮齿类等。

鹿类（*Cervus* sp.）：可鉴定标本31件。01XZ230：左侧肩胛骨。01XZ480：右侧距

骨，前宽25.1mm，残长25mm，残高18.8mm。S10第2水平层发现鹿的右上第一或第二臼齿，长18mm，宽14.5mm。S10第8水平层出土鹿角1件，残长20.6mm，圆锥状，底部直径7.9mm，表皮光滑。左侧的掌骨和跖骨各1件，跖骨中段残片11件，掌骨残片3件。炮骨下端滑车残块3件。未愈合而脱落的跟骨结节残块1件。末端指骨和中段指骨各1件。另有股骨片、胫骨片和肢骨片6件。总体来看，鹿类的最小个体数为1个。

啮齿类：发现下颌骨2件，牙齿3件，尺骨、桡骨、肱骨等肢骨148件。肢骨的中部直径均在1~2mm，且许多件有火烧痕迹。

鸟类（未定种）：左侧肱骨3件，腕掌骨1件。

另外还发现不可鉴定种类或部位的标本655件：脊椎2件，肢骨残片125件，肋骨残片3件，骨片碎屑528件。这些肢骨片和碎屑很有可能属于前述鹿类的一部分，大多有火烧的痕迹，骨表呈发亮的炭黑色。有的骨表较光亮，保存状况很好。个别标本骨表面有龟裂纹理。

2. 动物化石上的人工痕迹

动物化石上保留有的人工痕迹有三类：敲击疤痕、或短或长或密或疏的切割痕、火烧痕迹。火烧痕迹的骨表或断面呈亮黑色、黑色或者黑褐色，可能和火烧烤的程度不同有关系。切割痕迹在骨表多和骨长轴方向斜交或垂直，为细浅的"V"字形。敲击的标本破裂断面部分有由内壁向外壁方向的鳞状疤。

主要人工敲击疤痕标本有4件：01XZ880（图二五，6）：胫骨脊残片，有切割痕和敲击痕，浅平疤，疤形不很明显；外表有光泽，断面有龟裂纹；长宽厚为11.2mm×23.7mm×14.4mm；骨表有孔状，细切割痕长4.7~2.4mm，宽0.2~0.4mm。01XZ1123（图二五，3）：肢骨片，黑色烧骨，表面有一定光泽，长宽厚45mm×22mm×7.1mm，内面有敲击痕，由外向内，宽型浅平鳞疤，疤形规整。01XZ981（图二五，4）：股骨片，股骨脊发育，表面有一定光泽，黑褐色；长宽厚69mm×30mm×16.6mm，有内侧向外侧的浅平疤，不规整。01XZ546（图二五，1）：胫骨中段残片，灰黑色，烧骨，内部为暗褐色，长宽厚84.4mm×30.6mm×23.6mm，有两个敲击痕，疤略深，还有切割痕：长2.7~5.4mm，宽0.22mm。

有细的切割痕的化石标本主要有12件。每件骨片上的切割痕大多不止一条，有的密集多达数十条，这些痕迹多和骨片长轴斜交或垂直，少见平行于长轴方向者。如01XZ547（图二五，5）：肢骨片，灰黑色，有较亮的光泽，有较多短的切割痕，杂乱密集，多垂直于长轴，切割痕长7~1.4mm，宽约0.2mm。S10第2水平层有肢骨片1件，黑色烧骨，有光泽，有10.3~3.2mm长的数十条较密集的杂乱无序的细切割痕，长宽厚83.1mm×25.3mm×12.9mm。中鹿蹠骨中段前方残片1件，烧骨局部略有光泽，长宽厚58.3mm×17.3mm×10.9mm，有11.1mm长的细切割痕，与长轴斜交；长3.2~3.5mm的三条细切割痕与长轴垂直。

图二五 化石和石器

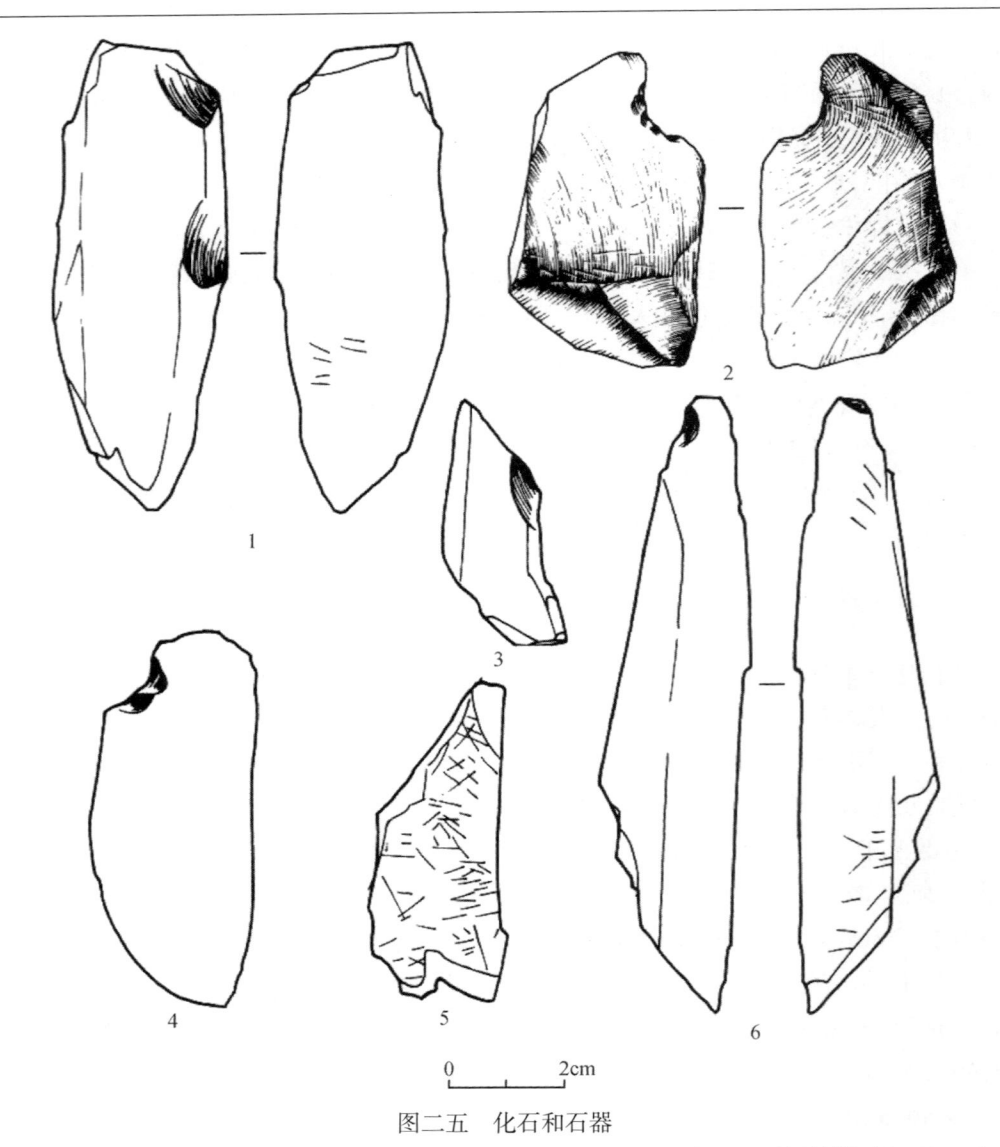

1、3～6. 肢骨片（01XZ546、01XZ1123、01XZ981、01XZ547、01XZ880） 2. 凹缺刮削器（01XZ1797）

化石的火烧痕迹多和敲击痕、切割痕共存，烧骨标本除前述外，还有大量的肢骨片等长骨标本。如01XZ260，黑褐色烧骨片，内部也为黑色，火烧程度较深，长宽厚为28.7mm×16.7mm×7.6mm。01XZ291，黑色烧骨，长宽厚43mm×11.4mm×6.5mm。01XZ1373，鹿类的跖骨中段前侧残片，长宽厚为72mm×17mm×7.9mm，炭黑色烧骨，火烧程度较重。

3. 动物化石的分布特征

2001年发掘区的动物化石都发现在北区，南区未发现除石制品之外的任何化石或其他遗迹。北区的S15东北侧为石灰岩洞壁基岩，相对于南区北区更靠近洞壁，动物化石相对石制品更集中靠近东北部（附图一二）。北区的动物化石和大量炭屑、用火遗迹及烧石共存，这可能和当时人们在靠近洞壁处居住并利用动物的肉类作为食物资源熟食有密切关系。

北区发现的动物化石主要在S10和S15范围内（附图六），相对较为集中，各类动物化石没有分选，排列上没有任何规律。另外，这些动物化石最大的长约9cm，编号的大部分长在5cm左右，而大量的肢骨片、化石碎屑则在2cm左右，最小的长度不足1cm，可见这里是动物化石利用的原生地点，是当时人们利用和利用之后随意丢弃的直接现场。

4. 人类对肉类食物利用

由于受材料所限，下面分析人类对肉类食物的利用仅限于化石上人工痕迹所反映出来的人类行为，具体的肉类食物资源的获取有待石器组合及微痕分析、环境背景与人类活动行为等方面研究工作的进一步开展。

北区的动物化石主要为鹿类和啮齿类，其中鹿类占了很大比例，包括了鹿类主要部位的骨骼，其中以肉量最为集中的肢骨类骨片为多。所发现的动物化石人工痕迹有火烧痕迹、切割痕迹和敲击痕迹，利基（Leakey）认为"碎骨表面的人工割痕反映出人类为获取动物的肉和肌腱，对动物尸体进行肢解和加工"[17, 26]，同时，发掘区人工痕迹都出现在肉量相对最多的肢骨上，进一步反映了人类对动物资源的利用。动物肢骨上的切割痕迹都很短，一般不超过1cm，而且切割痕迹的方向较为杂乱，多和动物肢骨的长轴斜交或垂直相交，可能是人们利用工具从肢骨上获取食用的肉类产生的结果。人工砸击骨骼的目的有两个，一个是敲骨吸髓，一个是制作工具[2]。张俊山[17]和宾福德（Binford）[25]认为骨骼在敲骨吸髓过程中产生的打击疤都比较零星，而北区动物化石上的敲击痕迹都是单个的疤痕，而且没有发现任何和工具有关的刃缘等工作边，所以，这些痕迹很有可能和古人类敲骨吸髓以利用动物的肉类资源有关，而不是人类打制骨器的结果。火烧痕迹则可能和人类食用熟食有关，也有可能是人们利用动物骨骼的油脂来做燃料。但是前述的火烧痕迹化石有的为局部烧痕，有的则为全部烧过，火烧程度存在差别，分布上也没有规律，这肯定地说明有火烧痕迹的化石和利用其油脂做燃料无关，很有可能是人类依靠火来烤熟肉类然后享用熟食的结果。

（三）织机洞遗址文化特点

综合以上几个方面的分析，织机洞2001年发掘区可能属于古人类活动的石制品加工和利用动物资源就餐的场所，该区所发现的遗物代表了织机洞遗址在此层位时代上的文化特征，主要表现在以下几个方面。

古人类选择石块和砾石为原料，以石英和燧石质原料为主，分别占56.8%和36.6%，石英岩、火成岩、泥岩、硅质岩、玛瑙和泥岩等性质原料也有少量利用。石块和砾石原料的来源应该和织机洞有一定的距离，至少在洞的附近没有发现燧石质原料，可见当时人类的活动不仅局限于洞穴周围。

剥片主要采用锤击法。锤击石核中单台面石核最常见，约占57.9%，锤击石片均为普通石片，Ⅱ3型石片占全部石片的65.6%。石核的台面角平均为74.5°。石片的石片角平均为106.1°。石核和石片的台面主要为自然节理面或者节理面，几乎不见修整台面。偶尔采用砸击法，发现的砸击石核、石片标本极少且特征不明显。

石器全都是小型石器，平均长、宽、厚为31.8mm×24.8mm×11.5mm，平均重量为10.1克。石器加工所用片状毛坯占42.2%，断块毛坯有41%，还有一些石器直接利用石块进行加工。其中片状毛坯的刃缘多选择在石片侧缘或者远端，块状毛坯的刃缘则选择毛坯各边中能够最大限度利用的夹角为锐角的长边上。有些石器的刃缘之外的边上也有可能是使用的疤痕，可见毛坯的利用率较高。

石器组合上看（图二六），刮削器占绝对多数，尖状器和钻有少量发现，雕刻器发现很少而且不典型。刮削器中单边刃最多，约占全部石器的59.1%，复刃刮削器约占14%，凹缺刮削器为7.6%，齿状刮削器为4.9%，尖状器占7.2%，雕刻器占3.4%，锥钻类占全部石器的3.8%。

刮削器的刃角多在50°~70°，其中边刮器的平均刃角为57.9°，凹缺刮削器的平均刃角最大，约为61.4°，齿状刮削器的平均刃角为56.1°。器类刃口多规整平齐，修疤以连续短小浅平鳞状疤为主。修理采用锤击法，修理方向以单向（石片类以正向为多）为

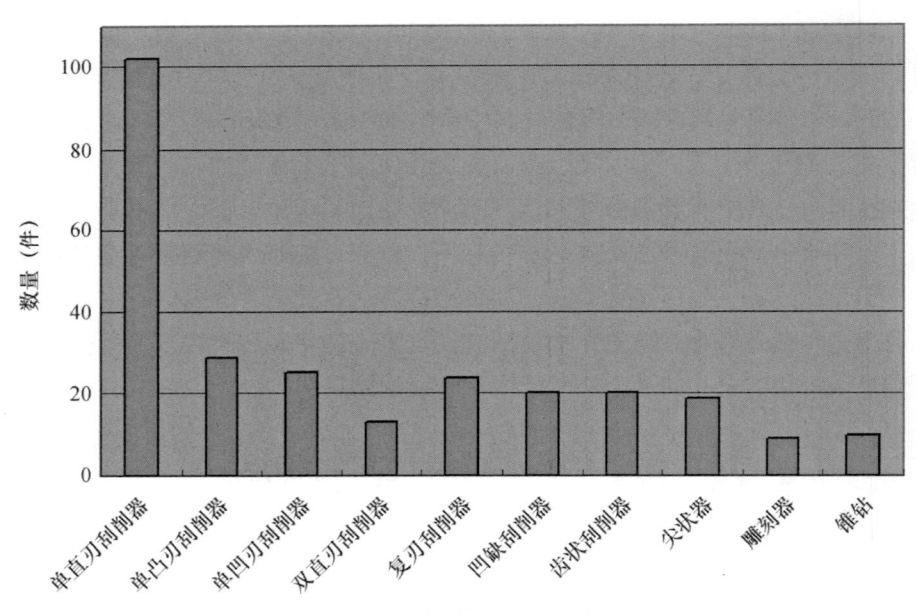

图二六　石器组合分布图

主，约占到91%，此外还有少量反向、复向、错向、转向等方向修理的标本。

　　动物化石上发现有较多的切割痕迹、敲击痕迹和火烧痕迹，可见古人类对动物类食物资源的利用。利用的动物资源除较大型的鹿类外，还有啮齿类动物和少量鸟类。在发掘区没有发现骨制品及骨器，可能当时未进行骨制品的加工和使用，或者说骨制品利用很少而没有被发现，但至少可以说明骨器的制造和使用很可能不发达。

　　根据石制品和动物化石的分布及其种类可以看出，当时古人类可能把石料或者初步加工的石料（即有可能对石料的石皮进行初步处理）以及获取的动物资源带进洞内，在洞内进行石制品的加工和食物享用。

四、比较与讨论

（一）文化性质及年代

　　贾兰坡先生提出华北旧石器时代文化的发展至少有两个系统，其中的小石器系统就是"周口店第1地点——峙峪系"，基本特征就是利用小石片制造小石器，小石器在石器中比例大，类型多，加工痕迹细小[10]。张森水先生则称其为华北主工业[18]。织机洞遗址作为一处洞穴居址类型的遗址，2001年发掘区的文化内涵丰富，性质明确，石制品加工以锤击法为主，偶尔使用砸击法，石器以小型刮削器为主，尖状器次之，采用硬锤单向修理等。织机洞遗址的石器工业具有明显的华北小石器传统工业特色，该遗址位于华北地区的南部，其北部、南部和西部均发现有较多的旧石器时代文化，特殊的地理位置使织机洞遗址的文化和周边地区文化或多或少会存在联系。

　　周口店第15地点属于洞穴堆积，其地质时代为晚更新世早期①或者中更新世末期②，属于旧石器时代中期文化。15地点的石料[8]以石英为主；而织机洞遗址则是石英与燧石并重，优质石料所占比例较高。15地点的剥片技术[6]与织机洞遗址有相似之处，主要采用锤击法剥片，都以普通石片为主，简单石核较多，砸击法产生石片所占比例很低。15地点的石器类型[7]和织机洞遗址一致，以刮削器为主，其中单刃者最多，都有尖状器、雕刻器、凹缺器等类型石器。两个遗址石器都以片状和块状毛坯为主，个体较小，都以锤击法修整为主，修疤呈鱼鳞状。但织机洞遗址2001年发掘区毛坯中完整石片比例要高于15地点，石器修理比15地点精细，鳞疤浅平规则，刃口平齐，较15地点有很大进步。综合起来看，织机洞遗址和15地点在剥片技术、石器组合、毛坯和修理方

---

① 邱中郎：《北京周口店第15地点》，《中国远古人类》第九章"中国旧石器时代中期文化"，北京：科学出版社，1989年，196~202页。

② 裴文中先生最初认为周口店第15地点时代为晚更新世之初或旧石器时代中期，20世纪50年代末他恢复了中更新世之末的看法。引自邱中郎：《北京周口店第15地点》，《中国远古人类》第九章"中国旧石器时代中期文化"，北京：科学出版社，1989年，196~202页。

面有很大相似性，但是织机洞遗址优质石料燧石比例较大，砸击法运用进一步减少，石制品类型上不见15地点的盘状石核、薄刃斧和石球，石器修理明显优于15地点。这说明两个遗址可能在文化渊源上同属于小石器传统，但织机洞遗址的年代应晚于周口店15地点。二者文化面貌上有不同，可能是处于不同的文化发展阶段，还有可能和所处地理位置上的南北差异有关。

阳高许家窑遗址[11]属于露天遗址，时代为晚更新世早期。许家窑遗址的原料以脉石英和火石最多，和织机洞遗址相似。二者都属于小型石器传统，石器组合都有刮削器、尖状器、锥钻和雕刻器，其中刮削器占较大比例，都以石片和块状毛坯来加工石器。这表明织机洞遗址和许家窑遗址在文化上具有一定相似之处。但织机洞遗址和许家窑二者之间也存在不同：许家窑的原始棱柱状石核、盘状石核、龟背状刮削器和短身圆头刮削器，尤其是石球，都是织机洞遗址所没有的。所以说二者的文化面貌上虽存在相似性，可是也存在差异，二者很有可能同属于小石器传统工业，但是却有各自的发展过程。许家窑遗址的文化内涵相对于织机洞遗址而言更接近于周口店15地点。

峙峪遗址[10]为旧石器时代晚期遗址，位于山西北部的朔县城西北，其堆积属于河流相堆积。峙峪遗址的石器原料为脉石英、石英岩、硅质灰岩、石髓等，和织机洞遗址略有差异。峙峪遗址以小石器为主，有刮削器、尖状器、雕刻器、小砍砸器和石镞等，较织机洞遗址类型丰富，尤其圆头刮削器、圆盘状刮削器和石镞是织机洞遗址所不见的。峙峪遗址的石器有些修疤浅而长，可能和软锤技术有关，在器型和修理技术上都较织机洞遗址进步。峙峪遗址和织机洞遗址由于地理位置上的南北差异，虽然有可能共同源自小石器传统工业，但是二者可能在所属的文化发展脉络上略有不同。峙峪遗址和华北北部的周口店15地点、许家窑遗址有密切关系，而织机洞遗址则缺乏盘状石核、盘状刮削器和石球，可能有自身的文化发展过程。

大荔甜水沟地点[14,20]发现大量的小型石制品，其时代属旧石器时代中期的早一阶段。大荔甜水沟地点经过流水搬运，具体的居址类型不清楚。甜水沟地点的石制品以石英岩和燧石原料为主，石核和石片中石英岩占主体，燧石质工具在石器中占绝对优势，这和织机洞遗址的石英和燧石的关系有相似之处。织机洞遗址和甜水沟地点都用锤击法打片，石核多采用自然面做台面，工具多用石片类毛坯制成，但也用块状毛坯。二者的工具组合都以刮削器为主，刮削器中单刃多于双刃或多刃，尖状器、锥钻和雕刻器都占有一定的比例，都未发现砍砸器、盘状器和石球；工具基本上都是小型的，长度多在40mm以下；加工都以正向加工为主。两个遗址在原料选择、毛坯利用、石器组合与修理技术等方面表现出很大相似性，说明二者在文化渊源上可能有密切关系。但织机洞遗址的石器修理比甜水沟地点细致得多，修疤浅平，刃口较甜水沟规整，有很大的进步性，织机洞遗址明显晚于大荔甜水沟地点的时代。

南召小空山发现有上洞和下洞，上洞遗存的年代为旧石器时代晚期[16]，下洞和上洞的文化内涵一致，时代同为旧石器时代晚期[24]。小空山和织机洞遗址同属于洞穴堆积，都以石片为毛坯，在石器组合上都有小型尖状器和雕刻器。但小空山以石英原料为主，少见块状毛坯，大型砍砸器和富有特色的盘状刮削器是织机洞所不见。总体来看，这两处遗址的文化内涵虽有少量相似之处，但小空山是以大型砍砸器为特色，而织机洞遗址则以小型边刮器为主要器类，二者的差异更明显。这可能是织机洞和小空山两遗址在地理位置上的南北差异造成的。

洛阳凯旋路旧石器地点[19]位于洛河的二级阶地上，其时代为晚更新世，由于发现石制品较少，发现的两件工具为刮削器和砍砸器。研究者认为凯旋路旧石器和小空山的文化面貌"可能有更多的相似之处"。这样看来，织机洞遗址和凯旋路的文化面貌可能差别比较大，但是二者地理位置比较接近，很有可能是时间上存在一定差距所致。

巩义市洪沟旧石器遗址[9]位于黄河南岸1千米处，石制品以黄河、洛水岸边的砂岩砾石、石块为主要原料，还有少量石英砾石。主要采用锤击法打片，石制品以大中型者为主①。这和织机洞遗址以石英、燧石质石块、砾石为原料的小型石制品为特征的文化有较大区别。洪沟遗址的铀系法测年数据为11万年以上，和地质年代、动物化石等表现一致。洪沟遗址和织机洞遗址地理位置相距不远，在文化面貌上却截然不同，可能反映了时代上的差异，二者之间的差别很可能和各自所处时代的自然环境有关。洪沟遗址和洛阳凯旋路地点在时代上可能更为接近。织机洞遗址的原料选择和石制品加工都较洪沟更为进步，织机洞遗址应该晚于洪沟遗址和洛阳凯旋路地点的时代。

洛阳市北郊北窑村的三级黄土阶地上出土过旧石器文化遗存[15]。其中第1和2层主要是小石器，第3层及以下为大小石器共存。据热释光年代测定，第2层顶部年龄为30 110a B.P.，第4层顶部年龄为51 370a B.P.。织机洞遗址2001年发掘区的石制品主要为小石器类型，织机洞和北窑村旧石器遗址相距不远，二者文化上应该有密切的关系。所以，织机洞遗址2001年发掘区的年代很可能不会早于北窑村的第3层，即至少在5万年以内。

陵川塔水河遗址发现于相当河流二级阶地的岩棚之内，属原生堆积，其时代晚于峙峪、早于下川，可能和小南海下部的年代相当[5]。织机洞遗址和塔水河遗址在居址类型上具有一致性。织机洞遗址和塔水河遗址的燧石质原料都居于重要地位，二者都采用锤击法打片，偶尔采用砸击法。石器都属于小石器类型，类型比较简单，组合中都以刮削器所占比例最高，刮削器中主要有直刃、凸刃、凹刃、复刃等种类，尖状器和锥钻都是石器组合中的重要组成部分。两个遗址石器的毛坯都以石片类为多，均有石块类毛坯。总之，织机洞遗址和陵川塔水河遗址在文化面貌上存在很大的相似性，二者应该具有相同的文化传统。但是，织机洞和塔水河遗址之间也有不同，比如，织机洞遗址石制品中燧石原料所占比例略低于塔水河，尖状器相对来讲没有塔水河遗址的加工细致、器型规整，织机洞遗址块状毛坯占有重要地位。由此推测，织机洞遗址的时代要略早于塔

---

① 《河南巩义洪沟旧石器遗址试掘简报》认为"石制品以中小型者为主"，但该遗址的石片"一般长度在6～20厘米"，"最小的石片长4厘米"，所以笔者认为其石制品应该是以大中型者为主。

水河遗址。

小南海洞穴遗址[3]地处华北平原西缘与太行山山脉接壤处，文化年代属旧石器时代晚期，洞内下部绝对测年为距今24 100±500年[23]。小南海遗址燧石占石料的90%，其次为石英；剥片和织机洞遗址相同均采用锤击法，对石英原料的剥片偶用砸击法；小南海的石器以小型刮削器和尖状器为主，毛坯多采用石片，单向加工修理，有些锋利石片直接进行使用，这些特点都和织机洞遗址一致。织机洞遗址和小南海遗址在石料、剥片技术、石器毛坯、修理和类型上具有很大的相似性，在文化渊源上有密切关系。但小南海遗址中优质石料比例远高于织机洞遗址，弧背长刮器数量多而类型固定，有意识制作规整石片，较织机洞遗址表现出一定的进步性，其年代应该晚于织机洞遗址。

经过以上分析，织机洞遗址2001年发掘区可能晚于洛阳北窑村遗址的第3层，略早于陵川塔水河遗址和小南海遗址，很有可能属于旧石器时代晚期偏早阶段，这和织机洞遗址2001年发掘区的^{14}C初步测年数据——3万年及其地层堆积为晚更新世晚期的特点相一致。

文化面貌上，织机洞遗址和其南部的小空山洞穴遗址的小石器有一定关系，但小空山可能和南方的砾石石器关系更密切。在距织机洞遗址不远的洛阳地区发现的凯旋路地点、洪沟遗址、北窑村遗址下部等旧石器时代中期露天遗址都存在较多的大中型石器，时代可能早于织机洞遗址，文化上和织机洞遗址存在较大的差异，这说明华北南部在旧石器时代中期既存在像大荔甜水沟地点这样的小石器工业，在偏东部的洛阳地区也存在着大型石器工业。织机洞遗址及洛阳地区旧石器文化的进一步研究将对认识中国南北主工业类型间的交流关系以及华北南部中晚期文化的发展过程有着重要的意义。

织机洞遗址和华北北部的周口店15地点、许家窑遗址、峙峪遗址在石器类型、形态和加工技术等方面有许多相似之处，可能有共同的文化渊源，同属于华北旧石器时代小石器传统工业，即北方主工业类型[18]。但织机洞遗址和这三个遗址还存在差异——缺乏华北北部地区的盘状石核、盘状刮削器、端刮器和石球等石制品类型。它和华北南部的大荔甜水沟地点、陵川塔水河遗址、安阳小南海遗址等小石器工业在文化面貌上表现出很大的相似性，它们之间的关系更为密切，很有可能是晚更新世区别于周口店15地点、许家窑遗址和峙峪遗址等华北北部小石器工业类型的一个新的华北南部的区域文化类型。

（二）发掘区性质与人类行为

织机洞遗址2001年发掘区的遗存处于旧石器时代晚期偏早阶段，属于华北主工业类型。其发现文化遗物的有第1～6层共六个地层单位，其中出土的石制品在原料、石器组合、技术特征等方面表现出共性。这些文化面貌上的一致性结合地层的堆积特点可以说明2001年发掘区属于前后连续的堆积，古人类在此地的行为应该是没有间断的。但是每个地层单位中的遗存同时又反映了古人类不同时期在该地行为活动上的不同。

第5层分为南区和北区两部分，南北两区都出土了分布密集的石制品加工各阶段的产品（附图一〇、附图一二；附表一三、附表一七），北区除了丰富的石制品外还发现大量的动物化石。其中南区的石制品碎屑最多，共有1131件，占南区全部石制品的45.2%，断块约占33.5%，石核约占3%，石片约占7.3%，石器占6%，裂片和残片约占3.5%，石块和砾石等石料约为1.5%。北区石制品的种类和比例与南区一致，都包括了从石块、砾石等原料到石器、断块、碎屑等各个加工阶段的产品，这说明在此时期，南区和北区同为石制品加工场所。

同时，发掘区内Ⅰ1型和Ⅱ1型石片均只发现3件，说明石片背面完全保留自然石皮面的石片数量很少，即对石料的初步加工打击下的石片数量很少，这和古人类带进洞内的石料有密切关系。高星在分析周口店15地点时指出：15地点的石片类中台面和石片背面有原生石皮的标本较少，说明石料可能在原生地被进行初级打片或实验剥片以敲掉外表风化破裂部分，用来检验石料是否可以被打片，检验过关的材料方被搬入洞内使用[6]。在织机洞遗址2001年发掘区内的Ⅰ1型和Ⅱ1型石片数量少的原因则可能有两方面：一是类似于周口店15地点，古人类在选择石料的时候可能先对石料进行打制试验来测试石料的质量或者为了方便把石料携带回洞内，而在石料的原产地就把石料不利于石制品加工的自然石皮面进行了初步加工；二是古人类可能把石料不做任何加工就带进洞内，但可能在洞内其他区域进行了初步的加工，去掉石料的局部表皮以对石料进行初步的加工处理，然后再在2001年发掘区所在区域开始正式的石制品加工程序。

综合分析可以看出，第5层发掘区有少量的石料，但石片中缺乏背面完全为自然石皮面的类型，这和大量的其他类型石片之间的比例很不协调，很有可能是因为古人类对带进洞内的大部分石料进行了打制测试或者进行了初步的加工。虽然发掘区有少量石料发现，但石料的最初步加工地点很有可能不在2001年发掘区。

发掘区的石器加工修理过程在一定程度上表现出了古人类在石料加工利用上的进步性。毛坯的刃缘多选择断块或石片的夹角较锐或边缘较锋利的长边上，有些石器的刃缘之外的边上也存在零星的疤痕，很有可能也曾投入使用。可见，当时人类对石料的利用率较高，有可能是古人类一种有意识的行为。

北区动物化石中较大的可鉴定标本全为鹿类，此外有啮齿类和少量鸟类，标本上的人工痕迹有敲击、切割和火烧痕迹，这些痕迹和峙峪遗址骨骼的打击、切割等人工痕迹有相似之处，说明该区可能是古人类"生活和肢解动物的场所"[17]。在化石的旁边除了密集的石制品外，还出土有大量的火烧程度较深的石块、碳屑和可能为用火遗迹的灰黑色土圈，进一步反映了靠近洞壁的北区很有可能是当时人们就餐、休息和制作石器的场所，考虑到鹿类的最小个体数仅为1个，所以这个区域很有可能是临时性的就餐地，至少没有长时间的生活废弃物遗留下来。南北两区相距大约3米，在遗存上却有很大的区别，可见当时人类在洞内居住时很可能在一定程度上注意各生活区功能上的划分。但是就餐地和休息场所没有彻底和石制品加工地分离开，表现在就餐时利用的动物类食物在食用完其上的肉之后将所留碎骨原地抛弃，和石制品一起散布在洞内。发掘区北区反映出的就餐地和石制品加工场所功能上没有完全区分开也暗示出，当时人们可能还没有把可利用物品资源与废弃类物品放置在不同区域的意识。

但值得注意的是，在可能仅作为石制品加工场所的南区，一些石片和断块的边缘上却有零星疤痕，这些疤痕除少量标本边缘过于锐利导致碰撞崩损，其他则多和使用或修理关系密切。可这些疤痕的产生是否与使用有关呢？如果答案是肯定的话，则其使用的目的是什么，为什么在该区没有发现任何可能属于加工对象——比如动物化石之类的遗物；不过，还有一种使用可能是加工对象为木质材料等不易保存的物品，所以在该区存在石器和可能使用过的石片和断块。当然，这需要进一步做微痕分析来明确其原因。如果不是这样，在可能是石制品加工场所的发掘区发现的此类石片和断块的用途同样值得研究。

南区的第2~4层和北区的第4层出土石制品有石核、石片、断片、残片、裂片、断块、碎屑和石器等各个加工阶段的产品（附图七~附图九、附图一一；附表一〇、附表一四~附表一六），石器包括单刃和双刃刮削器、齿状刮削器、齿状刮削器、尖状器等种类，石器的组合和技术特征等没有发生明显变化。第2和第4层各存在可拼合的石核、石片类标本，各地层单位都出土有石块、砾石等石制品原料，可见发掘区南区仍为石制品加工的场所，而且可能在这个时期人类依然直接把原料或进行初步加工的石料带进洞中进行加工、使用。由于北区第4层基本未发现动物化石标本，这说明在此时期人类在洞中休息、就餐的区域有了变化，至少和第5层时期所处的区域有所不同，北区第4层时期的就餐、用火的功能发生了转移，但是人类石制品的加工、石器制造等活动在北区依然存在。

第1和第6层分别出土3件石制品（附表一一、附表一二），文化遗物非常少而且涉及面积较小，不宜对其文化特点和区域性质进行界定；但第1层发现石核、断块和碎屑各1件，第6层发现齿状刮削器1件、石片2件，这两个时期该发掘区性质很有可能仍然和石制品加工场所有关。

以上宏观分析了织机洞遗址2001年发掘区的时空概念、文化性质和人类行为特点，但是人类行为活动的微观研究还有待于拼合研究、微痕分析等工作的进一步开展。

五、结　　语

织机洞遗址2001年发掘区是此遗址的一部分，上文对发掘区的性质、人类行为与文化特点进行了分析，得到以下几点认识。

（1）2001年发掘区的石制品以石英和燧石为主要原料，石器毛坯中片状和块状兼有，石器类型以小型为主，刮削器占绝对多数，其中以单刃最多，凹缺刮削器、齿状刮削器、尖状器、锥钻和雕刻器也有发现，石器加工以单向为主，刃缘多选择在毛坯的长边上，毛坯利用率较高；有些石片和断块可能直接投入使用。

（2）2001年发掘区属于原地埋藏类型，古人类在南区利用石料或经初步加工处理的石料进行石制品加工及修理，同时还在北区享用动物性食物资源和加工石制品，该发掘区可能属于石制品加工和临时就餐、休息的场所。古人类对洞内的不同区域在使用功能上有一定程度的划分，但是还存在休息就餐和石制品加工功能兼有的区域。

（3）该区所发现的旧石器文化遗存可能属于旧石器时代晚期偏早阶段，是华北小石器传统工业的重要组成部分，区别于华北北部以盘状石核、盘状刮削器和石球为特征的周口店15地点、许家窑遗址与峙峪遗址，和陵川塔水河遗址、安阳小南海遗址在居址类型和文化面貌上有很大的相似性，很有可能代表了晚更新世华北南部的一个新的区域文化类型。

今后织机洞遗址在埋藏学、石器拼合、微痕分析、石器加工技术及动物考古学等方面的进一步研究不仅有助于更清楚、更全面地认识该遗址的文化内涵及其来龙去脉，还将为古人类行为活动的研究提供详细的材料和证据。同时，织机洞遗址和其周围地区旧石器遗址的深入研究将有利于认识华北南部旧石器时代中期至晚期文化的发展演变过程，有利于认识中国南北方主工业的文化交流情况，而且对研究古人类的行为活动和现代人起源问题也有非常重要的意义。

附记：承国家文物局2001年度人文社科重点研究课题项目资助，北京大学考古文博学院中国考古学研究中心和河南省郑州市文物考古研究所于2001年秋对织机洞遗址进行了发掘，参加发掘与初步整理人员有王幼平、赵静芳、邵文斌、林小英。在此基础上，笔者于2002年9~11月在郑州对发掘所获材料做了较为深入的观察、测量和记录，此次整理研究即为本文奠定了材料基础，最终在王幼平先生指导下完成了本文（即笔者2003年北京大学硕士学位论文）。文中石器图由邵文斌初绘，郑州市文物考古研究所陈萍清绘。

参 考 文 献

[1]　吴汝康等.中国远古人类[M].北京：科学出版社，1989.

[2]　尤玉柱.史前考古埋藏学概论[M].北京：文物出版社，1989.

[3]　安志敏.河南安阳小南海旧石器时代洞穴堆积的试掘[J].考古学报，1965（1）：1-24.

[4]　陈淳.旧石器研究：原料、技术及其他[J].人类学学报，1996，15（3）：268-275.

[5]　陈哲英.陵川塔水河的旧石器[A].// 山西旧石器时代考古文集[C].太原：山西经济出版社，1993：308-321.

[6]　高星.周口店第15地点剥片技术研究[J].人类学学报，2000，19（3）：199-215.

[7]　高星.关于周口店第15地点石器类型和加工技术研究[J].人类学学报，2001，20（1）：

1-18.

[8] 高星. 周口店第15地点石器原料开发方略与经济形态研究[J]. 人类学学报, 2001, 20(3): 186-200.

[9] 巩义市文物保护管理所, 河南省社会科学院河洛文化研究所. 河南巩义市洪沟旧石器遗址试掘简报[J]. 中原文物, 1998(1): 1-8.

[10] 贾兰坡, 盖培, 尤玉柱. 山西峙峪旧石器时代遗址发掘报告[J]. 考古学报, 1972(1): 39-58.

[11] 贾兰坡, 卫奇. 阳高许家窑旧石器时代文化遗址[J]. 考古学报, 1976(2): 97-114.

[12] 王建, 陶富海, 王益人. 丁村旧石器时代遗址群调查发掘简报[J]. 文物季刊, 1994(3): 1-75.

[13] 卫奇. 泥河湾盆地半山早更新世旧石器遗址初探[J]. 人类学学报, 1994, 13(3): 223-237.

[14] 吴新智, 尤玉柱. 大荔人遗址的初步观察[J]. 古脊椎动物与古人类, 1979, 17(4): 294-303.

[15] 夏正楷等. 洛阳黄土地层中发现旧石器[J]. 第四纪研究, 1999(3): 286.

[16] 小空山联合发掘队. 1987年河南南召小空山旧石器遗址[J]. 华夏考古, 1988(4): 1-15.

[17] 张俊山. 峙峪遗址碎骨的研究[A].//山西旧石器时代考古文集[C]. 太原: 山西经济出版社, 1993: 297-307.

[18] 张森水. 管窥新中国旧石器考古学的重大发展[J]. 人类学学报, 1999, 18(3): 193-214.

[19] 张森水, 梁久淮, 方孝廉. 洛阳首次发现旧石器[J]. 人类学学报, 1982, 1(2): 149-155.

[20] 张森水, 周春茂. 大荔人化石地点第二次发掘简报[J]. 人类学学报, 1984, 3(1): 19-29.

[21] 张松林, 刘彦峰. 织机洞旧石器时代遗址发掘报告[J]. 人类学学报, 2003, 22(1): 1-17.

[22] 张松林, 周昆叔, 刘彦峰. 郑州织机洞第四纪地层初步研究[A].//环境考古研究(第二辑)[C]. 北京: 科学出版社, 2000: 127-132.

[23] 中国社会科学院考古研究所. 放射性碳素测定年代报告之(四)[J]. 考古, 1977(3): 200-204.

[24] 周军. 试论小空山下洞旧石器遗址的年代[J]. 华夏考古, 1988, (4): 43-49.

[25] Binford Lewis R. *Bones: Ancient Men and Modern Myths*[M]. New York: Academic Press, 1981.

[26] Potts, R, Shipman P. Cutmarks made by stone tools on bones from Olduvai Gorge, Tanzania[J]. *Nature*, 1981, 291: 577-580.

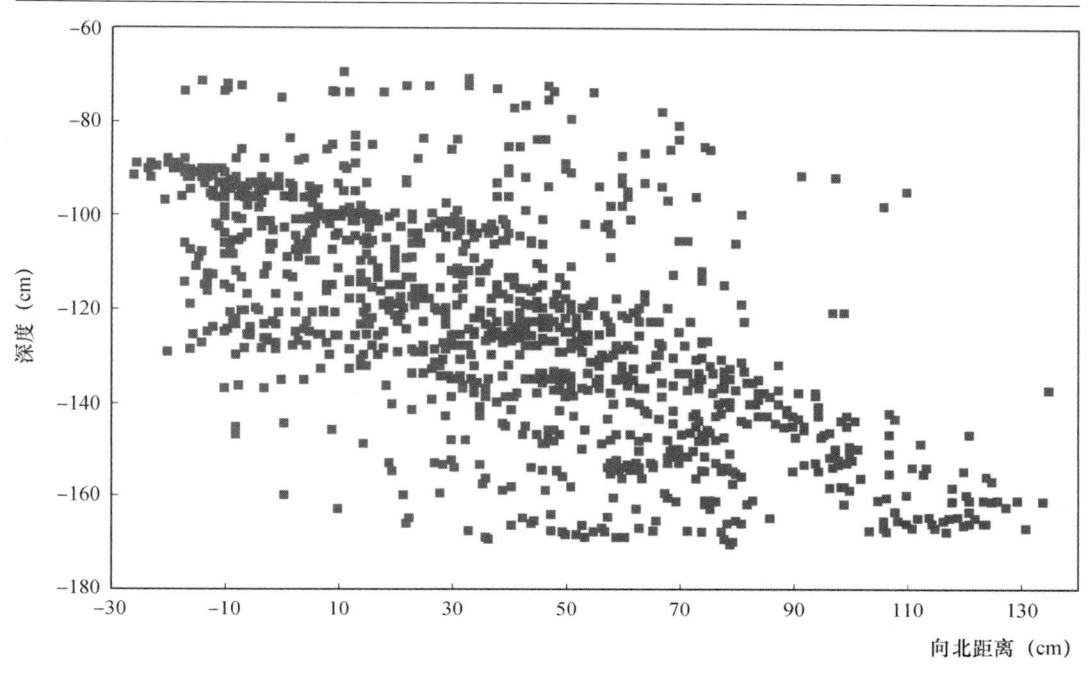

附图一　南区石制品由南向北方向剖面分布示意图

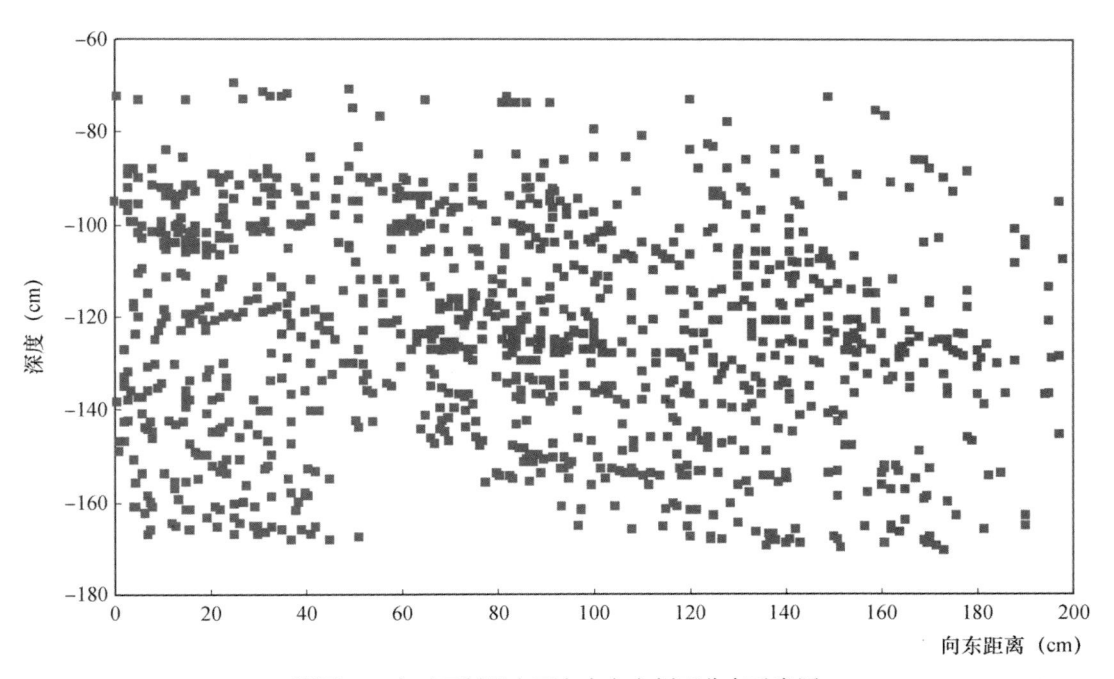

附图二　南区石制品由西向东方向剖面分布示意图

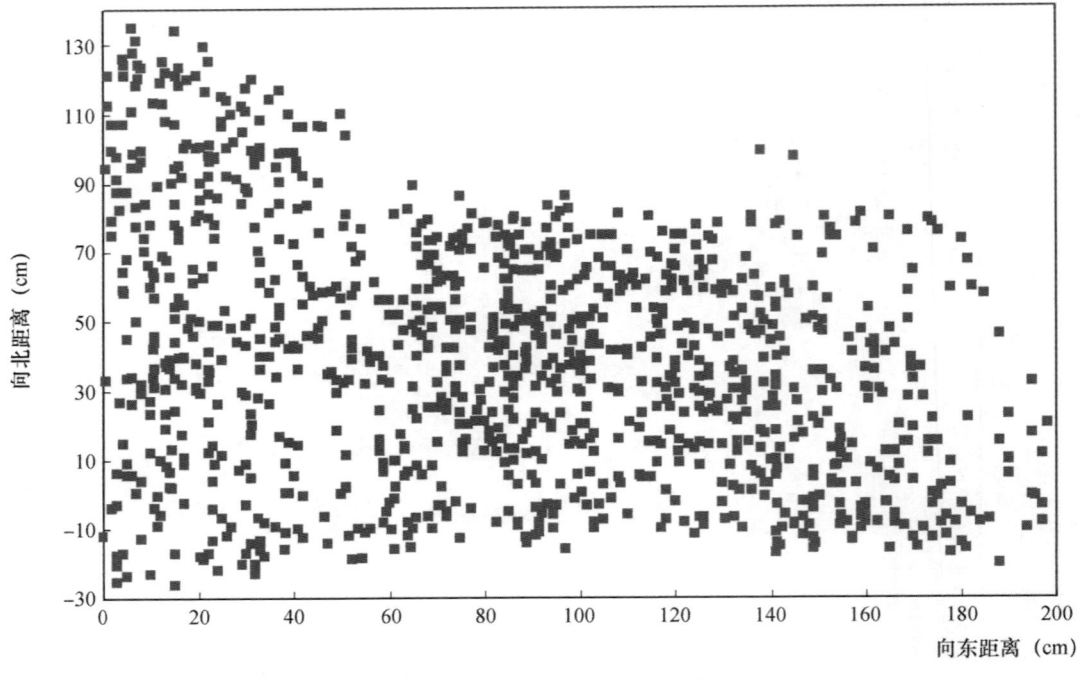

附图三　南区石制品平面分布示意图

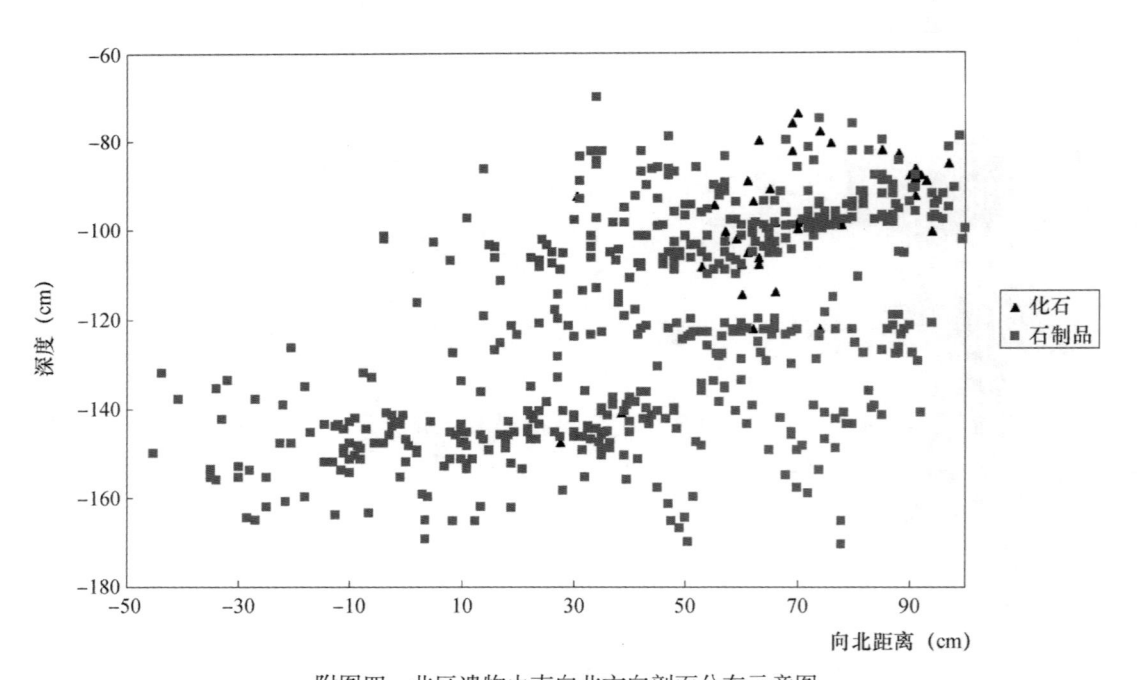

附图四　北区遗物由南向北方向剖面分布示意图

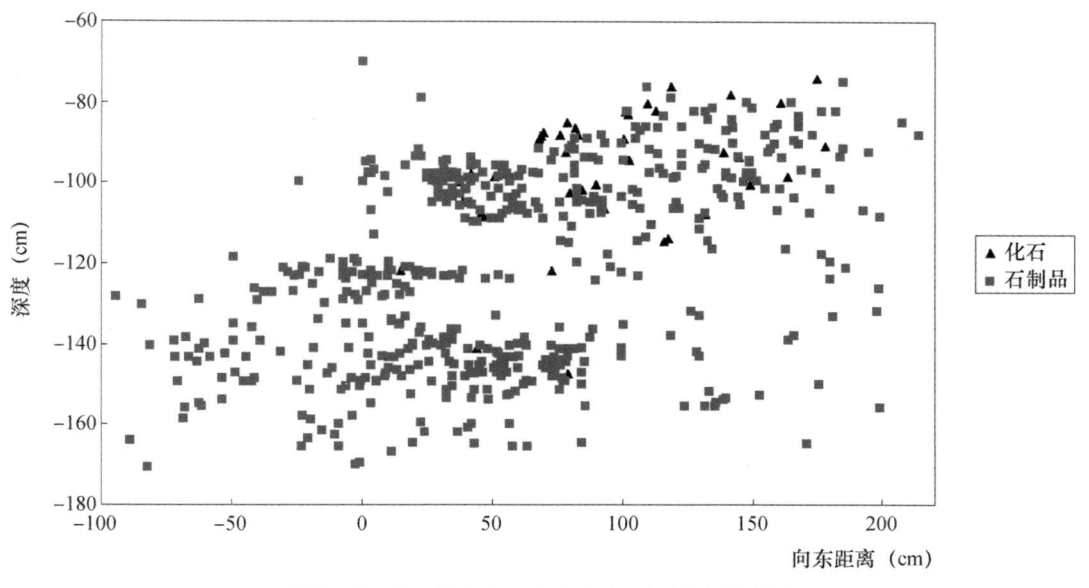

附图五　北区遗物由西向东方向剖面分布示意图

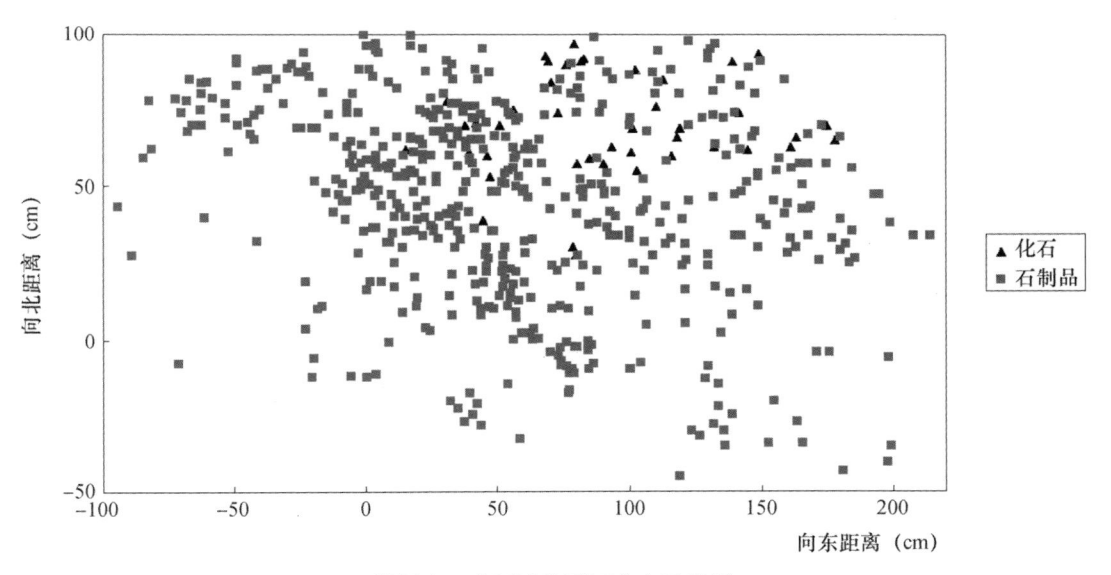

附图六　北区遗物平面分布示意图

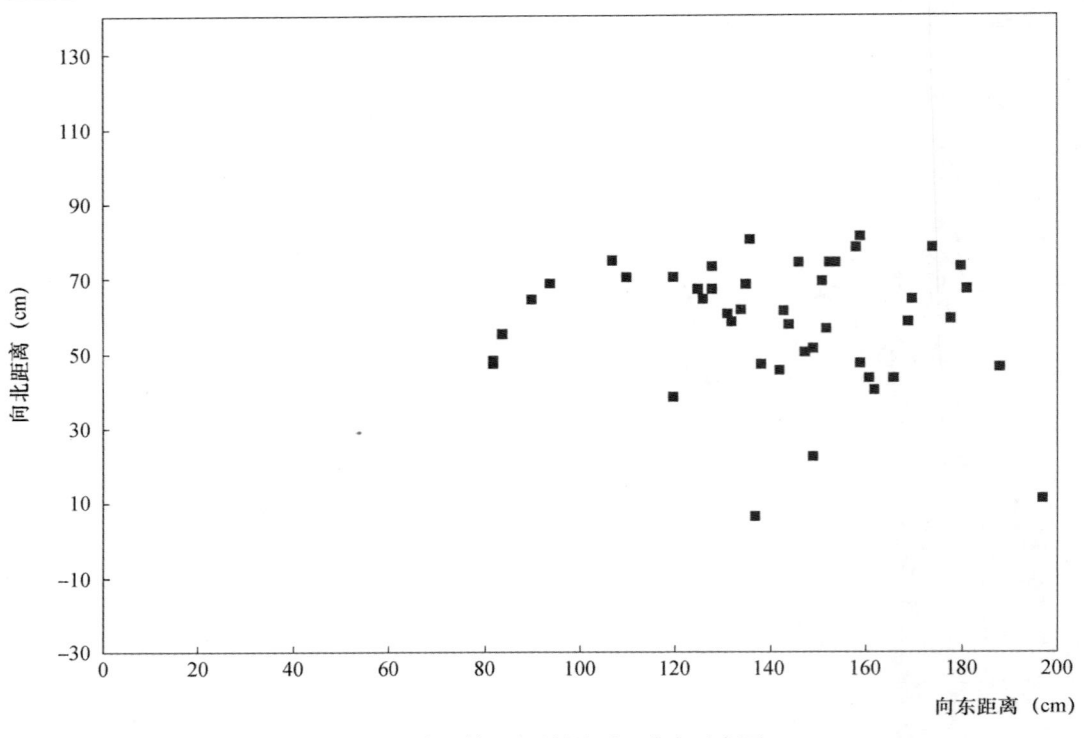

附图七　南区第2层石制品平面分布示意图

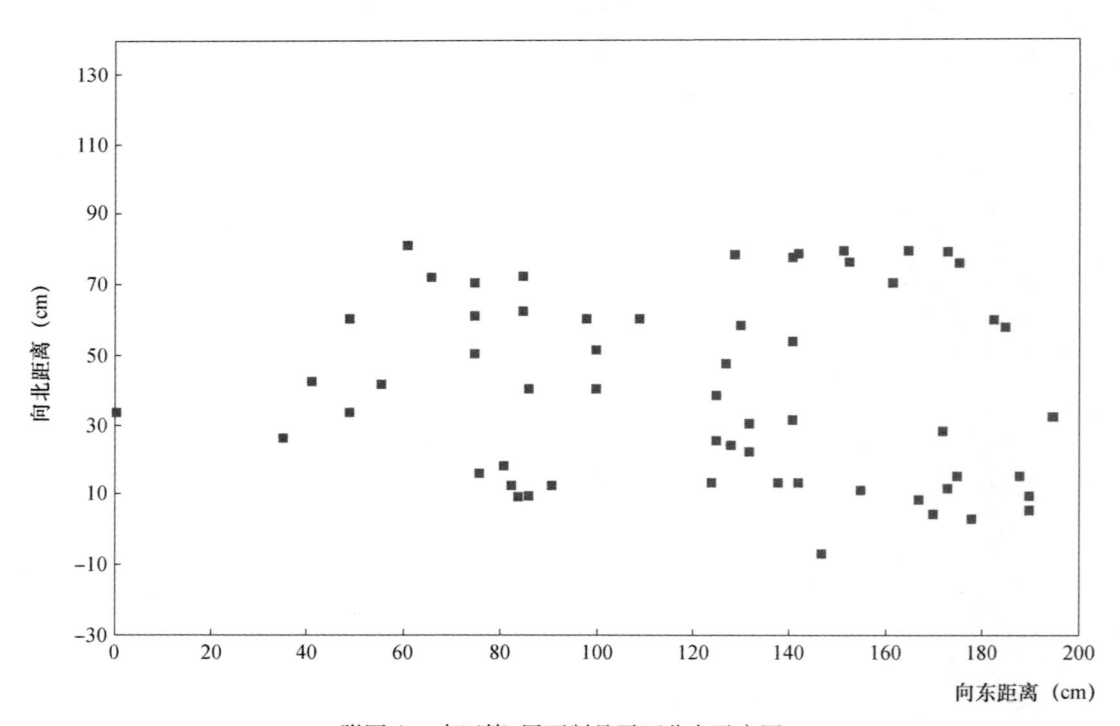

附图八　南区第3层石制品平面分布示意图

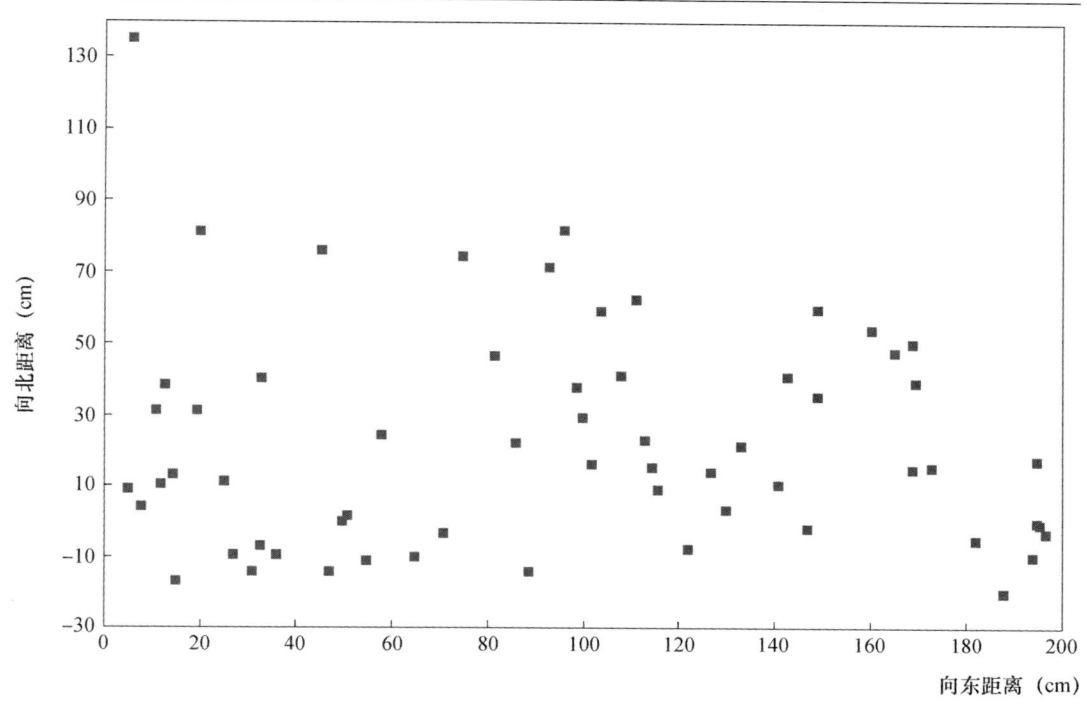

附图九　南区第4层石制品平面分布示意图

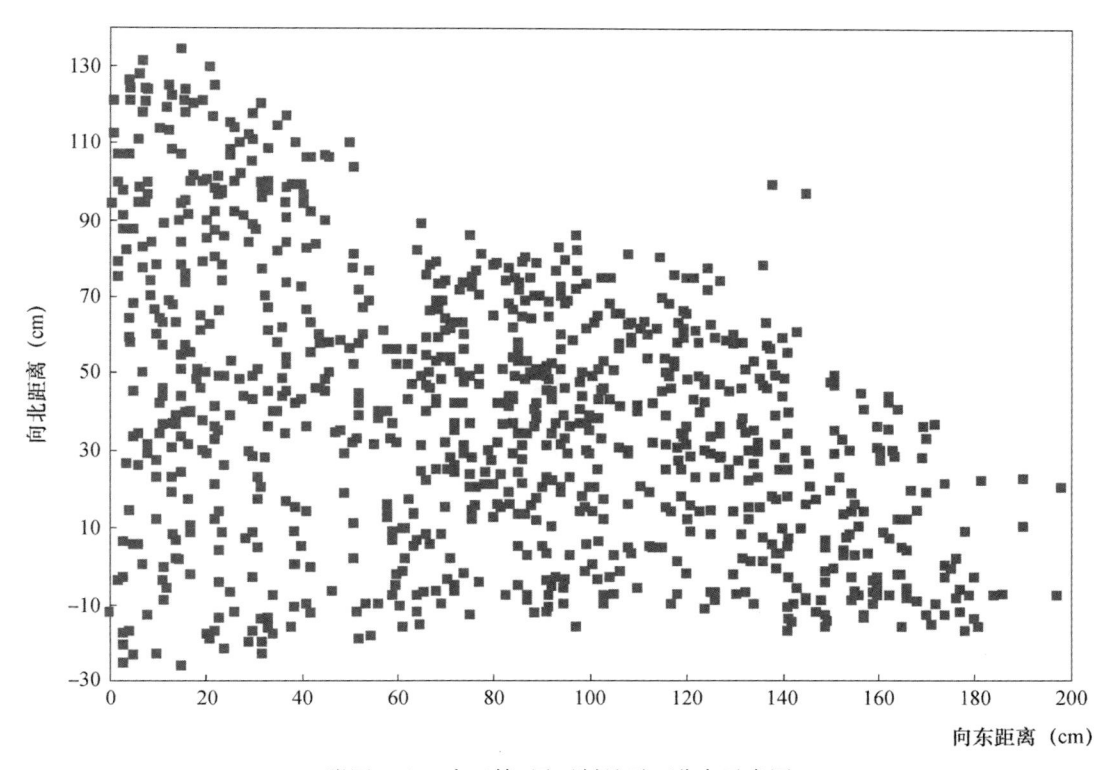

附图一〇　南区第5层石制品平面分布示意图

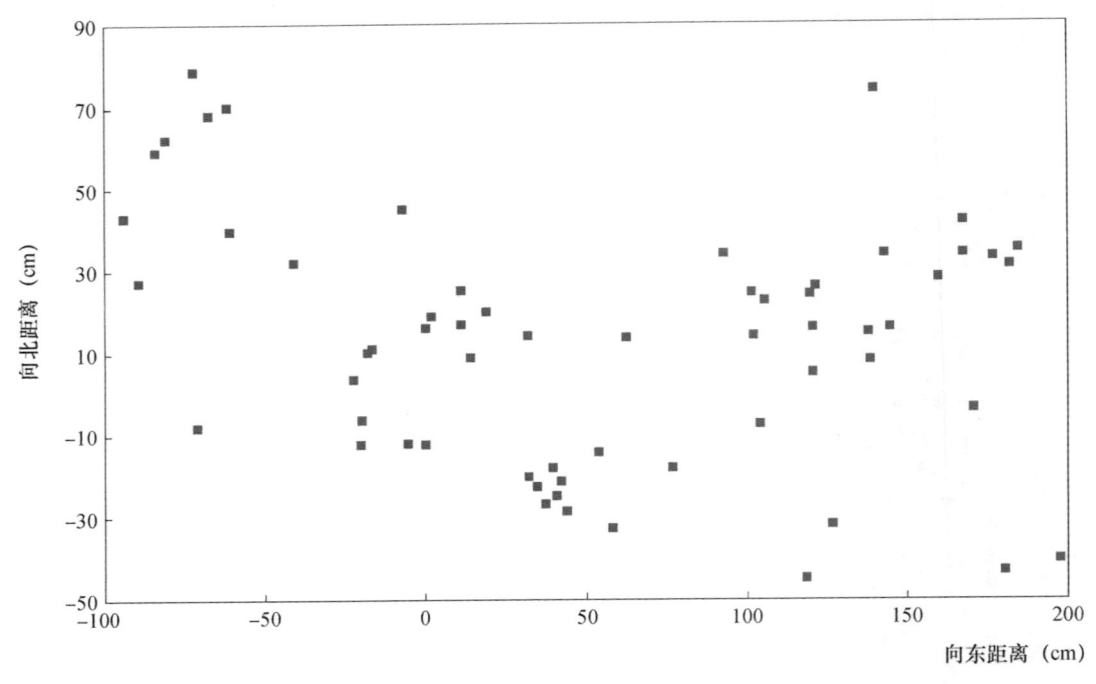

附图一一　北区A层（第4层）遗物平面分布示意图

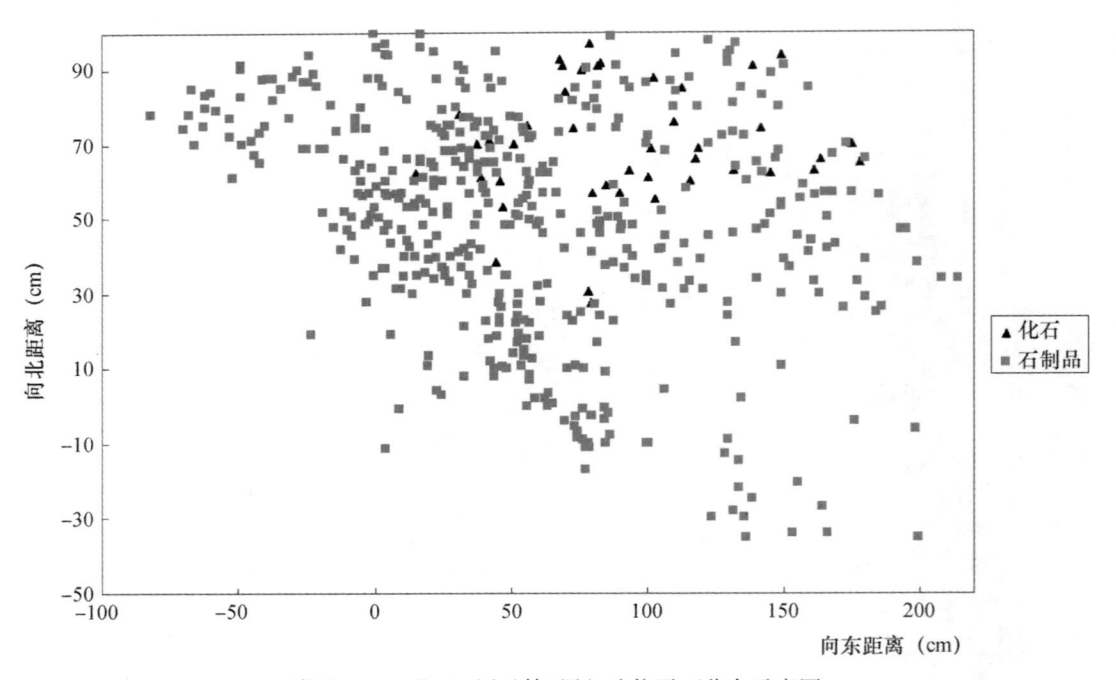

附图一二　北区B层（第5层）遗物平面分布示意图

附表一　碎屑断块类（未编号）石制品岩性统计表

	石英	燧石	石英岩	火成岩	硅质岩	玛瑙	泥岩	石灰岩	合计
碎屑	1546.5	731.5	12	10	24	2	11	2	2339
断块	569.5	415.5	26	8	22		23	1	1065
石片	5	29	1				1		36
残片	18	19	2	3		1	8	2	53
裂片		4		1					5
晶体	1								1
石块		7	6		1		5		19
砾石							1		1
合计	2140	1206	47	22	47	3	49	5	3519

注：表中"0.5"是因为在碎屑和断块中各有1件标本为石英和燧石各占一半而组成一个整体，这可能是因为岩石发育导致的结果

附表二　北区编号未分类石制品岩性统计

	石英	燧石	石英岩	泥岩	玛瑙	待定	合计
石片	3	4	1		1		9
断块						1	1
断片	1						1
石核	2	2					4
裂片		1					1
已碎		3					3
石块						1	1
总计	6	10	1		1	2	20

附表三　南区编号未分类石制品岩性统计

	石英	燧石	石英岩	泥岩	火成岩	待定	合计
残片						3	3
断块						2	3
已碎	1						1
碎屑	1						1
石片	3	4	1	1	1		10
未分类	1						1
总计	7	4	1	1	1	5	19

附表四　北区编号石制品分类岩性统计表

器类		石英	燧石	石英岩	泥岩	玛瑙	硅质岩	细砂岩	火成岩	合计
刮削器	单直	11	18	2		1				32
	单凹	3	5							8
	单凸	4	4	1						9
	复刃	1	7							8
	双直	1	1				1			3
齿刮器		1	2							3
凹缺刮器		3	7		1					11
尖状器			5		1					6
雕刻器		6	1							7
石片	Ⅰ1			1						1
	Ⅰ2	2	10	1						13
	Ⅰ3	6	2	1						9
	Ⅱ1									
	Ⅱ2	9	8	2	1				1	21
	Ⅱ3	48	38	11	2	1				100
锤击石核	1	7	6	1						14
	2	9	5							14
	3		3							3
砸击石核		1								1
裂片	左裂	1								1
	右裂			1						1
残片		28	24	2						54
断片	近端	1	2	1						4
	远端									
断块		149	139	9	6	1	1			305
石块			13	1	1			1		16
总计		291	300	34	11	4	2	1	1	644

附表五　南区编号石制品分类岩性统计

器类		石英	燧石	石英岩	泥岩	玛瑙	硅质岩	砂岩	火成岩	合计
边刮削器	单直	34	33	3						70
	单凹	8	6	1	2					17
	单凸	11	9							20
	复刃	8	6	1		1				16
	双直	3	7							10
齿刮器		6	4							10
凹缺刮器		4	5							9
尖状器		8	5							13
雕刻器		2								2
钻		10								10
石片	Ⅰ1		1	1						2
	Ⅰ2	2	10	2	1			1	1	17
	Ⅰ3	7	8	7						22
	Ⅱ1	1	1							2
	Ⅱ2	12	18	5						35
	Ⅱ3	62	41	17	7	2			4	133
锤击石核	1	24	22	3		2			1	52
	2	16	10		1		1			28
	3	2	1							3
砸击石核		4								4
砸击石片		4								4
裂片	左裂	3	1	1				1		6
	右裂	4	3	1						8
残片		33	24	3	2					62
断片	近端	2	1							3
	远端	2		1						3
	中段									1
断块		322	199	20	7	1	5	1	1	556
石块		1	21	2	1			3		28
砾石								1		1
总计		595	436	69	21	6	6	7	7	1147

附表六 编号石制品分类岩性统计

器类		岩性	石英	燧石	石英岩	泥岩	玛瑙	硅质岩	砂岩	火成岩	合计
边刮削器		单直	45	51	5		1				102
		单凹	11	11	1	2					25
		单凸	15	13	1						29
		复刃	9	13	1		1				24
		双直	4	8				1			13
齿刮器			7	6							13
凹缺刮器			7	12		1					20
尖状器			8	10		1					19
雕刻器			8	1							9
钻			10								10
石片		Ⅰ1		1	2						3
		Ⅰ2	4	20	3	1			1	1	30
		Ⅰ3	13	10	8						31
		Ⅱ1	1	1							2
		Ⅱ2	21	26	7	1				1	56
		Ⅱ3	110	79	28	9	3			4	233
锤击石核		1	31	28	4		2			1	66
		2	25	15		1		1			42
		3	2	4							6
砸击石核			5								5
砸击石片			4								4
裂片		左裂	4	1	1				1		7
		右裂	4	3	2						9
残片			61	48	5	2					116
断片		近端	3	3	1						7
		远端	2		1						3
		中段			1						1
断块			470	338	29	13	2	6	1	1	860
石块			1	34	3	2			4		44
砾石									1		1
总计			885	736	103	32	10	8	8	8	1790

附表七　石核标本台面角统计表

角度 岩性	<60°	60°~69°	70°~79°	80°~89°	≥90°	合计	最小值	最大值	平均值
石英	2	14	20	18	4	58	50	95	75.1
燧石	5	11	17	14	1	48	50	93	72.9
石英岩			1	2	1	4	75	90	82.75
泥岩			1			1	78	78	78
硅质岩				1		1	80	80	80
玛瑙		1		1		2	62	85	73.5
合计	7	26	39	36	6	114	50	95	74.5

附表八　石片标本石片角统计表

角度 岩性	<90°	90°~99°	100°~109°	110°~119°	≥120°	合计	最小值	最大值	平均值
石英	5	44	56	33	11	149	71	140	104.5
燧石	4	26	46	48	21	145	82	133	108.1
石英岩	1	20	14	12	3	50	85	126	103.9
泥岩			2	7	2	11	100	125	113.1
玛瑙	1	1	1	1		4	84	118	101.8
砂岩			1			1	103	103	103
火成岩		2	2	1	2	7	97	126	109.9
合计	11	93	122	102	39	367	71	140	106.1

附表九　各类石制品长、宽、厚、重统计表

	长度（mm）			宽度（mm）			厚度（mm）			重量（g）		
	最大值	最小值	平均值	最大值	最小值	平均值	最大值	最小值	平均值	最大值	最小值	平均值
石核	90	17.7	35	52.2	13.1	24.8	54.8	10.2	20.8	214.4	3.2	21.0
石片	88.7	12.1	29.6	81.6	6.5	26.2	30.6	2.2	10.9	180.5	0.3	10.6
边刮器	61.5	15.4	32.1	55.2	11.2	25	30.2	4	11.4	56.5	0.9	10.4
凹缺刮削器	54.4	15.1	32.7	50.3	14.6	25.9	22.5	5	10.8	32.5	1.2	9.7
齿状刮削器	46.2	20.2	33.5	31.8	15	23.8	20.8	7.1	13.5	27.5	3.6	11.6
尖状器	60.2	20.6	32.4	39.4	11.7	24.5	29.1	5	12.4	47.3	1.5	9.6
雕刻器	33.5	14.4	25.5	25.8	10.8	18.4	12.9	7.5	9.1	8.2	0.9	4.6
锥钻	38.6	20.2	28.6	35.9	14.8	25.8	21.2	6.8	14.1	22.7	1.8	10.3

续表

	长度（mm）			宽度（mm）			厚度（mm）			重量（g）		
	最大值	最小值	平均值	最大值	最小值	平均值	最大值	最小值	平均值	最大值	最小值	平均值
断块	81.4	14.7	29.1	39	8.4	20.6	30.2	4	12.7	53.7	0.8	8.6
残片类	58	13.4	27.1	44.7	8.2	20.7	22.6	3.4	8.9	34.3	0.5	5.6
石块类	63.5	26.9	41.1	57.1	17.5	28.9	35.7	6.3	17.7	127.6	4	24.8

附表一〇　北区A层（第4层）石制品分类岩性统计表

器类	岩性	石英	燧石	石英岩	泥岩	合计
刮削器	单直	3				3
	单凹		1			1
	单凸	2				2
	复刃		1			1
尖状器						
雕刻器		1				1
石片	Ⅰ1			1		1
	Ⅰ2	2	1			3
	Ⅰ3	1				1
	Ⅱ1					
	Ⅱ2		2			2
	Ⅱ3	13	4	1		18
石核	1	3	1			4
	2					
	3		1			1
残片		3	3			6
断片	近端	1		1		2
	远端					
断块		19	10			29
石块					1	1
总计		48	24	3	1	76

附表一一　北区C层（第6层）石制品分类岩性统计表

	石英	石英岩	毛坯
齿状刮器	1		断块
Ⅱ3石片	1	1	

附表一二　南区第1层石制品分类岩性统计表

名称	岩性	毛坯	台面角
3台面石核	燧石	石块	71°

附表一三　北区B层（第5层）石制品分类岩性统计表

器类	岩性	石英	燧石	石英岩	泥岩	玛瑙	硅质岩	细砂岩	火成岩	合计
刮削器	单直	8	18	2		1				29
	单凹	3	4							7
	单凸	2	4	1						7
	复刃	1	6							7
	双直	1	1				1			3
	凹缺	3	7		1					11
齿刮器			2							2
尖状器			5			1				6
雕刻器		5	1							6
石片	Ⅰ1									
	Ⅰ2		9	1						10
	Ⅰ3	5	2	1						8
	Ⅱ1									
	Ⅱ2	9	6	2	1				1	19
	Ⅱ3	34	34	9	2	1				80
锤击石核	1	4	5	1						10
	2	9	5							14
	3		2							2
砸击石核		1								1
裂片	左裂	1								1
	右裂		1							1
残片		25	21	2						48
断片	近端		2							2
	远端									
断块		130	129	9	6	1	1			276
石块			13	1				1		15
总计		241	276	30	10	4	2	1	1	565

附表一四 南区第2层石制品分类岩性统计表

器类		岩性 石英	燧石	石英岩	泥岩	玛瑙	硅质岩	细砂岩	火成岩	合计
边刮削器	单直	3	2							5
	单凹	1								1
	复刃		1							1
	双直									
齿刮器		1	1							2
凹缺刮器		1								1
石片	Ⅰ1									
	Ⅰ2	1	2							3
	Ⅰ3		1	1						2
	Ⅱ1									
	Ⅱ2	1								1
	Ⅱ3	4	1							5
锤击石核	1	1								1
	2	2								2
	3									
裂片	左裂	1								1
	右裂	2								2
残片		1								1
断片	近端	1								1
	远端									
断块		14	1							15
石块			2							2
总计		34	11	1						46

附表一五　南区第3层石制品分类岩性统计表

器类		石英	燧石	石英岩	泥岩	玛瑙	硅质岩	细砂岩	火成岩	合计
边刮削器	单直	3	2							5
	单凹	2								2
	单凸									
	复刃	1								1
雕刻器		1								1
钻		1								1
石片	Ⅰ1			1						1
	Ⅰ2		1							1
	Ⅰ3		1							1
	Ⅱ1									
	Ⅱ2	3		1						4
	Ⅱ3	6	2	2						10
锤击石核	1	3								3
	2	2	1							3
	3									
裂片	左裂	1								1
	右裂									
残片		2								2
断块		23	2							25
石块			1							1
总计		48	10	4						62

附表一六　南区第4层石制品分类岩性统计表

器类		石英	燧石	石英岩	泥岩	玛瑙	硅质岩	细砂岩	火成岩	合计
边刮削器	单直	1	1							2
	单凸		1							1
	复刃					1				1
齿刮器		1								1
凹缺刮器			1							1
尖状器		1								1
钻		1								1

续表

器类\岩性		石英	燧石	石英岩	泥岩	玛瑙	硅质岩	细砂岩	火成岩	合计
石片	Ⅰ1									
	Ⅰ2	1		1						2
	Ⅰ3	2		1						3
	Ⅱ1	1								1
	Ⅱ2	1	2							3
	Ⅱ3	9			2					11
锤击石核	1	1		1						2
	2									
	3	1								1
砸击石片		1								1
裂片	左裂		1							1
	右裂									
残片		2	5							7
断块		32	8	2						42
总计		55	19	5	2	1				82

附表一七　南区第5层石制品分类岩性统计表

器类\岩性		石英	燧石	石英岩	泥岩	玛瑙	硅质岩	砂岩	火成岩	合计
边刮削器	单直	27	28	3						58
	单凹	5	6	1	2					14
	单凸	11	8							19
	复刃	7	4	1						12
	双凸		1							1
	双直	3	7							10
齿刮器		4	3							7
凹缺刮器		3	4							7
尖状器		7	5							12
雕刻器		1								1
钻		8								8

续表

器类	岩性	石英	燧石	石英岩	泥岩	玛瑙	硅质岩	砂岩	火成岩	合计
石片	Ⅰ1		1							1
石片	Ⅰ2		7	1	1			1	1	11
石片	Ⅰ3	5	6	5						16
石片	Ⅱ1		1							1
石片	Ⅱ2	7	16	4						27
石片	Ⅱ3	43	38	15	5	2			4	107
锤击石核	1	19	22	2		2			1	46
锤击石核	2	12	9		1		1			23
锤击石核	3	1								1
砸击石核		4								4
砸击石片		3								3
裂片	左裂	1		1				1		3
裂片	右裂	2	3	1						6
残片		28	19	3	2					52
断片	近端	1	1							2
断片	远端	2		1						3
断片	中段		1							1
断块		252	188	18	7	1	5	1	1	473
石块		1	18	2	1			3		25
砾石								1		1
总计		457	395	59	19	5	6	7	7	955

新密李家沟遗址发掘的主要收获

郑州市文物考古研究院　北京大学考古文博学院

中原地区是探讨中华文明起源的核心地带。然而在这一地区旧石器时代晚期文化和已发现的新石器时代裴李岗文化之间，却存在着明显的缺环。这一缺环严重制约着史前学界对于该地区旧、新石器时代过渡与农业起源等重大学术课题的探讨，形成对该阶段文化面貌认识上的空白。为寻找上述缺环，2009年秋季至2010年春季，北京大学考古文博学院与郑州市文物考古研究院合作发掘河南省新密市李家沟遗址，发现距今10 500~8600年连续的史前文化堆积。在堆积下部发现属于旧石器时代末期典型的细石器文化层与局部磨制石锛与陶片共存；中部则发现以压印纹粗夹砂陶与石磨盘等为代表的早期新石器文化；最上部是典型裴李岗文化遗存。这一新发现清楚地展示了中原地区从旧石器时代之末向新石器时代发展的历史进程，为认识该地区及我国旧、新石器时代过渡等学术课题提供了十分重要的考古学证据。

李家沟遗址位于河南新密岳村镇李家沟村西。该处地形为低山丘陵区，海拔高约200米。地势由东北向西南部倾斜，黄土堆积发育。属于淮河水系溱水河上游的椿板河自北向南流经遗址西侧。李家沟遗址即坐落在椿板河左岸以马兰黄土为基座的2级阶地堆积的上部（图一）。

自2004年冬季开始，郑州市文物考古研究院组织大批专业技术人员开展了郑州地区旧石器考古专题调查，当年底即发现李家沟遗址。2009年6月，北京大学考古文博学院师生到郑州，在考察李家沟遗址时，发现该遗址受煤矿采矿、降水与河流侵蚀等因素的影响，临河一侧出现严重垮塌。为全面了解李家沟遗址文化内涵，提供相应的保护对策与方案，北京大学考古文博学院与郑州市文物考古研究院报经国家文物局批准，于2009年秋季开始联合对其进行了抢救性发掘，并取得重要成果。

一、联结两个时代的重要剖面

经过2009年秋季与2010年春季为期4个多月的发掘，李家沟遗址目前已揭露面积近100平方米。发掘探方分南北两区。其主剖面均包括了从旧石器时代晚期至新石器时代早期的地层堆积。北区的文化层厚约3米，从上向下共分7层。第1~3层为近代堆积；第4~6层为新石器时代早期堆积，发现数量较多的陶片、石制品与动物骨骼碎片等；第7

图一 李家沟遗址及发掘位置

层是仅含打制石器的旧石器文化层。

南区的地层堆积自上向下亦可分为7层：第1层为扰土层；第2层为棕褐色的含碳酸钙胶结物层，含少量裴李岗陶片，此层可见于本区新石器时代遗址，如新郑唐户遗址，即被叠压在裴李岗文化层之下；第3层为灰白色的砂砾层，含零星陶片，按岩性当与北区的第4层属同期堆积；第4层为棕黄色砂质黏土，未见文化遗物；第5层上部为灰黑色砂质黏土，向下渐变为棕黄色，含与北区第5、6层相同的夹砂压印纹陶片；第6层的发现最为丰富，含船形、柱状等类型的细石核与细石叶等典型的细石器文化遗存，同时亦见人工搬运的石块及粗大石制品，2010年又发现局部磨光的石锛与素面夹砂陶片；第7层为次生马兰黄土层（图二）。

综合南北两区剖面层位序列，清楚可见本地区从旧石器时代晚期向新石器时代过渡地层关系。加速器^{14}C等年代测定结果进一步提供了过渡阶段的年代数据。采自南区第6层（细石器文化层）的木炭样品的测定结果，为距今10 500～10 300年期间（经过树轮校正，下同）。采自北区新石器时代文化层木炭样品的测定结果，分别为距今1万年（第6层）、9000年（第5层）和8600年（第4层）。

二、典型细石器与新文化因素的共存

旧石器阶段，在发现典型细石器文化的同时，最新发现局部磨光的石锛与素面粗夹砂陶片，还有反映相对稳定栖居形态的大型石制品及人工搬运石块。这一有别于早前发现的共存现象说明，本地区较晚阶段的新文化因素并不是突然出现，而是已经孕育在旧石器时代晚期之末。

图二　南发掘区南壁剖面

旧石器文化遗存主要发现在南区第6层，北区第7层也有少量旧石器发现。李家沟细石器的发现显示该遗址早期居民拥有十分精湛的石器加工技术。他们应用船形和柱状细石器技术剥取细石叶（图版一，1）。少量以石叶为毛坯的工具的存在，说明李家沟早期居民也掌握并应用石叶技术制作石器。成熟的石器工艺技术加工出典型的端刮器、琢背刀、石镞、雕刻器等。这些精致石器刃口锋利，轻巧便携，是便于长途奔袭狩猎使用的工具组合。这些工具所使用的原料也多是不见于本地的优质燧石，是远距离采集运输所得。以上特点显然还是典型的旧石器文化形态。

李家沟遗址南侧发掘区还发现有数量较多的脊椎动物骨骼遗存。动物骨骼多较破碎，部分标本表面有轻度的风化与磨蚀迹象。初步鉴定动物种类有：食草类包括牛、马以及大型、中型和小型鹿类；杂食类有猪；还有食肉类、啮齿类与鸟类等。按照最小个体数目来统计，牛、马与大型鹿类等大型食草类的比例高达半数以上。动物遗存的情况也说明狩猎大型食草类动物仍是李家沟遗址早期阶段的主要生计来源。

在典型的细石器以外，尤其重要的是在李家沟遗址南区第6层还发现仅经过简单磨制加工的石锛（图版一，2），以及烧制火候较低、表面无装饰的夹粗砂陶片（图版一，3）。另外还出现数量较多的人工搬运石块。这些石块多呈扁平块状，岩性为砂岩或石英砂岩，当来自遗址附近的原生岩层。其具体用途尚不十分明确，但显然应与当时人类的居住活动相关。这些情况并不见于时代较早、流动性更强的旧石器遗址，而与稍晚的新石器时代的发现比较接近，应该是过渡阶段新出现的具有标志性意义的文化现象。

三、早期新石器遗存的新发现

新石器文化遗存主要发现在北区第4~6层。这一阶段的文化层明显增厚，说明遗址使用规模与稳定性远大于南区发现的细石器文化阶段。除了数量众多的文化遗物，北区还发现有很清楚的人类活动遗迹。其中最具特色的是石块聚集区。遗迹中心由磨盘、石砧与多块扁平石块构成。间或夹杂着数量较多的烧石碎块、陶片以及动物骨骼碎片等。带有明显人工切割痕迹的食草类动物长骨断口，清楚显示遗迹区进行过加工动物骨骼的活动。大量烧石的存在则说明这里亦具有烧火的功能。虽然尚未发现柱洞等建筑遗迹的迹象，但石块聚集区显然应与当时人类相对稳定的居住活动有关（图版二，1）。

另一项重要的收获是在北区属于新石器时代早期地层已发现200多片陶片。陶片出土的情况说明当时人类就在发掘区原地或附近使用陶器。已发现的陶片均为夹粗砂陶。陶片颜色有浅灰黄色、红褐色等。部分陶片的质地较坚硬，显示其烧成火候较高，已不是最原始制陶技术的特点。而其直接出现在含素面陶片遗存的细石器文化层之上，则显示这种较成熟技术与前者似无直接联系，或有可能并不是本地起源，而应该与技术或人群的交流或迁徙有关。不过这批陶片虽然包括多件不同陶器的口沿部分，但器形却很单一，均为直口筒形类器物，保留有早期陶器的特点。尤为突出的是绝大部分陶片的外表都有纹饰，以压印纹为主，还有类绳纹与刻划纹等。总体来看，李家沟遗址新发现的陶器不论是器物类型还是纹饰风格，均与本地区年代稍晚，广泛分布的裴李岗文化有比较明显的区别（图版二，2）。

与早期的石器工业不同，本阶段仅见个别的宽台面柱状细石核，细石器的应用明显衰落，技术特点也与早期明显不同。虽然还有少量的燧石与石英类石制品的发现，但基本不见刻意修整的精制品。砂岩或石英砂岩加工的权宜型石制品的数量则较多。这类石制品的形体多较粗大。与早期的细石器工业的精制品组合完全不同，应是适应不同生计活动的结果。与早期相近但有进一步发展趋势的是数量众多的人工搬运的扁平石块的存在。从本阶段发现的石磨盘残段观察，部分扁平砂岩石块应是加工这类石制品的原料或荒坯。但更多的石块还应与当时人类的居住或建筑活动有关（图三）。

本阶段发现的动物化石种类亦较丰富，但与早期明显不同，数量较多的是中型和小型鹿类，大型食草类则仅见零星的牛类与马类骨骼碎片。另外也可见到少量的羊、猪以及食肉类的骨骼遗存。啮齿类以及鸟类的遗存则与早期没有明显区别。动物骨骼保存情况与本阶段石器工具组合变化的情况十分吻合，大型食草类动物遗存数量锐减与精制便

图三　新石器时代早期的石磨盘

携的专业化狩猎工具的消失当有关联。而大型陶容器的出现，也暗示本阶段的生计方式的主要方面与早期相比，业已发生明显变化，即从以大型食草类动物为对象的专业化狩猎转向采集植物类的食物与狩猎并重的生计方式。

李家沟遗址早期新石器阶段的主要发现是较成熟的制陶技术的突然出现，以及细石器技术的明显变化。这两种情况均显示本地区旧、新石器时代过渡与华南、华北北部已有的发现并不相同，而有其独特的发展路径。

四、小　结

李家沟遗址是20世纪70年代裴李岗文化发现以来，中原地区史前考古首次发现的更早的新石器文化遗存。这一新型的新石器文化遗存以其独特的文化特点与早于裴李岗文化的地层关系，已经引起史前考古学界的特别关注。尤为重要的是，在新发现的早期新石器文化层之下，还发现与典型细石器共存的局部磨制石锛与陶片。这些新发现虽然数量较有限，也尚未及展开深入研究，但其所具有的学术意义依然十分清楚。首先，李家沟遗址包含旧石器时代晚期到新石器时代早期文化叠压关系的地层剖面，为寻找中原地区旧、新石器过渡性遗存提供了地层学方面的可靠参照。黑垆土层中新发现的压印纹夹砂陶器与板状无支脚的石磨盘等文化遗存，则填补了中原地区从裴李岗文化到旧石器晚期文化之间的空白。细石器层发现局部磨制石器与陶片，以及数量较多的人工搬运石块，亦为研究中原地区新石器文化的起源提供了重要线索。总体来看，李家沟遗址多层文化的叠压关系，从地层堆积、工具组合、栖居形态到生计方式等多角度提供了中原地区旧、新石器时代过渡进程的重要信息，揭示了中原地区史前居民从流动性较强、以狩猎大型食草类动物为主要对象的旧石器时代，逐渐过渡到具有相对稳定的栖居形态的新石器时代的演化历史。

致谢：李家沟遗址发掘期间，自始至终得到国家文物局、河南省文物局、郑州市文物局和新密市政府的大力支持。同时，国内外众多知名专家学者如北京大学严文明先生、李伯谦先生、夏正楷先生、赵朝洪先生、赵辉先生，故宫博物院原院长张忠培先生，中国社会科学院考古研究所徐光冀先生、陈星灿先生，中国科学院古脊椎动物与古人类研究所高星先生，美国科学院院士、哈佛大学 Ofer Bar-Yosef 教授等多次莅临考古工地考察、指导工作，为遗址的发掘和研究工作提出了许多宝贵的意见和建议。2010年4月10日，两单位又联合在郑举行了"李家沟遗址与中国北方地区旧、新石器过渡专题座谈会"。来自各地科研单位与高校的多位旧、新石器时代考古的专家，亲临遗址现场考察，热情参与讨论，提出诸多宝贵意见与建议。在此一并表示最诚挚的谢意！

考 古 领 队：王幼平
参加发掘人员：王幼平　张松林　何嘉宁
　　　　　　　赵静芳　曲彤丽　王佳音
　　　　　　　高霄旭　汪松枝　陈宥成
　　　　　　　阮齐军　魏晓宙　王文婷
　　　　　　　梁亚男　柯大昭
执　　　　笔：张松林　汪松枝　王幼平

图版一

1. 李家沟发现的细石器

2. 南区第6层出土石锛

3. 南区第6层出土陶片

图版二

1. 新石器时代早期的石块聚集区

2. 新石器时代早期陶片

（原刊于《中原文物》2011年1期）

河南新密李家沟遗址发掘简报

北京大学考古文博学院　郑州市文物考古研究院

　　李家沟遗址位于河南省新密市岳村镇李家沟村西，地处嵩山东麓的低山丘陵区，海拔205米。地理坐标为北纬34°33′55″，东经113°31′25″。附近地势由北向南部倾斜，淮河水系溱水河上游的椿板河自北向南流经遗址西侧。遗址坐落在河左岸以马兰黄土为基座的二级阶地堆积上部（图一）。该遗址于2004年底郑州市文物考古研究院进行旧石器考古专项调查时发现。遗址所处位置因煤矿采矿形成塌陷，加之降水与河流侧蚀等自然

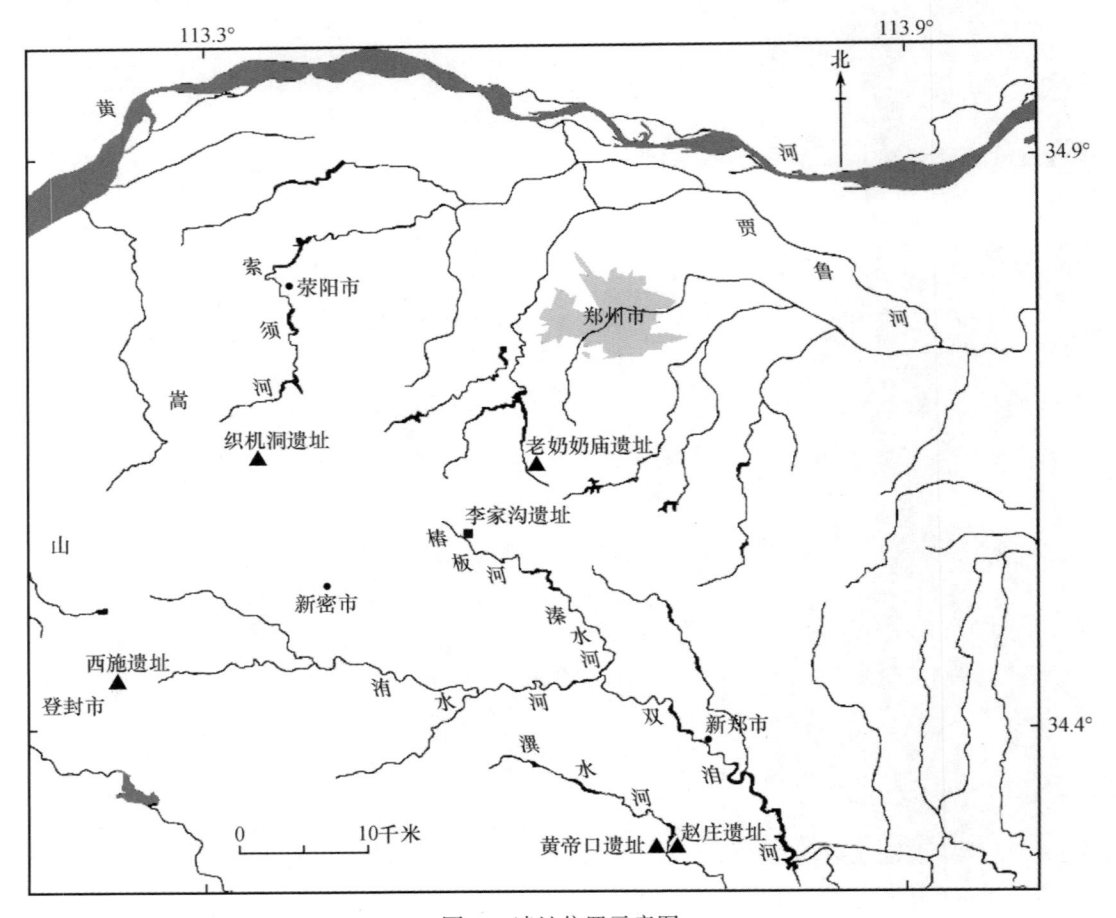

图一　遗址位置示意图

因素的影响，临河一侧已出现严重垮塌。为全面了解遗址文化内涵并提供保护方案，北京大学考古文博学院与郑州市文物考古研究院于2009年秋季和2010年春季两度联合进行抢救性发掘，获得一系列新发现。

尽管属抢救性发掘，但发掘单位确定了明确的学术目的，即希望寻找中原地区裴李岗文化与旧石器时代晚期之间的缺环，认识本地区旧、新石器时代过渡的过程与特点，进而探讨影响本区旧、新石器时代过渡特点的机制。由于准备工作充分和学术目的明确，本次发掘得以完整揭露出距今10 500～8600年连续的史前文化堆积的剖面。堆积下部出土细石核与细石叶等典型的细石器遗存，中部是普遍施压印纹装饰的粗夹砂陶及石磨盘等的新石器时代早期文化，上部则发现典型的裴李岗文化陶片。现将本次发掘的情况简报如下。

一、地层堆积

经过2009年秋季与2010年春季4个多月的发掘，李家沟遗址目前已揭露面积近100平方米。发掘探方分布在一条沿断层破碎带开掘的人工取土沟两侧，形成南北两个发掘区（图二）。南北两区的主剖面均包括了从旧石器时代晚期至新石器时代早期的地层堆积。南区的地层堆积自上向下可分为7层（图三）。

第1层：褐色砂质黏土，厚0.04～0.34米，含陶、瓷片等近现代遗物，为扰土层。

第2层：含碳酸钙胶结物的棕褐色土，以褐色粗砂为主，包含大量料姜石，厚0.94～1.76米，有少量陶片。

第3层：灰白色砂砾层，厚0.18～1.34米，含零星陶片。

第4层：棕黄色砂质黏土，厚0.14～0.78米，极少见文化遗物；

第5层：上部为灰黑色砂质黏土，向下渐变为棕黄色，厚0.5～1.56米，岩性特点与北区第5、6层相同，应与马兰黄土上的黑垆土层相当，出土夹砂压印纹陶片与石磨盘等。

第6层：褐色砂砾层，含大量料姜砾石，厚0.4～1.82米，发现有船形、柱状细石核与细石叶等典型的细石器文化遗存，亦见人工搬运的石块及粗大石制品，最新又发现局部磨光的石锛与素面夹砂陶片。

第7层：棕褐色黏土质粉砂土，为次生马兰黄土，未发掘到底。

北区的文化层厚约3米，从上向下共分7层。第1～3层为近代堆积，第4～6层为新石器时代早期堆积，发现较多的陶片、石制品与动物骨骼碎片等。从岩性与包含物的特点判断，北区的第4层当与南区的第3层属同期堆积，第5、6层与南区的第5层相当，第7层是仅含打制石器的旧石器时代文化层。

综合南北两区剖面层位序列，清楚可见本地区从旧石器时代晚期向新石器时代过渡地层关系。根据[14]C加速器等年代测定技术分析的结果，南区第6层（细石器文化层）的木炭样品为距今10 500～10 300年。北区第6～4层（新石器时代文化层）的木炭样品

图二　发掘区探方分布图

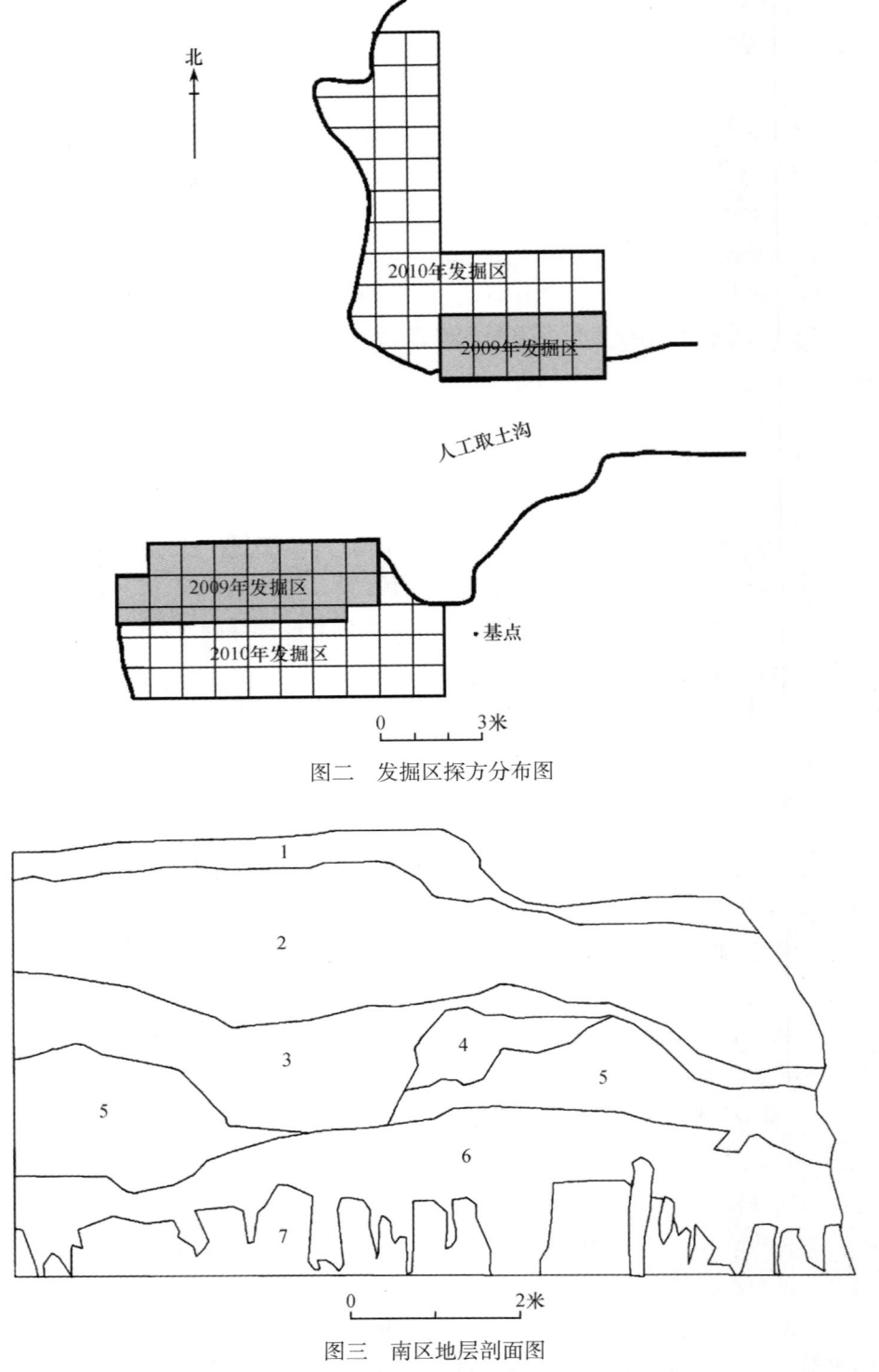

图三　南区地层剖面图
1. 褐色砂质黏土　2. 含碳酸钙胶结物的棕褐色土　3. 灰白色砂砾层　4. 棕黄色砂质黏土　5. 砂质黏土
6. 褐色砂砾层　7. 棕褐色黏土质粉砂土

分别为距今10 000年、9000年和8600年。

观察出土遗物的产状可知，南北两区主要文化层均原地埋藏，仅局部受到流水作用的轻微影响。

二、细石器文化遗存

细石器文化遗存主要发现自南区的第6层。该层的底部与其下的次生马兰黄土为不整合接触，保留有清楚的侵蚀面。上面分布着数量众多的石制品、人工搬运石块、动物骨骼碎片、陶片和局部磨制的石器，这显示当时人类就活动在次生马兰黄土被侵蚀后形成的地面上。数量众多遗物和清楚的遗迹现象明确显示当时人类曾在此居住。

（一）遗　　迹

本层所揭露出的活动面的中心部分为石制品与人工搬运石块形成的椭圆形石圈，东西长约3.5、南北宽约2.5米。2009年秋季发现其北侧的大部分（图版一，1），2010年揭露出南部剩余的小部分（图版一，2）。

埋藏情况显示，当时人类的活动之后，这里即被片流冲击带来的泥土夹杂砂砾覆盖，因而保存情况较好。石圈内除人工搬运的石块外，还有较多石核、石片与工具等。这些石制品多属使用后不能继续剥片或修理加工者。如细石核多处废弃阶段，细石叶比例明显偏低，多是不适用者。出自该石圈南侧的石锛也经过严重的使用磨蚀，已不宜继续使用，这些现象均很清楚地显示这是人类居住后废弃的遗存。

石圈的东侧主要是动物骨骼遗存。多是大型食草动物的肢骨、角类等，多较破碎，显示出肢解处理猎物活动区的特征。

（二）遗　　物

1. 石器

细石器文化层发现打制石器1000余件，人工搬运石块近200件，以及较多的动物骨骼残片等。尤为重要的是发现有磨制石锛1件、陶片2件。

打制石器　包括简单剥片技术生产的石制品与典型的细石器。前者的种类与数量均不多，加工技术也简单粗放，不见精制品。细石器的数量多，技术特征明显，有细石核、细石叶以及精细加工的工具，代表了本阶段的石器技术水平与文化发展特点。细石核有船形与扁柱形两大类，这两种类型的不同剥片阶段的细石核均可见到。细石叶的数量不多，且多是剥片初期阶段产品，或形状不太适宜用作加工复合工具者。典型的细石核标本如下。

09XLS：491，船型细石核，黑色燧石，原型为断块。台面系剥片之前打击成的平面，未再行修理。与台面对应面为一平面。台面与底面间有四个平行的细长疤痕，为剥片工作面。与剥片面相对一侧呈刃状，可见两条向剥片面的片疤，较浅平。长0.96、宽0.77、厚2.29厘米，重2克（图四，4）。

09XLS：153，亦为船型细石核，黑色燧石，系剥片结束阶段的产品，已近似锥状。原型为断块，台面为剥片前打击所得平面，无修理痕迹，形状不规则。沿台面一周向底部压制细石叶。长0.76、宽1.15、厚0.99厘米，重0.9克（图四，5）。

09XLS：105，柱状细石核，黑色燧石，系剥片中间阶段的产品。整体呈柱状，上部略宽。上下两个台面均剥取过细石叶。上部台面形状不规则，较平，可见三个小片疤，应为修理台面所致。下部台面形状亦不规则，略向两边翘起。核身平行分布有十几个剥取细石叶遗留的长条形片疤。长1.82、宽1.37、厚0.71厘米，重2.2克（图四，1）。

工具组合包括端刮器、雕刻器与琢背刀等。

09XLS：150，端刮器，灰色燧石。原型为V型石片，打击台面，形状为四边形。在远端和右侧分布有正向修理的连续片疤，形成刃缘。远端从腹面向背面进行陡刃修

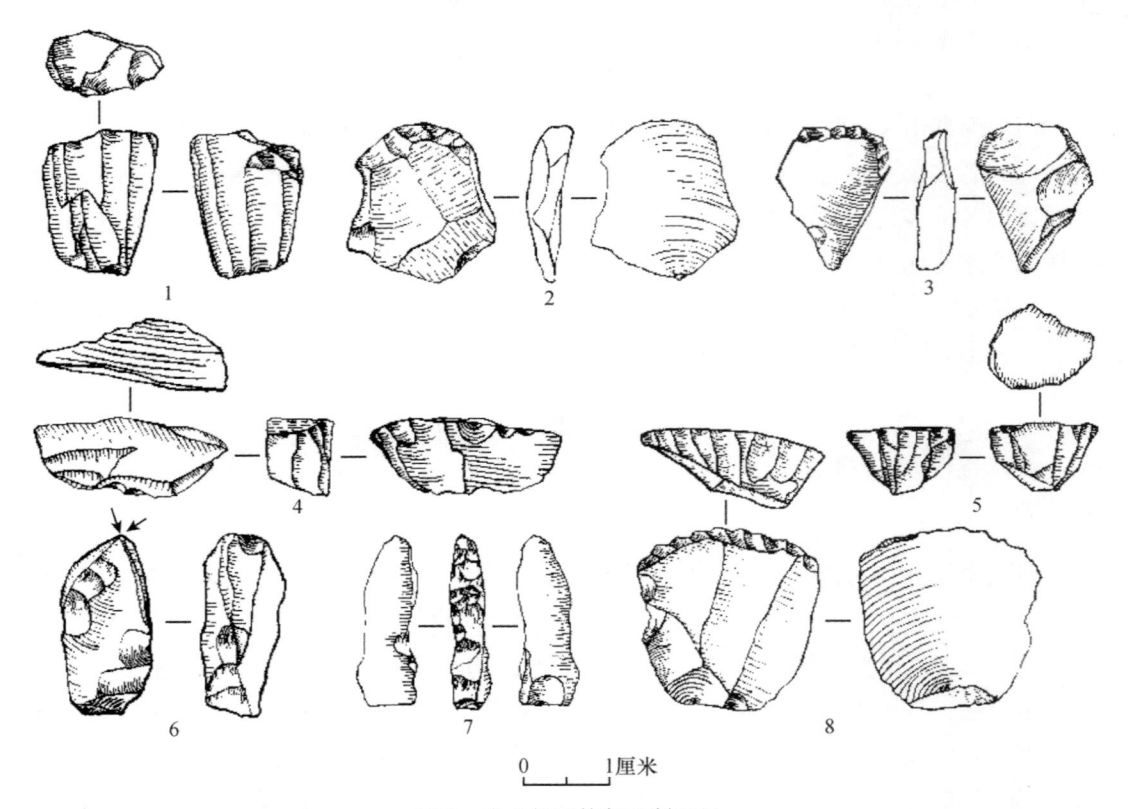

图四 出土细石核与石制工具

1、4、5. 细石核（09XLS：105、09XLS：491、09XLS：153） 2、3、8. 端刮器（09XLS：510、09XLS：346、09XLS：150） 6. 屋脊形雕刻器（09XLS：416） 7. 琢背刀（09XLS：347）

理，共有八个平行的规整小片疤。远端刃缘长2.12厘米，刃角85°～90°。长2.28、宽2.23、厚0.82厘米，重4.9克（图四，8）。

09XLS：346，端刮器，褐色燧石。原型系残片。由背面向破裂面反向修理若干片疤，刃缘为凸弧状，刃缘长度1.2厘米，刃部较陡，刃角68°。修理片疤排列较为规整，平行、连续分布。在刃部可见细小碎疤，可能为使用所致。长1.85、宽1.27、厚0.48厘米，重1.2克（图四，3）。

09XLS：510，端刮器，红色燧石。原型为远端断片。刃缘为凸弧状，刃角66°。远端为一系列平行排列的小片疤。远端右侧为一系列呈阶梯状分布的小疤，与远端的小疤连成一条刃，刃缘总长度2.6厘米。远端和近端左侧可观察到细小碎疤，可能为使用所致。长1.96、宽1.92、厚0.5厘米，重1.8克（图四，2）。

09XLS：347，琢背刀，黑色燧石，原型为细石叶。石片右侧保留未经修理的直刃，刃缘长度2.2厘米，局部有使用微疤，刃角32°～38°。石片左侧加工为厚钝断面，断面上分布有大量微小层叠的修理片疤，修理方向以背面向劈裂面为主，应为镶嵌部位。长2.14、宽0.66、厚0.44厘米，重0.6克（图四，7）。

09XLS：416，屋脊形雕刻器，黑色燧石。原型为断块。两个片疤为从顶端交叉打击而形成的雕刻器小面，共同组成一个宽0.4厘米的凿形刃口，刃角75°。长2.4、宽1.12、厚1.1厘米，重2.8克（图四，6）。

10XL：0282，局部磨制的石锛。原型是一长条形扁平的灰色石英砂岩砾石，仅在一端磨制出锛形刃口，前后两面只有轻微磨制，然后在两侧打出对称的缺口，与磨刃面相对的一面亦保留有清楚的打琢痕迹，明显是装柄所用。石锛的刃口使用痕迹明显，并已严重偏向一侧，难以继续使用。长10.74、宽4.84、厚4.84厘米，重174.9克（图版三，2）。

除有人工打制痕迹明确的石制品，还有数量较多的人工搬运石块。这些石块大多形状扁平，为砂岩或石英砂岩，当来自遗址附近的原生岩层。具体用途尚不十分明确，但显然应与当时人类的居住活动相关。

2. 陶器

在上述活动面的南部边缘，先后发现2片陶片，均为夹砂陶，素面，烧制火候较低，器型亦简单。虽然仅见2片，但说明本阶段已有陶器。10XL：0471，口沿残片，陶质为夹砂，羼和料包含方解石和石灰岩碎块，没有分选，粒径大者可达0.7、0.8厘米。外壁部分为灰黑色，部分为灰褐色，内壁浅褐色，陶胎是砖红色。直口，沿面平齐，直腹微鼓，素面，可能为直腹罐残片。高6.49、宽5.54、厚1.39厘米。

另外，动物骨骼遗存也有较多发现。多见大型食草类动物，有大型和中型鹿、马、牛等。大部分骨骼破碎严重，应与当时人类敲骨吸髓或加工骨制品等有关。

三、早期新石器遗存

（一）遗　　迹

　　早期新石器文化遗存主要发现在北区第5、6层，南区第5层也含有少量这一阶段的陶片等遗物。这一阶段的文化层明显增厚，显示当时人类在该遗址停留的时间更长，规模与稳定性远大于南区发现的细石器文化阶段。亦发现了很清楚的人类活动遗迹，同样是石块聚集区，东西长约3米，南北宽约2米（图版二，1）。

　　遗迹中心由磨盘、石砧与多块扁平石块构成，夹杂着较多的烧石碎块（图版二，2）、陶片（图版三，1）以及动物骨骼碎片等。带有人工切割痕迹的食草类动物长骨的断口清楚显示这里加工过动物骨骼。大量烧石则说明这里具有烧火的功能。虽然尚未发现柱洞等建筑遗迹的迹象，但石块聚集区显然应与人类相对稳定的居住有关。

（二）遗　　物

　　本阶段已发现的遗物有石制品、陶制品、带有人工痕迹的动物骨骼以及人工搬运石块。仅在2009年北区10平方米的发掘区内，就发现100多片陶片。多数陶片的断口未受到磨损，也有同一件器物的多件碎片保存在很小的范围内。这说明当时人类就在这里或附近使用陶器。而人工搬运石块的数量也较前一阶段更多，并且更集中地分布在与人类居住活动相关的"石圈"范围内。

1. 石制品

　　包括打制石器与磨制石器两类。前者包括细石器与简单剥片技术生产的石制品。细石器包括细石核、细石叶。细石核数量不多，且以宽台面者为主；细石叶数量也明显少于早期的细石器阶段。普通器物数量较多，但多为权宜型工具，原料多为石英砂岩与石英等，主要是石锤直接打击制成，亦可见应用砸击技术。工具主要有边刮器与砍砸器。均较随意，形态多样。

　　10XLN：0083，石磨盘，灰白色石英砂岩。矩形，板状，无支脚；简单修成圆角直边。上表面磨平，局部已磨光。长34、宽16.1、厚6.5厘米（图版三，3）。

2. 陶制品

　　均为陶片。两次发掘所获已超过200片。均为夹粗砂陶，有浅灰黄色、黄褐和红褐色等。大部分质地较坚硬，显示其烧成火候较高，已非最原始制陶技术的产品。有多件不同陶器的口沿，器形单一，均属直口筒形器物，保留有早期陶器的特点。尤为突出的是绝大部分都有纹饰，包括间断似绳纹、似绳纹与间断似绳纹的组合纹与刻划纹等（图五）。

09XLL：659，羼和料为石英与云母，羼和比例约20%，粒径0.1~0.5厘米，有一定分选。直口方唇，内外壁均呈砖红色。外壁滚印间断似绳纹，先由右上至左下方向滚印，然后下部又沿左上至右下方向滚印，将之前纹饰部分叠压。口沿与内壁抹光。口径约45、长7.21、宽10.12厘米（图六，1）。

09XLL：701，羼和料为石英与砂岩，羼和比例约15%，粒径0.1~0.7厘米，几无分选。直口方唇。外壁砖红色，内壁褐色。外壁沿左下至右上方向滚印间断似绳纹，口沿处亦印间断似绳纹。内壁抹光。长5.32、宽5.83厘米（图六，2）。

09XLL：623，羼和料为料姜石，羼和比例约20%，粒径0.1~0.5厘米，有一定分选。形状不规整，近直口方唇。外壁灰黄色，内壁黄褐色。外壁沿左上至右下方向平行刻划线纹，内壁及口沿抹光。长6.5、宽5.97厘米（图六，3）。

3. 动物骨骼

以小型鹿类等形体较小的动物骨骼为主。发现1件磨制骨器。还有一些骨骼带有人工切割和锯痕。

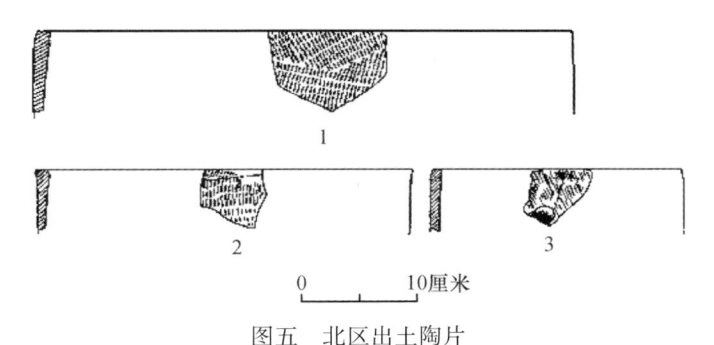

图五　北区出土陶片
1. 09XLL：612　2. 09XLL：738　3. 09XLL：623

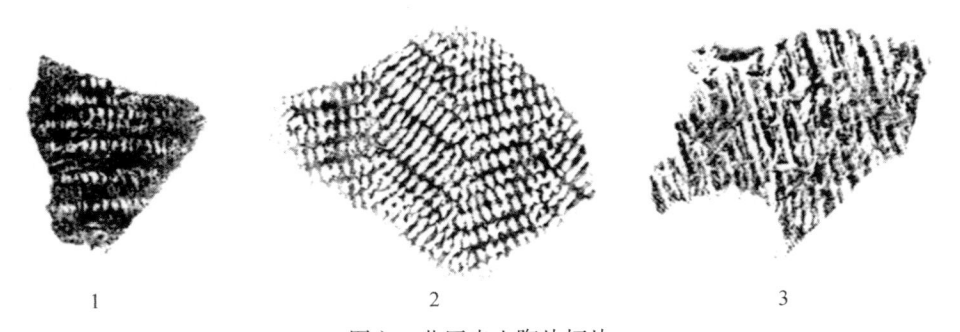

图六　北区出土陶片拓片
1. 09XLL：659　2. 09XLL：701　3. 09XLL：623

四、裴李岗文化遗存

裴李岗阶段的文化遗存仅发现于南区的第2、3层，主要是陶片。根据遗址附近的调查发现，李家沟遗址裴李岗阶段的文化遗物主要埋藏在发掘区东侧较高处的暗红褐色砂质土中。南区第3层虽含零星裴李岗文化陶片，但该层并非原地埋藏，应该是裴李岗阶段流水作用的产物。而第2层在本区的全新世早期地层堆积中较常见，如新郑的唐户遗址即有类似地层，且被叠压在典型的裴李岗文化层之下。由此推断，李家沟南区第2、3层的时代显然不会晚于裴李岗文化。

这两层发现的陶片也都属于典型的裴李岗文化遗存。典型遗物有10XL：0068，小口双耳壶器耳残片。泥质，内外壁及陶胎均为砖红色，素面。高6.93、宽7.05、厚0.7厘米。10XL：0086，钵口沿残片。泥质，外壁为砖红色，内壁口部为橘红色，下部为灰黑色，内外壁均磨光，素面。高5.84、宽9.21、厚0.49厘米（图版三，4）。

五、结　语

李家沟遗址南区第6层所发现的典型船型与扁柱型细石核及其所代表的细石器技术，在中原及邻近地区的旧石器时代晚期有较广泛的分布，如舞阳大岗遗址与晋西南的吉县柿子滩遗址等。李家沟的细石器遗存，从地层堆积到石器技术与工具组合都与上述典型的细石器工业完全一致，显然还属于典型的细石器文化类型。然而与上述遗址不同的是，李家沟遗址出现了磨制石器技术与制陶技术。尽管只有一件局部磨制的石锛与两件陶片，却反映了划时代的变化。数量较多的人工搬运石块，与加工石器无关，这不见于时代较早的旧石器时代文化，而与具有稳定栖居形态的新石器时代早期遗存更为接近。这些情况说明李家沟遗址新发现的细石器文化承前启后的特点非常明显。

李家沟遗址新石器早期阶段与细石器阶段的陶器制作技术明显不同，细石器技术也发生了变化。这显示本地区旧、新石器时代过渡形式与华南地区及华北北部已有的发现相同，可能有非本地的技术因素发挥过重要作用。新石器阶段发现的动物化石中，中型和小型鹿类较多，而早期则常见大型食草类如鹿、马与牛等。这显示李家沟遗址居民的生计方式也发生着变化。

综上所述，李家沟遗址新发现的学术意义主要体现在以下几方面。

（1）该遗址包含旧石器时代晚期到新石器时代早期文化叠压关系的地层剖面，即裴李岗、前裴李岗与细石器三叠层，为寻找中原及邻近地区旧、新石器时代过渡阶段遗存提供了地层学的参照。

（2）黑垆土层出土的压印纹夹砂陶器与板状无支脚的石磨盘等文化遗存或可命名为"李家沟文化"，填补了中原及邻近地区从旧石器时代晚期到裴李岗文化（阶段）之间的空白。

（3）细石器文化层出土的局部磨制石器、陶片以及数量较多的人工搬运石块等遗存，应视作联结中原及邻近地区旧、新石器时代过渡阶段文化的重要纽带，为研究本地区新石器文化的起源提供了重要的资料与证据。

（4）李家沟遗址多层文化的叠压关系，从地层堆积、工具组合、栖居形态到生计方式等不同角度提供了中原地区旧、新石器时代过渡的重要信息。

（5）上述发现综合起来所反映了中原地区史前居民从流动性较强、以狩猎大型食草类动物为生的旧石器时代过渡到具有相对稳定的栖居形态、以植物性食物与狩猎并重的早期新石器时代的演化历史。

附记：李家沟遗址发掘得到国家文物局、河南省文物局、郑州市文物局和新密市政府的大力支持。发掘期间及2010年4月10日在郑州举行"李家沟遗址与中国北方地区旧、新石器过渡专题座谈会"期间，多位旧、新石器时代考古的专家莅临指导。参加发掘者有张松林、汪松枝、魏小宙、陈宥成、阮齐军、王文婷、柯大钊、梁亚男、何嘉宁、赵静芳、曲彤丽、王佳音、高霄旭、王幼平等。参加整理者有何嘉宁、赵静芳、曲彤丽、王佳音、高霄旭、刘青彬、陈宥成、阮齐军、王文婷、梁亚男等。郑州市文物考古研究院的胡亚毅等同志承担了很多工作。北京大学考古文博学院年代实验室在年代测定方面给予了帮助。北京大学城市与环境学院夏正楷教授多次亲临现场，指导地层划分与古环境样品取样等，在此一并致谢。

执笔者：王幼平　张松林　何嘉宁
　　　　汪松枝　赵静芳　曲彤丽
　　　　王佳音　高霄旭

图版一

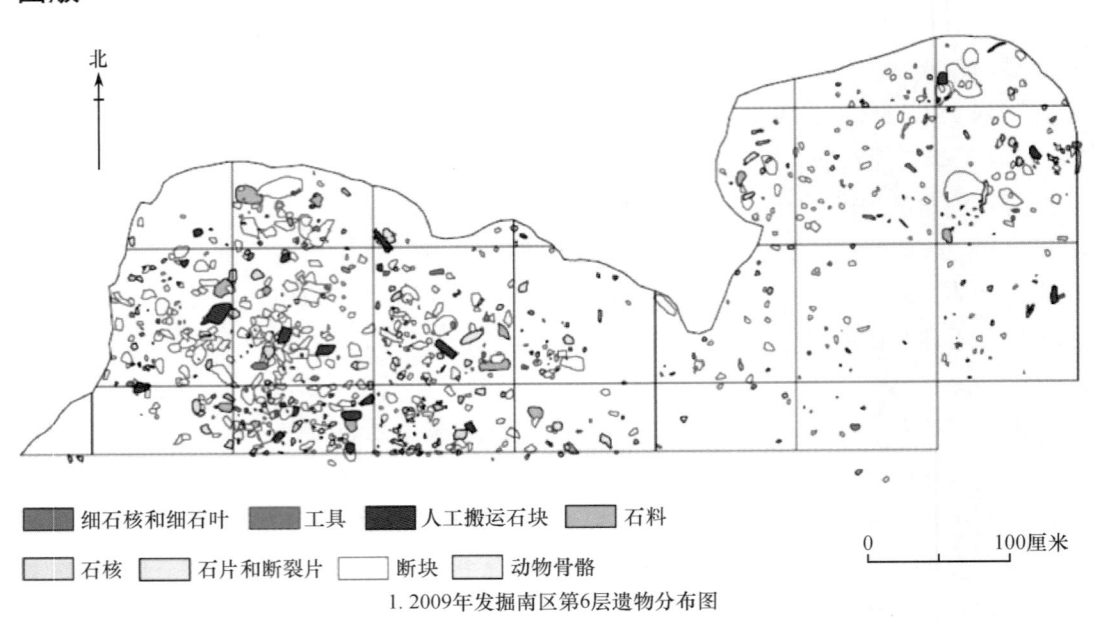

细石核和细石叶　　工具　　人工搬运石块　　石料
石核　　石片和断裂片　　断块　　动物骨骼

0　　100厘米

1. 2009年发掘南区第6层遗物分布图

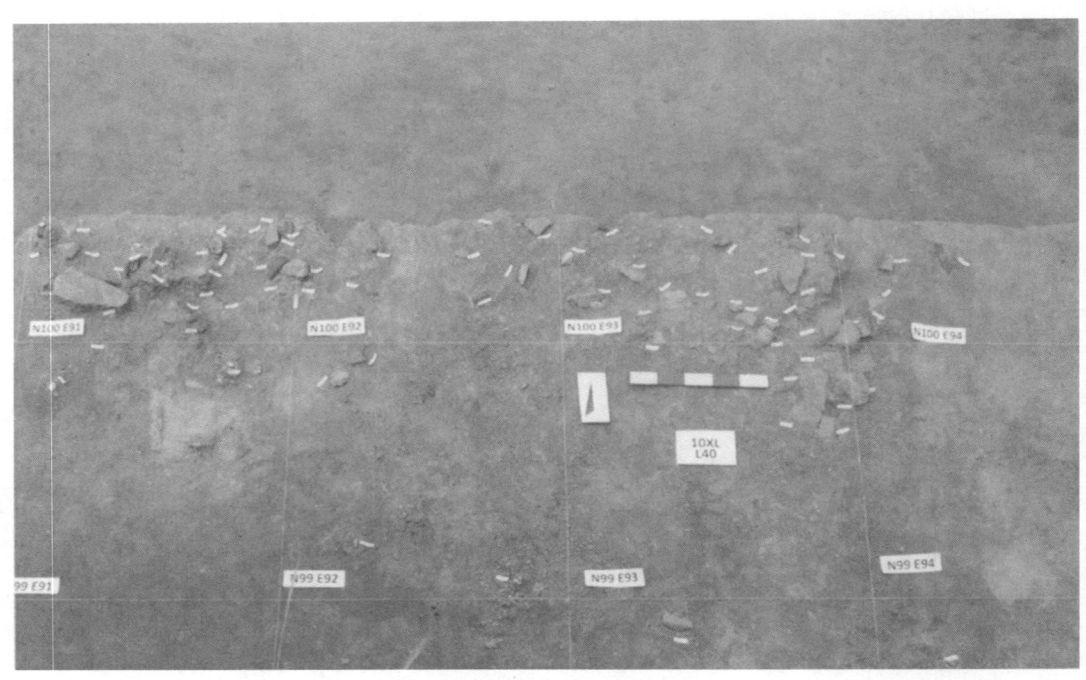

2. 2010年发掘南区第6层活动面

图版二

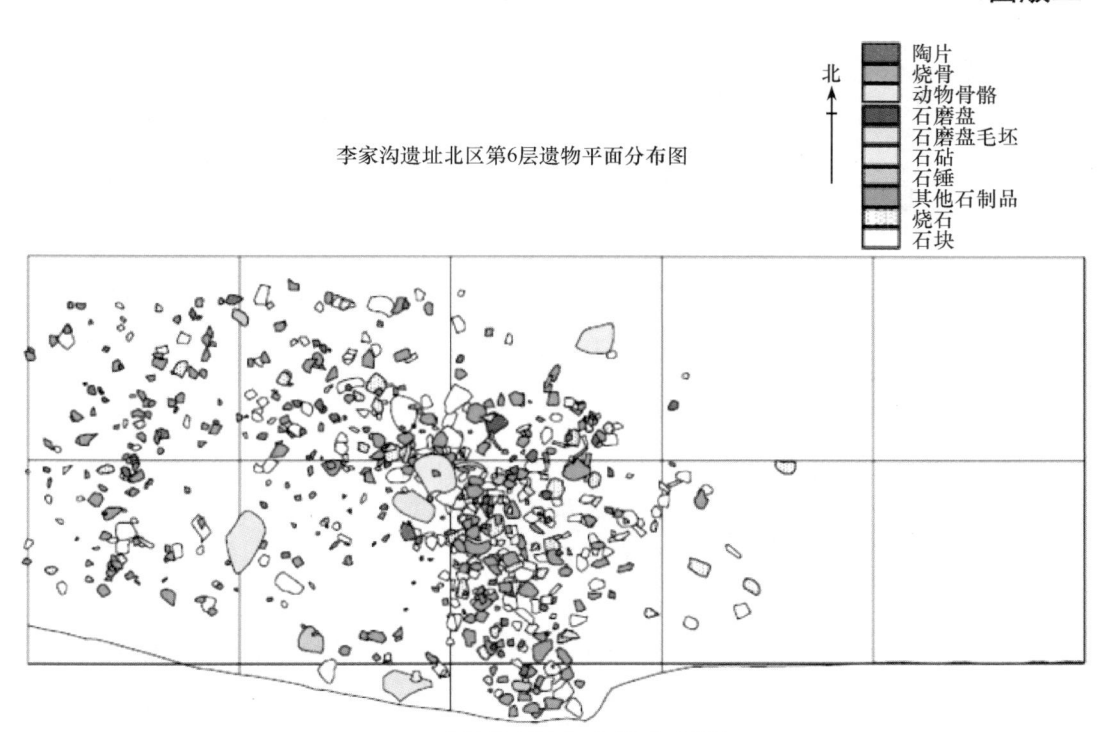

李家沟遗址北区第6层遗物平面分布图

陶片
烧骨
动物骨骼
石磨盘
石磨盘毛坯
石砧
石锤
其他石制品
烧石
石块

1. 北区第6层遗物平面分布示意图

2. 石块聚集区

图版三

1. 北区出土陶片

2. 石锛（10XL：0282）

3. 石磨盘（10XLN：0083）

4. 陶片（10XL：0086）

（原刊于《考古》2011年4期）

河南新密李家沟遗址北区2009年发掘报告

郑州市文物考古研究院　北京大学中国考古学研究中心

李家沟遗址位于河南省新密市岳村镇岗坡村（李家沟自然村）西约200m处，椿板河（即溱水河上游）东岸的二级阶地上，地理坐标为北纬34°33′55″，东经113°31′25″（图一），海拔高约200m。该处地形为低山丘陵区，地势由东北向西南部倾斜，黄土堆积发育。

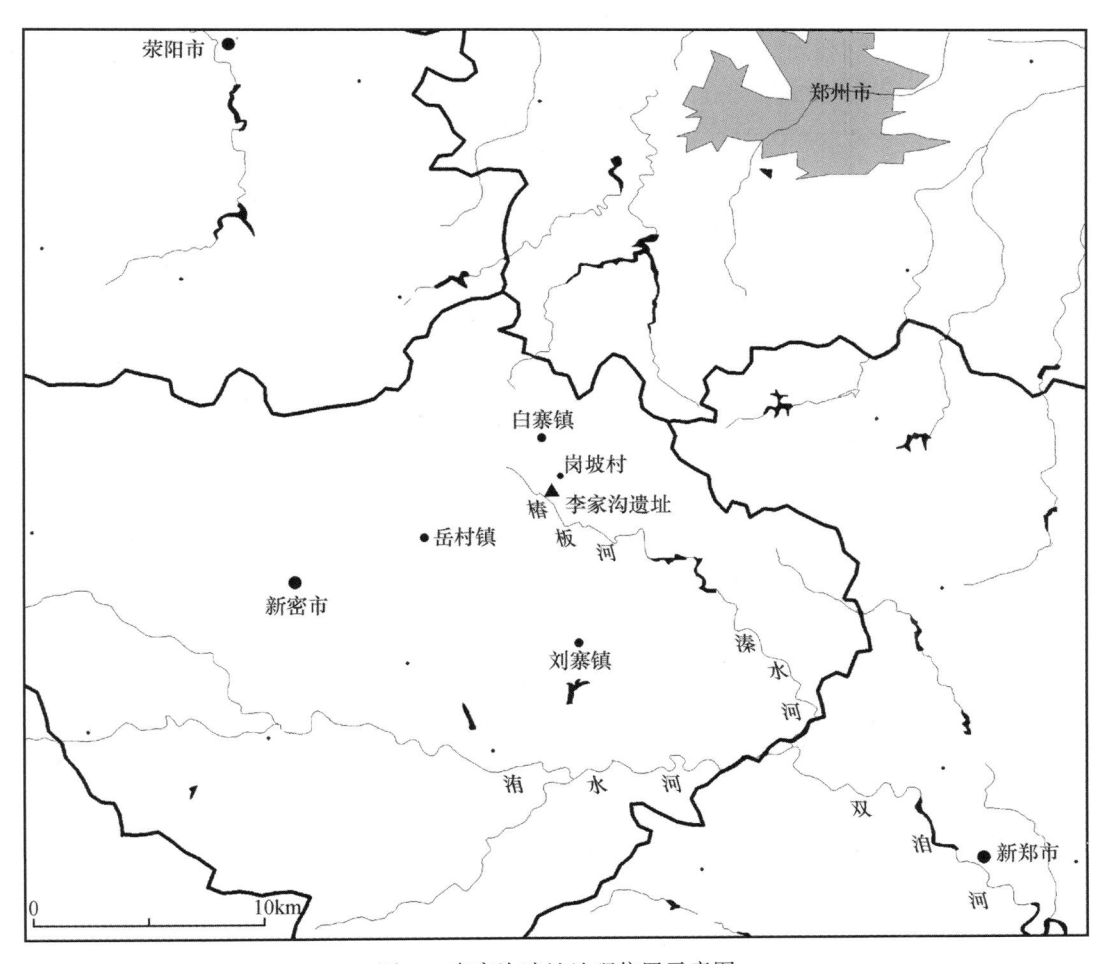

图一　李家沟遗址地理位置示意图

该遗址是2004年底由郑州市文物考古研究院在旧石器考古专项调查中发现的。一条沿断层破碎带形成的沟谷呈东西向横穿遗址。经多年的自然风化和人为破坏，沟谷两侧以及靠近椿板河一侧的断壁剖面遭显著破坏，垮塌严重。为全面了解遗址文化内涵，提供相应的保护对策与方案，2009年8~10月，北京大学考古文博学院与郑州市文物考古研究院联合考古队对该遗址进行了抢救性发掘。发掘区涵盖了沟南、沟北两个部分，发掘面积近30m²，其中北区有10余m²，南区近20m²（图二），发现了大量石制品、数量较多的动物骨骼及陶片等珍贵文化遗物。由于南、北两区地层堆积不同，且出土遗物有明显差别，因而对南、北两区的发掘情况分别进行说明，本文为北区的发掘报告。

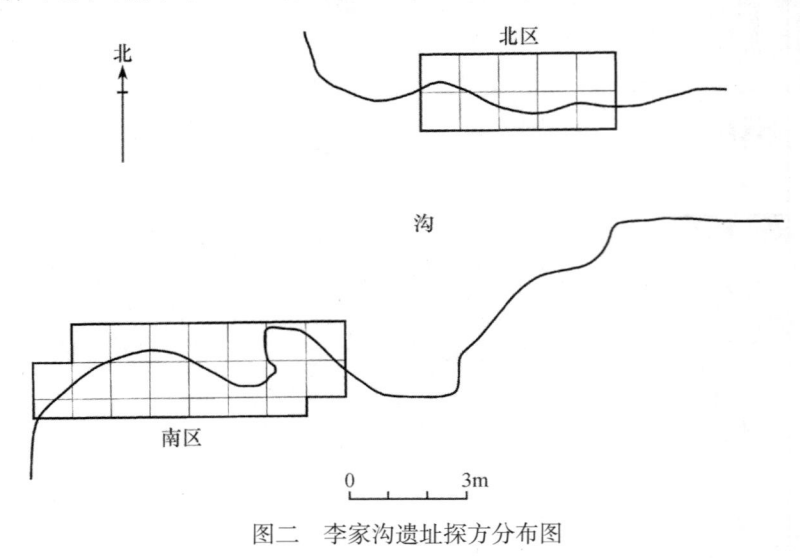

图二　李家沟遗址探方分布图

一、地貌、地层堆积概况

李家沟地处低山丘陵地区，椿板河从西北向东南流经遗址西侧。这一地区河谷狭窄，在遗址附近的河流可见有2级阶地，阶地的性质是以马兰黄土为基座的基座阶地。李家沟遗址就位于河流东岸2级阶地的前缘处，高出河面约12m（图三）。由于近几十年的平整土地、修建水库、农业耕作、林业种植以及煤矿开采等活动，遗址以及阶地均已受到很大定程度的破坏。

李家沟遗址北区的地层堆积可以划分为7层，以北壁剖面图为例（图四），具体描述如下。

第1层：耕土层，厚10~20cm，黑褐色黏土质粉砂，含现代瓷片、砖块、塑料、陶片、料姜石等。

第2层：现代扰土层，厚45~60cm，黄褐色黏土质粉砂，含砖块、塑料、骨片、红烧土、料姜石等。

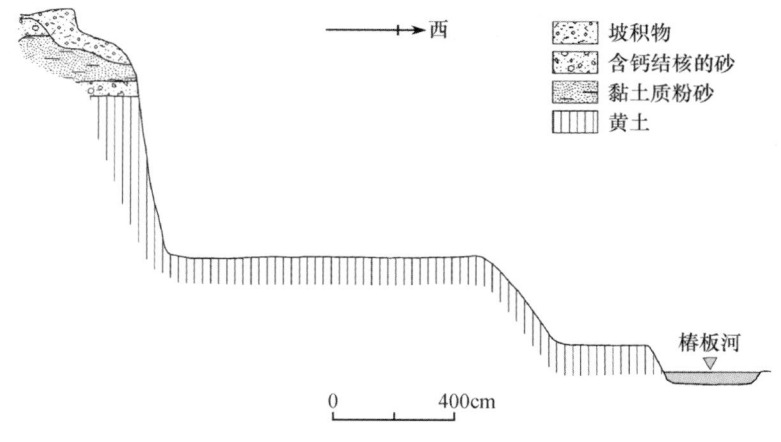

图三 李家沟遗址附近椿板河谷剖面图

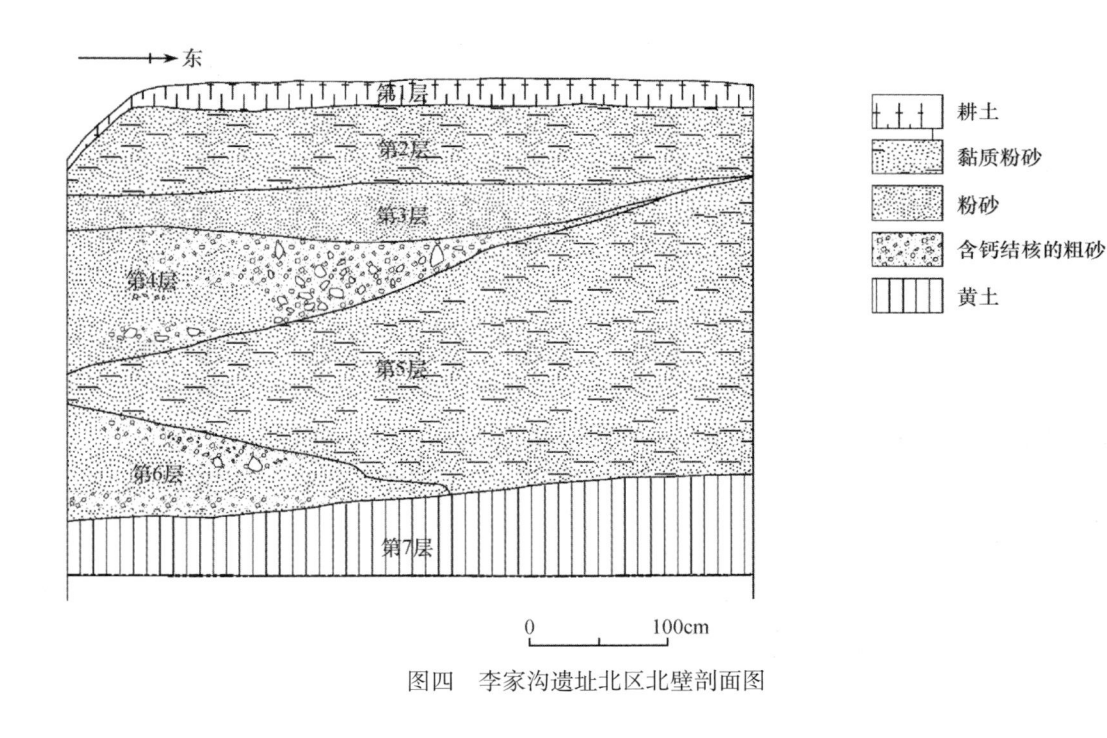

图四 李家沟遗址北区北壁剖面图

第3层：近代扰土层，厚0～40cm，灰黄色粉砂，含很少量红烧土颗粒、螺壳、黑陶片等。

第4层：文化层，厚0～80cm，西侧为质地细腻疏松的灰白色—棕黄色粉砂，夹带有具水平层理的锈黄色或灰黄色粗砂以及粒径0.2～5cm的料姜石；东侧以灰黄色或锈黄色的粗砂为主，含大量粒径1～5cm的料姜石，偶见粒径10cm以上的料姜石。出土物包含少量炭屑、螺壳等；遗物多出自料姜石密集区，包括石制品、动物骨骼以及少量夹砂红陶。

第5层：文化层，厚20~220cm，顶部为灰黑色黏质粉砂，有锈黄色斑点。东侧中部夹杂有巨大的黄色砂质黏土块，土块致密、有锈黄色斑点。西侧下部夹杂灰白色及灰黄色粉砂，呈花土状，局部可见细砂水平层理，内含0.2~0.5cm粒径的料姜石，包含螺壳、炭屑等物。遗物包括石制品、动物骨骼以及较多的夹粗砂红陶片。

第6层：文化层，厚0~85cm，灰黄色粉砂层。东侧上部及底部夹粗砂透镜体，可见水平层理，含粒径0.5~3cm的稍有磨圆的料姜石，少量粒径达5cm以上。遗物多出自粗砂透镜体内，包括石制品、动物骨骼以及较多的夹砂红陶片，还包含有螺壳、炭屑等。

第7层：文化层，未见底，发掘深度45~75cm，黄褐色粉砂质黏土，质地较细腻纯净，含少量石制品。

二、遗物、埋藏情况及文化层的划分

李家沟遗址北区各文化层出土遗物的数量及比例见图五。遗物主要出土于第4~6层，包括陶片、石制品、动物骨骼以及人工搬运石块；第7层只有少量石制品，未发现动物骨骼和陶片。

各文化层出土遗物的平面和垂直分布情况见图六至图九。

遗物出土时的产状及风化、磨蚀程度可以反映埋藏状况。图一〇示意了报告中对遗物出土时长轴、倾向的定义。出土遗物的长轴有1~4共4个方向；倾向则有0~9个方向，其中0为水平、9为垂直。倾角则分为水平、倾斜、垂直三种。对于遗物的风化、磨蚀程度，都将其分为了无、轻、中、重四个级别。

图一一和表一显示了第4~7层遗物出土时的产状分布以及石制品的风化、磨蚀情况。可以看出，各层出土石制品多数未受风化和磨蚀影响；存在少量轻度风化和磨蚀遗

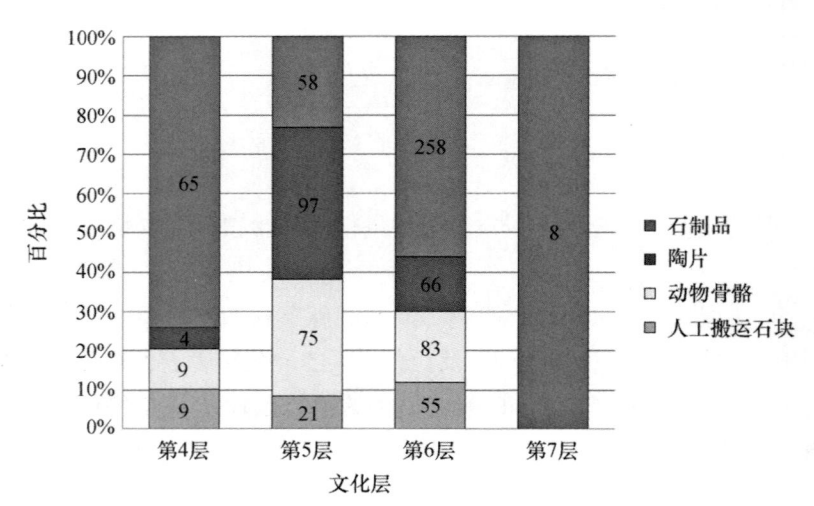

图五　李家沟遗址北区各文化层出土遗物的数量和比例

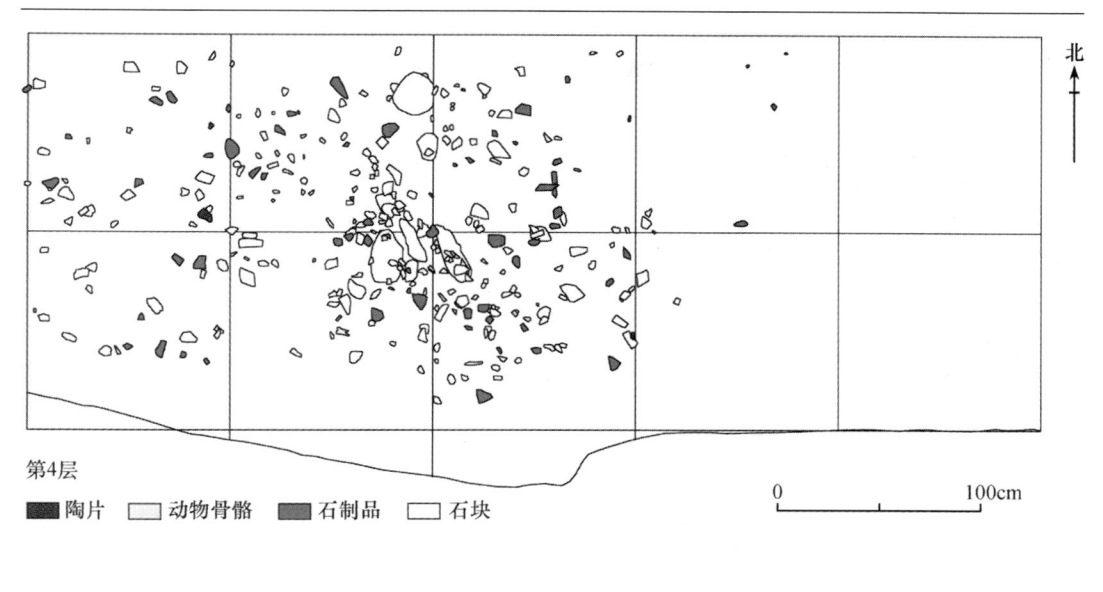

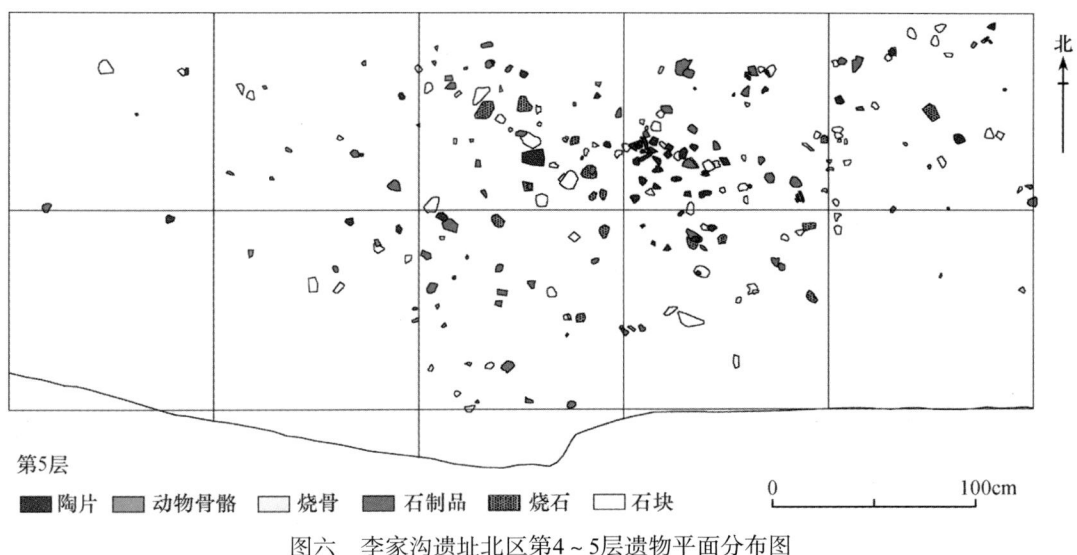

第4层
■ 陶片　□ 动物骨骼　■ 石制品　□ 石块

第5层
■ 陶片　■ 动物骨骼　□ 烧骨　■ 石制品　■ 烧石　□ 石块

图六　李家沟遗址北区第4~5层遗物平面分布图

物以及极少量的中度风化、磨蚀标本；没有重度风化磨蚀情况的出现。其中陶片和动物骨骼发生风化和磨蚀的比例更是极低，说明部分存在轻度风化或磨蚀的石制品可能是由人类活动而带入遗址的。就产状来说，第4~6层遗物长轴的4个方向所占比例相近，没有哪个方向明显占优；在倾向的分布上，都以水平占比最高，垂直次之，其他方向比例相对较少；此外，第4、5层倾向为4和5（即倾向朝南）的遗物比例似稍高于倾向为1~3及7~8的比例，但差异很小，而在第6层则1~8八个方向比例相差都很小。在倾角上，第4~6层都以倾斜为主。这种情况说明，虽然第4~6层遗物多出自含料姜石较多的粗砂透镜体内，但遗物长轴、倾向分布缺少水流作用所导致的规律性。包括陶片、骨骼在内

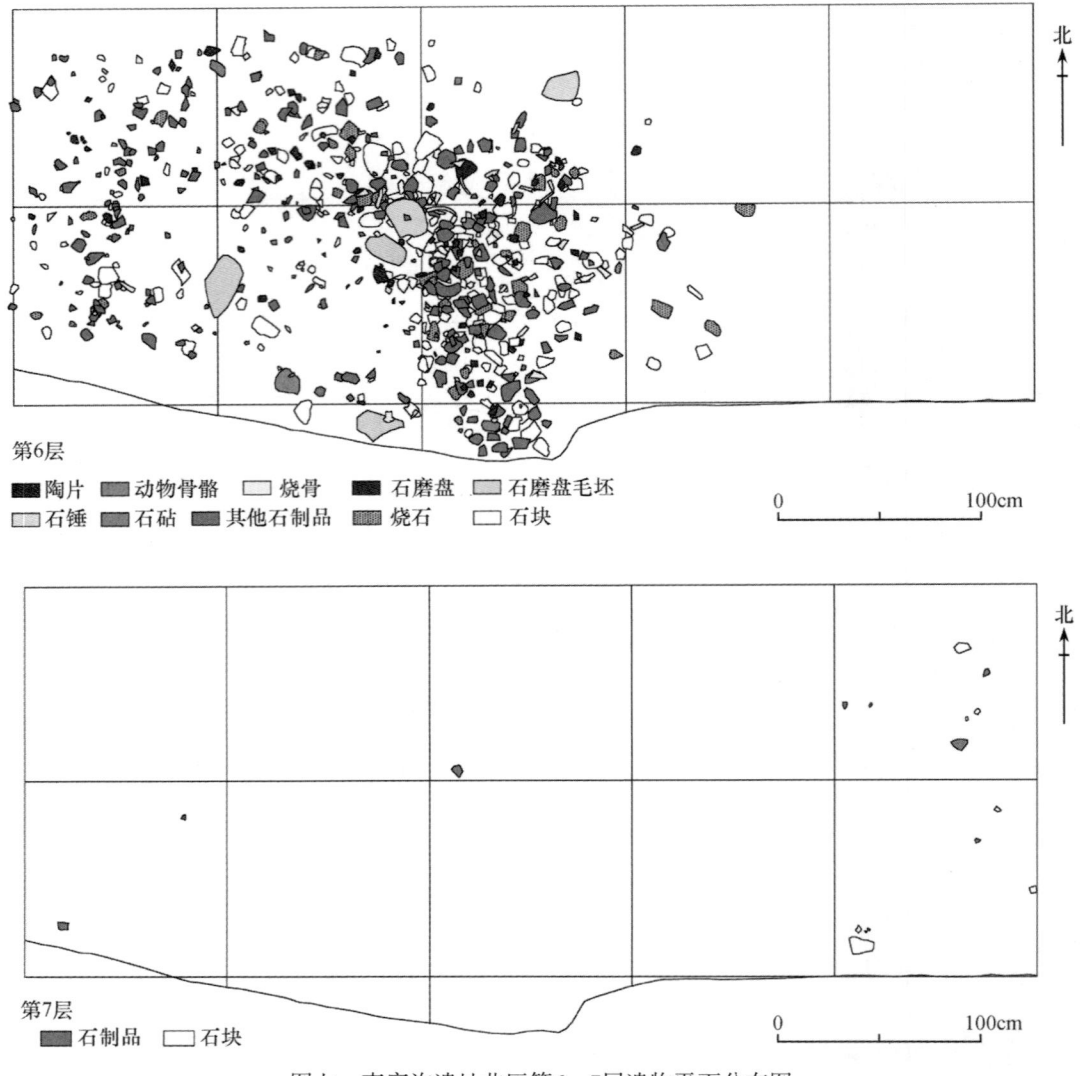

图七　李家沟遗址北区第6～7层遗物平面分布图

的遗物只有少量存在轻度风化、磨蚀的现象，说明遗物几乎未受到水流作用的影响，基本属原地埋藏的。由地貌和堆积情况判断，埋藏过程中也存在着微弱的水流作用，但其结果只是将砂及料姜石带入遗址，而未对遗物的分布产生显著影响。

第7层出土遗物较少，容易发生统计上的误差。但其石制品倾向为水平的比例高达半数以上，与第4～6层明显不同，似乎暗示着第7层黄土样堆积的沉积环境与第4～6层存在一定差异。

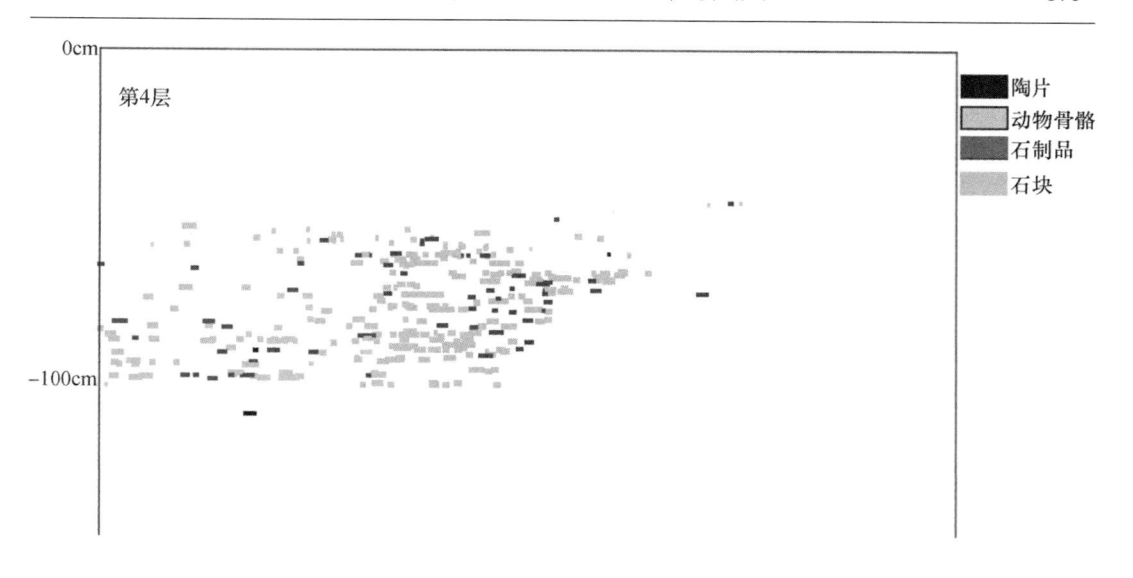

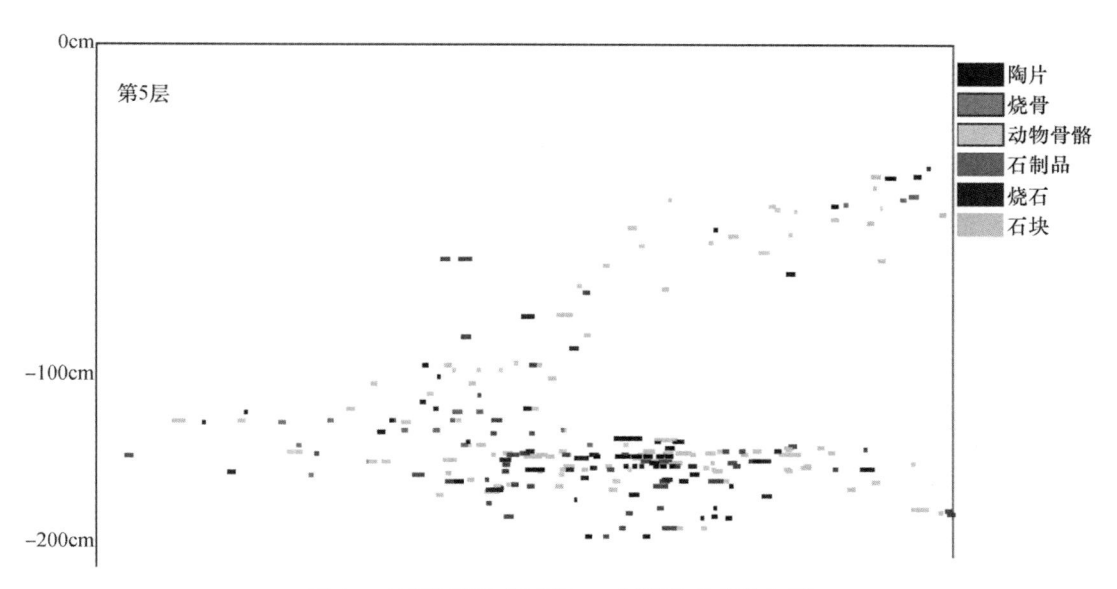

图八　李家沟遗址北区第4~5层遗物垂直分布图

表一　李家沟北区出土石制品的风化、磨蚀情况

	风化			磨蚀		
	无(%)	轻(%)	中(%)	无(%)	轻(%)	中(%)
第4层	71.8	26.8	1.4	73.2	26.8	0.0
第5层	71.4	28.6	0.0	88.3	11.7	0.0
第6层	66.5	31.3	2.3	77.4	21.6	1.0
第7层	100.0	0.0	0.0	87.5	12.5	0.0

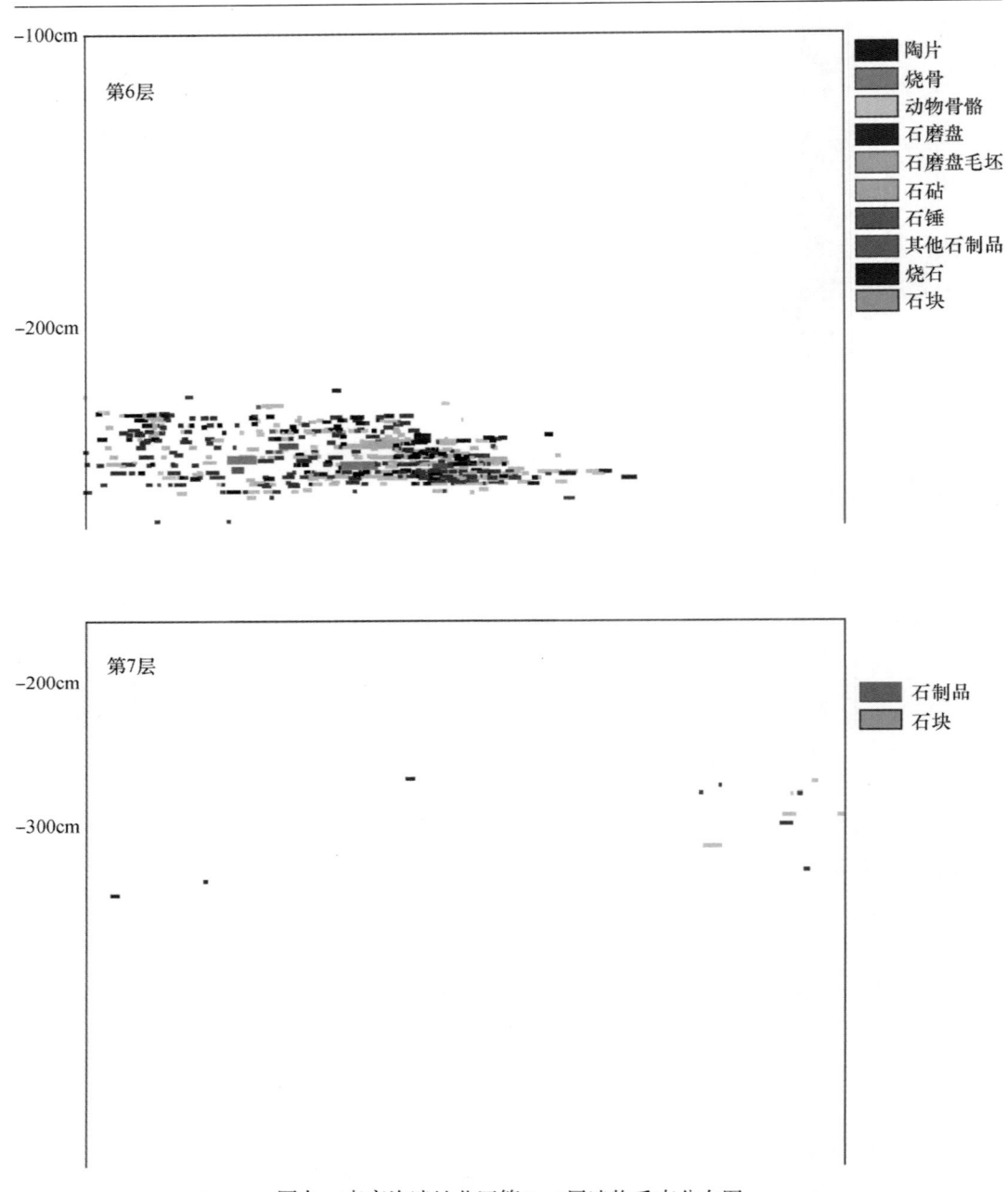

图九　李家沟遗址北区第6~7层遗物垂直分布图

　　从陶片、动物骨骼出土的情况及地层沉积状况分析，结合石制品情况判断（详见后文），第4~6层出土遗物所反映的文化面貌与第7层存在明显差异。第4~6层遗物多出自含料姜石较多的砂透镜体内，堆积的形成与水流有一定关系，但遗物基本仍为原地埋藏；遗物包含有石磨盘、陶片、动物骨骼及人工搬运石块，各层之间差异不大，为新石器时代文化层。与南区地层相比照，北区第4层和第5、6层分别相当于南区第2层和第

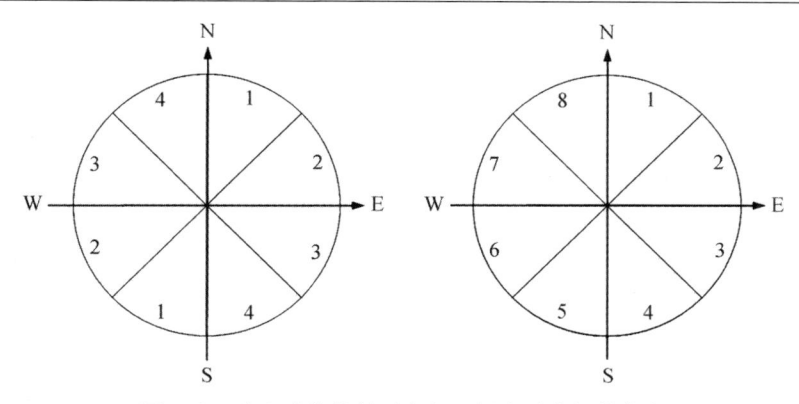

图一〇　出土遗物长轴（左）、倾向（右）的定义

3层。第7层遗物出自黄土样堆积内，数量少密度低，未见石磨盘、陶片、动物骨骼以及人工搬运石块等遗物，与南区最底部的第5层为同一层位，是旧石器时代文化层。

以下分别对上、下部文化层的出土遗物及遗迹现象的具体情况进行说明。

三、上文化层（第4~6层）

（一）遗迹现象

第6层是北区出土遗物最多、密度最大的一层。6层遗物分布不均匀，以石制品为主，整体表现为不规则半环形石块聚集区。该石块聚集区靠东部的遗物分布最为集中，存在较多的人工搬运石块及其他体型较大石制品，遗物密集分布在探方N108E101大部分区域以及探方N109E101、N108E100、N109E100局部区域内，这其中包含有北区唯一一件具有典型磨制特征的石磨盘，以及石锤、石磨盘毛坯、石砧等大型遗物，也包括了本层内仅发现的两件砍砸器。向西部遗物分布密度趋于降低，尺寸变小；石块聚集区中部和和南部遗物分布最为稀疏（图七）。

从产状判断，第6层遗物为原地埋藏。石块聚集区内包括了较多大型石制品，还包含了很多烧石、烧骨、陶片等遗物，明显与人类生活、用火有关；部分骨骼带有明显的人工切割痕迹，表明了古代人类曾在此进行动物骨骼的加工。这种半环形的石块聚集区应是一种相比于旧石器时代人群相对更稳定居住活动有关的遗迹现象。

（二）陶　　片

李家沟遗址北区第3~6层共发现陶片标本167件，多出自第5、6层内，第4层数量很少，但陶片的特征基本一致（图一二）。各层陶片发现状况见表二、表三。陶片几乎全部为夹粗砂陶片。陶色存在一定变化，从黄红色到红褐色不等，以红褐色为主。羼和

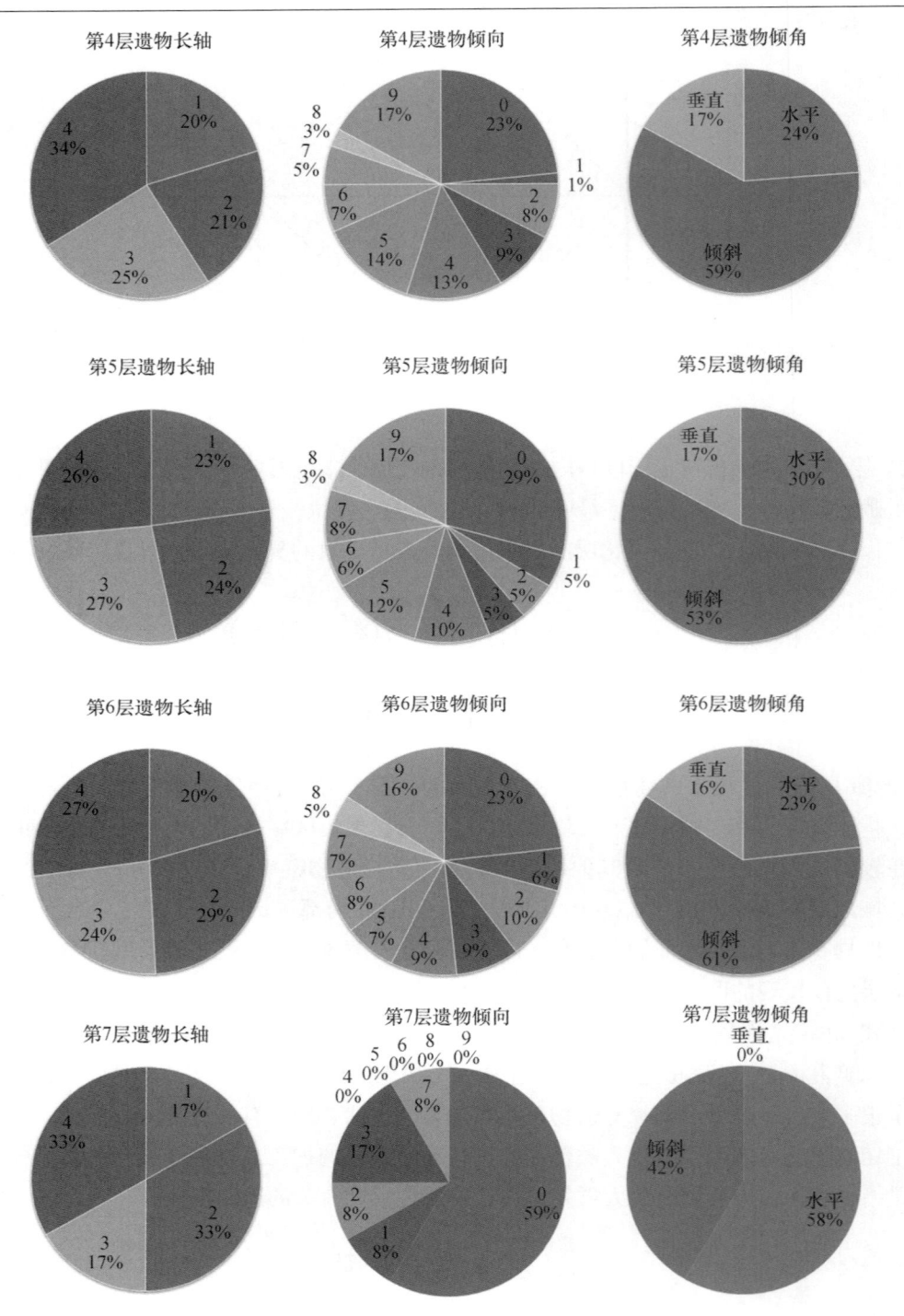

图一一 李家沟遗址北区第4~7层遗物出土产状分布图

图一二 李家沟遗址北区出土陶片

1. 09XLL：694　2. 09XLL：659　3. 09XLL：623　4. 09XLL：701正视　5. 09XLL：701俯视　6. 09XLL：612
7. 09XLL：671正视　8. 09XLL：671俯视　9. 09XLL：614

料主要为1~5mm石英砂，少量为料姜石和云母，羼和比例占陶胎的40%左右。陶胎较坚硬，部分因埋藏所致较松脆，显示此时已具备较高的烧造水平。纹饰包括压印纹、绳纹与压印纹的组合纹、刻划纹及素面。其中压印纹为最主要纹饰，少数陶片的压印纹较稀疏或较细小。施纹方法为滚印或压印，手法较纯熟。因陶片较破碎，未发现完整器物。从现有口沿观察，器形均为直口的桶罐类器物。另外，由于未发现陶器的底部，却发现一些有明显曲度的厚陶片，推测器形可能以圜底为主。从加工方法上看，少量陶片可见疑似泥条盘筑与泥片贴筑的痕迹，口沿及内壁均有抹光。各层陶片从样式及组合上均无明显差异。以下选取部分特征显著者进行较详细描述。

09XLL·659，陶片，口沿，长72.1mm，宽101.2mm，厚14.2mm，重98.1g，口径约450mm。夹粗砂，羼和料为石英与云母，羼和比例约20%，粒径1~5mm，有一定分选。口沿形状为直口方唇。内外壁陶胎均呈砖红色。外壁为压印纹，施纹方式先由右上至左下方向滚印，后下部沿左上至右下方向滚印，将之前纹饰部分叠压。加工方式不明，口沿与内壁抹光（图一二，2；图一三，1）。

09XLL·701，陶片，口沿，长53.2mm，宽58.3mm，厚14.2mm，重38.4g，口径不明。夹粗砂，羼和料为石英与砂岩，羼和比例约15%，粒径1~7mm，几无分选。口沿形状为直口方唇。外壁砖红色，内壁褐色；陶胎双色，外砖红，内褐色。外壁有沿左下至右上方向的压印纹，口沿处亦沿内外方向印压印纹。加工方式不明，内壁抹光（图一二，4、5；图一三，2）。

09XLL·623，陶片，口沿，长65mm，宽59.7mm，厚9.7mm，重40.5g。口径不明。夹粗砂，羼和料为料姜石，羼和比例约20%，粒径1~5mm，有一定分选。口沿形状不规整，近直口方唇。外壁灰黄色，内壁黄褐色，陶胎双色，外灰黄，内黄褐。外壁沿左上至右下方向有近平行的刻划线纹。加工方式不明，内壁及口沿抹光（图一二，

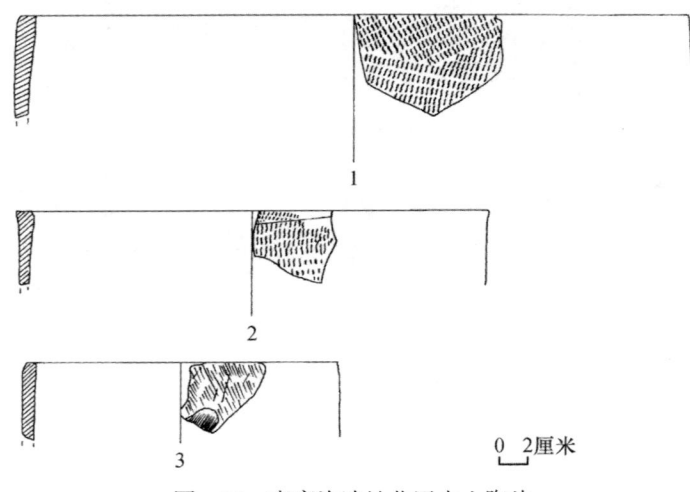

图一三 李家沟遗址北区出土陶片

1. 09XLL·659　2. 09XLL·701　3. 09XLL·623

3；图一三，3；图一四，3）。

09XLL·671，陶片，口沿，长57.1mm，宽53.5mm，厚15.2mm，重53.9g，口径不明。夹粗砂，羼和料为石英与料姜石，羼和比例约15%，粒径1~3mm，分选较好。口沿形状为直口方唇。内外壁均呈褐色，陶胎中部呈砖红色夹心。外壁沿有由上至下方向的压印纹，口沿下方沿左右方向叠压绳纹一条。口沿处亦有沿左右方向的压印纹。加工方式不明，内壁抹光（图一二，7、8）。

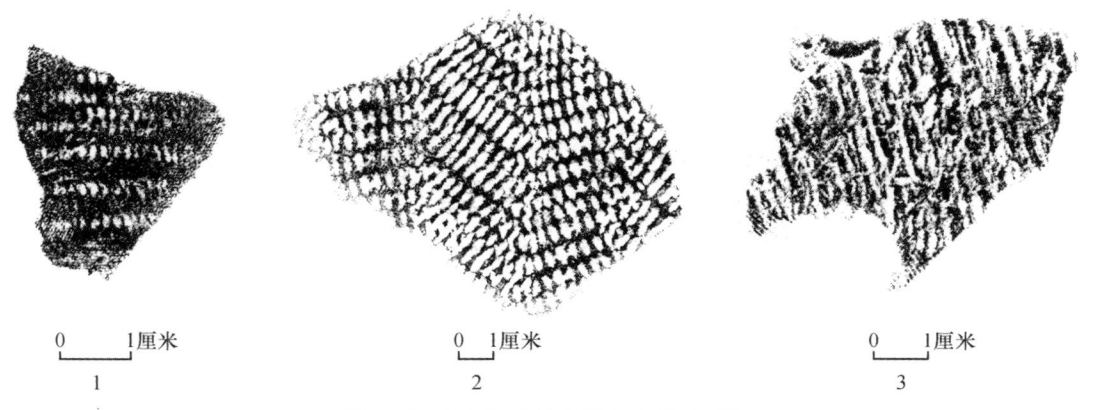

图一四　李家沟遗址北区出土陶片拓片
1.09XLL·612　2.09XLL·738　3.09XLL·623

表二　李家沟遗址北区陶片数量分类统计

		压印纹	绳纹与压印纹的组合纹	刻划纹	素面	合计
第4层	件数	3	0	0	1	4
	%	80	0	0	20	100
第5层	件数	90	0	2	5	97
	%	92.8	0	2.1	5.1	100
第6层	件数	51	1	9	5	66
	%	77.3	1.5	13.6	7.6	100
合计	件数	144	1	11	11	167
	%	86.2	0.6	6.6	6.6	100

（三）石制品

上部文化层共出土石制品466件，包括石核、石片、断裂片、石器、细石器、断块、人工搬运石块等（图一五），各层石制品比例见表四。第4~6层各类石制品的比例差别不大，均以断块为主，约占一半；其次为人工搬运石块；细石器、石核、工具等比例最低。

表三 李家沟遗址北区陶片重量分类统计 （单位：g）

		压印纹	绳纹与压印纹的组合纹	刻划纹	素面	合计
第4层	重量	69	0	0	5	74
	%	93.2	0	0	6.8	100
第5层	重量	1493	0	24	0	1517
	%	98.4	0	1.6	0	100
第6层	重量	844	54	115	34	1047
	%	80.6	5.1	11	3.3	100
合计	重量	2406	54	139	39	2638
	%	91.2	2	5.3	1.5	100

表四 李家沟遗址北区上部文化层石制品分类统计

		石片	石核	工具	断块	断裂片	细石器	人工搬运石块	合计
第4层	件数	8	1	4	44	7	1	9	74
	%	10.8	1.4	5.4	59.5	9.5	1.4	12.2	100
第5层	件数	8	7	4	37	2	0	21	79
	%	10.1	8.9	5.1	46.8	2.5	0	26.6	100
第6层	件数	28	18	24	174	11	3	55	313
	%	8.9	5.8	7.7	55.6	3.5	1	17.6	100
合计	件数	44	26	32	255	20	4	85	466
	%	9.4	5.6	6.9	54.7	4.3	0.9	18.2	100

李家沟北区第4~6层出土石制品的原料均以石英砂岩为主，其余少量为燧石、石英和灰岩，各层之间石制品原料的比例差别很小（表五）。

表五 李家沟北区上部文化层石制品石料统计

		燧石、玛瑙	石灰岩	石英	石英砂岩	合计
第4层	件数	6	6	5	57	74
	%	8.1	8.1	6.8	77	100
第5层	件数	4	2	8	65	79
	%	5.1	2.5	10.1	82.3	100
第6层	件数	31	13	28	241	313
	%	9.9	4.2	8.9	77	100
合计	件数	41	21	41	363	466
	%	8.8	4.5	8.8	77.9	100

图一五 李家沟遗址北区出土石制品

1、3~6. 边刮器（09XLL·202、09XLL·244、09XLL·072、09XLL·367、09XLL·200） 2. 细石核
（09XLL·008） 7. 左：石磨盘（09XLL·411）、右：石砧（09XLL·405） 8. 砍砸器（09XLL·205）

从北区出土石器的分类统计来看（表六），各层石器均以边刮器为主。但第6层内出土有其他各层所未见的石磨盘、磨盘毛坯、石砧、石锤等物，边刮器、砍砸器等工具的绝对数量也是各层中最高的。

表六 李家沟北区出土石器分类统计

	边刮器	砍砸器	石磨盘	磨盘毛坯	石砧	石锤	合计
第4层	3	1					4
第5层	4						4
第6层	11	2	1	3	2	5	24
合计	18	3	1	3	2	5	32

1. 石核

共26件，占上部各文化层石制品总数的5.6%。石核各项测量值的统计情况见表七。

锤击石核共23件，原料以石英砂岩占绝大多数，另有2件灰岩和1件石英石核。石英砂岩和灰岩石核的体型较大，石英石核是所有石核中体型最小的。台面形状多不规则，自然台面和打击台面分别占约70%和30%。双片疤石核占48%；单片疤者占30%，其余为多片疤石核，片疤最多可达8个。片疤多较浅、平。片疤面积占石核表面积的比例达2/3以上者有11件，1/3~2/3者为8件，比例不足1/3者4件。若按台面数量分类，这些锤击石核包括单台面石核15件占65%；双台面石核8件，占35%；未见多台面石核。

砸击石核有3件，其原料2件为燧石，1件为石英，体型均较小。片疤数量2~8个，较浅平。片疤面积占石核整体表面积比例较高，为70%~100%。台面窄小呈刃状或点状。

表七 李家沟北区第4~6层石核测量统计

		重量(g)	长(mm)	宽(mm)	厚(mm)	台面长(mm)	台面宽(mm)	台面角(°)
锤击石核	均值	232.1	48.5	63.6	55.6	52.7	55.3	77.9
	n	23	23	23	23	23	23	23
	SD	269.63	20.01	23.62	24.05	26.54	23.6	12.27
	max	1102	92.2	103.6	110.3	108.7	104.3	98
	min	9.9	17.3	26.6	18	14.5	22.8	55
砸击石核	均值	2.8	22.6	12.5	8.2	8.4	0	
	n	3	3	3	3	2	2	
	SD	1.89	5.37	2.04	4.39	0.42	0	
	max	5	28.7	14	13.2	8.7	0	
	min	1.5	18.6	10.2	5	8.1	0	

2. 石片

石片共44件，占上部各文化层出土石制品总数的9.4%。其中锤击石片43件，砸击石片1件。石片的测量统计情况见表八。

表八　李家沟北区第4～6层石片测量统计

	原料		重量（g）	长（mm）	宽（mm）	厚（mm）	台面长（mm）	台面宽（mm）	石片角（°）
锤击石片	石英	均值	1.2	14.7	16	6.8	5.7	11.2	106.7
		n	3	3	3	3	3	3	3
		SD	0.45	4.54	2.55	1.95	1.32	2.4	2.52
		max	1.6	17.6	18.6	8.7	7.2	13.3	109
		min	0.7	9.5	13.5	4.8	4.7	8.6	104
	石英砂岩和灰岩	均值	72.8	49.6	58	22.9	16.5	34.7	103
		n	27	27	27	27	25	25	26
		SD	73.66	19.51	19.36	9.1	5.64	14.26	13.47
		max	298.1	90.5	96.7	46.2	27.9	65.9	135
		min	2.6	18.2	21.9	6.5	3.4	6.6	74
	燧石	均值	4.1	18.9	19.6	8.2	12.8	11.4	97.3
		n	13	13	13	13	12	12	12
		SD	7.05	10.41	7.29	7.24	28.84	5.24	11.35
		max	26.2	46.7	29.8	24.1	104	21.6	113
		min	0.2	6.7	11.4	2.1	1.4	3.4	70
砸击石片	石英	均值	1.4	22.2	13.8	5.6			
		n	1	1	1	1			

锤击石片的原料以石英砂岩为主，有25件，占58%；燧石原料13件，占30%；石英和灰岩最少，分别只有3件和2件。自然台面和打击台面分别有20件和22件，占47%和51%；点状台面石片1件占2%。根据石片台面及背面自然面的比例将锤击石片分类，以Ⅱ、Ⅴ、Ⅵ型石片最多，Ⅰ、Ⅲ型较少，未见Ⅳ型石片。石片远端形态以尖灭为主，占75%；阶梯状占23%；其他类型占2%。台面形状多不规则。石片背面石片疤数量不一。背面为自然面者4件，占9%；1～2片疤者16件占37%；3～4片疤者11件占26%；5个片疤以上者12件占28%，其中最多者可见10个片疤。石片破裂面上打制特征多不明显，半锥体、同心波、放射线清晰者较少，但多数石片的打击泡可以观察到。有使用痕迹的石片17件，约占40%。

标本09XLL·299，出自第6层，石英砂岩石片。长宽厚为77.8mm×76.6mm×19.8mm，

重102.7g，石片角109.0°。自然台面，形状不规则，台面长13.8mm，宽34.0mm。石片背面可见6个片疤，片疤面积占背面面积的比例约为90%。无使用痕迹（图一六，1）。

砸击石片仅有1件。标本09XLL·353，出自第6层，为石英砸击石片，长宽厚为22.2mm×13.8mm×5.6mm，重仅1.4g。可见2个片疤，无使用痕迹。

3. 断裂片

共20件，占石制品总数的4.3%。其中远端断片12件，近端断片2件，裂片6件。以砂岩为原料者有17件，占85%；灰岩、石英、燧石者各1件。断裂片中燧石原料所占的比例（约5%）明显小于完整石片中燧石的比例（约30%），与燧石更易加工成完整石片有关。

4. 石器

共计32件，占石制品总数的6.9%，包括刮削器、砍砸器、石磨盘、石砧、石锤、磨盘毛坯等。其中小型工具（边刮器）的原料以燧石为主；大型工具如砍砸器、磨盘、石锤、石砧等的原料均为石英砂岩。石器的测量统计见表九。

表九 李家沟北区第4~6层石器测量统计

工具类型	岩性		重量（g）	长（mm）	宽（mm）	厚（mm）
边刮器	石英	均值	3.7	22.1	15	11
		n	5	5	5	5
		SD	1.78	5.14	2.85	2.92
		max	6	28.2	18.1	14
		min	1.2	14.1	10.6	7.7
	石英砂岩和灰岩	均值	135.4	42.2	55	36.7
		n	4	3	4	4
		SD	96.79	12.97	12.32	24.06
		max	255	57.2	64	71.4
		min	22.4	34.2	36.8	15.8
	燧石	均值	10.1	31.5	23.4	11.2
		n	9	9	9	9
		SD	8.31	9.73	6.95	4.45
		max	23.4	46.6	33.5	17.6
		min	1.1	15.6	11.8	4.7

续表

工具类型	岩性		重量（g）	长（mm）	宽（mm）	厚（mm）
砍砸器	石英砂岩	均值	459	100.4	97.6	45.2
		n	3	3	3	3
		SD	214.76	278	19.72	4.21
		max	704.4	131.5	118.9	47.6
		min	305.5	82.3	80	40.3
石磨盘	石英砂岩	均值	1460.5	128.3	127.3	65
		n	1	1	1	1
石磨盘毛坯	石英砂岩	均值	3973.3	168.3	92	91.5
		n	3	3	3	3
		SD	716.63	127.7	65.57	16.91
		max	4615	270	152	103.1
		min	3200	25	22	72.1
石锤	石英砂岩	均值	532.9	93.9	80.4	145
		n	5	5	5	5
		SD	530.83	33.03	38.16	206.41
		max	1466	150.8	147.7	514
		min	181	73.3	53	40.5
石砧	石英砂岩	均值	5675	186.7	153.4	133.9
		n	2	2	2	2
		SD	3577.96	54.16	9.4	36.98
		max	8205	225	160	160
		min	3145	148.4	146.7	107.7

边刮器 18件。其中原料为燧石者9件，占50%；石英者5件，石英砂岩3件，灰岩1件。除取材于石核和断片者各1件外，其余原型均为断块或残片。以石英砂岩为原料的边刮器体型和重量较大，石英边刮器体型最小。以刃缘数量计算，单刃者13件占72%，除2件刃缘为凸刃外，其余11件均为直刃。刃缘正向加工者10件，占77%；反向加工者3件占23%。双刃者4件占22%，其中刃缘同向加工者2件，异向加工者2件。复刃边刮器仅1件，占6%。标本09XLL·123有4个修理刃缘，均为直刃，转向加工。边刮器修理疤痕形态以微小者居多。

标本09XLL·072，出自第5层，双刃边刮器，原料为黑色燧石。长38.9mm，宽24.1mm，厚16.6mm，重12.6g。原型为断块。两个刃分别为直刃和凸刃，以有凸刃的一端为近端，较平的一面为正面。近端和远端右侧有加工疤痕。从近端左侧至近端可见连续修理疤，近端左侧为反向修理，近端为正向修理，刃缘长度29.3mm，刃角58°。远端右侧为正向修理，刃缘长度18.9mm，刃角60°（图一五，4；图一七，4）。

标本09XLL·202，出自第6层，单直刃刮削器，原料为粉色燧石。长46.6mm，宽33.5mm，厚15.1mm，重23.4g。原型为石块，右侧沿正向连续修理系列片疤，形成一直刃，刃长43mm，刃角65°~75°。刃缘局部分布微疤，可能为使用所致。除刃缘外，其他部位均为自然面（图一五，1；图一七，1）。

标本09XLL·244，出自第6层，单凸刃边刮器，原料为石英。长23.8mm，宽18.1mm，厚12.1mm，重6g。原型为带石皮的断块。以较厚的一面为远端，有石皮的一面为反面。在正面、反面均可见修理疤痕。正面的修理疤痕位于近端及右侧，至少可见4个打击疤痕。由于石英的脆性，远端的片疤呈阶梯状。反面在近端和远端均有疤痕，近端3个片疤连续分布，远端有一个大片疤。两面的疤痕共同组成刃缘，长度35mm，刃角57°~70°（图一五，3；图一七，2）。

标本09XLL·200，出自第6层，单凸刃边刮器，原料为含有方解石条带的灰岩。长72.2mm，宽59.5mm，厚29mm，重154.6g。原型为断块。以刃部为左侧，相对应的一侧为右侧。以带石皮的一面为反面，相对应的一面为正面。可见左侧有至少4个反向修理的疤痕，共同构成弧形凸刃，疤痕大小不一，延伸长度6.8~25.1mm不等。刃缘长度62.6mm。刃部较陡，刃角72°~87°。刃部有连续分布的微疤和磨圆，应为使用所致（图一五，6；图一七，6）。

砍砸器　3件，原料均为石英砂岩，原型为断块、石块、石片者各1件。刃缘均圆凸，2件为反向加工，1件为正向加工。其尺寸和重量均较大，修疤大小为中—大。

标本09XLL·205，出自第6层，原料为石英砂岩。长87.3mm，宽93.8mm，厚47.6mm，重367g，原型为石块。刃缘有3个修理片疤，均为反向加工，刃角72°~85°，刃缘长约15cm。片疤较宽，长度不大，最大的一个片疤长宽为35.9*57.3mm。刃部未见崩疤，但有轻度的磨圆。与刃缘相对的远端较厚。自然面占石器表面的比例约为50%（图一五，8；图一六，3）。

石磨盘　1件。标本09XLL·411，出自第6层，以石英砂岩石块为毛坯。其长128.3mm，宽127.3mm，厚65mm；重1460.5g。上下表面平坦，几近平行，上表面为明显的磨平面。四周缘破损，有明显的人工打击痕迹（图一五，7左；图一六，2）。

石磨盘毛坯　石英砂岩石块的石磨盘毛坯3件，体型均较大。上下表面存在近平行较大的平坦表面，与前述石磨盘形制相仿；平面为岩石的解理面，缺乏明显的磨制痕迹。如此大型的有平坦平面的石块被搬运到遗址内，应是制作石磨盘的毛坯。

石砧　2件。标本09XLL·405为石英砂岩石砧，出自第6层，长148.4mm，宽146.7mm，厚107.7mm，重3145g。上下表面较平坦，彼此近平行。上面观石砧呈不规则四边形，4个侧缘表面中的三个为自然破裂面，另一侧缘呈较规整的弧形，与石砧的上表面平滑过渡。石砧上表面及该侧缘表面可见明显砸痕及密集的浅平坑疤（图一五，7右）。

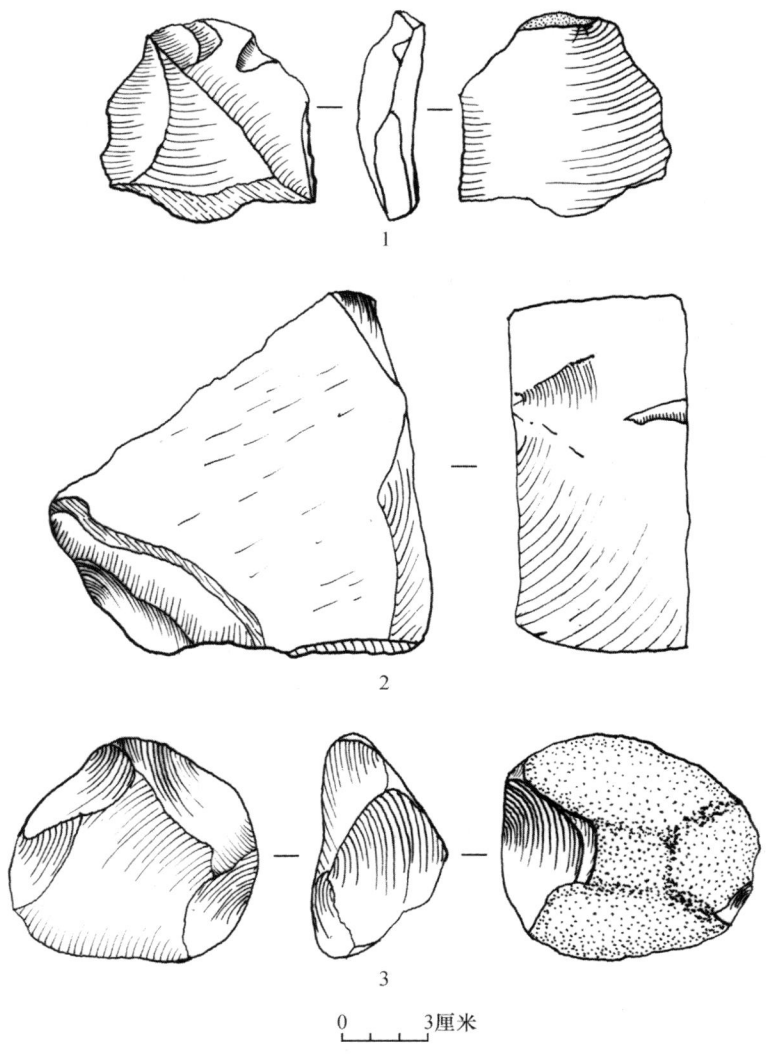

图一六 李家沟遗址北区石制品
1. 石片（09XLL·299） 2. 石磨盘（09XLL·411） 3. 砍砸器（09XLL·205）

石锤 共5件，石料均为石英砂岩，石锤的原型1件为双台面石核，1件为砾石，其余3件为石块及断块。其体型和重量较大，一端或两端表面粗糙，可见明显砸痕或较密集的浅平坑疤。

5. 细石器

细石核1件，细石叶断片3件，占全部石制品总数的0.9%。

标本09XLL·008，细石核，出自第4层，原料为质地细腻的白色燧石，长23.6mm，21.2mm，厚11.8mm，重7.3g。原型为带有石皮的断块。纵剖面呈正方形。台面为修理而成的平面，中间略凹，不规则形，可见至少5个修理疤，台面长17.4mm，宽10.7mm，台面角85°。与台面相对的一面为凹刃状，可见4个修理疤痕，左边2个平行分布，右边2个一大一小重叠。这几个修疤较为完整，打破了细石叶的剥片疤，为最后打制而形成。台面与刃状缘之间为剥片面，可见至少10个窄长、浅平的剥片疤，平行分布，较规整，长度10~22.5mm，宽度3~5mm。与剥片对应的一面基本为自然面，右侧有几个微小的疤痕，呈阶梯状分布（图一五，2；图一七，5）。

3件细石叶断片包括2件远端断片和1件中间断片，都以燧石为原料。重量均为0.1g，长5.3~8.2mm，宽5.6~6.8mm，厚1.4~2mm。背面常有剥细石叶所留下的纵脊，与两侧缘大体平行。

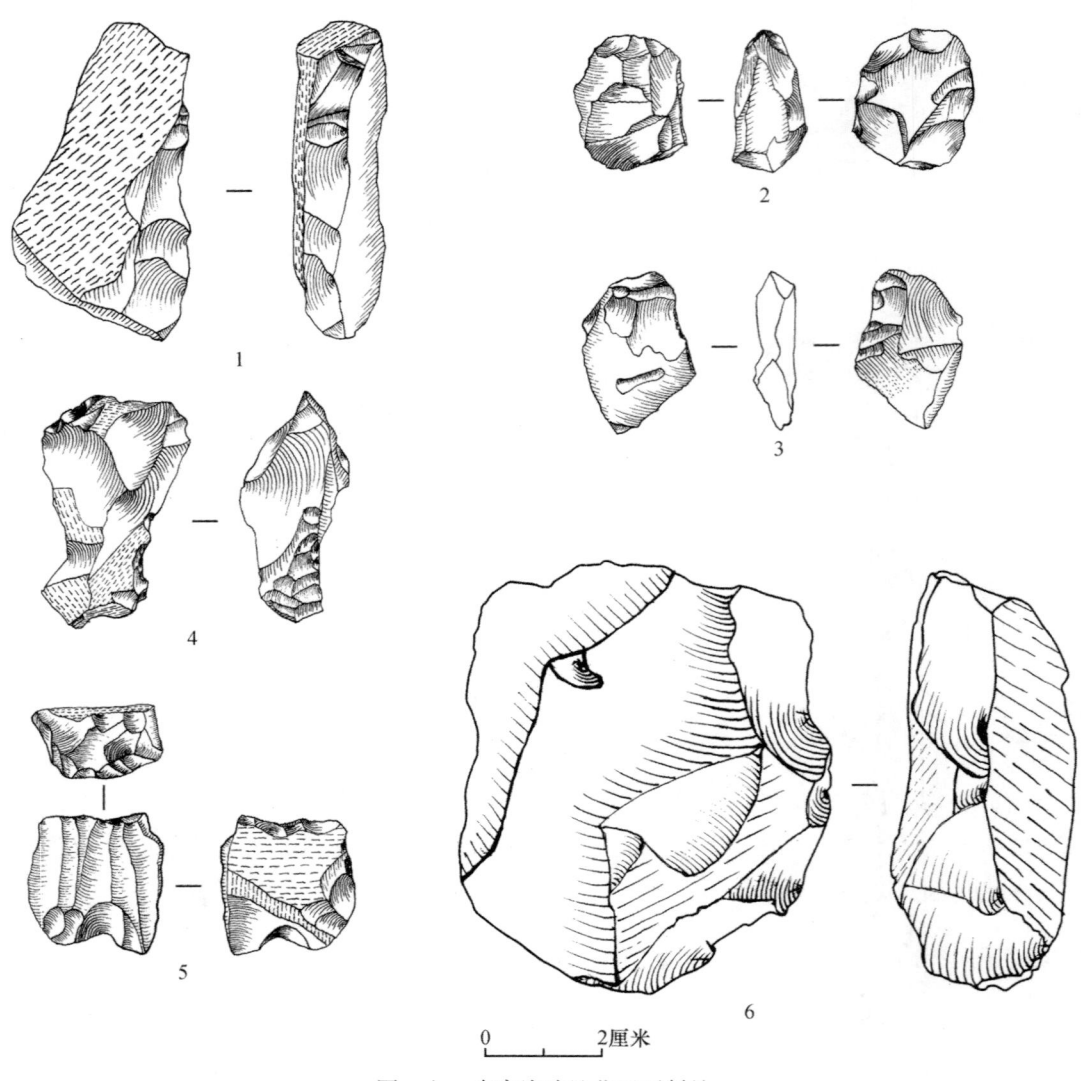

图一七　李家沟遗址北区石制品

1~4、6.边刮器（09XLL·202、09XLL·244、09XLL·367、09XLL·072、09XLL·200）

5.细石核（09XLL·008）

6. 断块和残片

共255件，占全部石制品的55%，其中残片28件，断块227件。断块中以石英砂岩比例最高，共有200件，占88%；石灰岩、石英和燧石断块分别有10、9、8件。断块的重量的分布范围较大，0.6～770.3g，其中以石英砂岩、灰岩断块较重，燧石者次之，石英断块最小、最轻。残片中石英原料最多，共有20件占全部残片的71%，其余为石英砂岩5件，燧石3件。残片重量范围0.2～34.9g，石英砂岩残片重于石英和燧石残片。有使用痕迹的断块和残片15件，占比约6%。

7. 人工搬运石块

石块多呈扁平块状，岩性为砂岩或石英砂岩，尺寸较大，有些有火烧痕迹。它们都来自遗址附近的原生岩层，其用途尚不清楚，但应与当时人类居住生活有关。

（四）动物骨骼

李家沟遗址北区第4～6层共出土编号动物骨骼标本167件，其中可初步鉴定部位的标本142件，占85%；可初步鉴定种类的标本95件，占56.9%。但骨骼整体上比较破碎，多只能鉴定到目或科。这些骨骼中有烧骨47件，占全部骨骼的28%。烧骨和非烧骨的大小存在一定差异，烧骨的重量更轻，平均重量只是非烧骨的1/3，即相对更为破碎，应与人类活动有关（图一八；表一〇）。

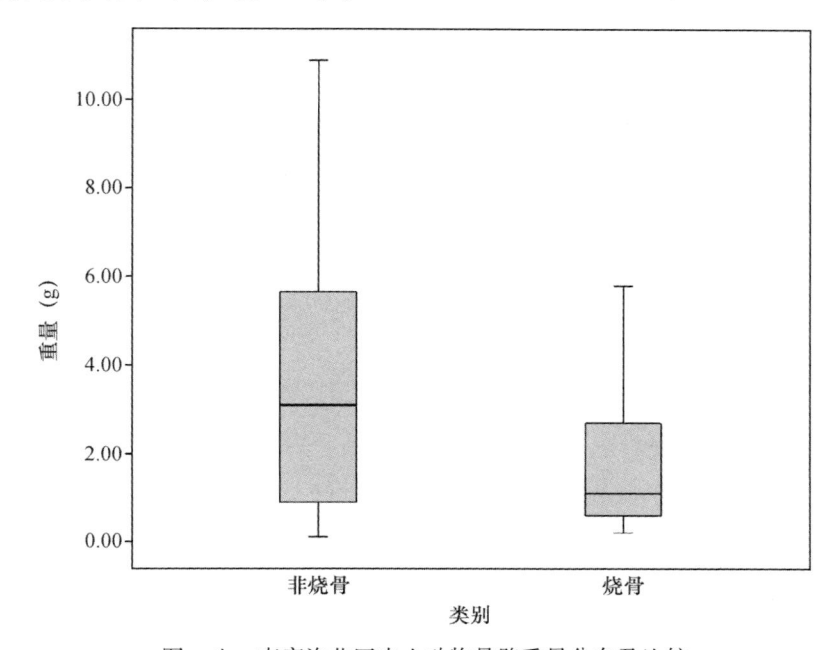

图一八 李家沟北区出土动物骨骼重量分布及比较

表一〇　李家沟北区上部文化层出土动物骨骼数量

层位	可鉴定烧骨数	烧骨总数	可鉴定骨骼数	骨骼总数
第4层	1	1	5	9
第5层	30	33	63	78
第6层	13	13	74	80
合计	44	47	142	167

动物骨骼的初步观察和鉴定结果见表一一。

表一一　李家沟北区可鉴定动物骨骼数量统计

| | 食肉类 | 偶蹄类 | | | | | 兔类 | 奇蹄类 马 | 啮齿类 | 鸟类 | 蚌类 | 合计 |
		鹿类	羊	猪	牛	待查						
4层		3										3
5层	5	21				9				3	1	39
6层	2	26	2	4	1	10	1	1	2	4		53
合计	7	50	2	4	1	19	1	1	2	7	1	95

从数量上看，各层均以鹿类的标本最多，其他种类动物的比例均不高。在鹿类中，以中小型鹿比例较高。骨骼的保存部位以肢骨碎片和牙齿最多；鸟类的标本则主要为蛋皮。

部分骨骼标本表面可见明显的人工痕迹，其中有切割痕迹标本6件、磨制痕迹标本1件，合占骨骼总数的4.2%。这些标本均出自第5层和第6层。

标本09XLL·511，出自第5层，重0.8g，烧骨，肢骨残片。其一端尖，但略有折断，另一端较宽，四周缘较锐，整体呈近似三角形的薄骨片，可能是一件残破的骨刀。骨片的一面因磨制而十分光滑，另一面则可见数十条明显磨痕，彼此近平行与骨片最长的一条边缘斜交（图一九，3）。

标本09XLL·588，出自第6层，重21.1g，鹿的左跖骨上端，局部有轻微的火烧痕迹。在跖骨块下端断面上保留有半环形的锯切痕迹，深达骨壁厚度的一半。锯切面仅在跖骨下端的前面和内侧面保留，与骨表呈45°斜交；后表面及外侧面下端骨质有破损，是否也曾锯切不详。沿长轴方向观察锯切面，可见其表面存在很多半环形的切割线，与骨表近平行。在接近下端断面的内、外侧骨表面上，还可观察到十余条切割痕，与骨干长轴垂直，与锯切面平行（图一九，5）。

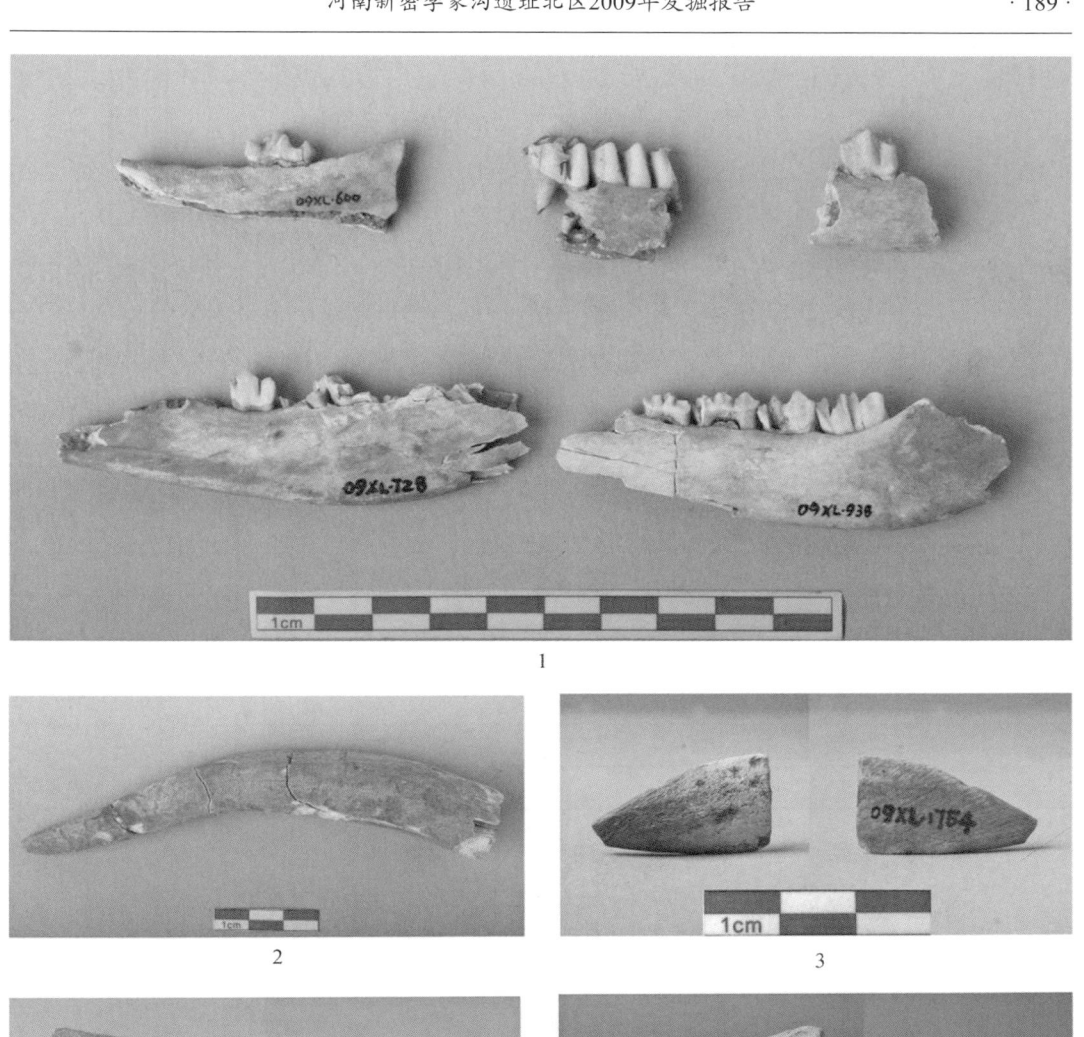

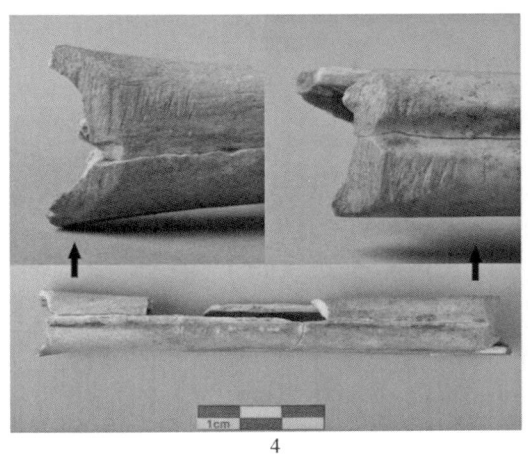

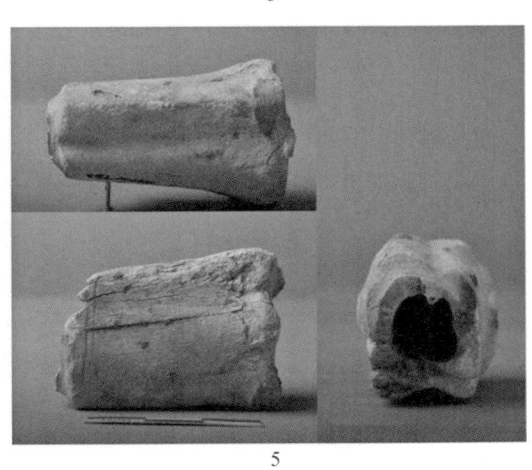

河南新密李家沟遗址北区2009年发掘报告 ·189·

图一九　李家沟遗址北区出土动物骨骼
1. 下颌骨（从左至右、从上到下依次为：食肉类09XLL·564，鹿09XLL·522、09XLL·505、09XLL·516、09XLL·520）　2. 鹿角（09XLL·541）　3. 磨制肢骨片（09XLL·511）　4. 鹿左跖骨（09XLL·572）　5. 鹿左跖骨上端（09XLL·588，末端有切割痕迹）

四、下文化层（第7层）

第7层仅发现少量石制品，也未见人工搬运石块。但与上部文化层相比，似乎表现出断块比例下降，工具和石核比例升高的趋势。从石制品原料来看，第7层石制品石英砂岩比例有所降低，而石英所占比例明显增高，灰岩原料则完全未见。石制品的类别、数量、原料均与上部文化层有所区别。第7层共有石制品8件，包括石核、断裂片、石器、断块（表一二、表一三）。

表一二　李家沟遗址北区下部文化层石制品分类统计

		石核	工具	断块	断裂片	合计
第7层	件数	2	2	3	1	8
	%	25	25	37.5	12.5	100

表一三　李家沟北区下部文化层石制品石料统计

		燧石、玛瑙	石灰岩	石英	石英砂岩	合计
第7层	件数	2	0	3	3	8
	%	25	0	37.5	37.5	100

1. 石核

锤击石核、砸击石核各1件。

标本09XLL·369，单台面石英砂岩锤击石核。长43mm，宽80.4mm，厚72.7mm，重251.1g。自然台面呈三角形，台面长61mm，宽74.8mm，台面角96°。可见2个片疤，深度较浅，剥片面的面积占整个石核表面积比例约40%。

09XLL·366，砸击石核，原料为石英。长22.3mm，宽14mm，厚8.3mm，重2.4g。台面呈点状，可见1个片疤，片疤浅平。

2. 断裂片

1件。标本09XLL·370为左裂片，原料为石英。长26.8mm，宽30.8mm，厚11.5mm，重10.7g，石片角98°。台面为自然台面，呈三角形，长10.3mm，宽12mm。无半椎体、同心波，仅可见不发达的打击泡。背面有片疤5个。无使用痕迹。

3. 石器

边刮器2件。

标本09XLL·367，单直刃边刮器，原料为灰色玛瑙。长29.7mm，宽19.3mm，厚6.8mm，重3.5g。原型为石片。台面为自然面，近三角形，长5.3mm，宽10.7mm。修理集中在腹面右侧边缘。右侧近端边缘可见一系列修理微疤，有正向和反向两种，形成直刃。反向修理的微疤连续分布，分布形态普通，中间一段由于石料原因呈阶梯状分布。正向修理的疤痕在背面连续、平行分布，疤痕浅平而窄长，应为压制修理，最长的修理疤达7.6mm，已经到达背脊。刃缘长度16.5mm，刃角40°～55°。在右侧和远端可见微小疤痕，为使用所致（图一五，5；图一七，3）。

标本09XLL·368，单直刃边刮器，原料为黑色燧石，原型为断块。长18.6mm，宽21.6mm，厚7.8mm，重2.4g。修理部位在近端，修理刃缘长21.8mm，正向加工，疤痕连续、平行分布，无使用痕迹。

4. 断块和残片

断块2件，原料为石英砂岩，重161.6～169.6g。石英残片1件，重0.6g。断块和残片均无使用痕迹。

五、遗址的时代和性质

对地层内出土炭屑及动物骨骼^{14}C（AMS）的年代测定，北区第4～6层经树轮校正后的年代为距今10 200～8500年（表一四）。从测年结果及出土遗物判断，李家沟遗址是一个典型的旧、新石器时代过渡遗址。

表一四　李家沟北区^{14}C年代测定

Lab编号	样品	地层	^{14}C年代（B.P.）	树轮校正后年代（B.C.） 1σ（68.2%）	树轮校正后年代（B.C.） 2σ（95.4%）
BA091416	木炭	④	7740±40	6610B.C.（68.2%）6500B.C.	6650B.C.（95.4%）6480B.C.
BA091417	木炭	⑤	8015±35	7060B.C.（21.1%）7000B.C. 6970B.C.（22.9%）6910B.C. 6890B.C.（24.3%）6830B.C.	7070B.C.（95.4%）6810B.C.
BA091494	木炭	⑥	8950±40	8250B.C.（35.5%）8180B.C. 8120B.C.（8.2%）8090B.C. 8080B.C.（3.9%）8060B.C. 8050B.C.（20.6%）7990B.C.	8280B.C.（44.2%）8160B.C. 8140B.C.（51.2%）7960B.C.

六、小　　结

晚更新世至早全新世是人类社会和文化发生重大变革的时期，旧、新石器时代过渡的研究成为世界性的重大学术课题。近年来在华北、华南发现了很多这一阶段的重要遗址，为了解东亚地区这一时期人类社会演变提供了很多重要的研究材料（北京大学考古文博学院，2006；谢飞等，2006；严文明等，2000；保定地区文物管理所等，1992；

周国兴，1986）。中原地区作为连接我国及东亚大陆南北东西的地带，是探讨中华文明起源的核心。然而在这一地区旧石器时代晚期文化和已发现的新石器时代裴李岗文化之间，却存在着明显的缺环。李家沟遗址的发现从地层堆积、工具组合、生计方式等多角度提供了中原地区旧、新石器时代过渡进程的重要信息。

从地层上看，位于李家沟北区的早期新石器时代遗址可分为上下两个文化层，上文化层为第4~6层，是连续堆积的新石器时代文化层，厚度约2m，距今10 200~8450年，包含北区所发现的绝大部分遗存，显示遗址使用具有一定的规模及相对于旧石器时代晚期更强的稳定性。下文化层为7层，仅发现零星石制品，石制品面貌尚不明确，未发现陶片及化石，依地层判断，应与南区底部层位相当，属旧石器时代晚期。

北区上部文化层中发现了较清楚的人类活动遗迹，即第6层所发现的石块聚集区。遗迹中心由体型较大的磨盘、石砧与多块扁平石块构成。间或夹杂着数量较多的烧石碎块、石器断块、陶片以及动物骨骼碎片等等，工具所占比例较低，这可能与遗迹区特定的活动相关。遗迹区发现有明显人工切割痕迹的食草类动物长骨断口，表明遗迹区可能进行过加工动物骨骼的活动。而大量烧石的存在则说明这里亦具有烧火的功能。这与那些以细石器文化为主要特征的，反映较强人群流动性的旧石器时代晚期遗存明显不同。虽然尚未发现柱洞等建筑遗迹，但半环形石块聚集区明显与当时人类相对于旧石器时代晚期采集狩猎人群更稳定的居住活动有关，人们在此可进行工具生产与食物加工等活动。

上部文化层另一项重要的收获是发现了160多片陶片。除部分因埋藏原因较松脆，多数未经风化磨蚀，且产状分布均无一定规律，有些甚至呈直立状，应属原地埋藏，说明当时人类就在发掘区原地或附近使用陶器。已发现的陶片均为夹粗砂陶。陶片颜色以红褐色为主。多数质地较坚硬，显示出较高的烧成技术。从纹饰上看，除少量发现的刻划纹，其余大量器表施以压印纹，加工手法较纯熟。然而，这批陶片虽然包括多件不同陶器的口沿部分，器形却较单调，均为直口的桶形罐类器物，器型较大，仍保留有早期陶器的特点。从总体来看，李家沟新发现的陶器无论是器物类型或是纹饰风格，均与本地区年代稍晚，广泛分布的裴李岗文化有比较明显的区别，可将其命名为李家沟文化。李家沟文化具有相对较成熟制陶技术，其起源和发展需要进一步探讨。

从石制品看，北区上文化层的细石核、细石器的应用相较于旧石器时代晚期开始衰落，仅包括第4层发现一件宽台面柱状细石核和第6层少量的细石叶断片，技术特点与南区旧石器时代文化层细石器工业有所不同。石英砂岩加工的权宜型石制品数量则较多。这类石制品的形体粗大，加工简单，与南区细石器工业的精制品组合不同，应是适应不同生计活动的结果。同时，北区上文化层还发现了大量人工搬运石块和形体较大的扁平砂岩石块。从发现的石磨盘残段观察，部分扁平砂岩石块可能为加工磨盘的原料或荒坯。但更多的石块还可能与当时人类的居住活动相关。这些都反映出人类的流动性较旧石器时代晚期已经有所下降。北区下文化层仅有少量石制品发现，根据地层关系可以北区上文化层发现的动物化石种类亦较丰富，数量较多的是中型和小型鹿类，大型食草类则仅见零星的牛类与马类骨骼碎片，另外也可见到少量的羊、猪以及食肉类的骨骼遗存。这与南区旧石器文化层发现较多大型食草类化石不同。结合石制品的发现状况，这可能表明专业化狩猎活动的减少。而大型的陶制容器的出现，也暗示本阶段的生计方式可能向采集植物类食物与狩猎并重的方向发展。但是对北区上文化层土样的初步浮选结果显示，浮选物中植物遗存数量稀少，尚无明确的作物种子发现，这可能与发掘范围小，浮选土样样本量较少有关，有待进一步研究。

综合以上发现，李家沟北区所发现遗存显示出较强新旧石器时代过渡阶段的特征，结合南区的发现，显示出当地史前居民由流动性较强、狩猎大型食草动物的旧石器阶段逐渐向具有一定稳定性、植物采集与狩猎并重的新石器时代的演化过程，填补本地区该阶段历史发展的缺环，为进一步揭示旧、新石器时代过渡时期人类行为及文化特征发展提供了重要材料。

致谢：李家沟遗址的发掘得到国家文物局、河南省文物局、郑州市文物局和新密市政府的大力支持。郑州市文物考古研究院胡亚毅等同志承担了很多工作。北京大学考古文博学院年代实验室在测年上给予了帮助，北京大学城市与环境学院夏正楷教授多次亲临现场，指导地层划分与环境样品取样等，在此一并致谢！

领队：王幼平　张松林
队员：汪松枝　赵静芳　王佳音
　　　高霄旭　何嘉宁
执笔：何嘉宁　张松林　汪松枝
　　　王佳音　王幼平

参 考 文 献

[1] 保定地区文物管理所等.河北徐水县南庄头遗址试掘简报[J].考古，1992（11）.

[2] 北京大学考古文博学院等.北京市门头沟区东胡林史前遗址[J].考古，2006（7）.

[3] 谢飞等.泥河湾旧石器文化[M].石家庄：花山文艺出版社.2006.

[4] 严文明等.仙人洞与吊桶环——华南史前考古的重大突破[N].中国文物报，2000-7-5.

[5] 周国兴.中国广西柳州白莲洞石器时代洞穴遗址——对华南地区旧石器时代晚期文化向新石器时代早期文化过渡的探索[J].东南文化，1986（2）.

（原刊于《古代文明》第九卷，北京：文物出版社，2013年）

河南新密李家沟遗址南区2009年发掘报告

北京大学中国考古学研究中心　郑州市文物考古研究院

李家沟遗址隶属于河南省郑州市新密市岳村镇岗坡村李家沟村（图一）。20004~2006年，郑州市文物考古研究院进行了旧石器考古专项调查，发现了数量众多的旧石器和动物化石地点，李家沟遗址为其中之一。2009年4月、6月，北京大学考古文博学院和郑州市文物考古研究院共同对该遗址进行了复查。在出露的南、北断崖中发现了一批文化遗物，包括陶片、石制品、动物骨骼等。石制品中有用较小的燧石制成的凹

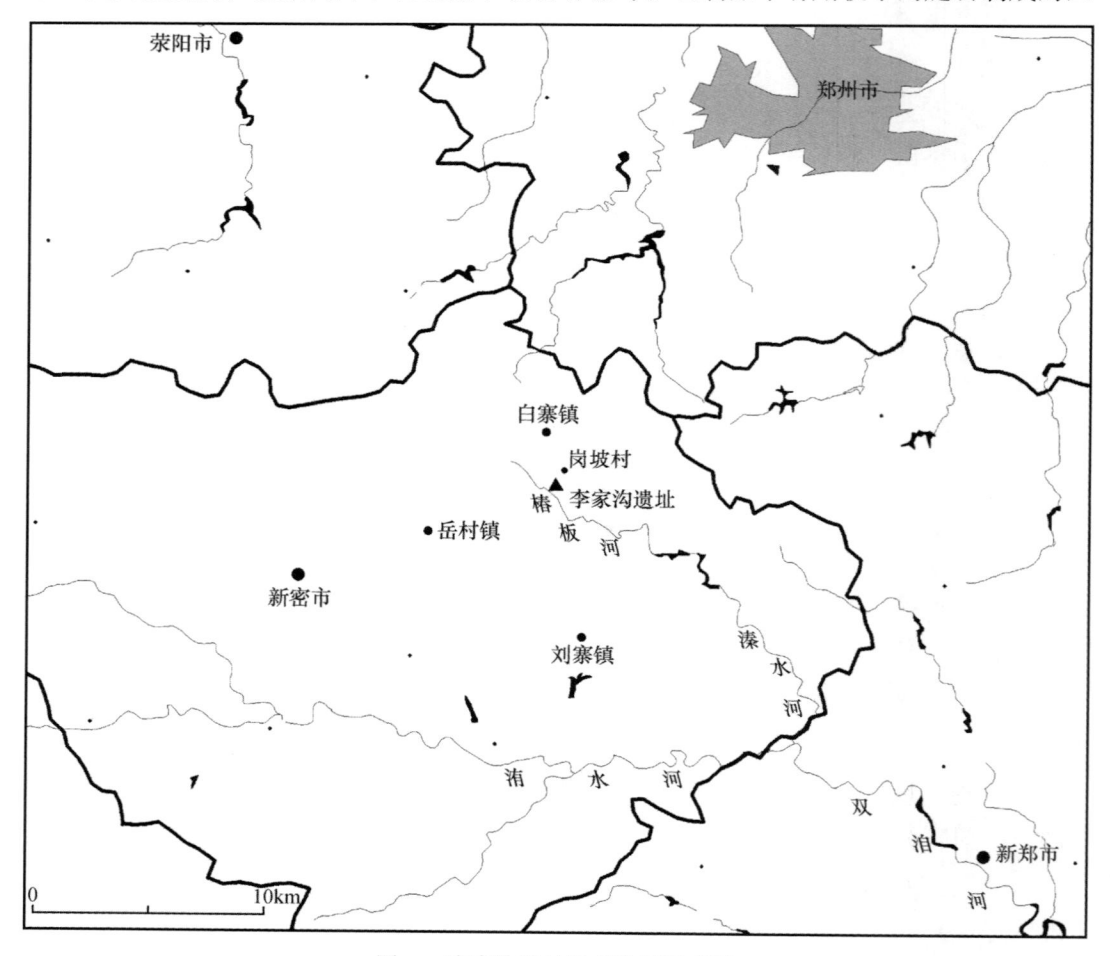

图一　李家沟遗址地理位置示意图

刮削器，也有石英砂岩制作而成的扁平石块。根据这些遗物初步判断，李家沟遗址为一处旧、新石器时代过渡的遗址，其时代可填补郑州地区史前文化的空白。

由于遗址周围分布有煤矿，已有多处区域出现塌陷，加之降水和河流侧蚀等自然因素的影响，临河一侧已经出现严重垮塌。为了抢救和保护这一重要遗址，经国家文物局审批，北京大学考古文博学院和郑州市文物考古研究院组成联合考古队，以王幼平先生为领队，于2009年8～10月对该遗址进行了第一次抢救性发掘。本次发掘发现了旧石器、向新石器过渡的连续剖面，以及新石器早期遗迹和陶片、典型的细石器等大量重要文化遗存。

发掘区分布于一条沿断层破碎带形成的沟谷两侧，形成南、北两区，布方情况如图二所示。本报告仅涉及南区。

发掘按照国际上通行的旧石器考古发掘方法，南区共布1m×1m探方24个，实际面积约16m²。在发掘过程中按照田野考古新规程的要求，对遗址文化层出土物全部进行了筛洗，并对遗物集中区域的土进行了浮选，对发掘过程进行了照相、摄像和文字记录。该区发现大量文化遗物，包括典型的细石器、打制石器、人工搬运石块、动物骨骼等。

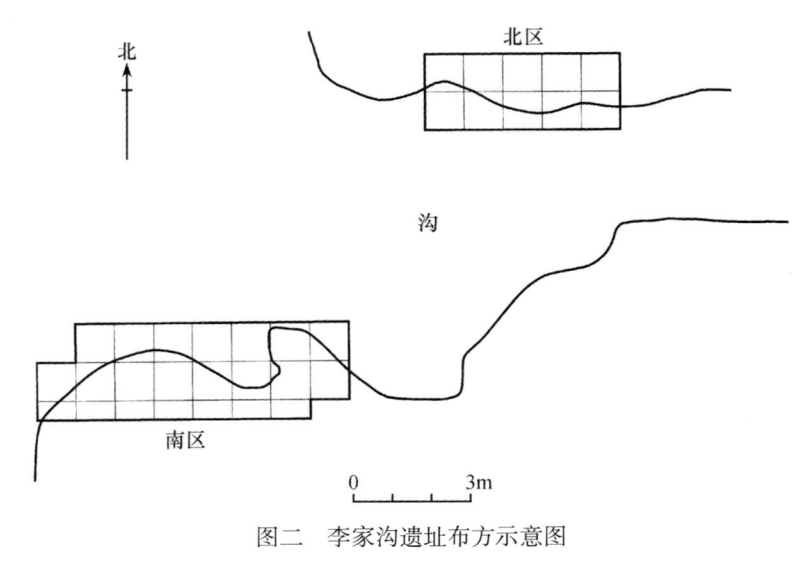

图二 李家沟遗址布方示意图

一、地貌和地层

李家沟遗址位于李家沟村西，椿板河（淮河水系溱水河上游）东岸的2级阶地上（图三、图四）。地理坐标北纬34°33′54.9″，东经113°31′24.8″，海拔200m。阶地性质为以马兰黄土为基座的基座阶地。附近是低山丘陵地貌，地势由东北向西南倾斜。黄土堆积发育。南区分布有大量人工种植的杨树。附近分布有现代小型煤矿。

图三　李家沟遗址地形平面图

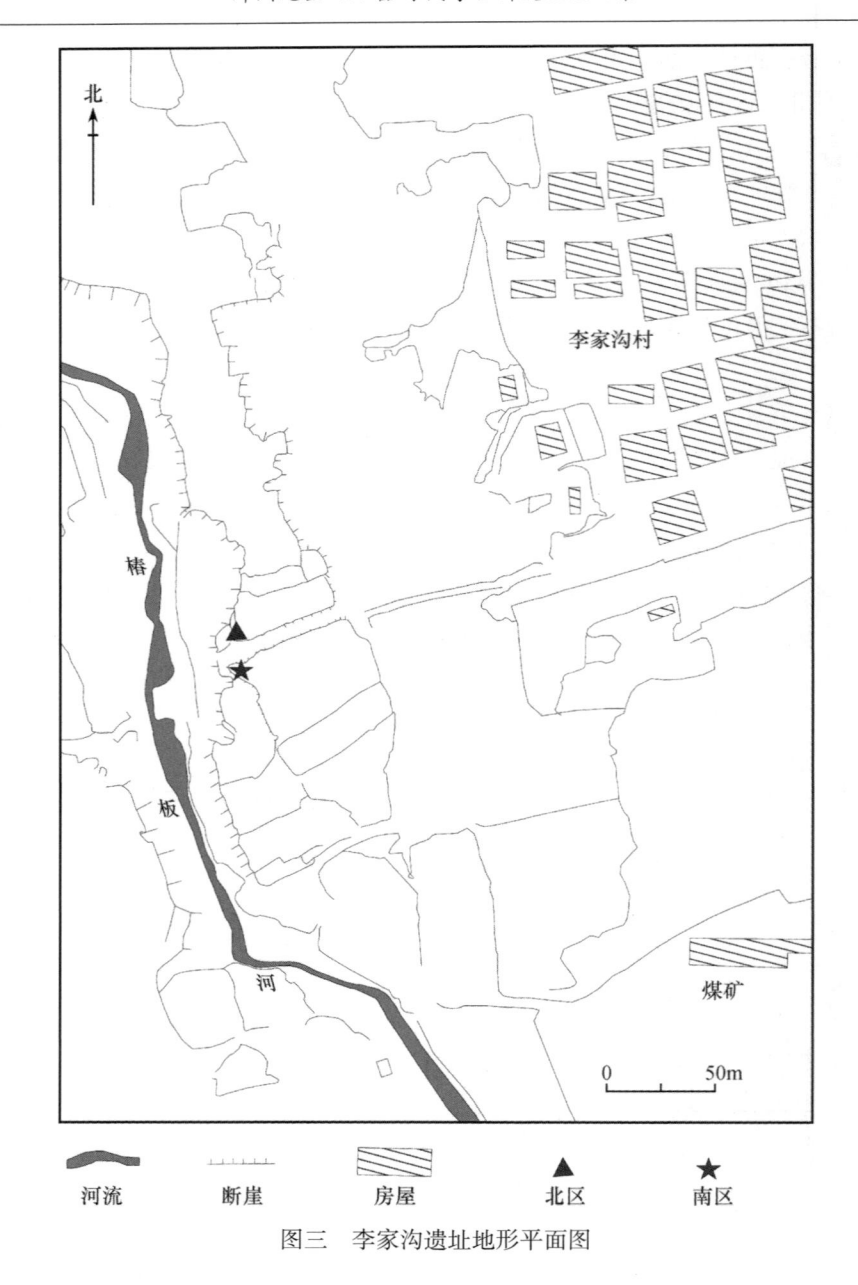

以南壁剖面为例，李家沟南区地层分为5层（图五）。

第1层：扰土层，厚6～130cm，棕褐色碳酸钙胶结物层，以褐色粗砂为主，包含大量料姜、灰岩石块，少量瓷片、砖块，塑料等现代物品。该层虽被现代人扰乱，但以褐色碳酸钙胶结物和粗砂构成的特点十分显著，是普遍存在于该地区的一类地层，考古工作显示该层普遍被叠压在裴李岗文化地层之下。

第2层：文化层，厚0～75cm，灰白色粉砂—粗砂，下部有锈黄色条带，偶见灰黑

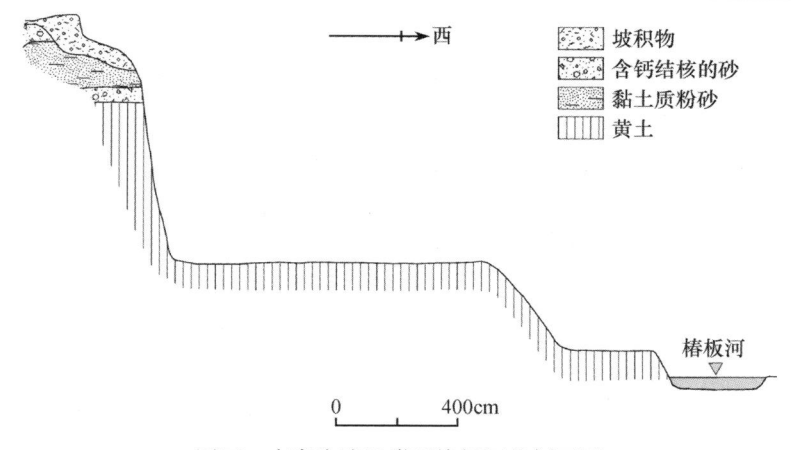

图四 李家沟遗址附近椿板河谷剖面图

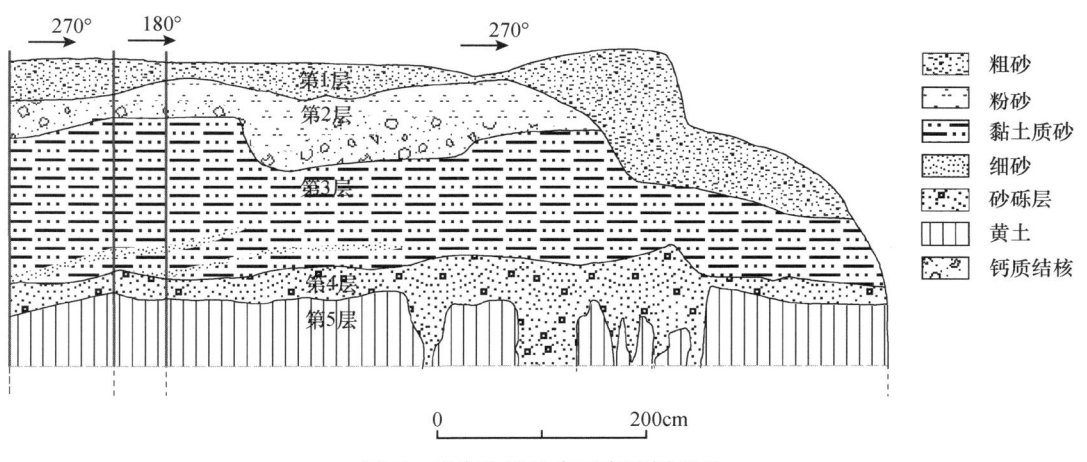

图五 李家沟遗址南区南壁剖面图

色黏土块，表面有许多裂隙，在发掘区未见文化遗物。但在发掘区东部的相同地层中可见陶片，其陶质、陶色和纹饰均与李家沟北区所出陶片一致。

第3层：文化层，厚30~160cm，黄褐—黑褐色黏土质粉砂，靠近下部有2层锈黄色砂层，可见水平层理，包含少量料姜石，极少量石制品和动物骨骼。

第4层：文化层：厚8~？cm（局部未见底），褐色砂砾层，含大量料姜砾石，剖面上可见多个竖立的料姜砂砾柱，深入到第5层，未见底。包含大量文化遗物，包括典型的细石器、动物骨骼和极少量的烧骨。

第5层：马兰黄土层，未见底，黄褐色黏土质粉砂，暂未见文化遗存。

二、埋藏状况和出土遗物分布

据初步统计，李家沟遗址南区出土遗物情况如表一。

表一　李家沟遗址南区出土遗物

	石制品（N[①]）	动物骨骼（NISP[②]）	烧骨（NISP）	合计
第3层	12	10	0	22
第4层	725	90	4	819
合计	737	100	4	841

①石制品数量为室内观察标本数，实际数量要多于此数字，其余标本为没有人工痕迹的石块。
② NISP，动物骨骼可鉴定标本数

从表一统计可知，南区仅第3层、第4层出土文化遗物。其中，第3层出土数量非常少，为22件，仅占总数的2.6%，第4层出土物非常丰富，仅室内观察标本就有819件，占有绝对多数。

所有出土标本当中，以石制品数量为多，动物骨骼次之，还有极少量的烧骨。

出土遗物的产状和风化、磨蚀状况可以显示埋藏状况。产状由长轴、倾向、倾角三个要素组成，具体划分规则见北区发掘报告。

第3层出土标本较少（图六），统计数据可能会不准确。从图八可以看出，长轴、倾向各个方向均有分布，无明显集中分布的趋势，倾角以倾斜状态为主，可能表明遗物的分布未受到水流等外力因素的干扰。

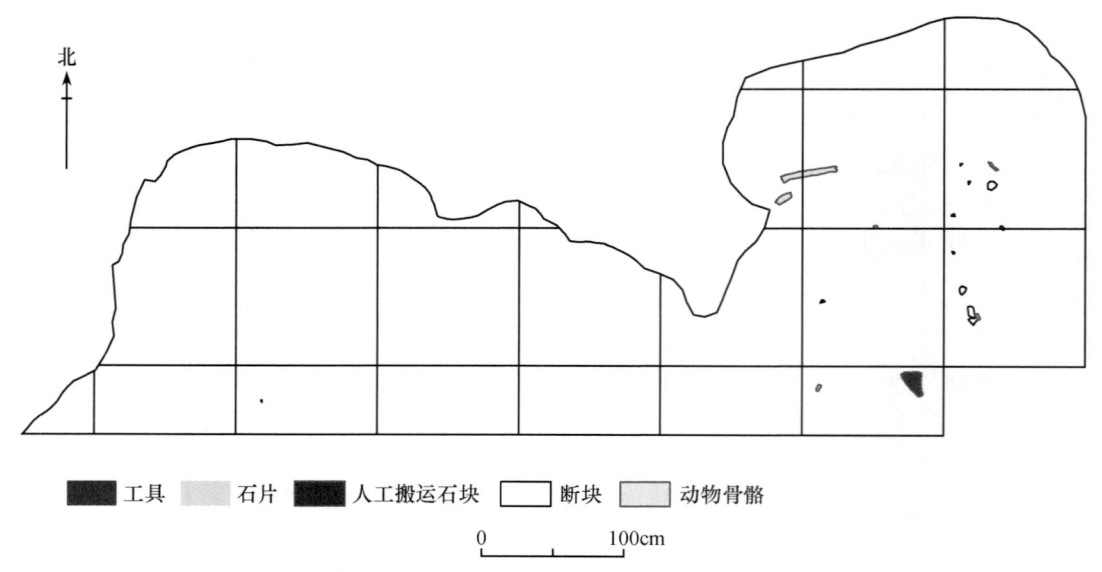

图六　李家沟南区第3层遗物分布平面图

就风化、磨蚀来讲（表二），第3层的动物骨骼以轻度、中度风化为多，没有重度风化。没有标本经过磨蚀。而石制品则以无风化占有绝对优势，无磨蚀或轻度磨蚀的标本较多，没有重度的风化、磨蚀。

第4层出土遗物丰富（图七）。从图九来看，长轴没有明显集中的趋势，各个方向的标本数量非常接近。但是方向2数量略多，其次为3、4，方向1数量最少，还有7%没有长轴。倾向的分布亦较为平均。但以水平者最多，其次以2、8方向稍多。倾角以倾斜状态为多，平行数量也占有一定比例，垂直状态最少。这类产状表明了遗物在埋藏过程中较少地受到外力影响。

就风化程度而言（表三），第4层出土的动物骨骼以没有风化和轻度风化略占优势，有不足1/3的标本有中度风化，仅有1件标本重度风化。石制品中则以没有风化占绝对优势，少量的轻度和中度风化，没有重度风化。

表二　李家沟南区第3层风化、磨蚀统计表

		风化				磨蚀			
		无	轻度	中度	重度	无	轻度	中度	重度
动物骨骼	N	1	4	5	0	0	0	0	0
	%	10	40	50	0	0	0	0	0
石制品	N	10	1	1	0	8	3	1	0
	%	83.3	8.3	8.3	0	66.7	25	8.3	0

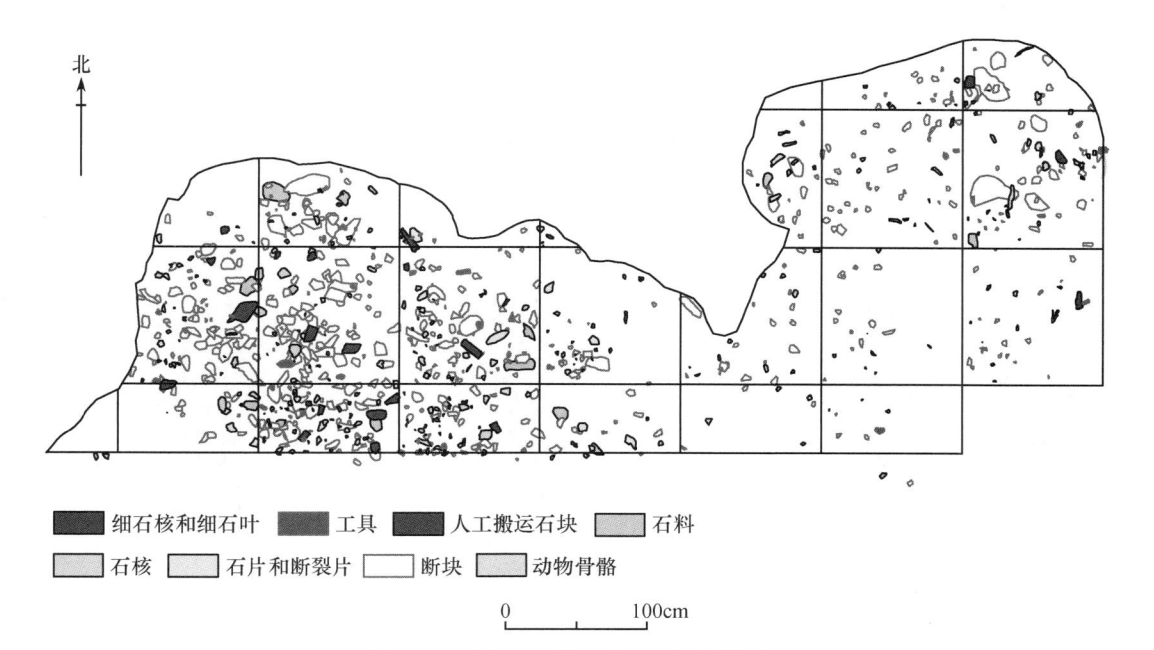

图七　李家沟南区第4层遗物分布平面图

表三　李家沟南区第4层风化、磨蚀统计表

		风化				磨蚀			
		无	轻度	中度	重度	无	轻度	中度	重度
动物骨骼	N	35	33	25	1	84	9	1	0
	%	37.2	35.1	26.6	1.1	89.4	9.6	1.1	0
石制品	N	671	50	3	0	611	111	2	0
	%	92.7	6.9	0.4	0	84.4	15.3	0.3	0

就磨蚀程度而言（表三），第4层出土的动物骨骼大部分没有经过磨蚀，占89.4%，有少量的轻度磨蚀，占9.6%，中度磨蚀仅1件，没有重度磨蚀。84.4%的石制品未经磨蚀，15.3%轻微磨蚀，仅2件标本中度磨蚀，没有重度磨蚀。

总之，第3、4层出土遗物产状没有明显的分布规律，但第4层在个别方向上的数量略多，表明可能受到轻微外力作用的影响。动物骨骼中多数有风化，以轻度和中度为主，重度极少，表明动物骨骼在埋藏之前曾经暴露在地表一段时间；动物骨骼一般没有经过磨蚀，仅有少数轻度磨蚀。石制品以没有经过风化、磨蚀者为多，也存在少量经过轻度风化、磨蚀，还有零星的中度风化、磨蚀，未见重度。以上统计表明，该遗址在埋藏过程中受到一定自然力作用的影响，但作用较小，基本上属于原地埋藏。在发掘过程当中，我们对所有文化层的土进行了筛洗，没有发现大量打制石器的碎屑，说明该地并不是制造石器的场所。

从遗物分布图（图六、图七）来看，石制品集中分布在发掘区的西侧，其种类十分丰富，可分为石料、石核、石片、断裂片、断块碎屑、细石器、人工搬运石块等，显示人类曾在此地频繁活动。动物骨骼则分布于东侧，多为大型食草类的肢骨、角等，少量的食肉类、鸟类、蚌类等，可能为人类肢解动物的场所。

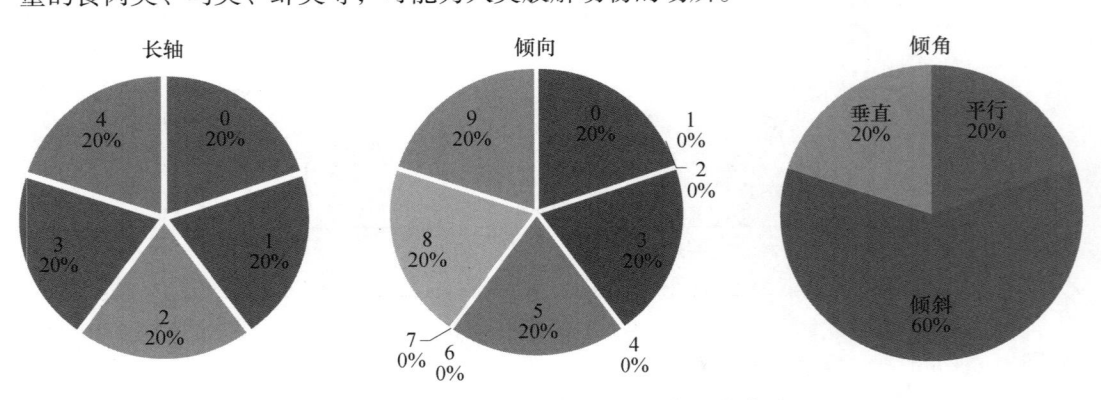

图八　李家沟南区第3层出土遗物产状统计图

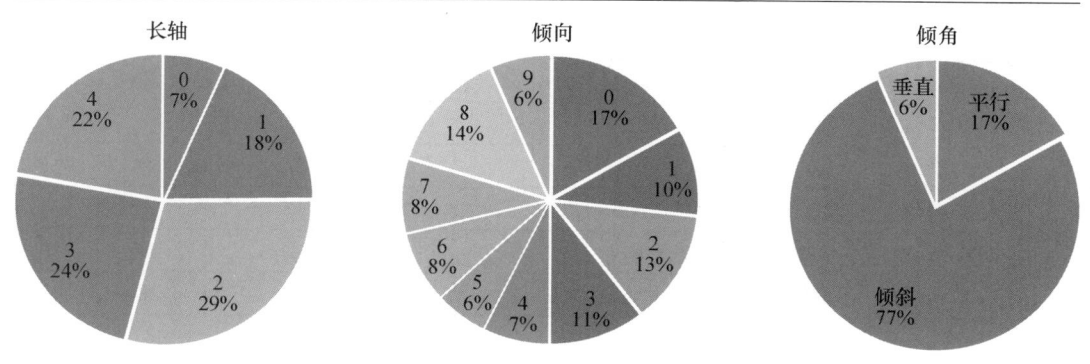

图九　李家沟南区第4层出土遗物产状统计图

三、第3层出土遗物

第3层出土遗物22件，其中石制品12件，动物骨骼10件。

（一）石　制　品

第3层出土石制品12件（表四），与第4层相比，数量非常少，种类也比较单一，包括工具1件，完整石片3件，断块7件，人工搬运石块1件。需要说明的是人工搬运石块与断块不同，是一类没有人工打制痕迹的石制品，具体定义将在下文第4层中详细说明。

原料种类有燧石、石英砂岩、石英、灰岩四种（表五）。其中燧石利用率最高，占41.7%，一般用于制作工具、石片等种类，也会产生断块；其次是石英砂岩，占33.3%，均为断块。石英和灰岩利用率很低，种类以断块为主。

依照石制品的最大长宽可以分为5个等级，微型（<20mm）、小型（≥20mm、<50mm）、中型（≥50mm、<100mm）、大型（≥100mm、<200mm）和巨型（>200mm）[①]。第3层石制品的尺寸变化大，长度为11.8~238mm。主要以微型、小型、中型标本为多，共有11件，只有1件特大型标本。标本的尺寸与岩性有密切的关系，燧石普遍为微型标本。石英砂岩变化很大，55.8~238mm不等，总体比燧石要大得多，属于中型、大型标本。石英的尺寸居中，为10~25mm。

石制品的重量变化也很大，变化范围从0.2~1825g。与尺寸相适应，燧石的标本很轻，平均重量只有0.8g；石英砂岩的重量差别较大，平均重量超过500g。

---

① 卫奇：《石制品观察格式探讨》，《第八届中国古脊椎动物学学术年会论文集》，北京：海洋出版社，2001年。

表四　李家沟南区出土石制品类型统计

		细石核	细石叶	人工搬运石块	石料	石核	完整石片	断裂片	工具	断块	总计
第3层	N	0	0	1	0	0	3	0	1	7	12
	%	0	0	8.3	0	0	25.0	0	8.3	58.3	99.9
第4层	N	8	11	23	27	29	114	43	53	417	725
	%	1.1	1.5	3.2	3.7	4.0	15.7	5.9	7.3	57.5	99.9
合计	N	19	11	24	27	29	117	43	54	424	737
	%	1.1	1.5	3.3	3.7	3.9	15.9	5.8	7.3	57.5	100

表五　李家沟南区第3层石制品原料与类型统计

		燧石	石英砂岩	石英	灰岩	总计
工具		1				1
完整石片		2		1		3
断块		2	3	1	1	7
人工搬运石块			1			1
合计	N	5	4	2	1	12
	%	41.7	33.3	16.7	8.3	100

1. 石片

共3件，均为锤击石片，2件燧石，1件石英，长度范围11.8～15.5mm，平均重量0.8g。标本09XLS·001，燧石制的V型石片，即台面为人工打制、背面为半人工打制的石片。长15.5mm，宽17.3mm，厚4.7mm，重1.1g。石片角122°。台面为打击台面，长5mm，宽12.5mm，形状不规则，打击点、打击泡非常清晰，亦可见同心波和放射线，背面自然面比例30%。在远端右侧可见使用痕迹。

2. 工具

仅1件。标本09XLS·002，单直刃边刮器，原料为燧石。长18.6mm，宽12.2mm，厚6.9mm，重1.5g，原型为断块，刃角54°，刃缘长10.9mm。修理疤痕以微型和小型为主，可见使用痕迹。

3. 断块

共7件，包括3件断块和4件残片。长度范围12～84.9mm，平均重量48.5g。原料为燧石、石英砂岩、石英、灰岩。

4. 人工搬运石块

仅1件。09XLS·725，原料为石英砂岩，长238mm，宽151.5mm，厚59.8mm，重1825g。重量大，呈扁平状。

（二）动物骨骼

第3层出土动物骨骼10件，经初步鉴定有大型鹿、中型鹿、牛、马等体型较大的食草类动物，初步统计各1个个体。保存的骨骼不仅有鹿角、下颌、牙齿等头骨骨骼，还包括有四肢骨。如09XLS·808为鹿角残块，09XLS·739为马牙，09XLS·816为一件完整的桡骨。未见烧骨。

（三）小　　结

第3层出土石制品和动物骨骼数量均较少。石制品种类也比较单一，包含石片、工具、断块等类型，并且包括人工搬运石块这类有显著特点的石制品。动物种类以大型食草类为主。

四、第4层出土遗物

第4层共出土遗物819件，其中石制品725件，动物骨骼94件（含烧骨4件）。

（一）石　制　品

第4层出土石制品725件。其中细石核8件，细石叶11件，石料27件，石核29件，石片114件，断裂片43件，工具53件，断块417件，人工搬运石块23件（表四）。

1. 原料

经初步统计，以石英砂岩、燧石、石英三种岩性为主，也有一定数量的灰岩，以及少量的玛瑙、石英岩、硅质灰岩和绢云母片岩（表六）。三种主要岩性中，又以石英砂岩利用率最高，占40.3%；其次为燧石，占31.7%；石英最少，20.6%。除了细石核、细石叶之外，各类石制品中均有石英砂岩。其中断块数量最多，达208件，占石英砂岩总数的71.2%；石片的数量其次，完整石片和断裂片共41件；工具最少，只1件。需要指出的是，人工搬运石块的原料通常为石英砂岩，23件搬运石块中有17件，接近3/4，另有一部分灰岩。与石英砂岩不同，燧石则主要用来制作细石核、细石叶、工具、石片等种类。除了断块外，以燧石为原料的石片最多，完整石片和断裂片共74件，工具35

件，细石核、细石叶19件则全部用燧石制成。石英中断块数量占65.8%，还有少量的石片和工具，各占13.4%和10.6%。

表六 李家沟南区第4层石制品原料与类型统计

		石英砂岩	燧石	石英	灰岩	玛瑙	石英岩	硅质灰岩	绢云母片岩	总计
细石核			8							8
细石叶			11							11
石核		13	7	8				1		29
石料		12	12	1	2					27
完整石片		22	58	20	11	2	1			114
断裂片		19	15	7	2					43
工具		1	35	15	2					53
断块		208	84	98	24	1	1		1	417
人工搬运石块		17			6					23
合计	N	292	230	149	47	3	2	1	1	725
	%	40.3	31.7	20.6	6.5	0.4	0.3	0.1	0.1	100

2. 石制品大小及重量

从图一〇可以看出，南区的石制品以微型、小型、中型标本为多。大型标本也占有一定数量，巨型标本最少。其中燧石标本普遍尺寸较小，以微、小型占绝对多数，少量标本为中型，个别标本超过100mm。石英砂岩标本则尺寸较大，以中型标本为多，大型标本也有一定数量。

就石制品的重量而言，以1~25g最多，占49.9%；25~100g的次之，占22.2%；小于1g和100~500g的较少；大于500g最少。各原料中重量分布也有区别，石英砂岩以25~500g最集中，石英以1~25g为多；燧石则以小于25g者最多（表七）。

3. 细石核和细石叶

共19件，包括细石核8件、细石叶11件，占第4层石制品总数的2.6%，原料均为燧石（表八；图一一、图一二）。

细石核又可分为船形细石核和柱状细石核，测量数据如表九。其中船形6件，柱状2件。船形细石核的台面有自然、打击、修理三种，以打击台面为主。如09XLS·561为自然台面，09XLS·105、09XLS·153、09XLS·410、09XLS·559为打击台面，09XLS·523为修理台面。无论哪种都是以一个较平坦的面为台面，与台面对应一面为一个小平面或者刃状，然后进行剥片，与剥片面对应的一面一般也呈刃状。柱状石核的台面则均为修理。09XLS·491有上下两个台面，09XLS·224一个台面已经成为刃状。

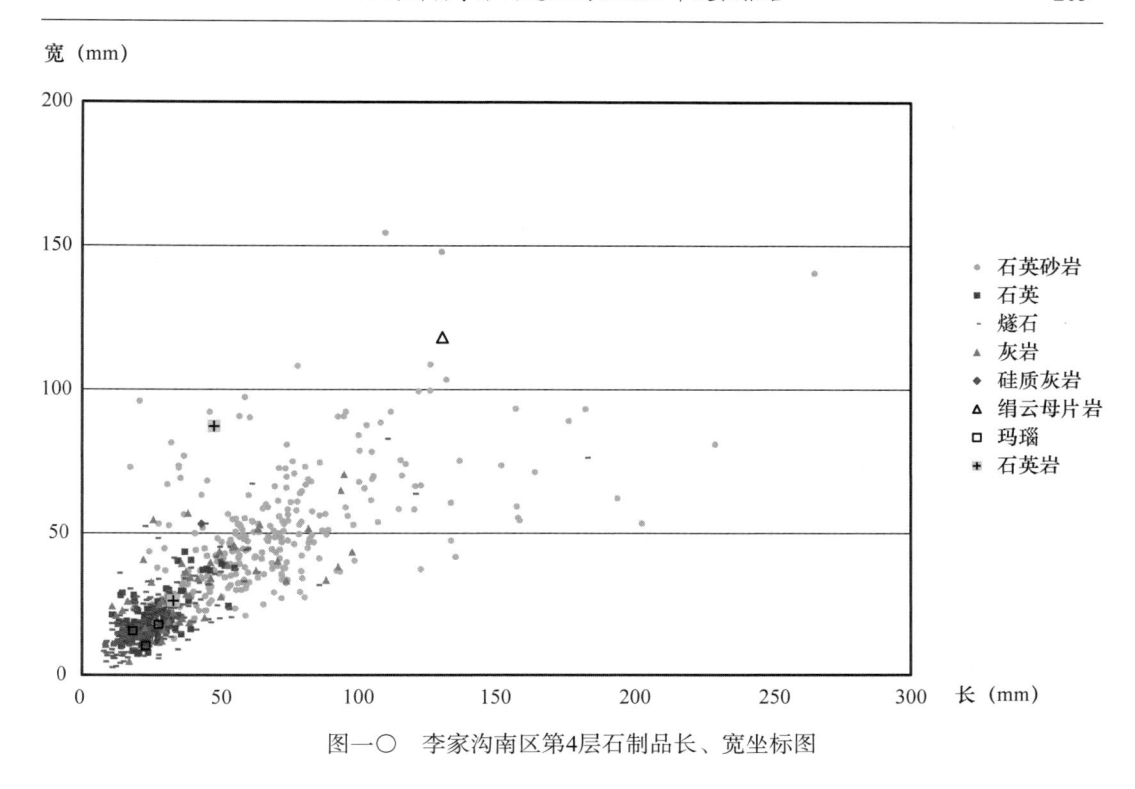

图一○　李家沟南区第4层石制品长、宽坐标图

从形状和剥片程度分析，柱状石核与船形石核的技术差别不大，可能仅仅属于细石核剥片的不同阶段。

表七　李家沟南区第4层石制品重量分布图

		<1g	1~25g	25~100g	100~500g	>500g	总计
石英砂岩			60	118	93	21	292
燧石		59	149	16	4	2	230
石英		11	126	11	1		149
灰岩		4	23	14	6		47
玛瑙			3				3
石英岩			1	1			2
硅质灰岩				1			1
绢云母片岩					1		1
合计	N	74	362	161	105	23	725
	%	10.2	49.9	22.2	14.5	3.2	100

表八　李家沟南区第4层细石器分类统计

类型	细石核		细石叶		总计
	船形细石核	柱状细石核	完整细石叶	不完整细石叶	
数量	6	2	9	2	
合计	8		11		19

09XLS·561，船形细石核，原料为褐色燧石。长10.7mm，宽5.8mm，厚16.3mm，重0.6g。原型为两面均带石皮的断块，从侧面看纵剖面呈三角形。台面为自然面，呈不规则长条形，长16.3mm，宽5.8mm，台面角62°。与台面对应的一面修理成刃状，分布有连续的几个小片疤，片疤长度在2～3mm之间，修理的刃状缘长度7.9mm。台面与刃状缘之间可见平行分布的3个细长疤痕，最左1个片疤最完整，中间次之，最右的片疤仅剩很窄的一个窄面，可知是从右至左剥取细石叶。疤痕中最长者8.8mm，宽3.4mm。与剥片面相对的一侧为很短的刃状，有1个向剥片面的片疤（图一一，4；图一二，1）。

09XLS·105，船形细石核，原料为黑色燧石。长9.6mm，宽7.7mm，厚22.9mm，重2g。原型为带有石皮的断块，整体呈船底状。台面为剥片之前打击而成的平面，未进行修理，呈不规则形，长23mm，宽7.6mm。台面角57°～70°。与台面对应的一面，即底面基本为一平面，可见至少2个小疤。台面与底面之间可见剥片面，平行分布有4个细长疤痕，为剥取细石叶所致。其中3个延伸至底面，1个延伸不足一半。疤痕中最长者长9.3mm，宽3.8mm。与剥片面相对一侧为刃状，可见2条向剥片面的片疤，较浅平（图一一，8）。

09XLS·153，船形细石核，为剥片结束阶段的产品。原料为黑色燧石。长7.6mm，宽11.5mm，厚9.9mm，重0.9g。原型为断块，形状近似锥状。台面为剥片前打击所得平面，无修理痕迹，形状不规则，长9.7mm，宽11.3mm，台面角70°～80°。沿台面一周向底部压制细石叶，共剥取细石叶10片，深度浅平，长约10mm，宽3mm。片疤在底部汇集于一点（图一一，7；图一二，2）。

09XLS·410，船形细石核，原料为黑色燧石。长16.3mm，宽12.1mm，厚26.8mm，重5.1g。原型为断块，形状近似船底。台面为剥片前打击所得平面，形状不规则，长17.1mm，宽11mm，一侧分布两个略呈阶梯状片疤。台面角80°～88°不等。石核左侧前缘分布一窄长片疤，应为剥取细石叶所致。右侧为剥取石片所得阴疤。与台面相对的底部呈刃状，无加工痕迹，局部分布微疤，可能为镶嵌或使用所致。石核前缘遗留一窄长片疤，为剥取细石叶所致，深度浅平，长16mm，宽4.3mm（图一一，5）。

09XLS·559，船形细石核，原料为褐色燧石。长9.8mm，宽8.9mm，厚20.1mm，重1.7g。原型为带有石皮的断块，从侧面看纵剖面呈四边形。台面为打击而成的平坦平面，近三角形，长20.1mm，宽8.9mm，台面角48°。台面上有若干打击的小疤，连续打击，呈阶梯状分布。与台面相对的一面修理成刃状，两侧均可见一系列修理微疤，大者长达6.1mm，小者不足1mm，亦呈阶梯状，刃缘总长13.2mm，修理过的刃缘长9.9mm。台面与底部刃缘之间为剥片面，平行分布有5个连续的细长疤痕，为剥取细石叶所致。其中3片疤痕较完整，最长者长12.3mm，宽3.1mm。与剥片面相对的一面为自然面与以前打击面形成的刃状，无片疤（图一一，3；图一二，4）。

09XLS·523，船形细石核，原料为褐色燧石，长19.2mm，宽12.4mm，厚11.4mm，重3.4g。原型为断块。台面修理，片疤3个，形状不规则，长6.9mm，宽10.6mm，台面角68°。石核前缘平行分布细石叶片疤3片，深度浅平，均延伸至底部，长约17mm，宽6.4mm。石核右侧为自然平面，左侧为节理面，左右两侧与前后缘在底部汇聚成点状（图一一，6）。

09XLS·224，柱状细石核。原料为黑色燧石。长23.5mm，宽11.2mm，厚18.4mm，重5.5g。原型为断块。台面修理，片疤8个，组成一较平平面，形状略呈椭圆状，长17.7mm，宽11mm，台面角91°。石核前缘及右侧共分布5片细石叶片疤，较浅平，延伸至底部。后缘分布1片细石叶片疤，亦延伸至底。底部呈刃状，为石核左右两侧面相交而成（图一一，10；图一二，3）。

09XLS·491，柱状细石核，为剥片中间阶段的产品，原料为黑色燧石。长18.2mm，宽13.7mm，厚7.1mm，重2.2g。原型不可知，整体呈柱状，上部略大，纵剖

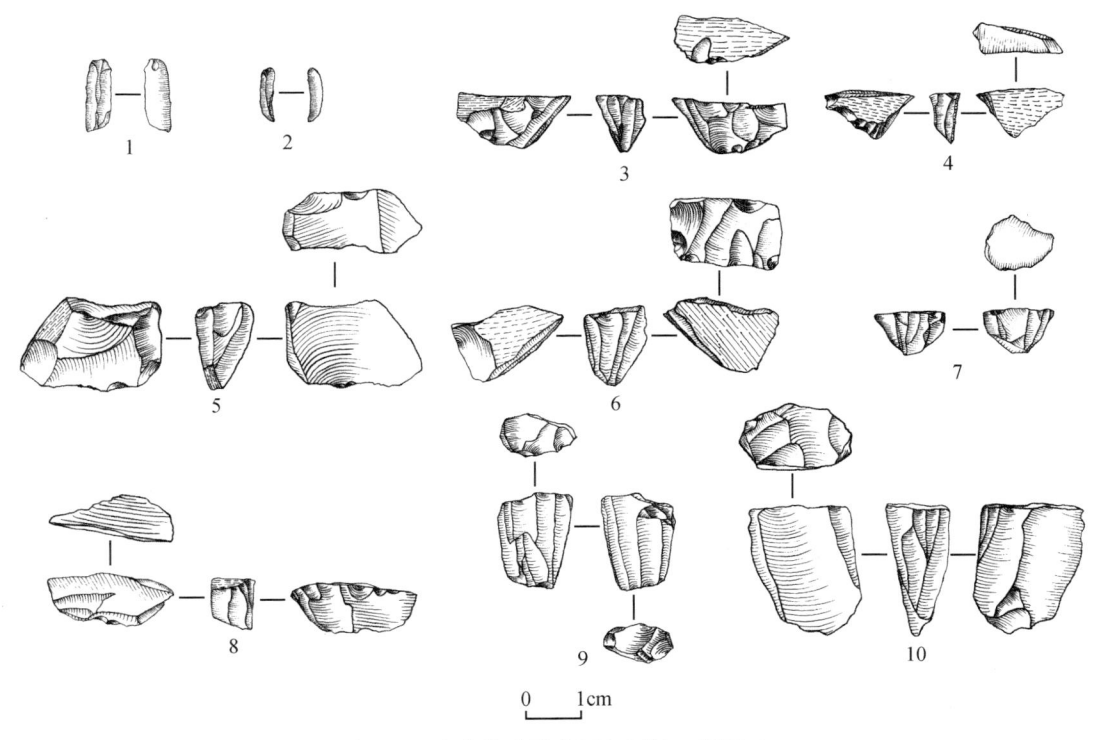

图一一　李家沟遗址南区细石核、细石叶

1、2. 细石叶（09XLS·567、09XLS·327）　3~8. 船形细石核（09XLS·559、09XLS·561、09XLS·410、509XLS·523、09XLS·153、09XLS·105）　9、10. 柱状细石核（09XLS·491、09XLS·224）

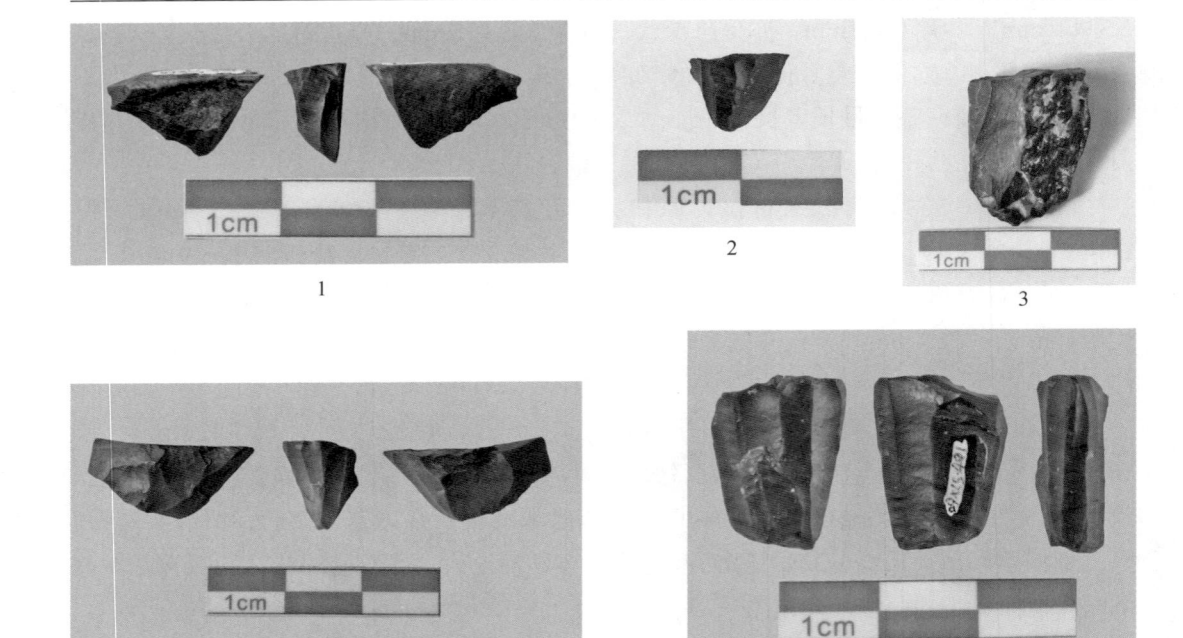

图一二 李家沟遗址南区石制品
1、2、4. 船形细石核（09XLS·561、09XLS·153、09XLS·559） 3、5. 柱状细石核
（09XLS·224、09XLS·491）

面呈上大下小的梯形。上下两个台面均剥取过细石叶。上部台面为不规则形，较平，可见3个小片疤，应为修理台面所致，长13.7mm，宽7.1mm，台面角87°。下部台面亦为不规则形，略向两边翘起，可见1个小疤。略小于上部台面，长7.5mm，宽5mm，台面角78°。核身通体平行分布有十几个长条形片疤，为剥取细石叶所致。其中最长一个片疤长17.2mm，宽3.9mm。一些片疤没有延展至末端，而是中途折断（图一一，9；图一二，5）。

细石叶包括9件完整和2件细石叶断片（表九）。完整细石叶平均重量只有0.15g，重量范围0.02～0.4g，长度范围7.7～26.6mm。台面没有片疤者2件，1个片疤者3件，2个片疤者1件，3个片疤者2件。背面仅1件标本带50%自然面，其余均为片疤。有2个片疤者2件，3个片疤者4件，4～6个片疤者各1件。

09XLS·567，完整细石叶，原料为黑色燧石，长14mm，宽4.7mm，厚1.3mm，重0.1g，左右两缘平行。台面打击，由左右两个微疤组成，形状不规则，长1.1mm，宽3mm，石片角83°。腹面较平缓，近端可见打击点，半锥体，打击泡及同心波，锥疤尤为明显。背面有3片以前剥取细石叶的片疤，形状平行，延伸至整个背面，在背面中部形成一略高背脊。细石叶左右两侧遗留有细小微疤，可能为使用所致（图一一，1）。

09XLS·327，细石叶，原料为黑色燧石，长9.9mm，宽2.7mm，厚1.1mm，重

0.02g。两侧刃缘平行。台面为极小的打击面，几成点状。腹面较平缓，近端可见打击泡。远端尖灭。背面3个以前剥取细石叶所遗留的片疤，形状平行，延伸至整个背面，在中部形成一略高的脊。右侧遗留细小微疤，可能为使用所致（图一一，2）。

表九　李家沟南区第4层细石器测量统计表

种类	统计	重量（g）	长（mm）	宽（mm）	厚（mm）	台面长（mm）	台面宽（mm）	台面角（°）
细石核	N	8	8	8	8	7	7	4
	平均值	2.7	14.4	10.4	16.6	15.8	9.5	67.3
	标准差	1.83	5.71	2.68	6.78	5.66	2.11	17.91
	最大值	5.5	23.5	13.7	26.8	23	11.3	91
	最小值	0.6	7.6	5.8	7.1	6.9	5.8	48
完整细石叶	N	9	9	9	9	7	7	4
	平均值	0.15	13.5	4.87	1.93	1.3	3.4	92.3
	标准差	0.15	5.46	1.39	1.02	1.23	1.59	8.1
	最大值	0.4	26.6	6.7	4	4	6.2	100
	最小值	0.02	7.7	2.7	1.1	0.3	1.4	83

4. 石料

这类石制品的原料组成与遗址内石核、石片、工具等类型一致，一般没有剥片或可见1个剥片疤，可能是用来测试原料是否可用，作为进一步制作工具的备选物品，属于石制品操作链条上较早阶段的产品。

共27件，占第4层石制品总数的3.7%。其中燧石石英砂岩、燧石各12件，灰岩2件，石英1件（表一〇）。

表一〇　李家沟南区第4层石料测量统计表

原料	统计	重量（g）	长（mm）	宽（mm）	厚（mm）
石英砂岩	N	12	12	12	12
	平均数	443.1	81.8	74.3	62.6
	标准差	267.38	20.72	31.6	34.24
	最大值	983.7	109.6	154.5	121.9
	最小值	83.6	46.1	32.8	29.2
燧石	N	12	12	12	12
	平均数	282.7	53.7	52.9	33.6
	标准差	628.81	34.61	45.65	24.44
	最大值	2220	119.7	182	97.7
	最小值	3.1	12.7	13.5	8.1

续表

原料	统计	重量（g）	长（mm）	宽（mm）	厚（mm）
灰岩	N	2	2	2	2
	平均数	73.1	36.2	44.5	35.8
	标准差	20.29	14.78	14.42	1.48
	最大值	87.4	46.6	54.7	36.8
	最小值	58.7	25.7	34.3	34.7
石英	N	1	1	1	1
	平均数	61.6	55.1	38	24.8
合计	N	330.3	64.9	61.2	46.3
	平均数	27	27	27	27
	标准差	460.79	30.89	38.28	31.18
	最大值	2220.0	119.7	182.0	121.9
	最小值	3.1	12.7	13.5	8.1

5. 石核

共29件，占第4层石制品总数的4%。原料以石英砂岩为主，13件；石英和燧石其次，分别为8件、7件；硅质灰岩1件（表一一）。

表一一　李家沟南区第4层石核原料与种类统计表

		锤击石核			砸击石核	总计
		单台面	双台面	多台面		
石英砂岩		11	1	1		13
燧石		2	2		3	7
石英		4	2		2	8
硅质灰岩		1				1
合计	N	18	5	1	5	29
	%	62.1	17.2	3.4	17.2	99.9

按照技术分为将石核分为锤击石核和砸击石核（表一二）。

锤击石核　24件，占石核总数82.7%。锤击石核又分为单台面、双台面、多台面石核。

单台面石核　18件，占石核总数的62.1%。原料主要是石英岩，其次为石英，还有少量燧石和硅质灰岩。单片疤者10件，双片疤6件，三个片疤者2件，各占总数的66.7%、33.3%、11.1%。台面性质以自然台面占绝对多数，17件，仅有1件为打击台面。台面形状多不规则，13件，其余为三角形和四边形。就自然面比例来讲，南区以自然面占1/4至一半之间标本数量最多，共6件，小于1/4者4件，大于一半者8件，总的来说，单台面石核均带有一定程度的自然面。有的石核还有直接使用的痕迹。

表一二　李家沟南区第4层石核测量统计表

种类		统计	重量（g）	长（高）（mm）	宽（mm）	厚（mm）	台面长（mm）	台面宽（mm）	台面角（°）
锤击石核	单台面石核	N	18	18	18	18	18	18	18
		平均数	120.1	34.1	47.3	38.9	33.5	41.7	83.4
		标准差	164.97	16.31	21.91	25.16	22.19	24.16	14.1
		最大值	633.7	71.1	97.4	95.8	83.8	96.6	110
		最小值	2.8	10.8	21.4	5.9	4.4	6.6	60
	双台面石核	N	5	5	5	5	5	5	5
		平均数	51.5	37.7	32.6	38.7	28.4	31.9	91.5
		标准差	37.17	11.01	10.25	22.08	18.88	11.26	21.61
		最大值	111.5	52.9	48.2	70.5	59.1	49.5	123
		最小值	15.8	26.5	22.2	8.8	9.4	20.3	76
	多台面石核	N	1	1	1	1	1	1	1
		平均数	1070	77.8	108.3	113.4	115.1	111.5	81
	合计	N	24	24	24	24	24	24	24
		平均数	145.4	36.7	46.8	41.9	35.8	42.6	84.8
		标准差	244.83	17.23	24.11	28.01	26.74	26.18	15.13
		最大值	1070	77.8	108.3	113.4	115.1	111.5	123
		最小值	2.8	10.8	21.4	5.9	4.4	6.6	60
砸击石核		N	5	5	5	5	5	5	5
		平均数	5.7	24.4	16.4	10.6	12	11.3	85.5
		标准差	4.82	5.58	8.66	3.58	6.08	5.04	10.61
		最大值	12.7	30.2	27.2	15.8	16.3	15.7	93
		最小值	1.3	18.2	7.4	7.7	7.7	5.8	78

双台面石核　5件，占石核总数17.2%。原料有石英、燧石和石英砂岩。双片疤者2件，3~5个片疤者各1件。台面性质以打击台面为多，4件，只有1件是自然台面。台面形状不规则2件，1件三角形、2件四边形。双台面石核都带有自然面，自然面比例小于1/4的有2件，1/4至一半仅1件，大于3/4者2件。亦有标本直接可观察到使用痕迹。

多台面石核　1件，原料为石英砂岩。09XLS·282，长77.8mm，宽108.3mm，厚113.4mm，重1070g。共有台面3个，片疤4个。主台面为打击台面，形状不规则，台面角约81度。主片疤正向加工，长宽为49.7mm×67.5mm。除4个典型片疤外，石核表面还有不完整片疤若干，多向剥片。自然面占石核表面的10%左右（图一三，3）。

砸击石核　5件，占石核总数17.2%。其中燧石3件、石英2件。台面为点状或刃状。片疤有时呈平行分布。主片疤一般浅平，延展程度较深。

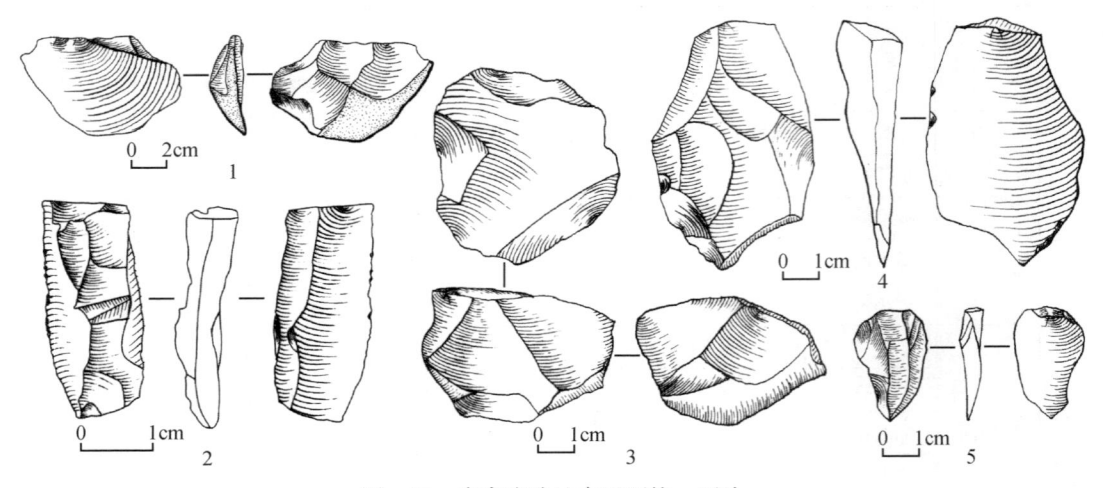

图一三　李家沟遗址南区石核、石片
1、5. V型石片（09XLS·320、09XLS·645）　2. 石叶远端断片（09XLS·160）　3. 多台面石核（09XLS·282）　4. Ⅵ型石片（09XLS·692）

6. 完整石片与断裂片

共157件，占第4层石制品总数的21.7%，主要原料为燧石（73件），其次为石英砂岩（41件），也有少量的石英和灰岩（27件、13件），以及零星的玛瑙和石英岩（2件、1件）（表七）。

（1）完整石片　共114件，按照技术分为锤击石片和砸击石片（表一三、表一四）。

表一三　李家沟南区第4层完整石片类型统计表

	锤击石片						砸击石片	总计
	Ⅰ	Ⅱ	Ⅲ	Ⅳ	Ⅴ	Ⅵ		
石英砂岩	3	4	4		7	4		22
燧石	2	16	3	2	18	15	2	58
石英	2	1	3		5	8	1	20
灰岩	1	2	2	1	2	3		11
玛瑙					1		1	2
石英岩					1			1
合计	8	23	12	3	34	30		
N	110						4	114
%	96.5						3.5	100

表一四　李家沟南区第4层完整石片测量统计表

岩性		统计	重量（g）	长（mm）	宽（mm）	厚（mm）	台面长（mm）	台面宽（mm）	石片角（°）
锤击石片	燧石	N	56	56	56	56	50	53	47
		平均数	2.8	18.5	19.3	6	4	10.2	105.3
		标准差	5.2	8.41	9.05	3.76	2.63	5.42	12.72
		最大值	35.4	45.2	53.3	17.4	13.8	25	138
		最小值	0	6.8	6.5	1.5	0.2	2	74
	石英砂岩	N	22	22	22	22	20	21	20
		平均数	85.1	56.3	55.6	23.2	15.9	32.4	99.8
		标准差	127.36	31.66	17.91	16.3	7.42	15.49	12.06
		最大值	604.3	163.8	90.4	79	31.6	67.1	122
		最小值	8	23.4	24.7	8.2	4.7	11.7	77
	石英	N	19	19	19	19	16	16	16
		平均数	5.6	21.9	21.8	7.6	5.7	12.7	101.8
		标准差	8.45	6.86	8.25	3.4	3.09	7	9.85
		最大值	29.7	37	43.5	16.5	12.2	23	120
		最小值	0.6	12.9	13.3	3.1	1.1	1.8	86
	灰岩	N	11	11	11	11	11	11	10
		平均数	6.4	24.9	29.6	7.8	9.2	21	104.3
		标准差	6.63	8.78	11.87	3.22	7.54	8.64	11.13
		最大值	23.4	38.2	57	12.6	29	36.1	117
		最小值	0.4	10.8	15.8	3	1.8	9.1	84
	玛瑙	N	1	1	1	1	1	1	1
		平均数	1.8	27.6	17.8	6.7	1.2	3.3	65
	石英岩	N	1	1	1	1	1	1	1
		平均数	62.2	47.7	87.3	20.2	7.7	41.4	97
	合计	N	110	110	110	110	99	103	95
		平均数	20.6	27.7	28.6	10	7.3	16.5	102.9
		标准差	65.08	21.51	18.96	10.34	6.57	12.71	12.52
		最大值	604.3	163.8	90.4	79	31.6	67.1	138
		最小值	0	6.8	6.5	1.5	0.2	1.8	65

续表

岩性		统计	重量（g）	长（mm）	宽（mm）	厚（mm）	台面长（mm）	台面宽（mm）	石片角（°）
砸击石片	燧石	N	2	2	2	2	1	2	
		平均数	0.5	12.4	11.3	3.4	1.8	7.2	
		标准差	0.07	0.92	4.88	0.28			
		最大值	0.5	13	14.7	3.6	1.8	9.6	
		最小值	0.4	11.7	7.8	3.2	1.8	4.8	
	玛瑙	N	1	1	1	1			
		平均数	1.6	23	10.2	7.3			
	石英	N	1	1	1	1			
		平均数	0.7	23.8	7.8	3.4			
	合计	N	0.8	17.9	10.1	4.4	1.8	7.2	
		平均数	4	4	4	4	1	2	
		标准差	0.55	6.41	3.25	1.96			
		最大值	1.6	23.8	14.7	7.3	1.8	9.6	
		最小值	0.4	11.7	7.8	3.2	1.8	4.8	

  锤击石片　110件，占完整石片的96.5%。根据石片台面和背面自然面的比例将锤击石片分为Ⅰ～Ⅵ型。从图一四可知，以Ⅴ、Ⅵ型石片数量最多，分别为34件和30件；其次是Ⅱ型石片，23件；Ⅳ型石片最少，仅3件。锤击石片中以利用燧石原料为主，56件，占50.9%；其次是石英砂岩和石英，分别为22件和19件，各占20%和17.3%；另有玛瑙2件和石英岩1件。石片远端以尖灭状为主，69件，占62.7%；折断状18件，占

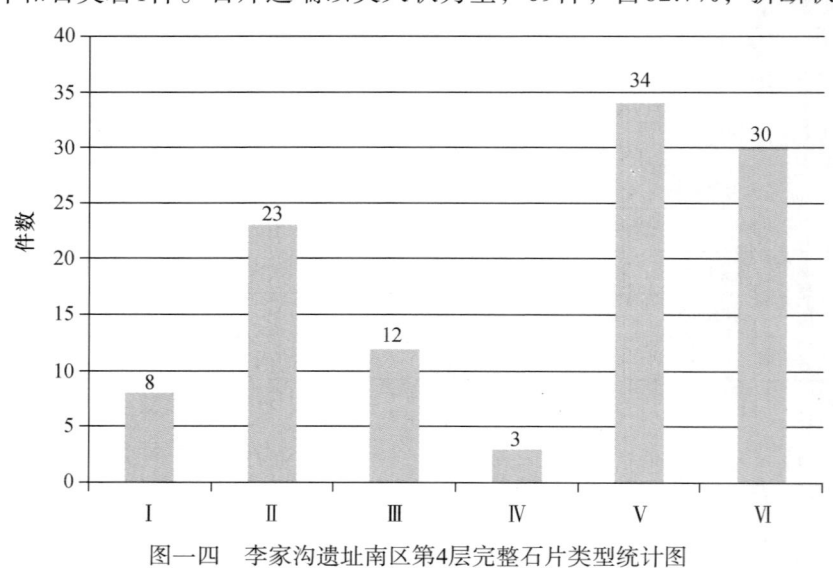

图一四　李家沟遗址南区第4层完整石片类型统计图

16.4%；阶梯状16件，占14.5%；内卷、外翻较少，分别为5件和2件。台面性质以打击台面为主，67件；其次为自然台面，42件；仅有1件为修理台面。台面形状以不规则为主，三角形和四边形也有一定数量。另外还有3件零台面石片，以及少量点状、刃状、线状台面。石片腹面特征中，通常可见半锥体和打击泡，而同心钵、放射线、锥疤不多见。不见半锥体者41件，可见半锥体51件，十分明显者18件；不见打击泡者15件，可见打击泡68件，打击泡明显者27件。石片背面全部为自然面者11件，占10%；1~2个片疤者31件，占28.2%；3~4片疤者40件，占36.4%；5个以上片疤者28个，占25.5%；其中最多可见12个片疤。有47件石片有使用痕迹，占42.7%，接近半数。

09XLS·320，原料为石英砂岩，V型石片。长60.6mm，宽90.4mm，厚20.3mm，重84.7g。台面打击，由左右两片疤组成，长8.3mm，宽39.2mm，可见两处打击点。腹面双生半锥体，可见打击泡，放射线。远端尖灭，略内卷，局部有微疤，可能是使用所致。背面分布片疤6个，远端遗留部分自然面，约占40%（图一三，1）。

砸击石片 4件，占完整石片的3.5%。2件燧石、1件玛瑙、1件石英。台面均为打制，形状呈刃状或不规则状。打击点不清楚。可见2~3条剥片疤。

（2）断裂片 共43件。远端断片数量最多，22件，近端断片和中间断片较少，分别为3件、2件。右裂片10件，左裂片6件。断裂片中石英砂岩比例稍高，占19件；其次为燧石，15件；以及少量石英，7件（表一五）。

09XLS·160，石叶断片，台面缺失，保留中部和远端，原料为黑色燧石。残长28.7mm，宽12.6mm，厚6.1mm，重2.7g。两侧边缘接近平行。腹面较平缓，中部略凹。背面有以前剥取石叶的片疤，没有延展至整个背面，而是中途断掉。这些片疤大体形成两条不太规则的背脊。右侧边缘有一些连续分布的细小碎疤，可能为使用所致，使用刃缘长22.2mm（图一三，2）。

表一五 李家沟南区第4层断裂片类型统计表

	断片			裂片		总计
	近端断片	中间断片	远端断片	左裂片	右裂片	
石英砂岩	2		9	3	5	19
燧石		2	8	3	2	15
石英	1		4		2	7
灰岩			1		1	2
合计	3	2	22	6	10	
N			27		16	43
%			62.8		37.2	100

7. 工具

共53件，占第4层石制品总数的7.3%。种类包括边刮器、端刮器、雕刻器、琢背刀、石镞等（表一六）。原料以燧石为最多，35件，占石器总数的66%；其次为石英，15件，占28.3%；灰岩和石英砂岩很少。

表一六　李家沟第4层石器统计表

		边刮器	端刮器	雕刻器	琢背刀	石镞	砍砸器	总计
燧石		28	4	1	1	1		35
石英砂岩							1	1
灰岩		2						2
石英		15						15
合计	N	45	4	1	1	1	1	53
	%	84.9	7.5	1.9	1.9	1.9	1.9	100

（1）边刮器　45件，占石器总数的84.9%。原料以燧石为主，还有一定数量的石英，以及少量的灰岩。制作边刮器的原型种类比较多，以断块、残片、断片为主，共28件，占52.2%，其次是石片9件，占20%。还有2件以石叶、1件以石核为原型，另有1件直接用砾石制成。按照刃缘数量可分为单刃、双刃和复刃边刮器，其中以单刃者最多，35件，占77.7%；其次为双刃，9件；复刃仅1件。单刃边刮器中，加工方式以正向加工为主，24件，占53.3%；其次为转向加工（即一个刃缘上既有正向也有反向加工），7件；还有4件为反向加工。双刃边刮器中，有同向也有异向加工者。根据刃缘形状又可分成直刃、凸刃、凹刃等。有43件可见可观察到使用痕迹，占95.6%。具体测量数据如表一七。

表一七　李家沟南区第4层边刮器测量统计表

	重（g）	长（mm）	宽（mm）	厚（mm）
N	45	45	45	45
平均数	14.1	32.5	22.9	11.2
标准差	21.28	17.03	9.73	6.54
最大值	90.7	84.7	51.7	28.5
最小值	0.4	7.9	9.2	2.6

09XLS·128，单直刃边刮器，原料为黑色燧石。长22.1mm，宽29.5mm，厚7.3mm，重3.3g。原型为一件带有石皮的残片。以较宽的一侧边缘为近端。修理即位于近端边缘上，断续分布着小片疤，延伸长度1～3mm，其中3个呈平行分布。刃缘总长度19.6mm，刃角53°。在修理的边缘上亦可见微疤和磨圆，应为使用所致（图一五，1）。

09XLS·177，单直刃边刮器，原料为黑色燧石。长29.6mm，宽14.8mm，厚8mm，重3.1g。原型为石片。在右侧正向有断续分布的正向修理的小片疤，形成刃部，刃角44°，刃缘长度13mm，亦可见使用微疤（图一五，4；图一六，7）。

09XLS·566，单直刃边刮器，原料为灰色燧石。长17.4mm，宽16.3mm，厚11.1mm，重3.7g。原型为断块。右侧分布系列平行片疤，呈一较陡直刃，刃角70°～90°，刃长9mm。刃缘及石器近端分布细小微疤，可能为使用所致（图一五，2）。

09XLS·571，单直刃边刮器，原料为黑色燧石。长17.9mm，宽9.2mm，厚4.2mm，重0.6g。原型为石片，近远端均折断。左侧由劈裂面向背面修理一系列片疤，分布连续，形状近平行，刃缘长度18.4mm，刃角约35°。刃缘可见微疤，可能为使用所致，右侧边缘亦连续分布系列微疤，可能为使用所致（图一五，3）。

09XLS·633，单直刃边刮器，原料为黑色燧石。长32.4mm，宽20.3mm，厚6.9mm，重4.9g。原型为长石叶的远端断片。两侧边缘接近平行。左侧边缘有分布连续的微型片疤，形成刃缘。刃缘长度为29mm，刃角29°。由腹面向背面正向修理，形状普通，多数片疤延伸长度小于2mm，个别为5mm。在修理过的左侧和没有修理的右侧均可见微疤和磨圆，应为使用所致。背面可见之前剥取石叶留下的细长片疤（图一五，6；图一六，5）。

09XLS·132，单凹刃边刮器，原料为石英。长45.1mm，宽37.6mm，厚22.6mm，重35.5g。原型为5型厚石片，背面有部分为自然面。石片右侧正向、连续修理出若干片疤，片疤延伸长度2～5mm不等。刃缘形状为凹刃，刃缘长度40mm，刃角73°～76°。修理边缘亦可见细小微疤，应为使用所致。

09XLS·413，单凸刃边刮器，原料为石英。长31.1mm，宽19.3mm，厚9.1mm，重5.6g。原型为一断块。左侧有较平的一面向较凸的一面正向修理一系列片疤，分布连续，形状普通，刃缘长度31mm。刃角较陡，为65°～75°。刃部边缘可见微疤和磨圆，可能为使用所致（图一五，7；图一六，6）。

09XLS·507，双直刃边刮器，原料为黑色燧石。长37.2mm，宽12.3mm，厚5.1mm，重2.4g。原型为一完整的石叶。一侧边缘较直，另一侧略凸。打击点不太清晰，打击泡较明显，台面为自然面，边缘呈唇状。腹面整体较平，中部略凹。背面有2条之前剥取石叶留下的窄长片疤，构成3条平行的背脊。在远端的左右侧均可见明显的修理，较为对称，均为直刃。左侧有3个连续的小片疤，长2～4mm。右侧同一位置有4个连续的小片疤，相对较小，延伸长度为1～2.5mm。左侧刃缘以及右侧刃缘中部分布着很细小的微疤，系使用所致（图一五，5；图一六，8）。

（2）端刮器　4件，占石器总数的7.5%。原料均为燧石。原型为石片、残片和断片。3件正向修理，1件反向修理。刃缘形状以凸状为主，还有1件直刃。均可观察到使用痕迹。具体测量数据如表一八所示。

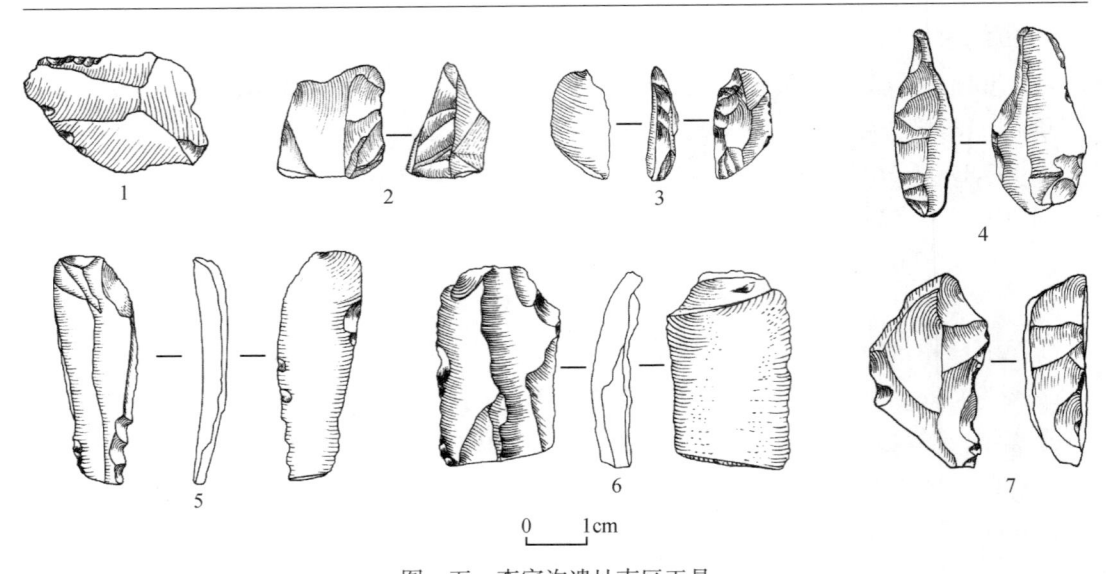

图一五　李家沟遗址南区工具

1~4、6. 单直刃边刮器（09XLS·128、09XLS·566、09XLS·571、09XLS·177、09XLS·633）
5. 双直刃边刮器（09XLS·507）　7. 单凸刃边刮器（09XLS·413）

图一六　李家沟遗址南区石制品

1、2. 端刮器（09XLS·510、09XLS·346）　3. 琢背刀（09XLS·347）　4. 石镞（09XLS·521）　5、7. 单直刃边刮器（09XLS·633、09XLS·177）　6. 单凸刃边刮器（09XLS·413）　8. 双直刃边刮器（09XLS·507）

表一八　李家沟南区第4层端刮器测量数据表

	重量（g）	长（mm）	宽（mm）	厚（mm）
N	4	4	4	4
平均数	3	22.4	19	6.4
标准差	1.74	4.53	4.37	1.77
最大值	4.9	28.6	22.3	8.2
最小值	1.2	18.5	12.7	4.8

09XLS·150，端刮器，原料为灰色—暗红色燧石。长22.8mm，宽22.3mm，厚8.2mm，重4.9g。原型为典型的V型石片，台面为打击而成，石片形状为四边形，腹面较平。背面带有30%的灰色石皮。在远端和右侧分布有正向修理的连续片疤，形成刃缘。远端从腹面向背面进行陡刃修理，共有8个平行的规整小片疤，延伸长度1.6～5.6mm不等，从远端向右侧逐渐减小。远端刃缘长21.2mm，刃角85°～90°。右侧顺着远端的片疤继续修理，亦为正向。右侧刃缘长8mm，刃角29°（图一七，3）。

09XLS·346，端刮器，原料为褐色燧石。长18.5mm，宽12.7mm，厚4.8mm，重1.2g。原型为一残片。由背面向破裂面反向修理若干片疤，刃缘形状为凸弧状，刃缘长度12mm，刃部较陡，刃角68°。修理片疤排列较为规整，均为5mm左右的小疤，平行、连续分布。在刃部可见细小碎疤，可能为使用所致（图一六，2；图一七，2）。

09XLS·510，端刮器，原料为红色燧石。长19.6mm，宽19.2mm，厚5mm，重1.8g。原型为一石片远端断片。石片远端分布有若干向背面修理的片疤，刃缘形状为凸弧状，刃角66°。修理片疤较为规整。远端为一系列平行排列的小片疤，片疤延伸长度3～5mm不等。远端右侧为一系列呈阶梯状分布的小疤，与远端的小疤连成一条刃，刃缘总长度26mm。远端和近端左侧可观察到细小碎疤，可能为使用所致（图一六，1；图一七，1）。

（3）琢背刀　1件。

09XLS·347，原料黑色燧石。长21.4mm，宽6.6mm，厚4.4mm，重0.6g。原型为细石叶。石片右侧保留未经修理的直刃，刃角32°～38°，刃缘长度22mm，局部有使用微疤。石片左侧加工为厚钝断面，断面上分布有大量微小层叠的修理片疤，修理方向以背面向劈裂面为主，应为镶嵌部位（图一六，3；图一七，5）。

（4）雕刻器　1件。

09XLS·416，屋脊形，原料为黑色燧石。长24mm，宽11.2mm，厚11mm，重2.8g。原型为断块。以刃部为近端，相对的一端为远端。刃部由三个面和两个剥片疤共同组成。两个片疤从顶端交叉打击而形成的雕刻器小面，共同组成一个宽为4mm的凿形刃口，刃角75°。较凸一侧的小面两侧基本平行，到尾端略收，长12.3mm，宽4.1mm。较平一侧的小面细长，延伸至器身中部，呈倒置的等腰梯形，长13.7mm，宽4.4mm。器身上还可见若干打击的小疤（图一七，4）。

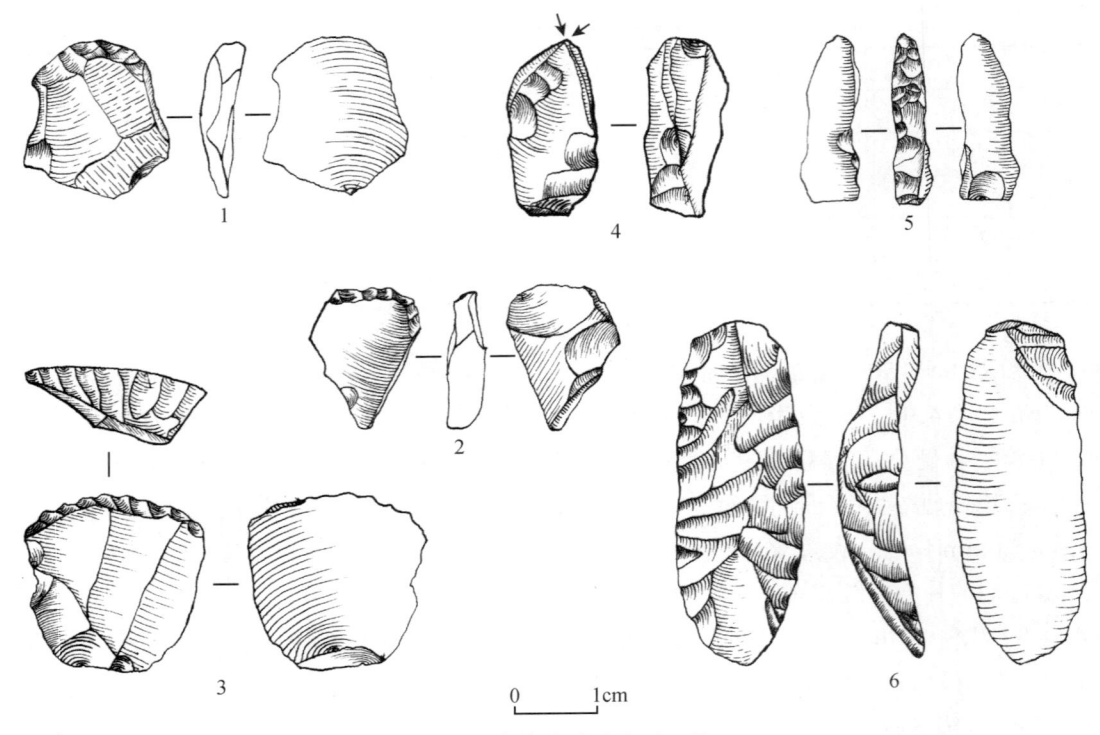

图一七 李家沟遗址南区工具

1~3. 端刮器（09XLS·510、09XLS·346、09XLS·150） 4. 雕刻器（09XLS·416）
5. 琢背刀（09XLS·347） 6. 石镞（09XLS·521）

（5）石镞 1件。

09XLS·521，原型为黑色燧石石叶。长40.4mm，宽15.9mm，厚15.3mm，重4.8g。石叶的打击泡明显，表面呈黄灰色似有轻度风化。石器的整体随石叶毛坯由近端向远端的延展而均匀弯曲，腹面凹，背面凸。加工修理痕迹主要位于背侧面，为正向加工。加工精细，除台面外，其余周缘均经修理。两侧的刃缘几近平行。修疤细长规则，依次叠压。刃角22°~54°，末端刃角较小，两侧缘较大。石叶的腹面右侧缘近台面处，也有3条依次细长石片疤。未见使用痕迹（图一六，4；图一七，6）。

（6）砍砸器 1件。

09XLS·296，原料为石英砂岩。长74.3mm，宽47.5mm，厚78.8mm，重245.8g。原型为断块。打击台面，台面形状不规则，破裂面仅可见较弱的打击泡，半锥体、同心波、放射线均不见，台面角约128°。自打击点附近石片垂直断裂，仅保留有左侧半。背侧面约80%区域有明显的剥片痕迹，有片疤9个。但除左侧缘中部这一从破裂面正向加工的石片疤外，其他片疤的打击点及破裂面特征均不清楚，大小不一，为不完整片疤，为之前所打制。此外在断裂面的上部，也可见一个反向加工的小片疤，打击点清晰。未见使用痕迹。

8. 断块

共417件，占第4层石制品总数的57.5%，包括断块330件、残片87件。断块中石英砂岩最多，169件，占半数以上，其次是石英和燧石，还有少量灰岩，以及零星的玛瑙、石英、绢云母片岩等。残片也以石英砂岩为主，39件，接近半数，其次为石英和燧石，以及少量灰岩。127件断块或残片可观察到使用痕迹，占30.4%（表一九）。

9. 人工搬运石块

共23件，占第4层石制品总数的3.2%。原料为石英砂岩或者灰岩，灰岩尺寸较小，石英砂岩较大（表二〇）。这类石制品没有人工打制的痕迹，其特点是：原型为石块，多数体型大、分量重；具有一个或两个扁平面，有的平面上似有研磨的痕迹；颜色斑驳，有的具有裂缝，似经过火烧。这类石块的具体用途尚不清楚，但同时出现在李家沟南北遗址区域，当与此阶段人类的生活密切相关。

表一九　李家沟南区第4层断块和残片测量统计表

	统计	重量（g）	长（mm）	宽（mm）	厚（mm）
断块	N	330	330	330	330
	平均数	85.2	52.3	35.7	21
	标准差	156.04	32.53	21.78	13.35
	最大值	1147	193.7	147.9	73.2
	最小值	0.3	11.5	4.8	4
残片	N	87	87	87	87
	平均数	20.1	36.7	26.1	9.3
	标准差	41.34	22.04	16.03	5.32
	最大值	253.1	115.7	87.7	29.1
	最小值	0.3	12.8	7	2.7

表二〇　李家沟南区第4层人工搬运石块测量统计表

	统计	重量（g）	长（mm）	宽（mm）	厚（mm）
石英砂岩	N	17	17	17	17
	平均值	628.8	120	64.9	47.9
	标准差	775.33	62.04	24.57	20.11
	最大值	3157	265	140.5	101.8
	最小值	80.9	40.2	29.6	31.8

续表

	统计	重量（g）	长（mm）	宽（mm）	厚（mm）
灰岩	N	6	6	6	6
	平均值	70.2	55.2	34.9	23.6
	标准差	68.23	22.38	11.41	9.45
	最大值	191.4	97.7	45.7	37.3
	最小值	8.7	35.1	18.8	13.1
合计	N	23	23	23	23
	平均值	483.1	103.1	57.1	41.5
	标准差	707.91	61.3	25.49	20.81
	最大值	8.7	35.1	18.8	13.1
	最小值	3157	265	140.5	101.8

（二）动物骨骼

第4层发现动物骨骼90件，烧骨4件。经初步统计，鹿类34件，牛类8件、马类5件、食肉类标本6件，猪2件，啮齿类2件，鸟类10件、蚌类1件。另有标本17件肢骨残片或牙齿残片无法鉴定种属。根据对标本的初步观察，这些动物骨骼至少代表大型鹿3个个体，中型鹿、马、牛、食肉类各2个个体，小型鹿、鸟类、猪、蚌各1个个体。总体来讲，以大型食草类动物的数量占有优势，小型动物数量偏少。

动物骨骼一般比较破碎，保存有各个部分的残块。鹿类保存有鹿角、牙齿、肢骨残片，如09XLS·809、09XLS·835、09XLS·800、09XLS·829、09XLS·814为鹿角各段残块，09XLS·840为下颌骨残块等。马类主要是牙齿残块。牛类包括有牙齿、指骨、肢骨、椎骨残块。食肉类主要保存有牙齿，还有零星肢骨、距骨等。啮齿类保存有门齿，鸟类均为蛋皮。

（三）小　　结

第4层出土的石制品和动物骨骼都比较丰富。

石制品种类多样，包括典型的细石器、打制石器各个阶段的产品以及具有显著特征的人工搬运石块。

整体而言，石制品的原料以石英砂岩最多，其次为燧石和石英。但细石器、工具、石片则多为燧石制成。人工搬运石块、石核、断块等多为石英砂岩制成。石制品以微型、小型、中型为多，少量大型和巨型。石制品的大小与原料的关系相当密切。

细石核有船型和柱状两种，形制较为稳定，以前者数量略多。打制石核包括锤击和砸击两种。石核当中以单台面者较多，双台面也占有一定数量。与石片数量相比，石核显得较少。石片亦包括锤击和砸击两种。各个类型的锤击石片均有，以Ⅴ型、Ⅵ型为主，即以打击台面、打击背面或部分打击背面的石片较多。工具数量较多，种类齐全，且多为精致加工。边刮器占石器当中的绝度多数，以单刃数量最多，也存在双刃和复刃。个别边刮器以石叶为原型。端刮器、琢背刀、雕刻器、石镞等以压剥技术制作而成，制作精美。人工搬运石块数量不多，但特点鲜明，一般外形扁平，形体较大，或有火烧、或有研磨痕迹。

动物骨骼则主要以大型食草类为主，如大型鹿、马、牛等。

五、总　　结

（一）李家沟南区文化特点

根据上文所述，李家沟南区本年度发掘收获概括如下。

（1）地层方面，发现了从旧石器向新石器过渡的剖面。第2层为包含陶片地层，第3层出土少量石制品和动物骨骼。石制品种类较单一，包括打制石器和人工搬运石块，缺乏细石器。动物骨骼以大型食草类为主。第4层出土丰富的石制品和动物骨骼，出土典型的细石器和精湛制作的打制石器，并且与人工搬运石块共存；动物骨骼仍以大型食草类为主。这一剖面清楚地反映了该地区从旧石器时代向新石器时代过渡的轨迹，尤以第4层旧石器时代晚期遗存最为典型。

（2）从出土遗物的产状、风化、磨蚀来分析，该遗址基本为原地埋藏，但受到过一定程度的外力影响。各类石制品集中分布于东部，而动物骨骼多出现在西部，表明了人类曾在此地频繁活动，并且不同场所的人类行为有所区别[①]。

（3）李家沟遗址南区出土细石器工艺非常典型。以船型和柱状细石核为代表，形制稳定，剥取细石叶技术较为娴熟。存在少量以石叶为原型的石器，说明当时人们已经掌握了应用石叶技术制作工具。以端刮器、雕刻器、琢背刀、石镞组成的工具组合当与专业化狩猎相适应。这些工具使用的原料也多是不见于本地的优质燧石，应为远距离采集运输所得。

（4）打制石器大量存在，以锤击技术为主，辅以砸击技术。

（5）人工搬运石块的存在可能与稳定的栖居形态相关联。这类石块不见于更早的旧石器文化遗址当中，而与稍晚的新石器时代的发现比较接近，应该是过渡阶段新出现的具有标志意义的文化现象。

---

① 李家沟遗址南区于2010年进行扩方发掘，揭露出石制品与人工搬运石块共同形成的石圈遗迹。2009年已清理了大部分，2010年揭露出南部的一小部分。

（6）动物化石的种类以大型食草类为主，保存鹿角、头骨、脊椎、肢骨等各个部位的骨骼。

李家沟遗址北区与南区仅一沟之隔，文化面貌却有所不同（详见北区报告）。地层方面，北区亦发现了旧石器时代向新石器时代过渡的剖面。其上文化层遗存较为丰富，呈现新石器时代早期文化面貌，下文化层遗物稀少，为仅含打制石器的旧石器时代文化层。北区上文化层发现了石块聚集区遗迹，以及早期陶片、细石器、打制石器、人工搬运石块等遗物。其中石块聚集区的发现，与当时人类相对稳定的居住活动有关，南区则未发现此类遗迹。北区发现早期陶片百余件，南区也有类似发现，但数量极少。石制品方面，北区仅出现个别宽台面柱状细石核，细石器的应用明显衰落，其技术特点也与南区明显不同。北区打制石器加工粗糙，以权宜型石制品数量为多，与南区制作精致的石器形成鲜明对比。北区亦发现外形扁平的人工搬运石块，而且数量众多，形成鲜明特色，部分扁平石块可能是磨盘的原料或荒坯。与南区不同，北区动物种类以中、小型鹿类为主，大型食草类则仅见牛类与马类的骨骼碎片，不见较为完整的骨骼部位。

（二）年代及意义

根据出土遗物的性质判断李家沟南区属于旧石器时代晚期向新石器时代过渡的时期。加速器 ^{14}C 数据进一步提供了可靠的年代，细石器文化层（第4层）的三个木炭样品均在距今 10 500～10 300 年（经树轮校正）。

李家沟遗址的发现，为我们展示了中原地区从旧石器时代向新石器时代过渡的发展轨迹。一直以来，中原地区旧石器时代晚期至新石器裴李岗文化之间存在严重缺环，这一缺环严重制约着学术界对该地区旧新过渡、农业起源等重大学术课题的探讨。李家沟的发现从地层堆积、工具组合、栖居形态到生计方式等多角度地提供了这一阶段的信息，比较清楚地揭示该地区本阶段历史发展的特殊性，填补了上述缺环。

近年来，华北地区陆续发现一些处在旧石器时代向新石器时代过渡的遗址，如河南舞阳大岗、许昌灵井，山西吉县柿子滩，陕西宜川龙王辿，河北阳原于家沟和徐水南庄头，北京怀柔转年和门头沟东胡林，山东沂源扁扁洞等。这些遗址的发现使得人们可以深入地探讨该地区农业起源、陶器起源等有关人类生计方式发生转变的重大课题。李家沟遗址发现的连接两个时代剖面、典型细石器与新文化因素共存关系以及早期新石器遗存为这一地区探讨旧石器时代向新石器时代过渡提供了重要资料。

附记：本文为国家社科基金重大项目成果，项目编号为11&ZD120。在发掘和整理工作中，国家文物局、河南省文物局、郑州市文物局、新密市政府、北京大学考古文博学院年代实验室遗迹北京大学城市与环境学院夏正楷教授、郑州市文物考古研究院顾万发院长和胡亚毅女士给予了大力支持，在此致谢。

领队：王幼平　张松林
发掘：何嘉宁　汪松枝　赵静芳
　　　王佳音　高霄旭
执笔：赵静芳　张松林　汪松枝
　　　何嘉宁　高霄旭　王佳音
　　　王幼平

（原刊于《古代文明》第9卷，北京：文物出版社，2013年）

河南新密李家沟遗址北区2010年发掘简报

郑州市文物考古研究院　北京大学考古文博学院

李家沟遗址位于河南省新密市岳村镇岗坡村李家沟自然村西约200米处，椿板河（溱水河上游）东岸，地理坐标为北纬34°33′55″，东经113°31′25″（图一），海拔约200米。该处地形为低山丘陵区，地势由东北向西南部倾斜，黄土堆积发育。2009年8～10月，北京大学考古文博学院与郑州市文物考古研究院联合考古队对该遗址分南、北两区进行了抢救性发掘。2010年联合考古队以2009年发掘区为基础扩方，对南、北区再次进行了系统发掘，发掘面积约85平方米，其中北区约40平方米，南区约45平方米。本次发掘再次出土了大量石制品、动物遗存和陶片等珍贵的文化遗物，以及围绕石砧和大量人工搬运石块的遗迹现象，丰富了李家沟遗址的文化内涵，加深了我们对李家沟遗址的不同层位的认识。本文为李家沟遗址北区2010年发掘报告。

一、地貌、地层堆积

李家沟地处低山丘陵区，黄土堆积发育。椿板河从西北向东南流经遗址西侧。该区域河谷很窄，遗址附近的河流可见二级阶地，系以马兰黄土为基座的基座阶地。李家沟遗址位于河流东岸二级阶地的前缘，高出河面约12米。

李家沟遗址北区2010年发掘区的地层堆积可以划分为7层，以北壁剖面为例（图二），具体描述如下。

第1层：耕土层，厚4～21cm，黑褐色黏土质粉砂，含现代瓷片、砖块、塑料、陶片、料姜石等物。

第2层：扰土层，厚48～74cm，含砖屑、瓦片、烧土颗粒等。

第3层：文化层，厚0～59cm，灰黄色—灰白色黏质粉砂土，较软且疏松，纯净，包含少量动物骨骼、石制品和陶片。

第4层：文化层，厚0～66cm，灰白色粗砂堆积，含大量料姜石、石英砂岩、灰岩石块、石制品及少量动物骨骼。

---

* 本文承国家社科基金重大项目（项目编号：11&ZD120）、北京市社科基金青年项目（项目编号：18LSC007）资助。

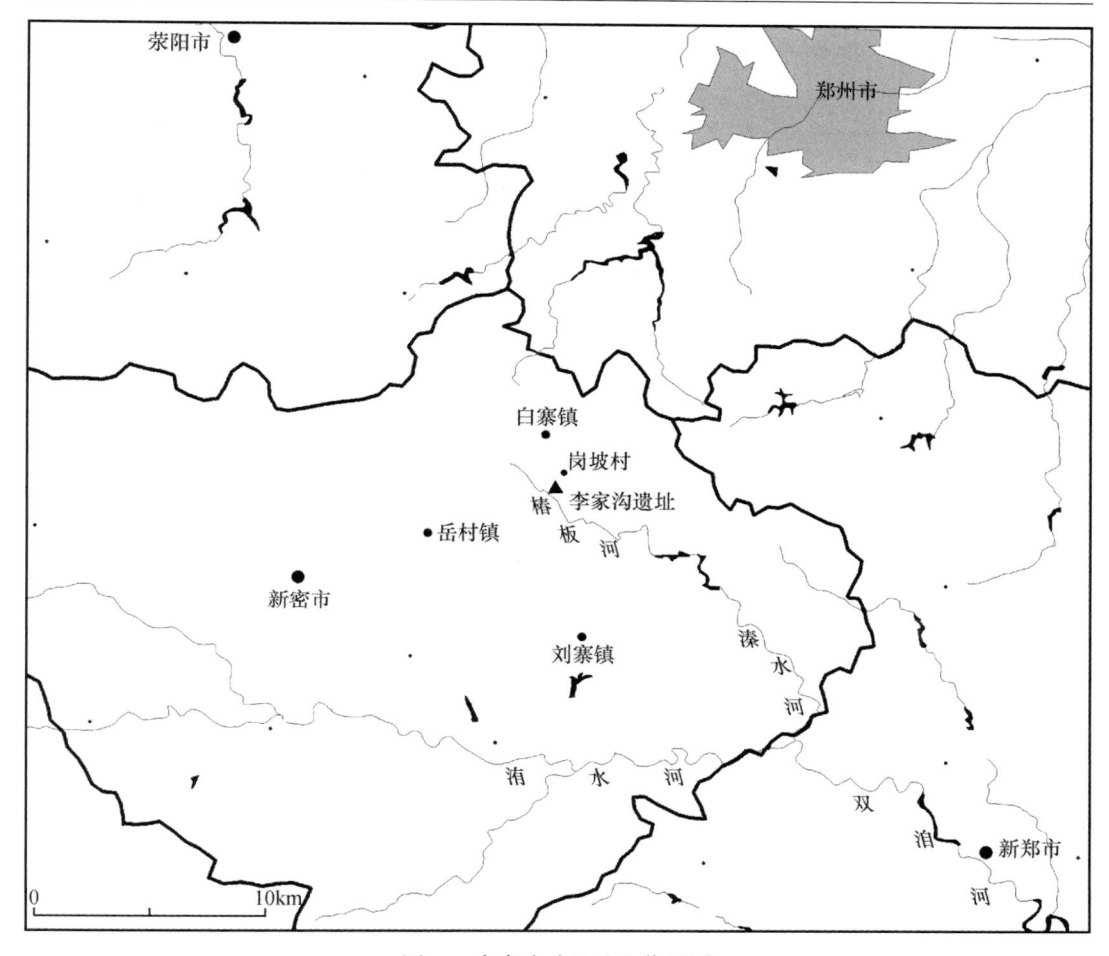

图一　李家沟遗址地理位置图

第5层：文化层，厚46~108cm，黑色—黄褐色黏质粉砂土，非常致密且坚硬，含有螺壳和炭屑等。这一文化层的上部主要由黑土构成，较纯净，含有少量压印纹夹砂陶片和动物骨骼。下部堆积则为混杂的黑色、黄褐色黏质粉砂土，致密，局部夹杂白色斑状或海绵状钙质胶结物，所含遗物主要为动物骨骼和陶片，数量少。

第6层：文化层，厚36~174cm，灰色—黄褐色砂层，较疏松，含小型料姜石，局部致密坚硬。遗物丰富，包含大量动物遗存、石制品、人工搬运的大石块以及压印纹夹砂陶片。

第7层：文化层，未见底，发掘深度27~56cm，黄色致密的黏质粉砂土，较为纯净，含很少量石制品。

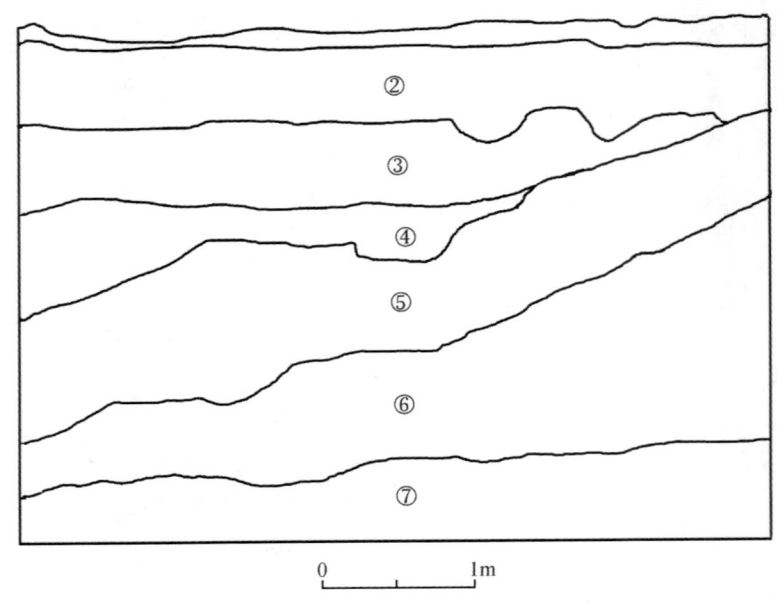

图二　李家沟遗址北区2010年北壁剖面图

二、遗物空间分布与埋藏情况

　　遗物主要出自第5层和第6层，包括动物骨骼、石制品、陶片和人工搬运的石块，第4层出土遗物的数量居次，第3、7层的遗物最少。北区发掘区可以分为东北部和南部两部分，发掘时首先在东北部分布方发掘，然后又在北区南部布方发掘，主要包括N111E96～N111E103及以南的部分，遗物集中分布在这个区域。东北部分的遗物数量很少且分布稀疏，北区南部主要文化层的遗物分布相对密集（图三）。

　　从埋藏情况来看，第4层所含遗物较少，且受到了水流的搬运。第5层堆积较厚，应属于漫滩堆积，沉积物可能经过了多次变干，再被水冲卷的过程，而其中所含遗物的埋藏性质及其与人类行为的关系还有待讨论与分析。第6层属于漫滩相堆积，与第5层相比，局部区域包含较多砂砾，该层包含丰富的动物遗存、石制品、陶片和人工搬运的石块，从遗物的种类、特征、分布、长轴及倾向观察，它们基本属于原地埋藏。在某些区域的遗物周围还分布着较多的炭屑，这些情况记录了当时人们在遗址上活动的情境，当时人们应当是生活在河谷中的小河边上。从遗物的数量、堆积的厚度以及埋藏情况综合来看，当时的人群曾在遗址上短期生活或栖居，他们离开后，带走了易携、常用的工具，被废弃或留下的遗存较迅速地被掩埋。

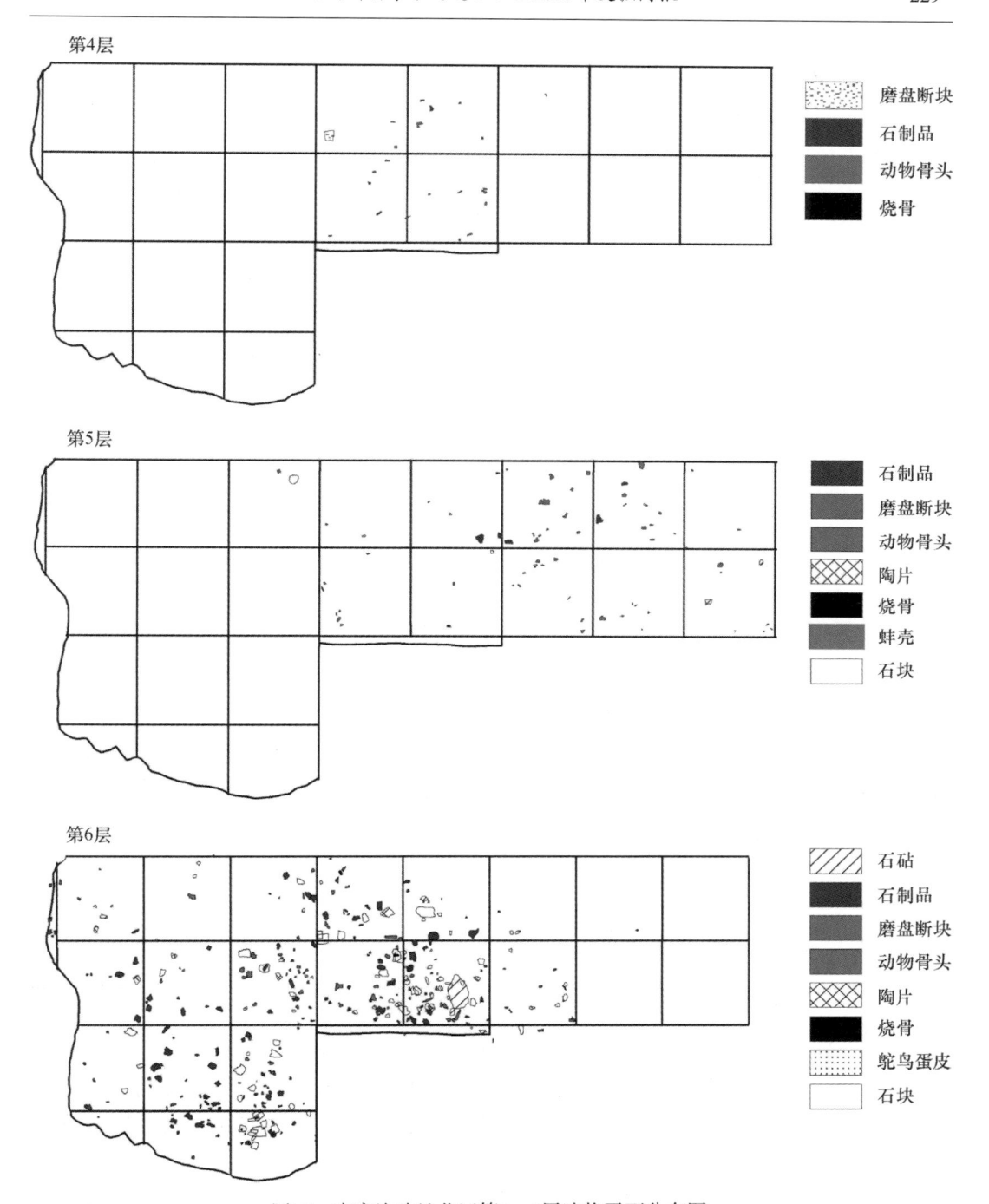

图三　李家沟遗址北区第4～6层遗物平面分布图

三、遗　物

李家沟遗址2010年北区共发现陶片105件，其中第3层2件，第4层3件，第5层16件，第6层84件，第7层未出土陶片。从文化面貌上判断，第3层陶片系裴李岗文化器物残片，第4~6层陶片文化面貌较为一致，其与裴李岗文化不同，以压印纹夹砂陶片风格为代表，反映的是时代早于裴李岗文化的一种新的文化面貌。石制品可分为石核、完整石片、不完整石片、工具、断块、残片等，此外还有无明显加工痕迹的人工搬运的大石块，多数带有平面，少量带裂痕（表一）。石制品的原料多样，其中优质原料有燧石、玛瑙和石英等，另外还有灰岩和石英砂岩（表二）。

表一　李家沟遗址北区石制品分类统计

地层		石核 锤击	石核 砸击	石核 细石核	石片	石叶和细石叶	不完整石片	工具	残片断块	大石块	合计
第3层	件数	1	1	0	0	0	1	0	1	0	4
	%	25	25	0	0	0	25	0	25	0	100
第4层	件数	2	1	0	3	1	3	2	4	1	17
	%	11.8	5.9	0	17.6	5.9	17.6	11.8	23.5	5.9	100
第5层	件数	0	0	0	1	1	2	2	4	1	11
	%	0	0	0	9.1	9.1	18.2	18.2	36.4	9.1	100
第6层	件数	6	1	5	33	7	17	13	91	39	212
	%	2.8	0.5	2.4	15.6	3.3	8	6.1	42.9	18.4	100
第7层	件数	0	0	0	2	0	2	0	2	0	6
	%	0	0	0	33.3	0	33.3	0	33.3	0	100
合计	件数	9	3	5	39	9	25	17	102	41	250
	%	3.6	1.2	2	15.6	3.6	10	6.8	40.8	16.4	100

从石器的分类统计看（表三），边刮器最多，其次为磨盘毛坯或磨石。第4层、第5层的石器很少，均为2件。第6层石器数量显著增加，且种类丰富，以边刮器为主，磨盘毛坯或磨石次之，还包括凹缺刮器、端刮器、尖状器和残断的箭头。第7层出土的石制品中没有工具。

根据石制品的类型学及定量统计分析，陶片、动物骨骼的出土情况，地层堆积以及不同层位的埋藏特征：第4~6层出土遗物所反映的文化面貌与第7层有一定差异。第4~6层堆积的形成与水流有一定关系，遗物多出自含料姜石较多的细砂堆积中，遗物包含石磨盘、陶片、动物骨骼及人工搬运的石块，各层之间差异不大，记为上部文化层；第7层遗物埋藏于马兰黄土内，数量少而密度低，未见陶片与人工搬运石块等遗物，记为下部文化层。下面重点对上部文化层出土遗物进行说明。

表二 李家沟遗址北区石料统计

地层		燧石、玛瑙	石灰岩	石英	石英砂岩	合计
第3层	件数	2	0	2	0	4
	%	50	0	50	50	100
第4层	件数	6	1	8	2	17
	%	35.3	5.9	47.1	11.8	100
第5层	件数	1	2	5	3	11
	%	9.1	18.2	45.5	27.3	100
第6层	件数	67	12	39	94	212
	%	31.6	5.7	18.4	44.3	100
第7层	件数	2	0	3	1	6
	%	33.3	0	50	16.7	100
合计	件数	78	15	57	100	250
	%	31.2	6	22.8	40	100

表三 李家沟遗址北区出土石器分类统计 （单位：件）

地层	边刮器	端刮器	凹缺刮器	尖状器	箭头	石磨盘	磨盘毛坯或磨石	石砧	合计
第4层	0	1	0	0	0	0	1	0	2
第5层	1	0	0	0	0	1	0	0	2
第6层	4	1	2	1	1	0	3	1	13
合计	5	2	2	1	1	1	4	1	17

（一）陶　片

上部文化层发现有陶片103件。其中第4层3件，第5层16件，第6层84件。陶片中口沿有13件，均为直口、折沿、方唇；另90件陶片为腹壁或器壁，腹壁较直、微鼓。口沿的平均厚度为1.4厘米，腹壁的平均厚度为0.9厘米。陶器器形较为简单，为直口微鼓腹罐。

所有陶片均为夹砂陶，羼合料有石英、云母、长石、方解石、灰岩岩块、螺壳、碳酸钙碎屑、砂、燧石等，且粒径较大，多在0.5mm以上，最大者有3mm。不同陶片的羼合料具体成分不同，发现的103件陶片经仔细观察后其羼合料有20余种不同的组成，可见当时的羼合料当是人类有意为之，但羼合料的成分并不固定，或者不均匀，不同器物或同一器物不同部位的羼合料的成分都不相同。陶片的纹饰较为丰富，有压印纹、绳纹、细绳纹、戳印纹、划纹以及素面等。其中压印纹为主体，次为绳纹和细绳纹。陶器的口部和腹部都施有纹饰。不同的纹饰可能施于不同的陶器个体，也可能施于同一陶器的不同部位。

由于陶土所含矿物质不同，陶片较厚，且烧制时火候不均，陶片的外壁、内壁和陶胎的颜色都不尽相同，外壁颜色有褐色、红褐色、黄褐色、灰褐色、浅褐色、浅红褐色、灰白色、灰色、橘红色、浅灰色、砖红色等十余种颜色；内壁颜色有褐色、灰褐色、浅褐色、黑褐色、红褐色、黄褐色、浅红褐色、灰黑色、黑色、浅灰色、砖红色等十余种不同颜色；陶胎有褐色、浅褐色、灰褐色、红褐色加灰褐色、红褐色、黄褐色、灰黑色、灰色、橘红色、砖红色、砖红色加灰黑色、靠外壁褐色靠内壁灰褐色、靠外壁红褐色靠内壁灰褐色、靠外壁红褐色靠内壁灰黑色、靠外壁红褐色靠内壁灰色等十余种不同的颜色。

10XLN：0357，出自第6层，罐口部残片。高53.5mm，宽41.8mm，厚13.4mm，重34.8g。陶质为夹砂，羼和料为石英、长石、方解石颗粒，粒径大小不一，最大颗粒粒径达3mm。外壁、内壁、陶胎均为红褐色。纹饰为压印纹，横向和纵向交错分布。压印凹坑形状多不规整。口部为直口，沿面较平，口部较厚，向下逐渐变薄。内壁有抹平痕迹（图四，1）。

10XLN：0364，出自第6层，器壁残片。高60.8mm，宽43.3mm，厚8.4mm，重24.6g。陶质为夹砂，羼和料为方解石颗粒，粒径大小不一，未经分选，最大颗粒粒径达7.6mm。外壁为砖红色，内壁、陶胎均为红褐色。纹饰为细绳纹，纵向分布，宽约1.2mm。微鼓腹，内壁抹平（图四，2）。

（二）石　制　品

240件。包括石核、石片、石器、残片断块以及人工搬运石块等，以断块和残片为主，其次为石片或不完整石片。原料上，第4层以石英和燧石为主，第5层以石英和石英砂岩为主，第6层以石英砂岩和燧石为主。上文化层石灰岩的比例较低。

图四　李家沟遗址北区出土早期陶器

1. 10XLN：0357　2. 10XLN：0364

（1）石核　15件。

锤击石核　8件。以石英砂岩和石英为石料，其中单台面石核4件，双台面石核3件，多台面石核1件。石英砂岩石核的台面多为自然台面，石英石核的台面多为素台面。台面形状多不规则。石英砂岩石核的体型远大于石英石核。单片疤石核占12.5%，两个片疤者占37.5%，多片疤者占50%，片疤最多达8个。片疤多较浅，且较长；片疤方向多为同向，多向和对向者各1件。石核体上自然面比例小于1/3者占50%，1/3～2/3者占37.5%，大于2/3者占12.5%。1件单台面石英砂岩石核可能还作为石锤使用过。

砸击石核　2件。均以燧石为石料。

标本10XLN：0022，出自第4层，砸击石核。长25.9mm，宽19.3mm，厚12.1mm，重6.7g。原料为黑色燧石。石核形状接近圆角长方形，上端和底端的宽度基本相同。石核的上端有显著的砸痕，从上端向下端方向剥离下4个石片，片疤间近平行。除一个片疤发生折断（剥离不成功），其余片疤都很长，几乎延展至石核的下端，片疤较浅。片疤间存在明显的打破关系（图五，1）。标本10XLN：0273，出自第6层，砸击石核。长25.9mm，宽11.3mm，厚8.2mm，重2g。原料为黑色燧石。石核形状接近细长杏核，砸击特征较明显，中间宽厚，两极窄薄，两极都有破损痕迹和对向分布的片疤。根据片疤形态和两极特征可以分出石核的较钝、较窄一端为上端砸击部位，较锐、较宽一端为下垫石砧受反作用力部位。片疤数量为4，其中3个片疤方向由上朝下，另1个片疤方向由下朝上，2组片疤呈对向分布。主片疤很长，延展至石核的下端，片疤较浅。从石核整体形态分析，已不适合继续剥片，应处于剥片末期阶段（图五，4）。

细石核　5件。均以燧石为原料。

标本10XLN：0535，出自第6层，船形细石核。长10.7mm，宽18.4mm，厚10mm，重量2g。原料为黑色燧石，质地好。以人工打击面为台面，台面形状不规则，长17.2mm，宽9.2mm。石核底端是一个小平面。台面角分布在68°～78°之间，石核体上另有3个较大片疤，是预先修理石核形状所产生（图五，2）。标本10XL：0630，出自第6层，细石核。长21.9mm，宽22.4mm，厚22.2mm，重10.3g。原料为灰褐色燧石。石核体形状不规则，一端宽平，一端窄锐。上部较宽平的面为主要剥片台面，为节理面，呈不规则形，台面长18.9mm，宽19.1mm（图五，3）。标本10XLN：0567，出自第6层，细石核。长16.1mm，宽19.1mm，厚12mm，重4.3g。原料为黑色燧石。石核体形状近似四棱柱。台面形状近似圆角长方形，为自然节理面，长16.7mm，宽11.5mm。石核体的细石叶剥片工作面占侧面的近1/2。另有一些片疤为压剥时在近处折断或沿节理折断。石核体侧面的另一半没有被剥片，为自然面和节理面，未发现预制痕迹（图五，5）。

（2）石叶和细石叶　8件。

占上部文化层出土石制品总数的3.3%，绝大多数为燧石，只有1件石英。有1件燧石细石叶存在使用痕迹。石叶和细石叶的背面绝大多数为1条或2条纵脊。细石叶的远端

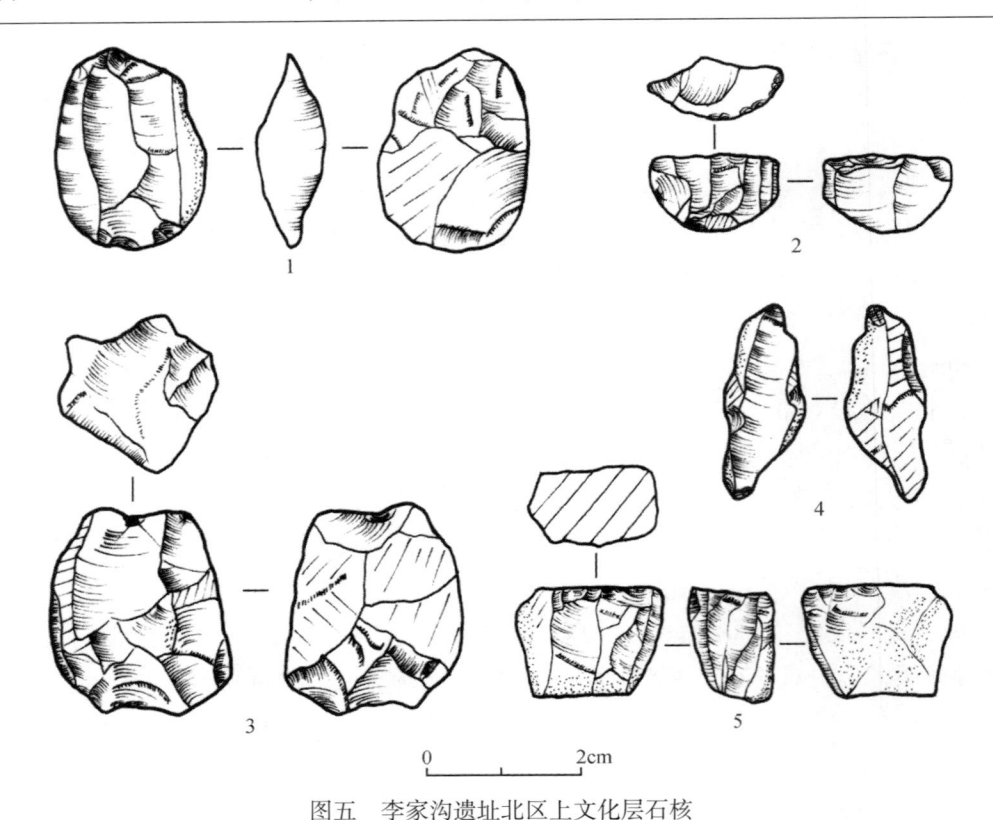

图五　李家沟遗址北区上文化层石核

1、4. 砸击石核（10XLN：0022、10XLN：0273）　2、3、5. 细石核（10XLN：0535、10XLN：0630、10XLN：0567）

多残断，而石叶的远端形态均为尖灭。标本10XLN：0468，出自第6层，残断石叶，长15.1mm，宽8.6mm，厚2.9mm，重0.5g。原料是白色石英。近端残断，远端尖灭，背面有1条纵脊，2个同向平行的片疤（图六，4）。标本10XLN：0594，出自第6层，石叶，长29.8mm，宽12.9mm，厚4.4mm，重1.9g。原料为黑色燧石，质地中等。石叶呈上宽下窄形，远端形态尖灭。台面为素台面，形状不规则，长9.8mm，宽2.5mm。腹面打击特征不十分显著，但打击泡较清晰，打击点不甚清晰。背面有4个平行的石叶片疤，2条平行的纵脊（图六，6）。

（3）工具　17件。

占石制品总数的7.1%，包括边刮器、端刮器、凹缺刮器、箭头（小型两面器）、石磨盘、石砧、磨盘毛坯等。其中小型工具（如边刮器）的原料以燧石为主，只有2件以石英为原料；大型工具如石磨盘[1]、石砧等均为石英砂岩石料。

边刮器　5件。其中以燧石为原料者占80%，以石英为原料者占20%。2件以石片为毛坯，2件以断块为毛坯，1件以石叶为毛坯。按修理刃缘的数目统计：单凸刃者2件，单直刃者1件，复刃者2件。单刃标本中1件正向修理，1件复向修理，1件单向修理（以

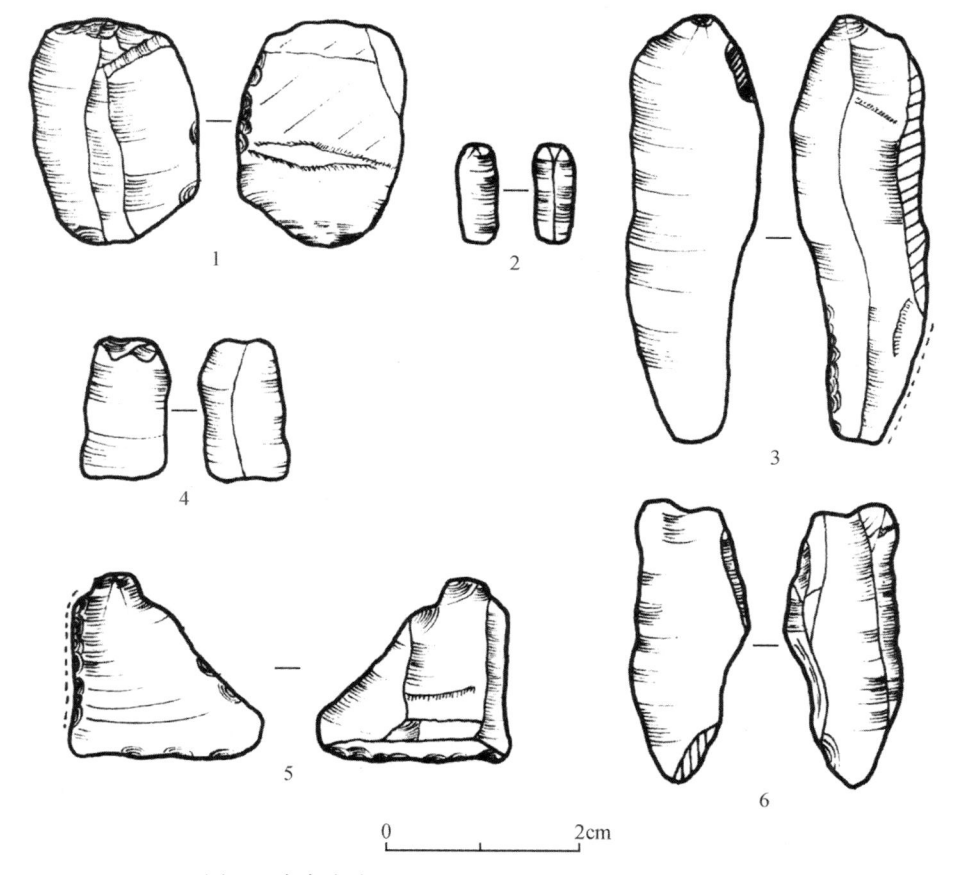

图六 李家沟遗址北区上文化层石器、细石叶和石叶
1. 端刮器（10XLN：0488） 2. 细石叶（10XLN：0489） 3、5. 边刮器（10XLN：0619、10XLN：0645）
4、6. 石叶（10XLN：0468、10XLN：0594）

断块为毛坯）；复刃标本中，复向修理者1件，同向修理者1件。绝大多数标本的修疤短小，修理刃缘的刃角除1件标本外均较小。5件边刮器的修疤都是连续分布。初步观察到使用痕迹的有4件。标本10XLN：0619，出自第6层，单直刃边刮器，长46.1mm，宽14.1mm，厚6.8mm，重3.1g。原料为黑色燧石。毛坯是石叶，石叶右侧的下部正向修理，修疤连续，短小且非常浅，修理刃缘的长度占右侧刃缘长度约29%（图六，3）。标本10XLN：0645，出自第6层，复刃边刮器，长18.9mm，宽21.3mm，厚8.8mm，重2.9g。原料灰褐色燧石，质地好。以Ⅱ型石片为毛坯。石片的远端经过复向修理，刃缘平直，刃角69°。修疤很小，略深，分布不连续；修理部分分别占各刃缘长度的100%。石片的左侧和右侧没有明显的修理痕迹，但使用过，存在使用微疤、磨圆和光泽。左侧为直刃，刃角44°~54°，右侧凹刃，刃角52°~55°，使用部分占各自刃缘的100%（图六，5）。

端刮器 2件，均以燧石为原料。标本10XLN：0488，出自第6层，端刮器。长

23.6mm，宽17.8mm，厚6.6mm，重2.9g。原料为黑色燧石，质地好。毛坯是不完整石片（或残断的石叶），石片背面由3个长形片疤构成，纵脊呈倒V形。石片近端被精细地修理，远端完整且外翻。近端正向修理，直刃，修理长度占近端长度的100%，修疤浅平且连续，修疤上面还分布着细碎的小型—微型破损疤。端刃有使用微疤和磨圆（图六，1）。

四、动物化石

李家沟北区第3~6层共出土编号动物标本293件，其中可初步鉴定种类的标本99件，占34%。动物种类主要有鹿、牛、马、羊，还有少量中小型食肉类和鸟类。动物骨骼保存状况一般，多数非常破碎。烧骨27件，占全部动物标本的9.2%。经初步判断有人工改造痕迹的标本9件，占全部动物标本的3.1%，主要为切割痕和砸击痕；有动物啃咬痕迹的标本2件，占0.7%，均为啮齿类啃咬痕迹。

五、结　　语

李家沟遗址北区第4层至第6层校正后年代为距今10 200~8500年。上文化层延续时间较长并且文化内涵稳定，以压印纹夹砂陶器、板状无支脚的石磨盘和大量人工搬运的石块为特征，具备中原地区新石器时代早期文化的性质。下文化层属于旧石器时代晚期文化。

李家沟遗址北区2010年度的发掘为我们了解华北地区更新世末期和全新世早期的人类技术、人类行为、生计特点、栖居模式以及环境背景等方面提供了新的材料。石器组合中打制石器的大量存在表明打制石器不只存在于旧石器时代，而是延续至新石器早期甚至裴李岗文化时期[2]。两面器石镞和细石器的发现暗示出距今1万年左右华北地区与旧大陆西方的技术关联[3]，而早期直腹平底陶器的发现则指示当时华北南部地区与华北北部以及东北亚地区之间的交流互动[4]。本遗址石磨盘、细石器、早期陶器和人工搬运石块的共同出现显示出东亚腹地距今1万年前后技术复杂化的加剧和人类对于居址依赖程度的增加，该时期华北地区社会发展很可能进入了一个新的复杂阶段[5]。

领队：王幼平　张松林
发掘：汪松枝　曲彤丽　阮齐军
　　　王文婷　赵静芳　高霄旭
　　　陈宥成
执笔：陈宥成　曲彤丽　张松林
　　　顾万发　汪松枝　王幼平

参 考 文 献

［1］ 北京大学考古文博学院，郑州市文物考古研究院.河南新密市李家沟遗址发掘简报［J］.考古，2011（4）.

［2］ 王幼平，张松林，顾万发等.李家沟遗址的石器工业［J］.人类学学报，2013（4）.

［3］ 陈宥成，曲彤丽."两面器技术"源流小考［J］.华夏考古，2015（1）.

［4］ 陈宥成，曲彤丽.中国早期陶器的起源及相关问题［J］.考古，2017（6）.

［5］ 陈宥成，曲彤丽.试析华北地区距今1万年左右的社会复杂现象［J］.中原文物，2012（3）.

（原刊于《中原文物》2018年6期）

河南新密李家沟遗址南区2010年发掘简报[*]

北京大学考古文博学院　郑州市文物考古研究院

李家沟遗址位于河南省新密市岳村镇岗坡村（李家沟自然村）西约200米处，椿板河东岸，地理坐标北纬34°33′55″，东经113°31′25″（图一）。

该遗址是郑州市文物考古研究院在2004年底进行的旧石器考古专项调查中发现的。20世纪50年代由于修建水库，人工发掘的东西向引水沟横穿遗址。经多年的自然风化和人为破坏，引水沟两侧以及靠近椿板河一侧的断壁剖面垮塌严重。2009年8～10月，北京大学考古文博学院与郑州市文物考古研究院联合考古队对该遗址进行了抢救性发掘。2010年再次对遗址的南区和北区进行系统发掘。本次发掘出土大量石制品、动物遗存和陶片等珍贵遗物，并且完善了李家沟遗址的地层及年代序列，使我们对遗址形成过程和文化内涵有了新的认识。

一、地貌、地层堆积概况

李家沟遗址地处低山丘陵区，黄土堆积发育。椿板河由西北向东南流经遗址西侧。这一地区河谷很窄，遗址附近的河流可见二级阶地，系以马兰黄土为基座的基座阶地。李家沟遗址位于河流东岸二级阶地的前缘，海拔203米，高出河面约12米。遗址南区的地层堆积以南壁剖面为例（图二），具体描述如下。

第1层：表土层，厚4～34cm，较疏松，包含陶片、瓷片、废铁片、砖屑、炭粒、植物根系及少量粒径较小的钙质结核。

第2层：文化层，厚94～176cm，由碳酸钙胶结物和风化物构成，结构疏松，包含大量大小不等的管状钙结核和灰岩石块，所含遗物主要是陶片。

第3层：文化层，厚18～134cm，灰白色疏松细砂或粉砂土，较为纯净，含少量陶片、石制品、动物骨骼。

第4层：文化层，厚14～78cm，黄色黏质粉砂，致密，所含遗物极少。

---

[*] 本文承国家社科基金重大项目（项目编号：11&ZD120）资助。

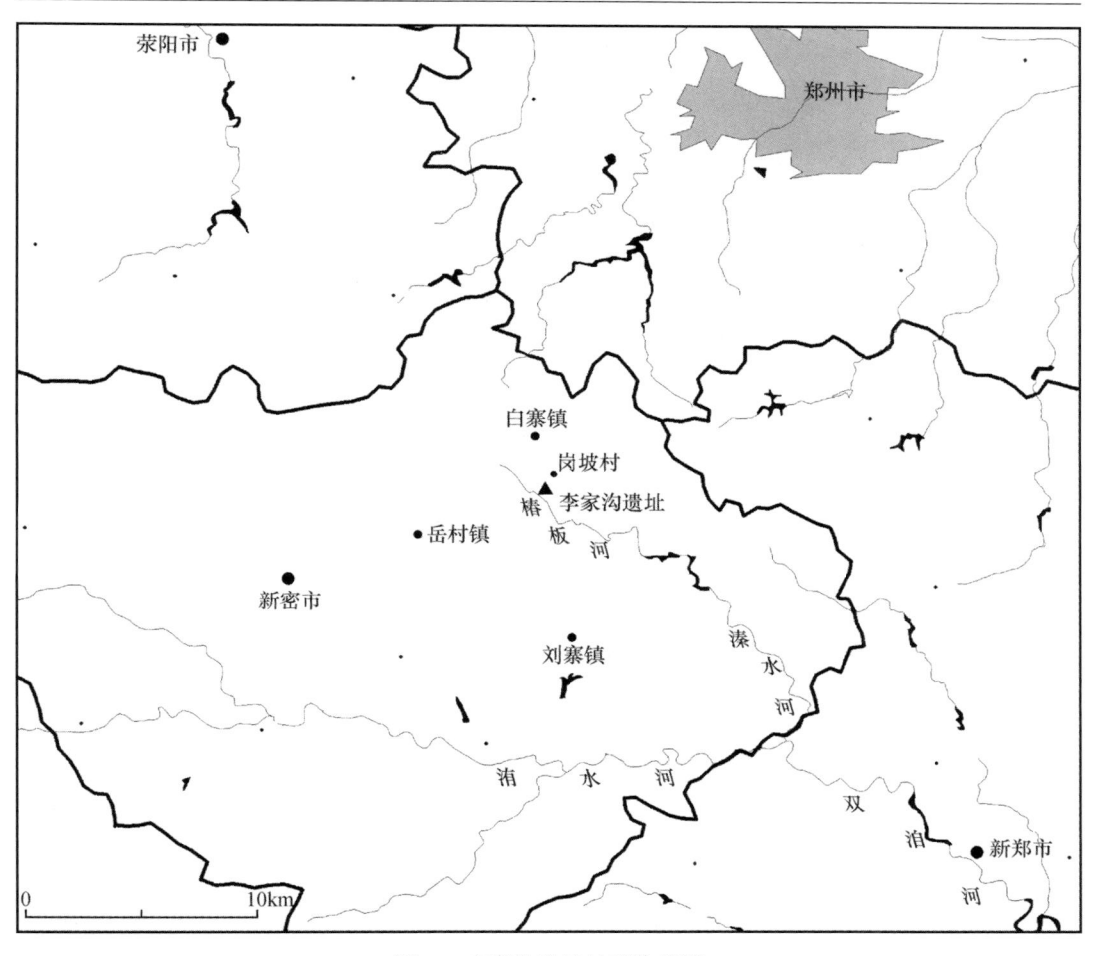

图一　李家沟遗址地理位置图

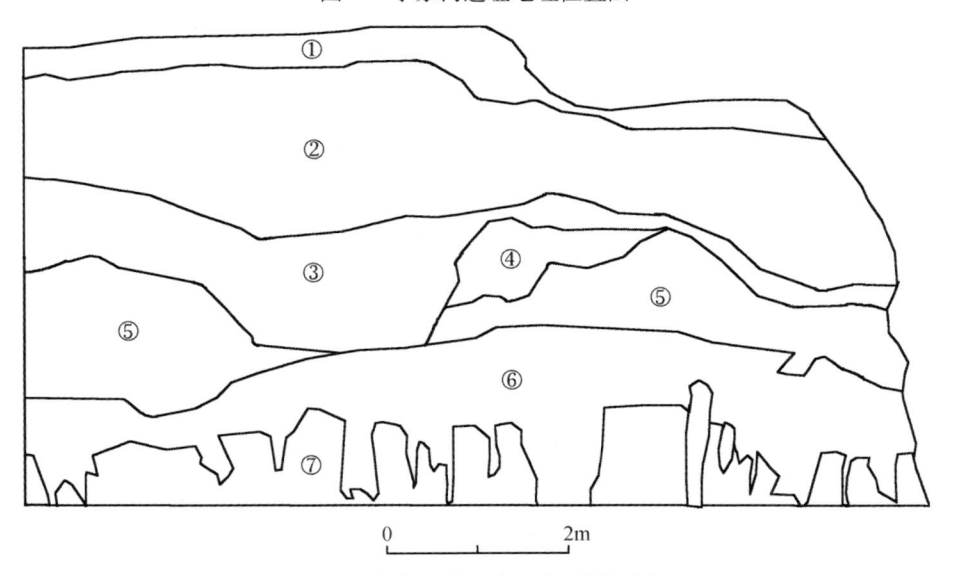

图二　李家沟遗址南区南壁剖面图

第5层：文化层，厚50~156cm，黑色—黑褐色或黄褐色黏质粉砂，致密，较坚实，含有较多螺壳。遗物包括少量陶片、较多动物遗存和少量石制品。

第6层：文化层，厚40~182cm，由褐色砂砾组成，其中包含中小型料姜石，含有丰富的石制品和动物遗存，少量陶片。

第7层：马兰黄土，厚22~96cm，有很多裂隙，裂隙中为砂土，其中裂隙两侧的砂砾很细，中间的偏粗。裂隙中的堆积是从第6层陷入的。本层的下部，约20cm厚的黄土堆积颜色变略深，黄土的黏度和湿度有所增加。本层包含很少量石制品，极少动物骨骼。

二、年代和文化层划分

李家沟遗址南区的 ^{14}C 测年结果显示：第5层为距今10 000~9000年，第6层为距今10 500~10 300年（北京大学考古文博学院等，2011）。第2~4层系2010年度发掘的新发现，从地层堆积的特点以及出土陶片来看，这部分堆积应属于新石器时代裴李岗文化。结合各层堆积的年代、堆积形成的特点以及出土遗物的情况，我们将李家沟遗址南区第2~4层记为上文化层，第5层记为中文化层，第6、7层记作下文化层，但第6层与第7层堆积的时代、文化内涵不同，分别为下文化层上部和下文化层下部。

三、遗　物

遗物主要出自第6层，包括动物骨骼，石制品，陶片和大石块。第2层遗物的数量居次，以裴李岗时期的陶片为主，第3层、第4层和第5层遗物的数量较少，包括石制品和动物骨骼，第7层遗物最少。限于篇幅，下文将重点介绍中文化层（第5层）和下文化层上部（第6层）出土遗物的情况。

（一）中文化层（第5层）

1. 陶片

标本10XL：0093，器壁残片，长63.5mm，宽31.2mm，厚10mm，重19.4g。陶质夹砂，羼和料为石英，经过分选。内壁和外壁为浅褐色，陶胎红褐色。器表施压印纹。纹饰很深，形态和大小统一，为长方形；纹饰分布规整。压印凹坑长约4mm，宽约2mm，深约1mm。内壁被抹平，但有微微的凹凸，可能是抹平过程中手指压按的痕迹。该陶片直壁，推测其器型为直腹罐。

标本10XL：0924，器壁残片，长48mm，宽24.9mm，厚11.9mm，重14.3g。陶质为夹砂，羼和料有云母，长石，粒径很小，胎土很细，经过分选。外壁和内壁为浅灰色，陶胎灰黑色。器表施压印纹，横向成行分布，行间平行，压印凹坑很小，为椭圆形，大小和深度较统一，长约1.7mm，宽约1.1mm，深约0.5mm。内壁抹平，内外壁均施陶衣。陶片为直壁，推测其器型为直腹罐。

2. 石制品

石制品共17件，包括石核（3件）、石片（6件）、石叶（1件）、石器（2件）、断块和不完整石片（5件）。各类石制品所占中部文化层石制品总数的比例相差不多。原料方面，以燧石和石英为主，其次为石英砂岩。

3. 动物遗存

编号动物标本共29件。主要种类包括鹿、羊、牛；还有少量被鉴定为大型和中型哺乳动物的标本。动物遗存中有10件带切割痕，1件带动物啃咬痕，烧骨3件。此外还发现有若干鸵鸟蛋壳碎片。

（二）下文化层上部（第6层）

1. 陶片

标本10XL：0332，口沿。高51mm，宽47.7mm，厚12.1mm，重31.9g。陶质为夹砂，羼和料可能含方解石。内壁、外壁和陶胎均为砖红色，素面。口部较直，微内敛。标本的磨蚀程度很高。器型可能为罐（图三）。

标本10XL：0471，口沿。高64.9mm，宽55.4mm，厚13.9mm，重62.7g。陶质为夹砂，羼和料可能含方解石和石灰岩碎块。外壁部分为灰黑色，部分为灰褐色。内壁

图三　标本10XL：0332陶片外壁（左）和内壁（右）

浅褐色，陶胎是砖红色。素面，直口，口沿面平齐；直腹，微鼓，器型可能为直腹罐（图四）。

图四　标本10XL：0471陶片外壁（左）和内壁（右）

2. 石制品

石制品共432件，包括石片、细石叶、石核、石器、断块和残片，其中断块、残片所占比例最高，其次为石片，再次为石器、石核和细石叶。原料方面，燧石和石英为绝对主体，其次为石英砂岩，还有少数石灰岩。

（1）石核　共59件，占第6层石制品总数的13.7%，包括锤击石核26件，砸击石核19件，细石核14件。细石核中，除1件为石英外，其余均为燧石。砸击石核中石英占绝大多数（13件），其次为燧石（4件）。锤击石核中，16件为石英，6件为燧石，4件为石英砂岩。各类石核的剥片率都较高，多数石核的片疤延展度大，但片疤深度中等或浅。细石核中，片疤均为同向，有些石核的底缘经过修理，个别石核的台面被修理过。对典型石核标本的描述如下。

标本10XL：1109（图五，4），细石核，船形。长15mm，宽28.4mm，厚14.2mm，重6g。原料为深褐色燧石。母坯为石块，台面较宽平，为自然节理面，形状不规则，长28.8mm，宽13.8mm。片疤有10个，其中4个为压制成功的片疤。最后剥片的片疤较深且延展度低，其他的片疤浅且延展度较高。石核的后侧缘保留着部分石皮，有两个尝试剥片留下的小疤，这个位置可能因为台面角度和核体形状不合适而没有被剥片，或也可能是剥片时被固定的部位。

标本10XL：0322（图五，1），细石核，锥形。长24.4mm，宽28.4mm，厚23.8mm，重12.9g。原料为黑色燧石。台面形状近似圆形，为修理台面，其上有4个片疤。台面长25.4mm，宽23.8mm。石核体上剥片面占锥体的近1/3。片疤有5个，较浅且延展度较高。石核体其余大部分为石皮和节理面。

标本10XL：0347（图五，8），细石核。长16.7mm，宽17.8mm，厚12.1mm，重12.1g。原料为灰白色泛油脂光泽的优质燧石。台面形状近似长方形，为素台面，台面长17.9mm，宽11.1mm。石核体的剥片工作面占石核体的近1/2。片疤有18个，其中5个为成功压制细石叶的片疤。

标本10XL：0479（图五，5），细石核。长16.1mm，宽14mm，厚6.7mm，重1.6g。原料为褐黄色燧石。石核体的前面和侧面都是剥片工作面。台面长9.8mm，宽5.5mm，未经修理。石核上共剥离了7个细石叶，其中有5个片疤都延伸到石核底部。石核体的后面保留有少量石皮，还有若干在剥离细石叶之前产生的片疤。侧刃缘上有一系列微疤。该石核处于剥片的末期阶段。

标本10XL：0870（图五，3），细石核，锥形。长11.3mm，宽12.6mm，厚7.9mm，重1g。原料为黑色泛油脂光泽的优质燧石。台面为自然台面，长14.3mm，宽7mm。石核体的前面是细石叶剥片工作面，共成功剥离了5个细石叶，片疤延展度高，

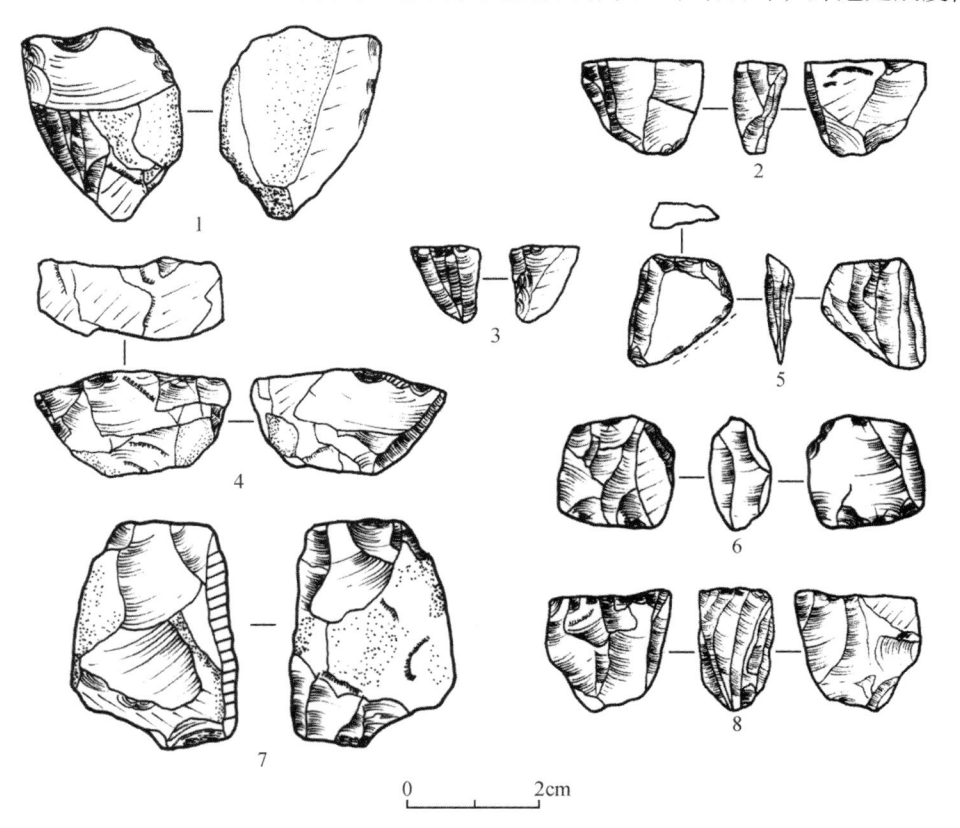

图五　李家沟遗址南区石核

1~5、8.细石核（10XL：0322、10XL：0838、10XL：0870、10XL：1109、10XL：0479、10XL：0347）
6、7.砸击石核（10XL：0816、10XL：0333）

其中有4个都延伸到石核底部。石核后面存在压剥细石叶不成功留下的片疤以及部分节理面。该石核处于剥片的末期阶段。

标本10XL：0816（图五，6），砸击石核。长34.4mm，宽25.3mm，厚11.6mm，重9.5g。原料为黑色燧石。砸击特征较明显，中间厚，两极薄，两极都有破损痕迹和对向分布的片疤。石核较钝的一端为上端砸击部位，较锐一端为下垫石砧受反作用力部位。片疤有8个，其中5个片疤方向朝下，3个片疤朝上，2组片疤呈对向分布。剥片面的面积占石核体面积一半以上，石核利用率较高。

（2）石片　共94件，占第6层石制品总数的21.8%。锤击石片83件，其中燧石、玛瑙者占45.1%，石英者占42.7%，石英砂岩者占8.5%，灰岩者占3.7%。砸击石片11件，其中只有1件为燧石，其余均为石英。有使用痕迹的石片10件，可能被使用过的3件。

标本10XL：0183，出自第6层，砸击石片。长36.3mm，宽17.8mm，厚10.6mm，重6.7g。原料为白色石英。砸击特征较明显，石片中间厚，两端极薄，长宽比例较大，剖面近似长方形。

（3）石叶和细石叶　石叶2件，占第6层出土石制品总数的0.5%，均为燧石，其中1件台面缺失。有使用痕迹者1件。细石叶27件，占第6层出土石制品总数的6.3%，其中26件为燧石，1件为石英。有使用痕迹者7件。典型标本描述如下。

标本10XL：0584（图六，10）。石叶。长51.5mm，宽21.4mm，厚10.8mm，重9.7g。原料为灰褐色燧石。台面为素台面，呈三角形，石片角121°。打击点、打击泡和锥疤非常清晰。远端内卷。背面有倒"Y"形纵脊，共有5个片疤。

标本10XL：1114（图六，1），石叶。长54.9mm，宽20.1mm，厚11.1mm，重10.7g。原料为燧石。台面缺失。石叶背面有3个片疤，并保留有较多石皮。经初步观察，石叶左侧有使用痕迹。

标本10XL：0511（图六，8），细石叶。长14.8mm，宽5.3mm，厚1.3mm，重0.2g。远端残断。原料为黑色燧石。台面为素台面，呈三角形，长4.2mm，宽2mm。石片角97°。打击点、打击泡和锥疤都十分清晰。背面全部为细石叶片疤，有3条纵脊，其中2条平行，有1条倾斜。细石叶右侧有使用痕迹。

（4）石器　共37件，占第6层石制品总数的8.6%，其中打制石器包括边刮器、雕刻器、端刮器、尖状器、箭头（或小型两面器）、钻。绝大多数为中小型工具。其中，石英者占37.8%，燧石者占51.4%，砂岩者占2.7%，硅质灰岩者占5.4%，石英岩者占2.7%。打制石器中有27件为片状毛坯，6件以断块为毛坯，2件以石核为毛坯，1件以石叶为毛坯。磨制石器包括1件局部磨光石锛。对典型石器标本的描述如下。

标本10XL：0614（图七，6），钻。长45.4mm，宽25.3mm，厚19.1mm，重26.5g。原料为石英。器身上部和左侧较薄，下部和右侧很厚。毛坯为残断的石核断块，存在若干片疤。上部的左侧和右侧分别打下两个较大修疤，形成一个短小的尖，尖刃角为89°，两个修疤的方向是相同的。尖的顶端有一微小折断部分，两边有微疤。

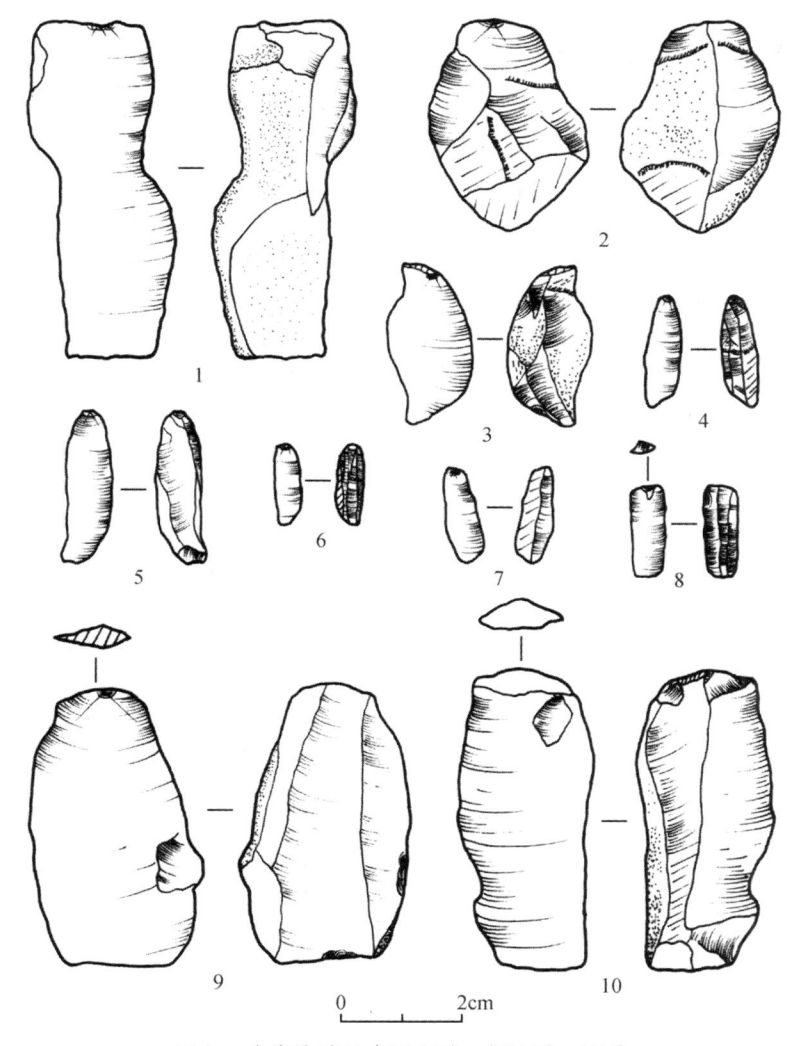

图六 李家沟遗址南区石叶、细石叶、石片
1、9、10. 石叶（10XL：1114、10XL：1117、10XL：0584） 2、3. 石片（10XL：0890、10XL：0773）
4~8. 细石叶（10XL：0850、10XL：1026、10XL：0583、10XL：0749、10XL：0511）

标本10XL：0866（图七，2），尖状器。长27.1mm，宽23.1mm，厚8.2mm，重4.9g。原料为石英。器身呈圆角三角形。毛坯为远端断片，石片的远端为尖状器的尖部所在部位。尖状器左侧为正向加工，修疤小；右侧反向加工，修疤中型。尖部经过正向修理，尖刃角87°。左侧和右侧修理刃缘分别占其所在刃缘的100%，修疤连续分布。该标本可能使用过，存在破损疤和一定程度的磨圆。

标本10XL：0978（图七，1），雕刻器。长25.8mm，宽20.8mm，厚8.2mm，重4.1g。原料为石英。以石片为毛坯，器身呈三角形。雕刻器小面的一面为节理面，另一面为打击形成的面。后者由4个窄长的近乎平行的小疤构成，其中一个修疤较深且折

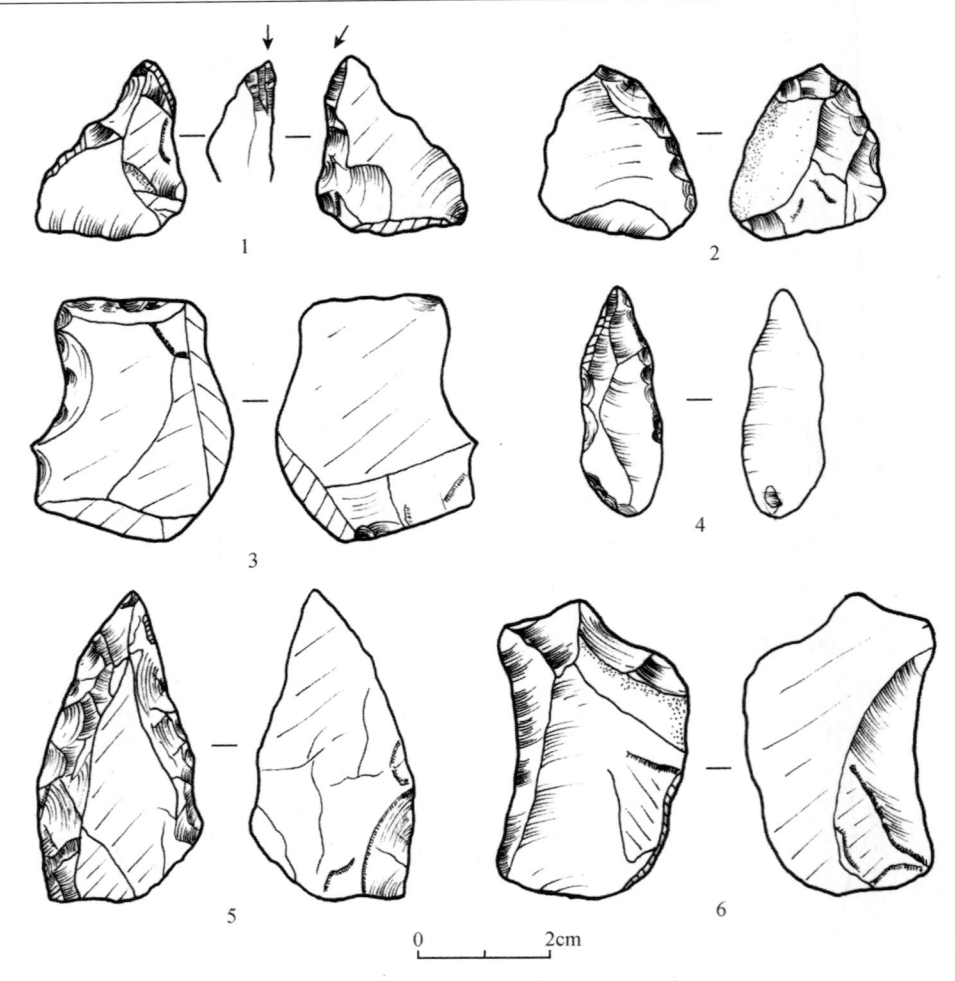

图七　李家沟遗址南区石器
1. 雕刻器（10XL：0978）　2、5. 尖状器（10XL：0866、10XL：0950）　3. 凹缺刮器（10XL：0108）
4. 双刃刮削器（10XL：1020）　6. 钻（10XL：0614）

断，打破了其他的片疤。

标本10XL：0741（图八，4），复刃边刮器。长37.2mm，宽32.1mm，厚14.4mm，重13g。原料为灰白色燧石。以石片为毛坯，石片的右侧，远端和左侧都进行了修理，加工方向分别为复向，正向，正向；刃角分别为41°，51°，49°。左侧和右侧为凸刃，远端是直刃。右侧、远端和左侧修理部分的刃缘长度分别占其所在整个刃缘长度的59%，100%，66%。右侧的修疤为微型，基本连续，远端修疤小型且连续，左侧修疤大小的变异较大，连续分布。据初步观察，两侧边和远端都有使用痕迹，包括微疤和一定程度的磨圆，远端还有使用光泽。

标本10XL：0668（图八，3），边刮器。长23.2mm，宽8.7mm，厚1.7mm，重0.5g。原料为深褐色燧石。以石叶为毛坯，石叶形状规整，腹面打击特征明显，背面有

2条平行纵脊。石叶远端残断。石叶右侧的下部有修理痕迹，石叶两侧下部和远端有使用痕迹，其长度占整个刃缘的54%，修理疤和使用微疤位于石叶的背面，修疤和使用破损疤连续分布。

标本10XL：1020（图七，4），双刃刮削器（或尖状器）。长34.3mm，宽12.3mm，厚1.4mm，重2g。原料为黑色燧石，以石叶为毛坯。石叶的左侧和右侧的下部被修理和使用。两侧边均为正向修理。左侧为直刃，修理部分占整个刃缘长度的71%；右侧为凸刃，修理部分占整个刃缘长度的61%。两侧的修疤微小、连续且相互平行。左侧上部经过精细修理，形成尖刃，刃角为43°。经初步观察：左侧，右侧和尖刃都被使用过。

标本10XL：1115（图八，2），端刮器。长14.2mm，宽19.7mm，厚7.4mm，重2.5g。原料为黑色燧石。毛坯为远端断片，形状为半圆形。端刮器的刃缘在远端，正向加工，共有7个修疤，连续且几乎平行分布，加工精制，刃缘为凸刃，较厚。初步观察：端刃有使用形成的破损微疤。

标本10XL：0222（图九，4），小型两面器。长36.1mm，宽17.4mm，厚7mm，重3.9g。原料为黑色燧石。以石片为毛坯，器身较薄，不对称，通体经过两面修理，修疤较大且浅平、规整、近乎平行。两侧边和底端的整个刃缘都经过修理。尖部的修理也非常精细，尖刃角58°。

标本10XL：0348（图九，3），小型两面器。长30.9mm，宽11.7mm，厚5.6mm，重2.2g。原料为石英。以石片为毛坯，两面修理，修疤较短小且浅平、规整。两侧边整个刃缘都经过修理。器体较薄，一侧边为直刃，一侧边略凸。

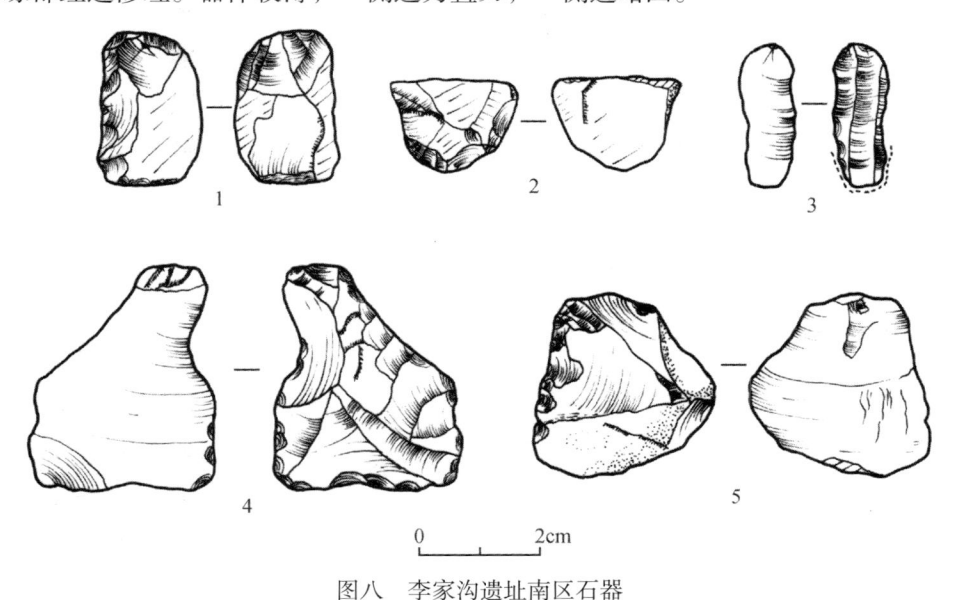

图八 李家沟遗址南区石器

1、3、5. 边刮器（10XL：0757、10XL：0668、10XL：0891） 2. 端刮器（10XL：1115）
4. 复刃边刮器（10XL：0741）

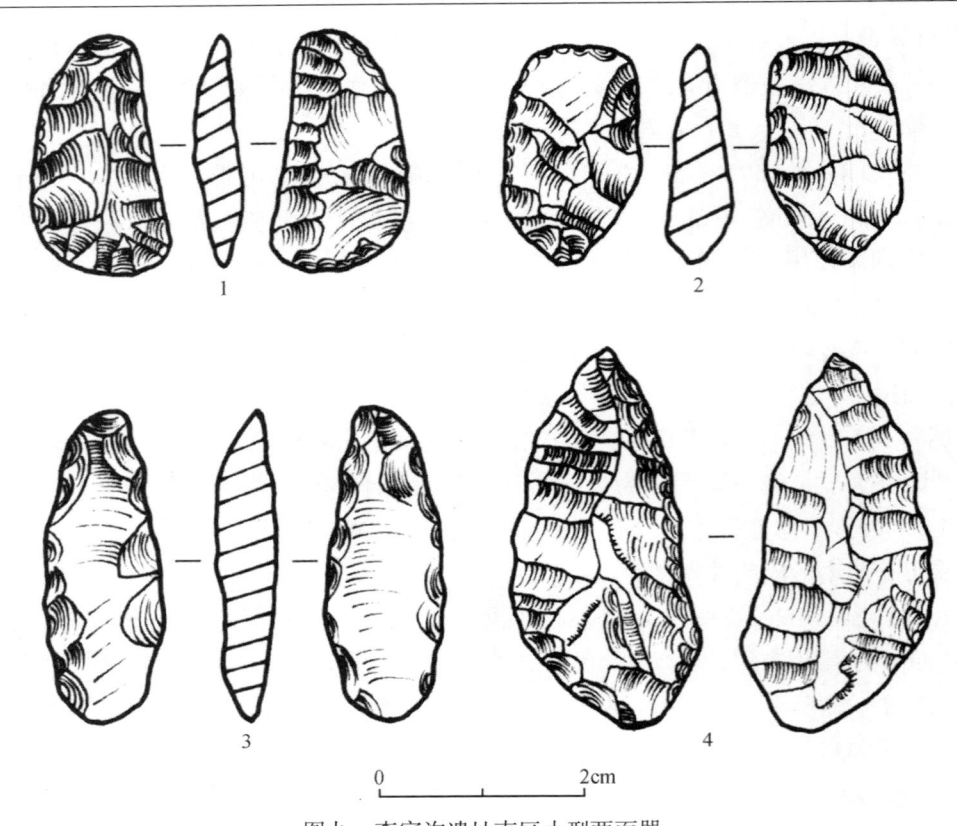

图九 李家沟遗址南区小型两面器
1. 10XL：0878 2. 10XL：0524 3. 10XL：0348 4. 10XL：0222

标本10XL：0878（图九，1），小型两面器。长23mm，宽12.7mm，厚5.6mm，重1.6g。原料为黄褐色燧石。以石片为毛坯，器身通体经过两面修理，器身中间纵脊处最厚，向两边逐渐变薄。两面器左右不对称，一侧边为直刃，另一侧边为凸刃。修疤较大、浅平、规整，多数修疤之间是平行的。

（5）局部磨光石器　标本10XL：0282（图一〇），局部磨光石锛。长107.4mm，宽48.4mm，厚20.5mm，重174.9g。以河滩砾石为坯材，整体形状近似舌形，远端（指磨光刃缘所在的一端）宽于近端，远端宽48.1mm，近端宽34.7mm，中段宽48.5mm。远端正面有一磨光面（磨光面所在面为正面），长27.9mm，宽40mm，远端刃部亦磨光，其左侧有一个小片疤；远端背面有一小型破损疤。近端有两个剥片疤，大者长47.7mm，宽31.5mm；小者长8mm，宽6.2mm。正面的中部偏下至磨光面上密集分布着大小和深浅不一的微小凹坑。背面靠近近端的位置上也密集地分布着一片凹坑，背面靠近远端的偏左位置分布着一片凹坑，凹坑的左侧靠近刃缘处有2个片疤。石锛的两侧边圆钝，左侧边的上部和下部集中分布着两组凹坑和凹痕，右侧边的中部—下部连续分布着一列凹坑，下部的凹坑较深、较长。此外，石锛背面的中间部位较两端略凹一些。

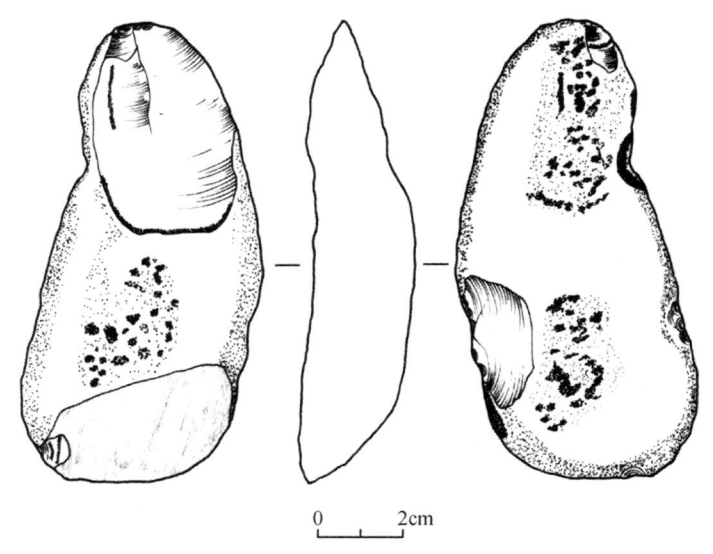

图一〇　李家沟遗址南区磨制石锛（10XL：0282）

（6）人工搬运石块　共157件，石块多有较扁平的面，呈扁平块状或近方形块状，岩性以石英砂岩和灰岩为主，尺寸较大。少数呈黑色、有裂痕。这些石块可能是被人类有意搬入遗址中的。

3. 动物遗存

第6层出土动物遗存313件。骨骼的保存状况一般，风化程度较高，多数非常破碎。可鉴定种属的标本115件。种类主要包括鹿、马、牛、羊、猪等。另有11件标本被归为小型或中小型哺乳动物，5件被归为大型和中型哺乳动物。带有人工改造痕迹的标本15件，以切割痕为主，少量砸击痕；带动物啃咬痕迹的标本有2件。此外，动物遗存中有烧骨12件。

四、结　语

李家沟遗址南区上文化层为新石器时代裴李岗文化期的堆积，所含遗物以陶片为主，具有裴李岗文化的典型特征，其次为少量打制石器和动物遗存。第2层堆积主要由碳酸钙的风化碎片构成，堆积呈现出较大角度的斜层理；第3层堆积呈"坑状"，堆积物中细砂的成分增加，局部夹有若干层粉砂层；第4层堆积物变得细腻，主要是黏质粉砂。总体上，上文化层堆积的形成与水流作用密切相关。

中文化层堆积相对较厚，但文化遗物少，其中包含"压印纹"陶片。这种陶片代表了新石器时代早期陶器的新类型，与更早和更晚阶段的陶器均存在显著差异。这种陶器的制作技术及其所代表人群的来龙去脉是有待深入探讨和揭示的重要问题。

下文化层的第6层属于河漫滩堆积，石制品、动物遗存、人工搬运的大石块显示出原地埋藏的特点。人们曾在遗址上打制细石叶、修理精致、多样的石器，如两面器、尖状器、雕刻器、钻等，并在遗址上使用这些工具。动物遗存的初步观察显示：鹿、羚羊等中小型哺乳动物是主要的狩猎对象。遗址上曾发生屠宰、加工动物资源的活动。此外，发掘区西部存在一个大石块相对集中的区域，周围分布着石制品和动物遗存。大石块可能是人类出于某种目的有意搬运到遗址上的。总之，遗址在这个时期是作为营地被占用的，但具体的占用过程和细节仍有待埋藏学和空间分析来进一步揭示。特别值得注意的是，该层发现了早期陶片与磨光石器。前者暗示出旧石器时代末期中原地区与我国北方地区的人群和文化交流（陈宥成等，2017）。磨光石器与陶器的制作都是比较耗时的，且不便携带，这两类工具的发现暗示着人群流动性的减弱和生活方式的变化。

李家沟遗址2010年度的发掘揭示出从旧、新石器时代过渡阶段到新石器时代早、中期的堆积序列，在中原地区属首次发现，为探讨中原地区细石叶、早期陶器以及磨制石器等技术的出现与发展、生计方式的变化以及人群关系提供了丰富的材料和新的考古学视角，为我们今后开展系统的区域性探索奠定重要基础。

领队：王幼平　张松林
发掘：汪松枝　陈宥成　阮齐军
　　　王文婷　赵静芳　高霄旭
　　　曲彤丽
执笔：曲彤丽　陈宥成　张松林
　　　顾万发　汪松枝　王幼平

参 考 文 献

［1］ 北京大学考古文博学院，郑州市文物考古研究院.河南新密市李家沟遗址发掘简报［J］.考古，2011（4）.
［2］ 陈宥成、曲彤丽.中国早期陶器的起源及相关问题［J］.考古，2017（6）.

（原刊于《中原文物》2018年6期）

河南新郑黄帝口遗址2009年发掘简报*

王佳音[1]　张松林[2]　汪松枝[2]　信应君[2]　刘青彬[2]　高霄旭[1]
赵静芳[1]　王幼平[1]

（1.北京大学考古文博学院，北京　100871；2.郑州市文物考古研究院，郑州　450052）

一、引　　言

　　黄帝口遗址（N34°17′47.54″，E113°41′31.47″，图一）位于河南省新郑市观音寺镇唐户村南部，南邻沂水寨，地处溱水河与九龙河交界处的二级阶地上。该遗址由郑州市文物考古研究院于2006年的田野调查中发现，并于同年进行发掘，发掘深度约1.9m。经过多年自然风化，原有发掘剖面已受到显著破坏并轻度垮塌。

　　2009年10～11月，北京大学考古文博学院与郑州市文物考古研究院联合考古队对该遗址再次进行了抢救性发掘。发掘在2006年发掘基础上进行。根据地形地貌及堆积遗留状况，以原始堆积的东北角为基点，向南侧与西侧布方，发掘面积约15m^2，深度约4m。这次发掘共发现76件石制品及75件动物骨骼化石。本文是对该地点地层及遗物状况的报告。

二、地层、年代与埋藏状况

（一）地貌与地层

　　新郑市位于豫西山区向东的过渡地带，地处淮河流域，境内河流分别属于颍河与贾鲁河水系，其中溱水河是颍河的主要支流；北部和西北部为丘陵地区，以东为冲积平原，遗址所在唐户村便位于二者交界处的冲积平原上。由于平整土地和农林耕作等，遗址堆积受到一定破坏。

　　遗址地层堆积以发掘探方北壁为例，自上而下依次为：

　　第1层：耕土层。棕黄色耕作土壤，土质较疏松，包含陶片、瓷片等现代制品和植物根茎等。厚度0.3～0.5m。

---

* 基金项目：科技部科技基础性工作专项（2007FY110200）；国家社科基金重大项目（11&ZD120）。

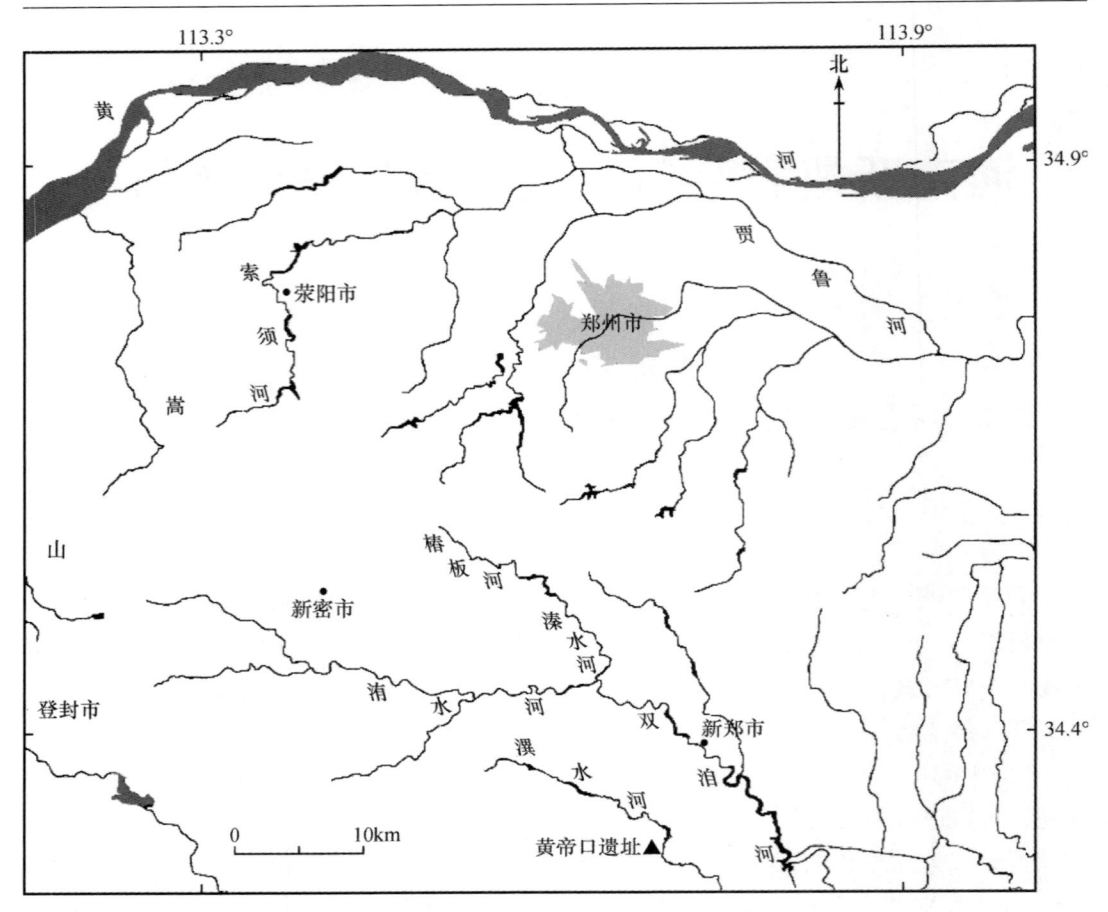

图一　黄帝口遗址地理位置

第2层：扰土层。深灰色细砂至粉砂质黏土，局部呈灰黑色，土质疏松，西侧较深，包含从龙山时代至今的陶片和现代制品。厚度1.5~4m。

第3层：黄色粉砂质黏土，夹杂有灰色粉砂质黏土条带，包含少量的动物骨骼化石和石制品，另外含有少量的料姜石。厚度0.2~2.8m。

第4层：棕色粉砂质黏土，包含动物骨骼化石和少量的石制品。厚度0.5~0.7m。

第5层：灰绿色砂质黏土，夹杂大量的蚌螺壳碎屑，包含较多的动物骨骼化石和石制品。厚度0.1~0.2m。

第6层：灰黄色粉砂质黏土，发掘区范围内仅出土1件动物骨骼化石。发掘深度0.05~0.2m，未见底。

从地貌特征和堆积物看，第1、2层为受现代人类活动扰乱而形成的堆积。第3层从构造到包含物均与马兰黄土相似，应以风成堆积为主，流水堆积为辅。该层出土少量石制品，反映早期人类曾在此处活动或经过。第4层成因与第3层基本一致，但土色略深，可能反映该时期的气候更加暖湿，植被条件更好。第5层堆积可见细微层理，且包含较多完整蚌壳及蚌螺壳碎屑。结合遗物分布未显示出有规则的方向性与分选，该层可能反映了漫滩或水洼的静水状态。第6层未发现石制品及蚌螺壳，颜色和结构均与第3层相似，成因可能也与第3层相似。

（二）遗址年代

根据区域地层对比，本遗址第3层夹少量料姜石黄色粉砂质黏土与本区广泛分布的马兰黄土上部堆积相当，应属于MIS 2阶段。第4～6层的堆积特点显示其形成期间的气候可能较为暖湿，推测处于MIS 3阶段。采自第5层的两个炭样经加速器年代测定，结果均在距今3万年左右（BA10 009：30 545±110B.P.；BA10 010：29 325±110.B.P.）。这两个数据校正后的实际年龄在距今35 000年前后，与地层堆积所显示的时代特点相吻合，显示该遗址的主要占用时间应为距今35 000年前后的MIS 3阶段。但到第3层所代表的MIS2阶段，即最后冰期最盛期前后，仍可见人类零星活动的痕迹。

（三）遗物埋藏特点

遗物的尺寸及出土时产状、风化和磨蚀程度可以反映遗址的埋藏条件。经测量，黄帝口遗址出土的石制品尺寸比例为：小于2cm占60.5%，2～4cm占32.9%，大于4cm占6.6%。其中最大标本长度为13.9cm。动物化石标本只测量重量，其中10g以下标本占50.7%，10～50g标本占38.7%，50g以上标本占10.6%。其中最大重量可达215.9g。遗物的尺寸与重量显示：遗物个体偏小，有部分大中型遗物存在，并无严格分选。

对产状的统计包括遗物的长轴、倾向与倾角。图二中对遗物出土时长轴、倾向的定义。其中出土遗物的长轴共4个方向，倾向包括1～8及0（水平）和9（垂直）共10个方向。倾角分为水平、倾斜、垂直3种。遗物的风化磨蚀程度均分为无、轻、中、重4个级别。

排除出土时被移动的标本，参与统计的标本包括85件骨化石及石制品。

统计可见，在各层遗物中，4个方向的长轴所占比例相近，无优势方向（图三）；倾向以水平为主，其他各方向比例相近（图四）；倾角以水平和倾斜为主，垂直标本所占比例最小（图五）。结合标本几乎没有风化和磨蚀的痕迹及尺寸普遍偏小的特征，推测遗物未经流水搬运，而属于原地快速埋藏。从图六遗物平面分布图也可看出遗物大小不均，方向不一的分布状况，这也进一步说明文化层可能为静水漫滩相堆积。

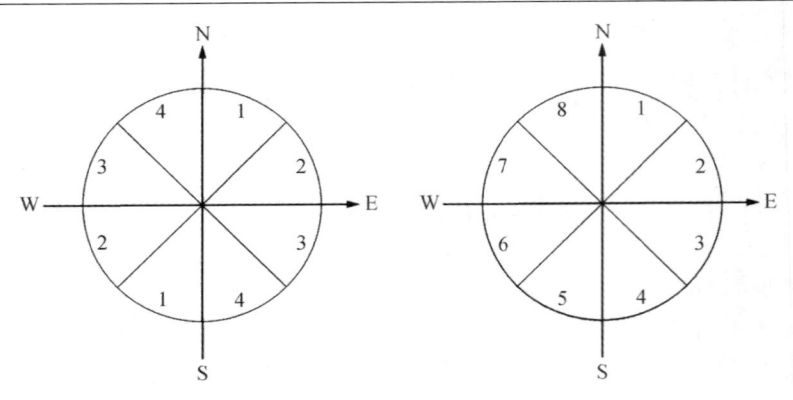

图二　长轴（左）、倾向（右）示意图

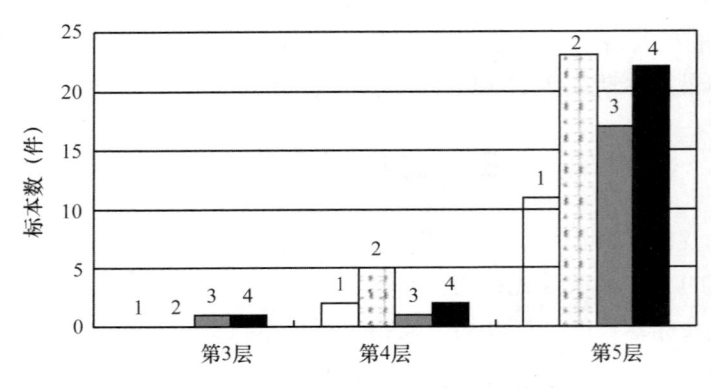

图三　各层化石、石制品长轴方向统计

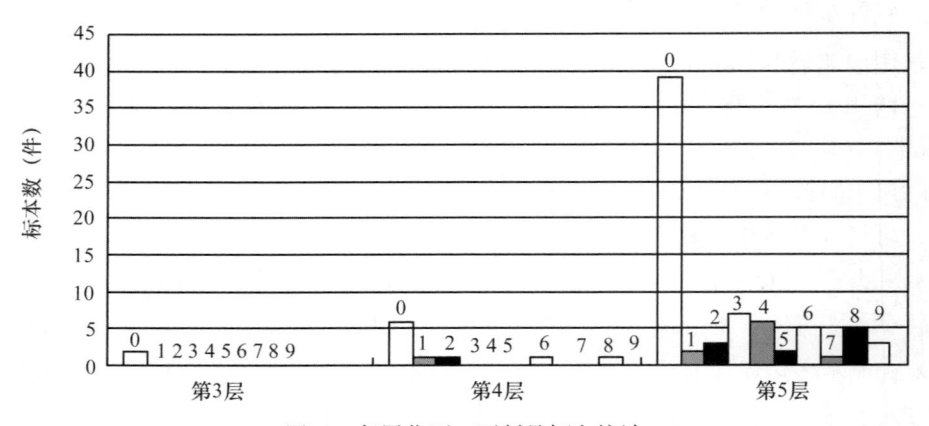

图四　各层化石、石制品倾向统计

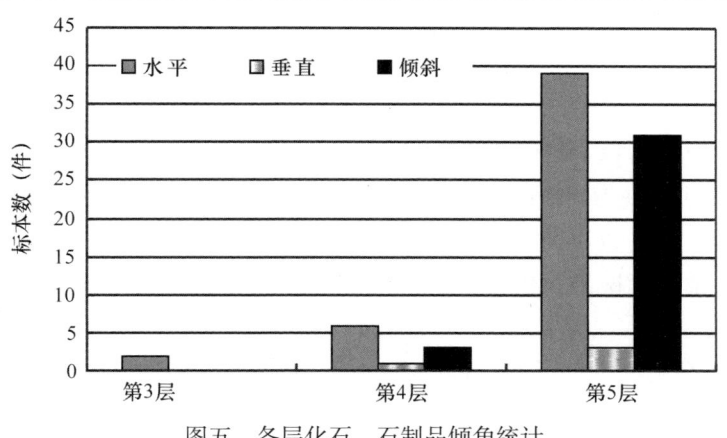

图五　各层化石、石制品倾角统计

三、石　制　品

黄帝口遗址共出土石制品76件，类型包括石片、石核、工具、断裂片、断块及残片。其中断块与残片多为打片或石器加工过程中所产生的废品，因此合并为一类统计（表一）。

石制品原料以石英为主，也包括少量石英砂岩及似赤铁矿原料，仅在第3层与第5层各发现一件燧石制品。其中第3层所见优质黑色燧石多见于本区旧石器晚期遗址，如位于新密的李家沟遗址[1]，推测产地较远。其余石料与本区晚更新世早中期遗址石料相符，如荥阳织机洞遗址[2]。其中石英及紫红色石英砂岩与附近赵庄遗址[3]一致，应系本地所产（表二）。值得注意的是，第5层所发现3件似赤铁矿断块质地酥脆，节理发育，并不适合加工工具，推测可能具备其他用途。

表一　黄帝口各层石制品种类与数量

地层	石片	石核	工具	断块	断裂片	合计
第3层	4	1		2		7
第4层	1					1
第5层	16	10	3	35	4	68
合计	21	11	3	37	4	76

表二　黄帝口各层石制品石料统计

数量（比例）	石英		石英砂岩		似赤铁矿		燧石		合计	
第3层	5	71.4%	1	14.3%			1	14.3%	7	100%
第4层	1	100%							1	100%
第5层	6	89.7%	3	4.4%	3	4.4%	1	1.5%	68	100%
合计	67	88.2%	4	5.3%	3	3.9%	2	2.6%	76	100%

（一）第3~4层发现

第3层出土石片4件，其中锤击石片3件，原料分别为石英、黑色燧石（图七，1）及石英砂岩。石英砂岩石片个体较大，重65.4g，自然台面。另外两件平均重量只有0.8g，打击台面。砸击石片1件，原料为石英，重1.8g，台面端窄长。

第3层出土单台面锤击石核1件，原料为石英，重4.6g，打击台面，剥片3个，主片疤长2.4cm，宽1.2cm。

断块和残片各1件，原料均为石英，平均重量1.3g。

第4层出土砸击石片1件，以石英为原料，重1.3g，长1.6cm，宽1.3cm，厚0.7cm。通体未保存自然面。

（二）第5层发现

1. 石片

锤击石片　7件，原料均为石英，平均重0.8g，平均长宽厚1.5×1.3×0.4cm，石片角75°~112°。以打击台面为主，自然台面少见，背面保留较少自然面。根据石片台面和背面自然面保留状况将石片分为Ⅰ~Ⅵ型[4]。其中Ⅲ型石片2件，Ⅴ型石片2件，Ⅵ型石片3件，处于初级剥片状态的石片几乎不见。砸击石片9件，原料均为石英，平

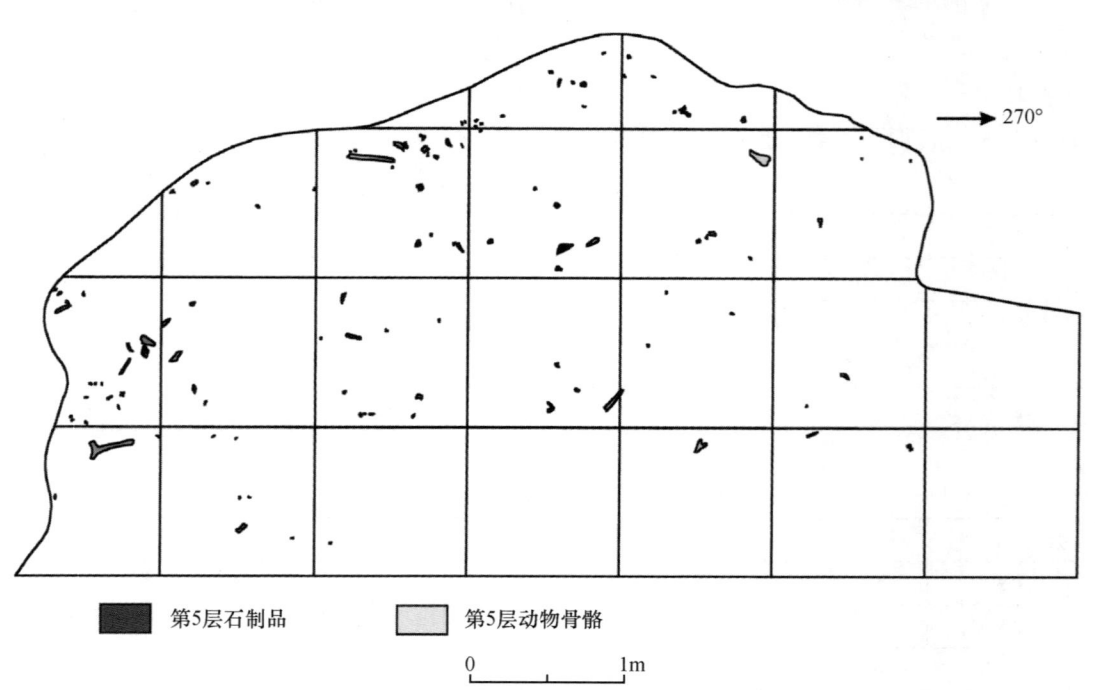

图六　第5层遗物平面分布图

均重0.9g，平均长宽厚1.8×1×0.5cm，石片角108°。台面多呈点状或刃状，背面无自然面留存，全部属于Ⅵ型石片，最多可观察到7个片疤，显示出较高的原料利用率。09XH：050左侧可观察到系列微疤，可能为使用痕迹。结合遗址石制品发现的整体状况，砸击石片数量占优势应与石英原料个体较小且节理发育有关[5,6]。测量可见，锤击石片的长宽比1.13，显著小于砸击石片的长宽比1.84（图七）。

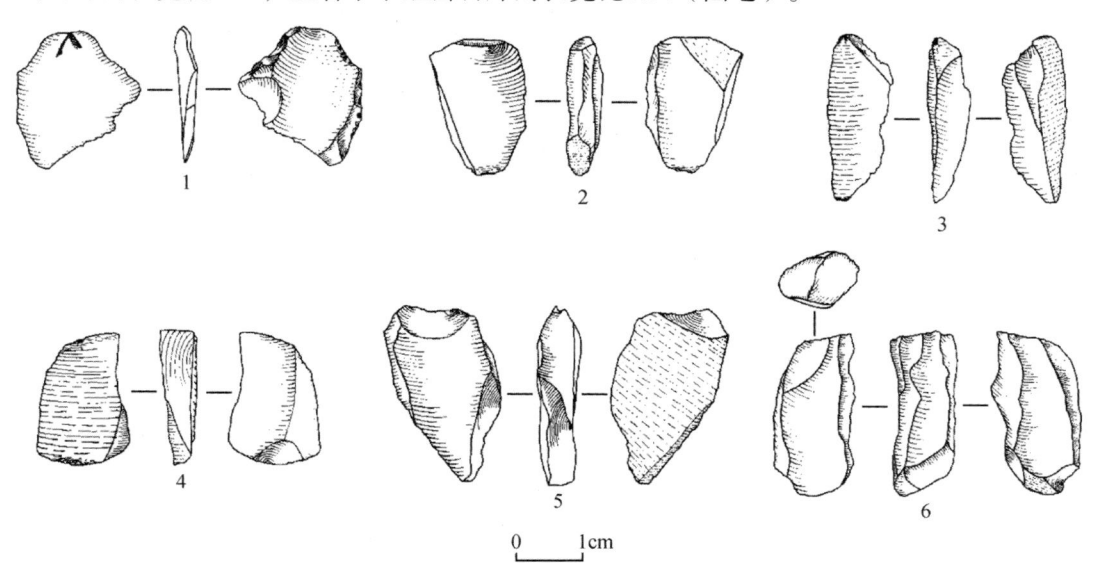

图七　黄帝口石片、石核
1.锤击石片（09XH：001）　2~4.砸击石片（09XH：029、09XH：096、09XH：081）
5、6.砸击石核（09XH：143、09XH：144）

2. 石核

锤击石核　5件，原料均为石英，平均重4.8g，平均长宽厚2.2×2×1.2cm，台面角70°~90°。多为打击台面，自然台面标本仅1件，台面形状多不规则，通常由1~2个片疤组成。多数石核进行过1~3次剥片，其中一件保留6个石片疤。经观察，石核几乎无自然面留存，显示出较高的利用率。砸击石核5件，原料均为石英，平均重1.8g，平均长宽厚2.1×1.1×0.7cm，台面角80°~90°。全部为打击台面，台面形状为点状、刃状或不规则。多数石核保留1~3个阴疤，一件保留8个相互平行片疤，是较高水平砸击技法的产物。同锤击石核一样，也保留很少的自然面。

3. 石器

仅在第5层发现3件小型工具，均以石英石片或断块为毛坯，分别介绍如下。

09XH：116（图八，1）为单凸刃刮削器。毛坯为石英石片，背侧面较凸，腹侧面相对平坦，大部分为节理面。刃缘修理部位在近端，可见正向加工的大小不一修疤

6个，多数较浅平，仅左、右最外侧的两个修疤较大。刃缘呈圆弧状，长2.5cm，刃角49°。背侧远端表面均为节理面。长宽厚为4.2×1.9×1.5cm，重7.1g。

09XH：074（图八，3）为单直刃刮削器。毛坯为柱形石英断块。断块有两个面存在加工痕迹，其他表面为相对平坦的节理面。刃缘修理部位在右侧，长1.9cm，可见正向加工的修疤3个，上、下两个修疤较大。刃角69°~84°。断块的左侧边缘也有一个较深的正向打击片疤，但该边缘的其余部分未见加工修理痕迹。长宽厚为2.5×1.3×1cm，重3g。

09XH：132（图八，2）为细小的尖状器。毛坯为小石英断块。左、右侧刃缘分别修理并相交。左侧刃缘有两个较明显的连续正向修疤，刃缘长1.3cm。右侧刃缘长0.6cm，亦有两个正向加工的相对较小的连续修疤。左右两刃缘的刃角均为65°。两侧缘相交成尖，尖刃角65°。刃部未见明显的使用痕迹。与尖部相对的尖状器末端有3个连续较浅的片疤痕迹，其余为自然节理面。长宽厚为1.4×0.9×0.4cm，重0.5g。

4. 断裂片

共4件，其中远端断片3件。原料分别为石英、石英砂岩及灰色燧石。除石英砂岩外，个体均较小。左裂片1件，原料为石英砂岩。

5. 断块与残片

共35件，其中残片16件，断块19件。残片全部以石英为原料，个体微小，平均重

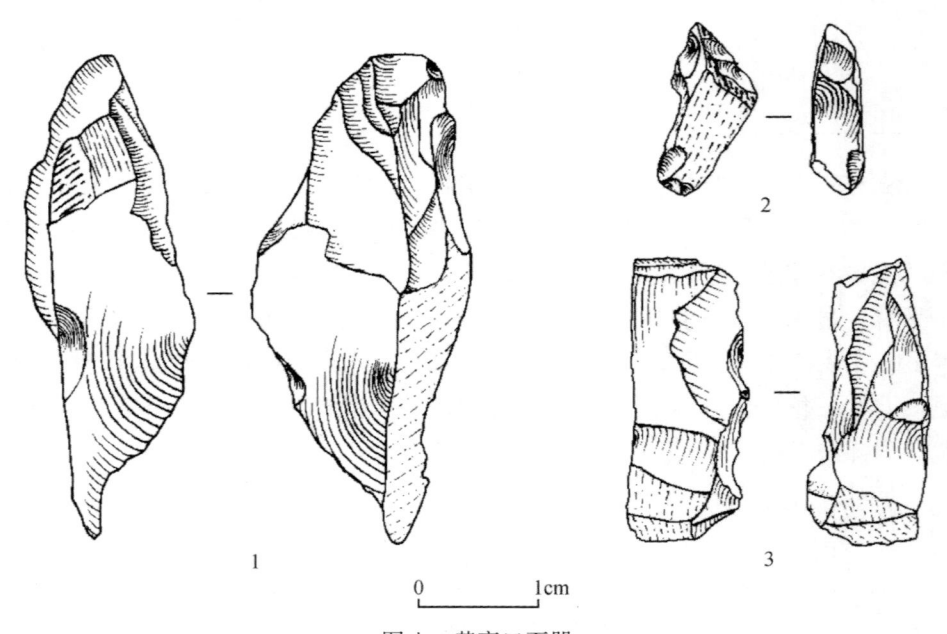

图八 黄帝口石器
1、3. 刮削器（09XH：116、09XH：074） 2. 尖状器（09XH：132）

0.6g，无使用痕迹。断块主要以石英为原料，个体亦较小，平均重3.7g。石英砂岩断块1件，重10g。3件似赤铁矿原料的断块，尺寸变异较大，重9~116.5g，平均重46.3g。

综上，黄帝口石工业以石英原料为主，辅以石英砂岩及燧石。除燧石外，原料应来源于本地。所有石制品为硬锤打击所得。受石料尺寸所限，砸击法为重要的剥片技术，同时锤击法也普遍使用。石器数量种类均较少，仅发现修理不规则的刮削器与尖状器。总体看来，石制品面貌属于北方小石器工业传统。这一传统以周口店第一地点、泥河湾盆地许家窑以及安阳小南海等石工业为重要代表，主要特征表现在：石制品形体普遍偏小；锤击法是剥片和石器加工的主要方法，但在原料尺寸较小或以脉石英为主要石料的地区，砸击法也占据重要的地位；石器种类以刮削器为主、尖状器也占有比较重要的地位，砍砸器却相对较少或基本不见[7]。虽然时代不同，黄帝口石工业仍表现出与周口店第一地点石工业很高的相似性。结合文化层很薄、遗物较少且废品比例较高等情况分析，黄帝口遗址应该是一处古人类临时、短暂活动的场所。

四、动物化石

黄帝口遗址共出土编号动物骨骼标本75件（表三）。骨骼保存状况较好，基本无风化磨蚀迹象，多数表面胶结钙质。可初步鉴定部位的标本71件，占94.7%，其中包括15件肢骨残片。

表三　黄帝口动物骨骼数量　　　　　　　　　　　　　　　（单位：件）

	食肉类		偶蹄类				啮齿类	鸟类	待查	不可鉴定	合计
	獾	待查	鹿	猪	牛	羊					
第3层	2	1	4						1	1	9
第4层	2	2	3	1			1			1	11
第5层	2	5	8	2	1	2	10	3	5	16	54
第6层										1	1
合计	6	8	15	3	1	2	11	3	8	18	75

从数量上看，鹿类标本数量最多。其次，食肉类和啮齿类也有较大比例。鸟类标本均为蛋皮。此外，大量未编号的完整蚌壳标本发现于第5层。从蚌壳的完整程度与闭合状态看，应为自然死亡。

部分骨骼保留人工痕迹，其中可能为人工打制的骨片7件，具有切割痕迹的标本3件，还有1件可能充当骨料的鹿类肱骨下端，合占骨骼总数的14.7%。此类标本在第3~5层均有发现。烧骨8件，占总数的10.7%，在第4~5层均有发现。

结合地层埋藏状况，第5层反映近水的生态环境。食肉类、食草类、啮齿类、鸟类和人类均在水边短暂活动及停留。期间人类可能进行过处理肉类和加工骨制品的活动。

之后水面上涨将其掩埋。第3、4、6层形成时，水源可能离遗址有一定距离，因此动物及人类活动的集中程度较低，遗物保留较少。

五、结论与讨论

综合研究表明，黄帝口遗址是一处位于中原地区距今3.5万年的露天遗址。遗物主要发现于第5层的灰绿色砂质黏土中，包括较多动物骨骼与人工打制的石制品。根据对遗物尺寸和产状的统计，第5层可能为静水漫滩相堆积，遗物未经流水搬运，属原地快速埋藏。石制品以石英原料为主，还有少量石英砂岩及燧石的使用。石制品整体尺寸较小。砸击法是最主要的剥片方法，其次为锤击法。石器毛坯为小型石片或断块，类型仅包括刮削器与尖状器。动物化石中，鹿类标本数量最多。另外发现少量烧骨及具有切割痕迹的骨骼，同时可能存在人工打制的骨片。由此判断，黄帝口遗址在第5层堆积形成时，可能充当古人类临时活动场所。人类在此活动期间，除进行石制品的加工外，可能还进行过肉类处理与骨制品加工的活动。之后所遗留的动物骨骼与石制品等被河水所夹带的泥沙掩埋，因而比较清楚地保留了距今35 000年前后古人类一次短暂活动的记录。

尽管黄帝口遗址已经步入旧石器晚期，新的技术因素和石制品种类却并未发现。虽然有敲击的骨片，但未见磨制骨器，因此石工业仍呈现出旧石器早中期北方小石器传统的面貌。与本期本区的织机洞[8]及小南海遗址都显示出较高的相似度。其中位于河南安阳的小南海洞穴遗址文化层时代为2.4万年，处于最后冰期最盛期之前的间冰阶。石器原料虽然以燧石为主，为应对原料体积小，不便手持的局限，砸击法仍占有相当重要的地位[9, 10]，这与黄帝口石工业显示出一定的共性。

此外，近年来在本区本期还发现一系列重要遗址，如许昌灵井[11, 12]、郑州老奶奶庙、新郑赵庄[13]及登封西施[14]等。从石制品看，它们分别包含小石器、石叶、细石器等多种工业面貌。另外，在灵井和老奶奶庙还发现较多的骨制品。丰富的文化面貌意味着旧石器晚期文化在本区的蓬勃发展，而其中也势必存在不同文化和人群间的相互接触、冲突、交替等。因此，只有通过大量田野工作和系统的研究，才能进一步完善该区文化发展的时空框架，并进而获得对旧石器晚期文化变迁及现代人在中国境内的起源等问题的更深认识。这也是今后研究的努力方向。

致谢：黄帝口遗址试掘是郑州市文物考古研究院与北京大学考古文博学院合作项目"郑州地区晚更新世古人类与旧石器文化发展"课题的主要工作之一。试掘与资料整理工作始终得到张松林先生的大力支持。感谢北京大学考古文博学院碳十四年代实验室对年代样品进行的测定。也感谢北京大学城市与环境学院夏正楷教授对遗址地层观察与古环境分析方面的帮助。

参 考 文 献

[1] 王幼平，张松林，何嘉宁. 河南新密市李家沟遗址发掘简报［J］. 考古，2011（4）：292-297.

[2] 曲彤丽. 织机洞遗址石器工业研究——晚更新世技术和人类行为的演变［D］. 北京：北京大学考古文博学院，2009.

[3] 郑州市文物考古研究院，北京大学考古文博学院. 郑州老奶奶庙遗址暨嵩山东南麓旧石器地点群［N］. 中国文物报，2012-01-13（4）.

[4] Toth N. The stone technologies of early Hominids at Koobi Fora, Kenya: an experimental approach［D］. Berkly: California University, 1982.

[5] 裴文中，张森水. 中国猿人石器研究［M］. 北京：科学出版社，1985.

[6] Andrefsky W. The geological occurrence of lithic material and stone tool production strategies［J］. Geoarchaeology, 1994, 9 (5): 375-391.

[7] 王幼平. 中国远古人类文化的源流［M］. 北京：科学出版社，2005.

[8] 张松林，刘彦峰. 织机洞旧石器时代遗址发掘报告［J］. 人类学学报，2002，22（1）：1-17.

[9] 安志敏. 河南安阳小南海旧石器时代洞穴堆积的试掘［J］. 考古学报，1965（1）：1-27.

[10] 张森水. 中国旧石器文化［M］. 天津：科学技术出版社，1987.

[11] 李占扬. 许昌灵井遗址2005年出土石制品的初步研究［J］. 人类学学报，2007，26（2）：138-154.

[12] 河南省文物考古研究所. 许昌灵井旧石器时代遗址2006年发掘报告［J］. 考古学报，2010（1）：73-100.

[13] 郑州市文物考古研究院，北京大学考古文博学院. 郑州老奶奶庙遗址暨嵩山东南麓旧石器地点群［N］. 中国文物报，2012-01-13（4）.

[14] 高霄旭. 西施旧石器遗址石制品研究［D］. 北京：北京大学考古文博学院，2011.

（原刊于《人类学学报》2012年2期）

河南登封方家沟遗址发掘简报[*]

林 壹[1] 顾万发[2] 汪松枝[2] 何嘉宁[1] 刘 拓[1]
陈宥成[1] 赵 潮[1] 王幼平[1]

（1. 北京大学考古文博学院，北京　100871；2. 郑州市文物考古研究院，郑州　450052）

一、发掘经过

方家沟遗址位于河南省登封市卢店镇方家沟村，地理坐标34°26′7.19″N，113°08′21.9″E，海拔约310m。遗址地处嵩山东南麓的丘陵地区、颍河支流五渡河的支流源头，一条大致由东向西延伸的现代冲沟将晚更新世沉积切割出高约10m的剖面。1985年村民修路取土时曾在沟南侧发现象牙化石。21世纪初，郑州市文物考古研究院组织对郑州地区进行旧石器考古专项调查，多次复查该遗址，并在距地表约8m处的地层剖面内发现石制品[1]。

为了进一步了解该遗址的文化面貌与年代，北京大学考古文博学院和郑州市文物考古研究院联合组队，对该遗址进行两个年度的正式发掘。2014年9~11月第一次发掘面积约55m²，出土了丰富的石制品和动物化石，并发现了人类利用自然沟活动的遗迹现象；2015年9~11月进行了第二次发掘，在前次发掘区的西侧新发掘约35m²，找到了该遗迹及遗址的西北边界。发掘采用水平层与自然层相结合的方法，在发掘过程中采集了浮选、残留物、微形态、环境和光释光样品。本文是对两次发掘收获的简略报道。

二、地层堆积

遗址自上而下可分为10层，并发现一条沟（编号为G1），依次描述如下（图一）：

第1层：表土层。厚0.2~0.4m。
第2层：扰土层，为现代砖窑废弃堆积。厚1.2~1.7m。
第3层：全新世堆积，厚1.1~7.1m。可分三层：第3A层为黄褐色黏土质粉砂，出

---

[*] 基金项目：郑州中华之源与嵩山文明研究会重大项目（课题编号：DZ-3）；国家社科基金重大项目（课题编号：11&ZD120）。

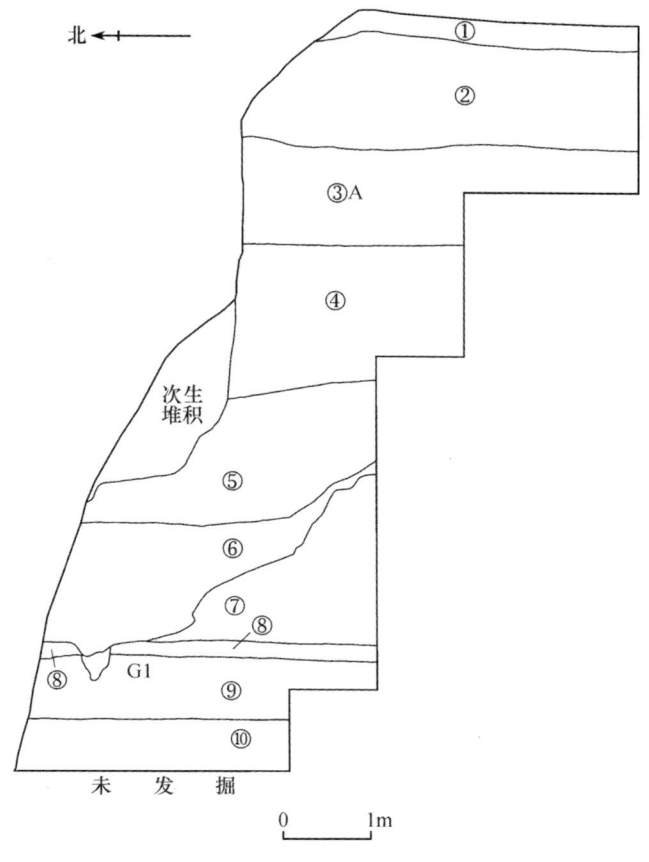

图一 方家沟遗址东壁剖面图

土宋元以后的陶瓷片、砖块，以及零星的动物骨骼、鸵鸟蛋皮，厚1.1～2.7m。第3B层为相对疏松的棕黄色黏土质粉砂，出土零星的动物骨骼和炭屑，距地表（坐标基点，下同）深2.94～4.1m，最厚2.8m。第3C层为红褐色黏质粉砂，含砂砾石层透镜体，出土商周时期陶片，少量旧石器时代石制品、动物化石和鸵鸟蛋皮，距地表深5.6～6.27m，最厚2.08m。第3B层和第3C层均仅分布于发掘区西部，明显向西北倾斜，底部打破第4～9层。

第4层：黄色粉砂，较纯净致密，含较多钙质白色菌丝体和钙结核，出土较多螺壳和零星的动物化石。厚1.4～1.8m。

第5层：浅棕黄色—浅红色粉砂互层，局部偶见较明显的水平层理，含少量砾石和磨圆的钙结核，出土较多螺壳和零星的石制品、动物化石、炭屑和红烧土颗粒。地层略向西北倾斜，厚1.2～1.8m。

第6层：黄褐色粉砂，有清晰的水平层理，包含直径不等、颜色不一的纯净黏质粉砂土颗粒，含较多砾石、岩块、钙结核，出土少量动物化石、螺壳，偶见石制品和零星红烧土颗粒。地层略向西北倾斜，厚0.2～1.4m。

G1：开口于⑥层下，打破第8~10层，与第7层无接触关系。黄褐色粉砂，包含直径不等的黏质粉砂土颗粒，含一定数量的砾石、岩块、钙结核，出土大量石制品和较多动物化石，这也是调查中发现石制品的层位。最厚1.1m。

第7层：灰黄色粉砂，较纯净，表层有较多磨圆的钙结核，包含极少量细砾，无文化遗物。该层主要分布于发掘区东南部，东南角最厚，向西北倾斜直至尖灭，距地表深5.2~7.75m，最厚约2.3m。

第8层：棕红色粉砂质黏土，顶部和底部存在两层厚0.01~0.02m的砾石层，砾石以细砾为主，出土零星的石制品和鸵鸟蛋皮。地层东部略高，向西倾斜，厚0.2~0.4m。

第9层：灰黄色粉砂，夹3~4条厚0.01~0.03m的浅红色粉砂质黏土薄层，其中含少量砾石和岩块，出土零星的石制品和鸵鸟蛋皮。地层东部略高，向西倾斜，厚约0.6m。

第10层：红褐色粉砂质黏土，较纯净，含极少量砾石，出土零星的石制品。地层东部略高，向西倾斜，已发掘最厚约0.55m，在剖面上可见最大厚度约3m，未见底。

此外，在现代冲沟壁坡度较缓的部位，还有部分包含现代遗物的次生堆积。其中位于G1中部偏西、距地表8.01~8.9m处，出土旧石器时代石制品和动物化石（没有混入其他时期遗物），可能为现代取土破坏G1堆积所致。

根据堆积特征结合区域地层对比，方家沟遗址第4层应与马兰黄土上部堆积相当，其下可能主要为MIS 3阶段的河漫滩相堆积。其中多数层位都有古人类零星活动，但绝大多数遗物埋藏在河漫滩上发育的一条小沟内，显示该层是人类占用遗址的主要阶段。沟内遗物分布未显示出有规则的方向性与分选，脉石英制品几乎没有风化和磨蚀，据此推测遗物未经长距离流水搬运，而是被较弱的水流和片流就地掩埋，这样就保存了原地埋藏的活动面。

三、遗　　迹

方家沟遗址最重要的发现是G1及相关的遗迹现象。G1北部即发掘区北部边缘，因受现代冲沟切割破坏，其沟口原有形状不明，残存部分平面观，略呈中间宽，向两端渐缩窄。沟内外同一深度的堆积呈现出明显差异（图二）。发掘区内东西长7.6m，南北残宽0.45~1.6m，中部较宽，东边虽延伸出发掘区外，不过根据其走向和宽度推测已接近东端边界。沟口距地表深7.55~7.8m，沟底距地表最深8.65m，沟口东高西低，沟底中间低、两端较高，口大底小，壁、底均不规则，沟南壁呈倾斜状内收，底部正中和最西端分别近似锅底状。沟内堆积没有明显的层次，且遗物总体特征没有垂直分异，说明其中的文化遗物应是短时间内人类活动形成。

在沟外可能与G1同时的地层中，遗物分布都非常稀疏，与G1内出土大量遗物形成鲜明对比。发掘过程中可以观察到，遗物聚集区与G1边界有一定对应关系，在每一个水平层内，平面分布上都没有超出G1范围，有的在垂直分布上还呈现出与沟壁倾斜方

图二 G1平面形状（约-7.85m）

向相吻合的走向。可见遗物空间分布与沟关系密切，G1底部应为当时人类主要的活动场所。

G1内部，遗物的分布也很不均匀。东西两端遗物很少，大多数遗物集中分布在沟中部，平面面积约6m²、垂直深度约1m的范围之内，其中大量石制品和少量动物化石、若干人工搬运的大型砾石共存，最密集处互相叠压成堆状。这样的遗物"堆"大致可以辨识出4处，彼此间界限较为清楚，每一处面积不足1m²、厚0.3~0.5m，剖面近似透镜体状，遗物包括各种石制品类型和动物化石，尤其是有大量20mm以下的碎屑。在这些聚集区之外，遗物非常稀疏，少见动物化石，且具有聚集区内所不见的砾石砍砸器等遗物类型，这种现象暗示G1内部或许还有功能不同的活动区。

与G1相关的遗迹现象还有地裂缝（图三），其中一条主裂缝与G1走向相近且与沟底相接，另外发育有多条分支裂缝，整体平面近似不规则网状交错分布。裂缝宽0.01~0.25m，垂直发育，已发掘部分中，距地表深7.97~9.07m，未到底，从剖面上看至少还向下延伸约1.5m。层位关系上，所有裂缝均打破第10层，其中相当一部分打破第9层，但普遍未与第8层接触。裂缝内填土为带层理的黄褐色粉砂，较疏松，其中包含少量石制品、动物化石、鸵鸟蛋皮等遗物。

图三　地裂缝平面形状（约-9.05m）

四、遗　物

除去自然砾石和岩块，方家沟遗址共出土各类标本6947件，包括石制品（仅指旧石器时代遗物，下同）6269件、动物化石650件、鸵鸟蛋皮碎片28件。此外，还在浮选土样中筛选出大量微小遗存，包括石制品碎屑、碎骨等。大多数遗物出自G1，其他层位遗物非常稀少（表一）。

表一　出土标本分层统计表　　　　　　　　　（单位：件）

自然层 类别	③A	③B	③C	④	⑤	⑥	G1	裂缝	⑧	⑨	⑩	次生堆积	合计
石制品	0	0	19	0	13	49	5625	16	40	96	2	409	6269
动物化石	3	5	4	5	77	46	433	1	0	0	0	76	650
鸵鸟蛋皮	3	1	2	1	0	10	4	1	1	5	0	0	27
合计	6	6	25	6	90	105	6062	18	41	101	2	463	6947

（一）石 制 品

在野外编号的石质标本（尺寸＞20mm）中，不完整石片（包括断片、裂片和残片）数量最多，其次是完整石片，工具和石核也有相当数量，石质标本类型统计见表二。

表二　石质标本分类　　　　　　　　　　（单位：件）

自然层 \ 类型	砾石	岩块	石制品							合计
			石核	石锤	石砧	工具	完整石片	不完整石片	断块	
③C						2	6	2	3	13
⑥	1		3				2	1		7
G1	13	16	103	3	2	67	297	697	103	1301
裂缝			1				2	6		9
⑧	1		1			1		1	1	5
⑨			1	2	1			1	1	6
⑩	1									1
合计	16	16	109	5	3	70	307	708	108	1342

石制品中，原料绝大多数是脉石英岩块，也有少量石英砂岩、石英岩、砾岩等岩性的砾石。脉石英制品多数个体较小，但也不乏在50mm以上者，类型主要是石核、石片、断块、碎屑以及经过修理的工具，主要用锤击法剥片，也有少量砸击技术应用。石核包括单台面、双台面、多台面和盘状石核，缺乏系统剥片的证据和预制石核技术。工具类型有刮削器、尖状器、凹缺刃器、锯齿刃器等，精制加工的较少。以砾石为原料的石制品尺寸相对较大，包括石核、石片、断块、砍砸器、石锤、石砧等。还有一些砾石虽没有明显人工痕迹，但应系人为搬运而来，个别重量在6000g以上，用途还需进一步研究。以下为G1出土部分石制品标本。

14DF：0575石核（图四，1），长89.3mm，宽115.5mm，厚78.7mm，重941.8g。原料为脉石英，原型为岩块，形似棱柱体，顶、底和左侧面为较平的自然面，台面1为顶面，沿台面一周向下剥片，其中左侧面和背面均为尝试性剥片，片疤较浅并遇到较多不适于继续剥片的杂质和节理，而正面和右侧面利用程度较高，台面2为左侧面，从左向右剥片，在底面留下片疤并与主剥片面相连。

14DF：0036石核（图四，2），长69.2mm，宽84.7mm，厚64.3mm，重248.6g。原料为脉石英，原型为岩块，多面体石核，核体上遍布石片疤，方向多不固定，但剥片末段在较薄锐一端有类似盘状石核的两面交互打片的痕迹，形成局部的"S"形刃缘，与之相对的另一端则较为钝厚，两个主剥片面一面凸起、另一面深凹。

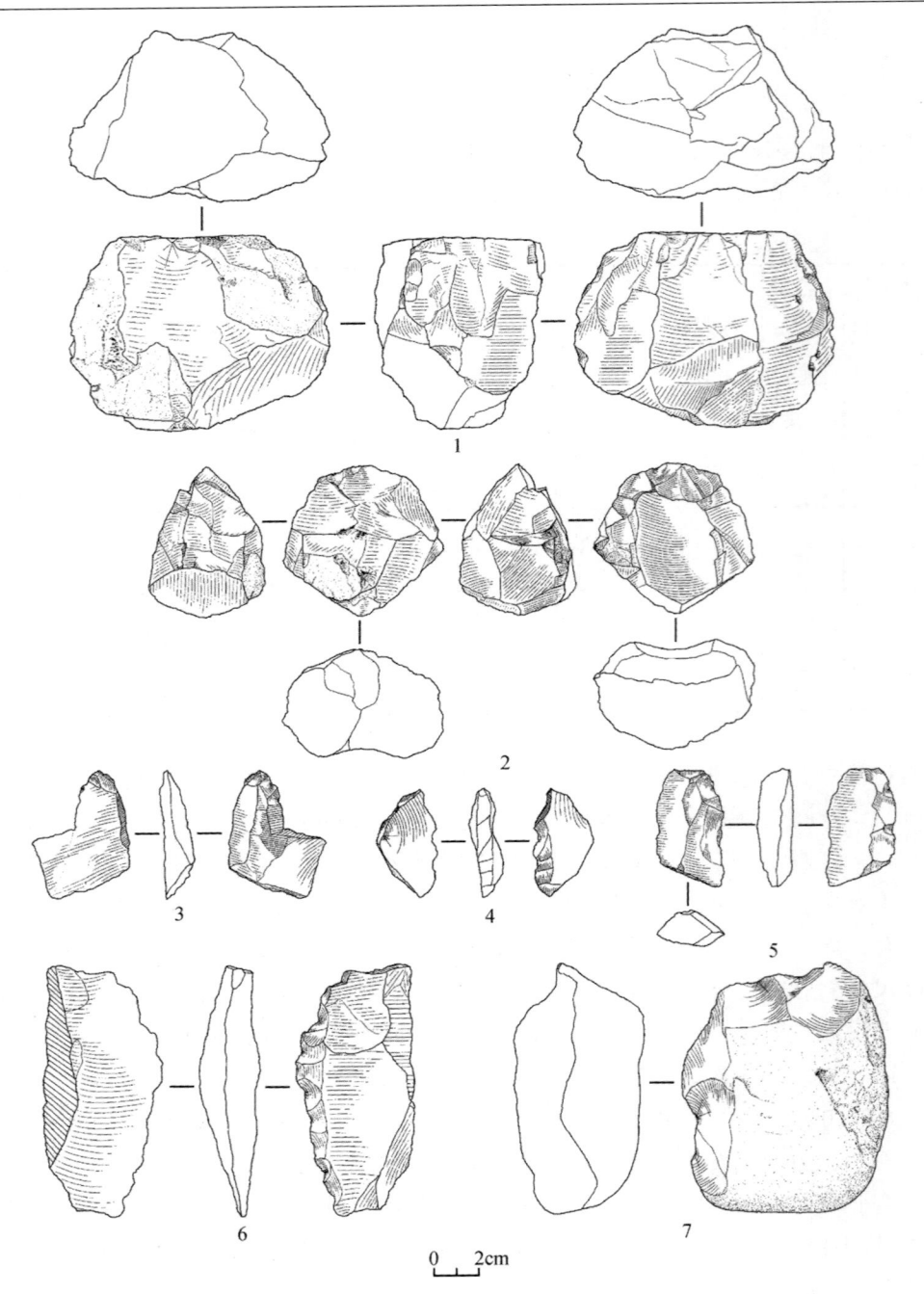

图四 方家沟出土石制品
1. 石核（14DF：0575） 2. 石核（14DF：0036） 3. 尖状器（14DF：1015） 4. 锯齿刃器（14DF：1297）
5. 刮削器（14DF：1029） 6. 刮削器（14DF：1010） 7. 砍砸器（14DF：0798）

14DF：0154石砧（图五，1），长116mm，宽84.7mm，厚64.3mm，重781.1g。原料为石英砂岩，原型为椭圆形砾石，以凹面为底，较凸的一面为使用面，表面遍布小坑疤，最深约2.4mm。

14DF：1328石锤（图五，2），长106.9mm，宽65.5mm，厚48.1mm，重538.2g。原料为石英砂岩，原型为椭圆形砾石，两端有使用痕迹。

14DF：0085石片（图五，3），长86.4mm，宽84.7mm，厚64.3mm，重356.5g，台面角80°，石片角130°。原料为石英岩，石片背面有多个同向片疤，其余为砾石皮，台面为节理面，腹面内凹，右侧为钝厚的断面，左侧薄锐，似有使用痕迹。

14DF：1015尖状器（图四，3），长59.7mm，宽43.7mm，厚17.4mm，重23.8g。原

图五　方家沟遗址出土石制品
1. 石砧（14DF：0154）　2. 石锤（14DF：1328）　3. 石片（14DF：0085）

料为脉石英，原型为石片，在远端两面修理成尖刃，修理长度30.8mm，尖角54°。

14DF：1297锯齿刃器（图四，4），长50.7mm，宽27.8mm，厚10.5mm，重15.3g。原料为脉石英，原型为石片，在远端正向修理出两个连续的小凹缺，形成锯齿刃，修理长度27.3mm，齿间距8.4~11.8mm，刃角55°~70°。

14DF：1029刮削器（图四，5），长54.8mm，宽30.5mm，厚15.8mm，重28g。原料为脉石英，原型为石片，错向修理成两条边刃，其中右侧反向修理，修理长度44.8mm，刃角60°~72°，左侧正向修理，修理长度45.0mm，刃角62°~80°。

14DF：1010刮削器（图四，6），长114.2mm，宽52.1mm，厚26.6mm，重134.4g。原料为脉石英，原型为右裂片，沿石片右侧正向修理成刃，修疤较匀称，修理长度99.2mm，刃角65°~76°。

14DF：0798砍砸器（图四，7），长113.6mm，宽91.9mm，厚59.3mm，重764.2g。原料为石英岩，原型为椭圆形扁平砾石，沿一端和一边连续单面加工，形成"S"形刃缘，刃角67°~79°。

（二）动物遗存

动物遗存数量相对较少，包括象的肢骨、肋骨，鹿的肩胛骨，羊的下颌骨，马牙，鸵鸟蛋皮碎片等，还有筛选出的小动物骨骼。动物化石一般较为破碎，多数缺失关节，且风化程度较重。在G1内，和石制品共存的常见骨壁较厚的象骨碎块，个别尺寸较大，如标本14DF：0474为象的桡尺骨远端，长约0.68m，重量约10.4kg，位于G1中部遗物密集区内，出土时朝东南倾，远端残断处朝上，尺骨近端半月状关节面朝下并抵住沟底面，围绕这件化石密布着大量包括石核、石片、工具、碎屑在内的石制品，形成一个遗物聚集区。不排除这类化石在经过肉食消费之后还用于建筑或加工石器的砧板等活动的可能。

五、小　　结

最近十多年来嵩山东南麓地区的旧石器考古工作，初步揭示了本地区MIS 3阶段以来文化发展序列和古人类的行为特点[2~4]。以此为标尺，方家沟遗址的地层情况，以及利用脉石英原料为主、生产石片石器的特点，反映出其年代与郑州老奶奶庙[5]、新郑赵庄[6]和黄帝口[7]等遗址相近，是该地区MIS 3阶段文化发展的重要环节。遗址第6层光释光测年结果为距今5万年左右，与地层和文化遗物所显示的时代特点相吻合。G1及其中丰富的遗存是以往少见的遗迹现象，反映了当时人类有意利用自然地形的行为，依托自然沟壁面和底面开展各类活动，这对于进一步研究该时期人类空间利用方式和遗址内部结构具有重要意义。

致谢：方家沟遗址发掘是郑州市文物考古研究院与北京大学考古文博学院合作项目，发掘期间承蒙郑州市文物考古研究院领导及登封市文物局宋嵩瑞等先生组织协调与大力支持。亦得到北京大学城市与环境学院夏正楷教授现场指导，遗址光释光样品采集和测年工作由宝文博先生完成，在此致以衷心感谢！

参 考 文 献

[1] 周昆叔，张松林，莫多闻等. 嵩山中更新世末至晚更新世早期的环境与文化[J]. 第四纪研究，2006，26（4）：543-547.

[2] 王幼平. 华北南部旧石器晚期文化的发展[A].// 中国考古学会编：中国考古学会第十四次年会论文集[C]. 北京：文物出版社，2012：294-304.

[3] 王幼平. 嵩山东南麓MIS 3阶段古人类的栖居形态及相关问题[A].// 北京大学考古文博学院编：考古学研究（十）[C]. 北京：文物出版社，2013，287-298.

[4] 王幼平，汪松枝. MIS 3阶段嵩山东麓旧石器发现与问题[J]. 人类学学报，2014，33（3）：304-314.

[5] 郑州市文物考古研究院等. 郑州老奶奶庙遗址暨嵩山东南麓旧石器地点群[N]. 中国文物报，2012-1-13（4）.

[6] 张松林，王幼平，汪松枝等. 河南新郑赵庄和登封西施旧石器时代遗址[A].// 国家文物局编：2010年中国考古重要发现[C]. 北京：文物出版社，2011，10-14.

[7] 王佳音，张松林，汪松枝等. 河南新郑黄帝口遗址2009年发掘简报[J]. 人类学学报，2012，31（2）：127-136.

（原刊于《人类学学报》2017年1期）

中原地区旧、新石器时代过渡的重要发现

——新密李家沟遗址发掘收获

北京大学考古文博学院　郑州市文物考古研究院

2009年秋季，北京大学考古文博学院与郑州市文物考古研究院合作发掘河南省新密市李家沟遗址，发现距今10 500～8600年连续的史前文化堆积。堆积下部出土有细石核与细石叶等典型的细石器遗存，上部则含绳纹及刻划纹等装饰的粗夹砂陶及石磨盘等。新发现的李家沟遗址，其早晚不同时期堆积的埋藏特点与文化内涵，以及共生的脊椎动物骨骼遗存等，均表现出明显的阶段性特点。早期尚属旧石器时代末期的典型细石器文化，晚期则已经具备新石器时代的文化特征。这一新发现清楚地展示了中原地区从旧石器时代之末向新石器时代发展的历史进程，为认识该地区及我国旧、新石器时代过渡等学术课题提供了十分重要的考古学证据。

李家沟遗址位于河南新密岳村镇李家沟村西。该处地形为低山丘陵区，海拔约200米。地势由东北向西南部倾斜，黄土堆积发育。属于淮河水系溱水河上游的椿板河自北向南流经遗址西侧。李家沟遗址即坐落在椿板河左岸以马兰黄土为基座的2级阶地堆积的上部。该遗址是2004年底郑州市文物考古研究院进行旧石器考古专项调查时发现。遗址所处位置有因煤矿采矿形成的塌陷，加之降水与河流侧蚀等自然因素的影响，临河一侧已出现严重垮塌。为全面了解遗址文化内涵，提供相应的保护对策与方案，北京大学考古文博学院与郑州市文物考古研究院联合组织实施本次抢救性发掘，并获得重要发现。

一、联结两个时代的重要剖面

李家沟遗址发掘的重要意义首先是发现包含旧石器时代晚期到新石器时代早期文化叠压关系的地层剖面，填补了本地区对于过渡阶段地层堆积特点认识的空白，为继续发现这类遗址提供了地层学方面的参照。

经过为期2个多月的发掘，共揭露遗址面积近30平方米。发掘探方分布在一条沿断层破碎带形成的沟谷两侧，形成南北两个发掘区。南北两区的两个主剖面均包括了从旧石器向新石器时代过渡的地层堆积。北区的文化层厚约3米，从上向下共分七层。第

1~3层为近代堆积；第4~6层为新石器时代早期堆积，发现数量较多的陶片、石制品与动物骨骼碎片等；第7层是仅含打制石器的旧石器文化层。南侧的地层堆积自上向下可分为四层，第1层为棕褐色的含碳酸钙胶结物层，此层常见于在本区新石器时代遗址，并被叠压在裴李岗文化层之下；第2层为灰白色的砂砾层，含零星陶片，按岩性与包含物特点，当与北区的第5、第6层是同期堆积；第3层含少量打制石器与动物化石碎片，岩性特点和文化遗物均与北区的第7层相当；第4层的发现最为丰富，含船形、柱状等类型的细石核与细石叶等典型的细石器文化遗存，同时亦见人工搬运的石块及粗大石制品。第4层之下则为不含文化遗物的马兰黄土层。综合南北两侧剖面层位序列，清楚可见本地区从旧石器晚期向新石器时代过渡地层关系。

加速器^{14}C等年代测定结果进一步提供了过渡阶段的年代数据。采自沟南侧的第4层，即细石器文化层的3个木炭样品的加速器^{14}C年代测定结果，均分布在距今10 500~10 300年期间（经过树轮校正，下同）。而采自沟北侧新石器时代文化层木炭样品的加速器^{14}C年代测定结果，则为分别为距今10 000年（第6层）、9000年（第5层）和8600年（第4层）。

二、典型细石器与新文化因素的共存

李家沟遗址旧石器阶段主要收获是在发现典型的细石器文化的同时，也有反映相对稳定栖居形态的大型石制品及人工搬运石块的出现。这一有别于早前发现的共存现象说明，本地区较晚阶段的新文化因素并不是突然出现，而是已经孕育在旧石器时代晚期之末。

旧石器文化遗存主要发现在南区第4层，南区第3层与北区第7层也有少量旧石器发现。李家沟细石器的发现显示该遗址早期居民拥有十分精湛的石器加工技术。他们应用船形和柱状细石器技术剥取细石叶。少量以石叶为毛坯的工具的存在，说明李家沟早期居民也掌握并应用石叶技术制作石器。成熟的石器工艺技术加工出典型的端刮器、琢背刀、石镞与雕刻器等典型的细石器组合。这些精致石器刃口锋利，轻巧便携，是便于专业化狩猎者长途奔袭狩猎使用的工具组合。这些工具所使用的原料也多是不见于本地的优质燧石，是远距离采集运输所得。以上特点显然还是典型的旧石器文化形态。

李家沟遗址南侧发掘区也发现有数量较多的脊椎动物骨骼遗存。动物骨骼多较破碎，部分标本表面有轻度的风化与磨蚀迹象。初步鉴定显示有牛，马，大型、中型和小等型鹿类，猪以及食肉类、啮齿类与鸟类等。按照最小个体数目来统计，牛、马与大型鹿类等大型食草类的比例高达半数以上。动物遗存的情况也说明狩猎大型食草类动物仍是李家沟遗址早期阶段的主要生计来源。

在典型的细石器以外，李家沟遗址早期还发现数量较多的大型石制品。这类石制品的加工简单，器物形态亦不稳定。除有明确人工打制痕迹的石制品以外，还出现数量较多的人工搬运石块。这些石块多呈扁平块状，岩性为砂岩或石英砂岩，当来自遗址附近的原生岩层。其具体用途尚不十分明确，但显然应与当时人类的居住活动相关。这种情况并不见于时代较早、流动性更强的旧石器遗址，而与稍晚的新石器时代的发现比较接近，应该是过渡阶段新出现的具有标志性意义的文化现象。

三、早期新石器遗存的新发现

李家沟新石器阶段主要发现是较成熟的制陶技术的突然出现，以及细石器技术的明显变化。这两种情况均显示本地区旧、新石器时代过渡与华南及华北北部已有的发现并不相同，而可能有非本地技术因素在这里的旧、新石器时代过渡进程中发挥过重要作用。

新石器文化遗存主要发现在北区第4～6层。这一阶段的文化层明显增厚，说明遗址使用规模与稳定性远大于南区发现的细石器文化阶段。除了数量众多的文化遗物，北区还发现有很清楚的人类活动遗迹。其中最具特色的是石块聚集区。遗迹中心由磨盘、石砧与多块扁平石块构成。间或夹杂着数量较多的烧石碎块、陶片以及动物骨骼碎片等等。带有明显人工切割痕迹的食草类动物长骨断口，清楚显示遗迹区进行过加工动物骨骼的活动。大量烧石的存在则说明这里亦具有烧火的功能。虽然尚未发现柱洞等建筑遗迹的迹象，但石块聚集区显然应与当时人类的相对稳定的居住活动有关。

另一项重要的收获是在北区仅10平方米的发掘区内发现100多片陶片。陶片出土的情况说明当时人类就在发掘区原地或附近使用陶器。已发现的陶片均为粗夹砂陶。陶片颜色从浅灰黄色至红褐色均可见到。部分陶片的质地较坚硬，显示其烧成火候较高，已不是最原始制陶技术的特点。而其直接出现在不见陶片遗存的旧石器文化层之上，则显示这种较成熟技术或有可能并不是本地起源，而应该与技术或人群的交流与迁徙有关。不过这批陶片虽然包括多件不同陶器的口沿部分，但器形却很单调，均为直口的桶形罐类器物，仍保留有早期陶器的特点。尤其突出的是绝大部分陶片的外表都有纹饰，以绳纹为主，还有少量刻划纹。从总体来看，李家沟新发现的陶器无论是器物类型或是纹饰风格，均与本地区年代稍晚，广泛分布的裴李岗文化有比较的明显区别。

与早期的石器工业不同，本阶段仅见个别的宽台面柱状细石核，细石器的应用明显衰落，技术特点也与早期明显不同。虽然还有少量的燧石与石英类原料的石制品发现，但基本不见刻意修整的精制品。砂岩或石英砂岩加工的权宜型石制品的数量则较多。这类石制品的形体多较粗大。与早期的细石器工业的精制品组合完全不同，应是适应不同生计活动的结果。与早期相近并有进一步发展趋势的是数量众多的人工搬运的扁平石块的存在。从本阶段发现的石磨盘残段观察，部分扁平砂岩石块应是加工这类石制品的原料或荒坯。但更多的石块还应与当时人类的居住或建筑活动相关。

本阶段发现的动物化石种类亦较丰富，但与早期明显不同，数量较多的是中型和小型鹿类、大型食草类则仅见零星的牛类与马类骨骼碎片。另外也可见到少量的羊、猪以及食肉类的骨骼遗存。啮齿类以及鸟类的遗存则与早期没有明显区别。动物骨骼保存情况与本阶段石器工具组合变化的情况十分吻合，大型食草类动物遗存数量锐减与精制便携的专业化狩猎工具组合的消逝当密切相关。而大型的陶制罐类等贮藏容器的出现，也暗示本阶段的生计方式的主要方面与早期相比，业已发生明显变化，即从以大型食草类动物为对象的专业化狩猎转向采集植物类的食物与狩猎并重的发展趋势。

中原地区联结着我国及东亚大陆的南北与东西，是探讨中华文明起源的核心地带。然而在这一地区旧石器时代晚期文化和已发现的新石器时代裴李岗文化之间，却存在着明显的缺环。这一缺环严重制约着史前学界对于该地区旧、新石器时代过渡与农业起源等重大学术课题的探讨，形成对该阶段文化面貌认识上的空白。李家沟遗址上述发现的重要意义，正在于其从地层堆积、工具组合、栖居形态到生计方式等多角度提供了中原地区旧、新石器时代过渡进程的重要信息，比较清楚地揭示了该地区史前居民从流动性较强、以狩猎大型食草类动物为主要对象的旧石器时代，逐渐过渡到具有相对稳定的栖居形态、以植物性食物与狩猎并重的新石器时代的演化历史，展示了本地区这一阶段历史发展的特殊性，填补了前述的缺环与空白。

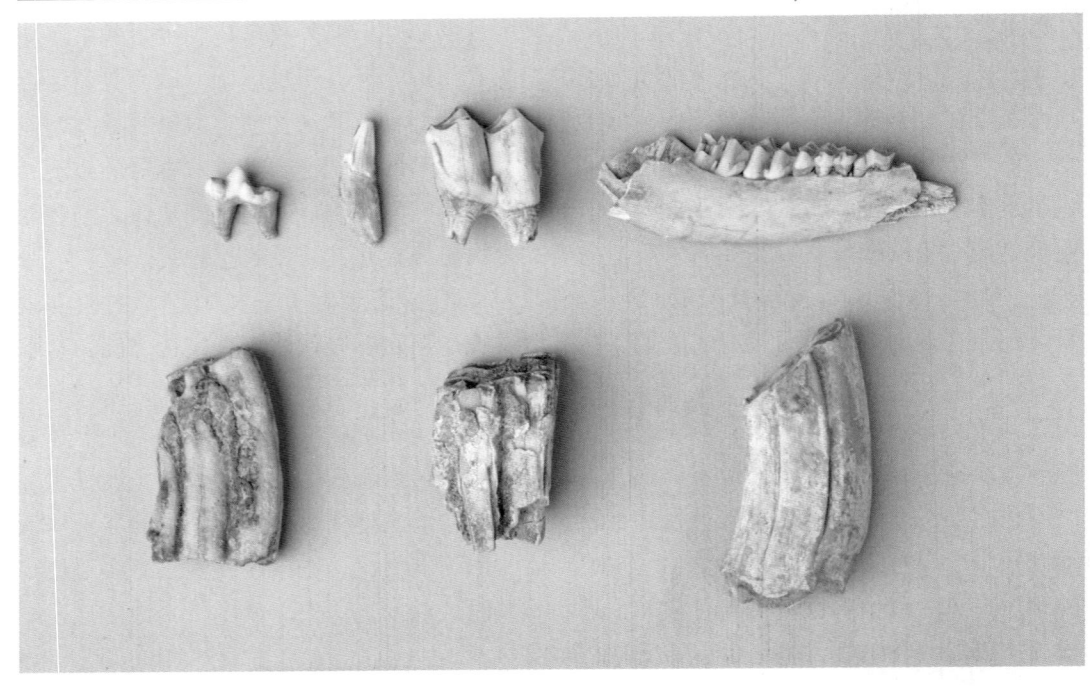

附图一 动物化石遗存

附图二 细石器

附图三　磨盘和石砧

附图四　陶片出土情况

附图五　北区地层剖面

（原刊于《中国文物报》2010年1月22日第6版）

老奶奶庙遗址暨嵩山东南麓旧石器地点群

王幼平[2]　张松林[1]　顾万发[1]　吴小红[2]　汪松枝[3]

（1.郑州市文物考古研究院，郑州　450052；2.北京大学考古文博学院，北京　100871；3.郑州市二七区文化旅游局，郑州　450052）

现代中国人来自何方，北京猿人是否我们的直系祖先，这是最近20多年来中外考古学与古人类学界一直激烈争论的学术焦点，也是公众长期热切关注的话题。按照非洲夏娃说的理论，中国境内的远古人类在最后冰期的寒冷气候阶段已经灭绝，现代中国人是在距今5万～4万年前后，由起源于非洲的现代人类分别从南北两路进入亚洲东部的中国境内。由此看来，位于东亚大陆核心地带的中原地区在距今5万～3万年期间的考古发现，已经成为认识我们直系祖先来源的关键所在。近年来郑州市文物考古研究院和北京大学考古文博学院合作连续发掘多个晚更新世遗址，调查发现数百处旧石器地点。这些新发现完整地展示了位于中原核心地带的嵩山东南麓旧石器时代中、晚期之交阶段的栖居形态，并发现一系列与现代人行为特征密切相关的文化遗存，为认识中国及东亚地区现代人类的来源与发展特点等问题，提供了非常重要的新视角。

嵩山东南麓位于中原核心地区，是联结我国及东亚大陆南北与东西的枢纽，也是中华文明起源与东亚地区现代人类出现与发展的关键区域。2011年4～8月，北京大学考古文博学院与郑州市文物考古研究院合作发掘位于嵩山东麓的郑州西南郊老奶奶庙遗址，揭露面积近50平方米，发现3000多件石制品、12 000多件动物骨骼及碎片、20余处用火遗迹，以及多层叠压、连续分布的古人类居住面。这处新发现非常清楚地展示了当时人类在中心营地连续居住的活动细节，将近年来在嵩山东南麓新发现的300多处旧石器地点完整地连接起来，不仅系统地再现了郑州地区晚更新世人类的栖居形态，同时也发掘出土一系列与现代人行为密切相关的文化遗存，为探讨我国及东亚地区现代人类出现与发展等史前考古学核心课题提供了非常重要的新证据。

一、老奶奶庙遗址的主要发现

老奶奶庙旧石器时代遗址位于河南省郑州市西南郊二七区侯寨乡樱桃沟景区内，东南距代家门村约500米，西邻贾鲁河上游九娘庙河，坐落在河旁二级阶地之上。遗址西北角建有一座小庙，当地称老奶奶庙。遗址地处郑州西南部的嵩山余脉向东延伸地带，属低山丘陵区，地势呈东高西低，区内黄土堆积发育。

（一）地层堆积

遗址东侧的马兰黄土断崖剖面高近20米，马兰黄土之上还叠压着新石器至历史时期的文化层。但在发掘区内，由于雨水冲刷与当地村民取土的破坏，大部分马兰黄土以上的堆积已不存在，已接近旧石器文化层。仅局部尚保留有1～3米不等的残余堆积。发掘区中部的东剖面的地层堆积如下。

第1层：表土层。

第2层：扰土层，含陶片、汉砖，以及动物化石与打制石器等。

第3层：黄褐至灰褐色黏质粉砂，旧石器文化层，可进一步划分为6个亚层：

第3A层：黄褐色黏质粉砂，含少量石制品和动物化石。

第3B层：灰褐色黏质粉砂，石制品和动物化石非常丰富，并有多处灰堆遗迹。

第3C层：灰褐色黏质粉砂，含石制品和动物化石等遗物，有零星用火遗迹。

第3D层：灰褐色黏质粉砂，含石制品、动物化石及用火遗迹。

第3E层：灰褐色黏质粉砂，石制品和动物化石较丰富，也有用火遗迹。

第3F层：灰褐色黏质粉砂，含数量众多的石制品和动物化石，亦发现数量较多且面积较大的用火遗迹。

第4层以下的试掘面积很小，平面布局情况尚不清楚。从剖面观察可见，该层为灰褐色、灰黄色至黄褐色粉砂，局部有较清楚的水平层理。亦可分为多个亚层。除最下层为较纯净、水平层理明显的灰黄色粉砂外，其余6个亚层均含有石制品、动物化石及炭屑等文化遗存。

老奶奶庙主要文化层的加速器[14]C的年代测定结果为距今4万年前后（未校正），结合附近遗址光释光测年数据来看，该遗址[14]C测定结果校正后的实际年龄应早于距今4.5万年。

（二）主要发现

老奶奶庙遗址的主要发现是以灰烬堆积为中心的居住遗迹，以及数量众多的石制品与动物化石遗存。

1. 用火与居住遗迹

遗址地层堆积与遗物分布特点显示，除表土层与第2层的较晚阶段堆积外，第3、4层皆为旧石器时代遗存。多个文化层连续分布，显示古人类曾经较长时间重复占用该遗址。在本年度发掘揭露的区域内，除第3A层的遗物相对较少，其他各层均有用火遗迹与石制品与动物骨骼及其碎片构成的居住遗迹。尤为引人瞩目的是第3B与第3F层的发现，大量的石制品、动物骨骸等遗物与多个用火遗迹共存，清楚地反映了当时人类的居址结构复杂化的发展趋势。

其中第3B层共发现用火遗迹10处。这些灰烬主要分布于发掘区的中部和中南部区域，面积上有大有小。较大者如H9分布范围南北长约20厘米，东西长约30厘米，最厚处约3厘米，剖面观察则呈浅锅底状。周围发现大量动物骨骸碎片与石制品等遗物。另外在发掘区北部至中部的不同区域，也有大量动物骨骸残片与石制品与炭屑等遗物密集分布现象，是当时人类一个集中居住活动留下的活动面遗迹。

另一处比较清楚的活动面遗迹保留在第3F层。其原始地面呈北高北低的缓坡状分布。遗迹、遗物非常丰富，共发现灰烬堆积6处，面积分布均较大。如分布在发掘区西南部的灰烬堆积平面形状呈近椭圆形，其分布范围南北最长处长约126厘米，东西最宽处宽约100厘米，从剖面上观察，其剖面最厚处可见厚度约8厘米，含有大量炭屑和灰白色斑块状物质。灰烬周围散布着较多的动物骨骸碎片与石制品等遗物。发掘区中部发现的灰烬堆积，平面形状亦近圆形，直径约160厘米。灰烬内包含大量炭屑，其周围也散布着大量密集分布的文化遗物。在中北部区域还有另外几处面积稍小灰烬堆积。灰烬堆积亦周边分布有大量的动物化石及石制品等。在离灰堆稍远处，还可见到明显石器加工区，有数量较多、属于同一原料来源的石核、石片及断块与碎屑等生产石器的副产品。

2. 石器工业

老奶奶庙遗址所发现的石制品有3000多件。种类包括石核、石片、断块及各类工具等。石制品的原料以灰白色石英砂岩和白色石英为主，亦有少量的石灰岩、火成岩及燧石等原料使用。在石英砂岩制品中，石片与石核的数量较多。石核多为多台面石核，均为简单剥片技术的产品，尚不见预制石核的迹象。石英原料则体积较小，亦采用锤击技术或砸击技术直接剥取石片。经过仔细加工的工具多系石英原料，数量不多，可见到的类型有边刮器、尖状器等。形体多较细小。

3. 动物化石与骨制品

动物骨骸数以万计，包括数量较多的较完整的下颌骨、肢骨、牙齿等，以及大量骨骸碎片。其中下颌骨与牙齿等来自食草类动物头骨的骨骸比例要远远高于其他部位。多数动物骨骸的石化程度较深。可鉴定种类主要是马、牛、鹿、羊与猪等。还有数量较多的鸵鸟蛋皮碎片。动物骨骸上完全不见食肉类或啮齿类动物啃咬痕迹，显示大量骨骸在遗址上出现完全是人类狩猎与消费猎物活动的结果。另一引人瞩目的现象是其中较多骨片的大小比较相近，很多骨片长度集中在10厘米上下，刚好方便手握使用。有些残片上有比较清楚的打击修理痕迹。个别还可见到明确的使用磨痕。这些迹象显示，该遗址的居民除了使用石制品以外，还大量使用骨质工具。

4. 贾鲁河上游其他发现

在老奶奶庙遗址附近，沿贾鲁河上游近10千米长的范围内，还分布着20余处旧石器地点。这些地点也埋藏在马兰黄土上部堆积之下的河漫滩相堆积或与其同期异相的红褐色古土壤层中，其时代也当与老奶奶庙遗址相当，只是多数地点的堆积较薄，文化遗存也较少，应只是临时活动的场所。从分布位置、地层堆积与文化遗存的保存等情况看，老奶奶庙遗址位于这个遗址群的中心，当是一处中心营地（或称基本营地），并与前述临时活动地点共同构成一个遗址群。

二、嵩山东南麓旧石器地点群

自2004年冬季以来，郑州市文物考古研究院连续组织多次旧石器考古专项调查，有计划地对郑州地区含更新世堆积的地区展开系统调查工作，已经发现300多处旧石器及动物化石地点。这些地点西起颍河上游，向东到溱水河与双洎河流域均有分布。新发现的旧石器遗址或地点沿几条河流及其支流的河谷地带成群组聚集分布，构成多个相对密集分布、类似贾鲁河上游老奶奶庙附近的遗址群。绝大部分埋藏在马兰黄土上部堆积之下的河漫滩相堆积或与其同期异相的红褐色古土壤层中，时代也与老奶奶庙遗址等发现相当。2009年以来，对其中的新郑赵庄与皇帝口遗址首先进行发掘，并取得重要进展。

（一）赵庄遗址

赵庄旧石器遗址位于新郑市赵庄村北，溱水河东岸3级阶地。遗址西部是陉山与具茨山，东临黄淮平原。该遗址2009年10～12月发掘。

1. 地层

遗址地层从上至下分为七层，分别为全新世堆积，含钙质结核的马兰黄土，以及其下的漫滩相堆积即旧石器时代文化层。旧石器文化层的主体部分为灰白色黏质砂土，有锈黄色斑点，土质略硬，含砂量较大，局部可见黄灰相间的水平层理。大量石制品及动物化石主要分布在厚10～30厘米的范围内。

2. 遗迹

该遗址最重要的发现是置放象头的石堆与石器加工场。两者位于同一活动面，是同一时期活动的遗存。活动面由南向北分布着古菱齿象头骨、大块的紫红色石英砂岩块和乳白色碎小的石英制品。象头骨呈竖立状，臼齿嚼面朝南；由于长期的挤压作用已明显变形，但仍保存完整。大多数石英砂岩块位于象头骨的下部和周围，互相叠压，形成堆状。调查发现，这些紫红色石英砂岩是直接采自距遗址5千米以外的陉山基岩原生岩层。其搬运至此的主要功能并非加工工具，而是围成石头基座，在上面摆置象头。

3. 石制品与动物化石

石英制品则主要分布于象头骨的北侧，绝大部分是加工石器产生的石核、石片、断块与碎屑等副产品，很少见到加工完成的精制品，说明当时人类在这一区域的主要活动是石器生产。发掘所获石制品数量超过5000件。石英制品数量占绝对多数，但个体较小，多在5厘米以下。种类主要是石核、石片、断块、碎屑及未加工的石料。还有少量经过修理的工具，类型有刮削器、尖状器等。

该遗址保存哺乳动物化石很少，除古菱齿象头骨外，仅有一段象门齿、零星象肢骨片，以及个别羊、鹿化石等。亦不见灰烬与炭屑等用火遗存。

（二）皇帝口遗址

与赵庄遗址隔河相望，直线距离不足1千米的皇帝口遗址，文化层厚度仅10厘米左右。发掘所获各类文化遗物也仅有100多件。石制品也以石英原料为主，个体较小，砸击法与锤击法并用。经过第二步加工的工具很少，仅见几件刮削器和尖状器。余者均为石核、石片以及断块、碎屑等。动物化石有鹿类等，少数具有人工打击疤痕，还有清楚的被切割痕迹。遗物与堆积状况表明黄帝口遗址为一处人类短暂活动的场所。当时人类曾在这里进行处理猎物等活动。加速器^{14}C的年代结果说明皇帝口与赵庄遗址当属同一时代，均为距今3.5万年前后（校正后）。

三、溹水河流域与嵩山东南麓旧石器地点群

在赵庄与皇帝口附近，还有另外十多处调查发现的旧石器地点。这些地点沿溹水河两岸分布，出露地层与埋藏状况与前两者相同，显然同属溹水河流域的同一遗址群。这些地点多数也是堆积较薄，已发现的遗物不多，与皇帝口的情况类似，应属于临时活动场所。但其中也有少数遗址的文化遗存丰富，有石制品、动物化石以及灰烬等，是类似老奶奶庙的中心营地遗址。

如前所述，北起贾鲁河上游的老奶奶庙，南到溹水河流域的赵庄—皇帝口遗址，郑州地区嵩山东南麓广泛分布着距今5万~3万年的旧石器地点。这些地点既有临时活动场所，也有长期居住的中心营地，还有专门的石器加工场所，以及摆放石堆与大象头骨的特殊活动遗迹。其分布明显成群组聚集，构成多个以基本营地为中心，各类临时活动地点成放射状分布的遗址群。这些遗址群沿古代河流两侧分布，有各自相对独立的活动

领域，系统地展示了郑州地区旧石器时代中、晚期之交阶段的聚落与栖居形态，清楚地记录了晚更新世人类在该地区生存发展的辉煌历史。

四、重要意义

　　区域地层对比显示，老奶奶庙遗址与郑州地区新发现的大量旧石器地点，主要埋藏在马兰黄土上部堆积之下的河漫滩相堆积或红褐色古土壤层，属于深海氧同位素3阶段的气候较暖湿时期。加速器^{14}C与光释光等测年数据也显示旧石器地点的时代主要分布在距今5万~3万年期间。这些情况说明老奶奶庙遗址等新发现正处于现代人类及其行为出现与发展的关键时段。另一方面，位于中国与东亚大陆核心地区的嵩山东南麓，也是晚更新世人类与文化向南北与东西方向迁徙与交流的中心。该地区旧石器时代考古的新发现，对于深入探讨当前世界史前考古学与古人类学界关于现代人类起源与发展问题的歧见尤为重要。

　　第一，数百处旧石器遗址与数以万计文化遗物在距今5万~3万年的嵩山东麓的广泛分布与发现，填补了过去中原地区以及东亚大陆这一阶段旧石器文化发现的空白，也确切证明有关晚更新世中国与东亚地区的古人类在最后冰期寒冷气候中灭绝的认识并不符合历史实际。与此相反，这一时期该地区的人类与旧石器文化已发展至更为繁荣的新阶段。

　　第二，数百处旧石器地点成群组聚集分布在相对独立的古代河谷地带构成多个遗址群，群组内又有中心营地、临时活动以及石器加工场等特殊遗址的组合，这一发现完整地反映了嵩山东南麓旧石器时代中、晚期之交阶段的栖居形态。

　　第三，多个用火遗迹所组成的复杂居住面的中心营地出现，偏好收集并带入居址内大量狩猎对象的下颌骨，以及远距离搬运紫红色石英砂岩堆砌石堆，并摆放古菱齿象头等明显具有象征意义的非功利性行为的存在等，均是史前学界判断现代人行为的典型标志。这些行为特征是迄今为止，首次在中原地区以及东亚大陆距今5万~3万年的旧石器遗址中被发现。

　　第四，老奶奶庙遗址大量使用骨质工具的发现，也应与现代人类在本地区的出现密切相关。虽然旧大陆西方同一阶段也开始大量使用骨质工具，并被视为旧石器晚期文化与现代人的重要主要特征，但后者的骨制品加工技术与老奶奶庙却明显不同，老奶奶庙遗址所发现的骨制品基本不见磨制技术的应用，而主要是通过打制加工的特征，与本地区更早的发现一脉相承。

　　第五，老奶奶庙遗址等新发现旧石器工业展示出更鲜明的区域性文化特征，无论是石料选择与石器加工，或是工具组合等技术特征与类型学特点，均可以找出与本地区更早期文化的密切联系，却看不到来自旧大陆西方同时代人类或文化影响的迹象。

　　综上所述，老奶奶庙遗址及嵩山东麓旧石器遗址群的新发现确切证明，早在距今5

万~3万年在中原地区已有繁荣的旧石器文化与复杂的栖居形态。晚更新世人类在这一地区繁衍生存的辉煌历史，不但是探讨中华文明之源的重要资料，而且更进一步展示出多项与现代人行为密切相关的新文化特征。这些出自中原地区的新发现，与中国及东亚现代人起源于非洲的论断明显相悖，而很清楚地展示了我国境内更新世人类发展的连续性特点，为研究现代人类及其行为在东亚地区出现与发展提供了非常重要的新视角。

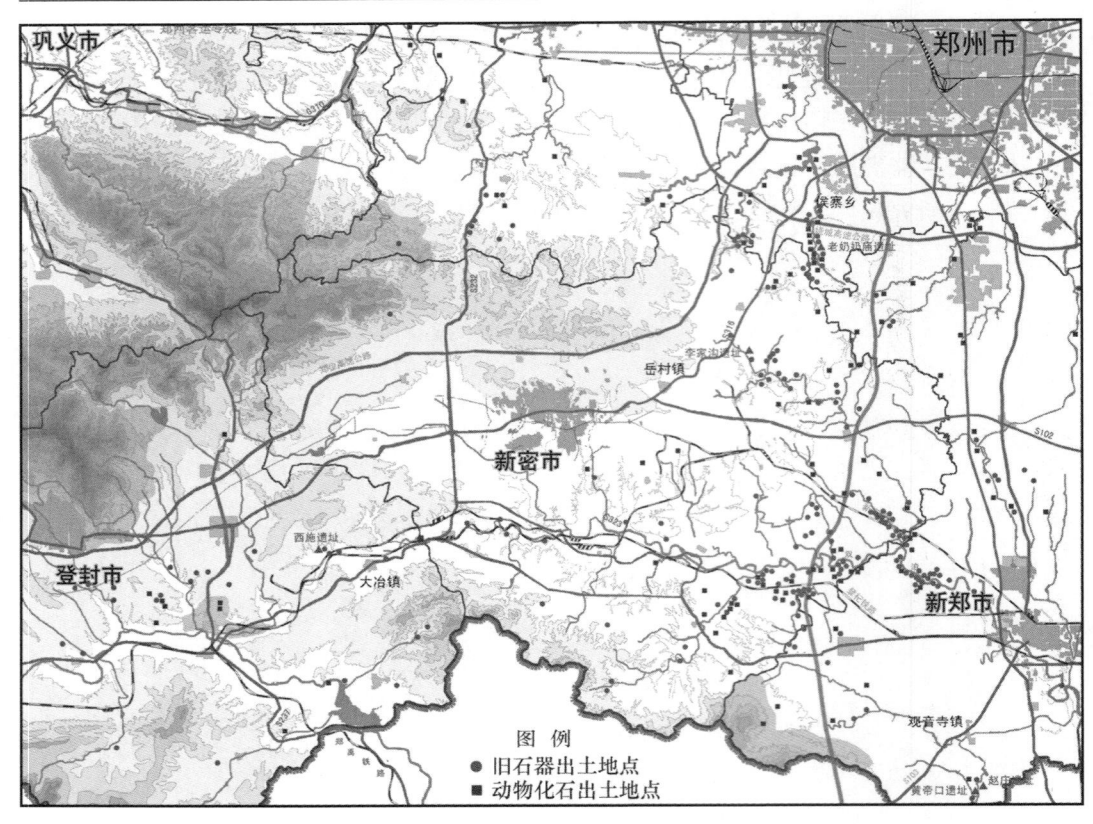

附图一　嵩山东南麓旧石器地点群的分布

附图二　老奶奶庙遗址发掘现场与东壁剖面

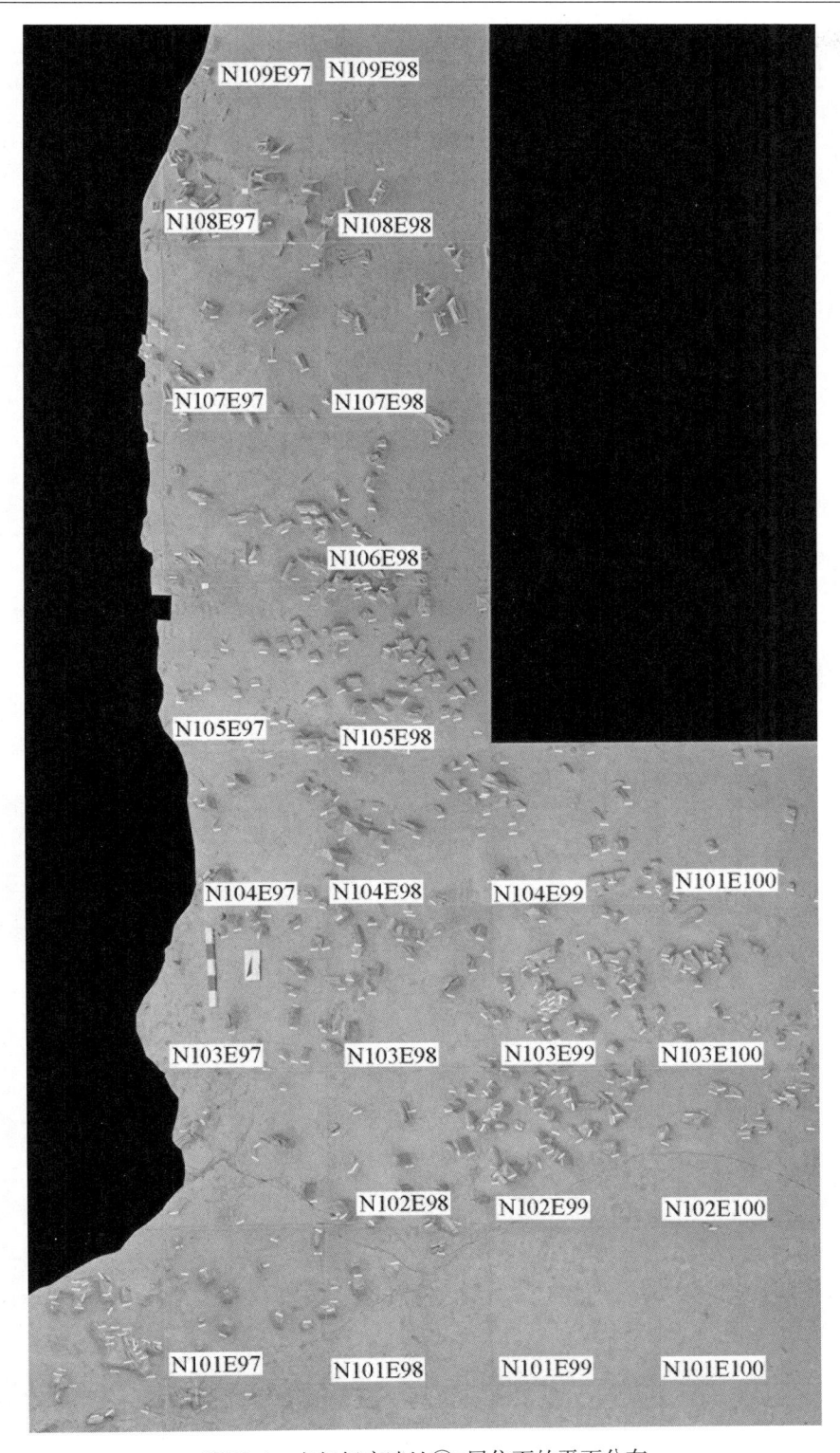

附图三　老奶奶庙遗址③F居住面的平面分布

附图四　老奶奶庙遗址灰堆剖面

附图五　石英砂岩石核

附图六　石英砂岩石片

附图七　刮削器与尖状器

附图八　老奶奶庙食草类下颌骨化石

附图九　老奶奶庙修理骨片

附图一〇　老奶奶庙使用骨片

附图一一　赵庄遗址古菱齿象头顶面观

附图一二　赵庄遗址古菱齿象头底面观

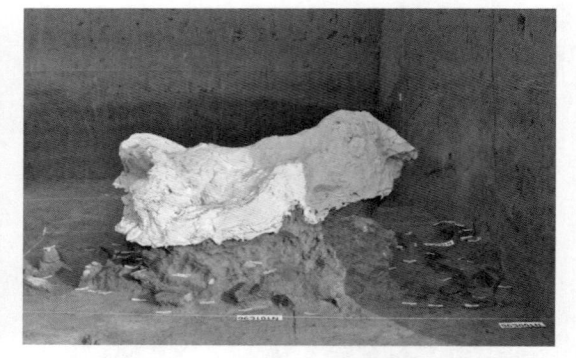

附图一三　赵庄古菱齿象头与石堆

（原刊于《中国文物报》2012年1月13日第4版）

河南郑州老奶奶庙第3地点初步研究

李文成[1] 汪松枝[2] 顾万发[2] 刘 拓[1] 李昱龙[1] 何嘉宁[1]

（1. 北京大学考古文博学院，北京 100871；2. 郑州市文物考古研究院，郑州 450052）

一、引 言

2004年以来，郑州地区经调查发现的旧石器地点和动物化石点共300余处，主要分布于贾鲁河、溱水河、洧水河的上游河谷地区[1]。2011～2015年度，北京大学与郑州市考古研究院合作，对位于贾鲁河上游的老奶奶庙遗址（第1地点）进行多次系统的发掘，并取得了丰硕的成果[2]。同时，为深入研究本地区MIS 3阶段的旧石器文化序列、石器工业面貌以及古人类的生计方式等问题，北京大学与郑州市考古研究院相继对老奶奶庙第2地点和第3地点进行了发掘工作。本文即是对老奶奶第3地点发掘出土遗物的初步研究。

二、遗址位置、地貌、地层

老奶奶庙第3地点位于郑州市二七区侯寨乡樱桃沟景区内，东距代家门村约400米，西北距老奶奶庙遗址（第1地点）约90米，本地点南侧为一条连通018乡道与凤栖南路的公路，并与第2地点隔路相望，地理坐标为34°38′9″N，113°35′4″E。第3地点位于嵩山余脉向东延伸的低山丘陵地区，其埋藏环境与第1地点相同，皆坐落于贾鲁河上游九娘庙河东侧，埋藏于马兰黄土中的河流相夹层中[3]，当时人类即生活在低水位的河漫滩之上。

本次发掘自2016年10月起，至当年12月结束野外工作。发掘面积40m²，发掘深度为3.9m。以发掘区东壁为例（图一），地层自上至下可分为5层，其描述如下。

第1层：扰土层，黄褐色黏质粉砂，夹灰白色斑块，部分区域颜色略红，土质疏松，遗物有近现代砖、瓷片以及新石器与汉代陶片等。分布于整个发掘区。厚度为36～69cm。

第2层：扰土层，黄褐色黏质粉砂，土质疏松，亦含近现代砖瓷片等。分布于整个发掘区。时代为近现代。厚度为86～134cm。

第3层：褐色黏质粉砂，具水平层理，土质较为疏松，遗物有青砖、石块、红烧土、炭屑、元明时期的白地黑花瓷片等。本层分布于整个发掘区。时代为元明时期。厚

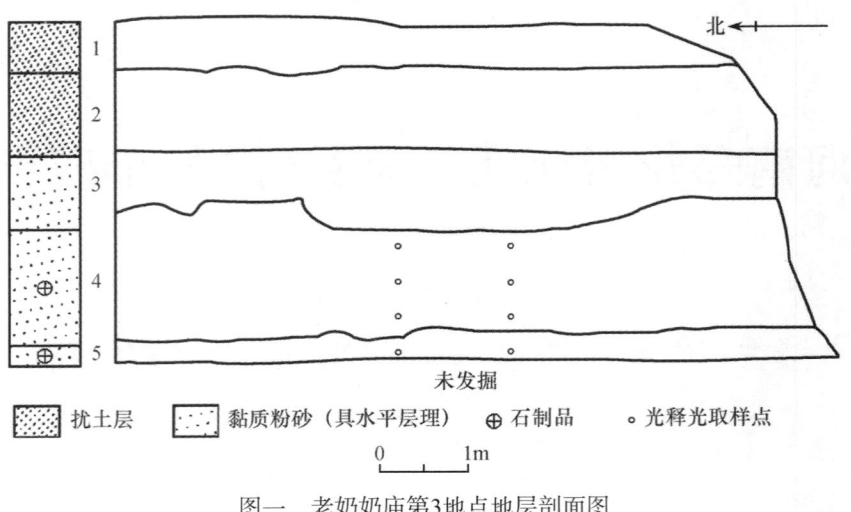

图一 老奶奶庙第3地点地层剖面图

度为48~94cm。

第4层：灰绿色黏质粉砂，具水平层理，广泛分布铁锈斑，土质致密、坚硬，包含物有钙质结核和螺壳，本层从上部至下午呈现出灰绿色向黄褐色渐变的现象，而且螺壳和钙结核也逐渐变多，并在本层下部出现大量可能因流水作用而形成的泥炭痕迹。出土动物化石、石制品。时代为旧石器时代。厚度为112~150cm。

第5层：灰绿色黏质粉砂，具水平层理，分布大量铁锈斑，土质致密、坚硬，包含物有少量钙质结核，罕见螺壳。出土有动物化石、石制品。时代为旧石器时代。本层发掘厚度为14~37cm，本层未发掘到底。

三、出土遗物

本文所研究该遗址出土遗物，仅涉及旧石器时代，不包括历史时期地层和近现代扰土中出土遗物。

（一）动物化石

2016年老奶奶庙第3地点发掘出土各类动物化石575件，包括动物骨骼、角、牙等。可鉴定到种属和骨骼部位的标本共136件（NISP），其中89件可鉴定到种属，可鉴定到种属的标本统计见表一。

表一　老奶奶庙第3地点各动物种属可鉴定标本数（NISP）

层位	纲	哺乳纲					鸟纲	总数
	目	奇蹄目		偶蹄目			食肉目	突胸总目	
	科属种	马属	披毛犀	鹿科	牛亚科	羊亚科	犬属		
④	数量	34	14	4	9	3	2	1	67
	百分比	50.7%	20.9%	6%	13.4%	4.5%	3%	1.5%	100%
⑤	数量	10	0	3	1	6	0	2	22
	百分比	45.5%	0%	13.6%	4.5%	27.3%	0%	9.1%	100%

在表一的统计中，一些物种进行了合并，其中鹿科牙齿按大小分有三类，可能代表三个不同的种；马属动物分为普氏野马（*Equus przewalskii*）和蒙古野驴（*E. hemionus*）两种；牛亚科多数牙齿应为原始牛（*Bos primigenius*），部分牙齿和骨骼无法鉴定到种。综上，2016年度老奶奶庙第3地点的动物群至少包括如下约11种：突胸总目（未定种）Carinatae sp.，犬属（未定种）Canis sp.，鹿科（属种未定）Cervidae gen. *et* sp.indet. 1、Cervidae gen. *et* sp. indet. 2、Cervidae gen. *et* sp. indet. 3，原始牛 *Bos primigenius*，牛亚科（属种未定）Bovidae gen. *et* sp. Indet，羊亚科（属种未定）Caprinae gen. *et* sp. Indet，普氏野马 *Equus przewalskii*，蒙古野驴 *Equus hemionus*，披毛犀 *Coelodonta antiquitatis*。

（二）石　制　品

本次发掘共出土石制品66件（表二），其中第4层50件，第5层16件，其类型包括石核10件、石片9件（包括近端断片1件）、工具7件、断块/断片40件。石制品的原料（表二）以石英（90.91%）占绝大多数，其他原料有石英岩（1.52%）、红色石英砂岩（3.03%）、灰岩（3.03%）、砂岩（1.52%），所占比例都极低。

表二　石制品类型与原料统计表　　　　　　　　　　（单位：件）

原料	石制品类型								总计	百分比
	石核		石片		工具		断块/断片			
地层	④	⑤	④	⑤	④	⑤	④	⑤		
石英	4	3	6	2	7	0	27	11	60	90.91%
石英岩	1	0	0	0	0	0	0	0	1	1.52%
石英砂岩	1	0	1	0	0	0	0	0	2	3.03%
灰岩	1	0	0	0	0	0	1	0	2	3.03%
砂岩	0	0	0	0	0	0	1	0	1	1.52%
总计	7	3	7	2	7	0	29	11	66	100%

1. 第4层出土石制品

第4层所出土的50件石制品中，石核7件，石片7件，工具7件，断块/断片29件。

（1）石核。

其中砸击石核1件，锤击石核6件。

砸击石核

16EL（3）：35，原料为石英，素材为岩块。石核长29.2mm，宽15.6mm，厚11.6mm，重6.9g。整件石核仅存1个剥片面，1个剥片疤（图二，1）。

锤击石核

其中16EL（3）：88原料为石英岩，16EL（3）：130为红色石英砂岩，16EL（3）：219为灰岩，其余石核原料皆为石英。皆以硬锤直接打击剥片。

16EL（3）：85，单台面石核，素材为岩块。石核长31.7mm，宽48.1mm，厚24.8mm，重36.4g，有1个剥片面，2个剥片疤（图二，4）。16EL（3）：88，单台面石核，素材为砾石。长67.5mm，宽92.5mm，厚90.6mm，重941.6g，有1个剥片面，1个剥片疤，石核边缘可见3个使用疤（图二，9）。16EL（3）：130，单台面石核，

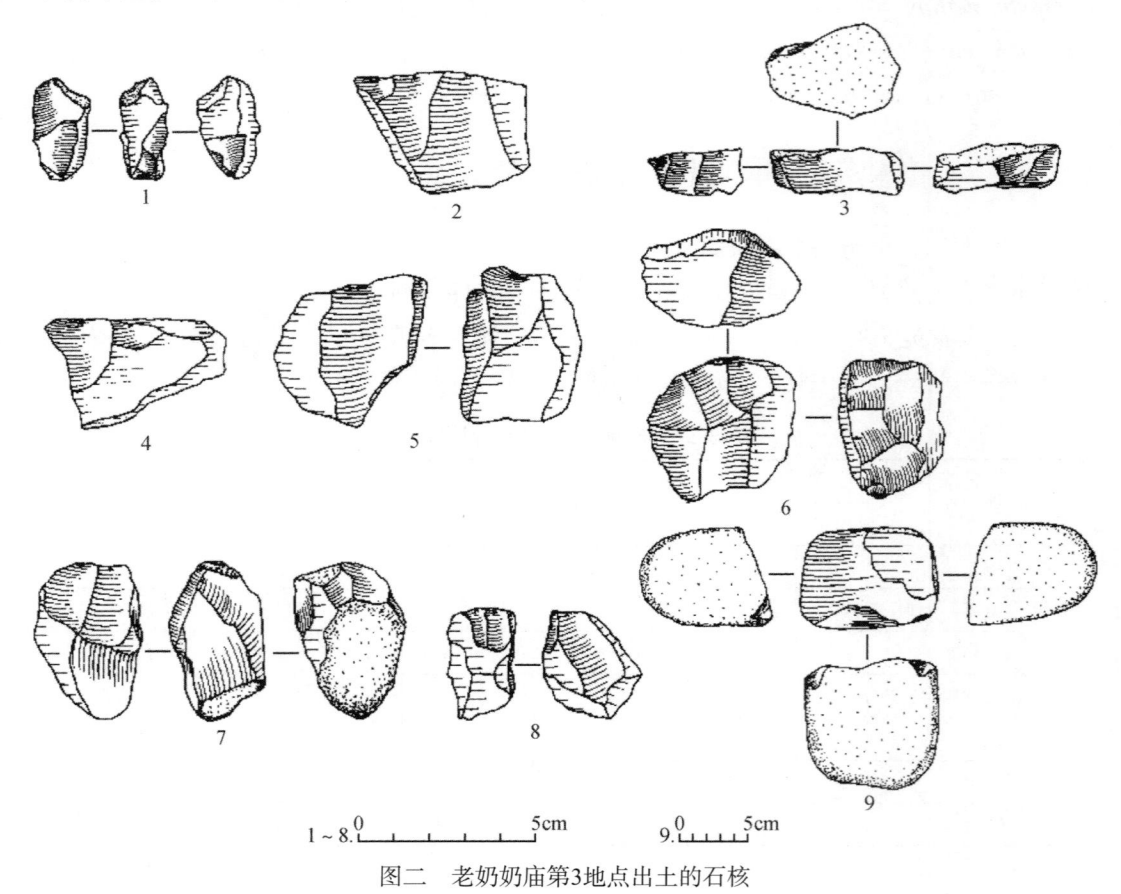

图二　老奶奶庙第3地点出土的石核

素材为岩块。长37.6mm，宽41.6mm，厚30.7mm，重50.9g，有2个剥片面，2个剥片疤（图二，5）。16EL（3）：219，单台面石核，素材为岩块。长33mm，宽45.6mm，厚28.4mm，重50.6g，有1个剥片面，3个剥片疤（图二，2）。16EL（3）：228，单台面石核，素材为岩块。长12.1mm，宽34.4mm，厚26.6mm，重12.6g，有3个剥片面，4个剥片疤（图二，3）。16EL（3）：237，多台面石核，素材为岩块。长42.5mm，宽41.2mm，厚26.6mm，重51.4g。石核现存2个完整的台面，但从核体分布的不完整的剥片疤的数量和方向判断，本件标本可能存在4个台面，但由于多次转向剥片，导致其中2个台面消失。2个完整台面分别编号台面1和台面2，台面1拥有1个剥片面，4个剥片疤，台面2以台面1的剥片面为台面，拥有1个剥片面，5个剥片疤。另外可见2个剥片疤，但台面已缺失（图二，6）。

（2）石片。

本层共出土石片7件，其中完整石片6件，石片近端断片1件。皆以硬锤直接打击剥片。除16EL（3）：121原料为红色石英砂岩外，其余皆为石英。

完整石片

16EL（3）：25，素材为砾石。长44mm，宽30mm，厚16.5mm，重21.2g，台面为砾石面，背面皆为石皮（图三，1）。16EL（3）：45，素材无法判断。长28mm，宽13.9mm，厚18.5mm，重5.9g，素台面，背面由3块石片疤与节理面构成，背脊呈Y形（图三，5）。16EL（3）：121，素材为岩块。长120.4mm，宽79.8mm，厚41.2mm，重359.2g，台面为风化壳，背面由1块石片疤和风化壳构成，有一条纵向的背脊，石片右侧边有使用痕迹（图三，6）。16EL（3）：226，素材无法判断。长19.2mm，宽28.1mm，厚15.7mm，重7.8g，素台面，背面由2块石片疤和节理面构成，无背脊（图三，7）。16EL（3）：313，素材无法判断。长16.7mm，宽8.7mm，厚4.9mm，重0.7g，素台面，背面仅由2块石片疤构成，有一条纵向背脊（图三，3）。16EL（3）：315，素材为岩块。长12.1mm，宽10.6mm，厚4.7mm，重0.7g，台面为岩石风化壳，背面仅由4块石片疤构成，无背脊（图三，2）。

近端断片

16EL（3）：314，素材无法判断。石片残长14.9mm，宽11.9mm，厚6.3mm，重1.2g。素台面（图三，4）。

（3）工具。

本层出土工具包括刮削器5件，尖状器2件。其原料皆为石英。

单刃刮削器

16EL（3）：71，素材为断块。长20.6mm，宽15.7mm，厚9.7mm，重3.2g，刃缘长10.9mm，硬锤正向修理，修疤连续，刃角73°~75°（图四，6）。16EL（3）：220，素材为断块。长19mm，宽17.2mm，厚10.5mm，重3.5g，刃缘长21.1mm，硬锤正向修理，修疤连续，刃角82°~83°（图四，7）。16EL（3）：230，素材为断块。长

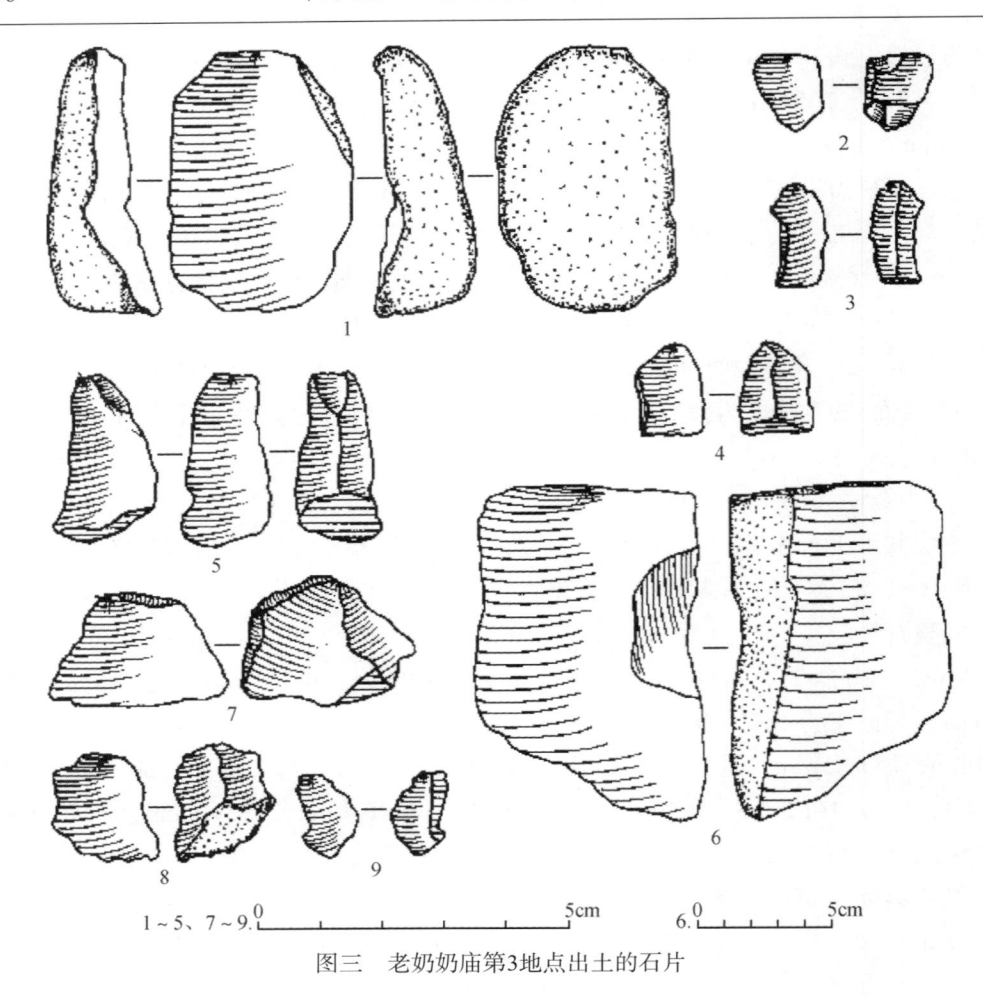

图三　老奶奶庙第3地点出土的石片

30.6mm，宽24.1mm，厚14mm，重7.3g，刃缘长22.3mm，硬锤正向修理，修疤连续，刃角60°~63°（图四，1）。

双刃刮削器

16EL（3）：312，素材为石片左裂片。长16.8mm，宽15.9mm，厚7.8mm，重2.6g，共有2个相对的刃缘，皆为硬锤反向修理，近端刃缘长9.8mm，刃角81°，远端刃缘长12.1mm，刃角70°（图四，2）。16EL（3）：107，素材为石片右裂片。长49.1mm，宽39.6mm，厚18mm，重43.2g，标本有2个刃缘，皆为硬锤正向修理，远端刃缘长27.8mm，修疤连续，刃角39°~60°，右侧刃缘长26.8mm，刃角60°（图四，3）。

尖状器

16EL（3）：34，素材无法判断。长18.6mm，宽13.6mm，厚8.8mm，重1.6g。标本先由硬锤正向修理出2个相邻相连的刃缘，并汇聚成一个尖刃，尖刃略有折断，尖刃角34°，左侧刃缘长20.4mm，修疤连续，刃角79°~80°，右侧刃缘长17.4mm，修疤

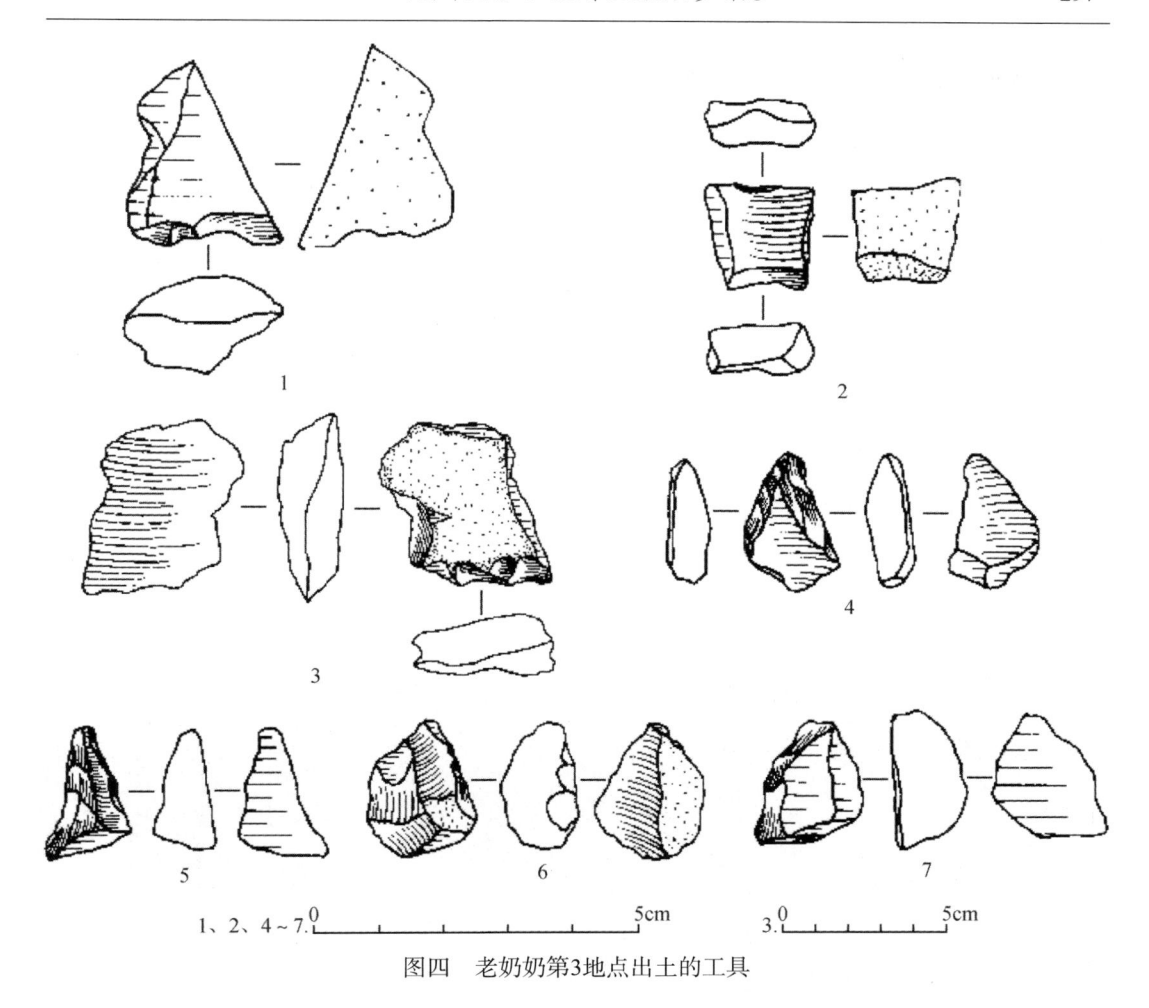

图四　老奶奶第3地点出土的工具

连续，刃角64°～71°（图四，5）。16EL（3）：247，素材无法判断。长21.5mm，宽15.3mm，厚6.5mm，重2g。标本先由硬锤正向修理出2个相邻相连的刃缘，并汇聚成一个尖刃，尖刃角47°，左侧刃缘长17.2mm，修疤连续，刃角61°～78°，右侧刃缘长19.1mm，刃角48°～75°（图四，4）。

2. 第5层石制品

第5层的16件石制品中，锤击石核3件，石片2件，断块/断片11件。其中有拼合组1组。

（1）石核。

石核的原料皆为石英，以硬锤直接打击剥片。

16EL（3）：302，单台面石核，素材为岩块。长27.6mm，宽16.6mm，厚27.6mm，重16.4g。有2个剥片面，3个剥片疤（图二，8）。

16EL（3）：283，双台面石核，素材为岩块，本件石核可与16EL（3）：284进行拼合。石核长42.5mm，宽28.9mm，厚27.1mm，重35.3g，2个台面分别编号台面1和台面2，台面1拥有1个剥片面，2个剥片疤，台面2拥有1个剥片面，1个剥片疤（图五，1）。

16EL（3）：285，多台面石核，素材为岩块。长43.6mm，宽30.1mm，厚28.3mm，重37.2g。根据石片疤的数量和方向判断，可能存在至少4个台面，但剥片过程中不断转向，致使有的台面破坏消失，现仅存3个完整台面，分别编号台面1、台面2、台面3。台面1拥有1个剥片面，2个剥片疤；台面2以台面1的剥片面为台面，拥有1个剥片面，1个剥片疤；台面3由天然风化壳和石片疤组成，与台面1共用1个剥片面，1个剥片疤。另外可见3个缺失台面的石片疤（图二，7）。

（2）石片。

2件完整石片，原料为石英，以硬锤直接打击剥片。16EL（3）：293，素材为岩块。长17.8mm，宽17.8mm，厚3.8mm，重0.9g。素台面，背面由2块石片疤和风化壳组成，无背脊（图三，8）。16EL（3）：316，素材无法判断。长13.6mm，宽9.3mm，厚3.3mm，重0.3g，素台面，背面由1块石片疤和节理面构成，存在一个纵向的背脊（图三，9）。

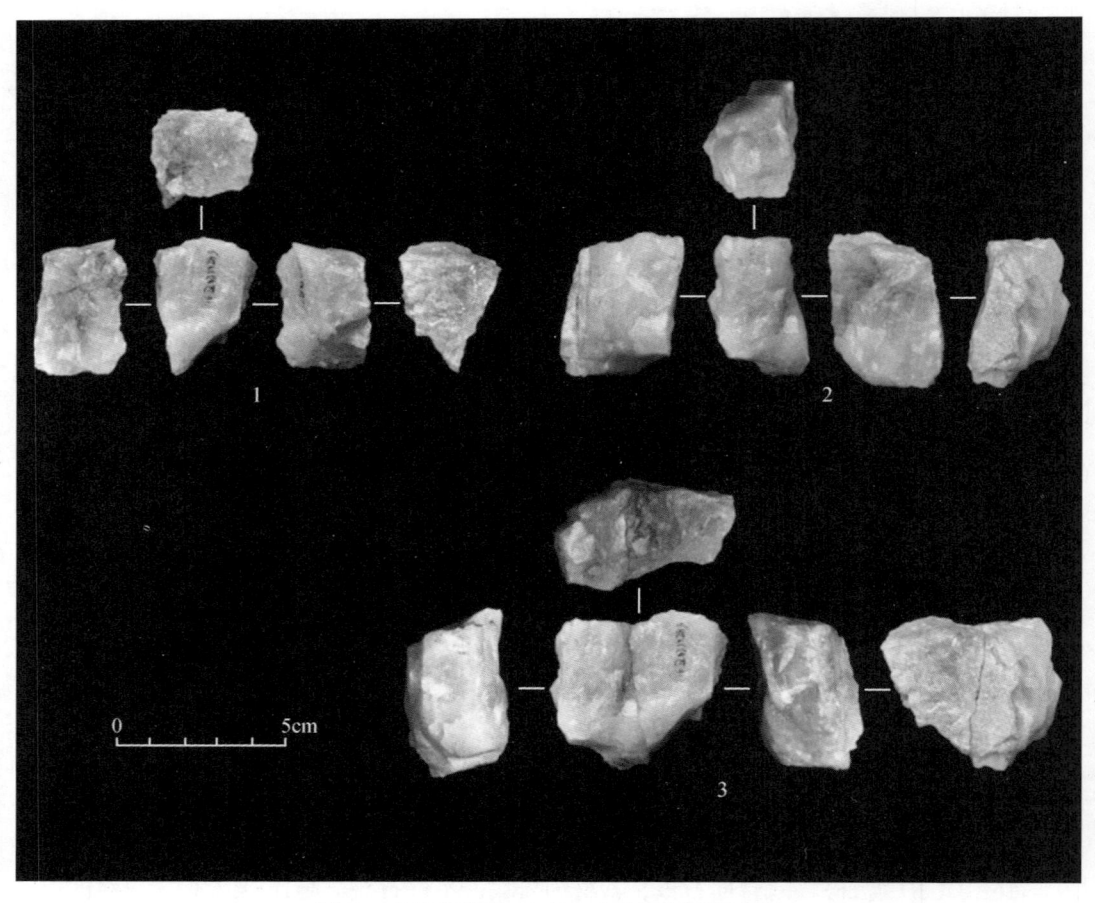

图五　老奶奶庙第3地点出土的石制品拼合组

（3）拼合组。

仅发现1组可拼合的石制品，情况如下。

16EL（3）：283和16EL（3）：284，其中16EL（3）：283为双台面石核，前文已有描述，16EL（3）：284为断块（图五，2）。这2件标本拼合后为1件双台面石核。石核长44.8mm，宽55.9mm，厚28.9mm，重89.7g。2个台面分别命名为台面1和台面2，台面1拥有1个剥片面，2个剥片疤；台面2拥有1个剥片面，2个剥片疤。剥片者在台面1上剥片后先顺时针90°翻动石核，再逆时针90°转动石核，进行剥片，当在台面2上剥下第2片石片后，剥片者企图再次以这一台面进行剥片，但由于原料本身节理，在第3次剥片时石核沿内部节理裂开，石核剥片终止，在台面2上仍残留第3次剥片时的打击痕迹（图五，3）。

（三）石制品的总体特点

本遗址石器原料以石英为主，其他原料如石英岩、石英砂岩、砂岩、灰岩虽有使用，但所占比例极少。根据陈宥成等[3]对原料的调查结果，距离遗址最近的含石英的古砾石层位于遗址南部15km处，而含石英岩块的基岩出露点为遗址南部20多km的低山区，古人类对石英原料的开采，也暗示了其具有较大的活动范围。

关于石制品的素材，除去一部分无法判断之外，从其余可判断素材的石制品中，可以看出古人类主要以岩块为素材进行剥片工作，砾石虽有使用，但并不占主要地位（图六）。另外，主要以断块和石片为素材来制作工具。

石制品组合中完整石核、完整石片、工具的尺寸皆较小。如图七所示，除1件石英岩石核和石英砂岩石片的尺寸明显较大外，其余的长宽皆小于60mm。工具组合中仅见刮削器和尖状器，不见砍砸器等大型工具。具有典型的北方晚更新世的石制品工业特点[5, 6]。

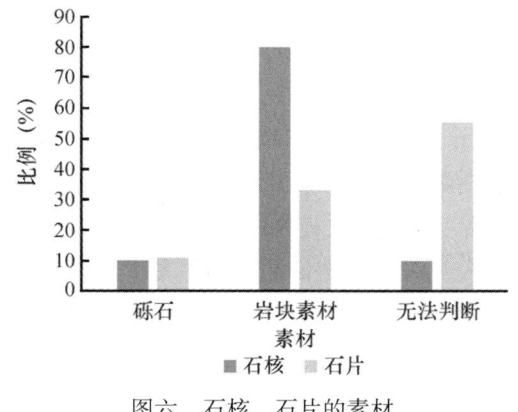

图六　石核、石片的素材

本遗址主要使用硬锤直接打击进行剥片，仅一例砸击法的运用，说明砸击法在本地点使用率很低。完整石核中以单台面石核（N=7，70%）数量最多。其中单台面石核的平均剥片数量为2.3±1.1个，显示出较低的剥片效率；仅有的一件双台面石核上共有3个剥片疤；多台面石核的平均剥片数量为9.5±2.1个，其剥片效率较前二者要高很多。但总体来看，第3地点的石核利用率并不高，古人类的剥片行为较为简单。

修理工具的方法同样是锤击法，加工方向基本上是从较平的一面向凸的一面进行加工，工具的修理方法皆较为简单。

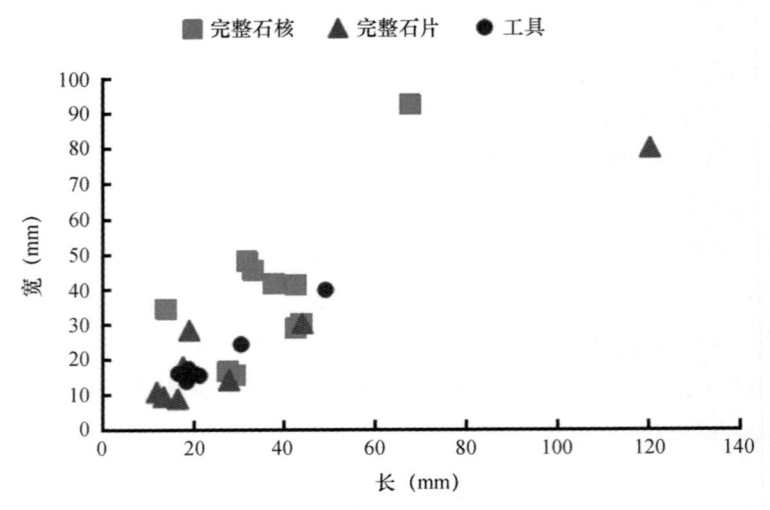

图七　老奶奶庙第3地点出土的完整石核、完整石片、工具的尺寸

四、小　结

本遗址的年代可与老奶奶庙第1地点进行对比。第1地点从文化层底部到顶部的多个^{14}C年代数据集中分布于41ka～40ka，校正后年代约在距今4.5万年前后[3]，第3地点位于马兰黄土中的河流相夹层中，埋藏层位与第1地点相同但海拔略低，其时代可能与第1地点同时或较其稍早。

动物化石与石制品出土于同一层位，表明二者的共时性。但该遗址单位体积出土遗物数量少，较低的遗物出土频率，可能揭示了其不同于第1地点的遗址功能：这里可能是第1地点或其他中心营地外围的人类活动辐射区，石制品和动物化石的发现，表明古人类曾在此处活动，但可能并不频繁。同时，可鉴定动物的种属组合体现了人类活动时期本地草原为主、并镶嵌有开阔的疏林植被的环境特征。

本遗址出土石制品的剥片技术为中国旧石器时代常见的锤击和砸击两种方法，但砸击技术并不是主流，由于石英原料的广泛使用，石制品中小型者比例很高，偶尔出现较大的石核和石片则是源于对石英岩和石英砂岩的使用，这与本区MIS 3阶段其他遗址特征相似，表明了在文化上的一致性。同样由于以石英岩块为主要剥片和加工石器的素材，导致剥片效率并不高，剥片技术单调，工具修理也较为简单。总之，老奶奶庙第3地点位于中原腹地的嵩山东麓地区，其文化特征与老奶奶庙第1地点[3]、新郑赵庄[7]和黄帝口[8]、登封方家沟遗址[9]、织机洞上文化层[10,11]等相似，应属于同一文化体系，体现了晚更新世晚期中原地区人类演化的连续性。

参 考 文 献

[1] 王幼平，汪松枝.MIS 3阶段嵩山东麓旧石器发现与问题［J］.人类学学报，2014，33（3）：304-314.

[2] 王幼平，张松林，顾万发，等.郑州老奶奶庙遗址暨嵩山东南麓旧石器地点群［N］.中国文物报，2012-1-13（4）.

[3] 陈宥成.嵩山东麓MIS 3阶段人群石器技术与行为模式——郑州老奶奶庙遗址研究［D］.北京：北京大学，2015：1-271.

[4] 曲彤丽，顾万发，汪松枝，等.郑州地区晚更新世中期人类的生计方式——老奶奶庙遗址动物遗存研究［J］.人类学学报，2018，37（1）：70-78.

[5] 张森水.中国北方旧石器时代工业分类初探［J］.文物春秋，1991（1）：34-42.

[6] 张森水.管窥新中国旧石器考古学的重大发展［J］.人类学学报，1999，18（3）：193-214.

[7] 张松林，王幼平，汪松枝，等.河南新郑赵庄和登封西施旧石器时代遗址［A］.// 2010年中国考古重要发现［C］，北京：文物出版社，2011：10-14.

[8] 王佳音，张松林，汪松枝，等.河南新郑黄帝口遗址2009年发掘简报［J］.人类学学报，2012，31（2）：127-136.

[9] 林壹，顾万发，汪松枝，等.河南登封方家沟遗址发掘简报［J］.人类学学报，2017，36（1）：17-25.

[10] 王幼平.织机洞的石器工业与古人类活动［J］.考古学研究，2008：136-148.

[11] Wang Y P, Qu T L. New evidence and perspectives on the Upper Paleolithic of the Central Plain in China［J］. *Quaternary International*, 2014, 347: 176-182.

（原刊于《人类学学报》2018年3期）

郑州老奶奶庙第3地点动物遗存研究报告

郑州市文物考古研究院　北京大学考古文博学院

2016年10~12月，北京大学与郑州市考古研究院对老奶奶庙第3地点进行了发掘，出土一定数量的石制品和较多动物化石。该地点石制品部分已另刊于《人类学学报》[1]。本文拟对遗址中的动物化石进行更为详细的介绍。

一、概　　述

本遗址出土的动物化石包括动物骨骼、角、牙等。其中编号统计的标本共286件，目前可鉴定的标本共136件，鉴定到种属的标本89件，还有36件有一定特征，有鉴定出所属部位甚至种属的可能性，有待进一步研究。经初步鉴定可见犬属、马、犀、牛、羊、鹿等哺乳动物，还有部分鸟类。除此之外，还有收集品共289件。出土遗物来自第4、5两个文化层，其中第4层编号标本共计225件，第5层共计57件，未知层位4件。编号标本总重量为4643.8g，收集品总重量为737.2g，共5381g。可鉴定标本的数量统计见表一。

表一　2016年老奶奶庙第3地点出土可鉴定动物骨骼数量统计表

骨骼种类		纲	哺乳纲						食肉目	鸟纲突胸总目	种属未知	合计
		目	奇蹄目		偶蹄目							
		种属	马属	披毛犀	鹿科	牛亚科	羊亚科	未知	犬属			
骨	④层	数量	2	4	0	5	0	0	1	1	25	38
		比例（%）	5.26	10.53	0	13.16	0	0	2.63	2.63	65.79	66.67
	⑤层	数量	1	0	1	0	6	0	0	2	9	19
		比例（%）	5.26	0	5.26	0	31.58	0	0	10.53	26.47	33.33
	合计	数量	3	4	1	5	6	0	1	3	34	57
		比例（%）	5.26	7.02	1.75	8.77	10.53	0	1.75	5.26	59.65	41.91

续表

骨骼种类		纲 目 种属	哺乳纲						鸟纲 突胸总目	种属未知	合计
			奇蹄目		偶蹄目			食肉目			
			马属	披毛犀	鹿科	牛亚科	羊亚科	未知	犬属			
牙	④层	数量	32	10	4	4	3	0	1	0	1	55
		比例（%）	58.18	18.18	7.27	7.27	5.45	0	1.82	0	1.82	80.88
	⑤层	数量	9	0	2	1	0	0	0	0	1	13
		比例（%）	69.23	0	15.38	7.69	0	0	0	0	7.69	19.12
	合计	数量	41	10	6	5	3	0	1	0	2	68
		比例（%）	60.29	14.71	8.82	7.35	4.41	0	1.47	0	2.94	50
角	④层	数量	0	0	0	0	0	10	0	0	0	10
		比例（%）	0	0	0	0	0	90.91	0	0	0	90.91
	⑤层	数量	0	0	0	0	0	1	0	0	0	1
		比例（%）	0	0	0	0	0	9.09	0	0	0	9.09
	合计	数量	0	0	0	0	0	11	0	0	0	11
		比例（%）	0	0	0	0	0	100	0	0	0	8.09
合计	④层	数量	34	14	4	9	3	10	2	1	26	103
		比例（%）	33	13.59	3.88	8.74	2.91	9.71	1.94	0.97	25.24	75.74
	⑤层	数量	10	0	3	1	6	1	0	2	10	33
		比例（%）	30.3	0	9.09	3.03	18.18	3.03	0	6.06	30.3	24.26
	合计	数量	44	14	7	10	9	11	2	3	36	136
		比例（%）	32.35	10.29	5.15	7.35	6.62	8.09	1.47	2.21	26.47	100

注：每种动物骨、角、牙在第4、5层的数量占比，是其分别与每层总数相除之结果；每层骨、角、牙和合计总数占比，是其与两层总数相除之结果；骨、角、牙的两层总数占比，是其与可鉴定标本总数（136件）相除的结果

与往年发掘所得相比，本年度可鉴定标本的比例较高，占47.6%，相比第1地点不到1/4的比例，有明显不同[2]。究其原因，可能因为本年度所得动物牙齿数量较大，共68件，占全部编号标本23.8%，可鉴定到种属者66件；而2012年牙齿数量仅占可鉴定标本的不到10%；这种差别可能显示了遗址性质的不同。动物骨骼共208件，可鉴定出部位者共57件，可鉴定到种属者24件，比例也高于第1地点，显示出骨骼的破碎程度较第1地点为低。

在动物种类上，第4层和第5层没有根本不同，和第1地点均体现出以大中型有蹄类占绝对优势的面貌，在数量最多的马属化石上，两层比例相近，唯有披毛犀仅分布在第4层中，可能是偶发现象，因而在后文中，将两层合并在一起讨论。与第1地点相比，新增披毛犀、犬属（未定种）两个物种，共获得10件披毛犀牙齿和4件骨骼。牙齿大多极其破碎，仅有4件保存主体部分，且牙外周釉质几乎不存，其他多为牙齿质的碎块和牙釉质残片。结合牙身的一些剥片痕迹，推测这一地点可能将披毛犀牙釉质作为工具的一项材料来源。

本年度获得的拼合组较多，可拼成同一块骨头的共3组，其中2组分别包含4个标本；同一动物个体相邻骨骼可拼接的共4组；根据出土位置、个体形态和风化磨蚀程度判断极有可能是同一个体的共4组（1组和前述拼合组遥接）；确定无疑的共计7组19件，拼合比例远高于第1地点。这些拼合组有助于说明古人对骨骼的利用方式，对埋藏学的研究和遗址性质的推断也有一定帮助。

二、种属鉴定

在表一的种属统计中，一些物种进行了合并，其中鹿科牙齿按大小分有三类，可能代表三个不同的种；马属动物依据第1地点的情况[2]，分为普氏野马（*Equus przewalskii*）和蒙古野驴（*E. hemionus*）两种；牛亚科多数牙齿应为原始牛（*Bos primigenius*），部分牙齿和骨骼无法区分到种。综上，第3地点的动物群至少包括如下约11种：突胸总目（未定种）Carinatae sp.、犬属（未定种）*Canis* sp.、鹿科（属种未定）Cervidae gen. *et* sp.indet. 1、Cervidae gen. *et* sp. indet. 2、Cervidae gen. *et* sp. indet. 3、原始牛*Bos primigenius*、牛亚科（属种未定）Bovidae gen. *et* sp. indet、羊亚科（属种未定）Caprinae gen. *et* sp. indet、普氏野马*Equus przewalskii*、蒙古野驴*Equus hemionus*、披毛犀*Coelodonta antiquitatis*。除披毛犀和犬属只分布在第4层，其他物种均跨层分布。

鸟纲 AVES

突胸总目（未定种）Carinatae

材料：本次共出土疑似鸟类骨骼共3件，其中椎骨1件16EL（3）：292，肱骨1件16EL（3）：317，桡骨1件16EL（3）：324。肱骨保留肱骨头，桡骨保留近端关节。因其较为轻薄且个体较小，定为鸟类。

16EL（3）：292。一节椎骨，残断为两块，应可拼合。关节窝直径约17.6mm，长35mm，宽24.1 mm，重4.8g（图一，1）。

哺乳纲 MAMMALIA

食肉目 Carnivora

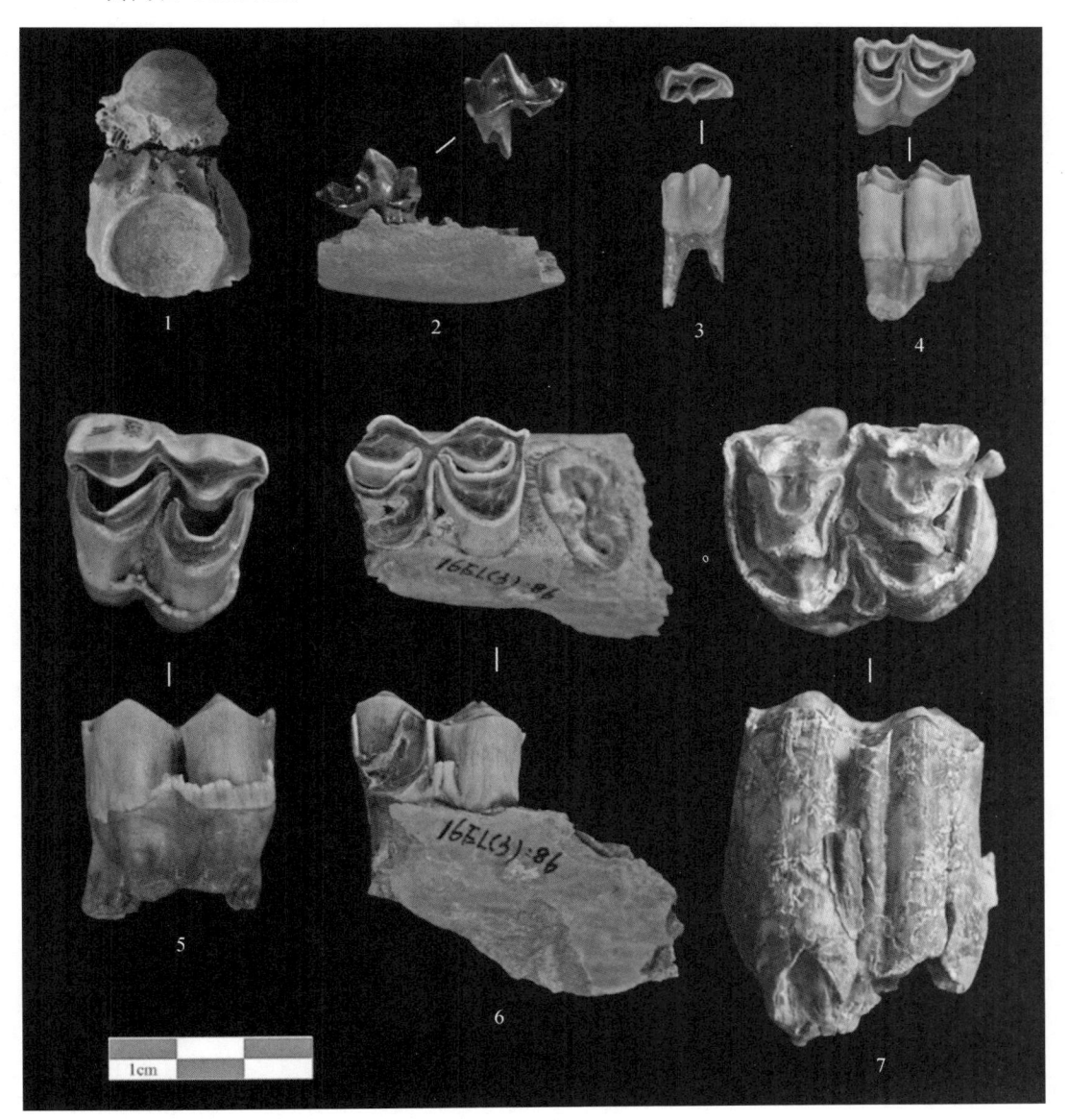

图一 老奶奶庙第3地点出土的动物骨骼（一）

1. 突胸总目（未定种）Carinatae，椎骨［16EL（3）：292］ 2. 犬属（未定种）Canis sp.，左下裂齿M1［16EL（3）：171］ 3. 鹿科（属种未定）Cervidae gen. et sp. indet. 3，左下P4［16EL（3）：40］ 4. 鹿科（属种未定）Cervidae gen. et sp. indet. 2，左上臼齿［16EL（3）：307］ 5. 鹿科（属种未定）Cervidae gen. et sp. indet. 1，左上臼齿［16EL（3）：169］ 6. 鹿科（属种未定）Cervidae gen. et sp. indet. 1，左下臼齿［16EL（3）：86］ 7. 原始牛 Bos primigenius，左上臼齿［16EL（3）：50］

犬科 Canidae

犬属 *Canis*

犬属（未定种）*Canis* sp.

材料：本次共出土犬类骨骼共2件，其中1件为左下m1裂齿16EL（3）：171，1件为左下颌骨16EL（3）：172。2件标本可拼合，为同一个体（图一，2）。

16EL（3）：171。完整的裂齿，黑色，通体发亮，磨耗较轻。个体较小，长15mm，宽15.3mm，重0.6g（图一，2）。

偶蹄目 Artiodactyla

材料：出土动物角残段11件，均非常残破，难以根据形态鉴定出具体属种，但应为偶蹄类动物。

16EL（3）：47。角残段，为本年度发掘中保存最好的角。外表面保存约1/2，边缘似乎有一锐角转折。实心，略弯曲，残长173mm，最大宽36.3mm，最大厚24.5mm，重137.1g。风化较严重，表面多坑洞。

鹿科 Cervidae

材料：出土的鹿类材料包括牙齿6件和肱骨1件。未进行具体种属的划分，按照牙齿的大小及形态，可将部分标本分为大中小三类。肱骨16EL（3）：291无法按照牙齿进行分类，暂描述如下。

16EL（3）：291。右侧肱骨远端。骨干向上延伸3厘米后残断，断面似有打击痕迹。长61.4mm，宽31mm，重量17.6g（图二，4）。

大型鹿（未定种）Cervidae gen. *et* sp. indet. 1

共2件牙齿标本，分别为16EL（3）：86和16EL（3）：169，2件标本形态略有不同，或为2个物种。

16EL（3）：86。左下臼齿，带有一节长4.5厘米下颌骨，其内有后侧另一牙牙根。此牙略偏灰，表面多褶皱，后侧一叶残损。嚼面长24.7mm，宽16.3mm，齿冠高13.9mm，总重36.6g。齿柱延伸至牙冠1/2处。磨耗偏重（图一，6）。

16EL（3）：169。左上臼齿，共两枚，一枚残损。另一枚保存非常完整，三牙根均存，色偏白，表面较为光滑。嚼面长32.1mm，宽18.5mm，齿冠高21.2mm，总重23.1g。齿柱略凸起，不及牙冠1/5，磨耗较轻（图一，5）。

中型鹿 Cervidae gen. *et* sp. indet. 2

共3件牙齿标本，分别为16EL（3）：260、307和326。

16EL（3）：307。左上臼齿。牙根一整二残，嚼面完整。色偏白，表面较为光滑。嚼面长16.6mm，宽10.5mm，齿冠高14.6mm，重约3.6g。无齿柱。磨耗较轻（图一，4）。

小型鹿 Cervidae gen. *et* sp. indet. 3

共1件牙齿标本，16EL（3）：40。

16EL（3）：40。左下P4。牙根一整一残，嚼面完整。色偏灰，表面光滑。嚼面长10.1mm，宽5.8mm，齿冠高10.5mm，重约1g。磨耗偏重（图一，3）。

牛亚科 Bovidae

牛属 Bos

原始牛 Bos primigenius

材料：共出土原始牛材料4件，均为上颊齿，其中3件为臼齿，1件为前臼齿，标本号分别为50、118、122、311。通过和2012年发掘材料的比对，鉴定为原始牛[2]。

16EL（3）：50。左上臼齿。牙根略存，嚼面完整。色偏灰，风化较严重，牙齿表面附着大量褐色白垩质层。嚼面长35.7mm，宽27.6mm，牙冠高34.1mm，重约73.3g。齿柱高至嚼面。磨耗较轻（图一，7）。

16EL（3）：118。右上前臼齿。整体破碎，牙根完整，嚼面略残。色偏白，表面附着大量褐色白垩质层。嚼面长19.9mm，宽25mm，牙冠高19mm，重约13.1g。磨耗较重（图二，1）。

16EL（3）：122。左上M2、M3。共两枚牙齿，包括上颌骨残块，与牙齿无法粘回。色偏白，表面附着大量褐色白垩质层。M2牙根略存，嚼面完整，嚼面长33.7mm，宽31.3mm，牙冠高8.2mm，重约41.6g；M3牙根保存完好，嚼面完整，嚼面长39.6mm，宽31.7mm，牙冠高15.3mm，重约70.5g。这两枚牙齿磨耗极重几乎到底，M2内部釉质几乎消失（图二，3）。

牛属（未定种）Bos sp.

材料：出土的1件牛属右上臼齿，编号为145，因几乎没有磨耗，纹路不清晰，归入未定种。另外出土5件牛左掌骨，编号分别为100、101、102、103、128，前4件可拼合，且因与128水平距离较近，风化程度、大小非常类似，推测为同一个体，即可复原为1件牛掌骨，未能归入具体物种。

16EL（3）：145。右上臼齿。中部断裂，嚼面完整。偏褐色，白垩质层包裹全身。嚼面长26.5mm，宽20.6mm，重约32.3g。几乎没有磨耗，釉质高耸，不见齿质，颊侧、舌侧釉质中间是很深的凹陷（图二，2）。

16EL（3）：128及其拼合组。左掌骨。128为掌骨远端，关节保存完整，保存至滋养孔上端约68.9mm，断口有打击痕迹，关节面88.2mm，厚45.2mm，全长138.9mm，重326.1g。100~103共4块标本拼合成掌骨近端，可复原出一多半关节面，下延很短即断裂，复原的关节面全宽和远端相仿。标本风化均较为严重，表面遍布坑洞，关节处也较为松软（图六，1）。

羊亚科 Caprinae

羊（属种未定）Caprinae gen. et sp. indet.

材料：共出土羊亚科标本9件，其中3件为牙齿，编号分别为96、115、129，6件为右跖骨，其中编号为268、271、272、273的四件可拼合（270与之极相似，或为一

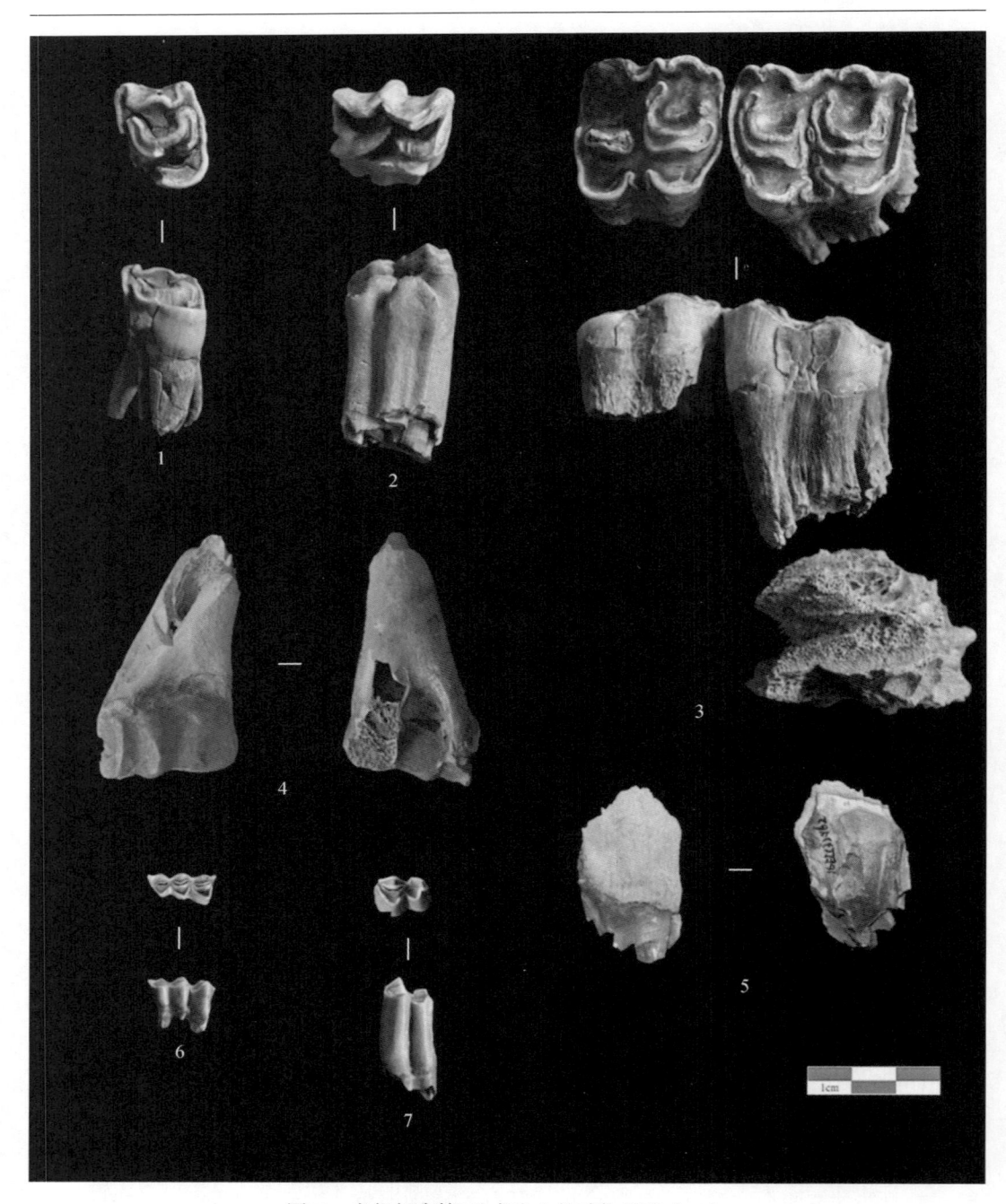

图二 老奶奶庙第3地点出土的动物骨骼（二）

1. 原始牛 *Bos primigenius*，右上前臼齿［16EL（3）:118］ 2. 牛属（未定种）*B. sp.*，右上臼齿［16EL（3）:145］ 3. 原始牛 *B. primigenius*，左上M2、M3［16EL（3）:122］ 4. 鹿科（属种未定）Cervidae gen. *et* sp. indet.，右侧肱骨远端［16EL（3）:291］ 5. 披毛犀 *Coelodonta antiquitatis*，颊齿残片［16EL（3）:162］ 6. 羊亚科（属种未定）Caprinae gen. *et* sp. indet，左下dp4［16EL（3）:129］ 7. 羊亚科（属种未定）Caprinae gen. *et* sp. indet，左下M1［16EL（3）:115］

件），274个体明显小于前者，为另一个体。以上标本可能不属于同一物种，因为无其他更多印证，暂置于同一未定种下。

16EL（3）：115。左下m1。牙根破损，嚼面完整。灰色，表面较为光滑。嚼面长12.1mm，宽7.7mm，齿冠高20.3mm，重约3.3g。无齿柱，前侧叶大于后侧。磨耗较轻（图二，7）。

16EL（3）：129。左下dp4。乳齿，牙根破损，嚼面完整。灰色，表面较为光滑，分为三叶。嚼面长15.9mm，宽6.3mm，齿冠高7.9mm，重约1.2g。无齿柱，釉质很薄，三叶大小类似，应为乳齿。磨耗较轻（图二，6）。

16EL（3）：272及其拼合组268、271、273。右跖骨。近端关节面由272、273拼合，保存完整。骨干最长处142.5mm，直径27.3mm，由近端268与远端271补充拼合。272与271的断口处有从外向内的打击痕迹，经拼合尤可识别。近端关节面长37.3mm，宽35.5mm。268重3.6g，271重18.6g，272重66.4g，273重15.1g（图六，2）。

16EL（3）：274。右跖骨。保存远端关节面和部分骨干，保存完整，残长53.3mm，骨干直径12.2mm。断口处有打击痕迹。远端关节面长20.2mm，宽15.3mm。重约8.1g（图六，3）。

奇蹄目 Perissodactyla
犀科 Rhinocerotidae
腔齿犀属 *Coelodonta*
披毛犀 *Coelodonta antiquitatis*

材料：共出土披毛犀和疑似披毛犀标本14件。其中颊齿10件，编号分别为23、30、83、127、134、161、162、168、186、214、327，其中仅有23、83、127、161保存主体部分，可辨认为上颊齿，确定为披毛犀种，其余牙齿仅存釉质残片或齿质碎块，因犀牛齿质体积较大，且釉质很厚，与其他动物区别较大，仍可定为犀类，186、214与161、162因为磨耗程度较有特点，且风化程度类似，距离较近，推测分别为同一个体；骨骼4件，编号分别为74、97、137、157，其中74和97为股骨，可拼合。137为盆骨，157为胸骨，股骨与2015年度老奶奶庙第2地点骨骼可对比[3]，盆骨和胸骨尚存疑问，暂根据体型大小和本地区动物群的情况归入犀类。根据资料，本地区犀牛种类可能还有梅氏犀*Dicerorhinus mercki*，除四枚较为完整的牙之外，其余标本不足以定为披毛犀，但也无足够证据证明为另一物种，讨论方便起见，暂均归入披毛犀。

披毛犀是本年度获得标本较多的物种，其分布遍布全发掘区，垂直方向也遍及第4层上下，第5层未见。

16EL（3）：23。左上颊齿。牙根存一，嚼面主体保存完整，外周釉质存舌侧1/4。颊侧和后侧齿质釉质残损，有打击痕迹，尤以颊侧明显。嚼面残长31.5mm，残宽43.6mm，齿冠高23.5mm，重量95.8g。磨耗较轻。该标本原本碎裂十分严重，现存状态为粘合而成（图三，1）。

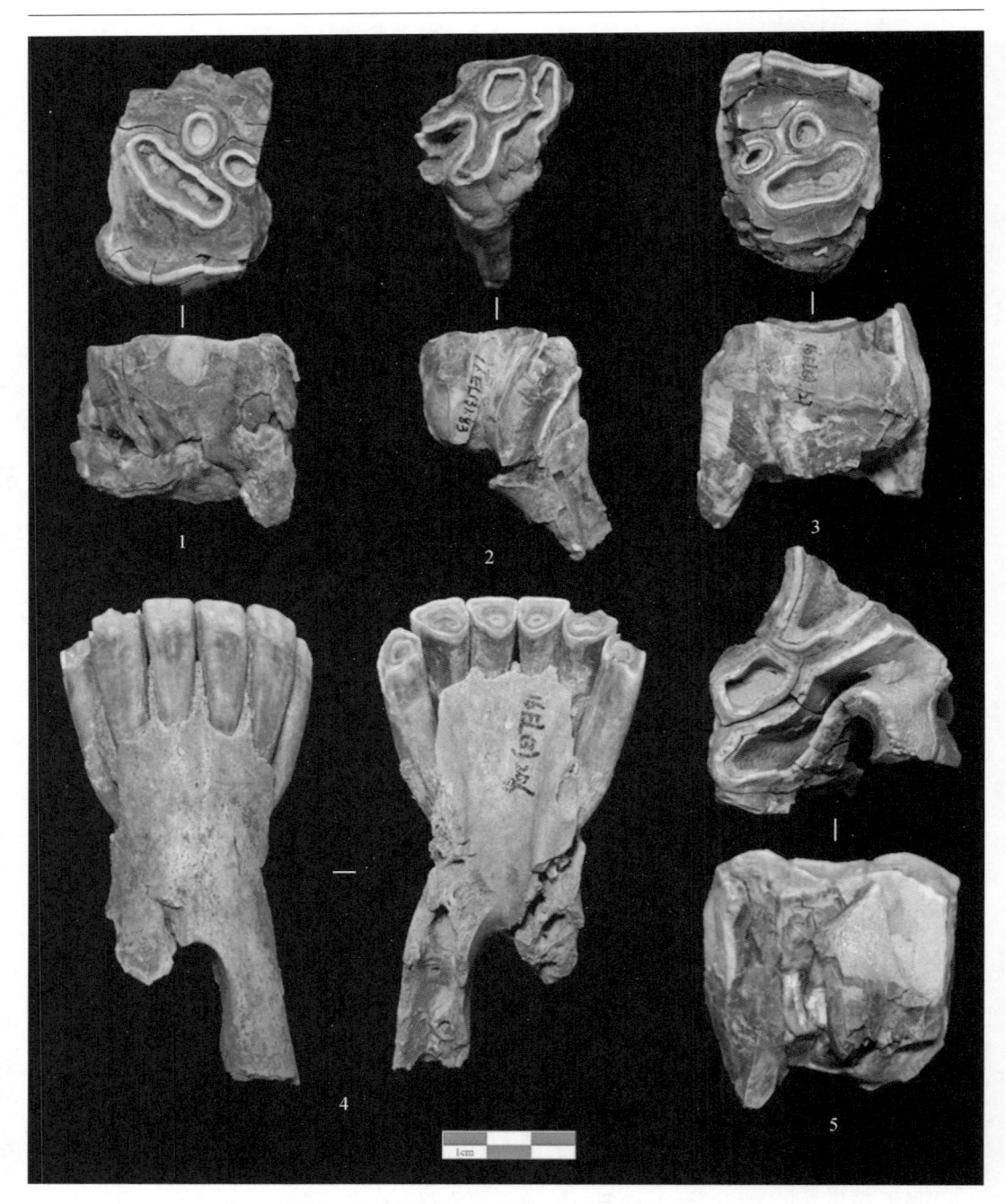

图三　老奶奶庙第3地点出土的动物骨骼（三）

1. 披毛犀 Coelodonta antiquitatis，左上颊齿［16EL（3）：23］　2. 披毛犀 C. antiquitatis，上颊齿［16EL（3）：83］　3. 披毛犀 C. antiquitatis，右上颊齿［16EL（3）：127］　4. 马属（未定种）Equus sp.，上颌前部［16EL（3）：246］　5. 披毛犀 C. antiquitatis，上颊齿［16EL（3）：161］

16EL（3）：83。上颊齿，牙根存1，嚼面很残，仅存内部三个凹陷。周身齿质有打击痕迹，较为明显。嚼面残长35.5mm，残宽23.1mm，齿冠高22mm，重量47.8g。磨耗较轻（图三，2）。

16EL（3）：127。右上颊齿，牙根存1，嚼面主体保存完整，外周釉质存颊侧一半。舌侧齿质上有打击痕迹。嚼面残长40.2mm，残宽34.1mm，齿冠高24.4mm，重量95.1g。磨耗较轻。该标本外周釉质在出土时掉落，经过拼合成现状（图三，3）。

16EL（3）：161。上颊齿，牙根不存，嚼面很残，仅存三个凹陷的残部，原个体应当很大。牙齿质处有大量打击痕迹，可能显示了多层的打击。嚼面残长60.7mm，残宽43.0mm，齿冠高26.8mm，重量150.9g。磨耗较轻。该标本原本碎裂极为严重，尚有很多残片无法复原（图三，5）。

16EL（3）：162。颊齿残片。以釉质朝上定向，左侧有新茬口，为发掘时造成。顶部釉质非原始平面，呈中间高两边低的形态，可能是人为加工而成；牙齿质上有多个打击痕迹。最大长43.3mm，最大宽24mm，厚14.2mm，重12.1g。根据风化和磨耗程度，极有可能和161为同一个体，或为161上脱离下的一个残片（图二，5）。

16EL（3）：74、16EL（3）：97。股骨。其中97为股骨近端关节，74为骨干，二者可拼合。97残破，仅存股骨近端中央部分，残长98.2mm，关节残宽65.5mm，残厚89.4mm，重268.1g。74仅保留骨体1/5周长，近端稍宽约56.4mm，远端窄，为36mm，从近端向下101mm保存滋养孔，残长192.5mm，骨壁最厚处达34.7mm，骨壁上有大量打击痕迹，均从外向内。风化较为严重，拼合处缺损较多（图六，4）。

16EL（3）：137。盆骨。较为破碎，仅根据外形和较为厚重的状态判断为披毛犀盆骨，但无法识别为盆骨哪个部分。外观为三角形，长160mm，宽105.8mm，厚29.3mm，重266.2g。风化较为严重，骨壁上可识别出打击痕迹。

16EL（3）：157。胸骨。保存两个碎块，无法粘合。根据外形判断为胸骨，因为较为厚重，推测为犀牛类。较大一块胸骨呈龟背状，外侧有较多凸起、结节，内侧较为平滑，左右两侧有多个与其他骨骼连接的关节，均残断。长65mm，宽62.3mm，厚34.2mm，重量为145.2g。风化较为严重。

马科 Equidae

马属 *Equus*

材料：第3地点出土的可鉴定动物标本中，以马属的材料最多，共41件牙齿和3件骨骼，遍布全发掘区的水平和垂直位置。依据第1地点的发掘材料，通过牙齿的形态可将这些标本分为普氏野马*Equus przewalskii*和蒙古野驴*E. hemionus*两个物种[2]。简单来讲，普氏野马上颊齿的马刺较为发达，而蒙古野驴不发达；普氏野马下颊齿下后附尖近似三角形，马刺较弱，而蒙古野驴下后附尖近似圆形，下马刺明显。除此之外，遗址中也出土了部分无法归入上述两类的牙齿，有些是门齿，有些因为磨耗程度太大，特征消失，有的因为形态模棱两可：这些和3件骨骼一起，先于此处进行描述。

无法鉴定种类的马属标本共19件，包括16件牙齿和3件骨骼。牙齿标本中，36、81、149、190、277、318过于残破，94、95、117、176、204、253为磨耗很重的颊齿，44、76、246、265为门齿，因而无法鉴别具体种类；其中117含有4件连续的左下颊齿，与94、95可拼合为完整的左下颊齿齿列（图四，1）。骨骼标本标号为141、194、266，其中141、194为趾骨，266为第四跖骨；141、194的关节面十分吻合，可拼接，属于同一个体（图四，3）。

16EL（3）：44。左上I1。牙根略残，嚼面完整。灰色，表面附着少量碳酸钙壳体。嚼面长16.1mm，宽9.6mm，残长59.6mm，重量12.1g。磨耗程度较轻，内部釉质圈呈横椭圆形，类似五岁马的磨耗（图五，1）。

16EL（3）：246。完整的上颌前部，包括完整的六枚门齿。上颌残长114.8mm，宽60mm，厚31.7mm，总重96g。牙齿保存较好，嚼面完整，褐色，表面覆盖少量碳酸钙壳体。骨体风化较为严重，极易破碎。牙齿磨耗程度较轻，内部釉质圈呈圆形，接近八岁马的磨耗（图三，4）。

16EL（3）：253。左上颊齿。牙根略残，嚼面完整。褐色。嚼面长21.3mm，宽23.4mm，全长56.2mm，重23.8g。磨耗程度极重，前窝、后窝均不可见，全嚼面暴露齿质。这种磨耗程度影响对马刺等细节的判断，导致无法鉴定。本年度有3件上颊齿似此件标本，内部纹饰磨平，为176、204、253（图四，2）。

16EL（3）：117及其拼合组。该拼合组包括马左下颌的全部六枚颊齿，其中标本117内4枚，为P2、P3、P4、M1，94内为M2，95内为M3。117号除四枚牙齿外，还有140mm长下颌骨一段，碎片数个，95内有一长41.1mm下颌骨。P2呈长方形，前侧略尖，牙根完整，嚼面下后尖和下内尖略残，下后附尖长椭圆形，不见马刺，嚼面长26.5mm，宽14.6mm，全长42.9mm，重16.4g；P3呈长方形，牙根完整，嚼面舌侧略残，不见马刺，嚼面长23.4mm，宽14.3mm，全长35.4mm，重14.8g；P4呈长方形，牙根略残，嚼面完整，下后附尖长椭圆形，尖端略收窄，不见马刺，嚼面长23.9mm，宽16mm，全长57.4mm，重24.1g；M1呈长方形，后部牙根残缺，嚼面下内尖残缺，下后附尖椭圆形，不见马刺，嚼面长21.2mm，宽15.1mm，全长48.8mm，重24.1g；M2呈长方形，后部牙根残缺，嚼面下后尖残缺，下后附尖略收成三角形，下次小尖较为突出，不见马刺，嚼面长22.9mm，宽13.8mm，全长52.2mm，重19.3g；M3呈长三角形，尖端指向后侧，前部牙根残缺，嚼面完整，下后附尖椭圆形，不见马刺，嚼面长31.1mm，宽12.5mm，重16.5g。牙齿风化较为严重，表面多见坑洞。磨耗均极为严重，嚼面接近牙根，导致纹饰发生变化，不利于具体种的鉴别（图四，1）。

16EL（3）：141、16EL（3）：194。右侧第一、第二趾骨，两件标本关节面十分吻合，应为同一个体。第一趾骨（141）近端完整，远端残损，残断处有打击痕迹。残长53.6mm，关节面宽31.4mm，厚18.4mm，重量25.5g。第二趾骨（194）保存完整，长35.7mm，宽35.2mm，厚22.4mm，重20.9g（图四，3）。

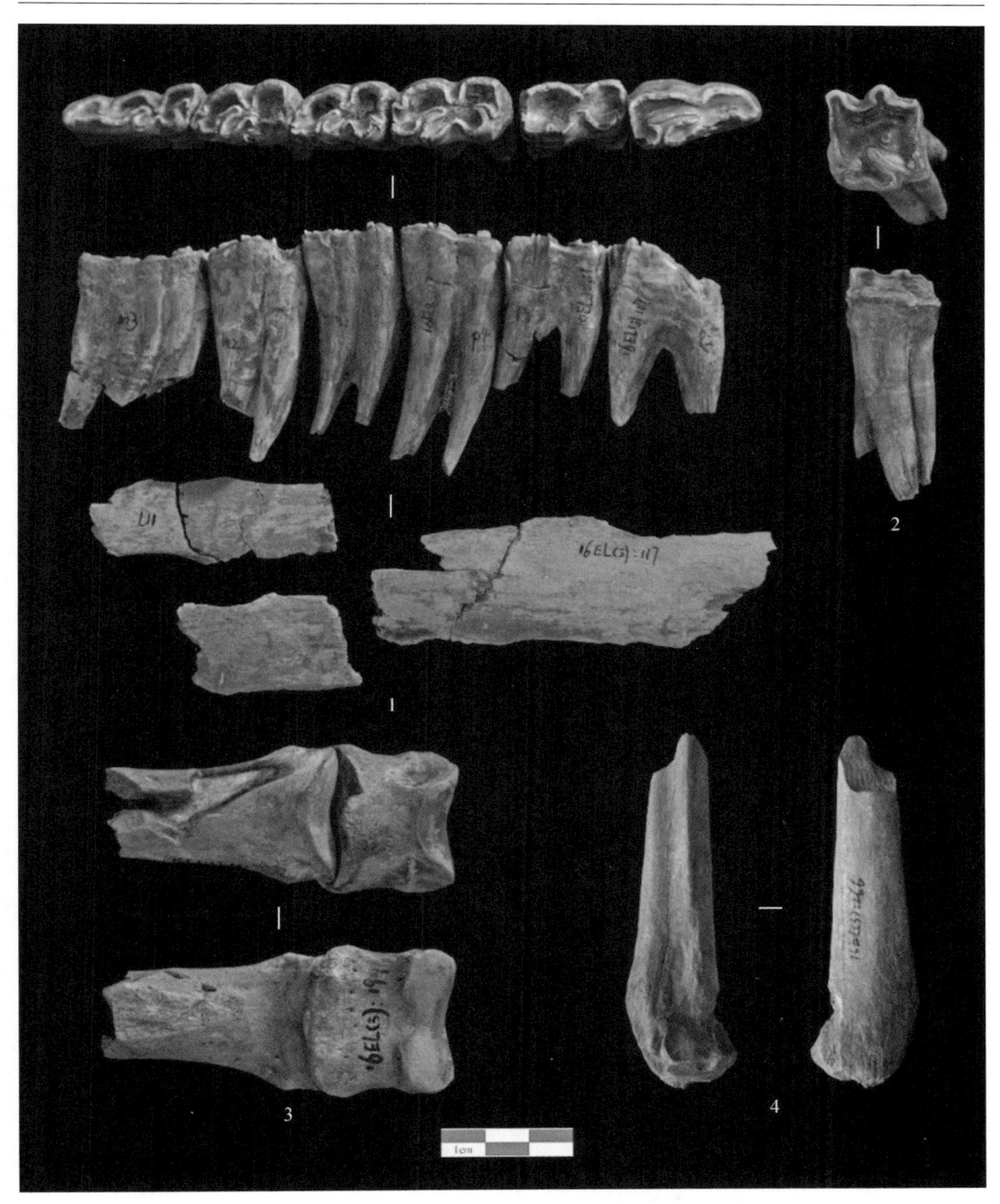

图四 老奶奶庙第3地点出土的动物骨骼（四）

1. 马属（未定种）Equus sp., 左下颊齿齿列［右侧4个为16EL（3）：117，左二为94，左一为95］ 2. 马属（未定种）E. sp., 左上颊齿［16EL（3）：253］ 3. 马属（未定种）E. sp., 右侧第一趾骨与第二趾骨拼合［右侧为16EL（3）：194，左侧为141］ 4. 马属（未定种）E. sp., 右侧第四跖骨［16EL（3）：266］

16EL（3）：266。右侧第四跖骨。保存远端关节面，近端骨干残断，有打击痕迹。残长83.5mm，关节面长18.3mm，宽16.8mm，重18g（图四，4）。

普氏野马 *Equus przewalskii*

材料：共出土颊齿标本8件，其中3件为上颊齿（均为右侧），编号为131、132、231；5件为下颊齿（左侧3枚，右侧2枚），编号为31、51、108、192、200。

16EL（3）：132。右上颊齿。嚼面呈长方形，P3～M2中的一个。中部断裂，嚼面完整，马刺明显，针状。嚼面长27mm，宽24.6mm，高67.6mm，重54.4g。风化程度较轻，磨耗较轻（图五，7）。

16EL（3）：231。右上P2。嚼面呈三角形，尖头朝前。中部断裂，嚼面颊侧后方略残，马刺明显，针状。嚼面长35.7mm，宽24.9mm，残高52mm，重42.1g。风化程度中等，磨耗较轻（图五，6）。

16EL（3）：51。左下颊齿。嚼面呈长方形，为P3～M2中的一个。牙根存后侧一个，下前尖略残。下后附尖呈三角形，不见马刺。嚼面长25.8mm，宽15mm，高51.6mm，齿冠高19.4mm，重约21.2g。风化程度较重，表面有较多坑洞；磨耗程度很重，嚼面距牙根很近（图五，3）。

16EL（3）：200。右下颊齿。嚼面呈长方形，为P3～M2中的一个。中部断裂，颊侧下原尖略残。下后附尖呈三角形，不见马刺。嚼面长24.1mm，宽16.8mm，残高46.6mm，重约25.8g。风化程度中等，磨耗较轻（图五，4）。

蒙古野驴 *Equus hemionus*

材料：共出土颊齿标本17件，其中9件为上颊齿（左侧3枚，右侧6枚），编号分别为1、20、75、144、159、174、203、267、269；8件为下颊齿（左侧2枚，右侧6枚），编号分别为2、15、209、235、244、252、288、310。其中267、269因其个体大小、风化程度、磨耗程度等相似，相接处吻合得很好，应为同一个体（图五，9）。

16EL（3）：144。右上颊齿。嚼面呈正方形，P3～M2中的一个。牙根略残，嚼面完整，马刺不存。嚼面长24mm，宽23.1mm，高72.8mm，齿冠高53.3mm，重45.0g。风化程度中等，磨耗较轻（图五，8）。

16EL（3）：267、16EL（3）：269。右上P2、P3。269嚼面为三角形，为P2，267嚼面为正方形，接于269后，为P3。269牙根略残，嚼面完整，马刺略凸起，嚼面长35.9mm，宽22.9mm，高58.4mm，齿冠高44.7mm，重41.9g。267牙根略残，嚼面完整，马刺呈钝角三角形凸起，嚼面长26.1mm，宽25.5mm，高68.4mm，齿冠高46.8mm，重51.7g。风化程度较轻，磨耗较重（图五，9）。

16EL（3）：235。右下M3。嚼面呈三角形，下次小尖凸起。前侧保存较短，后侧较长，嚼面完整，下后附尖椭圆形，略可见马刺。嚼面长29.2mm，宽14.8mm，重量28.0g。风化程度较轻，磨耗较轻（图五，5）。

16EL（3）：310。右下颊齿。嚼面呈长方形，为P3～M2中的一个。中部断裂，嚼

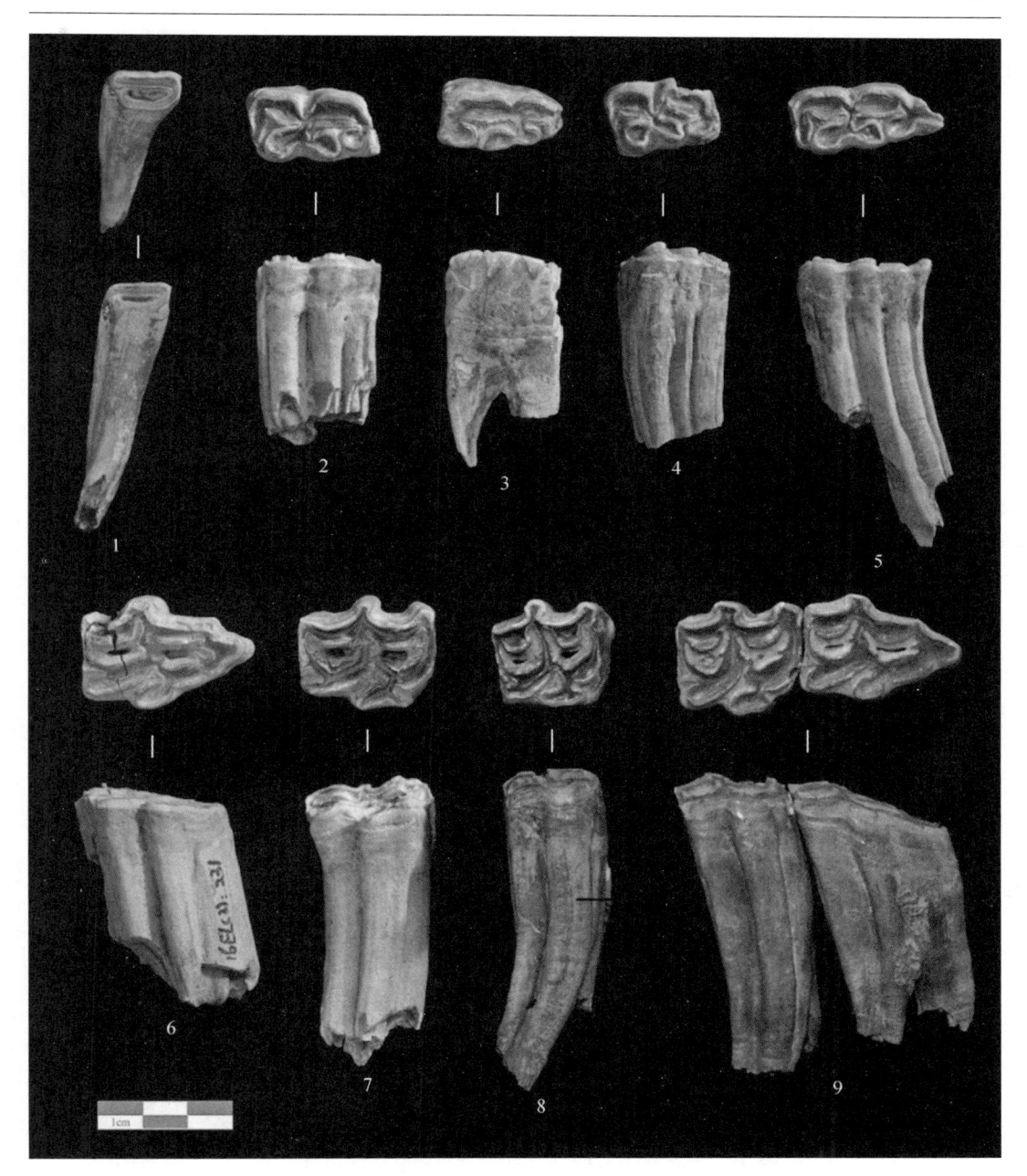

图五　老奶奶庙第3地点出土的动物骨骼（五）

1. 马属（未定种）*Equus.* sp., 左上Ⅰ1［16EL（3）：44］　2. 蒙古野驴 *E. hemionus*, 右下颊齿［16EL（3）：310］　3. 普氏野马 *E. przewalskii*, 左下颊齿［16EL（3）：51］　4. 普氏野马 *E. przewalskii*, 右下颊齿［16EL（3）：200］　5. 蒙古野驴 *E. hemionus*, 右下M3［16EL（3）：235］　6. 普氏野马 *E. przewalskii*, 右上P2［16EL（3）：231］　7. 普氏野马 *E. przewalskii*, 右上颊齿［16EL（3）：132］　8. 蒙古野驴 *E. hemionus*, 右上颊齿［16EL（3）：144］　9. 蒙古野驴 *E. hemionus*, 右上P2, P3［右侧为16EL（3）：269，左侧为267］

图六 老奶奶庙第3地点出土的动物骨骼和拼合组标本

1. 牛属（未定种）Bos sp., 左掌骨［上部左侧为16EL（3）：103，中间为101，右侧为102，100因视角问题未见，下部为128］ 2. 羊亚科（属种未定）Caprinae gen. et sp. indet，右跖骨近端［上图关节面下部，下图关节右侧为16EL（3）：272，另一个为273，骨干处上部为268，下部为271］ 3. 羊亚科（属种未定）Caprinae gen. et sp. indet，右跖骨远端［16EL（3）：274］ 4. 披毛犀 Coelodonta antiquitatis 股骨［上部为16EL（3）：97，下部为74］

面完整。下后附尖椭圆形，略可见马刺。嚼面长27.8mm，宽16.3mm，残高41.9mm，重约27.7g。风化程度较轻，磨耗较轻（图五，2）。

不可鉴定种属标本

除以上可鉴定种属的标本之外，尚有至少36件动物化石可以具有鉴定特征，但目前无法鉴定出种属，暂择要描述如下。其中编号为7、8的两件标本均为较大动物的脊椎，外部形态、个体大小、风化程度等极为相似，推测应为同一块骨头。

16EL（3）：7。保留椎体下部残段，左右残宽71.2mm，前后残长54.1mm，重量58.8g。风化程度较重。

16EL（3）：8。可能保存椎体上方一侧，可见一个关节窝。最大长67.3mm，最大宽61.6mm，最大厚44.5mm，重量83.6g。风化程度较重。

综上所述，从动物组合上来讲，第3地点和第1地点大致反映了相同的年代，即距今4万年左右的深海氧同位素3阶段[4]，而新增的披毛犀这一物种也和年代吻合。动物组合以大、中型有蹄类动物占绝对主体，显示了以草地交错林地为主的干旱环境下的生态面貌，和第1地点也是类似的[5]。在骨骼部位的保存上，肉量较少的牙、角、掌跖骨、椎骨等部位明显较第1地点偏多，显示这一地点并不是人类直接食用和加工肉类的中心营地，但较为破碎的长骨也说明人类在此进行了与第1地点类似的零星的敲骨吸髓甚至是制作骨制品等活动[5]。

三、化石产状和风化磨蚀程度与遗址形成过程的讨论

在发掘出土的286件标本中，因发掘中触碰而移动的原因，实际测得产状的标本共146件，其中倾角在0°~45°之间的63件，在45°~90°之间的95件，垂直的8件；长轴方向非常平均。从中可以看出本年度发掘化石没有明显的定向性，也有大量斜插在基质中的标本，结合本年度大量出现拼合组，推测遗址应为原位埋藏，受后期自然力推移作用较弱。

本年度发掘将标本的风化程度划分为0、1、2三级，风化程度依次升高，其中0级占12.4%，1级48.6%，2级37.2%，相比于第1地点，风化程度明显偏高。根据第1地点的研究，1级风化程度，通常说明标本暴露时间在0~3年，而到达2级后，随暴露时间的延长，2级比例会越来越高，本地点标本的风化程度相对较重，从侧面反映出遗址性质与第1地点的区别[2]，也即动物化石不是某一次或几次较为集中的活动形成的，而更多表现出长期的积累。

四、具有人工痕迹的标本及相关讨论

第3地点出土部分具有人工痕迹的骨片，大约可分为打击、使用痕迹和刻划三类，其中比较明显的列于表二。

16EL（3）：66。长骨骨片，有弧度，大约保存了骨体全周的1/2，来自较小的动物，骨壁厚约4.5mm。以较窄的一侧向后定向。骨体最前方有两个明显的片疤，从内向外，相互叠压，片疤大小相仿，长约3.2mm，宽约6.5mm。骨体前部有大量无规则的刻划痕迹，痕迹宽度相仿，深浅不一，除了人工形成的可能性以外，也可能是风化而成的（图七，4）。

16EL（3）：90。长骨骨片，有弧度，大约保存了骨体全周的1/2，骨壁厚约9.1mm。一头窄一头宽，以窄面向前定向，右侧有两个大小近似的明显凹缺，前者打击点尤为明显，宽均约11.5mm。两个凹缺相连（图七，1）。

表二　2016年老奶奶庙第3地点具有人工痕迹的骨片统计表

编号	名称	痕迹	长（mm）	宽（mm）	厚（mm）	重量（g）	探方号	地层
21	长骨	内向外打击	52.1	14.7	7	4.8	N6E74	④
63	长骨	内向外打击	55.9	28.2	13.6	19	N5E77	④
64	长骨	内向外打击	120	24.8	9.9	42.5	N5E77	④
151	长骨	内向外打击	72.5	20.7	12.9	17.6	N4E78	④
175	长骨	内向外打击	61.6	28.1	5.3	9.8	N5E77	④
206	长骨	内向外打击	92.2	21.8	16.2	24.4	N3E77	④
275	长骨	内向外打击	79.4	39.1	7.1	23.2	N5E78	⑤
24	长骨	刻划	57.6	29.3	7.5	10.4	N5E79	④
66	长骨	内向外打击，刻划	76	15.5	3.2	5.4	N4E76	④
319	长骨	内向外打击，有刻划	117.1	30.1	9.6	53.3	未知	未知
249	长骨	内向外打片数个	105.8	22.4	14.1	28.9	N6E74	⑤
259	未知	内向外打片数个	85.8	31.2	5.3	37.2	N6E77	⑤
90	长骨	外向内打击	145.2	31.5	7.9	75.3	N7E76	④
163	长骨	外向内打击	59.4	12.9	3.6	6.9	N7E79	④
181	长骨	外向内打击	97.2	24.3	9.4	21.3	N4E78	④
287	长骨	外向内打击	134.2	45.1	11.2	66.1	N5E75	⑤
298	长骨	外向内打击	59.7	16.3	7.5	7.5	N3E76	⑤
303	跖骨	外向内打击	67.3	35.6	14.2	25	N2E79	⑤
320	长骨	外向内打击	113.1	33.8	9.4	36.2	未知	未知
152	长骨	外向内打片多个	122.8	40.9	25.2	99.2	N4E79	④
165	长骨	外向内打片多个	112.6	25.1	15.6	29.4	N4E76	④
323	长骨	外向内打片数个	51.6	7.7	3.5	4.3	N5E79	④
286	长骨	修理边缘	85.3	35.6	8.9	27.3	N4E75	⑤

图七　老奶奶庙第3地点出土带有人工痕迹的动物骨骼
1. 长骨骨片，具有打击痕迹［16EL（3）：90］　2. 长骨骨片，具有刻划痕迹和打击痕迹［16EL（3）：319］
3. 长骨骨片，具有打击痕迹［16EL（3）：249］　4. 长骨骨片，具有打击和刻划痕迹［16EL（3）：66］
5. 长骨骨片，具有疑似修理痕迹［16EL（3）：286］　6. 长骨骨片，具有打击痕迹［16EL（3）：323］

16EL（3）：249。长骨骨片，有弧度，大约保存骨体全周的1/4，骨壁厚约10.4mm。一头有明显的打片痕迹。以打片痕迹向前，外表面向上定向，可见前部有2～3个较为明显的从内向外片疤。三者打击点都不明显，较为连续，后者叠压前者。最前端一个小疤长3.9mm，宽16.3mm，中间一疤长13mm，宽21.1mm，后端一疤长8.8mm，宽33.3mm（图七，3）。

16EL（3）：286。长骨骨片，断面呈L形，骨壁厚约6mm。以L短边在左，长边向上定向，可见右前侧缘有大量小疤。小疤约6个，前五个大小相仿而连续，后者叠压前者，全长约12.6mm，深度约2mm；后一个较大，长2.9mm，宽5.6mm，与前者相距3mm。可能为修理痕迹或因为使用造成的边缘残损（图七，5）。

16EL（3）：319。长骨骨片，断面呈L形，骨壁厚约9.2mm。以L短边在右，长边向上定向，可见左侧中部有一明显内向外打片片疤，打击点明显，上下宽36.6mm，左右长7.9mm，下部之折断有从外向内打击的痕迹。L形短边中部和前部，有五六道较为平行的刻划痕迹，前部三道，长9～10mm，间距2.7～1.2mm，后部三道，上两道长7.6～8mm，后一道长2mm。刻划痕迹深而窄（图七，2）。

16EL（3）：323。长骨骨片，保留骨体全周超过1/2，来自较小的动物，骨壁厚约2.9mm。以较宽的一侧向后，外表面向上定向，可见左侧边缘有两个大小相仿的明显凹缺。凹缺连续不叠压，由外向内，宽约4.5mm（图七，6）。

对于骨片上打击痕迹的性质判断，要和自然因素和敲骨吸髓等取食食物行为的影响相区别，本文主要参考了王府井东方广场遗址的研究方法[6]。自然因素包括动物啃咬践踏、埋藏折损腐蚀等情况，而在有意利用与敲骨吸髓行为的分辨中，一般可将由内向外打击的骨片排除于敲骨吸髓以外[2]；另外在骨头上连续有规则的打片，即使由外向内，应该也可以与取食行为相区别。另外，很多不具备打击痕迹的骨片，事实上也是人工打击的产物。如268、271、272、273的羊跖骨拼合组中，271和272相接处，明显有一凹缺，应是人工打击点，但在两件标本的拼合面上，均看不出人工打击的特点（图六，2），这在很多顺骨骼生长纹理破碎的骨片上都会出现；要解决这一问题，可能需要更多实验考古的证据。由于本年度所得动物化石总量较少，具有人工痕迹的化石，尤其是由内向外打片、刻划等痕迹的标本数量更少，难以进行系统的内部比较，且单个标本不具备确定无疑的区别于取食行为的目的性特征，因而暂未进行骨器相关的研究。

除了骨片上的人工痕迹外，很多犀牛牙体上也有打击的痕迹，在犀牛的物种鉴定部分已经有了详细介绍。这种打击痕迹在23、83、127、161这四个较为完整的牙体上都有发现，且162似乎是打击下来的牙片，其上有疑似使用的痕迹（图二，5）。进一步推断这些牙齿的真实使用情况，可能需要运用微痕分析、实验考古等诸多手段。就现有的证据来说，牙齿外周釉质是相对抗风化的区域，而这些牙齿本身的风化状况并不严重，自然情况下，不应碎裂成如此缺失外周釉质的状态。另有四颗牙齿，仅以齿质碎块形态存在，也可能是人类打击后，取走牙釉质形成的残骸。人类对于犀牛牙齿这样的利用方式，是本年度的新发现，由于以往的研究中已经可以看出老奶奶庙因为石料匮乏而呈现的对石料极致利用的现象[4]，对犀牛牙齿的利用，应该在这种生存压力下对石料的补充。

五、化石拼合组及相关讨论

旧石器时代动物化石的拼合研究在以往进行得比较少，第1地点的尝试共获得4组9件拼合[2]，而进行相关尝试较早、获得信息较多的当属王府井东方广场地点，共获得33组79件拼合，但也未进行更多的分析[6]。本年度动物化石拼合组为老奶奶庙历年发掘之最，确定无疑的共7组19件，涵盖披毛犀、牛亚科、羊亚科、犬属、马属等至少6种动物。其中3组为同一件骨头的碎块拼合，分别为：编号74、97，披毛犀股骨（图六，4）；编号268、271、272、273，羊亚科（未定种）距骨（图六，2）；编号100、101、102、103，牛亚科（未定种）掌骨，其中128可能和最后一个牛掌骨拼合组也是同一个体（图六，1）。4组为同一动物个体不同骨骼之间的拼接，分别为：编号267、269，蒙古野驴上颊齿（图五，9）；编号141、194，马属第一趾骨与第二趾骨（图四，3）；编号171、172，犬属下裂齿与下颌骨（图一，2）；编号94、95、117，马属未定种下颊齿（图四，1）。另外还有三组根据形态和出土位置，虽然无法接上，但可能为同一个体，分别为编号186、214，披毛犀牙齿；编号161、162，披毛犀牙齿；编号7、8，动物脊椎。严谨起见，下面仅讨论确定无疑的拼合组，将其出土情况列表如下（表三）。

表三　2016年老奶奶庙第3地点拼合组统计表

序号	鉴定	编号	探方号	N (cm)	E (cm)	D (cm)	最远水平距离（cm）	最远垂直距离（cm）
1	披毛犀股骨	74	N5E79	58	47	-554	10.2	10
		97	N5E79	60	37	-564		
2	羊距骨	268	N6E79	6	14	-673	91.9	11
		271	N6E79	55	39	-666		
		272	N6E79	97	27	-665		
		273	N7E79	11	16	-662		
3	牛掌骨	100	N3E78	22	55	-567	115.3	25
		101	N3E78	28	63	-567		
		102	N3E78	17	65	-560		
		103	N3E78	11	65	-562		
		128	N2E79	43	39	-585		
4	野驴牙	267	N6E79	16	8	-670	24.6	4
		269	N6E79	5	30	-666		

续表

序号	鉴定	编号	探方号	N（cm）	E（cm）	D（cm）	最远水平距离（cm）	最远垂直距离（cm）
5	马指骨	141	N7E74	37	73	-604	3.2	13
		194	N7E74	40	74	-617		
6	犬属牙	171	N6E75	78	43	-628	5	0
		172	N6E75	75	47	-628		
7	马牙	94	N5E77	57	17	-564	67.4	12
		95	N5E77	64	84	-558		
		117	N5E77	54	26	-570		

本遗址主要为湖相地层，在发掘过程中也可看出大量水平层理，可以认为原始地形是比较平坦的，在暴露时期，大多数骨骼应在同一个平面。对于多个完整动物牙齿能够相互连接的标本，在没有更多非功利性活动证据的情况下，它们的脱离应当与人类活动无关，即在抛弃时应当仍然相连。因而它们的出土位置应更多反映了自然的改造。水平方向的位移可能是其他动物或人踢动，自然力搬动所致。而垂直方向的差别，可能是一次快速淤积所致，也可能有断层的作用。

对同一块骨头碎裂形成的拼合标本，从目前的证据看，有些确定无疑有人类的作用。2号拼合组271、272之间有明显的打击痕迹，272、273之间关节面上的碎裂，绝非自然因素可以形成，而应当有垂直于关节面的力量击打（图六，2）。3号拼合组上下关节头俱存，而最易保存的长骨骨干都消失不见，自然力导致的碎裂也不可能形成，推测人类可能有意识地取走或砸碎了较为坚硬的骨干部分，且该拼合组各部分垂直距离达到25厘米，且较重的关节远端在下，也应受到了埋藏时和埋藏后的改造（图六，1）。

六、结　　语

在动物种类上，本年度的动物化石和第1、第2地点的接近，体现出深海氧同位素3阶段相似的年代和环境。部分具有打击、使用和刻划痕迹的骨片，说明了人类对动物在食物之外的应用，与第1、第2地点的材料一起，可以构建出更加完整的对动物材料使用图景。而对披毛犀牙齿釉质的利用，是老奶奶庙遗址乃至嵩山东麓旧石器时代遗址的新发现，是对本地区人类行为模式的一个很好的补充，值得深入研究。

本年度标本拼合组众多，对敲骨吸髓有关的人类取食乃至制作骨器的研究，拼合组是最为直接的证据。而拼合组中各个标本的位置信息对于探究遗址埋藏模式和埋藏后改造情况，有着很大帮助。

与第1地点的相比，这一地点的动物骨标本总量较少，牙齿比例较高，可鉴定标本比例较高，这可能揭示了不同的遗址功能。这里可能是第1地点或其他中心营地外围的一个古人类长期路过，偶尔有活动的辐射区，人类在此进行取火，敲骨吸髓活动的频率较低，因而骨骼数量尤其是不可鉴定的骨骼碎片较少；从保存部位上看，人类猎食的动物，可能在这里或附近进行了初步处理，肉量较多的部分被带到了第1地点等中心营地，因而牙齿等较抗风化且不可食用部分的比例较高；化石整体风化程度较重，说明动物骨骼暴露时间较长且积累缓慢，人类偶尔在此进行了一些骨器和石器制作活动，因而也没有特别集中的遗物分布区。

执行领队：何嘉宁
发　　掘：何嘉宁　汪松枝　李昱龙
　　　　　李文成　刘拓
执　　笔：刘拓

参 考 文 献

[1] 李文成，汪松枝，顾万发等.河南郑州老奶奶庙第3地点初步研究［J］.人类学学报，2018（3）.
[2] 宋嘉莉.河南郑州老奶奶庙旧石器时代遗址动物遗存研究［D］.北京：北京大学，2013.
[3] 冯玥等.2015年老奶奶庙遗址第2地点发掘简报［J］.中原文物，2018（6）.
[4] 陈宥成.嵩山东麓MIS 3阶段人群石器技术与行为模式——郑州老奶奶庙遗址研究［D］.北京：北京大学，2015.
[5] 曲彤丽，顾万发等.郑州地区晚更新世中期人类的生计方式——老奶奶庙遗址动物遗存研究［J］.人类学学报，2018，37（1）.
[6] 李超荣，冯兴无，郁金城，赵凌霞.王府井东方广场遗址骨制品研究［J］.人类学学报，2014，23（1）.

（原刊于《中原文物》2018年6期，有改动）

2015年郑州老奶奶庙遗址第2地点发掘简报

北京大学考古文博学院　郑州市文物考古研究院

一、位置、地层与地貌

老奶奶庙遗址第2地点位于河南省郑州市西南郊二七区樱桃沟景区内，东距代家门村500m左右，北距老奶奶庙第1地点[1]约150m，与第3地点[2]隔路相望，海拔较第1地点低5.5m。该地点位于东南高西北低的一处黄土断崖之上，东侧和南侧则直接被道路切割，北侧和西侧紧邻公路，仅残存西北—东南向的一个长条形土台。2014年，土台北侧在村民取土过程中遭到了破坏，发现一犀牛头骨化石，并有少量石英制品。为了解这老奶奶庙遗址周边区域的地层堆积状况及化石和石制品的出土层位，2015年11月，北京大学考古文博学院和郑州市考古研究所对该地点进行了发掘，沿道路方向布设探方，首先清理了南部未被取土破坏区域的剖面，之后在北部残余部分布设一2m×3m的探沟以了解犀牛头等遗物的层位，总发掘面积20m²左右。

地层可划分为以下5层（图一）。

第1层：表土层，修建公路时形成的松散灰黄色粉砂土堆积，厚约2m，含较多黄褐色水锈斑，其中采集有数量较少的动物骨骼残片，未见石制品。

第2层：黄褐色黏质粉砂层，厚约1m，土质较为松软，土色纯净，含较多黄褐色水锈斑。出土遗物很少，仅零星发现动物骨骼和石制品。

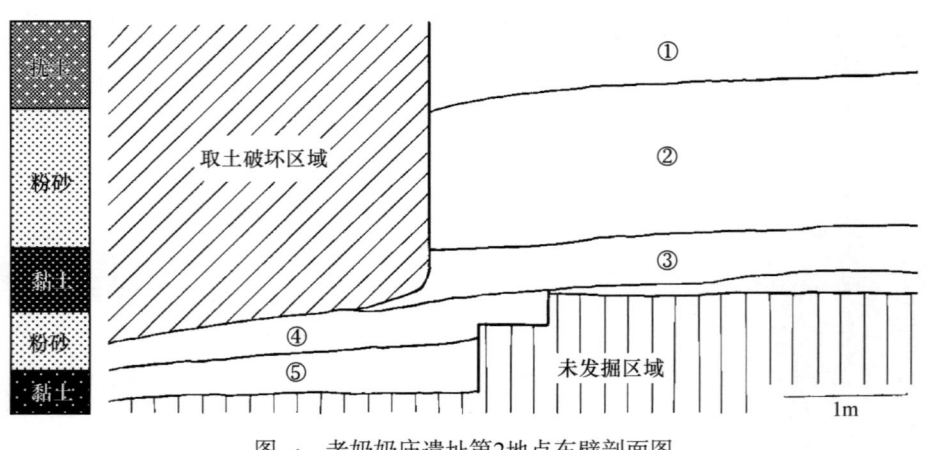

图一　老奶奶庙遗址第2地点东壁剖面图

第3层：灰褐色黏土层，厚约40cm，土质极为致密，质地较硬，土色纯净，未见遗物。

第4层：黄褐色黏质粉砂层，厚约30cm，土质较致密，含较多褐色水锈斑，局部包含有含大量水和砂粒，动物骨骼和石制品多集中分布于此。

第5层：黑褐色黏土层，未见底。致密坚硬，土色纯净，不见其他包含物。本层未发掘到底。

二、主 要 发 现

老奶奶庙第2地点发现的遗物可以分为两部分，一部分为发掘是获得的有明确地层和三维坐标的编号标本，另一部分为村民取土时发现的收集品。虽据口述这些收集品主要出于第4层的砂砾石透镜体中，但其空间位置信息没有保存，故在编号前加"S"加以区分。

1. 石制品

2015年老奶奶庙遗址第2地点总计发现石制品19件，其中发掘出土11件，地表采集品8件。类型包括石核2件、完整石片4件、近端断片1件、断块及残片12件。岩性以石英为主，共12件，另有砂岩4件、灰岩2件、石英砂岩1件。具体分类统计如表一所示。

表一 2015年老奶奶庙遗址第2地点石制品分类统计表

类型		石英	砂岩	灰岩	石英砂岩	合计
石核		2				2
石片	完整石片	2	1		1	4
	近端断片	1				1
断块及残片		7	3	2		12
合计		12	4	2	1	19

典型标本分述如下。

15EL（2）：05，多台面锤击石核，出土于第2层。原料为石英，毛坯为断块，形状呈近四边形，长31.2mm，宽30.5mm，厚24.9mm，重24.9g，石核表面以节理面为主，不见石皮。剥片以断块表面的一个石片疤为台面开始，之后石核转向90°，以另一个石片疤为台面进行，之后转向180°以上次剥片形成的石片疤为台面，向与之相对的方向再次剥片。总计3个台面，3个剥片面，目前可见完整石片疤3个，台面角在70°~82°之间（图二，1）。

15EL（2）：S06，单台面锤击石核，村民取土收集。原料为石英，毛坯为断块，形状呈近四边形，长41.8mm，宽51.4mm，厚24.8mm，重58.8g，石皮占石核表面积的

20%左右。剥片以石英断块长轴一侧的一个石片疤为台面，垂直于长轴方向进行。该石核仅1个台面，1个剥片面，可见1个完整石片疤，台面角73°（图二，2）。

15EL（2）：031，Ⅰ型石片，出土于第4层。原料为黄色石英砂岩，锤击法生产。平面形状呈近四边形，自然长度47.4mm，剥片长度43.6mm，宽50.5mm，厚18.5mm，重45.6g。石片台面为石皮，呈四边形，宽48.7mm，厚18.5mm；腹面可见清晰打击点、打击泡和放射线，不见同心波纹和锥疤；石片背面为自然石皮，无背脊；石片台面角79°，石片角99°。石片两侧缘呈汇聚状，远端呈羽毛状（图二，3）。

15EL（2）：S01，Ⅴ型石片，村民取土收集。原料为红色砂岩，锤击法生产。形状呈近三角形，自然长度77.8mm，剥片长度59.9mm，宽54.1mm，厚35.1mm，重124.1g。石片台面为素台面，呈三角形，宽51.5mm，厚36.4mm，台面角67°，石片角115°；腹面可见清晰打击点、打击泡和放射线，同心波纹和锥疤不见；背面可见2个石片疤，剥片方向与该石片一致，背脊呈一字形。石片两侧缘呈汇聚状，远端形态呈阶梯状（图二，4）。

15EL（2）：06，Ⅱ型石片，出土于第2层。原料为石英，锤击法生产。平面形状呈近四边形，自然长度25mm，剥片长度20.1mm，宽18mm，厚9.6mm，重4.6g。石片台面为石皮，呈三角形，宽15.5mm，厚9.6mm，台面角60°，石片角119°；腹面可见清晰

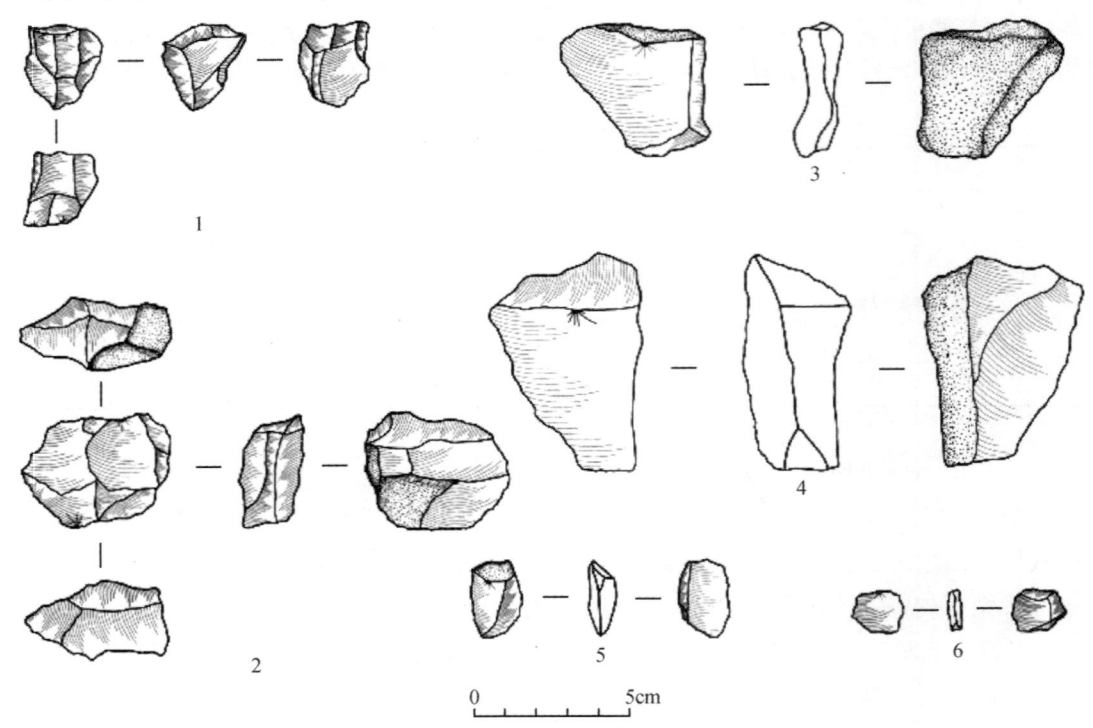

图二　老奶奶庙遗址第2地点出土石制品

1、2. 石核［15EL（2）：05、15EL（2）：S06］　3~6. 石片［15EL（2）：31、15EL（2）：S01、15EL（2）：06、15EL（2）：13］

的打击点、打击泡和放射线，不见同心波纹和锥疤；石片背面可见3个石片疤，剥片方向2个，无背脊。石片两侧缘近平行，远端形态为羽毛状（图二，5）。

15EL（2）：13，近端断片，出土于第4层，原料为石英。残长14mm，宽17mm，厚6.6mm，重2g。石片为素台面，呈半椭圆形，宽10.8mm，厚2.9mm，台面角79°，石片角93°；腹面现仍可见较为清晰的打击点、打击泡和锥疤（图二，6）。

15EL（2）：46，石片，出土于第4层，原料为石英。自然长度24.4mm，剥片长度23mm，宽29.5mm。石片为素台面，宽24mm，厚7.5mm，腹面可见清晰的打击店、打击泡和放射线，石片远端呈羽毛状。由于该标本目前仍镶嵌于编号15EL（2）：24号动物骨骼标本下方，背面情况不明。

此外，2015年第2地点在发掘过程中还发现有一定数量的碎片和断块，未见工具。除少数灰岩制品表面有轻微风化外，石制品整体未见风化磨蚀现象，发掘标本亦没有固定产状，应属原地埋藏。

2. 动物化石

第2地点发现有数量较多的动物骨骼类遗存，总计发掘出土动物骨骼34件，采集编号标本12件，另收集有尺寸小于2cm的碎骨片413块。种类包括动物骨骼、牙、烧骨等，经初步鉴定发现有犀牛、马、牛、羊等动物的头骨、肋骨、骨盆、肩胛骨、牙齿、角、肱骨、股骨、桡骨、掌/跖骨等，具体分类统计如表二、表三所示。

典型标本简述如下。

15EL（2）：24，犀牛右侧肱骨远端，残长240mm，远端最大宽137.5mm，最大厚113mm，重1886.9g。下部与尺骨桡骨相连，因位于道路下方无法取出。鹰嘴窝较深，两侧脊不平行，内侧与骨干方向相近，外侧大幅度向外倾斜。前面滑车胶结有料姜石、碎骨片和包括2015EL（2）：46石片在内的多块石英制品，显示了与人类行为的明确关联性（图三，8）。

表二　2015年老奶奶庙遗址第2地点动物种属分类统计表

分类		骨 数量	骨 比例（%）	牙 数量	牙 比例（%）	角 数量	角 比例（%）	合计 数量	合计 比例（%）
奇蹄目	犀科	5	13.51	0	0	0	0	5	10.87
	马科	0	0	4	100	0	0	4	8.7
偶蹄目	牛亚科	0	0	0	0	1	20	1	2.17
	羊亚科	0	0	0	0	3	60	3	6.52
未知种属		32	86.49	0	0	1	20	33	71.74
合计		37	100	4	100	5	100	46	100

表三　2015年老奶奶庙遗址第2地点可鉴定动物骨骼部位分类统计表

部位		数量	比例（%）
头部	头骨	1	45.45
	角	5	
	牙齿	4	
中轴骨	肋骨	2	22.73
	肩胛骨	1	
	骨盆	2	
四肢	肱骨	1	31.82
	股骨	1	
	桡骨	2	
	掌/跖骨	1	
	长骨	2	
合计		22	100

15EL（2）：25，犀牛左侧桡骨近端，残长151.4mm，近端最大宽106.7mm，最大厚74.3mm，骨壁厚13.9mm，重541.2g。骨体表面粗糙，多有土锈，呈深棕褐色，桡骨头窝两个，浅平近圆形，内大外小，前端有粗糙的桡骨结节，后端与尺骨相接的平面呈弧边三角形，有瘤状结节（图三，2）。

15EL（2）：S09，犀牛头骨，因被取土破坏，现仅存口鼻部及部分额骨。残长430mm，最大宽265mm，最大厚240mm，鼻骨向前伸展，基部较宽，表面有角座形成的明显瘤状突起，尺寸较大。腭长275mm，一侧面峙至最口侧的点到颌前骨口侧点距离340mm，腭骨最大宽235mm，眶下孔间的面宽170mm，面峙最外侧点的面宽270mm。鼻骨前端宽大而圆钝，最大长310mm，底面观有一不完全封闭的鼻中隔板，鼻孔呈长椭圆形。牙齿外侧有明显的褶皱，齿冠高但磨蚀程度较重，左侧P2～M2齿列完整，长210.7mm，前白齿列长97.6mm，小刺与前刺在P2～P4已磨蚀为两个圆形的小孔；右侧仅剩M1和M3。齿槽间隙最小宽76mm（图三，10）。

15EL（2）：S10，股骨远端关节残块，残长137.3mm，最大宽113.7mm，最大厚106.8mm，重494.3g。一侧髌面和滑车残缺，难以判断左右（图三，3）。

15EL（2）：S11，牛角，角环和角尖均残损严重，残长326mm，最大外径90.9mm，壁厚7.3mm，重909.9g，角心基部周长270mm，角心基部最大直径99.3mm。表面风化较重，呈深褐色，无明显纹理（图三，9）。

15EL（2）：S12，羊角，近完整，角尖部略有缺失，带部分头骨，愈合中的骨缝清晰可见。最大长160mm，最大宽64.7mm，最大厚41.2mm，重99g，角长137.6mm，角心基部周长94mm，角心基部最大直径32.7mm。羊角整体呈浅黄白色，局部受土锈浸染影响呈橙褐色，角部有近平行的条带状纹理（图三，6）。

15EL（2）：S16，肋骨，残长227mm，最大宽39.8mm，最大厚11.7mm，重84g。骨体表面光滑，色泽不均，下缘薄而锋利（图三，4）。

15EL（2）：S18，马右上颊齿。嚼面长23.9mm，嚼面宽25.2mm，齿冠及牙根残

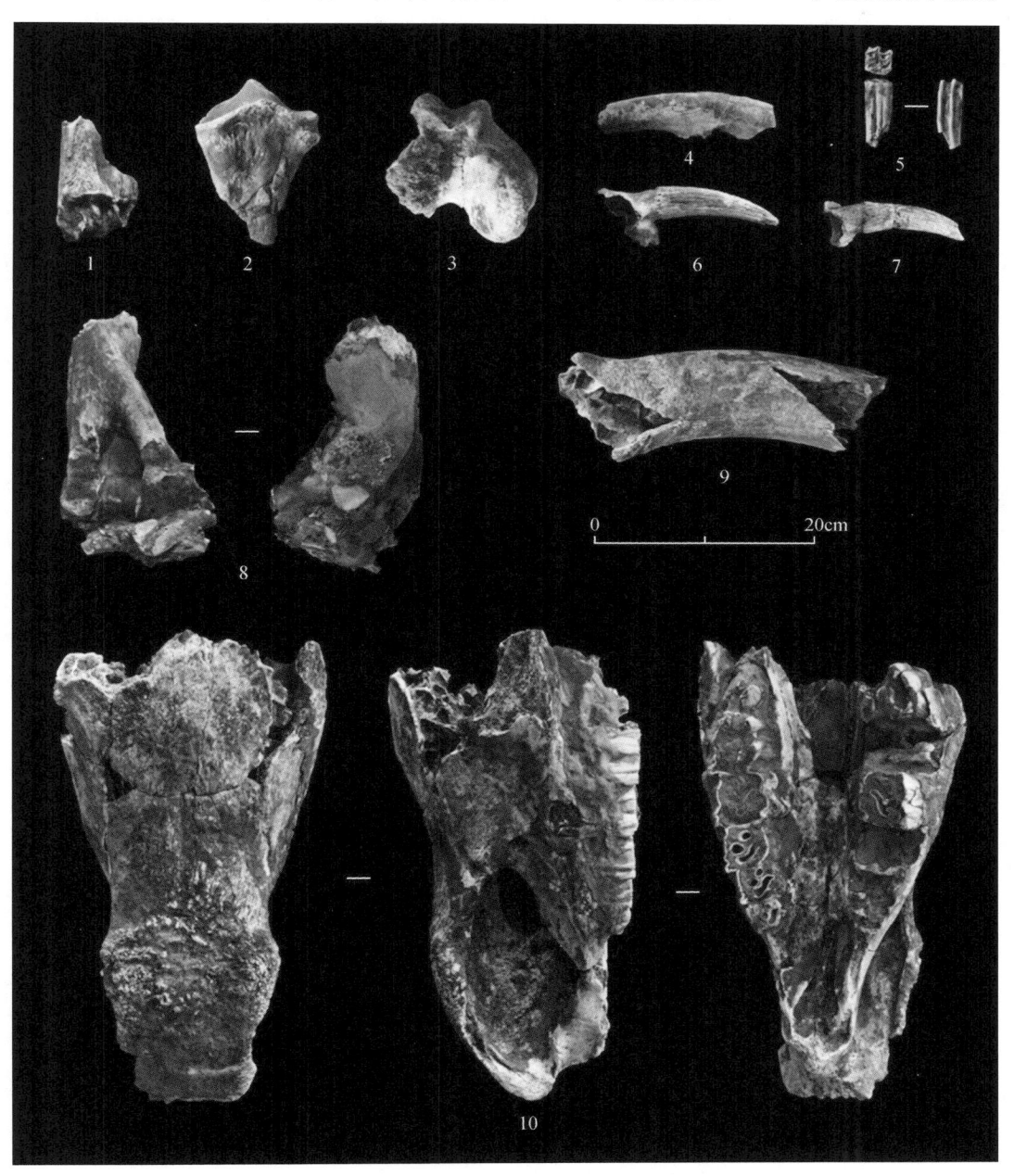

图三 老奶奶庙遗址第2地点出土动物化石
1. 右侧桡骨远端［15EL（2）：38］ 2. 犀牛左侧桡骨近端［15EL（2）：25］ 3. 股骨远端［15EL（2）：S10］
4. 肋骨［15EL（2）：S16］ 5. 马右上颊齿［15EL（2）：S18］ 6、7. 羊角［15EL（2）：S12、15EL（2）：S14］
8. 犀牛右侧肱骨远端［15EL（2）：24］ 9. 牛角［15EL（2）：S11］ 10. 犀牛头骨［15EL（2）：S09］

高68.9mm，重48g。前附尖宽大，呈一个朝外凸起的圆角长方形，顶面平。中附尖呈圆形，颈部略有收缩。后附尖略有凸起，边缘缺失。原尖较短宽，舌缘中部凹陷不明显，双叶结构不甚清楚，前叶略大于后叶，原尖颈短，后谷大略扁，马刺不发育。次尖窄长，呈扁椭圆形。前尖较方，外壁凹陷较深，内壁较平直，后尖较大，外壁凹陷较深，内壁短而略凸，有一明显折角。前后窝均磨蚀严重，暴露牙根。前窝前角略宽，后角较小，后窝前角窄长，末端圆弧状，后角较宽短。原脊倾斜，内外壁皆略鼓，后脊与原脊近平行，外壁略有起伏。牙齿磨蚀较重，齿冠已几乎不存（图三，5）。

从保存状况上看，除去后期取土破坏的影响，整体上骨骼保存状况较好，未见明显的风化磨蚀，破碎程度也不高，人工改造痕迹亦不多见，仅有一块烧骨和一块有人工砍砸痕迹的骨片。

三、讨　　论

从地层剖面的情况看，第2地点海拔稍低，剖面可见较厚的黑褐色黏土淤泥层，与第1地点较为纯粹的河漫滩相粉砂堆积[1]略有差异，与第3地点下部出现大量泥炭痕迹、广泛分布铁锈斑、土质致密坚硬的地层[2]可对比，动物群面貌也与上述两个地点基本一致，年代整体上应与第1地点相当或稍早，为距今4.5万年左右[3]。

从石核和石片特征来看，原料主要为石英，节理较为发育，剥片过程中容易产生断块和碎片；剥片方式以利用非定型石核进行锤击法简单剥片为主，台面修理程度较低，剥片面基本见不到预制行为，石核在剥片过程中没有严格的操作步骤，常有多次转向，废弃阶段尺寸较小且台面角较大，整体利用较为充分；作为产品的石片尺寸较小，多数最大长小于5cm，往往不进行进一步的刃缘修理就直接投入使用。总体上与老奶奶庙遗址第1、第3地点的原料类型和石片生产利用方式基本一致[2~4]，应属于同一石器工业体系。

动物化石从种属上看，以犀牛、牛、马等大型和特大型有蹄动物为主，反映了开阔的疏林草原环境；从部位构成上看，头骨及牙、角等可食用部分较少或无法食用的部分所占比例较高，除犀牛外的其他动物较少有长骨发现，石制品和人工改造痕迹也比较少，显示该地点应当为狩猎后对动物进行初步肢解处理、丢弃不可食用及难以搬运部分的场所。

结合第1、第3地点的材料，可以进一步考察整个老奶奶庙遗址反映出来的人类行为与空间利用方式。第1地点有大量火塘，石制品类型和功能多样，动物骨骼数量多、种类和部位丰富、破碎程度高、多人工改造痕迹，应当为一处中心营地，古人类长期反复在此居住，打制石器、生火烧烤、食用肉食并敲骨吸髓，还有可能提取骨骼中的油脂进一步利用[5]；第2地点没有发现遗迹现象，石制品数量很少，仅有简单剥片的石核和石片，动物群以大型动物为主，除犀牛外多为角和牙齿，骨骼破碎程度较低，人工改造痕迹较少，应当为狩猎后对动物进行初步处理的临时地点；第3地点发现的动物化石种属更为多样数量也更丰富，但部位仍以可食用部分非常有限的头骨、下颌、趾骨、牙齿和角等为主而长骨较少[6]，与第2地点相似，亦属于初步肢解处理的临时性场所，另一方面骨骼上的人工改造痕迹较为多样，还有利用犀牛牙釉质剥片等独特的行为，显示其对骨骼的利用强度较第2地点更大，但仍与中心营地有显著区别。

综合老奶奶庙遗址一处中心营地和两个临时活动地点的材料，可以看出当时人类对空间环境及周围资源已经比较熟悉，利用方式也较清晰，为深入了解嵩山东南麓区域MIS 3阶段复杂的栖居形态[7, 8]提供了重要的资料。

执笔：冯　玥　汪松枝　李昱龙　邓婉文

参 考 文 献

[1] 王幼平，张松林，顾万发等.郑州老奶奶庙遗址暨嵩山东南麓旧石器地点群［N］.中国文物报，2012-1-13（4）.

[2] 李文成，汪松枝，顾万发等.河南郑州老奶奶庙第3地点初步研究［J］.人类学学报，待刊.

[3] 陈宥成.嵩山东麓MIS 3阶段人群石器技术与行为模式——郑州老奶奶庙遗址研究［D］.北京：北京大学，2015：1-271.

[4] 陈宥成，曲彤丽，张松林等.郑州老奶奶庙遗址石核类型学初步研究［J］.人类学学报，待刊.

[5] 曲彤丽，顾万发，汪松枝等.郑州地区晚更新世中期人类的生计方式——老奶奶庙遗址动物遗存研究［J］.人类学学报，2018（1）：1-9.

[6] 何嘉宁，汪松枝，李昱龙等.郑州老奶奶庙第3地点动物遗存研究报告［J］.中原文物，2018（6）：22-30.

[7] 王幼平，汪松枝.MIS 3阶段嵩山东麓旧石器发现与问题［J］.人类学学报，2014，33（3）：304-314.

[8] 王幼平.嵩山东南麓MIS 3阶段古人类的栖居形态及相关问题［J］.考古学研究，2013：287-296.

（原刊于《中原文物》2018年6期）

河南新郑赵庄旧石器时代遗址发掘简报

北京大学考古文博学院　郑州市文物考古研究院

2004年以来，郑州市文物考古研究院对嵩山东麓区域进行旧石器考古专项调查，新发现300多处旧石器地点[1]，目前经正式发掘的有黄帝口[2]、老奶奶庙[3]、李家沟[4]、西施[5]、东施、方家沟[6]以及赵庄等遗址或地点。

赵庄遗址位于河南省新郑市梨河镇赵庄村，沂水河东岸三级阶地。地理坐标北纬N34°18.026′，东经E113°41.548′，海拔104米。2006年春发现，后经多次调查确认其包含丰富的化石和石制品等文化遗存。2009年10～12月，北京大学考古文博学院和郑州市文物考古研究院组成联合考古队，对该遗址进行了正式发掘，发掘面积60㎡，最深处距离地表625cm。获得石制品、动物化石等文化遗物共计7129件，以及古菱齿象头位于石英砂岩石堆之上的遗迹现象。

一、地层和年代

（一）地貌与地层

嵩山东麓位于我国二、三级阶梯的过渡地带，地貌和气候复杂多变。沂水河是一条发源于嵩山东麓，自西北向东南注入淮河的支流。这条河的东部是广袤的黄淮平原，西部则是低山、丘陵相间的地形。

遗址北部大面积分布含大型钙质结核的红色土，其时代可能老至上新世，南部则是呈水平层理的新石器时代地层。赵庄遗址即位于这一老一新的地层中间，此三者之间存在不整合关系或者断层构造。

从剖面上看，上部为马兰黄土，下部为河湖相地层。发掘深度距离基线625cm，以发掘区南壁剖面为例，自上而下分为七个文化层（图一）。

第1层，耕土层，黄褐色砂质黏土，土质较疏松，包含植物根系、石块、瓷片、砖块、陶片等，厚0～60cm。

第2层，黄色砂质黏土，质地较硬，较纯净，文化层，包含有红色、素面的泥质红陶片，厚0～360cm。

第3层，马兰黄土，灰黄色砂质黏土，质地偏硬，夹杂褐色斑点及小料姜石颗粒，

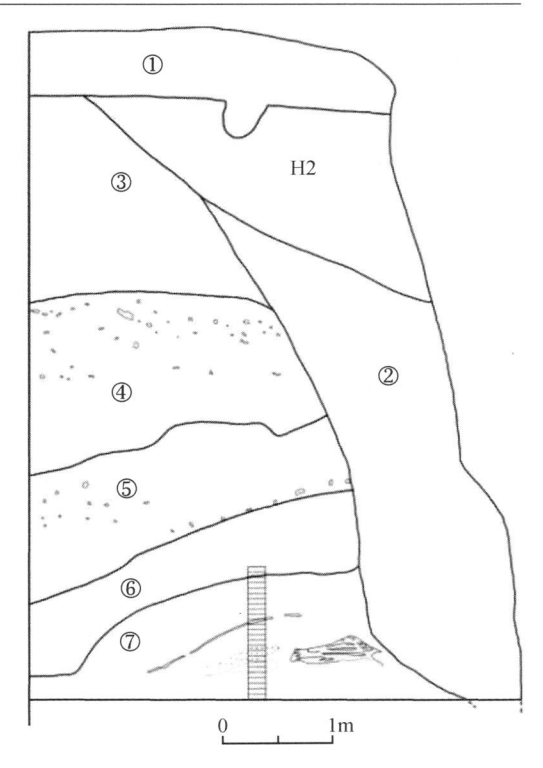

图一　南壁剖面图

粒径≤1cm；此外散布白色点状物，应为更小的料姜石，未见文化遗物，厚0~192cm。

第4层，马兰黄土，黄色砂质黏土，质地偏硬。包含大量料姜石，粒径2~15cm，以5cm左右者为多。未见文化遗存，厚0~350cm。

第5层，马兰黄土，黄褐色黏土质粉砂，包含少量料姜石，未见文化遗存，厚60~120cm。

第6层，灰褐色黏质砂土，土质较硬，带灰黄色斑点，含少量料姜石和蜗牛壳。包含极少量文化遗物，厚50~80cm。

第7层，灰白色黏质砂土，土质略硬，含砂量比第6层大，局部见锈黄色斑点以及黄灰相间的水平层理，层理间距1mm，包含极少量的螺壳和料姜石。包含大量石制品和化石，未见底。

据以上描述，第6、7层为旧石器时代文化层，其中第6层出土遗物非常零星，仅包含石制品18件。第7层文化遗物丰富，可以代表赵庄遗址的文化面貌，本文遗物遗迹的统计数据均来自于第7层。

（二）埋藏性质与年代

根据环境考古学综合研究，赵庄文化遗存埋藏于晚更新世古河道的滨河床沙坝迎水坡的顶部。在发掘过程中，对每件大于1cm的标本进行产状观察，记录了倾向、倾角、长轴等信息，经过统计未发现明显的数据集中现象。说明埋藏后受到水流作用非常微小。野外观察标本的风化、磨蚀以无或者轻度为主，结合出土标本以碎屑为多的特点，显示了赵庄遗址的性质为原地埋藏。

北京大学考古文博学院科技考古实验室对第7层发现的炭屑进行了^{14}C年代测定（表一），结果在28 735±100~33 040±170B.P.之间，树轮校正后年代在距今3.3万~3.8万年，属于深海氧同位素3阶段（MIS 3）。

表一　北京大学加速器质谱（AMS）^{14}C年代测试结果

实验室编号	样品	地层	深度（cm）	年代（B.P.）	树轮校正后年代 1σ（68.2%）	2σ（95.4%）
BA10006	炭	⑦	-558	30 690±155	34 804B.P.（68.2%）34 472B.P.	34 950B.P.（95.4%）34 266B.P.
BA10007	炭	⑦	-565	29 515±110	33 840B.P.（68.2%）33 609B.P.	33 956B.P.（95.4%）33 491B.P.
BA10008	炭	⑦	-600	28 735±100	33 091B.P.（68.2%）32 691B.P.	33 306B.P.（95.4%）32 476B.P.
BA110701	炭	⑦	-563	33 040±170	37 489B.P.（68.2%）36 735B.P.	37 896B.P.（95.4%）36 495B.P.

二、石　制　品

赵庄遗址第7层共出土石制品6617件，分为未加工者、石核、石片、工具、废品等五大类型。未见完整石锤、石砧，但在一些石制品上可观察到砸点或者坑疤。石片包括完整石片和不完整石片，废品包括断块、残片（1cm以上）以及碎屑（1cm以下）。

（一）原料和尺寸

石制品原料仅有脉石英和石英砂岩2种，脉石英为乳白色、烟灰色，多含杂质，节理发育，性脆，易碎，不易形成贝壳状端口，尺寸小、数量多、重量轻；石英砂岩为紫红色、砖红色，性质均一，易形成贝壳状断口，尺寸大、数量少、重量重。如图二所示，脉石英的尺寸多在50mm以下（99.27%），而石英砂岩则多大于50mm（77.17%），尤其以100~200mm为最多（50%）。重量上脉石英以50g以下为主

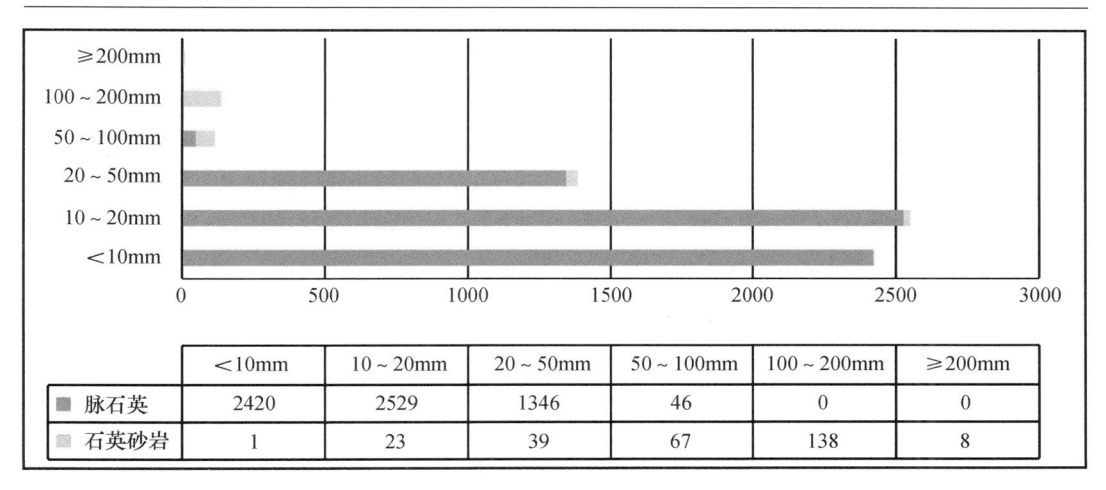

	<10mm	10~20mm	20~50mm	50~100mm	100~200mm	≥200mm
脉石英	2420	2529	1346	46	0	0
石英砂岩	1	23	39	67	138	8

图二　石制品尺寸统计图

（99.29%），而石英砂岩则以50g以上为主（73.55%），尤其以大于1000g标本为多（27.14%）。

脉石英原料绝大多数为岩块，根据原料调查及成分分析可知，遗址之西的具茨山分布有大量的绢云母石英片岩[7]，脉石英原料最有可能来自于此。遗址之西5千米有陉山，整个山体均为红色石英砂岩，与出土的石英砂岩高度一致。

鉴于2种原料截然不同的文化面貌和来源，下文对其进行分别描述。

（二）脉石英石制品

共计6341件，占第7层石制品总数的95.83%。重18kg。分类如表二，剥片和修理多使用锤击法，亦可见砸击法。但由于本地区石英多节理发育，锤击砸击特征不明显。仅将可辨识的砸击制品单独列出，其余称为锤击制品及其他。

表二　脉石英石制品分类统计总表

类型→	未加工者	石核	石片	工具	断块残片	碎屑	合计
数量	1	108	185	138	3489	2420	6341
百分比	0.02	1.7	2.92	2.18	55.02	38.16	100

未加工者数量非常少，仅1件，也是赵庄唯一一件可以确认的砾石，其余石制品均为岩块加工产物。

石核　108件，占第7层脉石英总数的1.7%（图三，1、2）。长度14~83.5mm，宽度12.6~81.9mm，厚度10.7~74.9mm，平均值分别为34.15、38.65、31.82mm，重量3.4~266g，平均重量52.1g。包括锤击石核98件和砸击石核10件（表三）。均为简单剥片技术，缺乏预制和系统剥片证据。台面角范围50°~138°，平均值87.51°。按照台面的

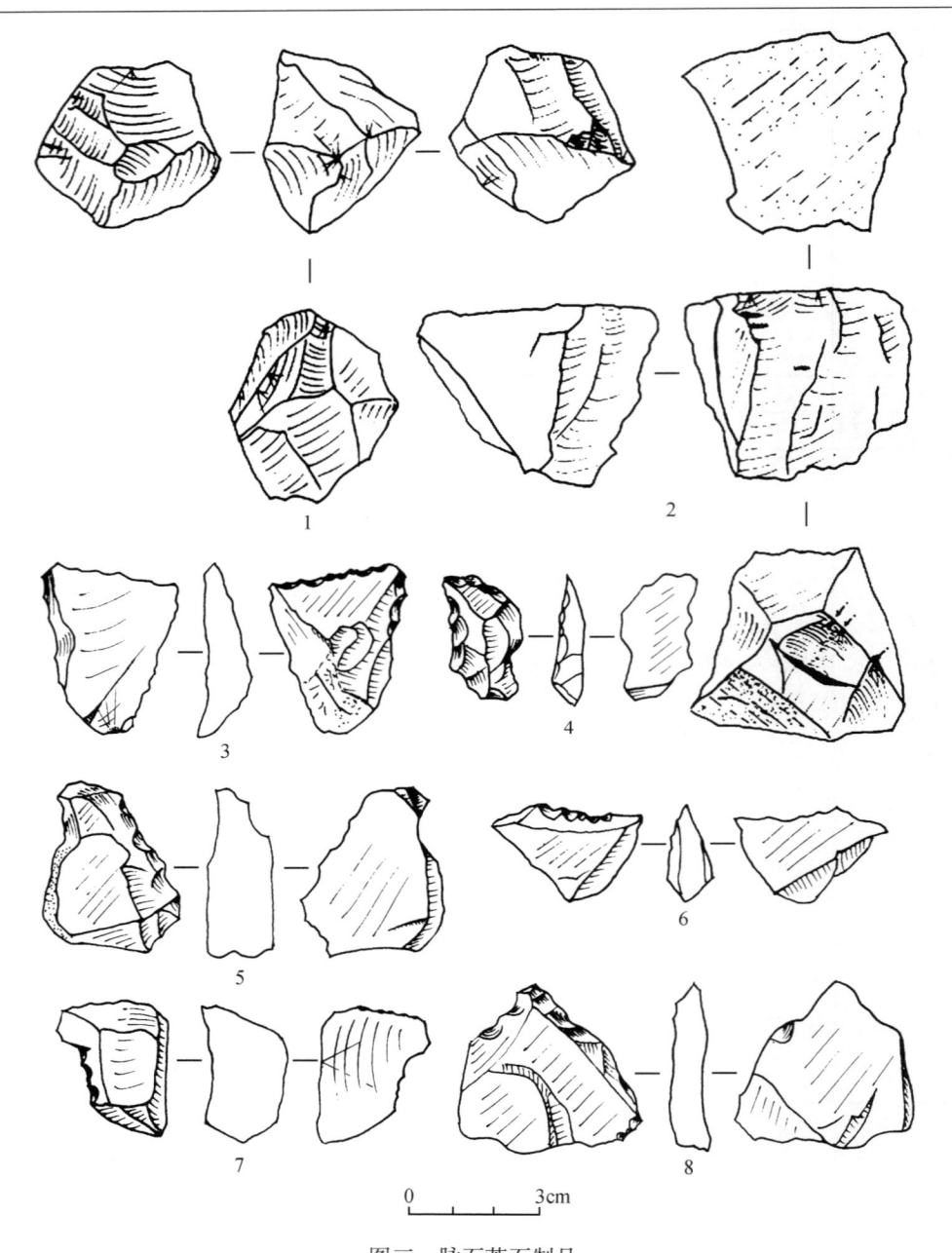

图三　脉石英石制品

1. Ⅲ型石核（09XZ·0878）　2. Ⅱ2型石核（09XZ·0548）　3. 双直刃刮削器（09XZ·1084）　4. 尖状器（09XZ·1145）　5、7. 单凸刃刮削器（09XZ·0898、09XZ·0825）　6. 锯齿刃刮削器（09XZ·0124）　8. 复刃刮削器（09XZ·0701）

数量可将锤击石核分为单台面（N=33，30.56%）、双台面（N=40，37.04%）以及多台面石核（N=25，23.15%）。Ⅲ型石核数量较多，也说明了剥片利用率比较高。石核的原型以断块和石块为主。台面以打击台面为主，其次为自然台面。台面形状以不规则占绝对多数。

表三　脉石英石核分类表

分类 统计	单台面			双台面		多台面	砸击		合计
	Ⅰ1	Ⅰ2	Ⅰ3	Ⅱ1	Ⅱ2	Ⅲ	单级	两级	
数量	22	7	4	22	18	25	2	8	108
百分比	20.37	6.48	3.7	20.37	16.67	23.15	1.85	7.41	100

石片　185件，占第7层脉石英总数的2.92%。其中完整石片165件，不完整石片20件。完整石片中锤击石片149件，砸击石片16件。长度11.7~58.1mm，宽度2.9~49.1mm，厚度2.3~20.7mm，重量0.1~31.5g。按照Nick Toth的分类，将锤击石片分为Ⅰ~Ⅵ六个类型[8]（表四），以Ⅴ、Ⅵ型数量为多（N=94，56.97%），即人工台面占半数以上，人工背面占有多数，表明原料利用程度比较高。台面类型以打击为主，自然面次之。台面性质以素台面和自然面台面占多数。台面形状以不规则为主，其次为三角形、点状、刃状。背脊形态变化较多，以无背脊数量最多，占1/3，其次是单斜和单纵。石片远端以尖灭为主，其次为折断状和阶梯状。

表四　脉石英石片分类表

类型	Ⅰ	Ⅱ	Ⅲ	Ⅳ	Ⅴ	Ⅵ	砸击	总计
数量	3	31	18	3	40	54	16	165
百分比	1.82	18.79	10.91	1.82	24.24	32.73	9.7	100

工具　138件，占第7层脉石英总数的2.18%，包括刮削器、尖状器、砍砸器等类型（图三，3、8）。以刮削器占绝对多数（N=127，91.97%），少量尖状器（N=10，7.30%），仅1件砍砸器（表五）。除砍砸器尺寸为巨型以外，其余标本长14.1~69.5mm，宽12~47.4mm，厚4.5~33.9mm，重1.4~68mm，均在中、小型范围内。刮削器类型多样，根据刃缘数量可分为单刃、双刃和复刃三种，以其中单刃113件，数量最多。刃缘形状变化较多，有直凸刃、凹刃以及凹凸刃组合。其中有一类直刃形似锯齿，占有一定的数量。工具毛坯以断块为主，其次为完整石片，然后是残片、石核、裂片，没有砾石。轮廓形状以四边形为多，其次为不规则，少量的三角形和五边形。

表五　脉石英工具分类统计表

类型			数量		百分比
刮削器	单刃	单直刃	76	127	91.97
		单凸刃	27		
		单凹刃	9		
		凸凹刃	1		
	双刃	双直刃	8		
		直凸刃	1		
		双凹刃	1		
	复刃		4		
尖状器			10		7.30
砍砸器			1		0.73
合计			138		100.00

废品　5909件，包括断块残片3489件，碎屑2420，占第7层脉石英总数的93.18%，数量绝对多数。

根据初步微痕分析，部分石制品上可见使用痕迹，推测主要用来处理肉类、骨骼、皮毛等动物性资源。

（三）石英砂岩石制品

共计276件，仅占第7层石制品总数的4.17%，但其重量达215kg。尺寸以中型、大型为主。加工极为简单，基本没有修理。分类如表六。

表六　石英砂岩石制品分类统计总表

类型	未加工者	石核	石片	工具	断块残片	碎屑	合计
数量	19	36	54	5	161	1	276
百分比	6.88	13.04	19.57	1.81	58.33	0.36	100.00

未加工者　19件，均为岩块，占第7层石英砂岩总数的6.88%。长度102～272mm，宽度65.3～194mm，重量355～3390g，平均值为1369.37g。

石核　36件，占第7层石英砂岩总数的13、04%。均为简单剥片，锤击法为主，可能存在碰砧法。类型有单台面（N=18，50%）、双台面（N=11，36.11%）、多台面（N=5，13.89%），可见以单台面石核为主，尤以1个片疤的石核为多，达15件。平均长、宽、厚分别为108.4mm、135.2mm、117.5mm，重量2007.9g，属于大型—巨型石制品。石核以块状为主，一定数量的石核相对两个平面平行。石核的原型以断块为主，其次为岩块，大型厚石片也占一定比例。

石片　54件，占第7层石英砂岩总数的19.57%。包括完整石片47件、断裂片7件。平均长、宽、厚分别为110.3、117.8、53.6mm，重量828.2g。完整石片中自然面台面28件、人工台面19件。类型以Ⅱ型、Ⅴ型为主，Ⅲ型、Ⅵ型较少。石片角75～135°，平均值104.28°。轮廓形状以四边形最多。台面类型以自然面为主。背面自然面比例以小于1/4者略多，占63.83%。石片远端以尖灭，也有一定数量为主。破裂面特征比较清楚，多数可见打击点、放射线、打击泡，半锥体清楚者数量也占有一定比例。

工具仅5件，占第7层石英砂岩总数的1.81%。均为权宜型重型工具，修理疤痕不很明确，使用痕迹也不明显。

废品161件，占第7层石英砂岩总数的58.39%。除了1件碎屑外，其余均为断块残片。缺乏碎屑显示发掘区域不是第一剥片现场，多数石制品应为搬运至此。

通过对拼合组的观察可知（图四）：剥片打击点多位于台面的中间地带，而不是台面的边缘地带。因此推测对石英砂岩的剥片目的并不是为了制作工具，而是为了分割巨大的原料。

图四　石英砂岩拼合组

三、动物化石

动物化石493件，包括可鉴定标本221件和碎块272件，共代表3种哺乳动物化石，古菱齿象（*Palaeoloxodon* sp.）、鹿（*Cervus* sp.）和羊（*Ovis/Capra* sp.），每一种动物的最小个体数（MNI）均为1（表七）。鹿的材料仅包括残角2件，羊的材料包括左右上颌骨1件。古菱齿象材料最多，216件，包括上颌骨1件、门齿1件以及肢骨残片。

由于骨表附着碳酸钙现象比较普遍，并且附着紧密，剔除钙质物的同时会将原骨皮带起，影响了我们对骨表痕迹的观察。仅5件标本上可辩人工痕迹，其中2件可见细小的切割痕，3件有疑似切割痕。代表了人类在骨骼埋藏前进行了切割、刮削或者砍砸骨骼的行为。

表七　赵庄遗址动物骨骼遗存总表

动物种属	可鉴定标本数（NISP）	最小个体数（MNI）
古菱齿象（*Palaeoloxodon* sp.）	216	1
鹿（*Cervus* sp.）	2	1
羊（*Ovis/Capra* sp.）	3	1
合计	221	3

四、遗　　迹

赵庄遗址出土遗物由石英砂岩、脉石英和动物骨骼三个要素组成。这三个要素在平面和剖面分布情况如图五所示。

从平面上看，绝大多数标本集中分布在遗址的西南部。各类标本在平面上也有各自密集分布的区域：石英砂岩标本集中分布于西南区域，而脉石英标本则多分布在砂岩以北的区域。动物骨骼标本散布在石质标本中间，以象头的分布最为明显。

从剖面上看，标本也呈集中分布的态势，脉石英标本呈北低南高逐渐倾斜趋势，集中分布于西侧一系列探方，而石英砂岩标本则比较集中分布在靠南的位置，空间上呈堆垒状。推测当时的地面可能略微倾斜，赵庄人的活动范围位于一个略向上凸起的区域。剖面上集中分布于深40cm的区域，说明这里可能是一个人类非常短期、集中活动所留存下来的堆积。

整体上显示了古菱齿象头骨位于红色石英砂岩石堆之上、周围分布有大量脉石英石制品的遗迹现象。

五、结　　语

（一）文化特点

赵庄遗址发现遗物7000余件，由脉石英、石英砂岩和动物化石三个要素组成，其文化特点总结如下。

（1）脉石英石制品数量多，尺寸小，重量轻。以废品占绝对多数。石核石片显示剥片多用锤击法，可见砸击法，均为简单剥片产品，未见预制证据。工具组合为刮削

图五　标本分布平、剖面图

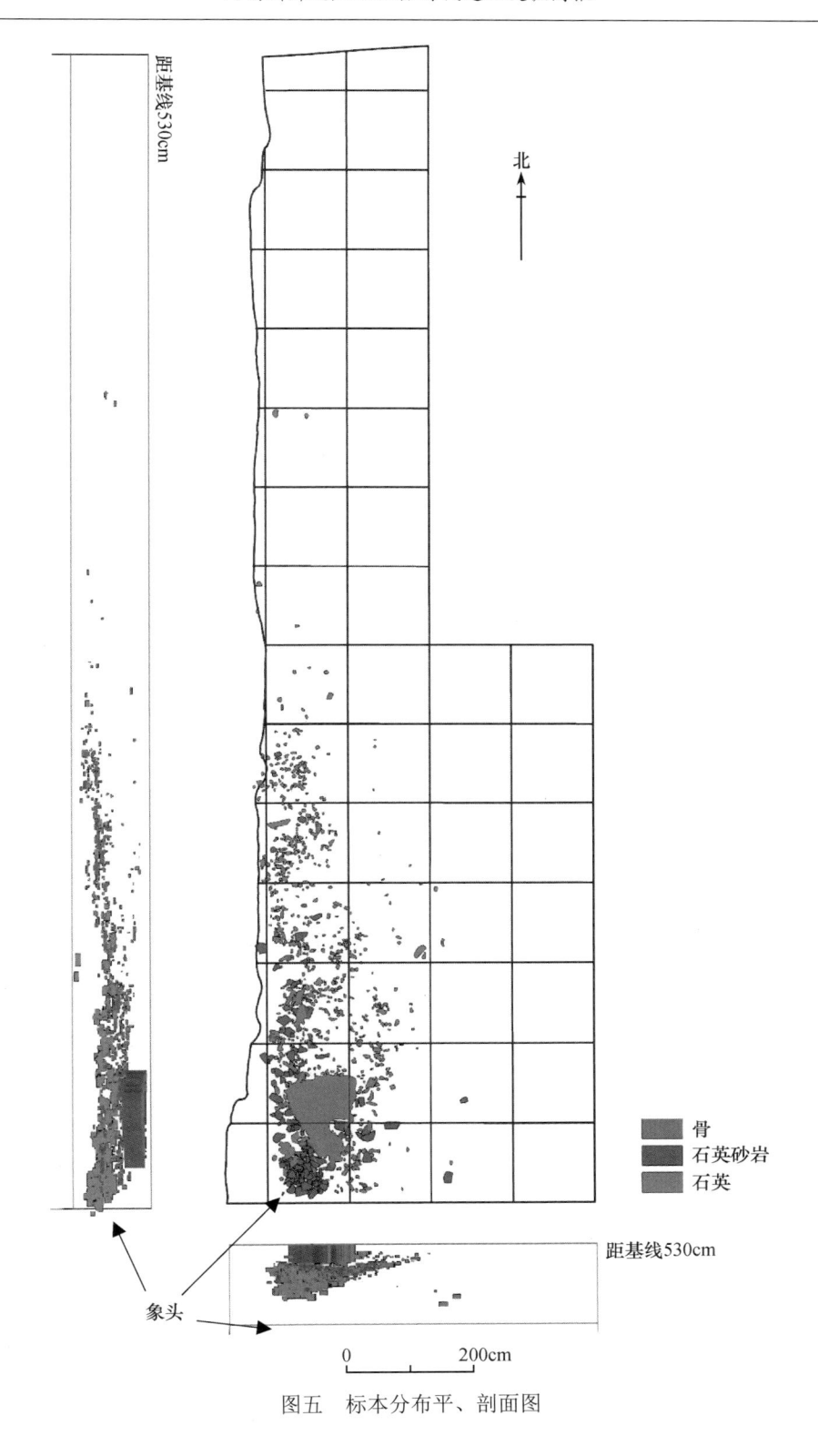

器、尖状器和砍砸器，尤以刮削器数量最多，形式多样，显示典型的中国北方小石器文化传统。

（2）石英砂岩石制品整体面貌非常独特。数量少，尺寸大，非常重，200kg以上。多数为大中型石制品，剥片采用锤击法或碰砧法，在异地剥片后搬入遗址。拼合研究显示其剥片的目的并不是为了制作工具而更可能是为了分割巨大的原料。几乎不见修理，极少量工具均为权宜型产品，技术含量低，与其他遗址的大型工具区别较大。大部分石制品集中分布于遗址南部，并呈堆垒状。

（3）动物化石数量不多，种类仅有古菱齿象、鹿、羊3种，以象类骨骼最多，尤其是保存有1件巨大的古菱齿象头骨。

（4）石制品类型以废品为主，结合产状分析表明遗址的性质为原地埋藏类型。根据环境考古分析，整个遗存所在的地貌部位为古河道的滨河床沙坝。

（5）根据遗物的三维坐标复原了三个要素的空间分布状况：古菱齿象头位于石英石英砂岩石堆之上，周围分布有脉石英石制品。

（二）遗址性质

首先，动物化石与石制品共存显示了人类行为与动物之间的关系。通过对脉石英的微痕分析研究显示，脉石英石制品曾经处理过动物性资源，结合遗址里存在象骨骼的实际情况，推测人类通过制作和使用脉石英来食用象肉、脂肪或骨髓。那么赵庄遗址应该是一个古人类的临时性营地。

但是石英砂岩石制品的存在非常特殊。缺乏碎屑显示了石英砂岩石制品为搬运而来。其个体大，总重量达215kg。没有发现明确意义上的工具，未加工者、石核、石片、断块等各类型更像是大石块，而不是我们通常意义上为了剥片、加工而产生的产品。拼合研究也显示：对石英砂岩的剥片更像是为了分割巨大的石料而不是为了生产工具来使用。同时，几乎没有观察到日常生活处理肉类、骨骼等行为留下的微痕。更为重要的是，砂岩呈堆垒状分布于象头之下。据此可以推测，石英砂岩搬运到遗址的目的并不是为了日常使用，而更可能是为了堆垒起来形成一个基座。

最后，大象这类巨型动物属于不可多得的肉食资源。无论是狩猎还是食腐，获得一头大象对于自然界的弱势群体——史前人类而言，可能不仅仅是意味着蛋白质、脂肪、卡路里等营养成分的获得，更重要的意义在于精神、社会和政治层面[9]。也就是说，大象不同于鹿、牛、羊、獾等普通意义上的食物，而更可能具有某种象征意义。

综上，赵庄遗址的性质不仅仅是临时性营地，还有可能是史前人类一次短暂的象征性行为或者早期宗教仪式留下的遗存。

（三）考古学意义

赵庄遗址的年代为距今3.8万～3.3万年，属于深海氧同位素3阶段（即MIS 3）。这个阶段是全球现代人出现和扩散的关键时期，是重要的变革时期。变革不仅体现在石工业的进步、骨角器的使用等技术方面，也体现在装饰品、洞穴壁画、人体雕像、颜料的使用等象征性行为和艺术的萌芽。赵庄遗址脉石英石制品的石器技术继承了中国北方小型石片石器传统，但其发现的象征性行为遗存显示这样的变革也发生在旧大陆东侧。这类遗存在我国尚属首次发现，为研究MIS 3阶段中国史前人类的意识行为、宗教萌芽、社会组织等考古学信息提供了重要的参考资料。

附记：发掘和整理期间，哈佛大学的Ofer Bar-Yosef教授、中国科学院古脊椎动物与古人类研究所的高星研究员、王社江研究员，湖南省考古研究所的袁家荣研究员、安徽省考古研究所的房迎三研究员亲临工地和整理基地，对赵庄遗址的整理和解释提出了宝贵的意见。北京大学城市与环境学院夏正楷教授及当时的博士生张俊娜多次赴工地考察，确认了遗址的地貌部位和古环境信息。北京大学考古文博学院科技考古实验室的吴小红教授、潘岩老师、宝文博老师测定和校正了年代。谨致谢忱！

领队：张松林　王幼平
发掘：王幼平　赵静芳　汪松枝
　　　信应军　何嘉宁　刘青彬
　　　王佳音　高霄旭
执笔：赵静芳　王幼平

参 考 文 献

［1］　王幼平.嵩山东南麓MIS 3阶段古人类的栖居形态及相关问题［A］//考古学研究（十）［C］.北京：科学出版社，2012；王幼平，汪松枝.MIS 3阶段嵩山东麓旧石器发现与问题［J］.人类学学报，2014（3）.

［2］　王佳音，张松林，汪松枝，等.河南新郑黄帝口遗址2009年发掘简报［J］.人类学学报，2012（2）.

［3］　郑州市文物考古研究院，北京大学考古文博学院，郑州市二七区文化旅游局.郑州老奶奶庙遗址暨嵩山东南麓旧石器地点群［N］.中国文物报，2012-1-13（4）.

［4］　王幼平，张松林，何嘉宁，等.河南新密市李家沟遗址发掘简报［J］.考古，2012（4）.

［5］　张松林，王幼平，汪松枝，等.河南新郑赵庄和登封西施旧石器时代遗址［A］.//2010年中

国考古重要发现［C］.北京：文物出版社，2011.

［6］ 林壹，顾万发，汪松枝，等.河南登封方家沟遗址发掘简报［J］.人类学学报，2017（1）.

［7］ 河南省地质局区域地质测量队.中华人民共和国地质图·许昌幅［M］.1978.

［8］ Toth N. The stone technologies of early Hominids at Koobi Fora, Kenya: an experiment approach［D］. Ph. D Dissertation. Berkeley: University California, 1982, 73-75.

［9］ Speth J D. The Paleoanthropology and Archaeology of Big-Game Hunting Protein Fat or Politics［M］. Springer, 2010.

（原刊于《中原文物》2018年6期）

2017年河南登封西施遗址东区旧石器时代晚期遗址发掘简报

北京大学考古文博学院 郑州市文物考古研究院

西施旧石器遗址位于河南省郑州市登封市大冶镇西施村村南，基点的地理坐标为北纬N34°26.388′，东经E113°13.202′。西施旧石器遗址是郑州市文物考古研究院开展旧石器时代考古专项调查时发现的，当时的调查在距地表深约3米的地层中发现了石制品20余件，岩性均为燧石，石制品类型包括石核、石片、石叶、刮削器和断块等。2009年4月北京大学考古文博学院与郑州市文物考古研究院合作进行旧石器考古调查时复查了该地点，在砖厂挖土后遗留下的南北向剖面地层中发现了燧石石片等石制品，并在石制品暴露较多的层位采集了光释光测年样品。2010年对西施遗址西区进行了发掘，发掘面积约60平方米，发现了大量的石制品遗存，石制品中占95%以上的为燧石制品，类型上为典型的石叶—细石叶工业遗存。

此次发掘的西施遗址东区距离2010年发掘的西施遗址西区以东约150米，东侧紧邻向阳煤矿，南侧为洧河，西侧为西施村住宅区域，北侧为公路。受后期砖厂取土影响，西施遗址大部分堆积遭到破坏，使得西施遗址西区和东区形成两个不连续的剖面，东区仅剩余一条长约50米、宽3~4米的一道土墙，此次发掘范围即该土墙的一段。

一、地质、地貌与地层情况

西施遗址东区处于嵩山东麓的低山丘陵区，洧河自西向东流经遗址南侧。从堆积上看，西施遗址主要堆积相为河漫滩相堆积，黄色黏质粉砂层为最厚的层位，厚度可达3米，绝大多数石制品出土于该层之中，河漫滩相堆积之下为一套马兰黄土堆积，在黄土堆积上部也有少量石制品的发现。地质环境上，西施旧石器遗址所处的地理位置毗邻嵩山地区，地质构造活动具有广泛的相似性，大体上呈北部二叠系上统砂岩—页岩为主，南部寒武系上统灰岩—白云岩为主的趋势，在两者之间发育有石炭系的含燧石结核的灰岩。从周边区域的石料调查中可以发现，西施遗址周围有大量灰岩山体存在，可以看到大量的燧石结核。

西施遗址东区的地层可大致分为3层。其中第1层为近现代耕土层。第2层为典型的河漫滩相堆积，以黄色黏质粉砂为主，内部夹杂有少量水蚀斑块，依据石制品集中分布的情况；可以把第2层再细分为第2a和第2b两个亚层，第2a层不见石制品，第2b层为石制品最为集中的层位，是该遗址的主文化层。第3层为晚更新世马兰黄土堆积，以黄褐色粉砂质黏土为主，土质纯净致密，第3层上部也发现有数量较多的石制品。

西施遗址东区地层堆积情况如下（图一）。

第1层：近现代耕土层，厚约0.5m，土质松软，夹杂有大量近现代遗物。

第2a层：黄色黏质粉砂，厚约2.3m，土质致密，夹杂有少量黄褐色水蚀斑块。不见遗迹、遗物。

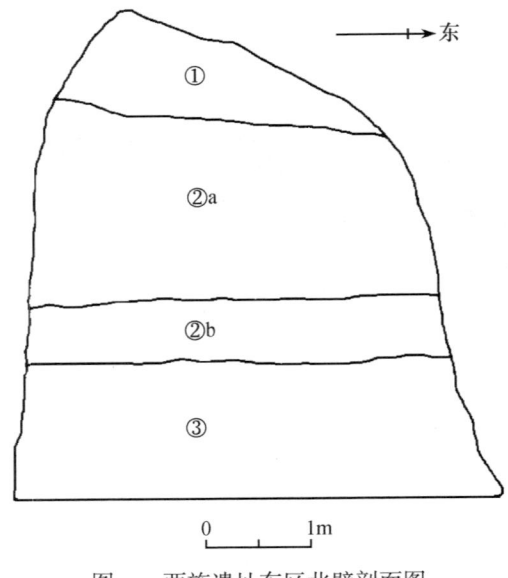

图一　西施遗址东区北壁剖面图

第2b层：黄色黏质粉砂，厚约0.7m，土质致密，夹杂有少量黄褐色水蚀斑块。从距地表2.8m开始出现大量遗物，第2b层主要遗物分布位于距地表2.8～3.3m的范围之内，为主文化层。

第3层：黄褐色粉砂质黏土，厚度尚不可知，土质致密，与第2b层相比，夹杂有大量的褐色板块，土色发红。发掘深度1.5m，至不见遗物出土停止。第3层遗物主要位于距地表3～3.7m的范围内。

二、遗址发掘概况

西施遗址东区的发掘在清理完上部耕土层露出河漫滩相堆积后开始。发掘的布方采用国际旧石器考古田野发掘普遍流行的方法，按1m×1m的面积布设探方，此次布方以西南角为基点向西向北分别布设探方，前期发掘先向北布设7排探方，后期又向南侧进行扩方，总计40个探方。西南角基点所在探方编号为N100E100，向东为N100E101、N100E102……顺次编号，向北则为N101E100、N102E100……顺次编号。发掘上采用在地层划分基础上按照水平层的平面发掘法，发掘过程中对每件遗物的产状（长轴、倾向、倾角）、风化、磨蚀程度以及三维坐标等方面进行全面记录。这个过程中，除了收集人类活动遗存外，也科学地收集土壤样品及测年样品用于进一步分析。发掘按水平层进行，依据遗物分布的具体情况，基本以10cm为一个水平层全面揭露所有探方，至下部遗物出土减少之后，水平层厚度加大。发掘过程中，对测年样本、环境土壤样本等进行了登记与提取，由于此次发掘未发现有可供^{14}C测年样本的发现，故发掘中提取的测年样本为光释光土壤样本，发掘工作结束后，在遗址北剖面自上而下按水平层提取了环境土样。

此次发掘至第3层下部不见遗物后停止。发掘过程中发现第2b层为遗物出土数量最多的层位，以石英和燧石质石制品为主，其中石叶技术产品有较为明显的发现，第3层遗物出土数量开始逐渐减少，石英制品数量占大多数，不见石叶技术产品。第2b层和第3层出土遗物的平面和垂直分布状况见图二、图三。

石制品出土时的产状及风化、磨蚀程度可以反映埋藏状况。出土遗物的长轴有1～4共4个方向；倾向则有0～9共9个方向，其中0为水平、9为垂直。倾角则分为水平、倾斜和垂直三种。对于遗物的风化、磨蚀程度分为无、轻度和重度三个级（表一）。从出土石制品的产状以及风化磨蚀程度来看，石制品在埋藏上不见优势倾向和倾角，风化磨蚀程度很低，石制品应为原地埋藏。从西施遗址东区的地层堆积来看，不见砂石透镜体等反映强烈水流作用的堆积。因此，西施遗址东区的堆积应为原地埋藏且形成过程中受水流影响较弱。

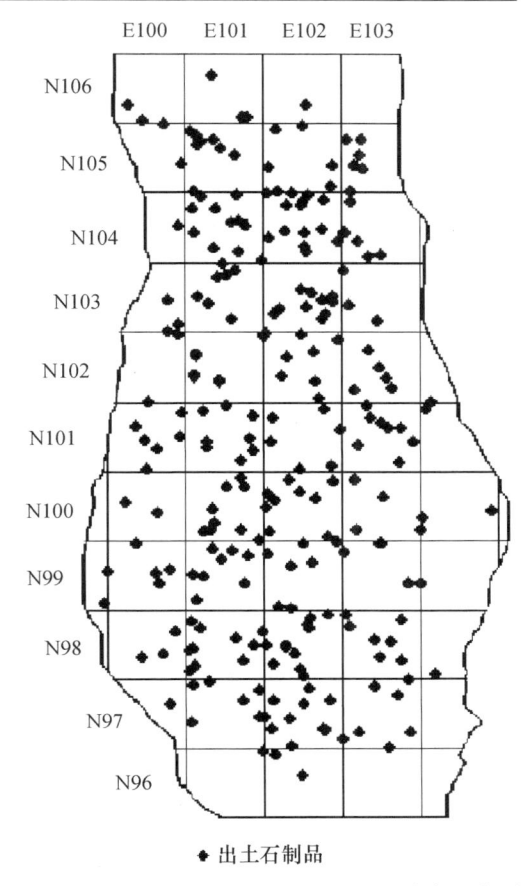

图二 西施遗址东区出土石制品平面分布示意图

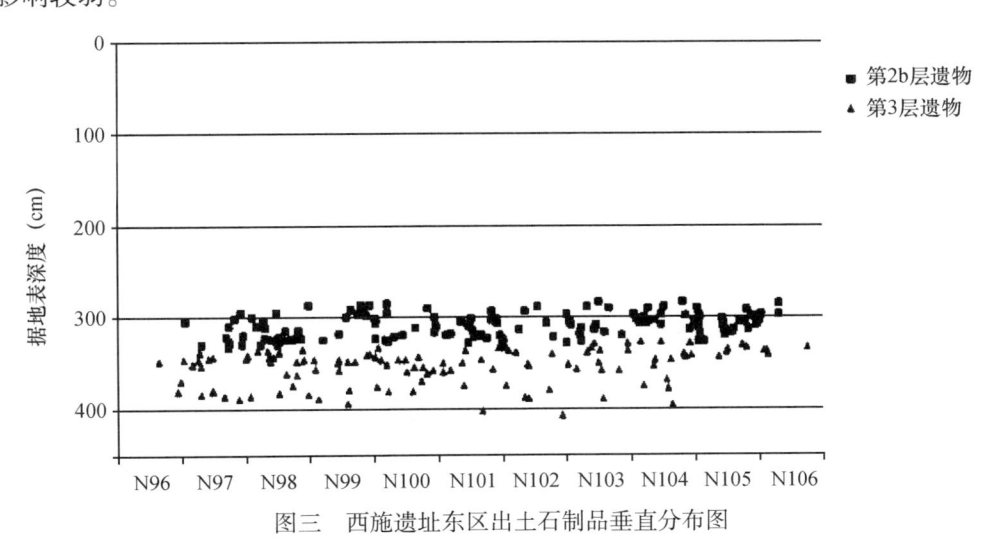

图三 西施遗址东区出土石制品垂直分布图

表一　西施遗址东区出土石制品风化、磨蚀程度统计表

地层	风化			磨蚀		
	无（%）	轻度（%）	重度（%）	无（%）	轻度（%）	重度（%）
②b	96.2	3.8	0	97.7	2.3	0
③	94.8	5.2	0	95.7	4.3	0

三、出土遗物

2017年西施遗址东区共计出土编号标本245件，其中第2b层146件，第3层99件，出土标本以各类石制品为主，除石制品外仅有1件蚌壳发现于第2b层中。下文将按照不同层位对出土石制品进行具体介绍。

（一）第2b层

第2b层出土遗物146件，其中石制品145件，蚌壳1件。整体来看，石制品类型上包括石叶工业产品和小石片石器工业产品两类。石叶工业产品皆为燧石原料，小石片石器工业产品则大多数为石英原料，也有少量小石片石器工业产品使用了燧石原料，当然有些燧石石片也有可能为石叶生产过程中产生的，但是目前尚无法进行准确判定，暂将其归为普通石片类。石制品的具体分类统计如表二所示。

表二　西施遗址东区第2b层出土石制品分类统计表

类型		数量
原料类		9
石核类	石片石核	15
	石叶石核	2
	细石核	1
石片类	普通石片	25
	石叶技术石片	2
	石叶	3
工具类	边刮器	9
	端刮器	1
断片	近端断片	5
	远端断片	2
裂片（左）		1
断块与碎片		68
未鉴定（残留物分析）		2
总计		145

1. 石核类

2017DX：97。细石核，第2b层，L7水平层出土。原料燧石，黑色，长21.8mm，宽15mm，厚9mm，重1.4g。该石核整体呈楔形，人工台面，预制痕迹清晰，周身可见2个细石叶片疤（图四，1）。

2017DX：100。石叶石核，第2b层，L7水平层出土。原料燧石，黑色，长26.8mm，宽19.6mm，厚12.1mm，重8.1g。该以燧石团块为毛坯，剥片面对向剥片，剥片面位于团块的一条边缘，以边缘为背脊，一个台面为节理面，相对的另一个台面为人工预制台面，预制痕迹清楚。石核一侧可见修理核身留下的多个石片疤。

2017DX：89。石叶石核，第2b层，L6水平层出土。原料燧石，灰色，长44mm，宽17.8mm，厚8.2mm，重7.8g。毛坯为燧石团块，节理面台面，台面左侧有一个石叶片疤，除此片疤外其余各面都为自然节理面。

2017DX：55。石片石核，第2b层，L4水平层出土。原料石英，白色，长34.7mm，宽48.4mm，厚35.5mm，重58.3g。毛坯为石英团块，石核整体呈柱状，可见两个相对的台面，台面皆为节理面。利用石核的两个台面在两个不同的剥片面上进行对向剥片，共计可见5个石片疤（图四，3）。

2. 石片类

2017DX：3。修理核身石片，第2b层，L1水平层出土。原料燧石，黑色，长28.1mm，宽23.4mm，厚11.6mm，重4.4g。线状台面，背面可见1个完整石片疤，片疤上可见明显的打击点、阴泡等痕迹。该石片背面石片疤与石片为同一个台面，方向一致，可见明显连续剥片的行为，应为石叶石核预制过程中修窄核身的石片（图四，4）。

2017DX：138。更新台面石片，第2b层，L3水平层出土。原料燧石，黑色，长19.2mm，宽21.7mm，厚8.1mm，重3.6g。人工台面，该石片的右侧可见三个连续的平行片疤，应为原石叶石核剥片面的顶端，片疤顶部有较为明显的打击痕迹，应为剥制石叶时所留下。该石片背面为原石叶石核台面，可见明显的人工修理痕迹（图四，5）。

2017DX：133。小石叶，第2b层，L3水平层出土。原料燧石，黑色，长20.7mm，宽9.7mm，厚5.1mm，重0.7g。台面为三角形，人工台面，石叶背面有2条背脊，共计4个平行的石片疤，其中3片疤个与石叶为同一方向，1个片疤为对向（图四，6）。

2017DX：61。小石叶，第2b层，L5水平层出土。原料燧石，黑色，长21.7mm，宽7mm，厚5.5mm，重0.9g。线状台面，背面有2条背脊，5个石片疤，其中有2个石片疤为对向剥片形成，另外3个石片疤与石叶方向相同（图四，7）。

2017DX：87。普通石片，第2b层，L1水平层出土。原料石英，白色，长19.4mm，宽17.8mm，厚9.9mm，重2.8g。该石片台面为自然节理面，背面有3个石片疤，1个节理

图四　西施遗址东区第2b层出土石制品

1. 细石核（2017DX：97）　2. 端刮器（2017DX：71）　3. 石片石核（2017DX：55）　4. 修理核身石片（2017DX：3）　5. 更新台面石片（2017DX：138）　6、7. 小石叶（2017DX：133、2017DX：61）　8. 普通石片（2017DX：87）　9. 石叶石核（2017DX：100）　10. 边刮器（2017DX：56）

面，石片疤方向与该石片方向一致，石片背面节理面占整个背面比例20%（图四，8）。

3. 工具类

2017DX：71。端刮器，第2层，L5水平层出土。原料燧石，黑色，长23.7mm，宽20.9mm，厚3.8mm，重2.1g。毛坯为石片，自然台面，背面可见2个石片疤，端刮器加工位置位于石片末端,圆弧形刃口,向背面加工,可见6个连续加工小疤(图四,2)。

2017DX：56。边刮器。第2b层,L4水平层出土。原料石英,白色,长27mm,宽23.5mm,厚10.2mm,重4.6g。毛坯为远端断片,在石片远端有两个连续加工片疤,向背面加工(图四,10)。

2017DX：148。边刮器,第2b层,L5水平层出土。原料燧石,褐色,长47.1mm,宽34.3mm,厚16.9mm,重19.9g。毛坯为石片,人工台面,背面可见1条背脊,加工位置位于左侧,向腹面加工,可见连续的3个石片疤。

从第2b层出土的石制品中我们可以见到较为明显的石叶—细石叶工业产品,但是,小石片石器工业产品数量更多,占所有石制品的70%左右。原料利用上,石英为最主要的原料占所有原料的57%以上,其次为燧石占20%左右。值得注意的是,石叶—细石叶工业产品皆为燧石原料,石英质石制品中虽然也有类似石叶的长石片,但是未有典型的利用石英剥制石叶和细石叶的石核发现,所以尚不能确定西施遗址东区存在利用石英原料生产石叶和细石叶的行为。其他原料虽然在遗址中也有发现,但是绝大多数为断块类。西施遗址东区最主要的用来加工石器工具的原料为石英和燧石两种(表三)。

表三　西施遗址东区第2b层石制品与原料组合统计表

	石英	燧石	砂岩	灰岩	石英砂岩	砾岩	闪长岩	玄武岩
原料	2		5			1	1	
石片石核	12	1			2			
石叶石核		2						
细石核		1						
普通石片	22	2			1			
石叶技术石片		2						
石叶		3						
断裂片	4	4						
工具	5	4		1				
断块	37	10	10	7	3			1
总计	82	29	15	8	6	1	1	1
比例(%)	57.3	20.3	10.5	5.6	4.2	0.7	0.7	0.7

(二)第3层

西施遗址东区第3层共计出土编号标本99件,皆为各类石制品,第3层出土的石制品与第2b层有较大差距。石器工业上不见石叶—细石叶工业产品,整体显示出典型的小石片石器工业特征。原料上,石英仍为最主要的石器原料,其次为砂岩和石英砂岩,燧石比例下降。第3层石制品分类统计如表四所示。

表四　西施遗址东区第3层出土石制品类型统计表

类型		数量
原料类		12
石核类	石片石核	21
石片类	普通石片	9
工具类	边刮器	4
	凹缺刮器	1
	雕刻器	1
断片	近端断片	1
	中端断片	1
	远端断片	2
裂片（左）	左裂片	4
	右裂片	2
断块与碎片		41
总计		99

1. 石核类

2017DX：179。石片石核，第3层，L8水平层出土。原料石英，白色，长44.1mm，宽30.9mm，厚21.2mm，重20.8g。毛坯为石英岩块，台面为自然节理面，在台面长轴一端有1个石片片疤（图五，1）。

2017DX：242。石片石核，第3层，L12水平层出土。原料石英，白色，长27mm，宽22.1mm，厚12.8mm，重11.2g。毛坯为石英岩块，单一台面，单一剥片面。台面为自然节理面，在台面长轴一端有2个石片片疤（图五，2）。

2. 石片类

2017DX：126。普通石片，第3层，L9水平层出土。原料石英，白色，长20mm，宽15.3mm，厚7.7mm，重1.4g。石片台面为自然石皮台面，石片背面有1条背脊，2个片疤，片疤方向与石片方向一致（图五，3）。

2017DX：188。普通石片，第3层，L9水平层出土。原料石英，白色，长17mm，宽5.6mm，厚3.5mm，重0.4g。石片呈长条形，石片两边近似平行，台面为节理面，背面有较明显的Y形背脊（图五，4）。

2017DX：131。普通石片，第3层，L9水平层出土。原料石英，白色，长37.2mm，宽26.4mm，厚13.5mm，重12.2g。石片呈不规则形，台面为人工台面，背面可见两个石片疤，与石片方向相同，背面自然石皮面积占45%（图五，5）。

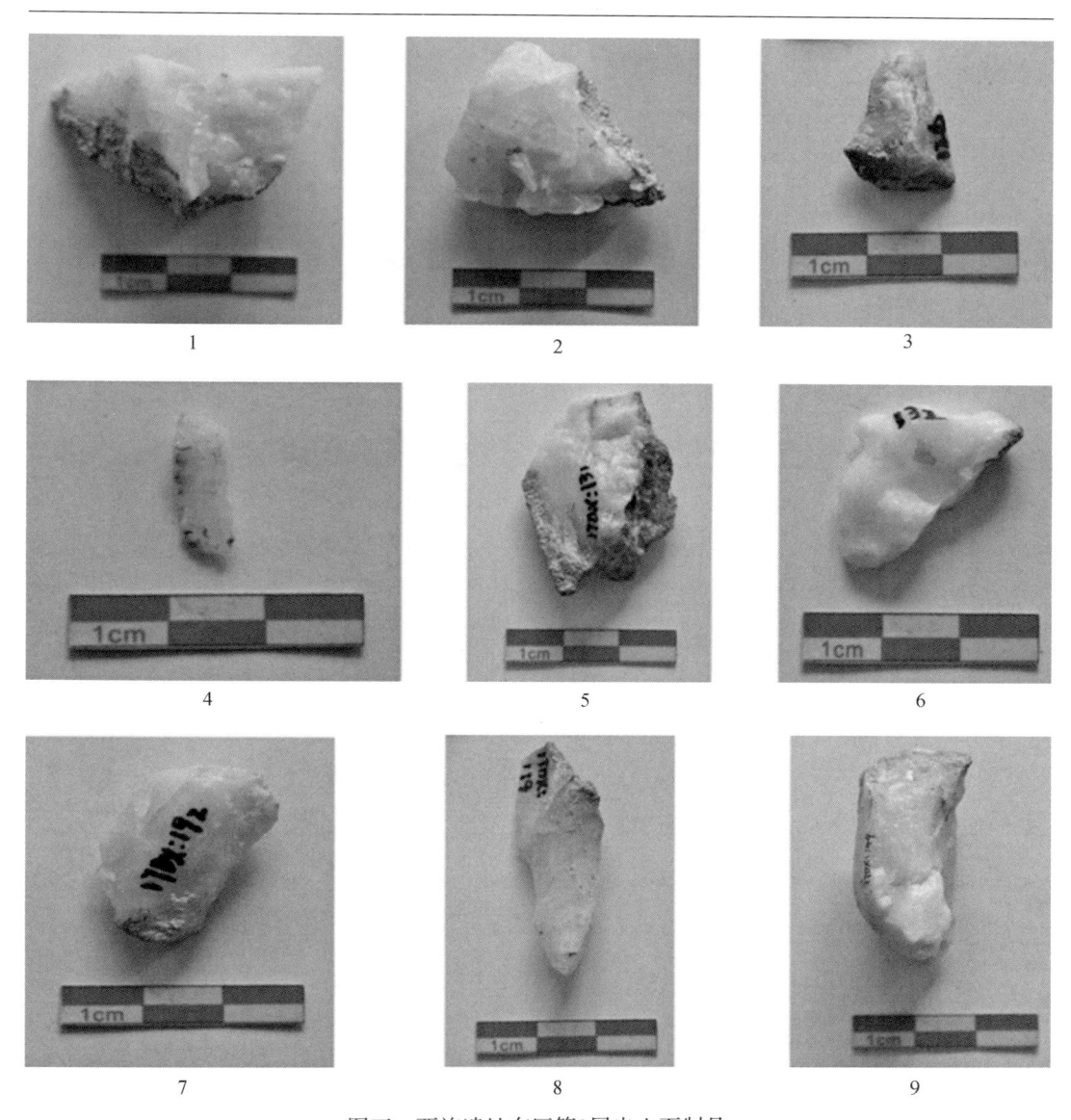

图五　西施遗址东区第3层出土石制品

1、2、9. 石片石核（2017DX：179、2017DX：242、2017DX：149）　3～5. 普通石片（2017DX：126、2017DX：188、2017DX：131）　6、7. 边刮器（2017DX：132、2017DX：192）　8. 雕刻器（2017DX：119）

3. 工具类

2017DX：132。边刮器，第3层，L9水平层出土。原料石英，白色，长20.1mm，宽21.7mm，厚6.7mm，重2.9g。毛坯为石片，人工台面，背面可见2个石片疤，加工位置位于石片左侧，可见连续3个加工疤痕（图五，6）。

2017DX：192。边刮器，第3层，L9水平层出土。原料石英，白色，长29.8mm，宽19mm，厚10.9mm，重6.2g。毛坯为石英石片，人工台面，背面可见2个石片疤，石片疤方向与石片一致，石片左侧可见连续3个加工疤痕，向背面加工（图五，7）。

2017DX：119。雕刻器，第3层，L9水平层出土。原料石英，白色，长45.8mm，宽12.8mm，厚11.1mm，重6.8g。毛坯为石英断块，毛坯为断块，在断块的一端相对两侧各剥了一片，形成雕刻器刃口，其余部分为节理面（图五，8）。

西施遗址东区第3层出土石制品原料以石英为主，其次为燧石，也有石英砂岩、砂岩等原料的使用。整体来看，第3层出土石制品不见石叶—细石叶工业遗存，显示出明显的小石片石器工业特征。同第2b层相比，第3层出土石制品中石英原料所占比例变化不大，但燧石占比有所下降；石英砂岩、砂岩等其他原料占比上升，并且利用石英砂岩和砂岩加工石制品的数量也较第2b层有所增多（表五）。

表五　西施遗址东区第3层石制品与原料组合统计表

	石英	燧石	砂岩	灰岩	石英砂岩	云母片岩	硅质泥岩
原料	3	1	5		3		
石片石核	13	1	4		3		
普通石片	8		1				
断裂片	8	1			1		
工具	5	1					
断块	22	5	8	1	3	1	1
总计	59	9	18	1	10	1	1
比例（%）	59.6	9.1	18.2	1.1	10.1	1.1	1.1

四、年代与遗址性质

2017年登封西施遗址东区的发掘是在2010年西施遗址西区发掘与研究的基础上进行的，发掘的基本目的就是进一步深化对西施遗址的了解，主要针对的是西施遗址石叶层位下部是否存在石片工业层位，以及石片石器工业和石叶工业之间的关系等问题。

从发掘地层和石制品情况来看，西施遗址东区第2b层与西施遗址西区主文化层第2c层同属一个层位，都发现有典型的石叶工业产品。西施遗址西区在发掘完第2c层后，位于其下方第3层并未发现石制品遗存，故未进行继续发掘。此次发掘的西施遗址东区，在第2b层下仍发现有石制品，故继续发掘第3层堆积，发现了以石英原料为主的小石片石器工业层位，该层位曾在2013年距离西施遗址东侧约1km的东施村东施地点有所发现，东施地点的发掘过程中在其含石叶、细石叶的层位下也发现有石英原料为主的小石片石器工业。

年代上，此次发掘的西施遗址东区并未发现有可供测年的^{14}C样本，故发掘中提取的测年样本均为光释光土壤样本，目前对该遗址光释光样本的测年工作正在进行。西施遗址西区第2c层与东施地点皆发现了少量的炭样，据AMS测年显示，西施遗址西区和东施地点含石叶—细石叶工业遗存的层位为距今2.5万年左右（校正后）[1]。因此，西施遗址东区含石叶—细石叶工业的第2b层，其年代为距今2.5万年左右（校正后）应该是合适的，西施遗址东区的第3层年代则应早于第2b层。

从遗址性质来看，西施遗址东区与西施遗址西区情况有着较大的不同。

首先，西施遗址西区发掘中发现的石制品，绝大多数为燧石制品，燧石占比为95%以上，从今年的发掘情况来看，占大多数比例的原料为石英，其次为燧石，还有少量的砂岩、石英砂岩等其他原料，三种原料占比分别为60%、30%和10%左右。

其次，从石器工业特征来看，西施遗址西区发掘品基本为石叶—细石叶工业产品，包括大量的石叶、石叶石核和细石核以及石叶生产过程中的各种石片，整体上可以复原十分完整的石叶和细石叶生产"操作链"。东区的发掘仅发现了数量较少的石叶技术产品，且仅在第2b层有所发现。从石叶生产"操作链"角度来看，东区石制品的发现并不能对其进行完整复原。

目前来看，西施遗址西区的性质上应为典型的石器生产加工场性质，大量的生产石叶的副产品以及数量较多的加工精致的工具组合体现了这一特征。西施遗址东区在发掘过程中没有发现火塘、居住面等带有中心营地性质的遗迹现象，也未发现有大量石制品生产过程中的副产品的存在。因此，我们初步推断，西施遗址东区应该为一个当时人类临时性活动的场所。

五、总　　结

西施遗址石片工业与石叶工业的关系问题一直以来是我们所关注的核心问题，这个问题的解决对进一步思考华北地区旧石器晚期工业与人群之间的关系问题有着重要的作用[2]。通过对西施东区遗址的发掘，我们基本达到了预期目的。

（1）从地层堆积来看，西施遗址东区遗物分布最为密集的是第2b层与第3层上部，其中第2b层存在数量较多的石叶工业产品，包括石叶石核、细石核、更新台面石片、预制核身石片等，当然，占更大数量的是的石片石器工业产品。第3层出土的石制品中，不见石叶工业产品，为典型的小石片石器工业。

（2）从原料与石器工业关系来看，石叶工业产品都为燧石原料，石英原料虽然在所有石制品中占比为60%，但不见利用石英剥制石叶的现象。值得注意的是，大量用于石叶生产的黑色优质燧石未在第3层有所发现，并且砂岩、石英砂岩的数量和比例从第2b层到第3层增多，燧石减少。

（3）在西施西区和东区的遗址性质上，西施遗址可能存在对原料专门利用化的现象，燧石在该遗址中大量的被用作剥制石叶，甚至产生了如西施遗址西区、东施地点等这样专门的生产石叶的场所，这种对燧石的专门利用也是值得进一步探讨的。

石叶工业在华北地区的出现与发展一直都是中国旧石器研究的重点问题，近年来，华北地区发现了大量含石叶工业的遗址，如下川遗址[3]、龙王辿遗址[4]、柿子滩S29地点[5]等，西施遗址东区的发掘为进一步研究这一问题提供了新的材料。当然，探讨华北地区石叶工业的来源问题，需要从技术特征以及人类行为等多方面进行深入分析，该遗址的发掘也仅仅是一个开始。对西施遗址的石叶技术、人类行为等方面的进一步研究，势必为探讨华北地区旧石器晚期石叶工业的来源、石叶工业和小石片工业之间的关系以及不同人群之间的交流等问题产生积极的作用。

附记：西施遗址东区由郑州市文物考古研究院与北京大学考古文博学院联合发掘。发掘工作承国家、省、市各级文物管理部门的大力支持，受到登封市文物局宋承瑞等先生热情帮助。郑州市文物考古研究院为发掘与资料整理工作提供了全面帮助。北京大学城市与环境学院夏正楷教授曾亲临现场指导。谨一并致谢。

领队：王幼平
发掘：李昱龙　刘　拓　梁亚男　汪松枝
执笔：李昱龙　汪松枝　刘　拓

参 考 文 献

[1] 北京大学考古文博学院，郑州市文物考古研究院.中原腹地首次发现石叶工业：河南登封西施遗址旧石器时代考古重大突破[N].中国文物报，2011-02-25（4）.

[2] 王幼平，汪松枝.MIS 3阶段嵩山东麓旧石器发现与问题[J].人类学学报，2014（3）：304-314.

[3] 中国社会科学院考古研究所，山西省考古研究所.下川：旧石器时代晚期遗址发掘报告[M].北京：科学出版社，2016：1-552.

[4] 王小庆.陕西宜川龙王辿遗址第一地点细石器的观察与研究[J].考古与文物，2014（6）：59-64.

[5] 宋艳花，石金鸣.山西吉县柿子滩遗址S29地点发掘简报[J].考古，2017（2）：35-51.

（原刊于《中原文物》2018年6期）

2013年河南登封东施旧石器晚期遗址发掘简报

郑州市文物考古研究院　北京大学考古文博学院

东施遗址的基点地理坐标为北纬34°26.725′、东经113°13.636′，位于河南省郑州市登封市大冶镇东施村西沟洧水河北岸的二级阶地之上。该遗址由郑州文物考古研究院在2005年的旧石器考古调查中发现。2013年9～11月，北京大学考古文博学院与郑州文物考古研究院联合对该遗址进行了抢救性发掘。发掘面积25m²，共发现石制品将近2600件。现将本次发掘的情况简报如下。

一、地层、年代与埋藏情况

（一）地貌情况

东施遗址位于嵩山东南麓。地处豫西山地向豫东平原过渡的浅山丘陵区，登封市东端大冶盆地内的平缓谷地之中。该盆地为一个狭长形的微小盆地，地势西高东低，洧水河由西向东穿流而过。盆地内部的河谷中黄土堆积发育，南北两侧低山夹峙。东施遗址即位于盆地西侧洧水河北岸，海拔约270m（图一）。

（二）埋藏情况与地层划分

东施遗址的保存状况较为特殊。该遗址所在之处的周围在20世纪80年代曾发生过大面积的取土活动。取土活动对遗址所在之处东、西两侧的土层向下深挖，而未触及本次所要发掘的遗址范围，因而发掘区的堆积情况呈一堵"土墙"之状，高于东西两侧地面0.5～2m有余，土墙宽0.5～2m，长20m有余，呈近南北向走向，部分燧石石器出露于东、西两壁剖面。

2013年度东施遗址的发掘厚度达590cm（为分析遗址堆积情况，在发掘后期，对遗址北、中、南部的部分区域开挖探沟，向地下深挖，最深处挖至地表下约3m深）。根据自然堆积与文化层分布，共划出3个地层（图二、图三）。

第1层：厚190（北部发掘区）～455cm（南部发掘区），为浅褐色粉砂质黏土，土

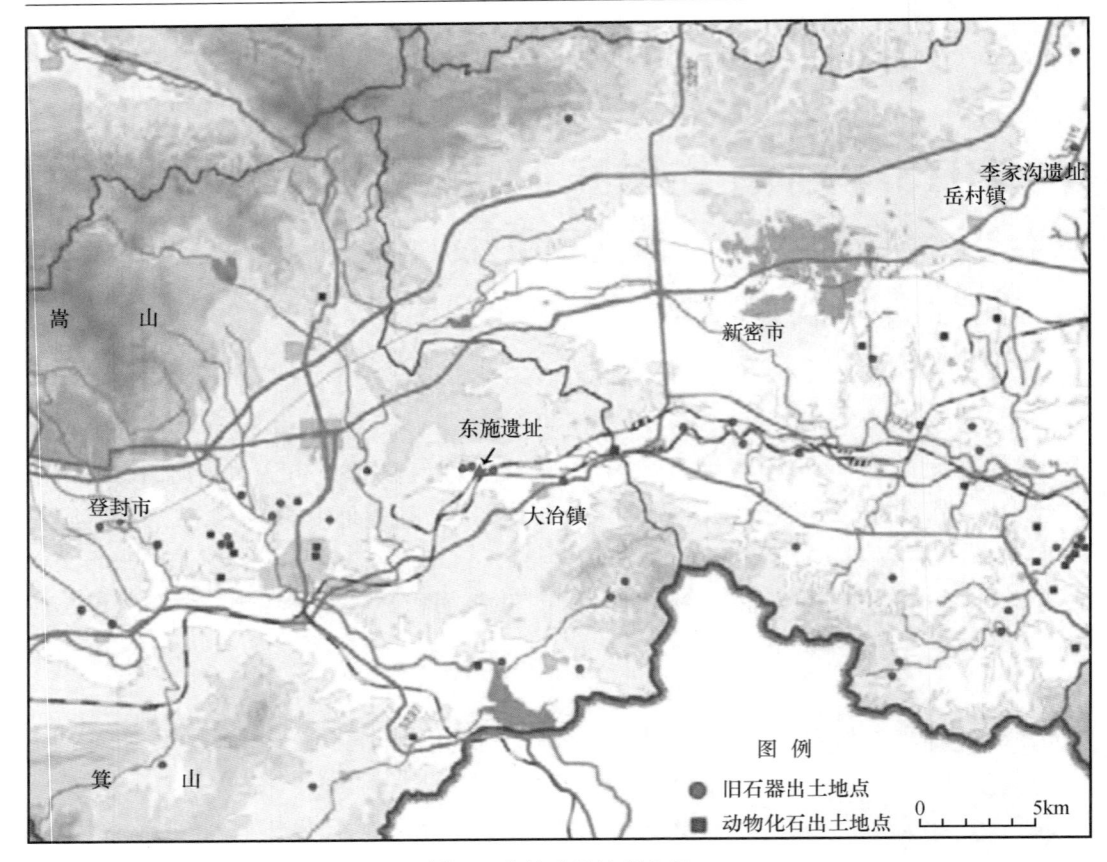

图一　东施遗址地理位置

质较为疏松，包含物繁杂，有灰陶陶片、瓷片、瓦片、石块、铜钱、打制石器、红烧土、炭屑等，遗物跨度年代长。打制石器的年代为旧石器时代；陶、瓷、瓦片根据初步鉴定结果，年代早至秦汉，晚至明清（甚至有可能更加晚近）。所有遗物在地层中皆交错分布，未有明确的层位所在。结合遗物分布，遗物性质以及土层堆积情况可判定，该层堆积性质为扰土。其中所包含的遗物属次生堆积，已失去自身的原生层位。东施遗址的绝大部分含石叶、细石叶技术的石制品，即出土于此层。

第2层：为黄土状堆积，可细分为3个亚层。

第2a层：为浅灰黄色粉砂质黏土，厚约30cm，土质细密，含零星炭屑。推测其性质为原初堆积的次生马兰黄土。发掘区北部的第2a层堆积顶部发现有6件燧石石器。

第2b层：浅棕黄色粉砂质黏土，厚85~135cm，土质细密，推测其性质为原初堆积的次生马兰黄土。土色较第2a层偏红。发掘区中部的第2b层堆积靠近底部约40cm厚的土层中发现20件石英石器。

第2c层：浅灰黄色黏质粉砂土，厚约45cm，土质较细密，含零星炭屑，含砂量高于第2a与第2b层，低于第3a层，推测其性质为典型河漫滩相堆积向黄土状堆积过渡的地层。

第3层：为一套河流相堆积，可细分为四个亚层。

第3a层：灰白色粉砂土，厚25~40cm，其中夹杂有多个小型的细砂透镜体。

第3b层：浅灰白色细砂土，厚60~85cm，质感疏松，含有棕黄色水锈。包含物中有贝壳。夹杂有一条厚约30cm的粗砂透镜体。第3b层中可辨识出明显的水平状层理，观察到不同堆积时期的粗细变化。

第3c层：浅灰绿色粉砂土，厚20—25厘米，含有较多棕黄色水锈，底部交杂有一条细砂条带。

第3d层：质地细密的黏土状堆积，灰绿色粉砂质黏土与棕褐色黏土交杂分布。出露处厚度为70cm。其中棕褐色黏土坚硬厚重，黏性较大，推测其性质为淤泥。包含物中有贝壳及蜗牛壳。

根据地层划分，结合出土石制品的特征，我们可将东施遗址石制品归入两大文化层，上文化层包括第1层及第2a层出土的以燧石为主的石制品，含石叶、细石叶工业组合。下文化层则为第2b层，为石片石器组合。其中，第一层虽为扰土层，但针对其中所

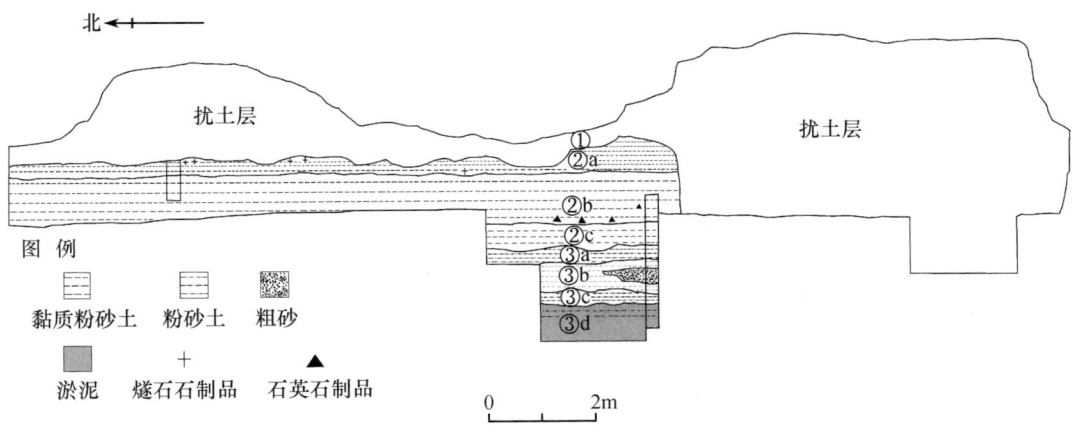

图二 东施遗址西壁剖面图

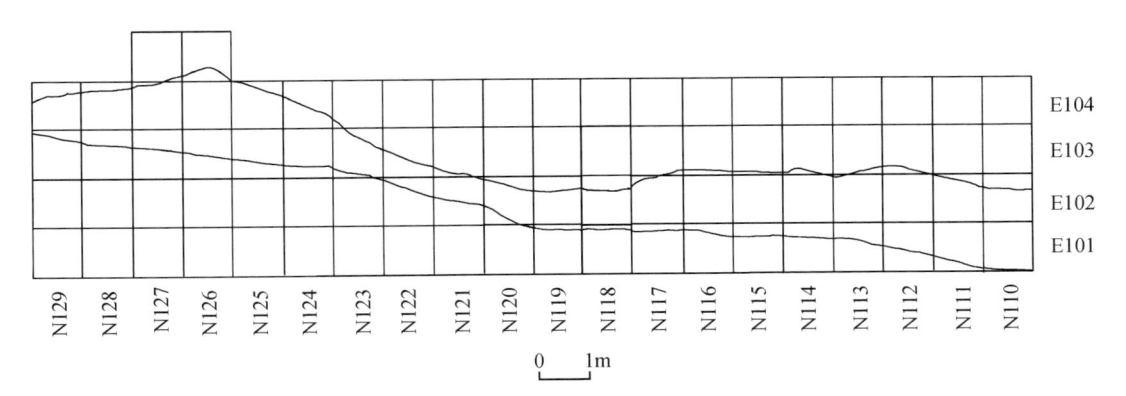

图三 东施遗址平面图

埋藏石制品的操作链、原料特征等方面进行分析，可推断其基本应归为一个时期内的石制品遗存，而非不同时期混入的遗存。其与第2a层中残留的原生层位燧石石器，共同组成上文化层。

（三）年代讨论

由于上文化层被扰动，无法对其进行精确测年。但2010年度发掘的西施遗址，距离东施遗址仅500m左右。东施遗址上文化层的埋藏层位与西施遗址相似。出土遗物的内涵也具有高度相似性，均为以附近地区所产燧石为主要原料加工石制品的场所，含有典型石叶工业技术与雏形状态的细石叶技术。因而推测两遗址应处于同一时期。西施遗址的^{14}C测年结果为25kaB.P.（校正后），由此推断，东施遗址上文化层的年代约为25kaB.P.左右[1]。

二、文化遗存

东施遗址旧石器时代的文化遗存主要为石制品。虽然在第1层出土有2件残破的动物肢骨化石，但由于层位受过扰动，因此难以推断其与同层出土的石制品是否有共存关系。

（一）东施遗址上文化层石制品

东施遗址上文化层中出土的石制品共2568件，其中原生层位（第1层）出土的有6件，扰动层位（第2a层）出土的有2562件。石制品种类统计如下（图四）。

石制品原料以燧石为主，其中又以遗址附近低山地带所出露的青灰色或深青色带紫色花纹，节理较发育的一类燧石占主导。外来燧石仅18件，但可分为4类，显示其产

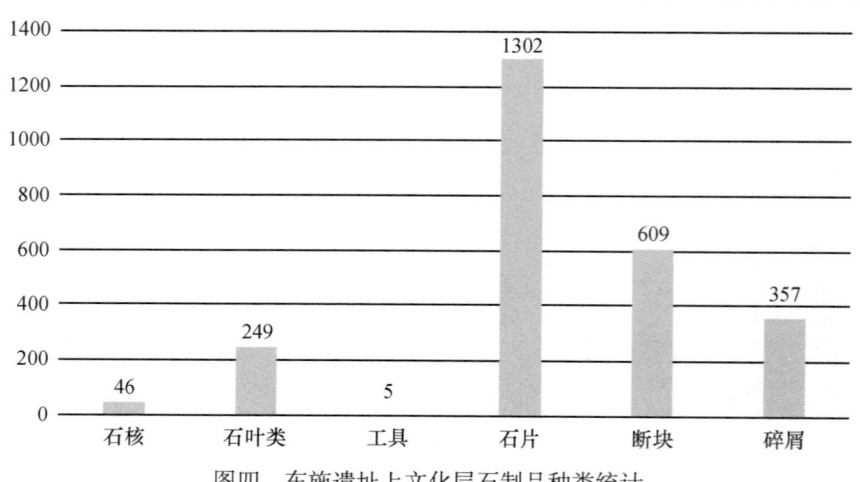

图四 东施遗址上文化层石制品种类统计

地来源的多样性。石制品原料与石制品类型的对应关系如表一所示。

表一　东施遗址上文化层石制品原料与石制品类型对应表　（单位：件）

	石核	石叶类产品	工具	石片	断块	碎屑
本地燧石	44	247	3	1296	603	352
外来燧石	2	2	2	3	4	5
石英	0	0	0	2	2	0
砂岩	0	0	0	1	0	0

1. 石核

东施遗址上文化层出土石核46件。其中石叶石核21件（包含14件尺寸较小的小型石叶石核），细石核11件，石片石核7件，改制石核7件（由剥片产生的断块、石片被重新利用，进行进一步剥片而形成的石核）。在石叶石核与细石核之中，均能发现两种形制的石核，一类为宽型的棱柱状—似棱柱状石核；另一类为窄体石核，往往以较扁的石材或厚石片为毛坯，以台面长轴端所对应的较窄的一面或两面为剥片面。两类石核对坯材的选择不同，预制方法相异，但均以剥取两侧平行的窄长型叶状毛坯为生产目的。以下是对一些典型石核标本的描述：

13DD-1323（图五，1）：青灰色燧石，石叶石核。毛坯为燧石团块。重达183.6g，高74.8mm，宽49.8mm，厚44mm。该石核显示的剥片技法为双台面对向平行剥片，共用一剥片面。台面皆经过人工修理，其中一个台面上有8件修理台面所留下的疤痕。台面角度分别为81°和70°，处于较佳剥片角度。剥片面上有较多剥片未能贯通核身而留下的深陷断坎以及节理面，推测系剥片末期的石核。

13DD-0970（图五，2）：深青色带紫色纹路的燧石，小型石叶石核。毛坯为石片。重25.4g，高54.7mm，宽15.9mm，厚39.2mm。台面为石片远端被人工剥离后所留下的窄长平面，与台面相对的底部经过人工修理，形成一条楔状缘。石核整体形状类似楔形。剥片面分布在台面长轴两端的窄面上。

13DD-0818（图五，4）：亮黑色带油脂光泽的燧石，柱状细石核。毛坯为燧石团块。重5.2g，高22mm，宽11.5mm，厚12.5mm。双台面对向剥片，两个台面皆经过人工修理。剥片方式为沿台面一周向底部压制细石叶，片疤细小、规整，主疤宽约4mm。

13DD-1537（图五，3）：深青色燧石，细石核，形体呈较扁的角锥状。重14.7g，高24.7mm，宽18.8mm，厚36mm。毛坯原型为窄体团块，台面较窄长，与台面相邻的四个面呈倾斜下收状，汇为一点。其中，两个较宽的面（与台面短轴相对的面）为节理面，两个较窄的面（与台面长轴相对的面）为人工剥片面。台面与剥片面夹角较锐，其中一个面上有平行分布的多条细石叶疤痕。

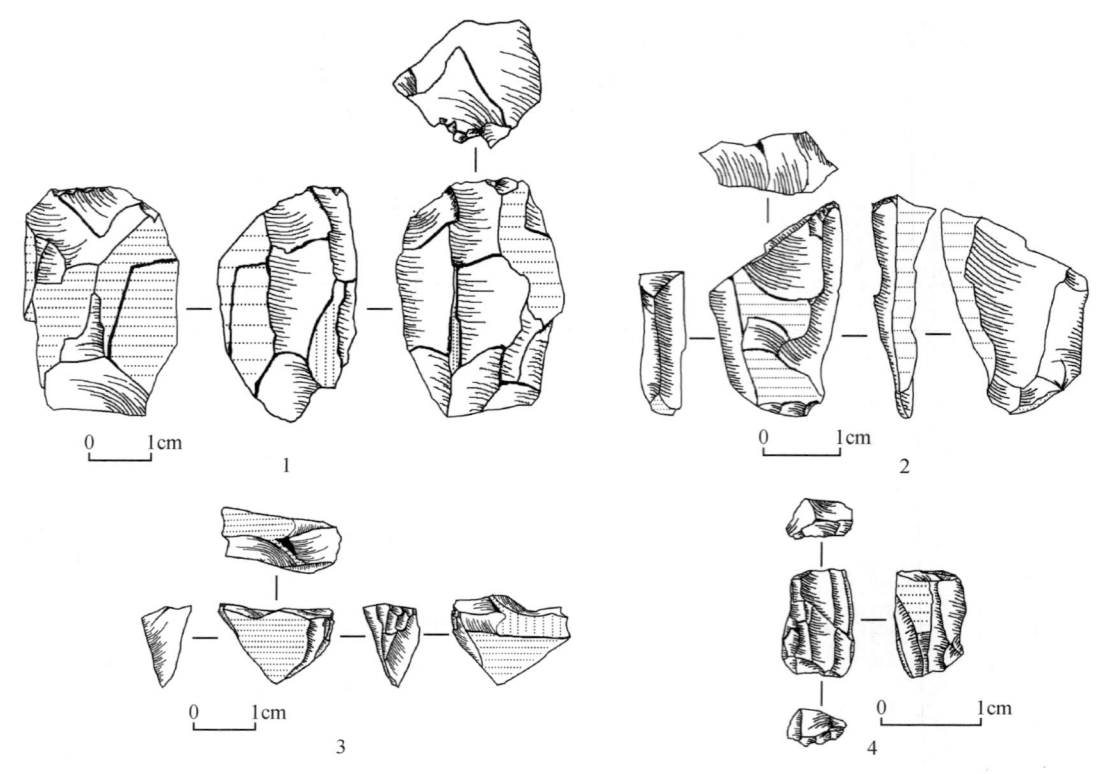

图五　东施遗址上文化层石核
1、2. 石叶石核（13DD-1323、13DD-0970）　3、4. 细石核（13DD-1537、13DD-0818）

2. 石片

东施遗址共发现石片1302件。石片大小差异悬殊（最重者可达122g，最轻者不足1g），形态变异丰富。显示出其为操作链不同环节下所留的产物。

其中，一部分石片具有较明显的技术鉴别特征，显示出其为石叶、细石叶技术剥片环节中所留下的副产品。这些副产品可分为两类，一类为维修石核台面所剥离下来的石片。剥离此类台面的目的是为了修整台面，使台面与剥片面夹角始终保持有利于剥片的角度。另一类则是维修石核剥片面所剥离下来的石片。这些石片的剥离，能够改变石核剥片面的形态，以维持连续循环的石叶、细石叶剥片[2]。此外，还有相当一部分石片，从形态推测可能是石核预制、工具修理等活动留下的副产品。但技术鉴别特征不如上述两类石片明显。典型标本描述如下：

13DD-0702（图六，1）：深青色燧石，重27.5g，长45.6mm，宽40.8mm，厚4.6～16mm。该石片为一件再生台面石片。剥离方向近垂直于原先石叶石核的剥片方向。石片台面为原先石叶石核的剥片面，因而在其上能够看到平行排列的石叶疤，背面则为原先石核的台面。这件石片的剥离，能够使石核显露出新的台面，为后续剥片创造出理想的剥片角度。

13DD-2322（图六，2）：深青色燧石，该石片为一件更新剥坯工作面石片。重1.8g，长23mm，宽15.7mm，厚3.8mm。该石片很薄，石片背面为原先细石核剥片面的一部分，有多条细石叶片疤，背面接近台面处能够观察到两个剥片中断而留下的断坎。推测可能是细石核剥片面上的断坎和弯曲的叶脊阻碍了进一步的连续剥片，因此需要将这一部分剥片面剥除掉，显露出新的剥片面，以便后续剥片。

3. 石叶、细石叶类产品

东施遗址发现的石叶、细石叶类产品有249件，可分为两大类，一类为鸡冠状石叶\细石叶，另一类为石叶、细石叶。鸡冠状石叶的发现是石叶技术存在的重要证据。鸡冠状石叶是沿石核预制后产生的纵脊进行剥片而产生的第一件石叶，其横截面往往呈三角形[3]。它的剥取使得石核剥片面上留下两条平行的纵脊，从而为后续的剥片创造适宜的引脊（典型标本如图六，3所示）。

典型的鸡冠状石叶在剥取前，工匠通常要对石核上的引脊进行修整。条件适宜的情况下也可利用天然形成的直脊[4]。东施遗址的鸡冠状石叶兼具这两种类型。

东施遗址的石叶、细石叶产品为残断不完整者，或是形态弯曲、曲度偏大者，不宜再进一步用作工具毛坯或复合工具。因此推测这些产品多数是残次品，工匠很可能将生产出的完整产品带离了遗址。

东施遗址的石叶、细石叶类产品大小相差悬殊。从宽度在4mm左右的细石叶到宽度超过20mm的较大石叶都有发现。长度方面，大型的石叶可达60~70mm，甚至个别者超过10mm。而细石叶仅20mm左右。从整体比例来看，宽度小于12mm，长度小于60mm的小型石叶以及细石叶占多数。大型石叶数量较少（图六，4）。

4. 工具

东施遗址的工具发现很少。仅5件。其中1件为边刮器，其余皆为端刮器。端刮器又可分为两类，一类是以短小石片为毛坯加工的短身圆头刮削器，形制较为稳定，共3件。一类是有带剥片痕迹的断块、石片为毛坯加工而成的端刮器，仅1件。以下是对典型标本的介绍。

13DD-0439（图六，5）：深青色带紫色纹路燧石，为一件边刮器。毛坯原型为石叶，两侧边近平行。重12.1g，长47.6mm，宽16.7mm，最大厚度为9.4mm。毛坯的一条长侧边得到了精细的加工修整，形成一道整齐的刃缘，刃角在56°左右。修疤方向是从平坦的腹部向背面连续修理，修疤部位长度超过侧边总长度的90%以上，可识别的修疤达11件。这些修疤多呈窄长型，平齐浅远，部分修疤向毛坯背部的延展长度大于8mm，超过了背脊的中线。推测可能采用了软锤或者压剥的修理方式。

13DD-1100（图六，6）：深青色燧石，为一件端刮器，毛坯原型为石片。重3g，长22.2mm，宽18.7mm，厚7.1mm。石片的远端被进行了陡向加工，可识别的修疤达10

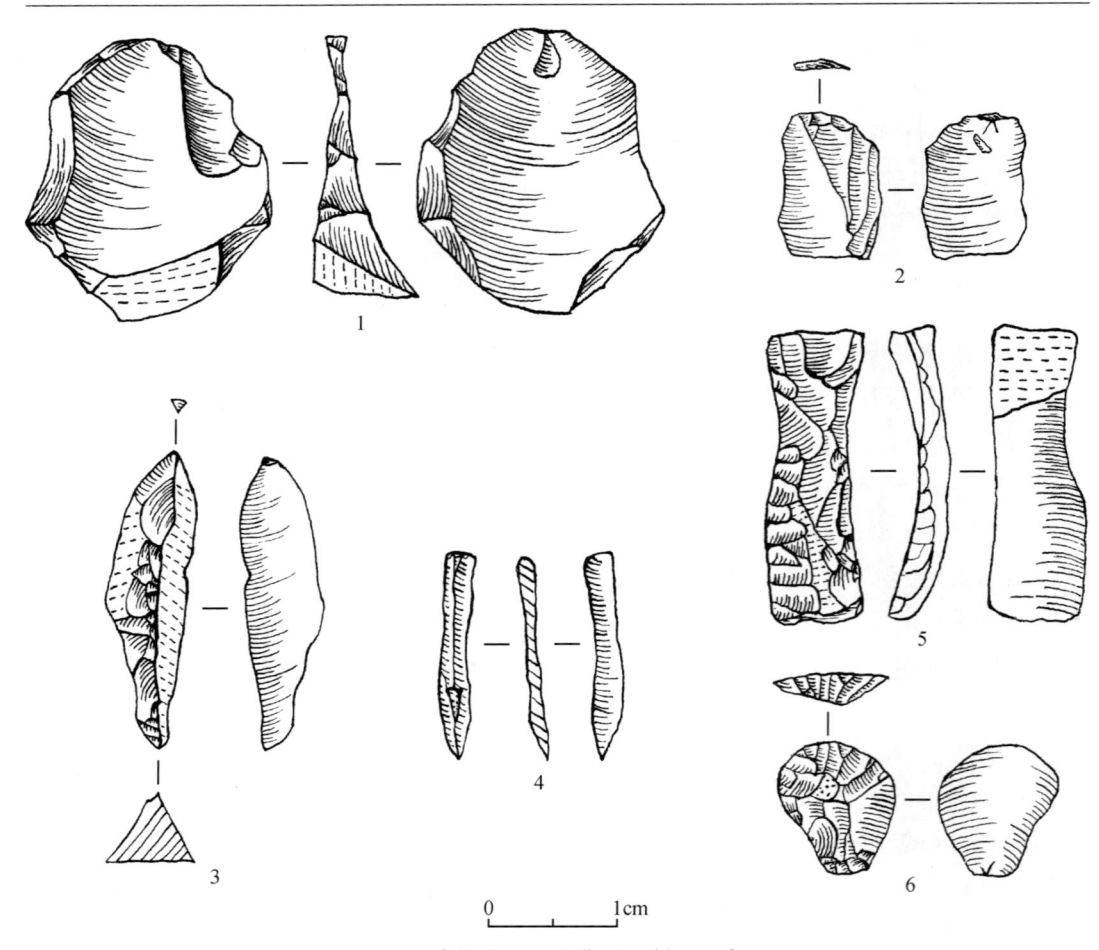

图六　东施遗址上文化层石制品组合

1. 再生台面石片（13DD-0702）　2. 更新剥坯工作面石片（13DD-2322）　3. 鸡冠状石叶（13DD-2418）　4. 细石叶（13DD-0475）　5. 边刮器（13DD-0439）　6. 端刮器（13DD-1100）

件，修疤规整浅平，呈长型，平行连续排列。修理方向为从腹面向背面修理。修理出的刃部呈向外凸的弧形，类似于"拇指盖"。刃缘角为53°。

5. 石制品特征归纳与遗址功能分析

　　操作链的分析显示，东施遗址存在典型的石叶工业技术。从预制石核，到剥取冠状石叶，再到后期的系统化地剥取两侧平行的窄长型片坯，每一个步骤都能清晰地在东施遗址上文化层的石制品中找到证据。工匠有着控制剥坯的娴熟技艺，能够通过灵活多变地维修台面与剥片面的技术，在剥片过程中始终保持剥片角度的适宜与剥片面的平整，以达到高强度地利用石核，进行连续剥片的目的。

　　与此同时，东施遗址还存在处于早期阶段的细石叶技术。与华北地区20kaB.P.之后的细石叶技术相比[5,6]，东施遗址的细石叶技术预制技术较为权宜，石核形制多变，细石叶尺寸变异较大，显示出技术初始阶段的特征。通过对比分析，细石叶技术对石叶工业的诸多技术因素有着明显的继承性。

东施遗址上文化层的石核多呈废弃状态，石制品大小混杂，且以石制品生产过程中的副产品占据主导位置，表明该遗址在此时期是一处以加工石器为主要活动的场所。2013年底的原料产地调查，在东施遗址东北方向1.8~2km的新兴沟村北侧石炭系石灰岩低山山坡地带找到了燧石层位，其性质与遗址中最大宗的一类燧石正好吻合，因此极有可能是东施遗址燧石原料的来源地。而临近石料产地的特征也支持了东施遗址是一处石器加工场所的判断。此外，东施遗址的工具以及完整石叶、细石叶数量的稀少，表明古人可能将制作好的成品石器带离了遗址。

（二）东施遗址下文化层遗存

东施遗址在第2b层中发现有20件石英石制品，其中，最上部的石制品与东施遗址上文化层最下部的石制品之间垂直相距50~60cm，两者其间的堆积中未发现任何文化遗存。

从石制品特征、文化层埋藏部位等方面推测，这一文化层所反映的石制品生产技术与MIS 3（不包括MIS 3阶段最末期的25~24kaB.P.）阶段广泛流行于郑州地区的以石英为主的小石器工业技术体系相同，时间也大体处于同时期。

20件石英石制品中，石片有4件（其中完整者3件，裂片1件），断块6件，残片1件，碎屑9件。

如图七所示，13DD-0023、13DD-0012均为从石核上剥落下来的大型石片。其中13DD-0023（图七，1）重64.8g，长49.4mm，宽34.5mm，厚26mm。13DD-0012（图七，2）重129.6g，长85.4mm，宽50.7mm，厚28.4mm。从两件石片的背面片疤分布及尺寸来看，剥离这两件石片的原石核存在着对向剥取长石片的技术特征。13DD-0022（图七，4）为一件带Y形背脊的不完整石片，其尺寸较小，重量为3.2g，长26mm，宽17.4mm，厚9.8mm。推测是从比13DD-0012、13DD-0023所被剥离的原石核更小的石核上所剥剥离下来的。而13DD-0024（图七，3）则为石核断块，重25.7g，长26.8mm，宽37.3mm，厚17.8mm，其上保留有4件石核剥片时所留下的同向片疤。

除去这4件标本外，其余的石英石制品体量均十分微小，其上所保留的石器生产技术信息较为有限。尤其是9件碎屑，重量都仅在1g以下。

东施遗址下文化层出土的石制品数量较少，原料种类单一，无石核、工具类的石制品发现。推测为一处古人类临时活动所留下的遗存，活动强度低于上文化层。

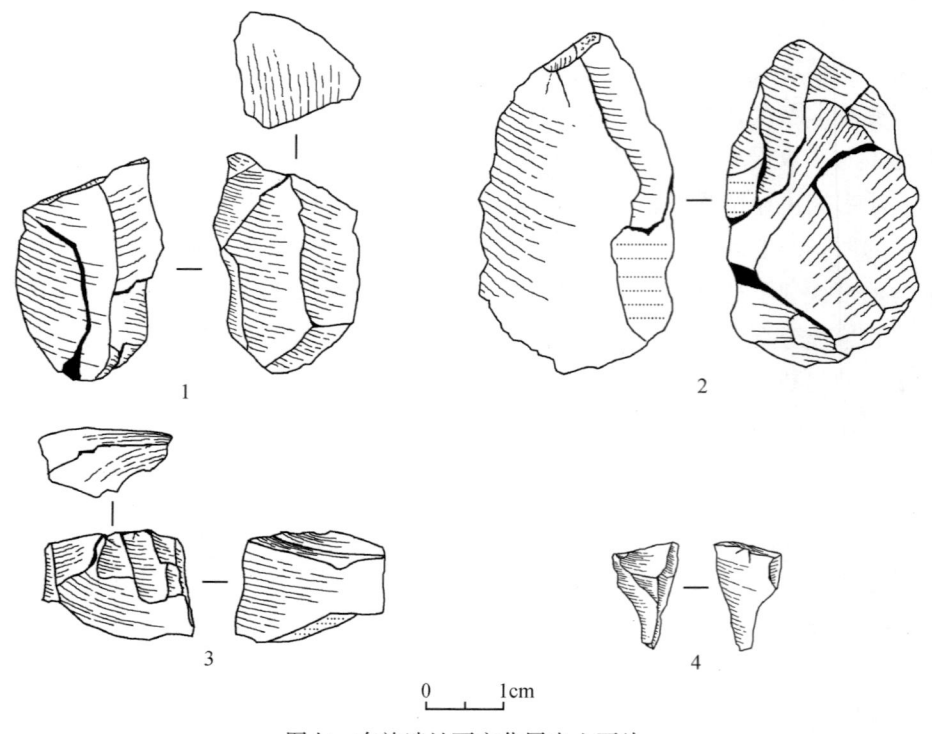

图七　东施遗址下文化层出土石片
1. 13DD-0023　2. 13DD-0012　3. 13DD-0024　4. 13DD-0022

三、总结与讨论

东施遗址是一处旧石器时代晚期位于嵩山东南麓的露天遗址。其重大的意义在于揭示出了郑州地区旧石器时代晚期石器技术的转型现象。东施遗址下文化层出土的石器与郑州地区MIS 3阶段（不包括MIS 3阶段末期的25~24kaB.P.）的其他遗址点相同，均为以石英为主要原料的石片石器[7]。而东施遗址上文化层则出现了以燧石原料为主的典型的石叶工业与初期阶段的细石叶工业。

石器加工场的性质特征，使得东施遗址上文化层遗留下了众多处于操作链各个环节的石制品，从而有助于我们深入分析这一阶段的整个石制品生产体系。对这一问题的探讨，使我们倾向于认为这场发生于旧石器时代末期的石器技术转型，带着某些突变性质。在原料开发利用、剥坯技术路径、修理加工技术、石制品组合等诸多方面，新出现的石叶、细石叶技术都与先前流行的石片石器技术有着重大差别[8]。

结合邻近地区的西施遗址的发现，可大致判断东施遗址含石叶、细石叶工业的上文化层年代为25kaB.P.而放眼整个华北地区，这一时段的前后，正是石叶、细石叶工业取代传统石片石器的阶段。在山西高原、泥河湾盆地、燕山南麓等地区都出现了类似的现象[9]。而随后则出现了细石叶技术普遍流行于华北地区的格局，一直持续到旧石器时代结束[10]。可见，东施遗址上文化层所处的时间，正好位于石器技术转型的节点之上。这一时期的石器技术体系，与之后流行的石器工业面貌有着较强的继承性，而与传统的石器技术，有着较大区别。

石器技术的转变，也在更深层次反映了文化传统的变革以及行为方式的转变[11]。例如，古人开始在采办优质原料上投入更大精力；古人对剥制坯材和工具加工的掌控程度大大提高；石器生产的权宜性色彩减弱；技术生产的专业分工得到加强，等等。而对于石器技术转变出现的原因，以及这场转型与技术传播、环境背景等方面的关联，则有待于我们通过后续更系统的研究工作进行探讨。

附记：东施遗址的发掘得到国家文物局、河南省文物局、郑州市文物局、登封市政府的大力支持，并受到国家社科基金项目资助。郑州市文物考古研究院为发掘与资料整理工作提供了全面帮助。北京大学城市与环境学院夏正楷教授曾亲临现场，指导地层划分与古环境样品取样。在此一并致谢。

领队：王幼平　汪松枝
发掘：赵　潮　陈宥成
绘图：赵　潮
执笔：赵　潮　陈宥成　王幼平
　　　汪松枝

参 考 文 献

[1] 高霄旭.西施旧石器遗址石制品研究[D].北京：北京大学考古文博学院，2011.
[2] Deébnath A, Dibble H L. Handbook of Paleolithic Typology [M]. Philadelpha: University Museum, Uniersity of Pennsylania. 1994.
[3] 王幼平.石器研究：旧石器时代考古方法初探[M].北京：北京大学出版社，2006.
[4] Inizan M-L, Poche H, Tixer J. Technology of knapped stone [M]. Préhistoire de la Pierre Taillée, Tome 3. Meudon: CREP. 1992.
[5] 王建，王益人.下川细石核形制研究[J].人类学学报，1991，10（1）.
[6] 李占扬，李雅楠，加藤真二.灵井许昌人遗址第5层细石核工艺[J].人类学学报，2014，33（3）.
[7] 王幼平，汪松枝.MIS 3阶段嵩山东麓旧石器发现与问题[J].人类学学报，2014，33（3）.
[8] 王幼平.中国远古人类文化的源流[M].北京：科学出版社，2005.
[9] 赵潮.登封东施遗址石制品研究[D].北京：北京大学考古文博学院，2015.

[10]　陈胜前. 中国北方晚更新世人类的适应变迁与辐射［J］. 第四纪研究，2006. Vol. 26，No. 4.
[11]　奥法·巴尔—约瑟夫（Ofer Bar-Yosef）、斯蒂夫·库恩（Steve L. Kuhn）著，陈淳译. 石叶的要义：薄片技术与人类进化［J］. 江汉考古，2012（2）.

（原刊于《中原文物》2018年6期）

相关研究

织机洞的石器工业与古人类活动*

王幼平

（北京大学考古文博学院，北京　100871）

一、前　言

　　20世纪80年代中期以来，关于现代人类起源的两种假说一直存在着激烈的争论。根据遗传学的分析以及非洲、西亚与欧洲等地的考古学资料，一些学者主张现代人类应当起源于非洲。不过从中国与东亚其他地区考古学发现的情况来看则很难支持上述观点，所以也有许多学者主张现代人类应该起源于包括东亚在内的多地区。现代人类的起源与发展是更新世晚期，也就是距今10多万年以来到距今1万年期间最主要的事件。探讨晚更新世古人类及其文化的演化发展则成为当今世界史前考古学界最主要的课题之一。近年来两种假说的争论日趋尖锐，并且争论的焦点也主要集中到东亚地区。系统认识晚更新世以来东亚地区尤其是中国境内古人类的活动特点及其生存年代及古环境背景，已经成为解决上述课题的关键。

　　自从1990年以来，该遗址已经过前后多次发掘[1]。基于上述情况，从2001年开始，北京大学考古文博学院与郑州市文物考古研究所先后三次对河南荥阳织机洞遗址进行发掘。我们希望通过对这处堆积巨厚的晚更新世遗址进行重新发掘，进一步获得关于北方地区晚更新世古人类生活的环境背景与年代学框架的有关资料，了解该地区旧石器文化发展的进程与特点，进而认识该遗址旧石器工业的发展及其与中国境内及东亚地区已经发现的不同类型的旧石器文化之间的关系。织机洞遗址发掘的收获很大，已经发现的石制品多达上万件，还揭露出当时人类的居住面，以及大量有关当时人类生存环境与年代学的信息。对这个遗址所发现资料的初步整理与研究显示，织机洞遗址所发现的旧石器文化遗存及相关资料，对于认识本地区晚更新世的环境，古人类与旧石器文化发展的年代框架，尤其是石器工业反映的古人类活动与行为特点的变化等有关现代人类起源与发展研究的信息都十分重要。

---

* 本文承国家文物局文物保护科学与技术研究课题资助（课题号：2001003）。

二、织机洞遗址的发现

（一）地层与时代

织机洞遗址位于河南省郑州市郊区荥阳崔庙乡的王宗店村，地理坐标为东经113°13′，北纬34°38′。这里是嵩山余脉所形成的低山丘陵区，植被繁盛，郁郁葱葱。附近的山体为石灰岩。织机洞本身是沿石灰岩裂隙发育的岩厦式溶洞。洞口高达20余米，宽10余米，进深20余米（附图一）。

织机洞遗址的堆积总厚达20米以上。详细的地层划分可以多达20层以上。这些堆积的来源比较复杂，但多数是洞顶的坍塌或由洞顶天窗漏入，也有洞外流水作用冲入。堆积形成的时间相对较短，但堆积形成速度却相对较快。不过在有人类活动时期则相对较为稳定。

根据最近的观察，可以将织机洞的堆积划分为四部分。最上为全新世，含新石器时代及更为阶段的文化遗存。第二部分是总厚5米左右的棕红至黄褐色的砂质黏土夹角砾层。第三部分的总厚度亦有5米以上，为灰白色与浅黄色黏土、砂质黏土互层，局部夹厚层泥炭层。最下部是褐色、黄褐色及红色的砂质黏土层，已经发掘部分厚度近10米，局部达洞底基岩。

从织机洞堆积的岩性、包含物、年代测定数据以及古环境等特点来综合考虑，现已初步看出早期人类使用这个洞穴遗址的过程与特点。最上层的全新世堆积主要是洞顶天窗的塌漏下来形成的倒石堆，显然不是人类居住留下的原生堆积，其时代也不在本文讨论的范围。

第二部分堆积的主色调为浅黄至灰黄，与洞外的马兰黄土堆积可以对比。堆积中多夹洞顶崩落的灰岩角砾也说明当时的气温较低，物理风化较为强烈。结合其下第三部分上部泥炭层的初步测年数据来看，第二部分堆积主体形成的时代应该在距今3万年以后，与最后冰期最盛期的时间相当。这一阶段洞穴内有古人类的文化遗存发现，主要是石制品，也有动物骨骼碎片及灰烬等。

第三部分堆积的岩性特点很清楚说明其形成与流水作用的关系非常密切，主要是洞外流水倒灌入洞内形成的静水沉积物，局部地方还形成厚层泥炭层。这部分堆积形成的时间显然相对较短，其环境也不利于古人类活动，无文化遗存的发现。

第四部分的堆积较厚，形成的时代最早，延续的时代也可能较长。堆积形成的原因较为复杂，但明显可见与古人类活动的关系密切。该层可以再详细划分多个文化层。据在已经发掘的洞口部分的观察，不同文化层所含遗物的情况不同，其中的第7层最为丰富。已经发现的情况显示该层是人类在洞穴内活动的主要时期，所揭露部分应该是当时人类加工石器的工作区。

上述堆积特点说明，更新世人类使用这个巨大岩厦遗址主要有两个阶段，一个是第二部分所代表的晚期，从古环境与年代学特点来看，应该属于晚更新世的较晚阶段，属于旧石器时代晚期。另一是第四部分，根据^{14}C年代与光释光等测年结果来看，这部分堆积主体应该形成于距今4万年以前，是本次工作的重点。在洞口部分，这部分堆积可以划分出9层，地层描述如下。

第1层：表土层，棕黄色黏土质粉砂，含有灰岩碎屑。深0~0.6米。

第2层：土黄色黏土质粉砂，含有少量3~5cm灰岩角砾。本层有光释光年代数据37.4±3.51kaB.P.。深0.6~1.6米。

第3层：钙板层，上部为灰白色，下部为砖红色，风化强烈，呈团块状，顶部起伏不平，厚度变化较大。含有少量石制品。深1.6~3米。

第4层：褐灰色钙质粉砂质黏土，含极少量灰岩碎屑，夹灰黑色锰质条带。含有少量的石制品。深3~3.65米。

第5层：褐灰色钙质粉砂质黏土，底部含薄层灰岩碎屑。含有少量石制品。本层有光释光年代数据46.5±4.12kaB.P.。深3.65~3.82米。

第6层：砖红色钙质黏土，含较多灰岩碎屑，砾径在3~5cm，扁平状，含有大量的钙结核。本层底部颜色变深，出现灰黑色锰质条带。含有较多的石制品。本层有光释光年代数据48.1±11.1kaB.P.。深3.82~4.3米。

第7层：灰黑色砂质黏土，含有少量灰岩碎屑，发育钙质条带，西侧钙质条带较多。含有丰富的石制品。本层有光释光年代数据49.7±5.76kaB.P.。深4.3~4.59米。

第8层：灰褐色粉砂质黏土，夹灰白色钙板团块，夹有较多的灰黑色锰质条带，分布不均。含有少量的石制品。深4.59~5.26米。

第9层：褐灰色砂质黏土，混杂有大量的灰黑色锰质条带和灰白色钙质条带，条带弯曲，产状多变，但基本上与洞壁保持一致，为洞底落水洞充填物。本层中含有少量的石制品。深5.26~9米。

（二）石器工业概况

织机洞遗址下部地层所发现的遗物，无论是石制品标本，还是化石标本，其长轴方向、倾向、倾角在各个等级的标本所占比例差别不大，未发现有特别明显的分布规律。从地层剖面观察，虽然后来发生过沉降，但是其埋藏遗存等并未受明显破坏，仍应属于原生的连续堆积。从风化和磨蚀程度看，绝大部分标本保存状况较完好，没有受到明显的自然风化和外力磨蚀。结合地层、遗存的埋藏特征、遗物的种类，以及可能是用火遗迹的遗存等情况来看，发掘区的埋藏过程应连续地发生于当时的洞内，是古人类活动遗存的原地埋藏[2]。

发掘区的上部堆积已于20世纪90年代移走。本次发掘的主体部分是尚保留的第5层以下部分，第3、4层仅在发掘区南部保留，是原来发掘所保留的探方隔梁。堆积均较薄，受地层塌陷的影响，与整个堆积一同向东北方向倾斜。第3、4层仅有少量石制品发现。从第5层开始，石制品数量增多（表一至表五）。

表一　第5层石制品分类与岩性统计

	石英	燧石	石英砂岩	石英岩	其他	合计（%）
石料		1				1（1）
石核	6	1				7（6.7）
单台面	3					3
双台面	2	1				3
多台面	1					1
完整石片	16	5	2	4	1	28（27）
Ⅰ型石片				1		1
Ⅱ型石片		1	1			2
Ⅲ型石片		1				1
Ⅳ型石片				1		1
Ⅴ型石片	4					4
Ⅵ型石片	12	3	1	2	1	19
不完整石片	5					5（4.8）
远端断片	3					3
左裂片	1					1
右裂片	1					1
废品	40	4		1	1	46（44.2）
断块	32	4		1	1	38
碎屑	8					8
工具	11	5		1		17（16.3）
边刮器	8	5		1		14
雕刻器	1					1
钻	2					2
合计（%）	78（75）	16（15.4）	2（1.9）	6（5.8）	2（1.9）	104（100）

表二　第6层石制品分类与岩性统计

	石英	燧石	石英砂岩	石英岩	其他	合计（%）
石料					2	2（0.5）
石核	8	6	3	1		18（4.4）
单台面	4	1	1	1		7
双台面	1	2	1			4
多台面	3	3	1			7
完整石片	38	23	7	5	3	76（18.8）
Ⅰ型石片				1		1
Ⅱ型石片	3	3	3	1		10
Ⅲ型石片	3	1		1		5
Ⅳ型石片	1					1
Ⅴ型石片	2	7	2			11
Ⅵ型石片	29	12	2	1	3	47
不完整石片	11	5	7	1		24（5.9）
近端断片	4	1		1		6
远端断片	5		2			7
中间断片	2					2
左裂片		1	2			3
右裂片		3	3			6
废品	119	68	9	7		203（50.1）
断块	93	47	6	6		152
碎屑	26	21	3	1		51
工具	41	36	3	1	1	82（20.2）
砍砸器	1					1
边刮器	30	32	3	1	1	67
尖状器	1	1				2
端刮器	2	3				5
雕刻器	2					2
凹缺刮器	1					1
钻	3					3
齿刮器	1					1
合计（%）	217（53.6）	138（34）	29（7.2）	15（3.7）	6（1.5）	405（100）

表三　第7层石制品分类与岩性统计

	石英	燧石	石英砂岩	石英岩	其他	合计（%）
石料	1	19		3	6	29（0.8）
石核	84	50	14	8	6	162（4.5）
单台面	26	16	5	3	4	54
双台面	29	20	5	2	2	58
多台面	27	13	4	3		47
砸击石核	2	1				3
完整石片	118	87	43	18	24	290（8.1）
Ⅰ型石片				1		1
Ⅱ型石片	1	2	6	2	3	14
Ⅲ型石片	10	6	7	1	1	25
Ⅴ型石片	21	16	10	3	3	53
Ⅵ型石片	80	63	20	11	15	189
砸击石片	5					5
台面缺失	1					1
不完整石片	63	62	49	7	2	183（5.1）
近端断片	10	17	13	1	1	42
远端断片	26	18	10	3	1	58
中间断片	7	7	5	1		20
左裂片	10	10	14			34
右裂片	10	10	7	2		29
废品	896	730	113	60	46	1845（51.6）
断块	691	586	76	47	34	1434
碎屑	205	144	37	13	12	411
工具	381	541	81	17	45	1065（29.8）
石锤			1			1
砍砸器			2			2
边刮器	306	434	65	14	34	853
尖状器	24	32	3		1	60
端刮器	16	44	7	2	3	72
凹缺刮器	10	18	3	1	6	38
齿刮器	4	3				7
雕刻器	8	5				13
钻	13	5			1	18
合计（%）	1543（43.2）	1489（41.7）	300（8.4）	113（3.2）	129（3.6）	3574（100）

表四　第8层石制品分类与岩性统计

	石英	燧石	石英砂岩	石英岩	其他	合计（%）
石料					1	1（1.3）
石核	2		2			4（5.3）
单台面			1			1
双台面	2					2
多台面			1			1
完整石片	1	1	7	1		10（13.3）
Ⅰ型石片			2			2
Ⅱ型石片			1			1
Ⅲ型石片			1			1
Ⅴ型石片			1			1
Ⅵ型石片	1	1	2	1		5
不完整石片	1	1	4			6（8）
近端断片			2			2
远端断片			1			1
左裂片						
右裂片	1	1	1			3
废品	6	6	10		2	24（32）
断块	4	6	9		1	20
碎屑	2		1		1	4
工具	17	7	5	1		30（40）
石锤			2			2
边刮器	13	6	3	1		23
尖状器	1	1				2
端刮器	2					2
齿刮器	1					1
合计（%）	27（36）	15（20）	28（37.3）	2（2.7）	3（4）	75（100）

比较表一至表五可以看出，无论是石料的选择，还是工具组合，第5～7层的情况明显与第8、9层的发现都有比较明显的区别。

第5～7层经过初步整理的石制品有数千件。这些石制品的原料主要为石英，其次为燧石，还有少量的石英砂岩与石英岩等原料的使用。这些原料除了石英砂岩与石英岩系来自洞前河滩的砾石，其余均系采自数千米以外的出露的基岩岩脉或风化的岩块与结核。从石制品发现的特点来看，燧石的质量较差，多是片状小块，很难见到形体较大者。石英的质量较好，原料的体积也较大。这可能是石英原料占比例较高的主要原因。

表五　第9层石制品分类与岩性统计

	石英	石英砂岩	石英岩	其他	合计（%）
石料		2			2（7.4）
石核	1	2			3（11.1）
单台面		2			2
多台面	1				1
完整石片	1	2			3（11.1）
Ⅴ型石片		2			2
Ⅵ型石片	1				1
不完整石片		2			2（7.4）
远端断片		1			1
左裂片		1			1
废品		5	1	1	7（25.9）
断块		3	1	1	5
碎屑		2			2
工具	1	9			10（37）
石锤		3			3
砍砸器					1
边刮器	1	4			5
端刮器		1			1
合计（%）	3（11.1）	22（81.5）	1（3.7）	1（3.7）	27（100）

这一阶段所发现的石核主要是不规则形者。石核绝大部分是锤击技术的产品。台面形状不规则，亦不经过修理，仅利用原料的自然面或打击产生的石片疤直接打片。故利用率很低，一般只剥下几片即废弃。石片的数量很多，但多数的形体也不规则，很少见到三角形或较规则的长石片。除锤击技术外，少数标本可能是砸击技术的产品。

经过修理的工具的数量多达千件，可以分为边刮器、端刮器、凹缺刮器、尖状器、石锥、雕刻器与砍砸器等。其中边刮器、尖状器与石锥等还可以分出不同的类型。这些工具的修理也多比较简单，较少经过仔细加工、形体规整的精制品。加工主要也应是硬锤技术，并且以正向加工为主，反向加工者数量不多，没有见到两面加工技术的存在。

织机洞遗址第8、9层所发现石制品的数量明显不如前者，经过整理者仅有100多件。这一阶段石器原料的使用情况与早期相比，种类发生很大变化，石英岩与砂岩的比例明显增高，占绝对优势，石英与燧石等则明显减少。原料的来源也明显不同，主要系来自洞前河滩的砾石，形体较前明显增大。

从发现的石核与石片来观察，两者剥取石片的技术并没有发生明显变化。都是以锤击技术直接生产石片为主，也不见预制石核与修理台面的情况出现。砸击技术的使用痕迹也很少见到。不过从经过修理的工具类型来看，两者则有明显的变化。第8、9层的工具中，砍砸器等重型工具的比例逐渐增多，石器的体积与重量明显增加。

三、文化发展与人类活动的变化

织机洞遗址所保存的更新世的堆积巨厚，主要部分属于晚更新世中、晚阶段，在时代上跨越了从旧石器时代中期到晚期的发展。该遗址最丰富的文化遗存是石制品。数以万计的石制品，给我们认识这个洞穴的晚更新世居民的行为特点以及中原地区旧石器文化的发展进程提供了新资料。在其堆积连续的剖面上的多个层位中都有石制品等早期人类的文化遗存发现，清楚地反映了早期人类曾连续使用该洞穴。织机洞石器工业持续的时代较长，从旧石器时代中期一直到晚期，其文化特点也发生明显变化。这些变化主要反映在石器原料的选择、石制品形体的大小以及工具组合等方面。这些变化显然与当时人类活动的变化密切相关，是人类行为特点发展演变反映在其文化遗存上的结果。

（一）石器原料与人类活动的变化

石器原料的选择是更新世人类一项非常重要的活动。石器原料对于早期人类的生产与生活有着非常重要的影响作用[3]。就已经观察整理过的资料来看，织机洞早期居民在石器原料的选择方面也有其特点，并且随着时代的发展而发生明显的变化。就表一至表五所统计的情况来看，最直观的变化是石料岩性的变化。表5是最早在这个洞穴遗址活动的人类所留下的石制品。这一阶段的石器原料以石英砂岩为最多，占到80%以上，其他岩性的原料则都较少使用。到时代稍晚的第8层的石制品中（参见表四），石器原料的使用开始有所变化，除原有几种原料，最显著的是出现燧石的使用。另外石英的比例也明显增加，而石英砂岩则减少。到第7层，也是早期人类在洞口部位活动最频繁阶段，石器原料的变化尤为明显。燧石与石英的比例继续增加，两者之和占整个石料的80%以上。而石英砂岩与石英岩等则很少使用（参见表三）。时代更晚的这种趋势更为明显（图一）。

上述变化并非偶然，其出现应与这个洞穴居民的生活方式的变化密切相关。如前所述，石英砂岩与石英岩等原料，在洞前河滩上很容易找到。根据对附近河滩砾石构成的调查与抽样统计可知，不论是石料岩性特点及大小与形状等，两者均很一致，说明洞前河滩就是织机洞早期居民的石料来源地。到第7层以后，这种情况则明显改变。占石料总量80%以上的燧石与石英，从其岩性特点与原形来观察，都与附近的砾石无关，而应该直接来自原生基岩附近。原料产地的调查工作已发现块状与结核状的燧石原料应来自距织机洞遗址6~7千米之遥的山区。石英原料的来源地可能更远，在目前已经调查的范围内尚无发现。

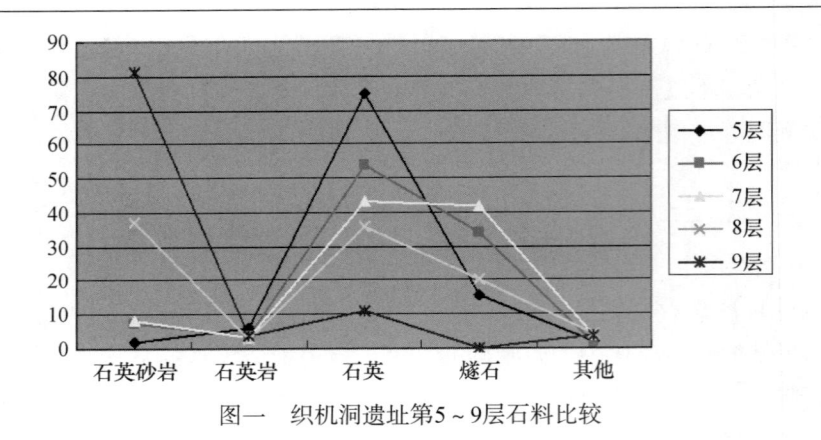

图一　织机洞遗址第5～9层石料比较

舍近求远，放弃洞前丰富的石料资源不用，而跋山涉水转至1～2个小时路程之遥或更远的山区去采集搬运石料，从经济学的角度来看这种行为显然是与常理相悖的。促使织机洞远古居民改变石料的选择应该有其原因。石英砂岩与石英岩虽然丰富易得，但其特点是易于剥取较大的石片，只适合加工形体较大的重型工具。而石英和燧石，尤其是优质的燧石，则更是易于剥取刃缘锋利的小石片，很方便加工出精致的小型工具。石料的变化更可能与石料的上述特点有关。从出自不同层位的工具组合以及工具形体大小变化的特点来看，也可以直接证明的这种情况。早期居民就地取材，使用石英砂岩以及石英岩等加工重型工具。自第7层开始，经过较多加工的轻型工具则成为工具组合的主体部分，远距离运输石料也占主导地位。石料选择与工具组合变化的相关性说明，织机洞远古居民舍近求远的行为实际上应该是为了生产更适用的利刃轻型工具。

（二）石器工业与原始技术的发展

从表1～表5的统计情况来看，织机洞遗址早期居民的石器工业也发生了很明显的变化。石器工业的变化不仅反映在前述的石器原料的变化，另外也很突出地表现在加工技术的改进与工具组合以及石器工业的整体面貌等方面。

如前所述，尽管从最早的第9层开始，织机洞早期居民打制石器的技术都是采用简单的剥片方法，没有预制石核技术采用，但早期第9、8层发现的石制品中，工具的修理相对简单（附图二）。第7层以上时代较晚者，则多修理较细致的小型工具。早期的工具多形体较重大的砍砸类重型工具。即使是石片加工的刮削器类，也形体很大，修理简单。而到第7层及更晚的发现，则以小型的利刃工具占据了主导地位（图二；附图三、附图四）。

对比图表的统计分析和对石制品的整体观察可以看出，出自第5～7层的石制品，原料以块状的石英与燧石为主，石器组合以边刮器等小型工具为主，与北方地区旧石器时代晚期常见的小型石片石器工业的文化面貌一致；出自第8、9层的石制品与前者则有明显不同，石器原料以石英砂岩与石英岩砾石为主，石器组合中形体较大的砍砸器等重型工具的比重明显增多，其文化特点与本地区时代较早的砾石石器工业更为接近（见附图四）。

在同一个遗址的同一剖面上所反映的石器工业面貌发生的明显变化，是一个值得关注的现象。对于该遗址的综合研究已经奠定了这个变化的确切年代框架，说明两种不同面貌石器工业的转变，或者说是从以砾石为原料的大型石器工业到以燧石和石英等块状原料加工的小型石片石器工业的演变很清楚地发生在距今5万~4万年期间。

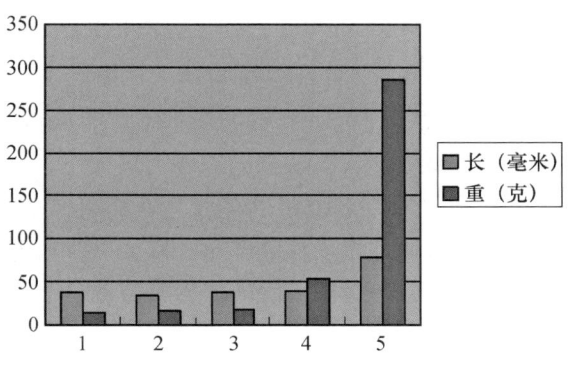

图二　织机洞遗址第5～9层石器平均长度与重量
1. 第5层　2. 第6层　3. 第7层　4. 第8层　5. 第9层

（三）织机洞远古居民行为演变及成因

无论是石料经济的变化，或是石器工业的演变，这些远古文化现象折射的实际上还是早期人类行为的变化[4]。透过织机洞遗址的发现，我们可以观察到这个遗址的早期居民更偏重于就近选取石器原料，就地加工出石质工具。大型的砍砸工具在他们的生产生活中扮演着更重要的角色。这些工具加工简单，多为权宜型石器。从居住地到石器原料产地以及加工和使用石器的场所均在相对较小的范围内。从史前考古学研究的实例来看，大型权宜型工具的制作与使用，多发生在原料产地的附近[5]。这种情况暗示，织机洞遗址早期居民可能更多在遗址附近活动，砍砸等重型工具在他们的生活中承担着主要任务。

上述情况到第7层以后发生急剧变化。如上讨论，此时织机洞的居民开始放弃附近河滩丰富的石英砂岩与石英岩原料，转而到远处山区去寻找燧石与石英等适合加工小型利刃工具的石料。就已经找到的燧石产地可知，此时人类采集石料活动的半径至少已有六七千米之遥，而石英的产地可能更为遥远。从织机洞遗址内大量的燧石与石英等石料及石制品来看，此时织机洞居民经常性活动的半径至少在距居住地六七千米外。精致的轻型工具便于携带到远距离的工作地。无论是到远距离的原料产地去搬运石料的行为本身，还是应用这种原料所生产出的石制品的便携性与适用功能，都明确说明此时织机洞居民的活动范围更为广泛。他们更多的活动则是应用小型利刃工具完成。

更大的活动范围，更复杂工具的应用等新出现的情况，都说明此时织机洞居民的行为较早期更为复杂化。这一转变发生在距今5万~4万年之间，此时正值最后冰期最盛期之前的间冰阶[6]。对织机洞遗址以及周围古环境的综合研究显示，当时人类生活生活在温暖湿润的气候条件下，周围的植被以森林草原为主。近年来晚更新世环境变迁研究的详细成果说明，在气候环境整体变干冷的发展趋势之下，中间也有转暖湿的阶段，距今5万～3万年，也就是织机洞早期居民生活阶段正是在此大的暖期环境背景之下[7]。旧石器考古研究结果显示，通常情况下在暖湿的森林或森林草原环境中生活的早期人类，其石器组合多以大型的砍砸工具为主；生活在干凉的草原环境条件下的人群则多依靠小型利刃工具来维持生存。然而织机洞遗址早期居民在总体是温暖湿润的环境条件下，石器工业却发生显著变化，从大型的砾石石器工业转变为小型石片石器工业。这一变化显然难以用环境适应的因素来解释，而应当另有其更深层次的原因。

联系人类演化的整体背景来看，织机洞早期居民生活时期正是现代人类出现并迅速发展的关键阶段[8]。虽然没有人类化石等直接证据的发现，但织机洞遗址内丰富的古人类文化遗存却清楚地显示了这个阶段人类行为的演变特点。第8、9层的石器工业及相关材料显示，早期的居民就近选取石器原料，生产权宜型工具，主要是适应小范围并相对简单的活动。第7层及以晚者，则开始远距离运输石料，仔细修理数量众多的精制工具，更适应大范围的复杂活动。生产与生活等活动的复杂化，生存领域的扩大等特点正是现代人所特有的行为特点。在织机洞遗址所发生的这一转化，显然不会是简单的对环境适应，而应该是与现代人及其行为的出现密切相关。

四、结　　语

织机洞遗址的发现，尤其是其丰富的石器工业遗存所反映的早期人类行为方面的信息为我们认识本区现代人类的起源与发展等重大学术课题提供了非常难得的新资料。多学科综合研究所确立的年代学框架与古环境背景，为织机洞遗址的深入研究奠定了非常坚实的基础。根据对织机洞遗址近几年发掘资料的整理可以看出，出自下部堆积（第四部分）的石制品可分为两组，具有明显不同的技术特点。两组不同技术特点的石器工业的交替变化，直接反映了织机洞早期居民行为的演变：早期就地取材，加工权宜型工具，活动范围有限；晚期远距离运输石料，工具精致复杂化，活动范围明显扩大。发现于织机洞遗址的这种现象，对于认识这一地区现代人类的起源与发展等课题显然十分重要。

类似织机洞最下层的以砾石为原料的形体较大的石器工业，在织机洞遗址邻近及华北南部地区的晚更新世较早阶段分布很广泛，到晚更新世的晚期都很明显地被类似织机洞晚期的形体较小的石片石器工业取代。这种现象在近年来中国南方甚至朝鲜半岛的旧石器考古发现中也很常见。很显然，织机洞遗址巨厚的地层堆积与多层石器文化的发现，尤其是两种不同类型石器工业的演化特点，为认识中原乃至整个东亚地区晚更新世旧石器文化发展提供了一个非常重要的窗口。透过这个窗口，我们可以更清楚地审视近些年来在我国各地乃至整个东亚地区新发现的晚更新世旧石器文化材料及其所反映的晚更新世人类行为的发展特点。

参 考 文 献

[1] 张松林、刘彦锋. 织机洞旧石器时代遗址发掘报告[J]. 人类学学报，2003（1）：1-17.

[2] 邵文斌. 织机洞遗址2001年的发现与初步研究[D]. 北京大学硕士学位论文，2003.

[3] Andrefsky W L. Macroscopic Approaches to Analysis[M]. Cambridge: Cambridge University Press. 1998.

[4] Binford LR. Willow smoke and dog.s tails: hunter-gatherer settlement systems and archaeological site formation[J]. American Antiquity, 1980, 45: 2-20.

[5] Gamble C. The Palaeolithic Societies of Europe[M]. Cambridge: Cambridge University Press, 1999.

[6] 夏正楷，郑公望，陈福友等. 洛阳黄土地层中发现旧石器[J]. 第四纪研究，1999（3）：286.

[7] 夏正楷. 第四纪环境学[M]. 北京：北京大学出版社，1997.

[8] 王幼平. 中国远古人类文化的源流[M]. 北京：科学出版社，2005.

附图一　织机洞洞口及部分堆积

附图二　第9层的砾石石器

附图三　第7层的燧石石器

附图四　第7层的石英石器

[原刊于《考古学研究（七）》，北京：科学出版社，2008年]

李家沟遗址的石器工业

王幼平[1] 张松林[2] 顾万发[2] 汪松枝[2] 何嘉宁[1]
赵静芳[1] 曲彤丽[1]

(1.北京大学考古文博学院,北京 100871;2.郑州市文物考古研究院,郑州 450052)

一、概　　述

　　李家沟遗址位于河南省新密市岳村镇李家沟村（隶属岗坡行政村）西约200m处，该遗址是郑州市文物考古研究院在2005年的旧石器考古专项调查中发现的。2009年8～10月、2010年4～7月，北京大学考古文博学院与郑州市文物考古研究院两度联合考对该遗址进行发掘。发掘出土大量石制品、动物遗存和陶片等珍贵的文化遗物，并揭露出包含更新世晚期较晚阶段至全新世早期的连续堆积剖面，为认识该地区旧石器时代晚期向新石器时代过渡等课题提供了非常重要的新资料[1]。

　　李家沟遗址两次发掘出土数量最多的是石制品。这些石制品出自晚更新世晚期到全新世之初的不同时代形成的地层堆积，地层关系清楚，石器组合之间的文化特点有明显区别。本文综合介绍李家沟遗址所发现的石器工业，并讨论属于不同时代、具有不同文化特点的石器组合之间的关系，认识该地区以及华北南部旧、新石器时代过渡阶段石器工业的发展演变与人类行为及经济形态变化的历史进程。

二、地理环境、地层与时代

（一）地理环境

　　李家沟遗址位于椿板河东岸，地理坐标北纬34°33′55″，东经113°31′25″（图一）。地处低山丘陵区，黄土堆积发育。椿板河由西北向东南流经遗址西侧。这一地区河谷狭窄，遗址附近的河流可见二级阶地，系以马兰黄土为基座的基座阶地。李家沟遗址位于河流东岸二级阶地的前缘，海拔203m，高出河面约12m（图二）。由于平整土地、农业耕作以及煤矿开采等活动，遗址所在的阶地已受到较严重破坏。20世纪50年代由于修建水库，人工开掘的东西向引水沟横穿遗址。经多年的自然风化和人为破坏，引水沟两侧以及靠近椿板河一侧的断壁剖面遭显著破坏，垮塌严重。

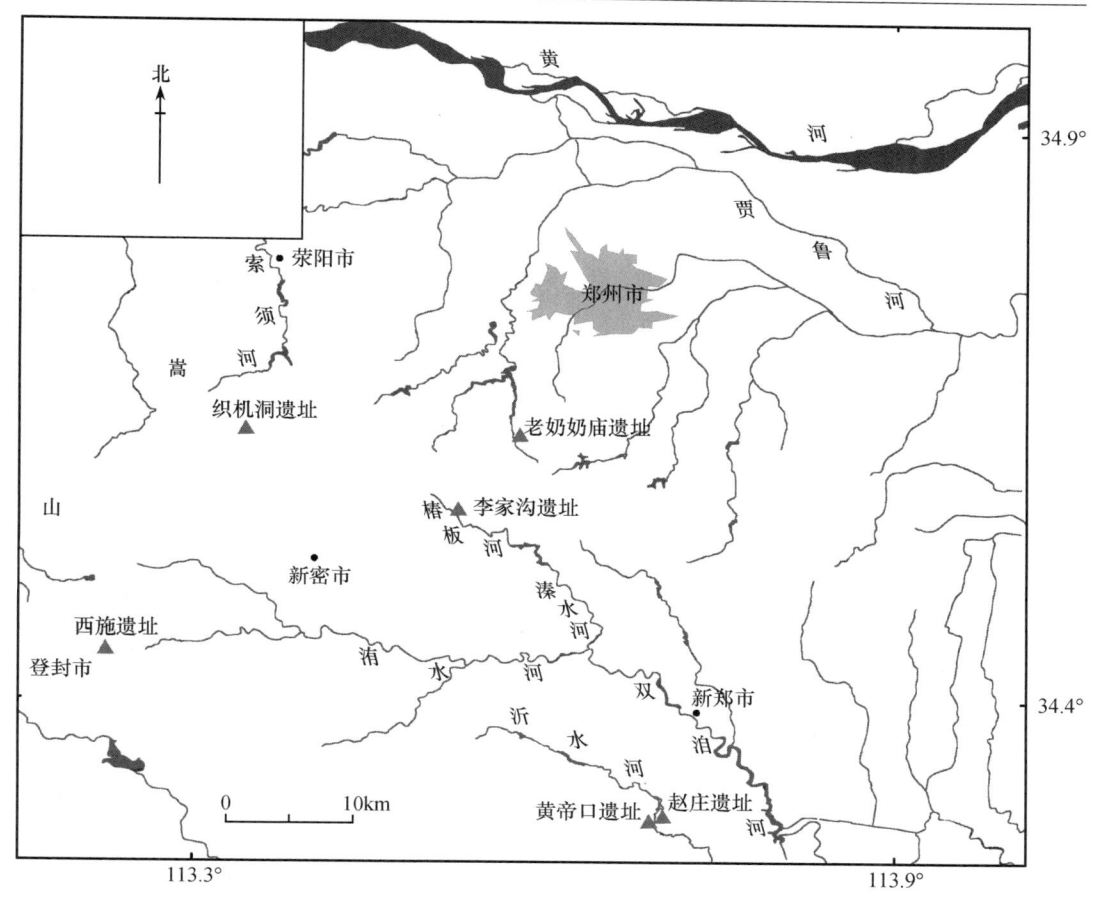

图一　李家沟遗址地理位置图

（二）地层堆积

李家沟遗址经过2009年秋季和2020年春季两次发掘，揭露面积共100m²。发掘的探方分布在一条沿断层破碎带开掘的人工取土沟两侧，形成南北两个发掘区。发掘揭露的南北两区剖面均包括了从旧石器时代晚期至新石器时代早期的地层堆积。南区的地层堆积自上向下可分为7层（图二）：

第1层：褐色砂质黏土，系扰土层，4~34cm。

第2层：棕褐色的含碳酸钙胶结物层，含少量裴李岗陶片，此层可见于本区新石器时代遗址，如新郑唐户遗址，即被叠压在裴李岗文化层之下，94~176cm。

第3层：灰白色的砂砾层，含零星陶片、石制品，18~134cm。

第4层：棕黄色砂质黏土，含少量石制品，14~78cm。

第5层：上部为灰黑色砂质黏土，向下渐变为棕黄色，含与北区5、6层相同的夹砂压印纹陶片、少量石制品，50~156cm。

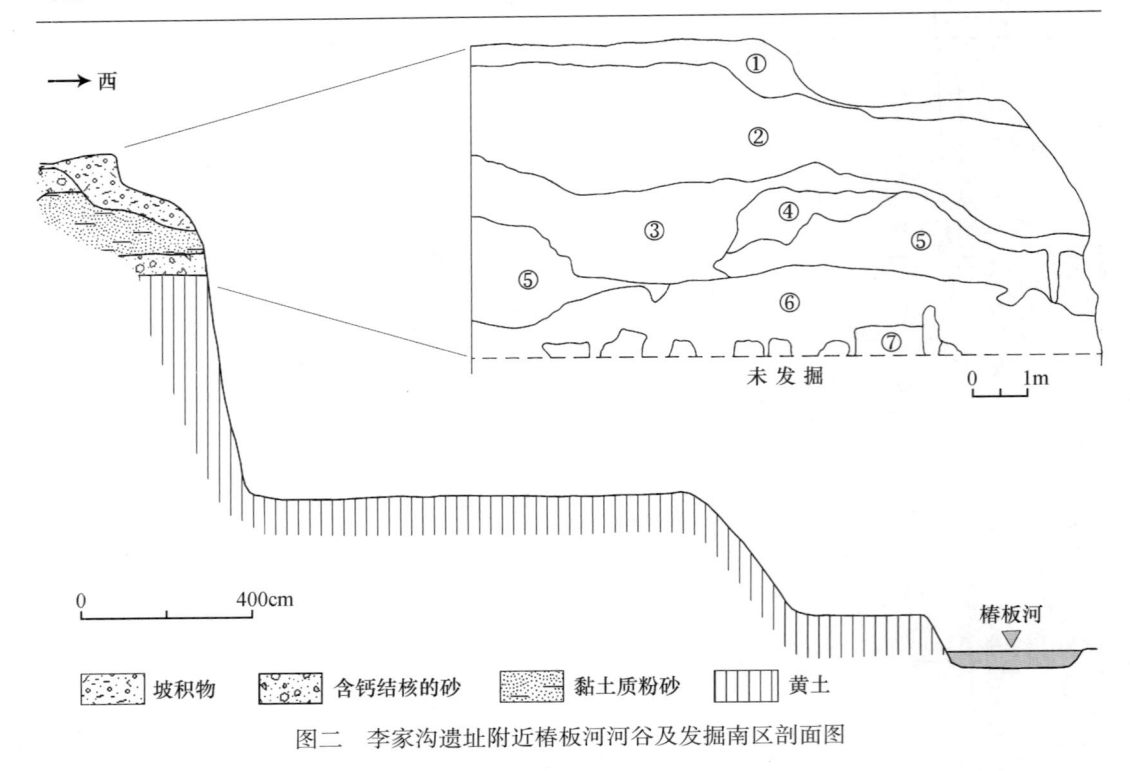

图二 李家沟遗址附近椿板河河谷及发掘南区剖面图

第6层：褐色砂砾层，含大量料姜石，含船形、柱状等类型的细石核与细石叶等典型的细石器文化遗存，亦见局部磨光的石锛与素面夹砂陶片，40~182cm。

第7层：次生马兰黄土层，亦含少量石制品，未见底。

北区的文化层厚约3米，从上向下共分7层。第1~3层为近代堆积；第4~6层发现数量较多的陶片、石制品与动物骨骼碎片等，应为新石器时代较早期堆积。其中，按岩性特点来看，北区的第4层当与南区的第3层属同期堆积，第5、6层与南区的第5层相当。第7层与南区的第7层相当。

（三）年代测定结果与遗址时代

李家沟遗址南北两区的剖面均可见到本地区从旧石器时代晚期向新石器时代过渡地层关系。加速器^{14}C等年代测定结果也反映了这种情况。采自南区第6层（细石器文化层）的木炭样品的测定结果，为距今10 500~10 300年期间。北区新石器时代文化层木炭样品的测定结果，分别为距今10 000年（第6层）、9000年（第5层）和8600年（第4层）。

根据出土陶片等新石器文化特点，南区的第2~4层当属裴李岗文化阶段；南区的第5层与北区第5、6层的文化特点一致，系一早于裴李岗文化的新石器早期文化，有学者建议称为李家沟文化；南区第6层是典型的细石器文化层；位于南北两区侵蚀面之下的第7层则是时代更早的旧石器文化层。

三、主要发现

李家沟遗址主要发现是石制品，共有编号的石制品2000多件。还有更多加工石器过程中产生的碎屑、断块，以及人工搬运的石块。这些石制品出自不同层位，按照前述划分，分别属于裴李岗文化阶段、李家沟文化阶段、细石器文化阶段以及更早的石片石器文化阶段。另外还有动物骨骼化石与陶片等。

（一）裴李岗文化层的石制品

发现于本阶段的石制品，出自南区第2~4层。这几层沉积物均受到较明显流水作用影响，并非原地埋藏。但各层发现陶片来看，均属裴李岗文化阶段。虽然此时已经进入成熟的新石器文化阶段。石制品应以磨制石器占主导地位，但与陶片共存的石制品并未见到磨制石器，只发现26件打制石器。种类包括工具以及石核、石片、断裂片和断块。石制品原料以石英和燧石为主。由于这几层堆积物均经过流水搬运作用，所以这些石制品是属于裴李岗文化阶段或是更早期还有待更多发现来确认。

石核 2件。1件为锤击石核，石英砂岩石料，体型较大，2个台面，均为自然面。重212.5g，长50mm，宽73.4mm，厚41.7mm。

砸击石核系燧石原料，形体较小，仅重1.7g，长16mm，宽7.9mm，厚13.4mm。

石片 7件，均为简单剥片的产品。其中锤击石片6件，2件为石英原料，4件为燧石。锤击石片，最大的重6.8克，长31.7mm，宽26.2mm，厚13.7mm；最小仅重0.4g，长14.9mm，宽11.7mm，厚2.7mm。

砸击石片 1件，石英原料，重6.7g，长23.4mm，宽31.9mm，厚7.6mm。

断裂片共3件，包括左裂片和近端断片。不完整石片中2件为石英，1件为燧石。3件标本上均未发现使用痕迹。

工具 3件，其中边刮器2件，分别以燧石和石英为原料；端刮器1件，燧石原料。皆为小型工具，重量分布在6.2~1.3g，均为片状毛坯。其中2件有使用痕迹。

断块 11件，石英者占63.6%，燧石者占27.3%，硅质灰岩者占9.1%。

（二）李家沟文化阶段的石制品

属于本阶段的堆积是南区的第5层，北区第5、6层。其中南区出土石制品不足30件，北区则超过700件。结合陶片及其他遗物遗迹现象来看，北区应该是李家沟文化阶段人类活动的主要区域，因此留下更丰富遗物与遗迹。南区则可能是该阶段人类活动的边缘区。

本阶段的石制品包括石核、石片、细石叶、工具、不完整石片与断块碎屑等。

其中数量最多的是大块的人工搬运石块与断块（图三）。原料以石英砂岩为大宗，占64.8%，燧石占17.3%，石英占12.9%，石灰岩占5%。人工搬运石块以及断块主要是产自遗址附近的石英砂岩，而工具则主要系外来燧石以及石英等加工而成。

锤击石核　共31件，原料以石英砂岩占多数，其次为石英及石灰岩。石英砂岩和灰岩石核的体型较大，石英石核是所有石核中体型最小的。台面形状多不规则，自然台面者约占2/3，打击台面约1/3。

砸击石核　6件，系燧石或石英原料，体型均较小（表一）。

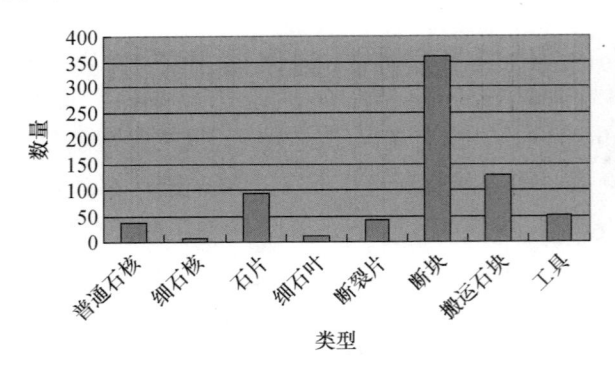

图三　李家沟文化阶段石制品的分类统计

表一　北区李家沟阶段石核测量统计

		重量（g）	长（mm）	宽（mm）	厚（mm）	台面长（mm）	台面宽（mm）	台面角（°）
锤击石核	均值	232.1	48.5	63.6	55.6	52.7	55.3	77.9
	n	23	23	23	23	23	23	23
	SD	269.63	20.01	23.62	24.05	26.54	23.6	12.27
	max	1102	92.2	103.6	110.3	108.7	104.3	98
	min	9.9	17.3	26.6	18	14.5	22.8	55
砸击石核	均值	2.8	22.6	12.5	8.2	8.4	0	
	n	3	3	3	3	2	2	
	SD	1.89	5.37	2.04	4.39	0.42	0	
	max	5	28.7	14	13.2	8.7	0	
	min	1.5	18.6	10.2	5	8.1	0	

本阶段可归入细石核的标本有7件，均以燧石为原料。除1件锥形和船型细石核，其他的形状均不太规整。细石核的测量统计见表二。

表二　李家沟北区细石核测量数据统计

		重量（g）	长（mm）	宽（mm）	厚（mm）	台面长（mm）	台面宽（mm）	台面角（°）
细石核	均值	5.5	15.1	35.5	14.2	17	12.5	83.4
	n	5	5	5	5	5	5	5
	SD	3.4	4.3	4.1	4.7	1.9	3.8	5.3
	max	10.3	21.9	22.4	22.2	18.9	19.1	90
	min	2	10.7	11.2	10	13.9	9.2	78

锤击石片　86件。原料以石英砂岩为多，其次是燧石、石英，还有少量石灰岩。石英和燧石石片小，石英砂岩石片较大。自然台面和打击台面者数量最多。

砸击石片　7件。绝大多数以石英为原料，只有1件为燧石。

细石叶　12件。其中1件较大者，宽度已超过12mm，可归入石叶。绝大部分原料是燧石，仅1件为石英。

断、裂片　42件。差不多占完整石片的一半，多是石英原料。

断块　361件。是石制品中数量最多的一类，占整个石器组合的一半。主要使石英砂岩原料，形体多很大。

搬运石块　126件。多是形体巨大者，无打片或使用痕迹。

工具　52件。其中边刮器25件，端刮器2件，凹缺刮器3件，尖状器（石镞）2件，砍砸器3件，磨盘2件，磨盘残块7件，石锤5件，石砧2件（图四）。小型工具如边刮器、端刮器及尖状器的原料以燧石为主；大型工具如砍砸器、磨盘、石锤、石砧等的原料均为石英砂岩。

陶片　270多片。

动物骨骼　共发现400多件，其中近200件可以鉴定种类，有鹿、羊、马、牛、猪及鸟类。从数量上看，以鹿类的标本最多，其他种类动物的比例均不高。在鹿类中，以中、小型鹿比例较高。骨骼的保存的部位以肢骨碎片和牙齿最多；鸟类的标本则主要为鸵鸟蛋皮。

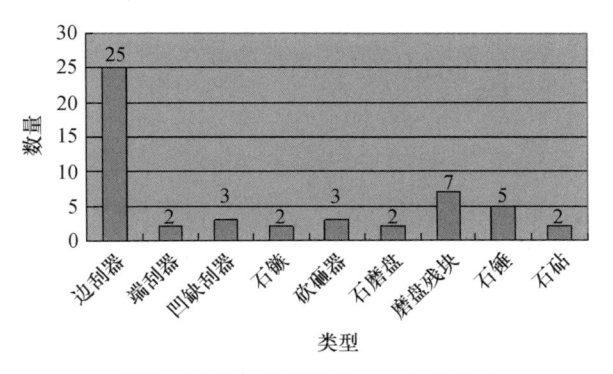

图四　李家沟文化阶段工具分类统计

（三）细石器阶段的石制品

属于本阶段的石制品仅分布在南区第6层。两个年度共发现石制品1600多件，占全部编号标本的2/3以上，是本遗址石制品发现最多的层位。发掘区的西部是石制品与人工搬运石块等遗物的密集区，大致构成一椭圆形的石圈。东部则主要是动物骨骼遗存的密集区。两者均分布在同一平面上，应是当时人类临时营地遗迹[1]。

石制品的种类有石核、石片、细石核、细石叶、工具以及数量众多的断块。断块中也包括了少量的人工搬运石块（图五）。石料有燧石33.5%，石英26.2%，石英砂岩31.5%，石灰岩8.7%。

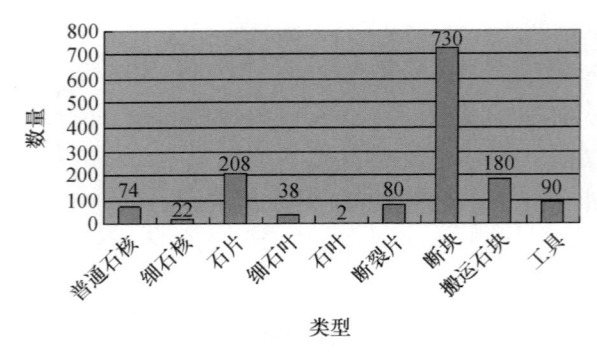

图五　细石器阶段石制品分类统计

石核　数量较多，74件，占5.6%。石核中半数以上是石英原料，其次是石英砂岩与燧石，仅有零星石英岩与石灰岩原料。

锤击石核　50件，以单台面为主，双台面次之，仅有个别多台面者。单台面石核绝大部分为自然台面，双台面者则以打击台面为主。各类石核的剥片率都较高，多数石核的片疤延展度大，但片疤深度中等或浅。

砸击石核　24件，砸击石核中石英占绝大多数，其次为燧石。

各类石核测量数据见表三。

细石核　22件。除个别石英外，均为燧石原料。按照技术特点划分，主要是船形和锥形（包括锥柱形）两大类。由于所处剥片阶段不同，具体标本形态仍有较大区别（图六）。

表三 李家沟南区第6层石核测量数据统计

		重量（g）	长（mm）	宽（mm）	厚（mm）	台面长（mm）	台面宽（mm）	台面角（°）
锤击石核	均值	137.7	33.8	53.8	31.2	48.2	30.3	77.9
	n	26	26	26	26	26	26	26
	SD	297.2	19.7	39.8	21.1	38.7	21.6	10.9
	max	1250	99.3	209.4	101.8	160.1	111.8	93
	min	2.9	11.5	16.1	11.3	12.4	9.9	57
砸击石核	均值	8.4	27.6	18.9	12.8	8.4	27.6	
	n	19	19	19	19	19	19	
	SD	9.5	9.3	7.2	6.3	9.5	9.3	
	max	36	46.6	37.1	30.4	3.6	46.6	
	min	1.1	11.1	11.5	6.9	1.1	11.1	

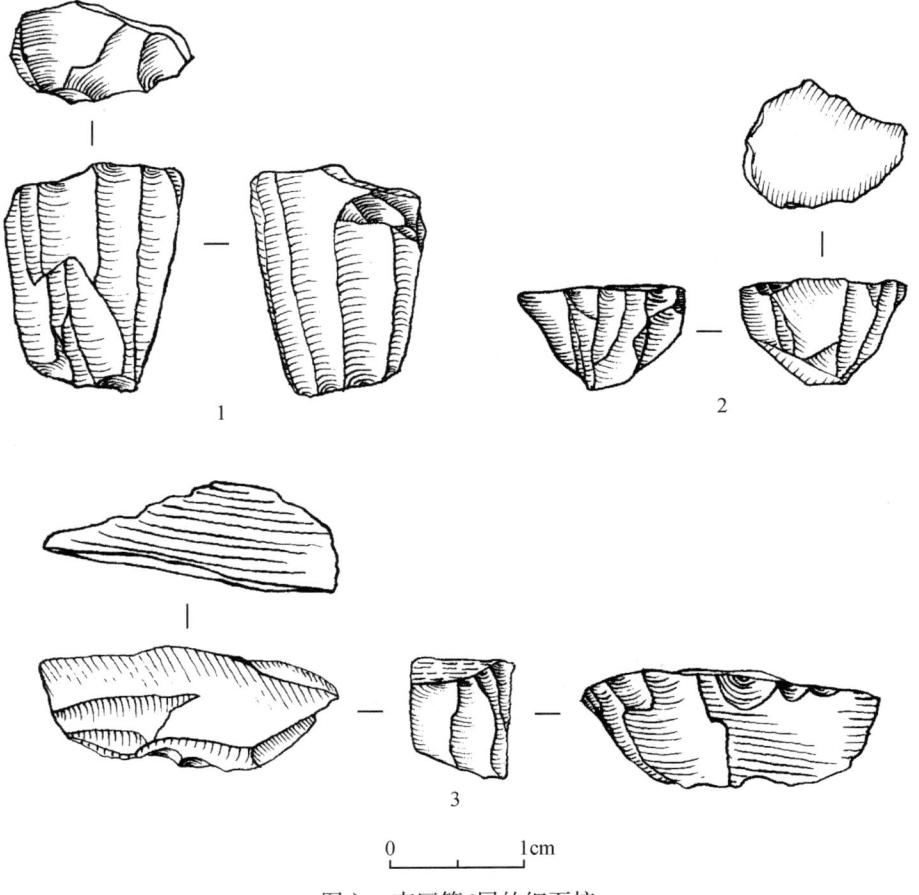

图六 南区第6层的细石核
1. 09XLS·491 2. 09XLS·153 3. 09XLS·105

细石核的具体测量数据如表四所示。

表四　李家沟南区第6层细石核测量数据统计

	重量（g）	长（mm）	宽（mm）	厚（mm）	台面长（mm）	台面宽（mm）	台面角（°）
均值	5	15.8	18.4	14.9	19.3	12.4	72.3
n	14	14	14	14	14	14	14
SD	3.9	5.7	7.4	6.7	6.8	5	12.3
max	12.9	24.4	30.3	28.3	28.8	23.8	89
min	0.6	7.2	6	6.7	9.8	5.5	48

石片　208件，占15.8%。

锤击石片　193件，多为燧石原料，其次为石英，也有少量的石英砂岩及灰岩原料。台面性质以打击台面为主，其次为自然台面，修理台面者很少见。从背面情况观察，Ⅴ、Ⅵ型石片数量较多。

砸击石片　15件。台面端呈刃状或不规则状。打击点不清楚，形体多数较小。

细石叶　38件。除个别为石英，均为燧石原料，大部分形状不甚规则，不宜继续加工为复合工具。少数标本刃缘有较明显使用痕迹。

石叶　2件。均为燧石原料。

断、裂片　数量也较多，近80件。其中远端短片数量最多，近、中断片很少，可能与制作复合工具的有关。裂片的数量不多，左右裂片的数量也无明显区别，可能是打片过程中产生破裂。

断块与搬运石块　形体大小不等的断块数量最多，有730件。人工搬运石块180件。其中大块的石英砂岩者最多，有些标本上的人工痕迹不甚清楚。

工具　共90件，占整个石制品数量的6.8%。其中边刮器多达69件，但多数加工较简单，形态亦不固定。端刮器仅5件。具有雕刻器技法的工具有4件，可以归入尖状器或钻具类4件。石镞（尖状器）也只有4件，但均经过两面加工仔细修整，形态对称规整。仅1件可以归入砍砸器类的大型工具（图七）。

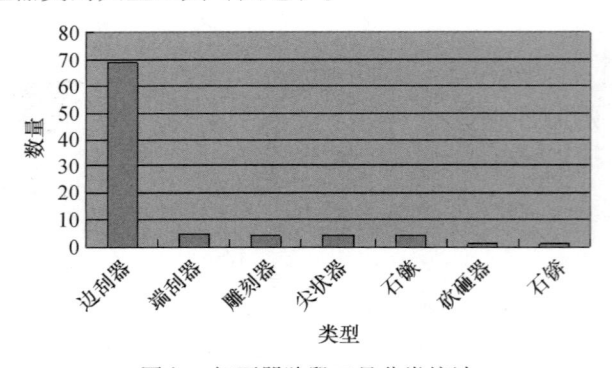

图七　细石器阶段工具分类统计

磨制石器 系1件刃缘经过磨制，两侧缘敲琢成两排对称分布凹口的石锛。

工具中端刮器的修理较精致，形态典型。雕刻器类的加工则较随意，只在刃口部位可见较明确的雕刻器小面（图八）。

陶片 2件。

动物骨骼 近400件。种类有鹿、马、牛、猪及鸟类。大型鹿类居多，其次是马、牛、中型鹿，小型鹿、猪及鸟类较少。

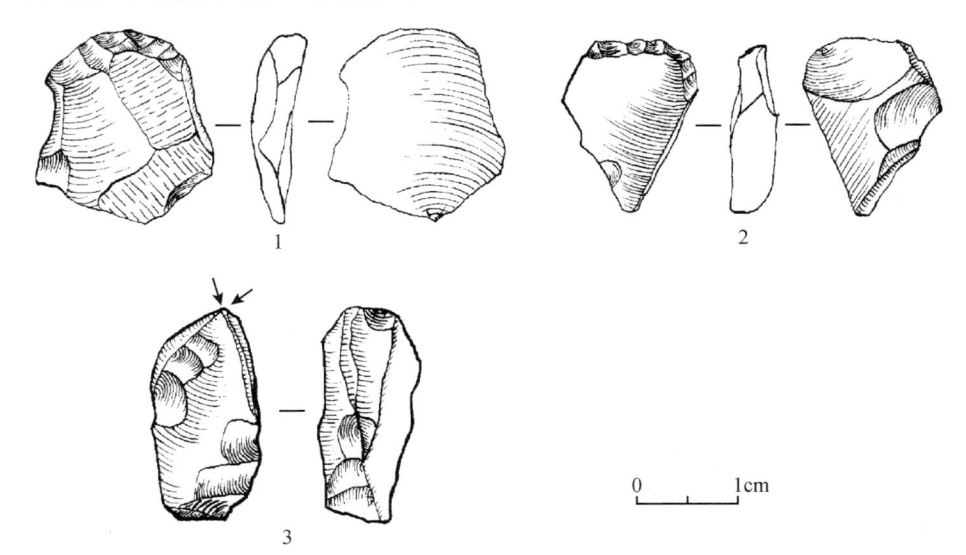

图八 南区第6层的工具
1. 端刮器（09XLS·510） 2. 端刮器（09XLS·346） 3. 雕刻器（09XLS·416）

（四）石片石器文化层的发现

南区与北区的第7层均仅见少量石片石器，两区共发现17件，其中石核2件，石片3件，断、裂片4件，断块6件，工具2件。其中石英原料为8件，占近一半；石英砂岩者4件，燧石5件。

锤击石核 1件。系单台面，石英砂岩，长43mm，宽80.4mm，厚72.7mm，重251.1g。自然台面呈三角形。工作面可见2个片疤，深度较浅，剥片面的面积占整个石核表面积比例约40%。

砸击石核 1件。原料为石英，长22.3mm，宽14mm，厚8.3mm，重2.4g。台面呈点状，可见1个片疤，片疤浅平。

石片 3件。锤击石片2件，均为石英。砸击石片1件，为燧石。石片形体小且轻，平均重量为1.6g，平均长19.2mm，平均宽15.8mm，平均厚5.7mm。

工具 2件。均为边刮器。09XLL·367为单直刃边刮器，原料为灰色玛瑙，长29.7mm，宽19.3mm，厚6.8mm，重3.5g。原型为石片，右侧近端边缘可见一系列修理微疤，形成直刃，刃缘长度16.5mm，刃角40°~55°；在右侧和远端可见微小疤痕，可能为使用所致。

四、讨　　论

李家沟遗址保存了从旧石器时代晚期到新石器时代早期的连续剖面。在此剖面上可以见到属于旧石器晚期到新石器早期几个不同时代与文化性质的遗存。这个遗址发现的早期陶片以及石锛、石磨盘等已做过报道，并有简要讨论。但对出自该遗址不同层位、数量众多的打制石器及相关遗存却尚未论及。就发现的数量来看，各类石制品及人工搬运石块，是李家沟遗址文化遗存的主体。透过石器工业的变化情况，可以更好地了解李家沟遗址以及中原地区旧石器时代晚期向新石器时代过渡的路径。如上所述，李家沟遗址从下向上包含了石片石器组合、细石器组合以及与新石器早期文化共存的细石器与石片石器。

（一）石片石器组合

在南北两区的最下层（第7层）均为次生的马兰黄土堆积。该层发现的文化遗物不多，仅见少量石制品。石制品的原料主要是石英与石英砂岩。从石核的剥片程序来看均为简单剥片技术。石片也均是锤击或砸击技术的产品。可见到的工具类型也只有边刮器。这些技术特点与本地区广泛分布的旧石器时代晚期之初或更早的石片石器工业很相似。从区域地层对比情况来看，李家沟遗址最下层含石片石器的堆积，可与区内上部马兰黄土之下的红色古土壤层对比，当属同一阶段，即深海氧同位素3阶段[2]。所以，李家沟遗址石片石器组合的时代也应属于旧石器晚期较早阶段或稍早。

（二）细石器组合

李家沟遗址的典型细石器遗存主要发现于南区的第6层。虽然分布面积较为有限，但揭露出比较清楚的人类活动遗迹，石制品、动物骨骼与遗迹的共存关系更清楚地反映了此阶段人类的生计方式与行为特点。

该阶段的细石器组合与邻近地区的发现，如本省的舞阳大岗[3]、山西吉县柿子滩等遗址[4,5]发现的细石器非常相似。从细石核反映的技术特点来看，李家沟细石器也是主要应用船形与锥形细石核技术。细石核与细石叶的尺寸普遍偏小。但剥片痕迹十分规整，反映出高超成熟的技术特点。与此共存的工具组合，有端刮器、边刮器与石镞等，也均是典型细石器工具组合的特点。这些特点当与其所处时代有关。据采自本层的炭屑标本的加速器^{14}C测定结果显示，该层的绝对年代为距今10 500~10 300年期间。这一年代结果也与大岗、柿子滩9地点等细石器遗存的时代大致相当。

李家沟遗址细石器文化阶段的动物骨骼遗存以及遗迹现象所显示的人类活动与行为特点，也说明本阶段李家沟居民的流动性仍较强、更多依靠狩猎大型动物为生。这些情况与本区以往发现的细石器文化并无区别。但与其他细石器工业明显不同之处是，李家沟遗址还出现与典型的细石器组合共存的陶片以及磨刃石锛。陶器与磨制石器是新石器时代的典型文化特征。在中原地区距今1万年以前的细石器文化遗存中，发现有陶片以及局部磨制的石器的新情况，很清楚地说明本地区新石器文化的发生并非偶然，而应是根植于旧石器时代晚期的细石器文化。

（三）新石器早期的石器组合

在细石器文化层之上，即北区的第5、6层，南区的第5层，发现有数量较多的陶片、石磨盘以及大量的人工搬运石块。陶片等显示李家沟所发现的是一新型的新石器早期文化。应该重视的是本地区的新石器早期阶段，打制石器也还占据着很重要的地位。如前所述，单就石制品的种类与数量来看，本阶段石器组合与更早的细石器文化并无明显区别。仍是简单剥片技术生产的石制品与细石器共存，且是石器组合的主体，磨制石器除磨盘，石斧、石锛等尚未发现。但仔细观察细石器在石器组合中所占的比例，以及细石器技术的水平，均显示本阶段细石器已处于衰落状态。其在石器组合中所分量，已明显不如早前阶段。大量人工搬运石块的存在以及厚层的文化堆积与遗迹现象等，也说明相较于前一阶段，此时李家沟居民已是比较稳定的定居者。动物骨骼遗存也反映，本阶段的猎物更多只是小型动物。大量陶器与石磨盘的应用，则说明植物性的食物在本阶段可能占有更重要的地位。

（四）发现于裴李岗文化阶段的石制品

本遗址属于裴李岗文化阶段的遗存保留的并不多，且经过水流搬运，并未发现原地埋藏的遗迹现象等。但与典型的裴李岗文化陶片共存的打制石器仍然值得关注。需要有更多的工作检验这些石制品是否与裴李岗文化的陶片等属于同一时代。因为裴李岗文化是中原地区新石器较早阶段的代表性文化遗存，其发现与研究已有30多年的历史。但以往的研究，更多关注的是陶器、磨制石器等，打制石器尚未引起注意。本次在李家沟遗址的发现提示我们，应该特别注意的是，到新石器文化已发展至比较成熟阶段，打制石器在石器工业中是否仍然占有一定地位。

五、小　　结

本文介绍了河南新密李家沟遗址发现的石制品，并对李家沟遗址不同文化阶段的石器组合情况进行简要讨论。通过上述讨论可知，李家沟遗址包含了从旧石器时代晚期一直到新石器时代多个文化。石器组合在不同文化阶段表现出不同的特点。石片石器与该地区深海氧同位素3阶段广泛分布的石片石器工业一致，应属同一文化系统。细石器阶段存在的船形与锥柱形细石核技术，可与大岗及柿子滩的发现对比，也反映了本区更新世末至全新世初的区域性石器工业特点。这一阶段的发现最为丰富。除了数量较多的细石器制品，还有磨刃石锛以及两件陶片，以及动物化石等。这些发现为认识本地区旧、新石器时代的过渡提供了非常重要的新证据。

值得关注的是，除了旧石器晚期较早阶段的石片石器工业和旧石器时代晚期之末的细石器工业之外，还在新石器早期文化乃至裴李岗文化阶段的文化遗存中发现数量较多的打制石器。通过对这些石制品的初步观察可知，打制石器并不只存在于旧石器时代，到新石器早期甚至可能裴李岗文化时期，打制石器仍然在继续使用。这种情况说明，仅就打制石器存在与否，尚无法截然划分开旧、新石器时代。这是透过对李家沟石制品观察可以得到的一点认识。李家沟石器工业的发展特点恰好反映旧、新石器时代过渡的连续性。早期人类在更新世末至全新世之初，逐渐从狩猎采集向农业社会发展。这期间，石器工业包括技术、原料与组合等，也发生着变化。但是，简单剥片技术从早到晚一直在应用，细石器技术的出现与消逝，也不是突然的变化。这种特点说明李家沟以及中原地区旧、新石器时代的石器工具的变化过渡，是一种逐渐变化的过程。打制石器在新石器文化出现之后的很长时间，仍然在继续使用。这也是李家沟石制品观察带给我们的启示。

参 考 文 献

［1］ 北京大学考古文博学院，等.新密李家沟遗址发掘简报［J］.考古，2011（4）：3-9.

［2］ 王幼平.李家沟、大岗与柿子滩9地点的地层及相关问题［A］.// 考古学研究（九）［C］.北京：文物出版社，2012：1-10.

［3］ 张居中，李占扬.河南舞阳大岗细石器遗址发掘报告［J］.人类学学报，1996，15（2）：105-113.

［4］ 柿子滩考古队.山西吉县柿子滩遗址第九地点发掘简报［J］.考古，2010（10）：7-17.

［5］ 山西省临汾行署文化局.山西省吉县柿子滩中石器文化遗址发掘报告［J］.考古学报，1989（3）：305-323.

（原刊于《人类学学报》2013年4期）

新密李家沟遗址研究进展及相关问题

王幼平

（北京大学考古文博学院，北京　100871）

河南新密李家沟遗址是2004年郑州市文物考古研究院进行旧石器考古专题调查时发现。2009年秋季和2010年春季，北京大学考古文博学院与郑州市文物考古研究院合作，对该遗址进行系统发掘。两度发掘共揭露遗址面积100平方米，发现数量众多的石制品、动物化石遗存，为认识中原地区旧石器时代晚期到新石器时代早期的考古学研究增加了一批新资料[1,2]。这一新发现受到史前考古学及相关领域学者的关注。很多业内同行还亲临现场考察，在相关学术研讨会上也展开讨论。自第一阶段的田野考古发掘工作结束以来，整理与研究工作进展顺利，并有相关成果陆续发表。

由于前期研究工作繁多，成果发表的周期较长，速度较慢，已发表的关于李家沟遗址发掘收获的介绍不够全面，研究及相关认识尚未深入，给关心这个遗址的学界同仁带来不便。为此，本文作者希望在李家沟遗址的发掘与研究报告正式出版之前，先简要介绍李家沟遗址的地层剖面、动物化石遗存、石器工业等发现与研究的进展情况，为关心这个遗址的同行提供新信息。

一、地层剖面

自遗址发现与发掘工作开展以来，考古界与相关专业同行对李家沟遗址的地层剖面都很重视。在第一阶段发掘工作结束以后，又多次组织多学科研究者到遗址现场考察取样，详细讨论遗址堆积的形成过程与年代及古环境背景。研究确认，该遗址坐落在属于淮河水系的椿板河左岸的2级阶地之上。其下是马兰黄土基座。文化遗存埋藏在阶地堆积中。文化层由上向下由裴李岗、李家沟、细石器与石片石器等四个文化发展阶段形成的堆积构成[3]。以发掘区南区的南壁剖面为例，可以分为7层（图一），最上面是褐色砂质黏土扰土层。第2层为棕褐色的含碳酸钙胶结物层，含少量裴李岗陶片，此层可见于本区新石器时代遗址，如新郑唐户遗址，即被叠压在裴李岗文化层之下。第3层为灰白色的砂砾层，含零星陶片、石制品，也是裴李岗文化层。第4层为棕黄色砂质黏土，含少量石制品，从所含的零星陶片看，亦属于裴李岗阶段的遗存。第5层上部为灰黑色砂质黏土，向下渐变为棕黄色，含与北区第5、6层相同的夹砂压印纹陶片、少量石

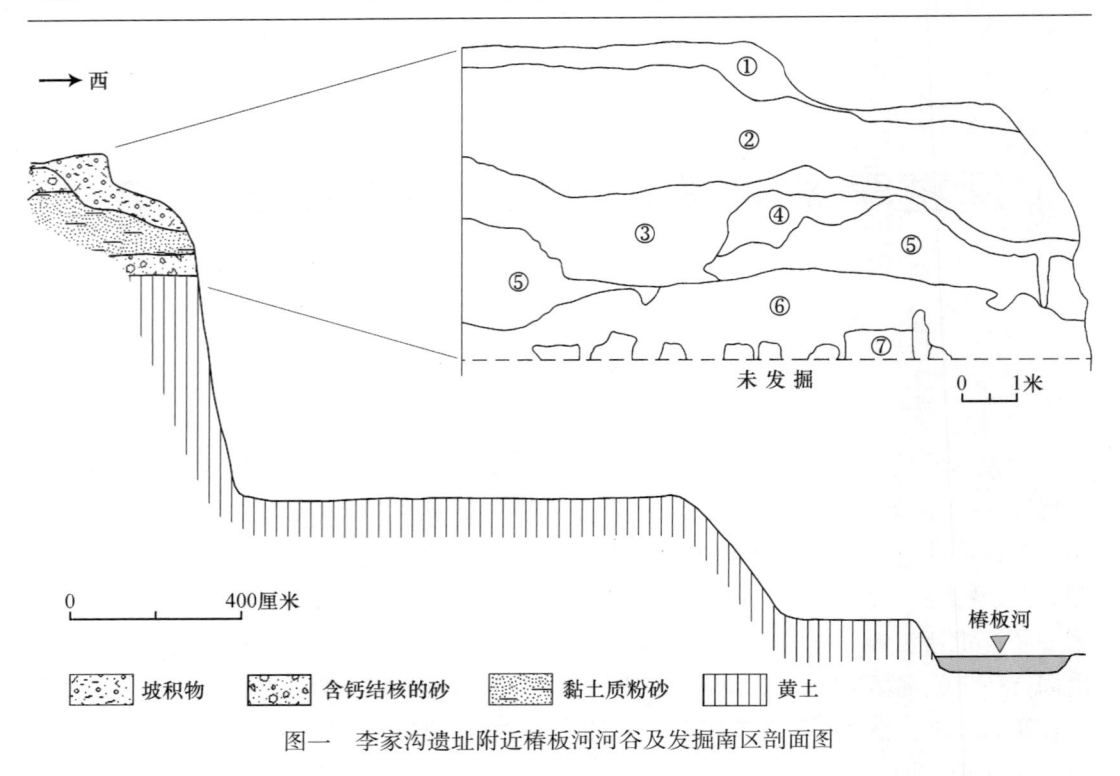

图一　李家沟遗址附近椿板河河谷及发掘南区剖面图

制品，是典型的李家沟文化遗存。第6层褐色砂砾层，含大量料姜石，含船形、柱状等类型的细石核与细石叶等典型的细石器文化遗存，亦见局部磨光的石锛与素面夹砂陶片，系细石器文化遗存。第7层为次生马兰黄土层，亦含少量的石制品，系以石英、燧石等原料为主体的小型石片石器。

上述地层关系在发掘区北区的剖面同样存在。类似的地层关系在本省的舞阳大岗、山西的吉县柿子滩等地也可以看到[4, 5]。这样的地层关系反映了本地区从旧石器时代晚期到新石器时代早期过渡基本情况，即从旧石器时代晚期的石片石器阶段、细石器阶段再到新石器时代早期的李家沟文化、裴李岗文化的连续发展。从这个角度来观察，李家沟遗址的地层剖面所显示的地层关系恰好反映了中原地区旧、新石器时代的过渡。

二、动物遗存

动物骨骼遗存是旧石器时代至新石器时代早期遗址文化遗存的重要组成部分，对于认识史前时代人类的经济形态、社会生活以及行为特点都有着非常重要的参考价值。李家沟遗址也有数量较多的动物遗存的发现。这些发现对于分析遗址的文化特点，认识该遗址不同阶段居民的生产、生活以及行为特点等方面的情况都很重要。经过近几年的工作，对于李家沟遗址不同文化阶段发现的动物遗存都已经进行整理鉴定，在此基础上也进行统计分析，详细的研究报告将陆续发表。这里仅先就不同文化阶段的动物遗存的可鉴定到种属的标本数量与种类情况，予以介绍，并进行简单说明。

动物化石遗存在最早的石片石器文化层与最晚的裴李岗文化层均很少见，主要是发现在细石器文化层与李家沟文化层。这两层也正是本遗址最主要、也是新、旧石器时代过渡阶段最关键的发现。细石器文化层总计发现动物骨骼近400件，可鉴定的标本数量也超过百件。种类有鹿、马、牛、猪及鸟类。大型鹿类居多，其次是马、牛、中型鹿，小型鹿、猪及鸟类较少（表一）。

表一 李家沟遗址可鉴定动物骨骼统计

种类	细石器文化 数量	细石器文化 百分比（%）	李家沟文化 数量	李家沟文化 百分比（%）
鹿类	54	47	85	62.5
马	17	14.8	3	2.2
牛	13	11.3	7	5.1
猪	3	2.6	5	3.7
兔	—		1	0.7
食肉类	11	9.6	15	11
啮齿类	5	4.3	4	2.9
鸟类	11	9.6	14	10.3
贝类	1	0.9	2	1.5
总计	115		136	

李家沟文化层发现的动物骨骼遗存超过400件，其中有100多件可以鉴定种类，也有鹿、马、牛、猪及鸟类。从数量上看，以鹿类的标本最多，其他种类动物的比例均不高。与细石器文化阶段明显不同的是，马、牛等形体较大的动物数量剧减；在鹿类中，也以中、小型鹿类为主。骨骼的保存的部位以肢骨碎片和牙齿最多；鸟类的标本则主要为蛋皮。

如表一所示，两个不同文化发展阶段的动物群的种类基本一致的信息说明，中原地区距今1万年前后的旧、新石器时代过渡阶段的自然环境并没有特别明显的变化。然而两个动物群不同种类数量方面的此消彼长，却反映了两个阶段人类狩猎与利用动物资源的行为有明显不同。两个动物群均以食草类动物为主，但在细石器文化阶段，却是以形体较大的马、牛以及大型鹿类占主导地位。但到新石器早期阶段，马和牛的数量骤减，鹿类动物中也以形体较小者为主。形体较大动物的减少，小型动物的比例增加，说明人类狩猎对象的变化。同时也意味着，到新石器时代早期，可以提供给人类食用动物类资源总量在减少。所以，可能是为了尽量增加肉类资源，小型动物，甚至形体较小兔类也进入当时人类利用的范围。肉类资源的减少所带来的另一项变化，应该是增加植物资源的开发利用。随着这些生计活动方面的变化，自然会影响到当时居民的栖居方式，乃至社会组织方面的变化。这些变化也是构成旧、新石器时代过渡历史进程的重要组成部分。

已有的考古证据显示，史前人类制作骨器主要是使用食草类等形体较大动物的管状骨等特定部位。这种活动不会显著影响到古人类遗址内可鉴定标本的数量与种类的统计。由此看来，李家沟遗址不同阶段动物群组成发生变化的情况，不大可能是受到骨器加工活动的影响，而更可能是晚更新世末至全新世之初发生的广谱革命的反映[6]。

三、石器工业

李家沟遗址不同文化阶段的石器组合及其变化也是研究者们所关注的焦点。最近这方面的研究也有进展[7]。总体来看，虽然有石片石器、细石器、李家沟文化与裴李岗文化等4个时期的石器组合，但和动物遗存的保存情况相似，石片石器与裴李岗文化阶段的石制品数量都很有限。也只有细石器和李家沟文化阶段发现的石制品具有统计意义，并可供对比研究（表二、表三）。

表二　李家沟遗址石制品分类统计

类别	细石器文化 数量	细石器文化 百分比（%）	李家沟文化 数量	李家沟文化 百分比（%）
普通石核	74	5.2	37	5.1
细石核	22	1.5	7	1
石片	208	14.6	93	12.6
断裂片	80	5.6	42	5.8
细石叶	38	2.7	12	1.6
石叶	2	0.1	—	
断块	730	51.3	361	49.5
搬运石块	180	12.7	126	17.3
工具	88	6.2	51	7
总计	1422		729	

表三　李家沟遗址工具分类统计

类别	细石器文化 数量	细石器文化 百分比（%）	李家沟文化 数量	李家沟文化 百分比（%）
边刮器	69	78.4	25	49
端刮器	5	5.7	2	3.9
雕刻器	4	4.5	—	
凹缺器	—		3	5.9

续表

类别	细石器文化 数量	细石器文化 百分比（%）	李家沟文化 数量	李家沟文化 百分比（%）
尖状器	4	4.5	—	
石镞	4	4.5	2	3.9
砍砸器	1	1.1	3	5.9
石锛	1	1.1	—	
石磨盘	—		2	3.9
石磨盘残块	—		7	13.7
石锤	—		5	9.8
石砧	—		2	3.9
合计	88		51	

以上表二、表三的统计说明，李家沟遗址旧、新石器过渡关键阶段的石器组合与工具类型的变化，也不是特别明显的巨变，而是一种逐渐过渡，此消彼长的渐进状态。在石制品的基本构成方面，两者没有重要区别。但值得注意的是断块与人工搬运石块之比例，在两个阶段有所不同。李家沟遗址发现的断块与搬运石块皆是来自遗址附近的石英岩，结构粗糙，不太适宜加工石器。细石器阶段较高比例的断块存在，说明此阶段，说明这类石料进入遗址的目的更多还是与加工石器有关。到新石器早期阶段有人工痕迹的断块减少，而不经加工的搬运石块的比例增高，说明石英岩原料进入遗址的功能，可能并非加工石制品，而是用于建筑或其他与定居相关的目的。大量非加工石器的石料进入遗址，应该看作是旧石器时代之末到新石器时代早期遗存的一项重要特征。

进一步观察两个阶段工具组合的情况，也有类似的变化。两者基本的工具类型也没有太大的变化。只是新石器时代早期阶段明显有较多的石磨盘出现。石磨盘的存在一般多与加工植物类资源有关，其出现在此时，也显示这一阶段有更多植物类资源利用的表现。

时代更早的石片石器阶段，只有20余件石制品的发现。这些石制品的原料主要是外来的石英或燧石，很少见到本地的石英岩使用。同时也没有见到人工搬运石块的存在情况。这些表现说明，石片石器阶段的李家沟遗址居民是流动性很强，只是临时停留在遗址短暂活动。

石器工业的情况也说明，从细石器阶段开始，李家沟遗址才逐渐成为史前居民较长时间居住地。不过，从石器组合以及前述的动物遗存等情况来看，此时的李家沟遗址居住者，仍应该是流动性较强，尚不能长期定居。因而这一阶段所形成的地层堆积以及文化遗存，均还比较有限。李家沟文化阶段的石器组合，则已说明此时应该有较长时间定居活动的存在。形体较大的石磨盘、数量众多的人工搬运石块与陶器残片，以及较厚的文化堆积，都显示李家沟遗址此时应该是被较长时间居住利用。

四、相关问题

旧新石器时代过渡以及农业起源问题，是世界史前史的最主要课题之一。近半个多世纪以来，世界各地围绕此课题展开的田野考古发掘不胜枚举。已取得的、并发表的研究成果也可谓汗牛充栋。然而，随着发现与研究的深入，研究者们越来越认识到，旧石器时代的结束，可能并不是由于突然发生的"新石器革命"。农业起源亦不是一朝一夕出现的突然事件。中原及邻近地区是中华文明起源的核心区，这一地区的农业起源问题，也是学界同仁长期关注的课题[8]。尤其是20世纪70年代在河南新郑发现裴李岗文化以来，寻找更早的新石器文化，填补该地区旧新石器时代之间的发现的空白，一直是考古同行努力的方向。正是由于这一学术背景，李家沟遗址的发现才受的学界同行的特别关注[9]。

李家沟遗址受到关注的首要问题是其连续堆积的地层剖面。李家沟遗址地处我国黄土分布的东南边缘区。这一地区的黄土地层发育，遗址所在附近清楚可见晚更新世的马兰黄土到全新世黑垆土及以上的连续堆积[10]。遗址所在部位为椿板河2级阶地，其下是马兰黄土基座，向上砂砾石层、粉砂至砂质黏土类堆积。无论是阶地堆积或是黄土地层，均是晚更新世以来的连续堆积，完整地保存了晚更新世以来气候变迁与古人类活动的相关信息。如前所述，李家沟遗址的地层剖面也保存了晚更新世晚期从石片石器、细石器到全新世早期的李家沟文化与裴李岗文化遗存，清楚地记录了早期人类在这个遗址上各类活动信息。

类似的剖面与文化遗存的地层关系在李家沟遗址周边的同期遗址也有发现，如河南舞阳大岗细石器遗址、山西吉县柿子滩细石器遗址以及河北武安磁山新石器遗址（图二）。在这几处遗址所揭露的地层剖面上，均可见到晚更新世以来的马兰黄土或与之相当的堆积至全新世的黑垆土层的完整序列。遗憾的是除李家沟遗址以外，另外几处遗址均未见到李家沟文化遗存。所以，尽管这些遗址的发现与发掘工作均早于李家沟，但李家沟文化却一直没有面世。李家沟遗址，尤其是其地层剖面与文化序列的发现，不

年代(B.P.)	地层	李家沟	磁山	大岗	柿子滩
8000		裴李岗文化	磁山文化	裴李岗文化	9地点
	黑垆土	李家沟文化	--------		（细石器）
10000		细石器文化		细石器文化	
					↑
20000	马兰黄土	--------			14地点
		石片石器			（细石器）

图二　李家沟及相关遗址的年代、地层与文化发展

但增添了一个前所未见的新石器早期文化，同时也揭示了本地区新石器时代早期文化的埋藏特点与分布规律[4,5]。

另一深受关注的问题是其丰富的文化内涵。除了前述动物遗存与石器工业的发现，李家沟遗址的细石器文化层发现2件陶片与1件局部磨制的石锛。李家沟文化层发现数量多达200余件，烧制技术、形制与装饰风格均不见于本地已经发现的新石器文化的陶片。前者的发现将制陶技术与磨制石器技术在中原地区出现的时间提早到距今1万年以前，并且与典型的细石器文化共存。后者则清楚说明在距今10 000~9000年期间，中原地区还存在着一种有别于裴李岗文化的新石器早期文化。与这些重要的文化遗物共存的还有石圈或石堆等遗迹现象。这些文化遗存清楚地记录了从旧石器晚期时代向新石器时代早期的过渡期间，李家沟史前居民的栖居形态的变化，即从流动性较强的临时性营地到较长时间居住的固定居址的演变过程。

对李家沟遗址认识的最核心问题，当是如何整合遗址的地层堆积、文化遗存、年代学与古环境背景等多学科的研究成果，系统认识该地区旧新石器时代的过渡历程。透过前述李家沟遗址发现材料的综合研究，已经可以看到这一过程大致的脉络，即从石片石器、细石器到李家沟文化和裴李岗文化的发展过程。伴随着文化的演进，李家沟遗址居住者的生计方式与栖居形态也发生了明显的变化。这一变化也应该反映了该地区古人类在晚更新世之末到全新世之初，从流动性较强的狩猎采集者向更多利用植物资源较稳定生活的定居者的演化过程。

五、小　　结

尽管李家沟遗址已经的发掘面积有限，所发现的文化遗存及相关信息也有其局限性，然而，这个遗址的发现与发掘所获，还是为认识中原地区史前历史发展的关键阶段打开了一扇窗口。透过这扇窗户，首先看到的是一个包含从晚更新世末到全新世之初期间连续堆积的剖面。这个剖面完整地记录了旧新石器时代过渡期间文化发展与环境变迁等多方面信息。同时也可以看到，在大家已经熟悉的裴李岗文化之前，到旧石器晚期文化之间，还存在着有别于前者的李家沟文化。李家沟文化已有很发达的制陶工艺，较稳定的定居生活，然而其石器工业与生计方式，却与更早的细石器文化有着密切关系。这些情况显示，中原及其邻近地区的旧、新石器时代的过渡，以及农业起源，都并非是一次突变，而是经历了很漫长的发展历程。作为新石器时代的重要文化特点，即陶器与磨制石器的应用，早在更新世之末的细石器文化阶段就已见端倪。而旧石器时代的打制石器技术与工具组合，也并没有随着新石器时代的到来而马上退出历史舞台，而延续到李家沟甚至是裴李岗文化阶段。更重要的是作为农业经济存在的重要基础，即定居形式，也应萌芽于旧石器晚期之末的细石器文化。所有这些，都是新密李家沟遗址的发现与经过科学发掘所带给我们的信息。

参 考 文 献

[1] 郑州市文物考古研究院等.新密李家沟遗址发掘的主要收获[J].中原文物,2011(1):4-6,39.

[2] 北京大学考古文博学院等.新密李家沟遗址发掘简报[J].考古,2011(4):3-9.

[3] 王幼平.李家沟、大岗与柿子滩9地点的地层及相关问题[J].考古学研究(九),北京:文物出版社,2012:1-10.

[4] 张居中,李占扬.河南舞阳大岗细石器遗址发掘报告[J].人类学学报,1996,15(2):105-113.

[5] 柿子滩考古队.山西吉县柿子滩遗址第九地点发掘简报[J],考古,2010(10):7-17.

[6] 潘艳,陈淳.农业起源与"广谱革命"理论的变迁[J].东南文化,2011(4):26-34.

[7] 王幼平等.李家沟遗址的石器工业[J].人类学学报,2013,32(4):411-420.

[8] 陈星灿.黄河流域的农业起源:现象与假设[J].中原文物,2001(4):24-29.

[9] 秦洪源,周书灿.对新密李家沟遗址的几点认识[J].中原文物,2013(5):17-19,98.

[10] 孙建中,景波.黄土高原第四纪[M].北京:科学出版社,1991:77.

(原刊于《中原文物》2014年1期)

河南登封方家沟遗址的埋藏学观察

林 壹

（郑州大学历史学院，郑州 450000）

方家沟遗址位于河南省登封市东南约9千米处，地理坐标为东经113°8′21.90″，北纬34°26′7.19″。经过北京大学和郑州市文物考古研究院2014～2015年度的发掘，出土了丰富的旧石器时代石制品和动物化石，发掘简况已有报道[1]。其中尤为重要的是沟状遗迹G1的发现。为了充分了解这一遗迹现象的成因，需要从埋藏学角度对遗址形成过程进行研究，区分自然因素和人为因素在遗址堆积物形成和改造中的作用[2]。本文即是在考古发掘材料的基础上对遗存埋藏过程进行初步考察的结果。

一、地层和地貌

遗址地处嵩山南麓低丘底部、属于颍河水系的五渡河支流源头南岸，由于冲沟侵蚀在崖壁上暴露出晚更新世沉积剖面。发掘区选择在紧贴崖壁的部位，发掘面积约90平方米，其中文化层揭露面积约45平方米。遗址地层堆积自上而下可分为10层：第1、2层为现代活动形成的表土；第3层为全新世堆积，分为第3a（含宋元时期或更晚的遗物）、第3b和第3c层（含商周时期陶片），局部含经扰动的少量旧石器时代遗物；第4层为黄色粉砂，约相当于马兰黄土上部，厚约1.8米，含少量动物化石；第5～9层及第6层下开口的G1为棕黄、黄褐、棕红色的粉砂或粉砂质黏土，应属河流相堆积，厚近5米，经^{14}C和光释光测年，年代距今5万～3万年，其中除第7层外均含旧石器时代石制品、动物化石；第10层为红褐色粉砂质黏土，已发掘部分厚约0.5米，未见底，光释光年代距今7.7万～5.6万年，经调查得知该层与上古生界石千峰组的基岩呈角度不整合接触。

根据本次发掘成果及对发掘区以西崖壁剖面的观察，第3b层和第3c层是一个近南北向埋藏冲沟的东半部分，该冲沟的宽度约20米、最深约9米，开口于第3a层下，向下打破第4～9层。在发掘前的崖壁剖面上，由于该冲沟开口位置不太清楚，冲沟堆积底部的砂砾石层较为明显（且与遗址主要文化层即G1处于同一深度），故在早期调查中曾被误认为是埋藏于马兰黄土内的古冲沟，并与旧石器遗存有关联[3]。根据发掘可知，冲沟的形成应不早于马兰黄土、不晚于商周时期。因此，方家沟遗址旧石器时代的文化遗存并不是埋藏于该冲沟或者马兰黄土，而是产自马兰黄土上部之下的埋藏古河道堆积中。

遗址附近地貌以相对高度低于50米的低矮丘陵和山间平地为主，丘陵顶部亦较平缓，丘陵间发育一些小沟壑，这些低丘一般由基岩上覆黄土—古土壤构成。对方家沟遗址周边1~3千米范围内的调查表明，类似第4层的黄土状堆积和类似第10层的红褐色黏土在露头好的剖面上普遍存在，基岩则因可能存在断层活动而出露高度不一，但都缺乏类似第5~9层的堆积物，因此人类活动时期河道的大致走向和形态尚无法判断。由于剖面上暴露的面积非常有限，推测当时河流的规模可能较小，物质来源主要是更早形成的黄土或古土壤。

二、遗址中的地质遗存

遗址文化层主要由粒度较细的河漫滩相堆积构成，说明遗物埋藏时的水动力较弱，但地层中同时也包含一些自然动力导致的粒度较粗的组分，尚需进一步分析。

这些组分可分两类，一是基本没有磨圆、棱角分明的石英细砂岩碎块，二是石英砂岩、石英岩、石英等岩性各异的砾石。由于遗址位于丘陵北坡坡麓位置，地层也常略朝北倾斜，因此坡面流水也应是搬运岩块和砾石的来源之一，这一过程在现在的地面上仍可见到。

岩块只见红色细砂岩一种成分，和基岩一致，应源于山体风化、剥蚀产生的碎块。根据对坡面顶部和中段附近剖面的观察，基岩最外部都有一层风化层，距现地表普遍较浅，一般不足1米，局部直接暴露于地表。经过风化的岩块硬度低，质地疏松，并具有很明显的水平节理，常呈扁平的片状破裂。因此很不符合打制石器对原料的要求，即使有自然形成的薄锐边缘，也不适合使用。在遗址中，没有发现这类岩块有任何人为加工的表面痕迹，也没有其他用途的使用迹象（比如用作打击类工具、烧石，构筑建筑物等）。根据对其保存状况的观察，绝大多数棱角都有一定程度的磨蚀，与石制品有明显差别。因此可以确定这种细砂岩碎块出现在遗址中纯粹是自然因素所致。

砾石应来自山顶的砂砾石层，既有可能是人为搬运的、用于打制石器的原料，也有可能由于自然因素出现于遗址中。根据调查，遗址所在低丘的顶部发现有厚1~3米的砂砾石层，直接叠压在基岩上、被表土覆盖，海拔高于遗址主文化层约30米，其年代应早于遗址上的人类活动。该层中砾石成分包括石英砂岩、石英岩、石英、粉砂岩、灰岩等，分选差，砾径多为5~20厘米，圆度以次棱角状和次圆状为主，在岩性、尺寸和形状上与遗址中出土的砾石基本一致。

在第5层、第6层和G1中不含砂，砾石和岩块也无分选，排列无规律，与文化遗物混杂分布，初步观察表明砾石和岩块在地层中分布相对均匀，与文化遗物呈明显聚集的空间分布模式很不同。因此，可以推测这些砾石和岩块应与构成地层主体的细粒物质来源不同,也即不是河流搬运形成,而是山体较高位置基岩和古砾石层随着风化、侵蚀并随坡面片流搬运至此的结果。同时,也不排除部分尺寸较大、与出土石制品岩性相同的砾石作为人工搬运石材进入遗址的可能。

与之相对的是,第8层顶部和底部各存在厚1~2厘米的成层的砾石,砾石以细砾为主、分选较好;第9层中夹3~4条厚1~3厘米的浅红色粉砂质黏土薄层,第9层包含的砾石和岩块虽不连续,但主要出自这些薄层中。这两个文化层可能代表了人类占用遗址期间河道水流或片流的水动力相对较强的时期。

三、G1形成过程

方家沟遗址最重要的发现是G1及相关的遗迹现象(图一)。G1北部即发掘区北部边缘,因受现代冲沟切割破坏,其沟口原有形状不明,残存部分平面观,略呈中间宽、向两端渐缩窄的条形。发掘区内东西长7.6米,南北残宽0.45~1.6米,最大面积8.65平方米,东边虽延伸出发掘区外,不过根据其走向和宽度推测已接近边界。沟口距基点深7.55~7.8米,沟底最深8.66米,沟口东高西低,口大底小,壁、底均不规则,沟南壁呈倾斜状内收,发掘过程中没有发现沟壁和沟底有人为挖掘或修整的痕迹。从底部形状

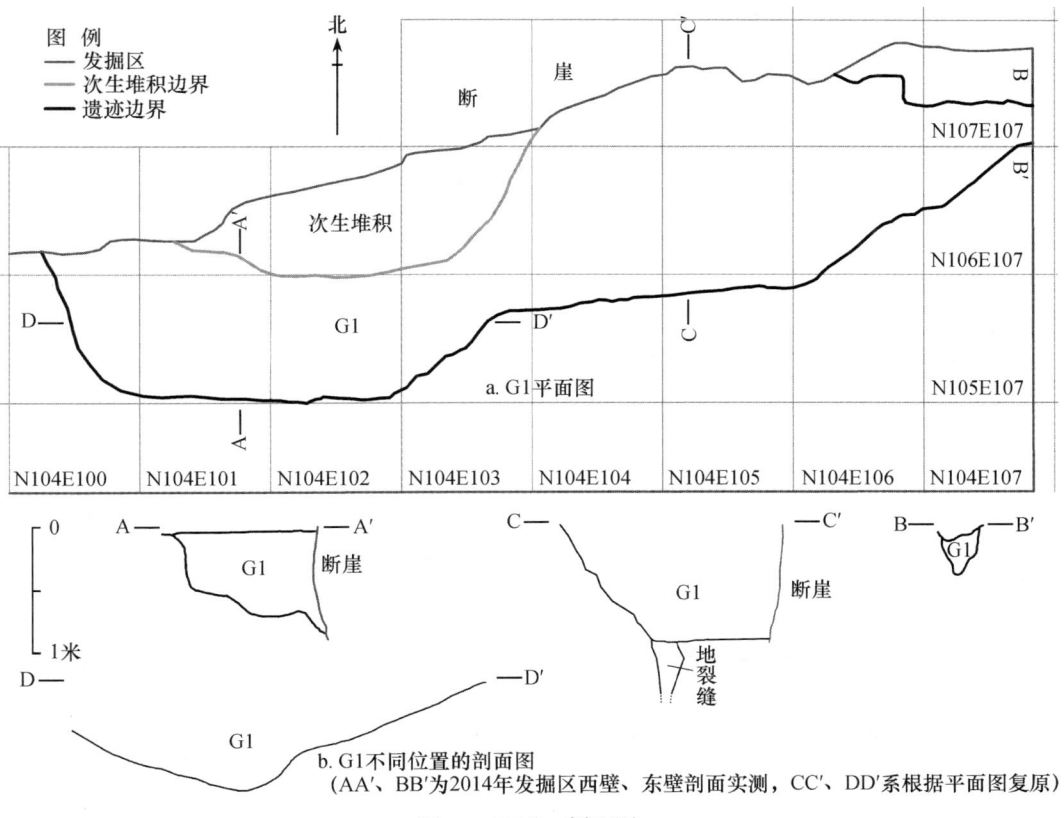

图一 G1平、剖面图

看，沟大致可分为两部分：中部和东部近似中间低、两端较高的沟状，全部位于2014年发掘区内；西部是一个近似锅底状的坑，相对较浅，2014年发掘了其东半部、2015年发掘才将其完整揭露。两者之间上部是相连通的，下部则被隔开；两个部分之间遗物分布也有一定差异，中部可以划分出四个遗物集中区，而西部遗物数量很少（图二）。两者连接处对应的北部边缘明显内凹，分布着含旧石器时代遗物的次生堆积，显示其晚近被破坏的堆积主要是该处。

一般来说旷野遗址中古人类居住或其他活动所依托的地面是比较平整的，而方家沟遗址的大部分遗物埋藏于沟状堆积之中，这在以往旧石器时代考古发现中很少见。那么首先要解决的问题就是，目前所见的G1是由原本水平的文化层下陷变形导致，即其中的遗物整体性地失去了原生位置，还是遗物本来就堆积在原始的负地形之内？

地面塌陷导致地层变形乃至塌落、引起遗物纵向位移在一些遗址中确实发现过。例如，荥阳织机洞遗址沉积过程的第二阶段由于落水洞发育引起上部洞穴堆积下陷变形、甚至局部发生错断[4]；水洞沟第7地点文化层中下部因湖滨的湿陷坍塌，造成局部区域文化遗物纵向上的空间位移[5]。这些实例说明确实有必要考察地层整体受改造或扰动的情况，即是否有可能文化层是在更高的位置形成，后来由于某种自然动力（如沉积物自身的湿陷性、构造运动影响等）向下塌陷。

在G1的面积和深度都比较有限情况下，地层受单纯的重力作用塌落后，应当在一定程度上保留原有的堆积结构，例如相对于原生地层会出现不同程度的层状错位和倾斜，而不至于被全部打乱。G1周围地层都存在一些呈水平分布的标志性结构，包括第8层顶部和底部的砾石层，第9层所夹的数条浅红色黏土薄层，如果G1堆积物是来源于这些层位，即使堆积结构松散，坍塌后至少应当在局部可以观察到与第8、9层相对应的迹

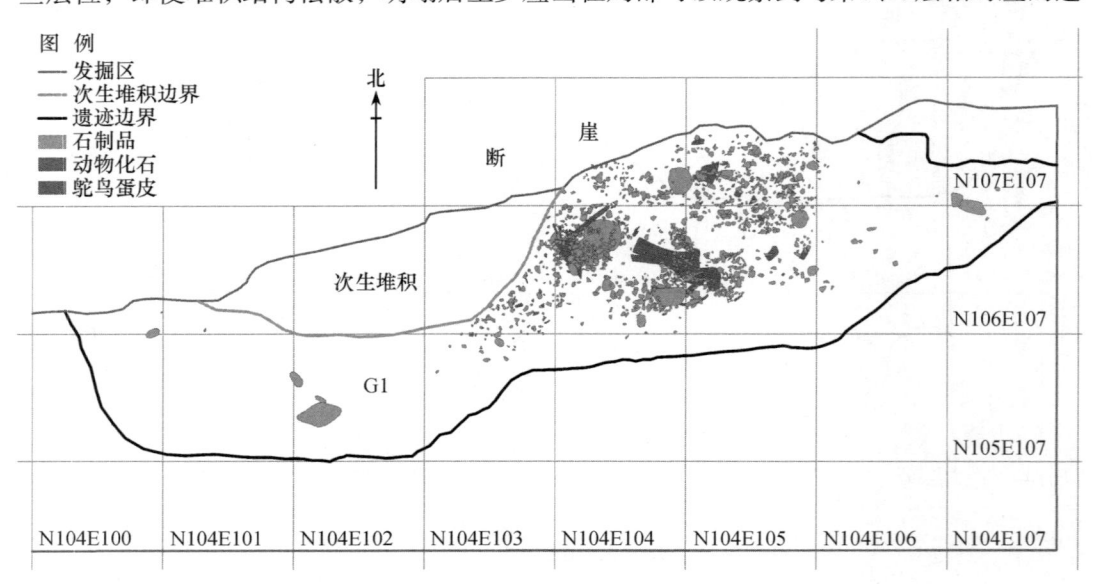

图二　G1遗物分布平面图

象。但是在发掘过程中，我们不仅观察到沟内外同一深度的堆积呈现出明显差异，而且并未发现沟内堆积有任何局部可以在岩性、包含物、层理等方面与临近地层相"拼合"。从剖面上观察G1的边界又非常清晰，即使在相对浅而窄的东壁附近，沟也是明显切穿了第8、9层，并未表现出模糊或过渡状态等不易分辨的特征（图三）。

从遗物分布情况看，G1和同一深度的第8、9层差异很大，沟内堆积包含遗物密集，而后者遗物密度非常稀疏。发掘过程中可以观察到，G1南壁附近遗物密集的地方与沟的边界有一定对应关系，在每一个水平层内，遗物密集区在平面分布上都没有超出G1范围，有的在垂直分布上还呈现出与沟壁倾斜方向相吻合的走向。这种遗物分布与堆积界面之间的相关性，是很难由塌陷以及塌陷后扰动等相对随机的过程来解释的；相反，如果遗物原本就废弃在凹面上，沟内外遗物数量及密度的差异以及遗物平面分布的局限性就容易理解。

另外，如果G1的形状是由重力作用主导的埋藏后形变导致，那么G1内遗物重量与深度之间应呈现正相关关系，即重量越大会埋藏越深。然而，根据对G1内记录三维坐标的野外编号标本（N=1417）的统计，重量和深度的相关程度很低（相关系数$r=0.008$，显著性水平$\alpha=0.753$），表明遗物废弃后的埋藏深度没有受到其自身重量的显著影响。

综上，我们认为G1的形状代表一个堆积间原始界面，而非次生形成（先有文化遗物废弃再形成凹陷）。推测第9层、第8层本来应是连续的、近水平状堆积，G1及其遗

图三 2014年发掘区东壁剖面局部

物的形成过程大致是，由于水流或其他因素侵蚀早期地层，在第8层层表位置形成一自然沟或者洼地，人类活动产生的废弃物遗留在这个凹面上，进而被各种沉积物所填充。

四、遗物埋藏特点

遗物的保存状况、产状、尺寸构成以及拼合情况可以反映遗址的埋藏条件。在方家沟遗址各层位中，G1出土遗物数量较多，具有统计意义，下面以G1为例说明遗物的埋藏特点。

1. 遗物的保存状况

遗物保存状况包括磨蚀、风化和其他表面自然痕迹。G1石制品除了备料之外，其余均无磨蚀；不同岩性间比较，石英一般要比石英砂岩和石英岩棱角更锐利一些，应与其硬度较高有关。脉石英均无风化，断口边缘保存非常新鲜，而石英砂岩和石英岩个别有一定风化。根据野外的粗略观察，动物遗存的风化、磨蚀程度存在较大差异，相对而言变异程度高于石制品。G1动物骨骼和鸵鸟蛋皮标本中，磨蚀不太显著，约90.9%基本无磨蚀，9.1%有一定磨蚀；风化程度普遍较高，约18.2%基本无风化，约60.3%有轻微风化，约21.5%风化较重。此外，还有一部分石制品和动物化石表面覆盖碳酸钙包裹物。石制品上的钙质多见于尺寸较大者，用弱酸洗去之后观察其风化磨蚀状况与钙质未覆盖区域或无钙质包裹者没有显著区别，说明钙质对遗物保存状况没有显著影响，可能是在遗物埋藏后沉积物的蒸发、淋滤作用下产生的。总体上，磨蚀情况反映出流水对遗物的冲磨以及遗物之间的碰撞可能都比较轻微，整体上并未经过长距离的流水搬运。

2. 遗物的产状

发掘过程中我们对野外编号标本的产状作了分级记录，包括长轴方向（0～180°，每45°一级）、倾向（0～360°，每45°一级）与倾角（分水平、倾斜和垂直三级）。排除发掘中不慎移动过的遗物以及非人工制品的石质标本，G1经过记录的有效样本数为1047件。据统计，长轴方向中，45°～90°为略微优势方向，占34%，而且这与G1本身的走向一致，表明了沟内水流作用的影响。倾向分布较为均匀，除了水平（18%）和垂直（11%）之外的8个方向中，呈现相对随机的分布情形，比例最高的方向是270°～315°，占11%，比例最低的方向是315°～360°，占6%。倾角统计中，水平、倾斜和垂直所占比例分别为18%、71%、11%，即大部分遗物是倾斜的，这可能与遗物废弃在非水平的曲面上有关。

3. 遗物的尺寸构成

遗物的尺寸构成也对遗址埋藏情况具有一定指示意义。以石制品为例，石器打制实验表明，不同尺寸的标本数量占整个组合的比例基本是恒定的，存在一个预期的模式，而流水作用倾向于从遗址中带走更小、更轻的遗物，因而在地质证据之外，遗址中发现的石制品本身的构成也能够评估流水作用的改造程度[6]。

鉴于G1的边界已被发掘完整揭露，石制品材料的完整性比较有保证，有利于分析其技术一致性和碎屑比例。在G1手工拣选的石制品标本中，尺寸差异巨大，小于20毫米的碎屑约占石制品总量的68%，废片类（包括完整和不完整石片、残片和碎屑）数量占97.1%，石核占1.8%，有一部分石核和备料属于大于200毫米的巨型产品。

遗址中的石制品原料以脉石英占绝对优势，尽管尚无系统的脉石英打制实验说明碎屑预期比例应该有多少，但是在初步的剥片实验中可以发现，与石英砂岩和石英岩相比，脉石英产生碎屑要容易得多，而且绝大多数尺寸在10毫米以下，以至于难以计数。此类遗物如果存在于遗址中，以常规方式收集很难保证系统性，所以我们对2014年发掘的G1中东部浮选土样进行筛选，筛网孔径2毫米，在73升土样中得到2338件、总重42.1克的石英碎屑，平均密度约32件/升，尺寸一般在2～10毫米之间，与剥片实验中产生的碎屑较相似。

按照这样的脉石英碎屑密度、G1遗物密集区域体积和土可松性系数进行粗略估算，该区域实际碎屑比例约占石制品总数的90%左右。因此，当时古人类生产石器所遗留的碎屑应有相当比例遗留在遗址内，说明G1石制品组合未受到较大的流水改造。

不同尺寸的遗物的空间分布可以进一步反映其是否经过流水分选。河流流水搬运物质的颗粒大小随流速的变化而变化，因此所搬运物质的颗粒一般是上游颗粒较粗，越向下游颗粒越细。G1内的遗物整体上是大小混杂的，在编号标本密集区域尤其明显。发掘中能够观察到大量尺寸较小的未编号标本也具有类似的分布模式，并且得到土样的筛选结果的支持。根据初步观察，筛选遗物数量与该位置常规收集遗物数量是正相关的，即凡是在可见标本数量较多的位置采集的土样，筛选遗物密度也都很大；而在手工拣选标本数量稀少的位置，筛选获得的遗物密度也极低。以野外编号标本数量较少的G1中西部为例，对全部232.5升土样进行筛选，仅获得74件、总重1.5克的脉石英碎屑，其密度远低于标本较多的G1中东部。

总之，遗物收集方式基本上区分了三个大小不同的类别：尺寸大于20毫米的野外编号标本，尺寸主要介于20毫米和10毫米之间的、发掘中未编号的手工拣选标本，以及尺寸主要在10毫米以下的筛选标本。三者明显是相间、混杂分布的，不见不同类别之间数量呈负相关的情况或者某一类偏向某一区域的分布，这可以进一步说明G1内的遗物未经过明显的流水分选作用。

4. 遗物的拼合与空间分布

遗物拼合所提供的空间分布信息，特别是纵向位移，无论对于复原当时的微地貌形态，还是探讨遗址废弃后受改造的程度，都至关重要。根据对方家沟遗址出土石器的拼合工作，目前已发现涉及G1的有60组、173件可拼合标本，拼合率约为2.86%。拼合的详细研究成果拟另文发表，这里仅概述与遗址埋藏过程有关的初步认识。

G1的深度范围是7.55~8.66米，G1内可拼合石制品深度在7.7~8.66米之间，考虑到沟开口有一定倾斜，实际上G1从沟口到沟底都有拼合标本。拼合实例确凿地证明了G1内遗物是同时的，这与沟内不存在更小堆积单位的地层观察相符。因此G1的形成应归因于一次短期的人类占用事件，而不是在一个活动面上连续利用或反复累积的结果。

理论上，古人类打制石器行为依托于一定的地面，产生的石制品直接落于当时的地面上，剥片后在未经过人为干预或自然扰动的情况下，石制品间的水平距离可以反映剥片时石制品在地面上的散布状况，而石制品间的垂直距离及拼合连线的产状应该反映了当时地面形态的起伏。

统计显示，拼合标本间的水平距离在0.03~1.57米之间，平均为0.71米，其中废片类拼接型的标本间平均距离为0.48米。可拼合标本间的垂直距离在0~0.85米之间，平均为0.25米，其中废片类拼接型的标本间平均距离明显较低，为0.14米，其他类型的平均距离相对更大。观察还发现，拼合标本间连线多数是倾斜的，因此根据三角函数关系（倾角正切值=垂直距离/水平距离）可计算出这些三维直线的倾角平均为18.77°，拼接与其他类型的标本在倾角上没有显著差异。

拼接关系的产品之间距离相对较小，反映了遗物废弃后可能未经历剧烈的后期扰动，其中有2组还处在原始的连接状态，出土时可拼接面几乎是挨着的，应该是石片在落地时因碰撞而断裂，或废弃至埋藏过程中遭受后期作用力断裂所致。废片拼接型标本连线的走向没有明显的优势方向，以及拼合石制品中不存在较轻标本相距较远而较重标本相距较近的分选现象，也说明流水作用对废弃后的废片类石制品的改造程度比较轻微，石制品平面分布状况主要是人为因素作用的结果。

通常认为，拼合石制品垂直方向上（或相对于地面上）位移的大小，能更多地反映遗址在埋藏前和埋藏后的改造程度[7]。但是方家沟遗址G1的情况比较特殊，由于堆积界面并不是平的，遗物堆积在负地形之内，以至文化层的最大厚度达到1米左右。因此拼合标本之间的垂直距离较大不能完全解释为废弃后强烈的改造导致，而是可能与古地面的倾斜有关。

野外发掘中，G1跨越了12个水平层（L16~L27），每一水平层发掘结束便绘制平面图、收取该层遗物，这样仅能对不同水平层之间的空间位置有粗略把握。为了探究拼合标本分布是否与沟壁、沟底存在整体对应关系，笔者利用ArcGIS的三维数据管理功能，在矢量化的平面线图基础上，添加遗迹、遗物和拼合连线的高程值，生成3D要素数据，从多角度复原并观察G1遗存的空间分布格局。结果发现，遗物以及拼合连线的空间分布模式有明显的可识别特征。

首先，遗物整体展布趋势较有规律，不同的遗物集中区实际上共同组成了一个连续的向下弯曲的"面"，无论东西向剖面还是南北向剖面均呈凹弧形。

其次，拼合连线如果投影到一个面上看似杂乱无章，但实际上，垂直距离较大的拼合标本间水平距离也较远，少见近于垂直的拼合连线或连线间不规则交错。多数较长的拼合连线倾角在20°～30°，它们与遗物集中区本身的倾斜方向一致。

最后也是最重要的是，上述遗物空间分布形态包括拼合连线，与基于堆积物所辨识出的沟内地面的倾斜或弯曲方向比较契合，这在保存较好的沟南壁尤为明显。表明遗物主要分布在坡度较缓的沟壁上以及较平的沟底面上，也就是说拼合标本间的垂直距离或拼合连线的倾角在一定程度上受制于沟内不同位置地面原始状况。

总之，遗物的拼合与空间分布表明其废弃在沟内并且空间位置受自然力改造的程度较小。嵩山东麓MIS 3阶段早期其他露天遗址的发掘表明，相对单一的居住事件留下的活动面的厚度一般为20～30厘米。方家沟遗址的G1虽然最大厚度远超出此范围，但如果计算遗物集中带的实际厚度（即垂直于倾向的厚度），则与老奶奶庙[8]、赵庄[9]、黄帝口[10]等遗址没有实质区别。这同样反映了这些遗址的埋藏性质比较接近，方家沟遗址的特殊之处只是在于原始地面不是呈现近水平的形态，而是洼地。

五、结　　语

方家沟遗址发掘最重要的收获是对G1的揭露。G1包括堆积体（沟内堆积）和堆积间界面（沟壁和沟底）的双重涵义。从埋藏介质上，我们通过发掘期间对遗址堆积物的划分，把埋藏于沟内堆积中的遗物和其他层位区分开；从遗址形成过程的角度，我们通过对遗物埋藏情况的考察特别是拼合和空间分析，认为沟壁和沟底代表当时人类活动所依托的古地面，沟内遗物是一次人类活动事件形成的，基本属于原地埋藏。因此可以认为G1代表了古人类的生活面遗迹。当然，由于遗址形成过程的复杂性，这一结论还需要更多的证据如动物考古和土壤微形态等方面研究予以验证。

附记：本文系在作者博士学位论文相关章节基础上修改而成，博士论文写作过程得到北京大学王幼平先生、夏正楷先生的指导以及郑州市文物考古研究院汪松枝先生的协助，特此致谢。

参 考 文 献

[1] 林壹，顾万发，汪松枝，等.河南登封方家沟遗址发掘简报[J].人类学学报，2017，36（1）.

[2] 曲彤丽，陈宥成.史前埋藏学的历史回顾与再思考[J].南方文物，2016（2）.

[3] 周昆叔，张松林，莫多闻，等.嵩山中更新世末至晚更新世早期的环境与文化[J].第四纪研究，2006，26（4）.

[4] 刘德成，夏正楷，王幼平，等.河南织机洞旧石器遗址的洞穴堆积和沉积环境分析[J].人类

学学报，2008，27（2）．

［5］ Pei S, Niu D, Guan Y, et al. The earliest Late Paleolithic in North China: Site formation processes at Shuidonggou Locality 7［J］. Quaternary International, 2014, 347（9）．

［6］ Schick Kathy, Toth Nicholas. Making Silent Stones Speak: Human Evolution and the Dawn of Technology［M］. New York: Simon & Schuster, 1993: 190-206.

［7］ 李锋，陈福友，李罡等.甘肃徐家城旧石器遗址石制品拼合研究［J］.人类学学报，2015，34（2）．

［8］ 郑州市文物考古研究院，北京大学考古文博学院，郑州市二七区文化旅游局.郑州老奶奶庙遗址暨嵩山东南麓旧石器地点群［N］.中国文物报，2012-1-13（4）．

［9］ 张松林，王幼平，汪松枝等.河南新郑赵庄和登封西施旧石器时代遗址［A］.2010中国考古重要发现［C］.北京：文物出版社，2011：10-13.

［10］ 王佳音，张松林，汪松枝等.河南新郑黄帝口遗址2009年发掘简报［J］.人类学学报，2012，31（2）．

（原刊于《中原文物》2018年6期）

郑州老奶奶庙遗址石核类型学初步研究

陈宥成[1]　曲彤丽[2]　张松林[3]　顾万发[3]　汪松枝[3]　王幼平[2]

（1.首都师范大学历史学院，北京　100089；2.北京大学考古文博学院，北京　100871；3.郑州市文物考古研究院，郑州　450052）

一、引　言

　　老奶奶庙遗址位于河南省郑州市二七区侯寨镇樱桃沟景区内，地处郑州西南丘陵区嵩山东麓向华北平原的过渡地带贾鲁河上游东岸二级阶地之上。2011～2013年北京大学考古文博学院和郑州市文物考古研究院合作对该遗址进行了3年连续发掘，发现了石器、化石以及用火遗迹等丰富的文化遗存。从文化堆积底部到顶部获得的多个^{14}C年代数据集中分布在距今41～40ka B.P.年之间，校正后距今约45ka B.P.[1]。

　　关于老奶奶庙遗址的发掘收获与动物遗存研究等，已有相关研究成果发表[2]。就石制品而言，老奶奶庙遗址2011～2013年共出土7000余件石制品，石制品原料以石英和石英砂岩为主，另有少量岩性为灰岩和燧石等。其中石核不但发现数量较多（石核出土自从下部的第4E～第4Ⅰ层至上部的第3A层等多个不同的层位，共计112件，第3F层和第3B层两个活动面最为丰富，分别出土石核25件和37件），而且类型多样，具备分类研究的意义。同时，与嵩山东麓地区MIS 3阶段已经发掘和报道的新郑黄帝口遗址[3]、新郑赵庄遗址[4]、登封方家沟遗址[5]等不同的是，老奶奶庙遗址是该地区的一处中心营地性质的遗址[6]，史前人群在该遗址的占据相对时间更长，占据人群的行为方式更为多样化，剥片活动更为丰富和多样，为我们更为全面地探讨嵩山东麓地区MIS 3阶段人群的剥片技术提供了绝佳的材料。

　　因此，本文将重点关注老奶奶庙遗址出土的石核，对其进行较为详细的分类研究，旨在深入揭示其剥片技术特点，进而更深入理解东亚腹地晚更新世时期人类石器技术的演化进程。结合测年数据和石核类型学研究结果，本遗址出土石核的年代相对集中在千年尺度范围之内，且自下而上不同地层中出土的石核呈现出相似的技术特点。由于篇幅所限，本文在论述过程中没有对石核进行逐层分析，只是做了初步的整体探讨。不当之处，敬请方家指正。

二、老奶奶庙遗址石核的分类思想

石核是指用于生产片状坯材并保留有完整剥片片疤的剥片后的石料。石核由于是分析剥片程序与方法的可靠信息来源，所以向来被研究者重视。老奶奶庙遗址的石核形态多样，种类繁多，按照传统的石核分类方法，石核根据台面的多少可以分为单台面石核、双台面石核与多台面石核[7]。但是如果使用传统分类方法研究老奶奶庙的石核，一些石核的规律性特征和本遗址特有的技术特点似乎不能完全展示出来。

由于石核蕴含了石器打制者的认知、行为等大量信息，其可以从多个角度观察，进而提取到不同的有效信息。比如石核除了可以按台面多少分类，还有学者曾重点关注石核的剥片利用效率[8]、石核台面的转换顺序和相互关系[9]等角度，都为探讨石核的分类提供了新的思路。本研究在前人研究的基础上，运用"操作链"的研究理念[10]，针对老奶奶庙遗址的石核的特点，计划重点从石核的几何组织结构、石核的剥片方向、石核不同台面的利用程度对石核进行观察。

所谓"几何组织结构"，是指石核体的台面和剥片工作面的组织关系及其所组成的立体几何形态，这种几何组织结构是在有计划的"操作程式"[11]下剥片的结果，而非偶然产生。如勒瓦娄哇石核与棱柱状石核都可以连续生产石叶，但其几何组织形式有明显不同，前者是两面体结构[12]，而后者是柱形结构。老奶奶庙遗址石核的特点是呈现出多种"几何组织形式"，包括A类、B类、C类、D类、E类和F类等（图一）。

在此基础之上，老奶奶庙遗址的石核分类同时关注了石核体的剥片方向。石核体的剥片方向已被学术界关注，如有学者根据台面的数量和片疤的方向将锤击石核分为单向石核、对向石核与多向石核[3]，也有学者从石片背面的片疤方向入手对石片进行了

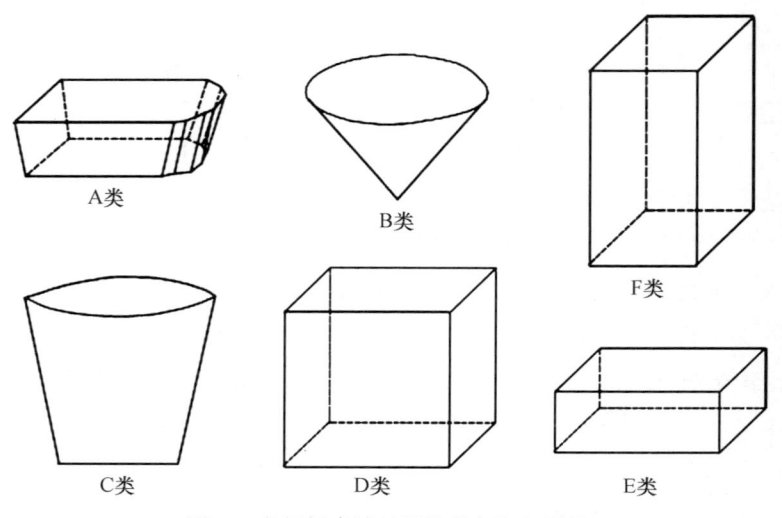

图一　老奶奶庙遗址石核几何组织结构

详细的分类[4]，这对于石核剥片方向的研究也很有借鉴意义。本文认为，单向石核、对向石核与多向石核的区分反映了不同的剥片习惯或称剥片方式，具有一定文化上的区分意义。高度开发的单向石核和对向石核亲缘较近，是棱柱状石叶石核的前身；而多向石核反映了另外一种古老的文化习惯，在欧亚大陆西端其极致是勒瓦娄哇石核，而在欧亚大陆东端经多次转向剥片后体形浑圆的转向石核也是另外一种"东方极致"。

同时，分析石核不同台面的利用程度也是衡量剥片系统性的重要标准。通常情况下，系统性剥片的石核不但有较为稳定的几何组织形态，而且对台面的选择和利用也很考究。如旧大陆西方代表系统性剥片的勒瓦娄哇石核和棱柱状石叶石核等对石核的主台面均有很高的利用强度，包括对石核主台面的预制、强化利用主台面生产石片、对主台面的修理以及更新等。本研究重点关注老奶奶庙遗址不同类型石核的不同台面之间是否存在等级性差异，如果存在等级性较高的主台面则可能被认为具有一定的特殊指示意义。

综上所述，本研究对老奶奶庙遗址石核的研究方案为：首先，根据石核体的几何组织形态对石核"分类"；然后根据石核的利用结构、剥片方向以及不同台面的利用程度对石核进行"分型"。

三、老奶奶庙遗址石核的分类陈述

为了便于表示不同类型石核的几何结构，本研究绘制了不同类型石核的几何模型，本文涉及石核几何模型的插图中石核体内部的箭头均示意剥片方向，特此说明。具体方案陈述如下：

A类石核：该类石核是老奶奶庙遗址最为稳定和最具特色的一类石核，往往以厚石片为毛坯，以厚石片平坦的腹面为台面（偶尔以厚石片的背面为台面），沿台面周缘向石核底面剥片。石核体的片疤未汇聚于一点，而是延伸到石核体底面的小平面上。石核体的整体特点是台面和底面是两个平行或近平行的平面，台面面积大于底面面积，通常器身略长，似船形。A类石核和传统分类方案中的"单面盘状石核"有一定亲缘关系，但也有明显区别，即盘状石核是"两面体石核"，包括台面和剥片工作面两个面，片疤的汇聚性很明显，而老奶奶庙的A类石核非两面体石核，剥片工作面和底面有明显的区分，并且片疤的汇聚性不明显，片疤间的关系多呈平行或近平行的关系。A类石核根据石核的利用结构和主台面的利用程度，可以分为A1、A2和A3共3型（图二）。

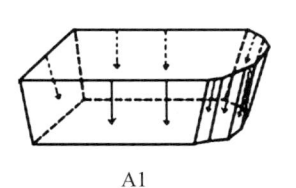

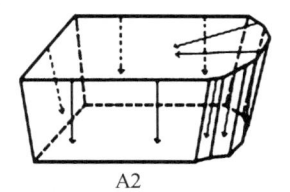

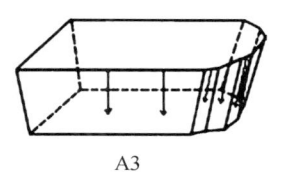

图二　老奶奶庙遗址A类石核几何模型

B类石核：石核一般由两个面构成，一个面是较平的台面，另一个面是主剥片工作面，并且主剥片工作面汇聚于石核底部一点，或接近一点，呈漏斗形。B类石核与传统分类方案中的"单面盘状石核"非常接近。老奶奶庙遗址的B类石核根据石核体的利用结构可以分为B1、B2、B3共3型（图三）。

C类石核：老奶奶庙遗址的C类石核也是非常有特色的一类石核，这类石核整体上观察近似楔形，但是几何组织结构相对多样化，根据不同的利用结构和剥片技术特点可以细分为8型（图四）。

D类石核：石核由6个平面组成，呈正方体的结构，往往有多个台面和多个剥片工作面，可归入传统分类方案中的多台面石核。根据主台面的等级高低，可以分为D1、D2、D3共3型，其中D1型的主台面等级最高，或者说主台面利用率最高，D2型主台面等级性较高，D3型的主台面不存在，或者说台面之间等级性不明显。

E类石核：石核呈扁立方体结构。通常有6个面组成，往往有多个台面和多个剥片工作面，可归入传统分类方案中的多台面石核。根据剥片方向和主台面的等级高低，可以分为E1、E2共2型。

F类石核：石核呈柱形。通常有6个面组成，往往上下两个台面为主台面，4个侧面

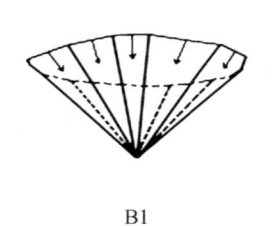

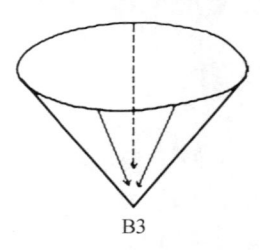

图三　老奶奶庙遗址B类石核几何模型

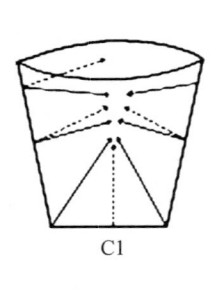

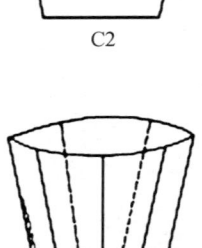

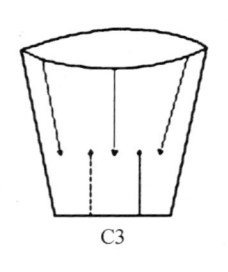

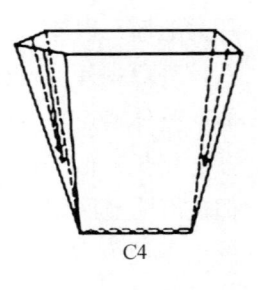

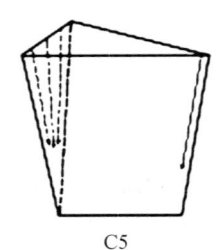

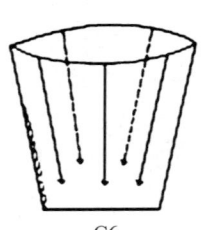

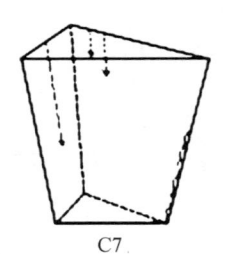

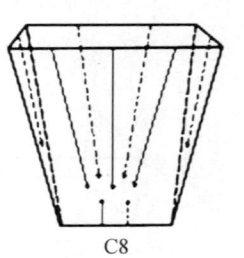

图四　老奶奶庙遗址C类石核几何模型

为主剥片工作面，常常为对向石核，有时也为多向石核。根据主台面的等级高低，可以分为2型。

H类石核：权宜类石核，形态较小，石核几何组织形状不规整，且利用程度较低，台面数量多为1~2个，片疤数量多为1~3个。

上述A~F类和H类石核为锤击石核。另外老奶奶庙遗址存在少量的砸击类石核，由于数量较少，为了简化分类，本研究在石核分类体系中不再单独开辟大类，将砸击类石核定为G类石核并不再详细阐述。上述分类方案中不同几何组织结构的石核类型的出现一方面是剥片技术习惯的体现，另一方面不同几何结构的出现与石核的毛坯形态也有密切关联。老奶奶庙遗址出土的石核是石器生产者充分、高强度利用不同形态的石核毛坯生产石片的结果，并且不同的几何结构的石核在剥片操作过程中也不排除相互转化的可能。另外需要强调的是，老奶奶庙遗址的A类、B类和C类石核虽然分别近似船形、漏斗形和楔形的特征，但是与华北晚更新世末期出现的石叶石核和细石叶石核系不同的技术类型。特此说明，以免混淆。

四、老奶奶庙遗址石核分类举例说明

1. A类石核

老奶奶庙遗址的A类石核共19件。

A1型　7件。11EL：0868，岩性为灰白色石英砂岩，毛坯为厚石片石片，以厚石片宽平的腹面为台面，沿台面近一周向石片的背面剥片，保留有8个片疤，片疤未汇聚于一点，而是延伸到石核底面的一窄长的小平面，石核整体形状类似船形，台面角多在70°左右。该石核周缘有3小石片疤延展度很低，应为失败的剥片，并且该石核形态已较小，不便于手持，推测该石核处于剥片末期。长宽厚重依次为22.3mm，47.9mm，31.9mm，重40.2g（图五，1）。11EL：1801，岩性为灰白色石英砂岩，毛坯为厚石片石片，以厚石片宽平的腹面为台面，沿台面近一周向石片的背面剥片，保留有10余个片疤，片疤未汇聚于一点，而是延伸到石核底面的一窄长的小平面，石核整体形状类似船形，台面角多在80°左右。该石核应处于剥片中期，仍可继续剥片。长宽厚重依次为22.7mm，51.8mm，39mm，重65.7g（图五，2）。12EL：1294，岩性为灰白色石英砂岩，毛坯为厚石片石片，以厚石片背面为台面，沿台面近一周向石片的背面剥片，保留有十余个片疤，片疤未汇聚于一点，而是延伸到石核底面的一窄长的小平面，石核整体形状类似船形，台面角多在85°左右。该石核器身较小，利用程度高，应处于剥片中晚期阶段。长宽厚重依次为58.6mm，46.1mm，29.2mm，重97.1g（图五，3）。

A2型　2件。12EL：1811，岩性为灰白色石英砂岩，毛坯为厚石片石片，以厚石片宽平的腹面为台面，沿台面近一周向石片的背面剥片，保留有十余个片疤，片疤未汇

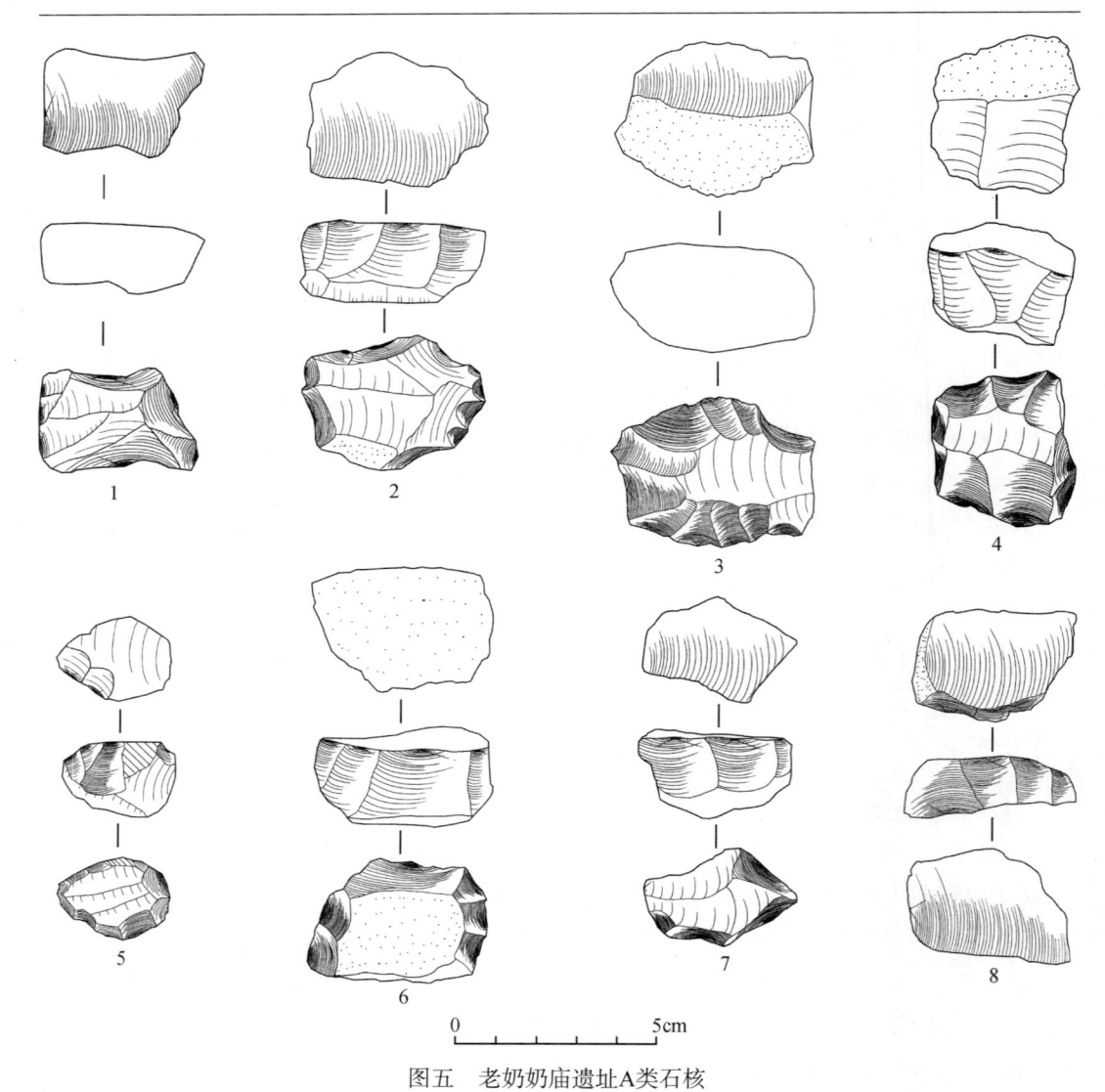

图五　老奶奶庙遗址A类石核
1～3. A1型（11EL：0868、11EL：1801、12EL：1294）　4、5. A2型（12EL：1811、11EL：0114）
6～8. A3型（11EL：0506、12EL：1510、12EL：2967）

聚于一点，而是延伸到石核底面的一窄长的小平面，石核整体形状类似船形，台面角多在70°左右。该石核器身较小，利用程度高，应处于剥片中晚期阶段。长宽厚重依次为26.2mm，52.2mm，48.7mm，重81.2g（图五，4）。11EL：0114，岩性为石英，毛坯为断块，该石核体现出一定的预制过程：先打下一大石片，之后以片疤作为台面，并且对台面有修理的痕迹，在台面上保留有2个修疤，使台面角更利于剥片，沿台面近一周向石核底部剥片，保留有十余个片疤，片疤未汇聚于一点，而是延伸到石核底面的一窄长的小平面，石核整体形状类似船形，但形态稍高，台面角多在70°左右。该石核周缘有

4小石片疤延展度很低，应为失败的剥片，并且该石核形态已较小，不便于手持，推测该石核处于剥片末期。长宽厚重依次为25.4mm，24.6mm，33mm，重22.5g（图五，5）。

A3型 10件。11EL：0506，岩性为石英砂岩，毛坯为石块，以平坦节理面为台面，沿台面半周向石核底面剥片，保留有6个片疤，片疤未汇聚于一点，而是延伸到石核底面的小平面。石核整体形状类似船形，台面角多在75°左右。该石核器身较小，利用程度一般，应处于剥片中期阶段。长宽厚重依次为31.7mm，49.4mm，35.7mm，重86g（图五，6）。12EL：1510，岩性为石英砂岩，毛坯为厚石片，以厚石片宽平的腹面为台面，沿台面半周向石核底面剥片，保留有4个片疤，片疤未汇聚于一点，而是延伸到石核底面的小平面。石核整体形状类似船形，台面角多在75°左右。该石核器身较小，利用程度一般，应处于剥片中期阶段。长宽厚重依次为29.2mm，45.5mm，26.9mm，重33.2g（图五，7）。12EL：2967，岩性为石英砂岩，毛坯为厚石片，以厚石片背面为台面，沿台面半周向石核底面剥片，保留有3个片疤，片疤未汇聚于一点，而是延伸到石核底面的小平面；另以厚石片腹面为台面，向石片背面剥片，保留1个片疤。石核整体形状类似船形，台面角多在85°左右。该石核器身较小，利用程度一般，应处于剥片中期阶段。长宽厚重依次为18.1mm，44.2mm，33.1mm，重32.8g（图五，8）。

2. B类石核

老奶奶庙遗址的B类石核共6件。

B1型 1件。11EL：0933，岩性为灰白色石英砂岩，毛坯为带有平坦自然面的岩块，以平坦自然面为台面，沿台面一周向石核底部向心剥片，保留有十余个片疤，片疤汇聚于一点，石核整体形状为漏斗状，台面角多在70°左右。该石核周缘有若干小石片疤延展度很低，应为失败的剥片，并且该石核形态已较小，不便于手持，推测该石核处于剥片末期。长宽厚重依次为30.3mm，47.5mm，43mm，重53.5g（图六，1）。

B2型 2件。11EL：1884，岩性为石英，毛坯为带一弧面的断块，以弧面为主台面，沿台面一周向石核底部向心剥片，保留有6个片疤，片疤汇聚于一点，石核整体形状为漏斗状，台面角多在75°左右。另外以弧面相对的一面为台面向弧面也有向心剥片的痕迹，保留有3个片疤，固将该石核定为双面盘状石核。该石核周缘有若干小石片疤延展度很低，应为失败的剥片，并且该石核形态已较小，不便于手持，推测该石核处于剥片末期。长宽厚重依次为24.6mm，45.2mm，23.5mm，重32.3g（图六，2）。

B3型 3件。11EL：2507，岩性为石英，毛坯为厚石片，以石片腹面为台面，向石片背面向心剥片，保留有2个片疤，片疤汇聚于一点，石核整体形状近似为漏斗状，台面角60°左右。该石核处于剥片初期，但可能因形体较小不便手持而废弃。长宽厚重依次为18.3mm，29.6mm，36.4mm，重19.3g（图六，3）。

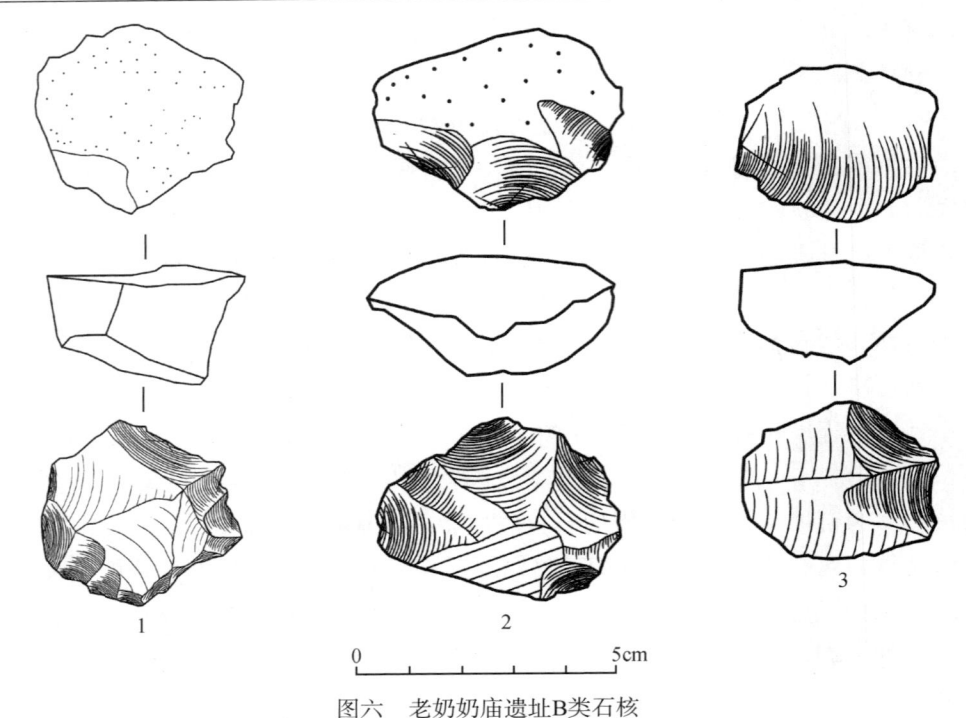

图六 老奶奶庙遗址B类石核
1. B1型（11EL：0933） 2. B2型（11EL：1884） 3. B3型（11EL：2507）

3. C类石核

老奶奶庙遗址的C类石核共21件，但几何组织结构多样，本文篇幅所限，择C1、C4、C5、C8等诸型介绍。

C1型 4件。11EL：0852，岩性为灰白色石英砂岩，毛坯为厚石片，石核体整体形状近端厚，左侧和远端皆锐，似楔形，左侧为前缘，远端为底缘，石核沿前缘和底缘连续交互向心剥片，保留6个片疤，台面角角度很锐，多在70°左右。该石核体形较小，且一些片疤为失败剥片所致，处于剥片末期阶段。长宽厚重依次为54.9mm，64.1mm，44mm，重146.8g（图七，1）。12EL：2842，岩性为灰白色石英砂岩，毛坯为厚石片，石核周缘皆锐，似楔形，沿周缘连续交互向心剥片，保留7个片疤，台面角角度很锐，多在70°左右。该石核体形较小，处于剥片中晚阶段。长宽厚重依次为50.1mm，41.7mm，20.5mm，重42.5g（图七，2）。

C4型 1件。12EL：4583，岩性为石英，毛坯为断块，石核拥有侧缘和底缘，以素台面为台面，沿窄长台面的两端向底部剥片。该石核的底缘经过精细的两面修理，保留有十余个较小的修疤。该石核器身较小，利用程度高，应处于剥片中晚期阶段。长宽厚重依次为33.2mm，22.4mm，36.5mm，重34.7g（图七，3）。

C5型 4件。13EL：0355，岩性为石英，毛坯为断块，台面为窄长的素台面，台面长37.1mm，台面宽9.9mm，沿窄长台面的两端向底部剥片，保留有3个片疤，底部汇

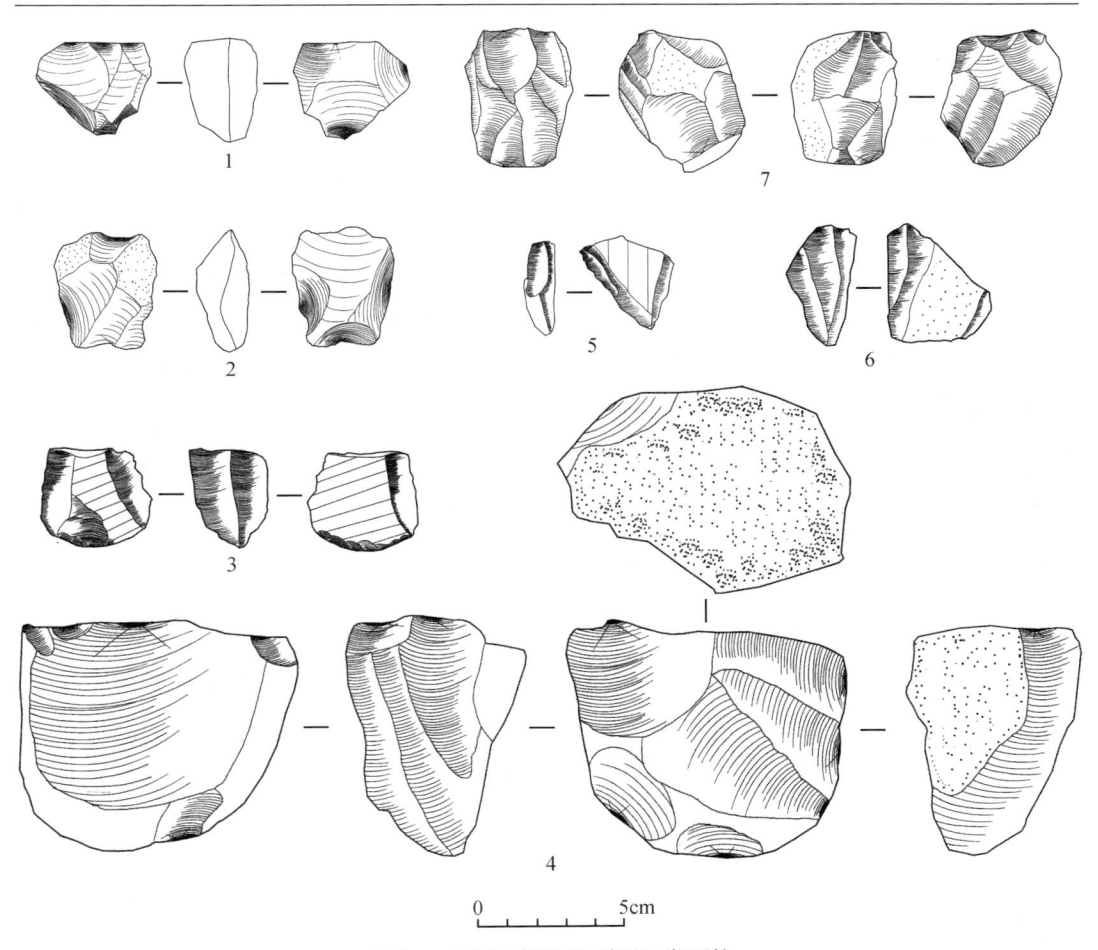

图七 老奶奶庙遗址C类和F类石核

1、2. C1型（11EL：0852、12EL：2824） 3. C4型（12EL：4583） 4. C8型（12EL：3034）
5、6. C5型（13EL：0355、13EL：0358） 7. F类（11EL：0624）

聚于一点，台面角为70°左右。该石核无底缘或底缘已耗尽，处于剥片中晚期。长宽厚重依次为37.5mm，39.1mm，13mm，重17.1g（图七，5）。13EL：0358，岩性为灰白色石英砂岩，毛坯为厚石片，台面为窄长的素台面，台面长48.8mm，台面宽28.8mm，沿窄长台面的一端向底缘剥片，保留有3个片疤，底缘较直，台面角为56°左右。该石核仍可继续剥片，处于剥片中期。长宽厚重依次为49.4mm，28.6mm，46.4mm，重35.7g（图七，6）。

C8型 1件。12EL：3034，岩性为灰白色石英砂岩，毛坯为石块，石核台面端较厚，底端较锐，为底缘，侧缘不明显，石核似楔形，沿台面周缘向底缘剥片，保留近10个片疤，另沿底缘和部分侧缘向两剥片工作面剥片，保留6个片疤。该石核体形较大，但台面角也较大，不适合继续剥片，处于剥片中晚阶段。长宽厚重依次为103.8mm，102.2mm，78.8mm，重1014.1g（图七，4）。

4. D类石核

老奶奶庙遗址的D类石核共8件。

D1型　5件。11EL：0119，岩性为灰白色石英砂岩，毛坯为石块，共有3个台面，主台面等级较高，拥有4个剥片工作面，共20余个片疤。另外2个台面分别有1个剥片工作面，共7个片疤。该石核形体较大，但台面角较大，存在一些剥片失败的片疤，应处于剥片晚期。长宽厚重依次为74.5mm，75.1mm，65.6mm，重529.7g（图八，1）。

D2型　3件。11EL：0635，岩性为灰白色石英砂岩，毛坯为石块，共有4个台面，主台面等级较高，拥有3个剥片工作面，共7个片疤。另外3个台面分别有1个剥片工作面，共7个片疤。该石核形体较大，但台面角较大，存在一些剥片失败的片疤，应处于剥片晚期。长宽厚重依次为72mm，109.1mm，88mm，重845.5g（图八，2）。

5. E类石核

老奶奶庙遗址的E类石核共6件。

E1型　5件。12EL：2049，岩性为灰白色石英砂岩，毛坯为扁平石块，共有3个台面，主台面等级较高，拥有2个剥片工作面，共十余个片疤。另外2个台面分别有1个剥片工作面，共4个片疤。该石核形体较大，但台面角较大，处于剥片晚期。长宽厚重依

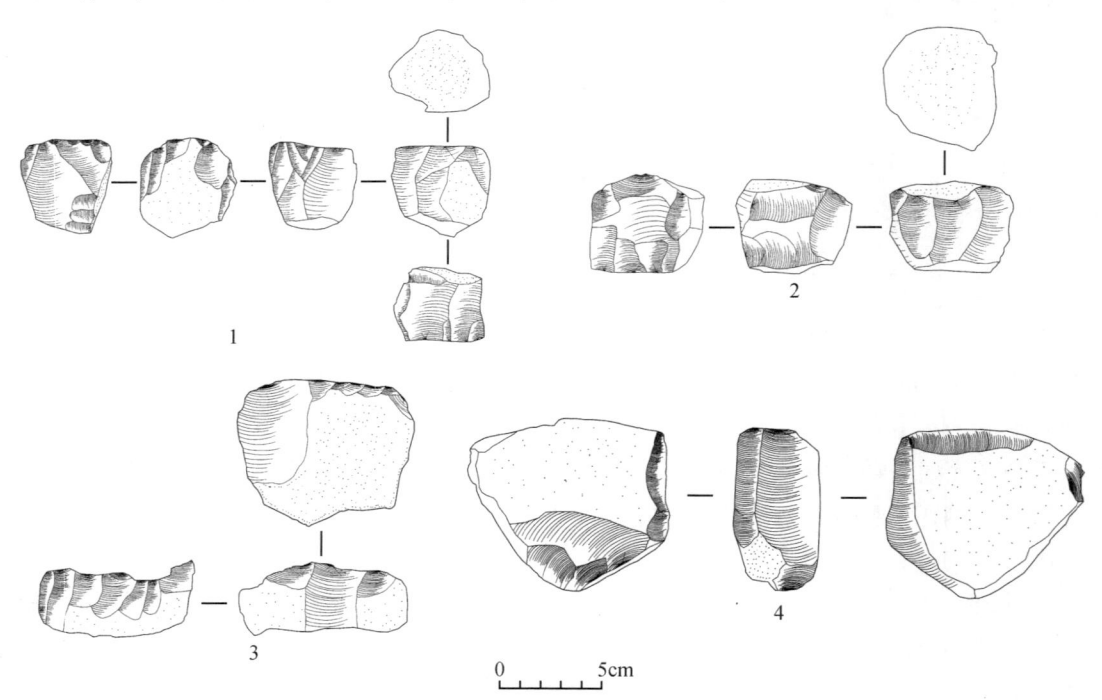

图八　老奶奶庙遗址D类和E类石核

1. D1型（11EL：0119）　2. D2型（11EL：0635）　3. E1型（12EL：2049）　4. E2型（12EL：1352）

次为36.1mm，82.6mm，100.3mm，重514.9g（图八，3）。

E2型　1件。12EL：1352，岩性为灰岩，毛坯为扁平石块，共有3个台面，但主台面等级不明显。有2个台面分别拥有3个左右片疤，另一个台面拥有1个片疤。但是值得注意的是，该石核存在当时人群利用棱脊剥片的证据，1个片疤位于石核天然棱脊上，另外2个片疤相交形成一条竖直棱脊，并且至少有2个片疤长大于宽的2倍，如一个主片疤长宽分别为69.2mm，23.2mm。该石核形体较大，仍可继续剥片，处于剥片中期。长宽厚重依次为115.9mm，97.8mm，46.6mm，重820.7g（图八，4）。

6. F类石核

老奶奶庙遗址的F类石核共3件。11EL：0624，岩性为灰白色石英砂岩，毛坯为断块，共有上、下2个台面，对向剥片，上台面拥有4个剥片工作面，共近10个片疤，下台面有4个剥片工作面，共近10个片疤。该石核台面角较大，处于剥片晚期。长宽厚重依次为43.3mm，61.7mm，44.4mm，重148.4g（图七，7）。

五、讨论与结语

剥片技术是石器生产的精髓，也是了解史前人群认知和技术行为特点的最为关键一环。从总体来看，剥片技术可以分为简单剥片和系统剥片两大类。简单剥片是指不需要进行预先规划而直接进行，在剥片之前不需要对石核进行修预制理。系统剥片强调对石核的系统利用，包括对石核体几何组织结构的预制、控制与维护、剥片的连续与高效以及对石片形态的控制等，比如勒瓦娄哇石片和石叶的生产等。简单剥片的操作链条一般短于系统剥片，但简单剥片也有极为丰富的变化。尤其是在东亚，简单剥片长期处于主体地位，从旧石器时代早期一直延续到旧石器时代晚期[15]。但东亚的简单剥片内容非常丰富[16]，甚至存在阶段性发展特点。

老奶奶庙遗址的石器工业虽不能被定性为系统剥片，但是石核有多种较为稳定的几何组织结构类型，这种几何组织结构类型是在有计划地操作程式下剥片的结果，其中以A类石核最有特色。与此同时，老奶奶庙遗址出土的石片分析显示石器打制者有利用背脊连续生产石片的能力，并且对石片的形态有稳定的控制能力，多开发平坦开阔的主台面连续生产单向的两边近平行的石片，并且在剥片过程中有似更新维护剥片工作面的行为[17]。这些现象共同显示出老奶奶庙遗址石器工业向系统性剥片发展的趋势。

在东亚腹地，登封西施遗址[18]和东施遗址[19]均发现明确的石叶技术证据，其 ^{14}C年代校正后为距今2.6万年左右[20]。石叶技术是一种预制剥片技术[21]和"薄片"（laminar）[22]技术，从技术角度讲石叶生产的精髓是预制出背脊[23]，另外需要对石核体预制出合适的剥片角度、台面、工作面而达到连续高效剥片的效果等。需要强调的是，棱柱状石叶石核技术的预制强度和复杂程度是低于勒瓦娄哇石叶技术的，如果石料本身具备棱脊和适合剥片角度及台面、剥片工作面，甚至可以不经预制而直接剥片第一件石叶。老奶奶庙遗址的年代显示其正处于东亚腹地石叶技术出现的前夜。就石叶技术的预制性和剥片技术而言，老奶奶庙遗址的石器技术与石叶技术存在明显区别。但是，老奶奶庙遗址石器工业体现出的对背脊的高效利用、对石片厚度的控制和剥片的连续性以及对剥片工作面的维护等均显示其和随后出现的石叶技术的联系。并且，老奶奶庙石器工业体现的石核的几何组织结构与随后东亚腹地出现的石叶技术石核以及细石叶石叶的几何组织结构也存一定程度的相似性，这体现在A类石核的"似船形结构"，B类石核的"似漏斗形结构"，C类石核如C4型的"似楔形结构"和F类石核的"似柱形结构"等。总体来看，老奶奶庙遗址的石器工业向系统性发展的特点与随后的石叶工业及细石叶工业虽然有一定的相似性或关联性，但两者之间也存在明显的技术缺环。

目前，东亚腹地距今3万～2万年出现的石叶技术和细石叶技术的来源还不甚明晰，无论其是代表着外来狩猎采集人群的迁入，还是本地早期狩猎采集人群的技术革新，抑或是前二者的融合，老奶奶庙遗址所反映出的东亚腹地晚更新世中期的石器技术特点都具备阶段性和地域性指示意义，其较为全面和清晰地展示了东亚腹地石叶技术和细石叶技术出现"前夜"的人群技术特点，并为探讨东亚腹地晚更新世"区域性多样化模式"[24]的探索提供了重要的新材料。

附记：老奶奶庙遗址2011～2013年的发掘是郑州市文物考古研究院与北京大学考古文博学院合作项目，发掘期间承蒙郑州市文物考古研究院领导张松林先生和顾万发先生的大力支持；除本文作者外，阮齐军、梁亚男、岳战成、郑哲轩、宋嘉莉、王兰珍、赵潮、卢立群、林壹、路双嘉、冯玥、王维维等同仁曾参加了本文涉及的研究材料的发掘工作；北京大学夏正楷先生多次到发掘现场指导工作。作者在此表示衷心感谢！

参 考 文 献

[1] 王幼平，汪松枝. MIS 3阶段嵩山东麓旧石器发现与问题[J]. 人类学学报，2014，33（3）：304-314.

[2] 曲彤丽，顾万发，汪松枝，等. 郑州地区晚更新世中期人类的生计方式——老奶奶庙遗址动物遗存研究[J]. 人类学学报，待刊.

[3] 王佳音，张松林，汪松枝，等. 河南新郑黄帝口遗址2009年发掘简报[J]. 人类学学报，2012，31（2）：127-136.

[4] 赵静芳. 新郑赵庄遗址的发现和研究[D]. 北京大学博士学位论文，2015.

[5] 林壹，顾万发，汪松枝，等. 河南登封方家沟遗址发掘简报[J]. 人类学学报，2017，36（1）：17-26.

[6] 王幼平. 嵩山东南麓MIS 3阶段古人类的栖居形态及相关问题[A]. // 考古学研究（十）[C]. 北京：文物出版社，2013：287-298.

[7] 卫奇. 石制品观察格式探讨［A］.// 第八届古脊椎动物学术年会文集［C］. 北京：海洋出版社，2001.

[8] 高星. 周口店第15地点剥片技术研究［J］. 人类学学报，2000，19（3）：199-215.

[9] 李锋. "文化传播"与"生态适应"——水洞沟遗址第2地点考古学观察［D］. 中国科学院大学博士学位论文，2012.

[10] 彭菲. 再议操作链［J］. 人类学学报，2015，34（1）：55-67.

[11] 李英华，侯亚梅，Boëda E. 观音洞遗址古人类剥坯模式与认知特征［J］. 科学通报，2009，54（19）：2864-2870.

[12] 陈宥成，曲彤丽. "勒瓦娄哇技术"源流管窥［J］. 考古，2015（2）：71-78.

[13] Andrefsky W. Lithics: Macroscopic approaches to analysis. Secongd edition ［M］. Cambridge University Press, 2005.

[14] 王益人. 石片形制再探究——石片研究的一种新的分类分析方法［A］.// 考古学研究（七）［C］. 北京：科学出版社：44-68.

[15] 高星，裴树文. 中国古人类石器技术与生存模式的考古学阐释［J］. 第四纪研究，2006，26（4）：504-513.

[16] 李锋. 克拉克的"技术模式"与中国旧石器技术演化研究［J］. 考古，2017（9）：73-81.

[17] 陈宥成. 嵩山东麓MIS 3阶段人群石器技术与行为模式——郑州老奶奶庙遗址研究［D］. 北京大学博士学位论文，2015.

[18] 高霄旭. 西施旧石器遗址石制品研究［D］. 北京大学硕士学位论文，2011.

[19] 赵潮. 登封东施遗址石制品研究［D］. 北京大学硕士学位论文，2015.

[20] 王幼平，汪松枝. MIS 3阶段嵩山东麓旧石器发现与问题［J］. 人类学学报，2014，33（3）：304-314.

[21] 王幼平. 石器研究——旧石器时代考古方法初探［M］. 北京：北京大学出版社，2006.

[22] Bar-Yosef O, Kuhn S. The big deal about blades: Laminar technologies and Human evolution ［J］. American Anthropologist, 1999, 101 (2): 322-338.

[23] 李锋. 石叶概念探讨［J］. 人类学学报，2012，31（1）：41-50.

[24] 高星，张晓凌，杨东亚，等. 现代中国人起源与人类演化的区域性多样化模式［J］. 中国科学：地球科学，2010，40（9）：1287-1300.

（原刊于《人类学学报》2019年2期）

郑州地区晚更新世中期人类的生计方式*

——老奶奶庙遗址动物遗存研究

曲彤丽[1]　顾万发[2]　汪松枝[2]　陈宥成[3]　王幼平[1]

（1.北京大学考古文博学院，北京　100871；2.郑州市文物考古研究院，郑州　450052；3.首都师范大学历史学院，北京　100089）

晚更新世中期、晚期是人类演化史上的关键阶段，大量考古材料证明在这个时期很多地区发生了旧石器时代中期向晚期的过渡，或者进入旧石器时代晚期。人类的生存能力、技术、生计方式等向着更复杂和灵活的方向发展，新的文化诞生。正是在这个时期，现代人在全球普遍出现，同时文化的区域多样性也更加突显。关于现代人和现代行为的出现有很多不同的假说和看法[1,2]，争论所围绕的焦点之一是旧大陆东方和西方的差异。东亚在人类化石和石器技术等方面显示出独特的发展轨迹[2,3]。中原地区近年来发现了一系列晚更新世中、晚期的遗址，新的考古材料显示出这个地区经过了从石核—石片技术到石叶和细石叶技术的变化，人类对原料的开发利用策略也有所变化[4]，还可能出现了原始仪式等新的人类行为[5]。这些发现推动了我们对东亚地区人类演化与文化发展的认识。

晚更新世人类的饮食特点和资源开发利用方式也是认识人类文化的重要视角，将有助于我们探讨现代人的出现与发展等问题。有学者曾对中原地区的灵井遗址进行了系统的动物考古学研究，揭示了晚更新世早期人类获取大型成年食草动物的能力，暗示现代人行为的出现[6]。那么人类的生计方式在晚更新世存在哪些变化，具有怎样的区域特点呢？这些问题目前还存在着很多未知和疑问，有待更多晚更新世不同阶段的考古材料的发现以及动物考古方面的研究来解答。本文将以近年来发现的郑州地区老奶奶庙遗址所出土的动物遗存为材料，从埋藏学和动物考古学的视角进行观察研究，为探讨晚更新世中期人类的生计与文化提供一些线索和依据。

---

* 本文得到国家社科基金青年项目（编号14CKG015）、郑州中华之源与嵩山文明研究会青年项目（编号Q2014-5）、国家社科基金重大项目（编号11&ZD120）的资助。

一、遗址背景

老奶奶庙遗址位于河南省郑州市二七区，是一处露天遗址。遗址地处郑州西南部嵩山余脉向东延伸地带的低山丘陵区，该地区黄土堆积发育。遗址位邻贾鲁河上游的九娘庙河，埋藏于夹在马兰黄土之中的古河道堆积里，当时人类在河漫滩的滨河床沙坝上活动[7]。2011年至2013年我们对遗址进行了四次发掘，发掘面积约80m²。遗址的地层分为五层：第1层是表土；第2层为扰土；第3层为黏质粉砂堆积，出土了大量旧石器时代的动物遗存、石制品以及多处用火遗迹，第3层进一步划分为第3A、第3B、第3C、第3D、第3E、第3F层，其中第3B层和第3F层的遗存最为丰富，数量和密度最高；第4层亦为旧石器时代堆积，包含石制品、动物遗存和用火遗存，但是遗存密度与数量有所下降；第5层只包含零星动物遗存。经过^{14}C年代测定，遗址第3层——最主要文化层的年代数据集中在41 000~40 000 uncal.B.P.的范围[8]。根据区域地层对比，人类在遗址上的活动发生在深海氧同位素3阶段[9]。

本文对出自第3F层的动物遗存从保存状况、种属构成、骨骼部位构成、动物死亡年龄以及骨骼改造痕迹等方面进行观察分析。在此基础上，对老奶奶庙遗址动物遗存的埋藏情况、人类对动物资源的获取和利用进行讨论。

二、动物遗存的保存状况

动物骨骼表皮的保存状况较好，骨头比较结实，自然磨损的程度比较弱。按照骨表保存的程度和干裂状况把动物骨骼的风化分为轻度、中度和重度三个等级。轻度对应于Behrensmeyer划分的6个级别[4]中的1级和2级。第3F层绝大多数骨骼的风化程度属于轻度（91.4%），重度风化者极少，仅占2%。这样的情况暗示骨骼从废弃到被掩埋所经历的时间不是很久。

动物骨骼的破裂程度很高，主要表现为：①骨骼碎片数量多，存在大量小于3cm的骨头；②长骨的破裂程度高：遗址中很多长骨骨干的周长小于完整骨骼周长的一半，小于完整骨骼周长1/4的长骨占47%。肢骨的破裂以纵向破裂和螺旋状破裂为主，这些特点表明大多数骨骼是在新鲜的时候发生破裂的。后面的研究将说明骨骼较高程度的破裂或破碎是与人类活动密切相关的。

此外，遗物埋藏在古代河漫滩堆积中，石制品和动物遗存的产状特点以及不同尺寸级别的动物骨骼和石制品，以及用火遗迹的共存暗示遗物没有经过水流作用的搬运和明显改造。

三、种属构成

第3F层发现的动物遗存包括马科、原始牛、犀牛、鹿类、野猪、食肉类和鸟类。参照Brain（1981）的方法[11]，很多无法鉴定种属的标本按照哺乳动物体型大小被分为超大型、大型、中型、小型和非常小型。根据对NISP的统计，原始牛和马科动物所占比例最高，分别占24.9%和20.4%，其次为鹿类，以及很少量的羚羊、犀牛和野猪、食肉类和鸟类。鸟类骨骼标本只有1件，另有大量鸵鸟蛋壳碎片发现（145件）。此外，在按照体型大小划分的标本中，超大型哺乳动物占2.1%，大型哺乳动物占22.9%，中型哺乳动物（可能多为鹿类）占16.7%，小型哺乳动物占1.5%（表一）。

总之，在动物组合中大、中型有蹄类动物占绝对主体，是人类获取和利用的主要对象。另一方面，这样的动物群暗示距今4万年前这个地区气候比较干旱，以草地为主，有些地带交错分布林地。

表一 老奶奶庙遗址第3F层动物种属构成

分类/体型大小（Taxon/size）	NISP	百分比（%）
马科（Equidae）	307	20.4
原始牛（*Bos primigenius*）	375	24.9
鹿科（Cervidae gen. et sp. indet.）	140	9.3
羚羊（*Gazella* sp.）	17	1.1
犀牛（Rhinocerotidae gen. et sp. indet.）	5	0.3
野猪（*Sus scrofa*）	5	0.3
啮齿类（Rodentia）	3	0.2
食肉类（Carnivora）	1	0.07
鸟类（Aves）	1	0.07
超大型哺乳动物（Extra-large-sized mammal）	32	2.1
大型哺乳动物（Large mammal）	346	22.9
中型哺乳动物（Medium- sized mammal）	252	16.7
小型哺乳动物（Small mammal）	23	1.5
非常小的哺乳动物（very-small-sized mammal）	1	0.07

四、骨骼部位构成

骨骼部位构成和丰富程度是埋藏过程的指示，也是揭示遗址功能与人类行为的重要窗口，例如人类如何获得动物资源、如何运输、如何屠宰和消费等[12, 13]。不同埋藏性质或不同动力作用会影响骨骼部位构成，还可能造成食肉类与食草类动物遗存所占比例、改造痕迹等方面的差异。假如人类拣食大型食肉动物消费后所剩的部分,那么我们所发现的动物遗存可能多为含肉与油脂不多的部位,骨骼上还会发现有食肉动物的啃咬痕迹。假如人类通过狩猎得到动物资源,那么遗址中动物遗存的骨骼部位构成可能就不同于前面的情况。当然骨骼部位的构成也不一定均衡,因为狩猎人群对猎物的运输和处理存在不同方式和策略。比如,他们可能在猎获地点初步屠宰或简单消费后选择某些部位运回营地;或者把猎物全部搬运至营地再进行充分屠宰与消费等。人们的搬运与消费策略则受到狩猎队伍的规模、猎获地点与营地的距离、猎物的大小、不同骨骼部位的价值、人群的文化选择等某个因素或多个因素的影响[14,15]。此外,骨骼部位构成特点还受到骨骼密度、人类的消费方式和开发利用程度等方面的影响。

骨密度是影响动物骨骼埋藏的重要因素,是分析和解读动物遗存所必须要考虑到的方面[16~18]。骨头受到破坏和改造的可能性及程度与骨密度密切相关[19~21]。骨密度低的部位在埋藏过程中更容易受到生物、化学和物理作用的破坏,或在人类处理加工动物资源时破碎严重,从而导致骨骼保存状况差、甚至无法得到保存,或者由于破碎程度高而不易被鉴定和发现[17]。总的来看,肢骨骨干的骨密度要高于骨骺。脊椎骨、肢骨骨干和头骨相比较,脊椎骨的密度更低。老奶奶庙遗址马科动物骨骼存在率与骨密度之间的相关性分析显示:两者之间没有显著相关关系(Spearman's $r = 0.511$,$p=0.062$)。原始牛骨骼存在率与骨密度之间也没有显著相关性(Spearman's $r=0.446$,$p=0.110$)。因此,马科动物和原始牛骨骼存在率的不均衡应当不是由骨密度差异造成,后面的分析表明其与人类的开发利用方式密切相关。

马科动物骨骼部位构成的统计结果显示(表二):首先骨骼部位构成很不均衡,胫骨出现率非常高;其次是头骨和下颌。尺骨、桡骨、趾骨和脊椎骨较低,腕骨和跗骨缺失(图一)。肋骨也很缺乏,主要原因是肋骨的破碎程度高。我们把肋骨按照动物体型大小进行归类统计,其中大型动物的肋骨为53件,中型者79件,小型者20件。

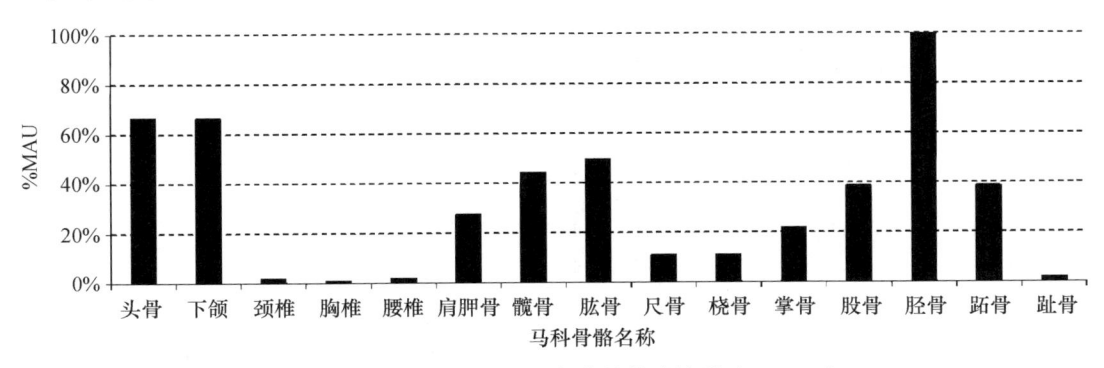

图一 第3F层马科动物骨骼部位的构成情况(%MAU)

表二 老奶奶庙遗址第3F层马科动物骨骼部位构成

骨骼部位（Skeletal part）	NISP	MNE
头骨（Skull）	4	2
上颌（Maxilla）	8	4
下颌（Mandible）	53	12
脊椎骨（Vertebrae）	4	4
肩胛骨（Scapula）	10	5
髋骨（Innominate）	13	8
肱骨近端（Proximal-Humerus）	0	0
肱骨骨干（Shaft-Humerus）	19	9
肱骨远端（Distal-Humerus）	0	0
尺骨近端（Proximal-Ulna）	0	0
尺骨骨干（Shaft-Ulna）	7	2
尺骨远端（Distal-Ulna）	0	0
桡骨近端（Proximal-Radius）	0	0
桡骨骨干（Shaft-Radius）	7	2
桡骨远端（Distal-Radius）	0	0
掌骨近端（Proximal-Metacarpal）	2	2
掌骨骨干（Shaft-Metacarpal）	4	4
掌骨远端（Distal-Metacarpal）	0	0
股骨近端（Proximal-Femur）	0	0
股骨骨干（Shaft-Femur）	10	7
股骨远端（Distal-Femur）	0	0
胫骨近端（Proximal-Tibia）	0	0
胫骨骨干（Shaft-Tibia）	25	18
胫骨远端（Distal-Tibia）	0	0
髌骨（Patella）	1	1
跖骨近端（Proximal-Metatarsal）	1	1
跖骨骨干（Shaft-Metatarsal）	9	7
跖骨远端（Distal-Metatarsal）	0	0
掌/跖骨（Metapodial）	7	7
趾骨（Phalange）	2	2

总的来看，后肢下部（特别是胫骨）、头骨和下颌骨占据主体地位，但肱骨和髋骨这些含肉量多的部位所占比例也较高，肱骨超过除胫骨以外的其他肢骨。对于后肢下部与头骨的突出性，结合遗址中骨骼的破裂程度以及后文中骨骼改造痕迹等方面的分析，我们认为骨骼部位的这种构成特点与食肉类的活动和人类拣剩无关，而是由于人类对这些部位中所含骨髓与油脂的偏好。我们把骨骼破碎程度与骨髓利用指数进行相关性检验，发现它们之间具有显著正相关性（Spearman's r =0.746, p=0.054），这表明遗址中骨骼的破裂和破碎很可能是人们为了获取尽量多的骨髓而造成的。以斑马肢骨的骨髓水平（标准化后的骨髓重量）为例，胫骨最高，接下来依次是跖骨、股骨、肱骨、桡骨和掌骨[22]。遗址中含肉量少的胫骨、头骨和下颌骨尤为突出，跖骨和掌骨亦占有一定比例的现象暗示着它们可能有非常重要的用处，比如人们偏爱其中所含的骨髓和油脂并最大化地提取与食用。肢骨和下颌骨的破裂程度高，且骨头上常见砸击疤痕等情况也是充分敲骨取髓的证据。

为了判断人类根据不同骨骼部位所含肉食与营养的多少对猎物进行选择性搬运和利用的可能性，我们结合食物利用指数进行了分析[23,24]。第3F层马科动物骨骼存在率与食物利用指数相关性检验显示：二者几乎没有相关性（Spearman's r=0.06, p=0.833）。结合骨骼部位构成特点——马科动物的各个部位在遗址中基本都能见到，我们推断猎物可能被较为完整地运回遗址进行屠宰。颈椎、胸椎等脊椎骨部位出现很少的现象可能与骨骼密度较低以及破碎严重而无法得到鉴定有关，而不是由于初步屠宰被废弃在其他地点。脊椎骨上附着着大量的肉，往往不会被弃置。民族学观察显示：很多狩猎采集部落通常搬运最多的部位就是脊椎骨[25,23]。同样地，长骨骨骺几近缺失的情况也与这些部位骨密度低有关系。骨骺含有相对丰富的油脂，在排除了食肉类动物的破坏因素后，我们认为骨骺缺失与油脂的利用有关。马科动物的长骨受其内部结构的影响所含骨髓总的来说较少，这种情况下其骨骼里的骨松质以及骨骺所含油脂作为食用资源的重要性便更加突出[26]。骨骺、肢骨骨干、脊椎骨和肋骨等都可以被打碎用于提取油脂[23]。遗址中发现有大量小于2cm的碎骨，以及下颌骨、头骨、肋骨等部位的碎片、破裂严重的肢骨，很可能是人们利用骨头充分提炼油脂的结果。

五、死亡年龄分布

老奶奶庙遗址的动物遗存中，骨骺部位极其缺乏，因此对动物死亡年龄的判断主要根据牙齿的萌出和磨耗情况。我们主要对马科和原始牛的死亡年龄进行初步分析，把死亡年龄分成幼年、壮年和老年三组。

第3F层马科动物中，幼年占19.2%（n=5），成年占69.2%（n=18），老年占11.5%（n=3）。原始牛标本同样呈现出成年居多的死亡年龄结构，成年者占70%（n=14），幼年占15%（n=3），老年占15%（n=3）。这两类大型有蹄类动物都以成年居多。

老奶奶庙遗址第3F层的马科动物与原始牛的死亡年龄均呈现出"壮年居优型"分布模式。这种模式在欧亚大陆的若干旧石器时代中期和晚期遗址中都有所发现[18]，反映了人类主动获取成年大型有蹄类动物的能力[27]。狩猎大型有蹄类动物不是容易的事情，有些种类如原始牛还十分凶猛，猎获这些动物的成年个体难度和危险性更大，这便需要狩猎者对动物习性有充分了解、使用特别的技术或具有很好的合作智慧与能力。获取成年的大型动物可以使狩猎—采集人群获得相对更多的食物资源，供给更多的人口，减缓困难时节与处境中所面临的食物缺乏的压力，同时暗示了晚更新世中期集体合作行为的发展。

六、改造痕迹

骨骼改造痕迹是动物考古研究的重要组成，它为认识遗址形成、人类的生计活动、社会和经济的演化提供关键证据[28]。

遗址中的动物骨骼可能受到以下因素影响：①非人为活动的破坏与改造，例如食肉动物、啮齿动物的啃咬，动物踩踏，沉积物压实以及埋藏过程中的化学作用等；②人类活动的改造，包括以获取营养和食物为目的的行为，也包括人类的踩踏、制造工具、以骨为燃料等活动。

老奶奶庙遗址的动物遗存上发现了食肉动物的咬痕，但带有这种痕迹的标本非常少，出现率低，也没有发现其与人工改造痕迹共存。这种情况可能是由于人类在遗址上相对长期地活动，导致食肉类没有什么机会靠近废弃的骨头。另外，人类对动物资源的强化利用使得骨头上保留的可供食肉动物进一步消费的成分很少。

动物骨骼上的人工改造痕迹包括切割痕、砍痕、砸击痕等。切割痕在肢解动物、剥皮和剥肉过程中可以产生，可能会分布在角、下颌前部、掌跖骨的远端、趾骨的关节部位，肩胛骨和肢骨的骨表等部位[12]。砍痕在肢解动物时可能会产生，通常位于关节处。另外，人类使用硬锤砸裂或敲碎骨骼以获取骨髓的活动会在动物骨骼上留下痕迹。长骨在强大的机械作用力下发生破裂，骨骼外壁边缘在砸击作用力着力点处留下砸点，并从骨骼上剥离下"骨片"，骨骼内壁留下贝壳状片疤或破裂疤（本文将这种痕迹称为砸击痕）。

第3F层马科动物标本中，带有切割痕的标本占1.6%，带有砍痕的标本占0.3%，带有砸击痕的标本占5.2%。切割痕分布的位置包括：髋骨、下颌，以及尺骨和胫骨的骨干上。带砍痕的标本仅1件，发现于下颌枝上。尽管带有切割痕和砍痕的动物骨头所占比例很低，但有研究表明：动物的屠宰可以在留下极少痕迹的情况下完成，小型动物留下的痕迹更少[12]。因此这类痕迹的缺少不能否认人类曾在遗址上屠宰动物。砸击痕分布在肱骨、尺骨、股骨、胫骨和掌跖骨的骨干上。除了马科动物标本，还有很多带有显著砸击点和砸击破裂疤的大型和中型哺乳动物标本，多位于破裂的肢骨上，少量位于下颌骨。此外，动物遗存中发现了较多砸击骨头时剥离下来的"小骨片"。上述现象反映狩猎—采集者在老奶奶庙遗址屠宰动物并进行敲骨取髓的活动。

此外，遗址中有些破裂长骨的边缘有连续分布的打击片疤，与简单打击修理的骨器相似。有些破裂骨头的尖端具有磨圆和光泽，可能与使用有关。这些现象说明人类除了从动物身上获取食物和营养，可能还挑选一些破裂的、形态适合的骨头作为工具使用，反映出对动物资源的全面开发利用。但是骨器的制作与使用还需要结合实验与微痕研究才能得到具体和深入的认识。

遗址中发现了数量较多的烧骨，对于烧骨的观察目前主要基于颜色的变化和一些物理特点，如破裂等。微形态的薄片观察中也发现并证实了烧骨的存在。第3F层中烧骨占标本总数的3%。烧骨破碎程度很高，绝大多数烧骨的尺寸不超过2cm，但经历的燃烧程度不同。Stiner（2005）把燃烧的程度分成0~5等级，其中0代表没有烧过，数字越高，燃烧的程度越强[18]。遗址中的烧骨多数处于程度较高的第3和第4级，呈现黑褐色或黑色。此外，遗址中还有一类比较特殊的"黑色夹心"烧骨，可能是在骨头还处于新鲜并存在脂肪的状态下，部分受热或者经过不完全燃烧而形成的[29,30]，暗示人类获取动物以后在较短的时间内进行屠宰并消费。

对于烧骨的形成及其暗示的人类用火行为，我们将结合烧骨烧成温度、用火遗迹、遗物分布以及其他考古材料进行综合研究后再作讨论。

七、小结与讨论

老奶奶庙遗址的动物遗存主要包括马科、原始牛、羚羊和鹿类等，种属的构成从遗址下部到上部没有明显变化，暗示当时动物的分布和生态环境基本稳定，展现了距今4万年前的草地景观。埋藏学研究显示：动物遗存在遗址的堆积是人类活动的结果。由于人类在遗址的反复活动和相对长时间占用，以及人类对动物骨骼上肉、骨髓与油脂的充分提取，避免了这些遗存受到食肉类动物的破坏而得到较好的保存。动物遗存蕴含着人类获取和消费动物资源以及遗址功能等多方面信息。经过初步的分析，我们得出以下几点认识：①人们猎获到马科动物后将其整体搬运到遗址上并进行充分的屠宰和消费。②马科、原始牛、鹿科等大、中型有蹄类动物是老奶奶庙狩猎采集人群的主要肉食来源，其中以成年个体为主。成功获取这类动物表明人们对动物习性和行为有足够了解并暗示了集体协作的行为。③人们充分提取骨髓和油脂，对动物资源强化利用。提取油脂需要把骨头打碎，然后通过烧煮进行提炼，需要较多的时间和劳动的投入，因此这种最大化获取食物的策略很可能在某种原因与背景下发生，有可能与人类活动的季节性有关。在温带和寒带地区的晚冬和春季食物资源较为匮乏，同时动物自身的营养状况较差，人类从动物身上可以获得的食物与营养有限。此外，这个时候动物身上的肉多为瘦肉，若只依赖瘦肉而缺少脂肪或碳水化合物的摄入人们身体状况将会变差，难以维持生存[31,32]。老奶奶庙的人群很可能通过狩猎体型较大动物中的成年个体，以及尽可能提取骨骼中所含骨髓和油脂来最大化地获得食物和营养，以满足季节性的生存需求。

参 考 文 献

[1] 吴新智. 现代人起源的多地区进化学说在中国的实证[J]. 第四纪研究, 2006, 26（5）: 702-709.

[2] 高星. 更新世东亚人群连续演化的考古证据及相关问题论述[J]. 人类学学报, 2014, 33（3）: 237-253.

[3] Qu T L, Bar-Yosef O, Wang Y P, et al. The Chinese Upper Paleolithic: Geography, Chronology, and Techno-typology[J]. Journal of archaeological research, 2013, 21: 1-73.

[4] 曲彤丽. 织机洞遗址石器工业研究——晚更新世技术和人类行为的演变[D]. 北京大学考古文博学院博士论文, 2010.

[5] Wang Y P, Qu T L. New evidence and perspectives on the Upper Paleolithic of the Central Plain in China[J]. Quaternary International, 2014, 347: 176-182.

[6] 张双全, 李占扬, 张乐, 等. 河南灵井许昌人遗址大型食草类动物死亡年龄分析及东亚现代人类行为的早期出现[J]. 科学通报, 2009, 54（19）: 2857-2863.

[7] 夏正楷. 环境考古学: 理论与实践[M]. 北京: 北京大学出版社, 2012.

[8] 郑州市文物考古研究院等. 郑州老奶奶庙遗址暨嵩山东南麓旧石器地点群[N]. 中国文物报, 2012-1-13（4）.

[9] 夏正楷, 刘德成, 王幼平等. 郑州织机洞遗址MIS 3阶段古人类活动的环境背景[J]. 第四纪研究, 2008, 28（1）: 96-102.

[10] Behrensmeyer A K. Taphonomic and ecologic information from bone weathering[J]. Paleobiology, 1978: 150-162.

[11] Brain C K. The Hunters or the Hunted? An introduction to African Cave taphonomy[M]. Chicago: Chicago Press, 1981.

[12] Binford L. Bones: ancient men and modern myths[M]. New York: Academic Press, 1981.

[13] Bunn H T. Patterns of skeletal representation and hominid subsistence activities at Olduvai Gorge, Tanzania, and Koobi Fora, Kenya[J]. Journal of Human Evolution, 1986, 15 (8): 673-690.

[14] O'Connell J F, Hawkes K, Jones N B. Reanalysis of large mammal body part transport among the Hadza[J]. Journal of Archaeological Science, 1990, 17 (3): 301-316.

[15] Lupo K D. What explains the carcass field processing and transport decisions of contemporary hunter-gatherers? Measures of economic anatomy and zooarchaeological skeletal part representation[J]. Journal of Archaeological Method and Theory, 2006, 13 (1): 19-66.

[16] Lyman R L. 1984. Bone density and differential survivorship of fossil classes[J]. Journal of Anthropological Archaeology, 3: 259-299.

[17] Lam Y M, Pearson O M. Bone Density Studies and the Interpretation of the Faunal Record[J]. Evolutionary Anthropology, 2005, 14: 99-108.

[18] Stiner M C. The Faunas of Hayonim Cave (Israel): a 200,000-Year Record of Paleolithic Diet, Demography and Society [M]. American School of Prehistoric Research, Bulletin 48. Harvard University, Cambridge: Peabody Museum Press, 2005.

[19] Lyman R L. Vertebrate taphonomy [M]. Cambridge: Cambridge University Press, 1994.

[20] Marean C W, Cleghorn N. Large mammal skeletal element transport: applying foraging theory in a complex taphonomic system [J]. Journal of Taphonomy, 2003, 1 (1): 15-42.

[21] Lam Y M, Chen X, Marean C W, et al. Bone density and long bone representation in archaeological faunas: comparing results from CT and photon densitometry [J]. Journal of Archaeological Science, 1998, 25 (6): 559-570.

[22] Blumenschine R J, Madrigal T C. Variability in long bone marrow yields of East African ungulates and its zooarchaeological implications [J]. Journal of Archaeological Science, 1993, 20 (5): 555-587.

[23] Binford L. Nunamuit Ethnoarchaeology [M]. New York: Academic Press, 1978.

[24] Outram A, Rowley-Conwy P. Meat and marrow utility indices for horse (Equus) [J]. Journal of Archaeological Science, 1998, 25 (9): 839-849.

[25] O'Connell J F, Hawkes K, Blurton Jones N. Hadza hunting, Butchering, and bone transport and their archaeological implications [J]. Journal of Anthropological Research, 1988, 44: 113-161.

[26] Levine M A. Eating horses: the evolutionary significance of hippophagy [J]. Antiquity, 1998, 72 (275): 90-100.

[27] Stiner M C, Barkai R, Gopher A. Cooperative hunting and meat sharing 400-200 kya at Qesem Cave, Israel [J]. Proceedings of the National Academy of Sciences, 2009, 106 (32): 13207-13212.

[28] Fisher J W. Bone surface modifications in zooarchaeology [J]. Journal of Archaeological Method and Theory, 1995, 2 (1): 7-68.

[29] Cerdá M P, García-Prósper E, Serra A S. Estudio bioarqueologico de las cremaciones del monumento funerario romano del "solar de la moreria" de Sagunto [J]. ARSE: Boletin anual del Centro Arqueologico Saguntino, 2005, 39: 229-268.

[30] Blasco R, Rosell J, Gopher A, et al. Subsistence economy and social life: A zooarchaeological view from the 300 kya central hearth at Qesem Cave, Israel [J]. Journal of Anthropological Archaeology, 2014, 35: 248-268.

[31] Speth J, Spielmann K. Energy Source, Protein Metabolism, and Hunter-Gatherer Subsistence Strategies [J]. Journal of anthropological archaeology, 1983, 2: 1-31.

[32] Speth J. Seasonality, Resource Stress, and Food Sharing in So-Called "Egalitarian" Foraging Societies [J]. Journal of anthropological archaeology, 1990, 9: 148-188.

（原刊于《人类学学报》2017年2期）

MIS 3阶段嵩山东麓旧石器发现与问题*

王幼平[1]　汪松枝[2]

（1.北京大学考古文博学院，北京　100871；2.郑州市文物考古研究院，郑州　450052）

一、概　　述

　　20世纪90年代开始，郑州市文物考古研究院等单位即在该地区开展旧石器考古工作，发掘了荥阳织机洞等遗址[1]。自2004年冬季以来，郑州市文物考古研究院又连续组织多次旧石器考古专项调查，对郑州地区分布有更新世堆积的区域展开系统调查工作，到目前已经发现300多处旧石器及动物化石地点。这些发现的时代主要集中深海氧同位素3阶段[2]（即MIS 3）。新发现的地点分布在西起登封，向东到新密、新郑等地的嵩山东麓地区。其中属于淮河水系的贾鲁河、溱水河以及洧水河等河流上游河谷地区的发现尤为丰富[3]（图一）。在系统调查工作基础上，近年来已有多个遗址经过正式发掘，如新郑赵庄与黄帝口、登封西施及郑州西南郊二七区老奶奶庙等[4]。本文拟介绍并简要讨论近年来在贾鲁河、溱水河以及洧水上游等地旧石器考古的新进展及相关问题。

二、贾鲁河流域

　　贾鲁河是淮河上游的一条支流，发源于郑州市西南郊。该地的马兰黄土堆积巨厚，沿河两岸晚更新世堆积系由马兰黄土及下伏的河流相堆积或棕红色古土壤层构成。属于MIS 3阶段的旧石器地点在该地的分布尤为密集。其中老奶奶庙遗址已经过2011~2013年的3次正式发掘，收获非常丰富。

1. 老奶奶庙遗址

　　老奶奶庙遗址位于郑州二七区的侯寨镇樱桃沟景区内，东南距离代家门村约500m，西邻贾鲁河上游九娘庙河，坐落在河旁二级阶地之上。遗址地处嵩山余脉向东延伸的低山丘陵区，区内黄土堆积发育[3]。

---

* 基金项目：国家社科基金重大项目（11&ZD120）。

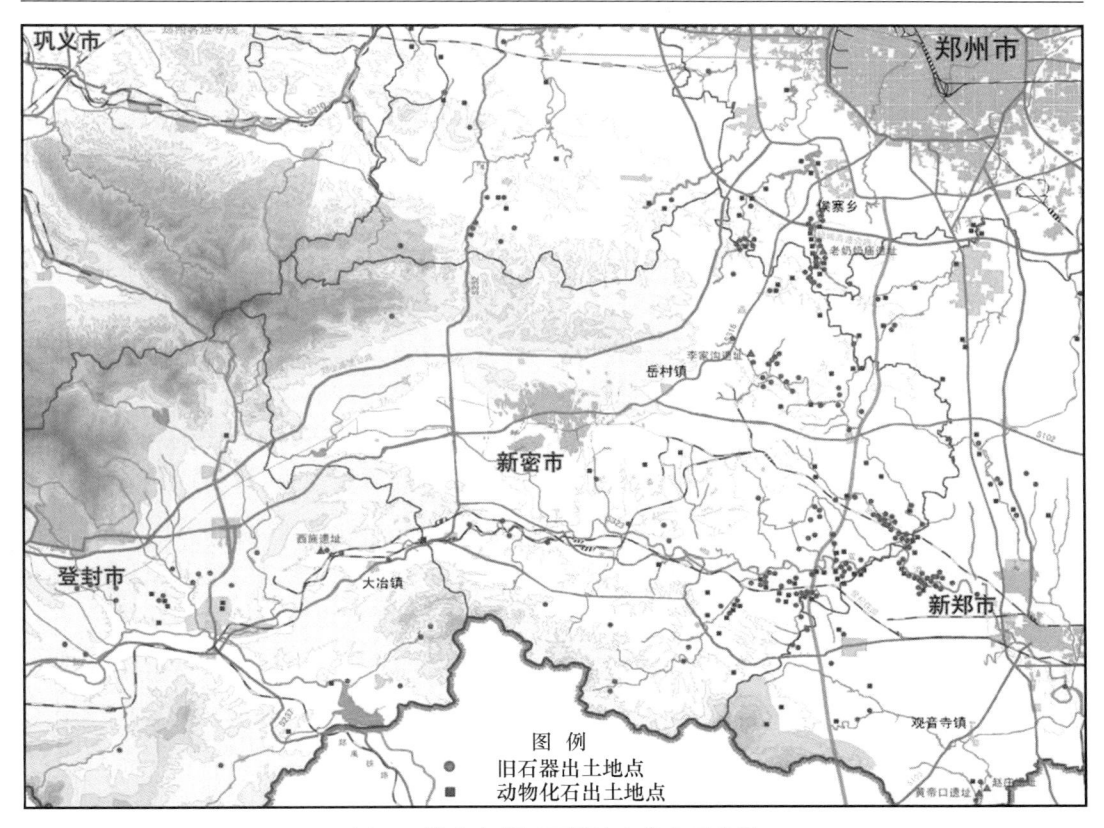

图一　嵩山东麓旧石器地点分布示意图

遗址东侧由马兰黄土及下伏的河漫滩相堆积形成断崖剖面高近20m，马兰黄土之上，还叠压着新石器至历史时期的文化层。旧石器文化遗存埋藏在河漫滩相堆积中，已经发掘揭露的地层堆积显示，老奶奶庙遗址的旧石器遗存可分上下两大部分：上部为黄褐至灰褐色黏质粉砂，含丰富的石制品、动物骨骼碎片及灰烬等，可进一步划分为6个小层；下部是灰黄、灰白色黏质粉砂或粉砂，亦可进一步划分出7个小层，也都可见石制品、动物化石及灰烬等文化遗存。堆积显示，当时人类曾较长时间反复在水边居住活动，因而留下多层富含各类旧石器遗存的文化堆积。

老奶奶庙遗址的主要发现是以灰烬堆积为中心的居住遗迹，以及数量众多的石制品与动物化石遗存。在已发掘揭露的区域内，13个文化层多可见到用火遗迹与石制品及动物骨骼碎片构成的居住遗迹。尤为引人瞩目的是上部的第3B与第3F层，均有大量的石制品、动物骨骼等遗物与多个用火遗迹共存，清楚地反映了当时人类的居址结构复杂化的发展趋势。如在第3B层共发现用火遗迹10处。这些灰烬主要分布于发掘区的中部和中南部区域，面积有大有小。较大者如H9分布范围南北长约20cm，东西长约30cm，最厚处厚约3cm，剖面观察则呈浅锅底状。周围分布有大量动物骨骼碎片与石制品等遗物。第3F层的原始地面呈现南高北低的缓坡状分布。遗迹、遗物非常丰富，共发现灰烬堆积6处，面积分布均较大。如分布在发掘区西南部的灰烬堆积平面形状呈近椭圆形，其分布范围南北最长处长约126cm，东西最宽处宽约100cm，从剖面上观察，其剖面最厚处可见厚度约8cm，含有大量炭屑和灰白色斑块状物质。灰烬周围散布着较多的动物骨骼碎片与石制品等遗物。中北部区域还有另外几处面积稍小灰烬堆积。灰烬堆积周边亦分布有大量的动物化石及石制品等。在离灰堆稍远处，还可见到明显石器加工区，有数量较多、属于同一原料来源的石核、石片及断块与碎屑等生产石器的副产品。经过浮选，在大部分灰烬中也都有较多的碳化草本植物籽实颗粒的发现。

老奶奶庙遗址经三个年度发掘，发现石制品的数量已超过5000件。种类包括石核、石片、断块及各类工具等。石制品的原料以灰白色石英砂岩和白色石英为主，亦有少量的石灰岩、火成岩及燧石等原料使用。在石英砂岩制品中，石片与石核的数量较多。石核多为多台面石核，均为简单剥片技术的产品，尚不见预制石核的迹象。石英原料则体积较小，亦采用锤击技术或砸击技术直接剥取石片。经过仔细加工的工具多系石英原料，数量不多，可见到的类型有边刮器、尖状器等。形体多较细小（图二）。

已发现的动物骨骼数以万计，包括数量较多的较完整的下颌骨、肢骨、牙齿等，以及大量骨骼碎片。其中下颌骨与牙齿等食草类动物头骨的骨骼比例要远远高于其他部位。多数动物骨骼石化程度较深。可鉴定种类主要是马、牛、鹿、羊与猪等。还有数量较多的鸵鸟蛋皮碎片。动物骨骼上完全不见食肉类或啮齿类动物啃咬痕迹，显示大量骨骼在遗址上出现完全是人类狩猎与消费猎物活动的结果。另一引人瞩目的现象是其中较

图二 老奶奶庙遗址石制品

多骨片的大小比较相近，很多骨片长度集中在10cm上下，刚好方便手握使用。有些残片上有比较清楚的打击修理痕迹。个别还可见到明确的使用磨痕。这些迹象显示，该遗址的居民除了使用石制品以外，还大量使用骨质工具，如图三所示，即是直接使用的食草类动物长骨片。

图三 老奶奶庙遗址使用骨片

2. 贾鲁河上游其他发现

在老奶奶庙遗址附近，沿贾鲁河上游近10km长的范围内，还分布着20余处的旧石器地点[5]。这些地点也埋藏在马兰黄土上部堆积之下的河漫滩相堆积，或是与其同期异相的红褐色古土壤层中。这些地点的时代也当与老奶奶庙遗址相同。只是多数地点的堆积较薄，文化遗存也较少，只是临时活动的场所。从分布位置、地层堆积与文化遗存的保存等情况看，老奶奶庙遗址位于这个遗址群的中心，应是一处基本营地，并与这些临时活动地点共同构成一个遗址群。

三、溱水河流域

溱水河也是淮河上游的一条小支流，发源自嵩山东麓的低山丘陵区。其流经新郑至长葛县交界附近，将晚更新世沉积的黄土及河流相地层切割出露高达十余米的剖面，上部为马兰黄土状堆积，其下多是河流相堆积或棕红色古土壤层。在新郑赵庄附近的调查已发现10多处旧石器地点，这些地点沿溱水河两岸分布，均埋藏在马兰黄土下伏的河漫滩相堆积中[3]。其中赵庄与皇帝口两遗址已经过正式发掘。

赵庄旧石器遗址位于新郑市赵庄村北，溱水河东岸3级阶地。2009年发掘最主要的收获是置放象头的石堆与石器加工场。两遗迹位于同一活动面，显然是同一时期活动的遗存。活动面南北向分布，其西侧被河水侧蚀及当地村民取土的破坏。现存活动面南部发现有一具完整的古菱齿象头骨，数量众多的大块紫红色石英砂岩块，以及乳白色碎小的石英制品。象头骨呈竖立状，朝南；由于长期的挤压作用已明显变形。绝大多数石英砂岩块位于象头骨的下部和周围，互相叠压，形成堆状。调查发现，大块的石英砂岩是直接采自距遗址西南5km以外的陉山原生岩层。其搬运至此的主要功能并非加工工具，而是围成石头基座，在上面摆置象头。石英制品则主要分布于活动面北侧，绝大部分是加工石器产生的石核、石片、断块与碎屑等副产品，也有少量加工完成的工具，说明当时人类在这一区域的主要活动应是石器生产[6]。

皇帝口遗址东北与赵庄遗址隔河相望，直线距离不足1km。文化层厚度仅10cm左右。2009年发掘所获石制品、动物骨骼等遗物也仅100余件。文化遗存与堆积状况显示该遗址应是古人类较短暂的活动场所。小型利刃的石英制品与动物骨骼残片等保存状况说明，当时人类在这里的主要活动应是进行处理猎物等。加速器^{14}C等年代测定结果说明皇帝口与赵庄遗址当属同一时代，均为距今35 000年前后[7]。

四、洧水上游

洧水上游地区也有较多的旧石器发现，其中最重要的是西施遗址。该遗址位于登封市大冶镇西施村村南，系嵩山东麓的低山丘陵区。该遗址是2004年底郑州市文物考古研究院进行旧石器考古专项调查发现。2010年5～7月发掘，揭露遗址面积近50m²，出土各类石制品8000余件，并发现生产石叶的加工场遗迹。该遗址地层清楚、文化遗物典型丰富，史前人类生产石叶各环节的遗存均有发现，完整保留了旧石器时代居民在此地处理燧石原料、预制石核、剥片、直至废弃等打制石叶的生产线或称操作链[6]。在对西施发掘资料进行初步观察整理后，2010年下半年，2013年秋季与2014年春季，又前后几次以西施遗址为中心，对周围面积多达数百km²的区域进行系统调查。调查重点是了解区内地貌、典型剖面的地层堆积及石器原料产地，寻找相关旧石器文化遗址空间分布的信息等。

1. 西施遗址地层、时代与埋藏状况

西施遗址地处低山丘陵地带，区域地势整体上呈北高南低。海拔高度约270m，遗址附近黄土堆积发育。遗址北边出露的基岩为石英砂岩，南边则系石灰岩，部分石灰岩基岩中夹杂有燧石团块，是西施遗址生产石叶的原料产地。遗址位于两座低山之间的平缓谷地上。属于淮河水系的洧水河发源于遗址附近的石板道，由西北向东南流经遗址的南侧。上西施旧石器遗址就坐落在洧水河左岸的二级阶地之上。

遗址地层剖面由上至下为：表土层，系灰黑色现代耕土，土质较疏松，包含有陶、瓷片等近现代遗物。第2层为粉砂质黏土，靠上部颜色偏棕红，不见文化遗物；中部为灰黄色粉砂质黏土，仅见零星燧石制品；靠下部也是灰黄色粉砂质黏土，距地表250～280cm的深度范围内集中分布着大量石制品；其下是灰黄色黏质粉砂，不见文化遗物。

上述地层关系在邻近地区分布较广泛，可与全新世至晚更新世晚期的上部马兰黄土至黑垆土的地层序列对比。整体看来，西施第2层的偏黄至灰黄色的粉砂质黏土应与马兰黄土上部堆积相当。中部发现的个别燧石片应是古人类偶然活动所遗。下部集中出土燧石制品的层位，当属西施遗址主要占用期。该层20cm左右的深度范围内出土大量石制品，反映当时人类在较短时间内集中打制加工石器的活动[8]。

石制品出土产状和风化磨蚀程度的统计分析说明，下文化层出土石制品的长轴分布非常平均，倾向分布则比较分散。可拼合的几组石制品在水平深度上的差异普遍较小。除零星的几件石制品外，绝大部分石制品都没有风化或磨蚀迹象。因此，西施旧石器遗址的下文化层属典型的原地埋藏类型，当是该遗址的使用者在此进行生产石叶的活动的原地保存，所留下的遗物包括石屑、碎片等均未受到流水等自然因素的明显作用。

采自西施遗址下文化层的3个碳样的加速器^{14}C年代数据均分布在距今2.2万年左右。经过校正后该遗址石叶加工场的实际年龄应为距今2.5万年前后。同层的光释光测年数据也与此相近。

2. 西施遗址主要发现

西施遗址最主要的收获是石叶加工场遗迹，由各类石制品及人类搬运石料构成。主要分布在发掘区的东北部，集中在南北长约6m、东西宽近4m的范围内。大部分标本在剖面分布集中在上下20cm左右的范围内。石制品种类包括石锤、石核、石片、石叶、细石叶、工具，以及人工搬运的燧石原料等。数量更多的则是石器生产的副产品，即断、裂片、断块、残片与碎屑等。这些石制品及其分布状况，也较清楚地展示出该遗址石器加工的技术特点，完整地保留着石叶生产操作链。

石制品中大者如石料，为长度近100mm的燧石石块；小者则是仅有数mm长短的剥片碎屑。石制品大小混杂、且以生产石器的副产品占主导地位的情况，清楚地说明西施遗址的主要功能区应该是石器加工场所。部分石制品包括石核与石片等可以拼合，主要文化层堆积厚度有限等特点，则说明该遗址的占用时间很有限。综合这些情况可以看出，西施遗址的主要功能应是利用附近富集的燧石原料，专门生产石叶石核及石叶。从保留在遗址的石叶石核的数量与片疤等情况看，适用的石叶石核以及石叶应已被带往其他地点使用。

西施遗址出土石制品种类虽然庞杂，但石叶或生产石叶相关产品的特点尤为明显。石器原料的岩性以燧石为主，只有极少的几件石英、石英砂岩和玛瑙制品等。该遗址出土各类石片总数有近千件之多，而其中石叶类所占比例高达2成以上。这些保留在遗址的石叶多属小或中型。其形态多不甚规整，或系带有厚背脊、曲度较大者，多不宜再进一步用作加工工具的毛坯或复合工具。如果考虑可能已被带出遗址的石叶数量，该遗址石叶所占比例显然会更高（图四）。

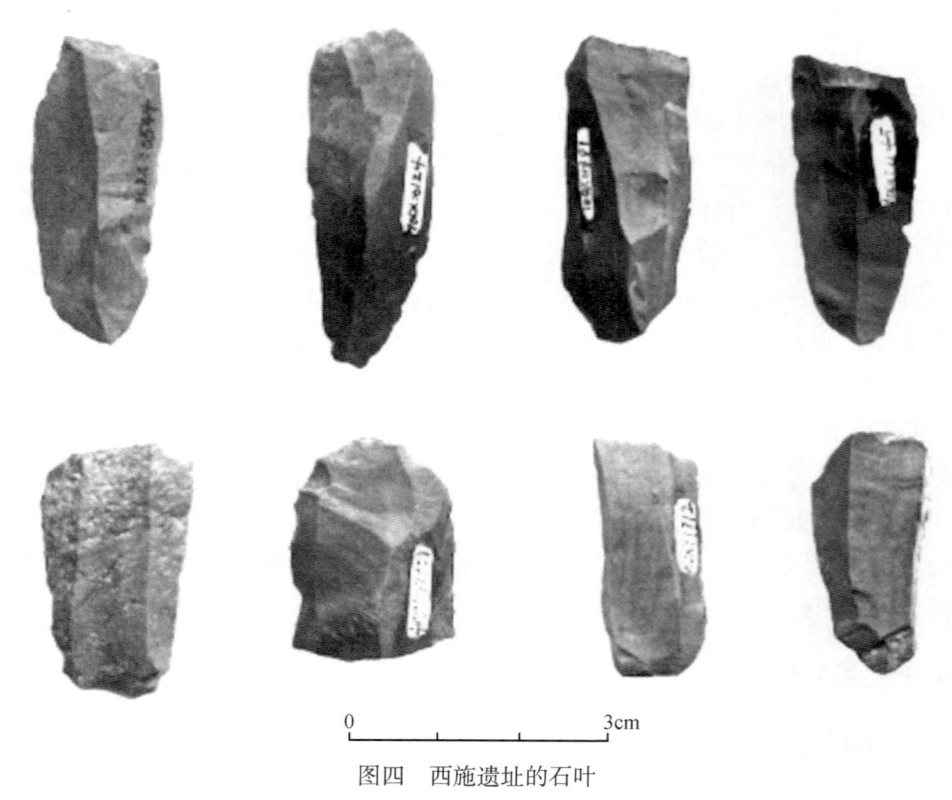

图四　西施遗址的石叶

　　遗址出土的数量众多的石核类标本中，石叶石核或石叶石核的断块两者占绝大部分。而普通石核则很少见。石叶石核多呈柱状或板状，以一个固定的台面连续向下剥离石叶，石核工作面上多可看到连续的石叶片疤（图五）。部分原料质地较好的石核已被非常充分地利用，多数已处于剥片的最后阶段，无法继续生产石叶。

　　石片之中有数量较多的生产或再生台面石片。这类石片是为产生或更新石叶石核台面而打下的石片，也是石叶技术的具有标志性产品。更直接的证据是很多带背脊的鸡冠状或羽状石叶的发现。西施遗址这类石叶的特点是先在石核的一个侧边上修出一条直脊，然后在与这条脊垂直相交的平面打制修整出台面，进而沿着修脊方向，垂直向下剥离出第一片石叶。这类石叶的背面留有修脊的片疤，断面往往呈三角形，弧度通常较大，从侧面上看形似鸡冠或羽状。

图五　西施遗址的石叶石核

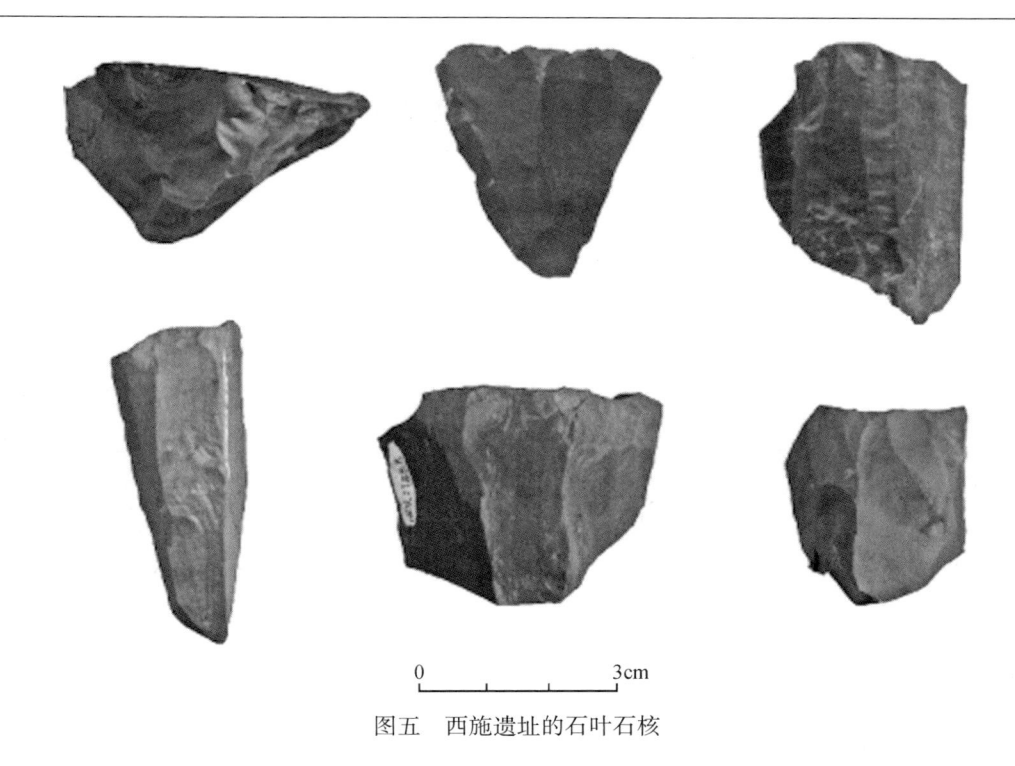

该遗址出土的成品工具数量很少，可能也与遗址是石叶加工场的功能有关。工具类型类型包括端刮器、边刮器、雕刻器、尖状器等，且以端刮器为主。工具多以石片、石叶或残片为毛坯，修理方式以正向加工为主。

还有很引人关注的是数件细石核及一些细石叶的发现。细石核呈柱状，表面留有连续剥取细石叶的多个片疤。细石叶也很典型，只是与石叶保存状况相同，多是带厚背脊或曲度较大，不宜继续加工用作复合工具者。

3. 其他发现

近年来的调查试掘发现，西施发现石叶遗存并不是孤立偶然现象。在东距西施不足1km处的东施村也有类似的石叶遗存。另外在东施与西施两村之间，分布着大面积早年的砖窑取土场。在沿取土场挖掘遗留的断壁剖面调查，也发现多处含石叶遗存的地点。这些情况说明，晚更新世晚期，熟练掌握石叶技术的人群，在西施村附近曾有较频繁的活动，因而能够留下这些石叶遗存。

五、相关问题

1. 年代与环境

年代与古环境是讨论旧石器时代考古新发现首先要考虑的问题。得益于区内黄土地层学研究的进展，为本区旧石器文化研究提供了非常可靠的相对年代框架。特别是与考古发掘与研究同步进行的年代学样品采集与分析，更直接为认识前述几个遗址的时代提供了确切的绝对年代数据。如前所述，老奶奶庙遗址等郑州地区新发现的数量众多的旧石器地点，主要埋藏在马兰黄土上部堆积之下的河漫滩相堆积或红褐色古土壤层。根据区域地层对比可知，应属深海氧同位素3阶段气候较暖湿时期[9]。加速器^{14}C与光释光等测年数据也显示旧石器地点的时代主要分布在距今5万~2万年期间[4]。已经获得的老奶奶庙遗址的多个^{14}C年代数据集中分布在距今4.1万~4万年之间，校正后应为4.5万年前后。来自赵庄及附近的黄帝口遗址的^{14}C数据则为距今3万年前后，校正后的绝对年代则是距今3.5万年前后。来自西施遗址的3个数据集中在距今2.2万年前后，校正后为距今2.6万~2.5万年之间。黄土地层学的比较结果与^{14}C年代数据等情况均说明老奶奶庙、赵庄、黄帝口及西施等遗址等新发现均属于深海氧同位素3阶段，正处于现代人类及其行为出现与发展的关键时段。

从地理环境来看，位于嵩山东麓的郑州地区，是中国及东亚大陆南北与东西的交通要道。该区是暖温带至北亚热带气候的过渡带，同时也是中国东西向阶梯状地形的第2阶梯向第3阶梯的过渡地带。温暖的气候，平原、低山丘陵等地貌环境为远古人类及其文化的发展提供了良好的条件。考古发现显示，更新世期间古人类曾长期在该地区生活，因而留下了丰富的旧石器文化遗存。特别是MIS 3阶段以来的发现尤为丰富的情况，也当与其时的古环境条件密切相关。已有的古环境研究资料显示，虽然处于末次冰期大时段，但郑州地区MIS 3阶段却是一个气候条件转暖的间冰阶，温湿条件应与当代的情况类似，属于暖温带的森林草原环境[10]，为当时人类的生存演化提供了良好的生态条件。因而能够有众多的古人类长期生活于此，留下非常丰富的旧石器文化遗存[11]。

2. 栖居形态与文化发展

从空间分布来看，位于中国与东亚大陆核心地区的嵩山东麓，应该也是晚更新世人类与文化向南北与东西方向迁徙与交流的中心。数百处旧石器遗址与数以万计文化遗物在MIS 3阶段的嵩山东麓的广泛分布与发现，显然与该区的地理区位密切相关。这些旧石器地点成群、组聚集分布在相对独立的古代河谷地带构成多个遗址群[3]。如前述的贾鲁河上游、溱水河以及洧水流域等发现，均反映了这种情况。透过前面介绍可见，不同的遗址群组内，又有长期居住地、临时活动以及石器加工场等区别。这些不同类型遗址的组合作为一个整体，则集中地反映了嵩山东麓旧石器时代中、晚期之交时期古人类的栖居形态[5]。

日渐复杂的栖居形态除了反映当时人类在本区生活的繁荣景象，同时也可以说明其行为与活动特点。尤其是在较一些长时期居住的遗址内，此时开始有多个用火遗迹所组成的复杂居住面出现等现象，还有当时人类偏好收集并带入居址内大量狩猎对象的头骨或下颌骨，也有远距离搬运紫红色石英砂岩堆砌石堆，再摆放古菱齿象头的遗迹现象，这些都是很明显的具有象征意义的非功利性行为，是这一阶段新出现的文化特点，当与现代人在本区的出现与发展密切相关[3]。

就文化特点而言，老奶奶庙遗址等发现旧石器工业还保留着很鲜明的区域性文化传统，无论是石料选择与石器加工技术，或是工具组合等文化性质或类型学特点，均可以找出与本地区更早期文化的密切联系[12]。例如时代较早的几个遗址仍然喜欢使用石英原料加工石制品，继续沿用简单剥片技术来剥取石片。工具多以片状毛坯加工。工具类型主要是各种边刮器、小尖状器或钻具。多是加工比较简单随意的权宜工具，很少见到精制品。这些情况与北方地区长期流行的石片石器工业传统都没有明显不同。

另一特点是骨质材料的应用情况，在发现大量动物骨骼及残片的老奶奶庙遗址表现得很明显。如前所述，该遗址有大量长短在10cm左右的食草类动物管状骨片的发现，其中一些带有明显的打击修理或直接使用的痕迹。这些应该是作为工具来修理或使用的。这样对骨质材料加工或使用的特点，与同时代的旧大陆西侧明显不同，基本不见磨制技术，主要通过打制加工的处理骨质材料的特征，与中原地区更早的发现，如许昌灵井遗址等，很可能是一脉相承[13]。这些新发现比较清楚地展示了区内旧石器文化发展的连续性特点，也为研究现代人类及行为的出现与发展的重要线索。

3. 石叶技术的发现

距今2.5万年前后的西施遗址的石叶技术的发现尤其引人注目。因为以往中国旧石器考古发现这类遗存很少，以至于有学者提出石器技术模式1在中国从早一直延续到晚期，仅晚期在局部地区有模式5流行。而属于模式4的石叶技术，则不见或基本不见[14]。石叶工业是旧大陆大部分地区旧石器时代晚期文化最具代表性的文化因素，甚至成为这些地区旧石器时代晚期文化的代名词[15]。石叶技术的广泛应用也被视作是现代人行为出现的重要标志[16]。然而在中国境内，典型的石叶工业仅见于地处西北地区的宁夏灵武水洞沟遗址一处。近些年来虽然陆续有石叶发现报道，但均是与其他石器技术共存，且不占主导地位。在地理分布上也多处于西北、华北至东北等边疆地区。因而石叶技术往往被视为外来因素，与中国旧石器文化发展主流无关[12]。地处中国及东亚大陆腹心地带的西施遗址典型的石叶技术的发现，特别是以中、小型石叶占主导地位的技术特点，与水洞沟等发现明显不同。这一发现显然有助于追溯石叶技术之源流，并且可以进一步认识中国及东亚地区旧石器时代晚期文化发展特点[17]。

西施遗址发现有各类典型的石叶技术的产品、石叶生产加工场遗迹以及可以完整复原的石叶生产操作链。这些发现显示，西施遗址的史前居民业已熟练地掌握了石叶技术。联系中原及邻近地区同一时期其他旧石器考古发现来考虑，如河南安阳小南海[18]与山西灵川塔水河[19]等石器工业，应该都有石叶技术存在的踪迹可寻[20]。所以石叶技术在中原腹地的存在和应用，应不是孤立或偶然的事件。与此同时，西施还有与石叶工业共存的细石器的发现，这些细石器的年代早，技术特征也典型，也为探讨邻近地区与西施年代相近的一些细石器遗存的技术特点及文化关系等课题提供了新线索[21]。

从生态适应的角度观察，西施遗址新发现的石叶工业，以其典型的技术特征、丰富的文化内涵及清楚的年代学与古环境证据，也为了解古人类在最后冰期的最盛期来临之际，如何适应中原地区，特别是开发遗址附近丰富的燧石资源，系统生产石叶的行为与活动特点等诸多课题，提供了非常重要的信息，进一步展示了中原腹地及东亚大陆旧石器时代晚期文化发展的复杂与多样性。

六、小　　结

综上所述，近年来嵩山东麓的旧石器考古进展很快，调查发现数量众多的遗址与地点，其中一些关键遗址也得以系统发掘。这些新发现显示，在距今5万年前后至2万多年的嵩山东麓地区，经历了一个古人类发展的繁荣时期。数以百计的旧石器遗址或地点成群、组地聚集分布在古代河流两岸，清楚地展示了当时人类的聚落与栖居形态。这些新证据说明中原地区的古人类及其文化在经历过末次冰期早期的寒冷阶段之后并没有消失，而是更为繁荣发展。已有的考古学文化证据则进一步说明，嵩山东麓MIS 3阶段早期的旧石器文化与技术特点，仍然与本区更早的旧石器文化一脉相承。就已有的发现来看，无论是石器技术、类型学特点，还是应用骨质材料的习惯，都很清楚地表现出与中国北方常见的石片石器工业传统的密切关系，看不出明显的外来因素，如莫斯特或是石叶技术等影响的痕迹。虽然目前还没有人类化石证据的发现，但此时长期营地的结构布局、象征性行为的出现等，则显示现代人类应该也已经出现在MIS 3阶段早期的嵩山东麓。

在时代稍晚的登封西施遗址发现石叶生产操作链，则确切证明在中国与东亚大陆的腹地也有石叶技术的系统应用，但其出现的时间要明显晚于旧大陆西侧石叶工业，也晚于前述的本区现代人及其行为的出现。不过，结合邻近地区已有的类似发现来看，嵩山东麓及华北南部地区的石叶工业的存在应该并不是偶然现象。已有的地层关系与年代测定数据显示，石叶工业技术是出现在MIS 3阶段晚期，在繁荣的石片石器工业之后。石叶工业的遗址分布、石器原料的选择等主要文化特点或适应策略，也均与MIS 3阶段早期不同。

透过上述发现与研究，已经可以初步在嵩山东麓及中原地区建立起旧石器时代中至晚期文化发展的编年框架。这一阶段石器技术发展特点，从石片石器、石叶与细石器技术的发展历程，应该是本区，也是中国北方旧石器时代晚期文化发展的普遍特点。同时，这些新发现也初步揭示了MIS 3阶段以来，该地区古人类栖居形态的特点与演化历程，以及这些发现所展现的现代人类及其行为的出现与发展路径。

附记：本文是近年来郑州市文物考古研究院与北京大学考古文博学院旧石器时代考古合作发掘与研究的部分成果概述。感谢项目实施过程中两单位参与工作的众多同事，以及参加发掘实习的北京大学、郑州大学等校的多位研究生、本科生同学。陈宥成绘制老奶奶庙遗址石制品线图，高霄旭拍摄西施遗址石制品照片。

参 考 文 献

[1] 张松林，刘彦峰.织机洞旧石器时代遗址发掘报告[J].人类学学报，2003，22（1）：1-17.

[2] 夏正楷.第四纪环境学[M].北京：北京大学出版社，1997.

[3] 郑州市文物考古研究院等.郑州老奶奶庙遗址暨嵩山东南麓旧石器地点群[N].中国文物报，2012-1-13（4）.

[4] 王幼平.华北南部旧石器晚期文化的发展[A].// 中国考古学会第14届年会论文集[C].2012：294-304.

[5] 王幼平.嵩山南东麓MIS 3阶段古人类的栖居形态及相关问题[A].// 考古学研究（十）：庆祝李仰松先生八十寿辰论文集[C].北京：科学出版社，2012：287-296.

[6] 张松林等.河南新郑赵庄和登封西施旧石器时代遗址[A].// 2010年中国考古重要发现[C].北京：文物出版社，2011：10-14.

[7] 王佳音等.河南新郑黄帝口遗址2009年发掘简报[J].人类学学报，2012，31（2）：127-136.

[8] 王幼平等.河南登封西施旧石器时代遗址[J].中国考古新发现·年度记录·2010（中国文化遗产增刊），2011：280-283.

[9] 夏正楷等.郑州织机洞遗址MIS 3阶段古人类活动的环境背景[J].第四纪研究，2008，28（1）：96-102.

[10] 刘德成等.河南织机洞旧石器遗址的洞穴堆积与沉积环境分析[J].人类学学报，2008，27（1）：71-78.

[11] Wang Y P. Pleistocene human activity in the Zhijidong site, China, and its chronological and environmental context [A]. // Matsufuji Kazuto ed. *Loess-paleosol and Paleolithic Chronology in East Asia* [C], Tokyo: Yuzakaku, 2008: 173-182.

[12] 王幼平.中国远古人类文化的源流[M].北京：科学出版社，2005.

[13] 李占扬，沈辰.微痕观察初步确认许昌灵井人遗址旧石器时代骨制工具[J].科学通报，2010，55（10）：895-903.

[14] 加藤真二. 中国的石叶技术 [J]. 人类学学报, 2006, 25 (4): 343-351.

[15] Bae, K D. Origin and patterns of the Upper Paleolithic industries in the Korean Peninsula and movement of modern humans in East Asia [J]. *Quaternary International*. 2009, 211: 307-325.

[16] Ono A. Recent studies of the Late Paleolithic industries in the Japanese islands [A]. // Yajima K, editor. *Recent Paleolithic studies in Japan* [C]. Tokyo: The Ministry of Education, Culture, Sports, Science and Technology of Japan. 2004: 28-46.

[17] 王幼平. 青藏高原隆起与东亚旧石器文化的发展 [J]. 人类学学报, 2003, 21 (3): 192-200.

[18] 安志敏. 河南安阳小南海旧石器时代洞穴堆积的试掘 [J]. 考古学报, 1965 (1): 1-27.

[19] 陈哲英. 陵川塔水河的旧石器 [J]. 文物季刊, 1989 (2): 1-12.

[20] 陈淳等. 小南海遗址1978年发掘石制品研究 [A]. // 考古学研究（七）：庆祝吕遵谔先生八十寿辰暨从事考古教学与研究五十五周年论文集 [C]. 北京：科学出版社, 2008: 149-166.

[21] 王建等. 下川文化 [J]. 考古学报, 1978 (3): 59-88.

（原刊于《人类学学报》2014年3期）

嵩山东南麓MIS 3阶段古人类的栖居形态及相关问题*

王幼平

（北京大学中国考古学研究中心，北京大学考古文博学院，北京　100871）

2011年春季至2012年夏季，北京大学考古文博学院与郑州市文物考古研究院合作发掘位于嵩山东麓的郑州西南郊老奶奶庙遗址。这次发掘揭露面积近50平方米，有多达数千件的石制品和数以万计的动物骨骼及碎片发现。尤其重要的是数十处用火遗迹，以及多层迭压、连续分布的古人类居住面的发现。这些新发现非常清楚地展示了当时人类以老奶奶庙遗址中心营地，在较长时期内连续居住的活动细节。老奶奶庙中心营地遗址的发现，也将近年来在嵩山东南麓新发现的300多处旧石器地点完整地连接起来，系统地再现了郑州地区深海养同位素3阶段（MIS 3 Stage）古人类的栖居形态（图一）。同时发掘出土一系列与现代人行为密切相关的文化遗存，也为探讨我国及东亚地区现代人类出现与发展等史前考古学核心课题提供了非常重要的新证据[1]。

区域地层对比显示，老奶奶庙遗址与郑州地区新发现的大量旧石器地点，主要埋藏在马兰黄土上部堆积之下的河漫滩相堆积或红褐色古土壤层，属于深海氧同位素3阶段的气候较暖湿时期。加速器^{14}C与光释光等测年数据也显示旧石器地点的时代主要分布在距今5万~3万年期间[2]。这些情况说明老奶奶庙遗址及嵩山东南麓旧石器遗址群的发现正处于现代人类及其行为出现与发展的关键时段。另一方面，位于中国与东亚大陆核心地区的嵩山东南麓，也是晚更新世人类与文化向南北与东西方向迁徙与交流的中心。该地区旧石器时代考古的新发现，对于深入探讨当前世界史前考古学与古人类学界关于现代人类起源与发展问题的歧见尤为重要[3]。

---

* 本文是国家社科基金重大项目（项目编号：11&ZD120）成果。

[1] 郑州市文物考古研究院等：《郑州老奶奶庙遗址暨嵩山东南麓旧石器地点群》，《中国文物报》2012年1月13日4版。

[2] 王幼平：《华北南部地区旧石器时代晚期文化的发展》，《中国考古学会第十四次年会论文集》，北京：文物出版社，2012年。

[3] 郑州市文物考古研究院等：《郑州老奶奶庙遗址暨嵩山东南麓旧石器地点群》，《中国文物报》2012年1月13日4版。

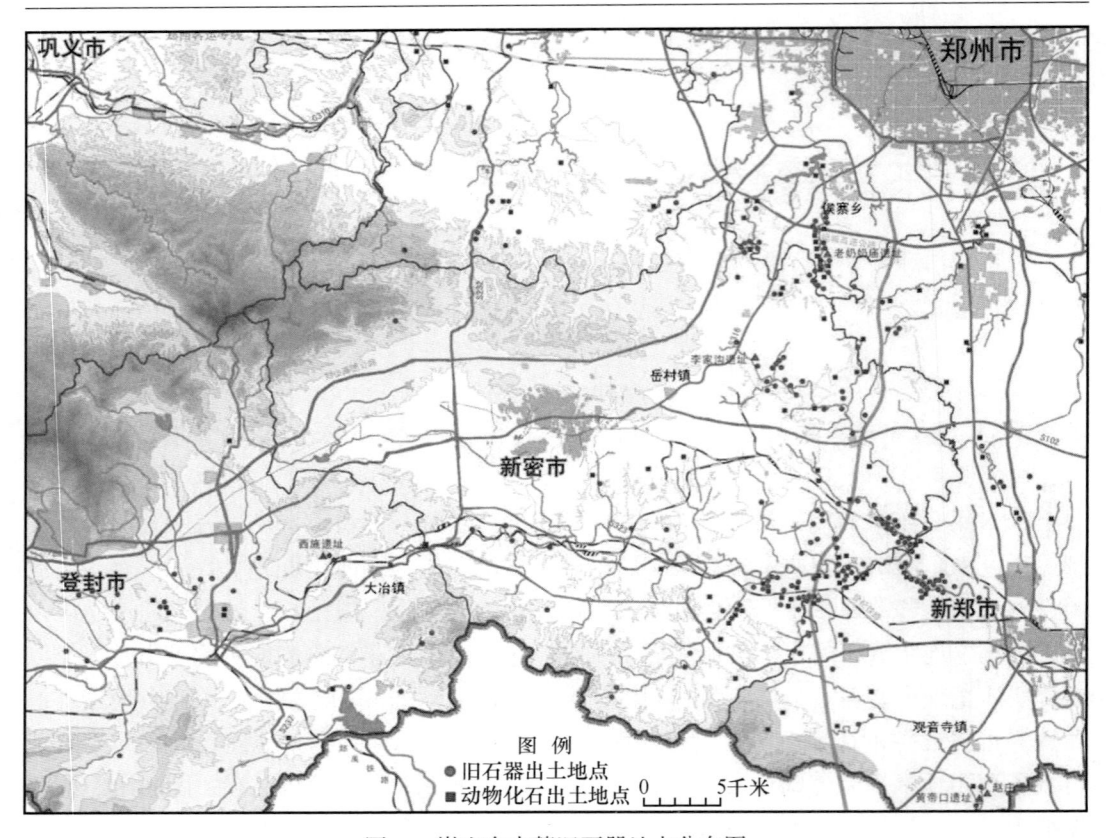

图一　嵩山东南麓旧石器地点分布图

一、老奶奶庙遗址及贾鲁河上游的发现

老奶奶庙旧石器时代遗址位于河南省郑州市西南郊二七区侯寨乡樱桃沟景区内，东南距代家门村约500米，西邻贾鲁河上游九娘庙河，坐落在河旁二级阶地之上。遗址地处郑州西南部的嵩山余脉向东延伸地带，属低山丘陵区，地势呈东高西低，区内黄土堆积发育。

二、地层堆积

遗址东侧的马兰黄土断崖剖面高近20米，马兰黄土之上还叠压着新石器至历史时期的文化层。发掘区内，仅局部尚保留有1~3米不等的残余堆积。发掘区中部的东剖面的地层堆积如下[①]：

[①] 郑州市文物考古研究院等，《郑州老奶奶庙遗址暨嵩山东南麓旧石器地点群》，《中国文物报》2012年1月13日4版。

第1层：表土层。

第2层：扰土层，含陶片、汉砖，以及动物化石与打制石器等。

第3层：黄褐至灰褐色黏质粉，砂旧石器文化层，可进一步划分为6个亚层。

第3A层：黄褐色黏质粉砂，含少量石制品和动物化石。

第3B层：灰褐色黏质粉砂，石制品和动物化石非常丰富，并有多处灰堆遗迹。

第3C层：灰褐色黏质粉砂，含石制品和动物化石等遗物，有零星用火遗迹。

第3D层：灰褐色黏质粉砂，含石制品、动物化石及用火遗迹。

第3E层：灰褐色黏质粉砂，石制品和动物化石较丰富，也有用火遗迹。

第3F层：灰褐色黏质粉砂，含数量众多的石制品和动物化石，亦发现数量较多且面积较大的用火遗迹。

第4层以下的试掘面积很小，平面布局情况尚不清楚。从剖面观察可见，该层为灰褐色、灰黄色至黄褐色粉砂，局部有较清楚的水平层理。亦可分为多个亚层。除最下层为较纯净、水平层理明显的灰黄色粉砂外，其余6个亚层均含有石制品、动物化石以及炭屑等文化遗存。

老奶奶庙主要文化层的加速器[14]C的年代测定结果为距今4万年前后（未校正），结合附近遗址光释光测年数据来看，该遗址[14]C测定结果校正后的实际年龄应为距今4.5万年左右。

三、主 要 发 现

老奶奶庙遗址的主要发现是以灰烬堆积为中心的居住遗迹，以及数量众多的石制品与动物化石遗存。

（一）用火与居住遗迹

遗址地层堆积与遗物分布特点显示，除表土层与第2层的较晚阶段堆积外，第3、4层皆为旧石器时代遗存。多个文化层连续分布，显示古人类曾经较长时间重复占用该遗址。在本年度发掘揭露的区域内，除第3A层的遗物相对较少，其他各层均有用火遗迹与石制品与动物骨骼及其碎片构成的居住遗迹。尤为引人瞩目的是第3B与第3F层的发现，大量的石制品、动物骨骼等遗物与多个用火遗迹共存，清楚地反映了当时人类的居址结构复杂化的发展趋势。

其中第3B层共发现用火遗迹10处。这些灰烬主要分布于发掘区的中部和中南部区域，面积上有大有小。较大者如H9分布范围南北长约20厘米，东西长约30厘米，最厚处厚约3厘米，剖面观察则呈浅锅底状。周围发现大量动物骨骼碎片与石制品等遗物。另外在发掘区北部至中部的不同区域，也有大量动物骨骼残片与石制品与炭屑等遗物密集分布现象，是当时人类一个集中居住活动留下的活动面遗迹。

另一处比较清楚的活动面遗迹保留在第3F层（图二）。其原始地面呈北高北低的缓坡状分布。遗迹、遗物非常丰富，共发现灰烬堆积6处，面积分布均较大。如分布在发掘区西南部的灰烬堆积平面形状呈近椭圆形，其分布范围南北最长处长约126厘米，东西最宽处宽约100厘米，从剖面上观察，其剖面最厚处可见厚度约8厘米，含有大量炭屑和灰白色斑块状物质。灰烬周围散布着较多的动物骨骼碎片与石制品等遗物。发掘区中部发现的灰烬堆积，平面形状亦近圆形，直径约160厘米。灰烬内包含大量炭屑，其周围也散布着大量密集分布的文化遗物。在中北部区域还有另外几处面积稍小灰烬堆积。灰烬堆积亦周边分布有大量的动物化石及石制品等。在离灰堆稍远处，还可见到明显石器加工区，有数量较多、属于同一原料来源的石核、石片及断块与碎屑等生产石器的副产品。

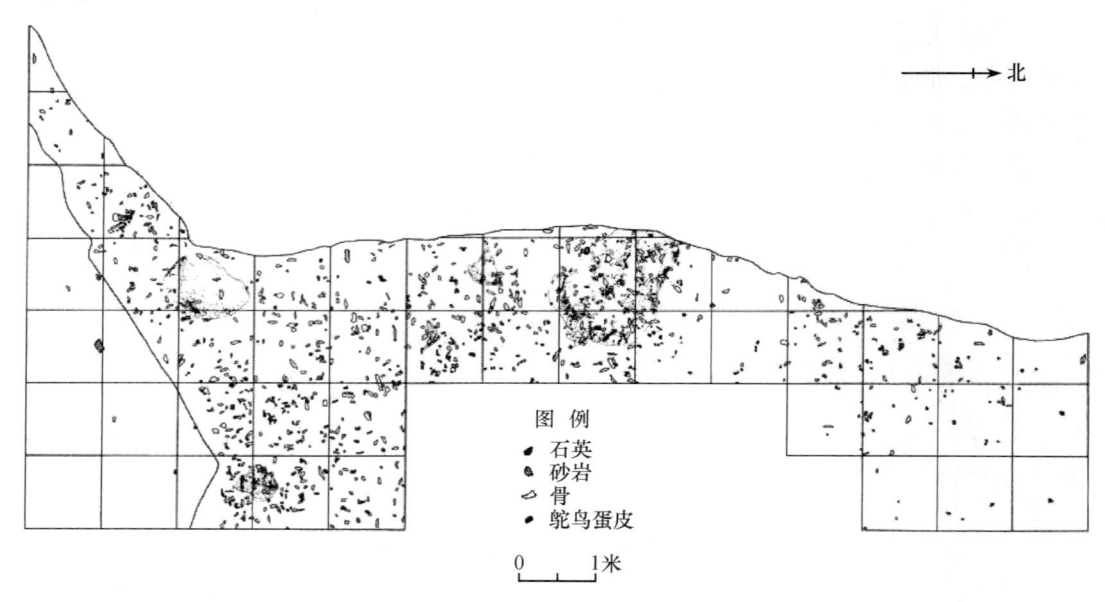

图二　老奶奶庙遗址2011年发掘区第3F层古人类活动面平面图

（二）石器工业

老奶奶庙遗址所发现的石制品有3000多件。种类包括石核、石片、断块及各类工具等。石制品的原料以灰白色石英砂岩和白色石英为主，亦有少量的石灰岩、火成岩及燧石等原料使用。在石英砂岩制品中，石片与石核的数量较多。石核多为多台面石核，均为简单剥片技术的产品，尚不见预制石核的迹象。石英原料则体积较小，亦采用锤击技术或砸击技术直接剥取石片。经过仔细加工的工具多系石英原料，数量不多，可见到的类型有边刮器、尖状器等。形体多较细小（图三、图四）。

图三　老奶奶庙出土石英砂岩石核

图四　老奶奶庙出土石器组合

（三）动物化石与骨制品

动物骨骼数以万计，包括数量较多的较完整的下颌骨、肢骨、牙齿等，以及大量骨骼碎片。其中下颌骨与牙齿等来自食草类动物头骨的骨骼比例要远远高于其他部位。多数动物骨骼的石化程度较深。可鉴定种类主要是马、牛、鹿、羊与猪等。还有数量较多的鸵鸟蛋皮碎片。动物骨骼上完全不见食肉类或啮齿类动物啃咬痕迹,显示大量骨骼在遗址上出现完全是人类狩猎与消费猎物活动的结果。另一引人瞩目的现象是其中较多骨片的大小比较相近,很多骨片长度集中在10厘米上下,刚好方便手握使用。有些残片上有比较清楚的打击修理痕迹。个别还可见到明确的使用磨痕。这些迹象显示,该遗址的居民除了使用石制品以外,还大量使用骨质工具。

(四)贾鲁河上游其他发现

在老奶奶庙遗址附近,沿贾鲁河上游近10千米长的范围内,还分布着20余处旧石器地点。这些地点也埋藏在马兰黄土上部堆积之下的河漫滩相堆积或与其同期异相的红褐色古土壤层中,其时代也当与老奶奶庙遗址相当,只是多数地点的堆积较薄,文化遗存也较少,应只是临时活动的场所。从分布位置、地层堆积与文化遗存的保存等情况看,老奶奶庙遗址位于这个遗址群的中心,当是一处中心营地(或称基本营地),并与前述临时活动地点共同构成一个遗址群。

四、溱水河的旧石器遗址群

自2004年冬季以来,郑州市文物考古研究院连续组织多次旧石器考古专项调查,有计划地对郑州地区含更新世堆积的地区展开系统调查工作,已经发现300多处旧石器及动物化石地点。这些地点西起颍河上游,向东到溱水河与双洎河流域均有分布。其中溱水河流域的新郑赵庄的发现尤为重要[①]。

赵庄旧石器遗址位于新郑市赵庄村北,溱水河东岸3级阶地。最重要的发现是置放象头的石堆与石器加工场。两者位于同一活动面,是同一时期活动的遗存。活动面由南向北分布着古菱齿象头骨、大块的紫红色石英砂岩块和乳白色碎小的石英制品。象头骨呈竖立状,臼齿嚼面朝南;由于长期的挤压作用已明显变形,但仍保存完整。大多数石英砂岩块位于象头骨的下部和周围,互相叠压,形成堆状。调查发现,这些紫红色石英砂岩是直接采自距遗址5千米以外的陉山基岩原生岩层。其搬运至此的主要功能并非加工工具,而是围成石头基座,在上面摆置象头。石英制品则主要分布于象头骨的北侧,绝大部分是加工石器产生的石核、石片、断块与碎屑等副产品,很少见到加工完成的精制品,说明当时人类在这一区域的主要活动是石器生产。

与赵庄遗址隔河相望,直线距离不足1千米的皇帝口遗址[②],文化层厚度仅10厘米左右。发掘所获各类文化遗物也仅有100多件。遗物与堆积状况表明黄帝口遗址为一处

[①] 张松林等:《河南新郑赵庄和登封西施旧石器时代遗址》,《2010年中国考古重要发现》,北京:文物出版社,2011年,10~14页。

[②] 王佳音等:《河南新郑黄帝口遗址2009年发掘简报》,《人类学学报》2012年31卷2期。

人类短暂活动的场所。当时人类曾在这里进行处理猎物等活动。加速器^{14}C的年代结果说明皇帝口与赵庄遗址当属同一时代，均为距今3.5万年前后（校正后）。

在赵庄与皇帝口附近，还有另外10多处调查发现的旧石器地点。这些地点沿溱水河两岸分布，出露地层与埋藏状况与前两者相同，显然同属溱水河流域的同一遗址群。

溱水河流域的发现与贾鲁河上游的情况不尽一致。这里两个经过正式发掘的遗址，均不同于老奶奶庙。无论是赵庄或是黄帝口遗址，均未发现有火塘等遗迹。赵庄遗址的发现很清楚地说明，当时人类在该遗址北区的主要活动是加工以石英为原料的各类石制品；南区则是垒砌紫红色石英砂岩石堆，并在其上摆放古菱齿象头。换言之，赵庄遗址的功能应是石器加工场兼类似祈祭或头骨崇拜等具有象征意义的特殊活动场所。

黄帝口遗址所发现的遗存相对简单，反映的是当时人类狩猎等临时活动的情况。虽然在本区内经过正式发掘的遗址中尚不见类似老奶奶庙的中心营地，但区域调查发现的丰富资料则证明，在该遗址群内亦存在着属于中心营地类型的遗址。如经过旧石器专题调查发现的溱水寨第四地点[1]，所发现的地层堆积序列与文化性质与前两者完全一致，当属与前两者同一时期的文化遗存。该地点在发现有丰富的石制品、动物骨骼碎片的同时，也有较多的炭屑等与火塘相关的遗存。这些均与老奶奶庙遗址类似，说明当时人类也曾在此有较长时间的居住，是一处中心营地性质的遗址。所以，从上述几处遗址来看，溱水河流域的旧石器遗址群的结构也与贾鲁河上游的发现相同，由中心营地与各类临时活动地点所构成。

五、洞穴遗址的发现

在MIS 3阶段或更早时期，嵩山东南麓的古人类不仅选择露天地点居住，同时也会利用合适的天然洞穴作为长期居住、并从事多种活动的场所。早在20世纪80年代发现的荥阳织机洞遗址就很清楚地说明这类情况[2]。

织机洞遗址位于郑州市区以西的荥阳市王宗店村，是沿石灰岩裂隙发育的岩厦式溶洞。遗址地处嵩山余脉所形成的低山丘陵区。堆积总厚达20米以上，可以分为20层。新近发掘的洞口部位堆积可分9层。根据^{14}C年代与光释光等测年结果来看，洞口部位的主要堆积应该形成于距今5万～4万年以前。织机洞内堆积与洞外黄土—古土壤剖面的对比研究也表明，各文化层人类活动时期在洞外黄土堆积区所发现的数量众多的露天地点相同，也当处于MIS 3阶段。近些年来黄土研究表明，这一阶段形成的古土壤（L_1S）不仅见于郑州—洛阳一带，而且见于整个黄土高原[3]。这意味着织机洞与

---

[1] 郑州市文物考古研究院编：《新郑旧石器时代专题调查资料汇编》（未正式发表资料）。
[2] 张松林、刘彦峰：《织机洞旧石器时代遗址发掘报告》，《人类学学报》2002年22卷1期。
[3] 夏正楷等：《郑州织机洞遗址MIS 3阶段古人类活动的环境背景》，《第四纪研究》2008年28卷1期。

露天遗址所在区同我国北方广大地区一样，当时都处于比较温暖湿润的间冰阶气候。适宜的气候环境不仅有利于古土壤的形成，而且也为人类活动提供了良好的生态环境和广阔的生存空间①。

织机洞遗址最主要的发现是其石器工业。已发现的石制品数以万计。从不同层位发现的文化遗存情况来看，最早的洞穴居民还习惯使用砾石石器。他们主要使用洞前河滩上的石英岩和砂岩砾石作为原料，简单加工出砍砸器或重型刮削器等形体粗大的工具直接使用。织机洞遗址洞口发掘区第8、9层所发现的100多件石制品就反映了织机洞遗址最初的居住者的文化面貌与行为特点。石器原料的来源显示他们主要是就近取材，喜欢使用权宜型的重型工具。这类工具更适合在林木繁育的环境下从事采集或狩猎活动。

但到距今5万～4万年，织机洞的居民选择石料与加工石器的习惯突然发生变化。从第1～7层经过初步整理的数千件石制品来看，石片石器成为这个时期的主要成分。这些石制品的原料主要为石英，其次为燧石，还有少量的石英砂岩与石英岩等原料的使用。这些原料除了石英砂岩与石英岩系来自洞前河滩的砾石，其余均系采自数公里以外的出露的基岩岩脉或风化的岩块与结核。石核主要是不规则形者，绝大部分是锤击技术的产品。少数标本可能是砸击技术的产品。经过修理的工具的数量多达千件，可以分为边刮器、端刮器、凹缺刮器、尖状器、石锥、雕刻器与砍砸器等。

这些工具的修理也多比较简单，较少经过仔细加工、形体规整的精制品。与前述露天遗址群发现的石器工业面貌完全遗址。除了这些石制品，在织机洞遗址的发掘过程中，也有数量众多的灰烬遗存的发现。多个文化层的发现，数量众多与种类繁杂的石器组合以及灰烬等用火遗存的情况，也可以同露天遗址中的中心营地的情况对比，两者的功能显然是异曲同工。这种情况说明，MIS 3阶段的古人类不仅居住在露天遗址，合适的天然洞穴也是他们的理想的居住地。织机洞遗址显然也如同老奶奶庙遗址，是当时人类在较长时间内，重复居住的中心营地。他们在洞穴内居住，在洞前的河谷平原上从事狩猎采集等多种活动，构成如前露天遗址群同样的栖居系统②。

六、嵩山东南麓MIS 3阶段的栖居形态及相关问题

北起贾鲁河上游的老奶奶庙，南到溱水河流域的赵庄—皇帝口遗址，郑州地区嵩山东南麓广泛分布着距今5万～3万年的旧石器地点。这些地点既有临时活动场所，也有长期居住的中心营地，还有专门的石器加工场所，以及摆放石堆与大象头骨的特殊活动遗迹。其分布明显成群组聚集，构成多个以基本营地为中心，各类临时活动地点成放射

---

① 王幼平：《织机洞遗址的石器工业与古人类活动》，《考古学研究》（八），北京：科学出版社，2008年。

② Wang Y P. Pleistocene human activity in the Zhijidong site, China, and its chronological and environmental context. In Matsufuji Kazuto ed. Loess-paleosol and Paleolithic Chronology in East Asia. Tokyo: Yuzakaku. 2008: pp. 173-182.

状分布的遗址群，这是本地区MIS 3阶段古人类栖居形态的第一个特点。

结合荥阳织机洞遗址的发现来看，当时人类并不仅仅生活居住在露天地点，合适的洞穴也可以用来作为长期居住的中心营地。无论是露天地点或是洞穴遗址，最显著的特点是这些地点或遗址群都是沿古代河流两侧分布，有各自相对独立的活动领域。将这些发现放在一起观察，可以非常系统地展示郑州地区旧石器时代中、晚期之交阶段的聚落与栖居形态。沿不同的河流水系分布，形成相对独立的遗址群，是其栖居形态的另一显著特点。

这一阶段古人类栖居形态最突出的特点是多个用火遗迹所组成的半环状复杂居住面的中心营地出现。如前所述的老奶奶庙遗址数量众多的用火遗迹与多个活动面的发现，是这一新特点出现的集中表现。虽然早期人类用火的活动出现的历史非常久远，但用火遗迹有一定分布规律地出现在同一活动面之上的记录，也只有在现代人行为出现的旧石器时代晚期才开始出现。如在东欧的俄罗斯平原的科斯廷基遗址的呈直线状成排的火塘分布[1]，以及东亚地区日本旧石器时代晚期之初的环状分布居址结构[2]，都反映了与老奶奶庙遗址居住面结构复杂化发展相类似的状况。

老奶奶庙及嵩山东南麓旧石器遗址群的发现，尤其是所反映的该地区深海氧同位素3阶段的古人类栖居形态，具有非常重要的学术意义。首先，数百处旧石器遗址与数以万计文化遗物在距今5万～3万年的嵩山东麓的广泛分布与发现，不仅填补了过去中原地区以及东亚大陆这一阶段旧石器文化发现的空白，同时更确切证明有关晚更新世中国与东亚地区的古人类在最后冰期寒冷气候中灭绝的认识并不符合历史实际。与此相反，这一时期该地区的人类与旧石器文化已发展至更为繁荣的新阶段。

老奶奶庙及嵩山东南麓旧石器遗址群所展示的居址复杂化的发展趋势，以及偏好收集并带入居址内大量狩猎对象的下颌骨，还有远距离搬运紫红色石英砂岩堆砌石堆，并摆放古菱齿象头等明显具有象征意义的非功利性行为的存在等，均是史前学界判断现代人行为的典型标志。这些行为特征是迄今为止，首次在中原地区以及东亚大陆距今5万～3万年的旧石器遗址中被发现。

老奶奶庙遗址等新发现旧石器工业展示出更鲜明的区域性文化特征，无论是石料选择与石器加工，或是工具组合等技术特征与类型学特点，均可以找出与本地区更早期文化的密切联系，却看不到来自旧大陆西方同时代人类或文化影响的迹象。

另一方面，老奶奶庙遗址大量使用骨质工具的发现，也应与现代人类在本地区的出现密切相关。虽然旧大陆西方同一阶段也开始大量使用骨质工具，并被视为旧石器晚期文化与现代人的重要主要特征，但后者的骨制品加工技术与老奶奶庙却明显不同，老

---

[1] Wymer J. The Palaeolithic Age. London: Croom Helm Ltd. 1982.

[2] Ono A. Recent studies of the Late Paleolithic industries in the Japanese islands. In: Yajima K, editor. Recent Paleolithic studies in Japan. Tokyo: The Ministry of Education, Culture, Sports, Science and Technology of Japan, 2004.

奶奶庙遗址所发现的骨制品基本不见磨制技术的应用，而主要是通过打制加工的特征，与本地区更早的发现一脉相承。

七、结　束　语

如前所述，老奶奶庙遗址及嵩山东麓旧石器遗址群的新发现确切证明，早在距今5万~3万年在中原地区已有繁荣的旧石器文化与复杂的栖居形态。其栖居形态具有非常鲜明的时空特点：老奶奶庙遗址的半环状用火遗迹所展示的中心营地结构复杂化的发展趋势是最突出的时代特点；在不同河流水系的地理单元内分布着相对独立遗址群，同一遗址群内的中心营地与临时活动地点则呈放射状分布，则是嵩山东南麓本阶段古人类栖居形态的显著空间特点。

嵩山东南麓MIS 3阶段复杂的栖居形态与繁荣的旧石器文化的新发现，非常清楚地记录了晚更新世人类在这一地区繁衍生存的辉煌历史。这些新发现不但是探讨中华文明之源的重要资料，而且更进一步展示出多项与现代人行为密切相关的新文化特征。这些出自东亚大陆中心地带的新发现，与中国及东亚现代人起源于非洲的论断明显相悖，而更清楚地展示着我国境内更新世人类发展的连续性特点。透过这些发现重新审视现代人类及其行为在东亚地区出现与发展，应该是嵩山东南麓地区旧石器时代考古工作的重点。

附记：本文是在《中国文物报》2012年1月13日考古专题版发表的"郑州老奶奶庙遗址暨嵩山东南麓旧石器地点群"专题报导的基础上进行补充修改，并展开讨论。郑州地区的旧石器考古新发现是郑州市文物考古研究院与北京大学考古文博学院长期合作的结果。在此过程中，张松林、顾万发、汪松枝、夏正楷、吴小红、何嘉宁等先生尤其关心，并辛勤工作，才有近年来的新收获。作者向以上各位，还有参加历年考古发掘工作的北京大学考古文博学院及郑州大学历史文化学院的研究生同学，表示最诚挚感谢！

[原刊于《考古学研究（十）》，北京：科学出版社，2012年]

嵩山东麓晚更新世古人类文化的发展*

王幼平

（北京大学考古文博学院，北京大学中国考古学研究中心，北京　100871）

嵩山周边地区不仅是中华文明起源的核心地区，也是更新世人类的生存演化的重要舞台。近十多年来在该地区特别是嵩山东麓，陆续有越来越多的晚更新世以来的旧石器时代考古新发现。其中尤为引人瞩目的是时代属于深海氧同位素3阶段和2阶段的古人类文化遗存，如河南荥阳织机洞[①]、新郑赵庄[②]、郑州市二七区老奶奶庙[③]、登封西施[④]、新密李家沟等[⑤]。这些发现的共同特点是都有丰富的旧石器文化遗存，清楚的年代测定数据与古环境背景资料，为认识本地区旧石器时代文化发展提供了非常重要的材料。

以上提到的几处遗址均是最近几年北京大学考古文博学院与郑州市文物考古研究院合作发掘，详细的田野考古发掘报告尚未发表。这里仅介绍几处新发现的简单情况，并将其与邻近地区已有的考古资料一并观察，初步认识嵩山东麓地区晚更新世以来旧石器文化发展的情况，并对相关问题进行简要探讨。

一、古环境与年代学研究进展

上述几处新发现的遗址，均位于河南省会郑州及其所辖的几个县级市境内。这里是传统所称中原地区的核心部位。中原地区位于中国南北方过渡地带，是现代中国及东

---

* 基金项目：本文承郑州中华之源与嵩山文明研究会重大课题项目资助（项目编号：DZ-3）。

① 王幼平：《织机洞遗址的石器工业与古人类活动》，《考古学研究》（七），北京：科学出版社，2008年，136~148页。

② 张松林等：《河南新郑赵庄和登封西施旧石器时代遗址》，《2010年中国考古重要发现》，北京：文物出版社，2011年，10~14页。

③ 郑州市文物考古研究院等：《郑州老奶奶庙遗址暨嵩山东南麓旧石器地点群》，《中国文物报》2012年1月13日。

④ 王幼平等：《河南登封西施旧石器时代遗址》，《中国考古新发现·年度记录·2010》（中国文化遗产增刊，2010），2011年，280~283页。

⑤ 北京大学考古文博学院等：《河南新密市李家沟遗址发掘简报》，《考古》2011年4期，3~9页。

亚大陆南北与东西交通的枢纽，也是更新世期间早期人类迁徙与文化交流的必经之地。与此同时，这里也是中国自然地理区划南北方的交汇地带，南接江淮以南的亚热带，北连华北平原温带地区。在地形地貌方面，中原地区的东部是黄淮平原，向西则逐渐过渡到嵩山山脉及黄土高原区。亚热带与暖温带的过渡气候，加上平原、山区以及黄土高原交替变化的地貌条件，两者共同铸就的中原地区多样性的生态环境。尤其是受到更新世冰期间冰期交替出现、古气候频繁变化的影响，更为这一地区的早期人类创造了复杂的生存条件。近年来在该区域内调查发现的数量众多的旧石器时代遗址，也充分反映了更新世期间，尤其是晚更新世的中、晚期，有数量众多的古人类在此生活的繁荣景象[1]。

中原地区的中西部，更新世期间形成了巨厚的黄土堆积。本文所讨论的几处遗址，除织机洞是洞穴堆积以外，其他几处都是露天遗址。几个遗址所在地区均可见到典型黄土堆积。各遗址的文化层也都可以和典型黄土地层序列进行详细对比。

其中新近发掘的郑州市西南郊的老奶奶庙遗址的堆积与黄土地层的关系最为清楚。在该遗址东面断崖剖面上清楚可见1～2米厚的全新世堆积，其下则是10余米厚的典型马兰黄土。马兰黄土之下的河漫滩相堆积即是该遗址的文化层。上述堆积序列刚好与典型黄土堆积的黑垆土（S_0）、马兰黄土上部（L_1）及古土壤层（L_1^s）相吻合。这一序列也正好与深海氧同位素MIS 1～3的三个阶段相当。新郑赵庄遗址的地层也与老奶奶庙遗址相同。文化层位于相当于马兰黄土上部堆积之下的河漫滩相堆积。另一处露天遗址登封西施的文化层则与前两者稍有不同，大致是相当于马兰黄土上部堆积偏下的黄土状堆积。

几个遗址的年代测定数据也与上述地层关系相吻合。加速器^{14}C与光释光年代测定的初步结果显示，老奶奶庙遗址带时代最早，为距今4万年左右。赵庄遗址为距今3.5万年左右。西施遗址则为距今2.5万年前后。李家沟遗址的时代最晚，从距今10 500年前后遗址持续到距今8000多年的新石器时代。织机洞遗址的洞穴堆积虽然不能与黄土地层直接对比。但该遗址有比较详细的加速器^{14}C与光释光测年结果，可以看出早期人类居住在织机洞的时间大致是从距今5万年前后到距今3万多年[2]。

上述测年数据显示，这几处遗址的主要居住时间都处于MIS 3阶段，只有西施与李家沟遗址属于MIS 2阶段。后者延续的时代更长，已经进入全新世。清楚的古环境背景与地层关系，以及详细的年代测定数据等资料，为探讨区域内旧石器时代晚期文化的发展进程奠定了坚实的基础[3]。

---

[1] 王幼平等：《MIS 3阶段嵩山东麓旧石器发现与问题》，《人类学学报》2014年33卷3期，304～314页。

[2] Wang, Y P. Pleistocene human activity in the Zhijidong site, China, and its chronological and environmental context. In Matsufuji Kazuto ed. Loess-paleosol and Paleolithic Chronology in East Asia. Tokyo: Yuzakaku. 2008. pp. 173-182.

[3] 夏正楷等：《郑州织机洞遗址MIS 3阶段古人类活动的环境背景》，《第四纪研究》2008年28卷1期，96～102页。

二、旧石器时代中、晚期的过渡

在上述遗址中，织机洞遗址的时代最早，从20世纪90年代即开始发掘。几次发掘都取得非常丰富的成果。织机洞位于郑州市区以西的荥阳市崔庙镇王宗店村，是沿石灰岩裂隙发育的岩厦式溶洞。遗址地处嵩山余脉所形成的低山丘陵区。堆积总厚达20米以上。新近发掘的洞口部位堆积共分9层。根据^{14}C年代和光释光等测年结果来看，洞口堆积的主体应该形成于距今4万年以前。

织机洞遗址最主要的发现是其石器工业。已发现的石制品数以万计。2001年以来在洞口部分新发现的石器工业，明显可以分为两种类型：即以第1～7层为代表的晚期的石片工业，以第8、9层为代表的早期的砾石工业[1]。

织机洞遗址第8、9层发现石制品，经过整理者有100多件。这一阶段石器原料，主要系来自洞前河滩的砾石，形体普遍较大。石器原料的岩性主要是石英岩及砂岩，石英与燧石等则较少见到。石器加工主要是锤击技术。工具类型也是重型工具居多，如石锤、砍砸器与形体较大的刮削器。整体情况可与沿黄河中游向西的同一阶段的发现相比，如洛阳北郊的北窑遗址[2]以及再向西的陕西秦岭主峰南侧的洛南盆地等，近些年来都发现一系列晚更新世的砾石石器工业[3]。这些发现的时代可以早到中更新世甚至更早，但一直延续晚更新世，到距今5万年前后。织机洞下层的石器工业与这些发现的石器原料的选择、加工技术与石器组合都没有明显区别，当属于同一文化传统。

与下文化层不同，上部的第1～7层经过初步整理的石制品已有数千件之多。这些石制品的原料主要为石英，其次为燧石，还有少量的石英砂岩与石英岩等原料的使用。这些原料除了石英砂岩与石英岩系来自洞前河滩的砾石，其余均系采自数千米至数十千米以外山区风化的岩块与结核。从石核观察，主要是不规则形者，绝大部分应是锤击技术的产品。少数标本带有砸击技术的痕迹。经过修理的工具的数量多达千件，可以分为边刮器、端刮器、凹缺刮器、尖状器、石锥、雕刻器与砍砸器等。这些工具的修理也多比较简单。经过仔细加工、形体规整的精制品并不多见。

从发现的石核与石片来观察，上下文化层剥取石片的技术并没有发生明显变化。两者都是以锤击技术直接生产石片为主，也不见预制石核与修理台面的情况出现。砸击技术的使用迹象也很少见到。这些特点仍属于石器技术模式一，或称石核—砍砸器技术的范畴。然而就经过修理的工具类型来看，两者则有明显的变化。第8、9层的工具中，

---

[1] 王幼平：《织机洞遗址的石器工业与古人类活动》，《考古学研究》（七），北京：科学出版社，136～148页。

[2] 刘富良等：《洛阳北窑黄土旧石器遗址1998年发掘报告》，《人类学学报》2011年30卷1期，13～21页。

[3] 路化煜等：《中国中部南洛河流域地貌、黄土堆积与更新世人类生存环境》，《第四纪研究》2012年32卷2期，166～177页。

砍砸器等重型工具多，石器的体积与重量明显大于上文化层的发现。就原料来源与工具组合的功能来看，织机洞遗址显然是就地取材，活动范围较小，更多使用重型工具的活动。到上文化层以后，则主要是便携的轻型工具，原料的来源范围广，人类活动领地明显增大。结合该遗址的年代学与古环境研究成果来看，这一转折发生在MIS 3阶段，距今5万~4万年期间。其时的环境并没有发生明显的变化，仍是比较湿润温和的森林草原环境。因而这一变化的原因不大可能是由于生态适应所致，而更有可能是发生了具有不同文化传统的人群的迁徙更替。就古人类文化发展来看，这一更替则可以视作本地区旧石器时代中、晚期文化过渡的标志。

三、石片石器的发展

与织机洞上文化层同期的石片石器在露天遗址或地点发现更为广泛。近些年的专项旧石器考古调查数以百计的露天遗址，分布在古代河湖岸边。位于郑州市西南郊的樱桃沟景区内的老奶奶庙遗址，旧石器其中最重要的发现。遗址坐落在贾鲁河东岸的黄土台地上。2011~2015年期间先后已进行了4次发掘。该遗址最主要的发现是多个文化层的连续堆积，保存了完好的古人类居住面，由多个火塘成组分布，火塘周围是数量众多的石制品与动物骨骼残片[①]。

老奶奶庙遗址自上而下可分为多个文化层，代表十多个古人类活动时期。其中第2和第6亚层，均是当时人类的居住区遗存。第2亚层中部为一个含大量炭屑与黑色灰烬的火塘，其周围是动物骨骼残片与石制品。第6亚层的堆积更厚，在平面上可见4处火塘呈半环分布。在火塘周围也明显分布有丰富动物骨骼残片与石制品。同时还有石制品明显聚集区，是石器加工场所遗迹。

老奶奶庙遗址所发现的文化遗物非常丰富，包括数千件石制品与万件以上的动物骨骼遗存。石制品主要以灰白色石英砂岩制品和石英制品为主，石英砂岩石制品中，石片数量较多，石核多为多台面石核，均为简单剥片技术的产品，尚不见预制石核的迹象。经过仔细加工的工具不多，可见到的类型有边刮器、尖状器等。形体多较细小。

动物骨骼残片的数量远远超过石制品。其大小尺寸也与比较相近，多在10厘米左右，方便手握使用。有些残片上有比较清楚的打击修理痕迹。个别还可见到明确的使用磨痕。这些迹象显示，该遗址的居民除了使用石制品以外，还大量使用骨质工具。多数动物骨骼的石化程度较深。可鉴定种类主要是马、牛、鹿、羊等食草类。还有数量较多的鸵鸟蛋皮碎片。动物骨骼上全然不见食肉类或啮齿类动物啃咬痕迹，显示其均应是人类活动的结果。另外该遗址发现的用火遗迹已超过20处。这些遗物和遗迹的分布情况均

[①] 王幼平：《嵩山南东麓MIS 3阶段古人类的栖居形态及相关问题》，《考古学研究（十）：庆祝李仰松先生八十寿辰论文集》，北京：科学出版社，2012年，287~296页。

说明早期人类曾较长时间居住在此遗址。

与老奶奶庙代表的中心营地遗址不同，还有保留如石器加工、处理动物遗存等各类临时活动遗迹的发现。这些发现中心营地与临时活动地点构成了旧石器时代晚期之初的栖居形态，反映了当时人类活动与社会的发展情况。位于郑州市区以南的新郑市赵庄村附近的赵庄遗址即是特殊活动类型的代表。遗址位于溱水河东岸第三阶地。遗址西南距陉山5千米余，向西约15千米是具茨山，东临黄淮平原。2009年10~12月进行发掘，出土遗物有数量众多的石制品及少量动物化石[1]。

遗址地层从上至下分为七层，分别为全新世堆积，含钙质结核的马兰黄土，以及其下的漫滩相堆积即旧石器时代文化层。旧石器文化层的主体部分为灰白色黏质砂土，有锈黄色斑点，土质略硬，含砂量较大，局部可见黄灰相间的水平层理。大量石制品及动物化石主要分布在厚10~30厘米的范围内。

该遗址最重要的发现是置放象头石堆的遗迹现象与石器加工场。两者位于同一活动面，显然是同一时期活动的遗存。活动面由南向北由象头骨、石英砂岩制品和石英制品组成。象头骨呈竖立状，由于长期的挤压或受石块的砸击较为破碎。大多数石英砂岩制品位于象头骨的下部和周围，互相叠压，形成堆状。而大块的紫红色石英砂岩则明显是直接采自距遗址5千米以外的陉山基岩原生岩层，搬运至此，主要功能并非加工工具，而是围成石头基座，在上面摆置象头。

石英制品则主要分布于象头骨的北侧，构成石器加工区。调查发现，石英原料产地为遗址西部20多千米的具茨山区。来自山区的石英碎块沿溱水顺河而下，可以冲到遗址附近。而在该遗址内发现的部分石英制品的表面尚保留有砾石面，也说明赵庄的古代居民可能是就地取材，采用石英原料在该遗址生产石器。

发掘所获石制品数量超过5000件。原料有石英和石英砂岩两种。石英制品数量占绝对多数，但个体较小，多在5厘米以下。种类主要有石料、石核、石片、断块、碎屑。还有少量经过修理的工具，类型有刮削器、尖状器和砍砸器等。这些还是典型的石片石器工业的特点。引人瞩目的是个体较大的石英砂岩制品，长平均在15厘米左右，大者超过了20厘米，小的也在5厘米左右。主要是有打击痕迹的石块，极少有刻意加工的工具。这些石英砂岩制品的特点显示，它们被带入遗址的主要功能并不是制作工具，而是用于堆砌成石堆基座，再摆放巨大的古菱齿象头。

另外，除了象头，赵庄遗址只有少量象肢骨片，以及零星的羊、鹿化石等。也没有见到用火遗迹现象。这些情况也都说明，当时人类在这里只有两项专门活动，一是北区的石器加工，另一是南边的象头摆放活动。

在距赵庄遗址西南方向不足千米的黄帝口遗址，发掘揭露的10多平方米的活动面

---

[1] 张松林等：《河南新郑赵庄和登封西施旧石器时代遗址》，《2010年中国考古重要发现》，北京：文物出版社，2011年，10~14页。

上，仅发现数十件刃口锋利的石英制品及一些破碎的动物骨骼。石器的功能特点及动物骨骼的破碎方式与痕迹也都说明这里只是当时人类狩猎屠宰的临时活动场所[①]。

从老奶奶庙遗址的中心营地遗址到黄帝口的临时活动地点，还有赵庄遗址的特殊活动类型的遗迹现象，数以百计的旧石器遗址地点分布在嵩山东麓，再现了旧石器时代晚期之初这一地区的栖居形态。尽管这些地点的功能有别，但其石器工业的特点却很一致，均是以石英原料为主体的石片石器居于主导地位，明显有别于更早的砾石工业传统。

四、石叶技术的出现

石叶技术是旧大陆西侧旧石器时代晚期应用广泛的石器技术，以至于在部分地区已成为旧石器时代晚期文化的代名词。然而典型的石叶技术在中国境内的旧石器时代晚期遗存中却鲜少发现。长期以来，只有地处西北的宁夏灵武水洞沟遗址一处石叶工业发现的报导。2010年夏季，由北京大学考古文博学院与郑州市文物考古研究院合作，在河南省郑州市辖的登封市大冶镇西施遗址进行为期2个月的发掘，出土各类石制品8500余件，并发现生产石叶的加工场遗迹[②]。

西施旧石器遗址位于嵩山东麓的低山丘陵区，埋藏在洧水河上游左岸的2级阶地上马兰黄土堆积中。遗址堆积分为两大层，上层为表土层；下层为马兰黄土堆积，马兰黄土层厚达3米以上，在其下部发现厚度约30厘米的密集的旧石器文化遗存。地层堆积中未发现显著的水流作用过遗留的痕迹。石制品本身也没有明显的磨蚀痕迹，应为原地埋藏。遗址附近黄土堆积发育，局部有燧石条带出露，为当时人类生产石叶提供了原料来源。

石叶加工的主要空间位于发掘区的东北部，石制品密集分布在南北长约6米、东西宽近4米的范围内。大部分标本在剖面上也很集中，主要分布在上下20厘米左右的范围内。石制品种类包括石锤、石核、石片、石叶、细石叶、工具，以及人工搬运的燧石原料等。数量更多的是石器生产的副产品，即断、裂片、断块、残片与碎屑等。这些石制品及其分布状况，清楚地展示出该遗址石器加工的技术特点，完整地保留了石叶生产的操作链。出土石制品的组合，包括可以拼合石核与石片等，以及石制品主要堆积的等特点，均说明该遗址的占用时间比较短暂。应该是当时人类利用附近富集的燧石原料，集中生产石叶与石叶石核。并将适用的石叶以及石叶石核带离遗址去其他地点使用。

该遗址出土的各类石片总数有近千件之多，其中典型的石叶所占比例高达2成以

---

① 王佳音等：《河南新郑黄帝口遗址2009年发掘简报》，《人类学学报》2012年31卷2期，127~136页。
② 王幼平等：《河南登封西施旧石器时代遗址》，《中国考古新发现·年度记录·2010》（中国文化遗产增刊，2010），2011年，280~283页。

上。石叶石核或石叶石核的断块两者占绝大部分。普通石核则很少见。还有数量较多的再生台面石片，以及带背脊的冠状石叶的发现。成品工具数量很少，类型包括端刮器、边刮器、雕刻器、尖状器等，并以端刮器为主。

除了大量的石叶石核与石叶，该遗址还出土了数件细石核和一些细石叶。细石核呈柱状，表面留有连续剥取细石叶的多个片疤。细石叶也很典型，只是与石叶保存状况相近，多是带厚背脊或曲度较大，不宜继续加工用作复合工具者。

五、旧、新石器时代的过渡

与前述几个遗址不同，李家沟遗址的发现更为丰富，不仅有旧石器时代之末的细石器遗存，其上还叠压着新石器时代早期文化层，完整地反映了该地区从旧石器向新石器时代过渡的历史进程。

李家沟遗址位于河南新密岳村镇李家沟村西。该处地形为低山丘陵区，海拔高约200米。地势由东北向西南部倾斜，黄土堆积发育。属于淮河水系溱水河上游的椿板河自北向南流经遗址西侧。李家沟遗址即坐落在椿板河左岸以马兰黄土为基座的2级阶地堆积的上部。经过2009年秋季与2010年春季为期4个多月的发掘，李家沟遗址目前已揭露面积近100平方米。发掘探方分南北两区。其主剖面均包括了从旧石器时代晚期至新石器时代早期的地层堆积[①]。

北区的文化层厚约3米，从上向下共分7层。第1~3层为近代堆积；第4~6层为新石器时代早期堆积，发现数量较多的陶片、石制品与动物骨骼碎片等；第7层是仅含打制石器的旧石器文化层。南区的地层堆积自上向下亦可分为7层，第1层为扰土层；第2、3层为裴李岗文化层；第4层为棕黄色砂质黏土，未见文化遗物；第5层与北区第5、6层相同，为新石器早期文化层；第6层的发现最为丰富，含船形、柱状等类型的细石核与细石叶等典型的细石器文化遗存；第7层为次生马兰黄土层。综合观察南北两区剖面的层位序列，清楚可见本地区从旧石器时代晚期向新石器时代过渡地层关系。

李家沟遗址旧石器文化遗存主要发现在南区第6层，北区第7层也有少量旧石器发现。李家沟细石器的发现显示该遗址早期居民拥有十分精湛的石器加工技术。他们应用船形和柱状细石器技术剥取细石叶。少量以石叶为毛坯的工具的存在，说明李家沟早期居民也掌握并应用石叶技术制作石器。成熟的石器工艺技术加工出典型的端刮器、琢背刀、石镞、雕刻器等。这些精致石器刃口锋利，轻巧便携，是便于长途奔袭狩猎使用的工具组合。这些工具所使用的原料也多是不见于本地的优质燧石，是远距离采集运输所得。以上特点显然还是典型的旧石器文化形态[②]。

---

① 郑州市文物考古研究院等：《新密李家沟遗址发掘的主要收获》，《中原文物》2011年1期，4~6页。
② 北京大学考古文博学院等：《河南新密市李家沟遗址发掘简报》，《考古》2011年4期，3~9页。

在典型的细石器以外，尤其重要的是在李家沟遗址南区第6层还发现仅经过简单磨制加工的石铲，以及烧制火候较低、表面无装饰的夹粗砂陶片。典型细石器与局部磨制石器及陶片共存现象说明，本地区较晚阶段的新文化因素并不是突然出现，而是已经孕育在旧石器时代晚期之末。

李家沟遗址新石器文化遗存主要发现在北区第4～6层。这一阶段的文化层明显增厚，说明遗址使用规模与稳定性远大于南区发现的细石器文化阶段。除了数量众多的文化遗物，北区还发现有很清楚的人类活动遗迹。其中最具特色的是石块聚集区。遗迹中心由磨盘、石砧与多块扁平石块构成。间或夹杂着数量较多的烧石碎块、陶片以及动物骨骼碎片等。带有明显人工切割痕迹的食草类动物长骨断口，清楚显示遗迹区进行过加工动物骨骼的活动。大量烧石的存在则说明这里亦具有烧火的功能。虽然尚未发现柱洞等建筑遗迹的迹象，但石块聚集区显然应与当时人类相对稳定的居住活动有关。

北区属于新石器时代早期地层已发现200多片陶片。陶片出土的情况说明当时人类就在发掘区原地或附近使用陶器。已发现的陶片均为夹粗砂陶。陶片颜色有浅灰黄色、红褐色等。部分陶片的质地较坚硬，显示其烧成火候较高。这批陶片虽然包括多件不同陶器的口沿部分，但器形却很单一，均为直口筒形类器物，保留有早期陶器的特点。尤为突出的是绝大部分陶片的外表都有纹饰，以压印纹为主，还有类绳纹与刻划纹等。

与早期的石器工业不同，本阶段仅见个别的宽台面柱状细石核，细石器的应用明显衰落，技术特点也与早期明显不同。虽然还有少量的燧石与石英类石制品的发现，但基本不见刻意修整的精制品。砂岩或石英砂岩加工的权宜型石制品的数量则较多。这类石制品的形体多较粗大。与早期的细石器工业的精制品组合完全不同，应是适应不同生计活动的结果。

六、相关问题

嵩山东麓新发现的这些旧石器遗存，地层关系清楚，也有比较可靠的年代测定结果。与此同时，遗址本身及周边的古环境研究也提供了当时人类生存环境的详细资料。这些有着清晰时空背景的新资料，为深入认识本地区旧石器时代晚期文化的发展历程，探讨其来龙去脉与成因奠定了基础。

1. 文化发展序列

如前所述，得益于近年来第四纪环境、年代学与旧石器时代考古等多学科研究者的努力，中原地区晚更新世，尤其是几个遗址所处的晚更新世中、晚期环境变化特点，以及在此期间黄土沉积过程都越来越清晰[1]。从遗址所处的地貌部位与地层特点来看，

---

[1] 柿子滩考古队：《山西吉县柿子滩旧石器时代遗址S14地点》《考古》2002年4期，1～28页。

老奶奶庙与赵庄等遗址显然都是河漫滩相堆积,应属气候相对温湿的MIS 3阶段。当时人类就生活在河边漫滩之上,所留下的文化遗存被洪水期的泥沙所迅速埋藏掩盖,因而得以较好的保存。区域调查结果显示,当时的遗址数量众多,成群组沿古代河流分布。这一阶段的石器工业以小型石片石器为主,石器原料主要是石英、燧石等容易加工小型利刃石器的原料。砂岩或石英砂岩等加工的大型工具则相对少见。时代大致同期或稍早的织机洞上文化层的石器组合也反映出相同特点。

随着气候变冷MIS 2阶段的来临,本区的遗址数量明显减少。到目前为止,明确属于本阶段的发现,还只有西施遗址及附近的几处发现。从文化面貌与测年数据等特点来看,早前发现的安阳小南海[1]与陵川塔水河[2]等遗址也可能与西施遗址的发现有类似之处,至少是石器原料的选用方面出现趋同显现。这几处遗址的时代均在距今2.5万年前后。此时中原及邻近地区开始进入末次冰期的最盛期。遗址数量的剧减反映了人类活动的频率与数量的减少。与此相应,石器工业的面貌也发生显著的变化。这几处发现皆选用燧石原料,并且开始系统应用石叶技术,出现典型的石叶工业。如西施遗址所发现的石叶工业,包括了从原料、石核、石叶等完整的石叶生产操作链。高比例的石叶及石叶石核说明典型的石叶工业也曾出现并流行于中原地区[3]。

虽然中原到华北南部地区在旧石器时代晚期开始阶段并不见石叶技术,而仍然流行着简单剥片技术生产的石片石器工业[4]。但西施等遗址的发现说明,到深海氧同位素3阶段与2阶段之交,石叶工业也出现在本地区。结合与中原地区及邻近区域已有的发现来看,大致在距今2.5万年前后,以石叶技术为标志,中原及华北南部地区进入新的文化发展阶段。

西施遗址新发现还显示,在典型的石叶技术出现的同时,细石器技术也已经开始出现端倪。在西施遗址大量发现石叶石核与石叶的同时,也开始见到细石器技术的出现,只是所占的比例与绝对数量远远不及石叶。不过随着末次冰期的最盛期来临,细石器技术则越来越发展,并逐渐成为主导力量。这种情况一直持续到临近更新世结束之际甚至更晚。如李家沟遗址的新发现,即很清楚反映了这种发展趋势与历史进程。

上述发展过程显示,中原及邻近地区的旧石器时代晚期文化经历了很明显的三阶段:小型石片工业为主阶段为早期,始于距今4万年前后,一直延续到距今2.5万年前后;石叶工业阶段出现并流行在距今2.5万~2万年前后;细石器工业阶段流行于距今2万~1万年前后,最早几乎与石叶技术同时出现,但随着最后冰期最盛期的来临,细石

---

[1] 安志敏:《河南安阳小南海旧石器时代洞穴堆积的试掘》,《考古学报》1965年1期,1~27页。
[2] 陈哲英:《陵川塔水河的旧石器》,《文物季刊》1989年2期,1~12页。
[3] 王幼平等:《河南登封西施旧石器时代遗址》,《中国考古新发现·年度记录·2010》(中国文化遗产增刊,2010),2011年,280~283页。
[4] 王建等:《下川文化》,《考古学报》1978年3期,59~88页。

器技术才逐渐取代石叶技术，成为旧石器时代晚期之末的典型细石器文化[①]。

2. 区域性文化特点及成因

从石片石器到石叶与细石器，中原及邻近地区的旧石器时代晚期文化走过与旧大陆大部分地区不同的发展道路，形成独具特色的区域性文化发展的特点。这一文化特点及其形成的原因是一个值得探讨的课题。

在前述发现之中，织机洞遗址时代最早，所保存的文化堆积巨厚，在时代上跨越了从旧石器时代中期到晚期的发展，清楚地反映了早期人类曾连续使用该洞穴。时代与其相近或稍晚的还有老奶奶庙与赵庄遗址的发现。这几处遗址的旧石器文化遗存的特点反映了该地区从旧石器时代中期一直到晚期的发展变化。

这些变化在织机洞遗址表现得尤为清楚，主要反映在石器原料的选择、石制品形体的大小以及工具组合等方面。织机洞的早期居民更偏重于就近选取石器原料，就地加工出石质工具。大型砍砸工具在他们的生产生活中扮演着更重要的角色。这些工具加工简单，多为权宜型石器。从居住地到石器原料产地以及加工和使用石器的场所均在相对较小的范围内。这种情况暗示，织机洞遗址早期居民可能更多在遗址附近活动，砍砸等重型工具在他们的生活中承担着主要任务。上述情况到第7层以后发生急剧变化。此时织机洞的居民开始放弃附近河滩丰富的石英砂岩与石英岩原料，转而到远处山区去寻找燧石与石英等适合加工小型利刃工具的石料。此时织机洞居民经常性活动的半径至少在距居住地数千米到数十千米。他们更多的活动则是应用小型利刃工具完成。扩大活动范围与工具小型化、多样化等新情况，都说明此时织机洞居民的行为较早期更为复杂化[②]。

老奶奶庙与赵庄的发现也都与织机洞上文化层的发现相同。远距离运输石料，更多的使用小型利刃工具。后两者还有大量食草类动物化石的发现，更直接地证明此阶段的人类已经更多地依靠肉类资源，出现专业化狩猎的迹象。

上述转变发生在距今5万~4万年之间，此时正值末次冰期的最盛期之前的间冰阶。织机洞等遗址以及周围古环境的综合研究显示，当时植被以森林草原为主[③]。织机洞遗址早期居民在总体未变的温暖湿润环境条件下，石器工业却发生显著变化，从大型的砾石石器工业转变为小型石片石器工业。这一变化显然难以用环境适应的因素来解释。而远距离运输石料，仔细修理数量众多的精制工具，更适应大范围的复杂活动。生产与生活等活动的复杂化，生存领域的扩大等特点都是现代人所特有的行为特点。在织

[①] 王幼平：《华北南部旧石器晚期文化的发展》，《中国考古学会第14届年会论文集》，2012年，294~304页。

[②] 王幼：《织机洞遗址的石器工业与古人类活动》，《考古学研究》（七），北京：科学出版社，2008年，136~148页。

[③] 刘德成等：《河南织机洞旧石器遗址的洞穴堆积与沉积环境分析》，《人类学学报》2008年27卷1期，71~78页。

机洞遗址所发生的这一转化，显然不会是简单的对环境适应，而更可能与现代人及其行为的出现密切相关。

类似织机洞最下层的以砾石为原料的形体较大的石器工业，在织机洞遗址邻近及华北南部地区的晚更新世较早阶段分布很广泛，到晚更新世的晚期都很明显地被类似织机洞晚期的形体较小的石片石器工业取代[1]。这种现象在近年来中国南方甚至朝鲜半岛[2]及日本列岛的旧石器考古发现中也很常见，反映了东亚地区旧石器时代中、晚期的过渡以及旧石器时代晚期文化出现的区域性特点[3]，与旧大陆西方从莫斯特到石叶文化的发展路径截然不同[4]。

除了上述石器工业方面的证据，在赵庄与老奶奶庙遗址所发现的石堆与火塘等遗迹现象更直接反映了现代人类行为在中原地区的出现与发展。如前所述，在新郑赵庄遗址出现的远距离搬运红色石英砂岩石块，集中摆放成堆并在其上放置古菱齿象头骨，这种非功利性的活动，显然也是现代人所独具的象征性行为特点。同样，在郑州西南郊老奶奶庙遗址所发现的多个火塘半环状分布的居住面遗迹，也显示了当时人类群体内部结构复杂化的趋势，应与现代人类行为的发展密切相关。

如上所述，中原地区丰富的旧石器时代晚期文化及其发展特点，显然与现代人类在该地区出现与发展历程密切相关。该地区现代人类行为出现在深海氧同位素3阶段。大致在距今5万年前后，首先是在荥阳织机洞遗址，已经可以清楚地看到，石器工业小型化、复杂化，人类活动领地扩大发展趋势。登封西施典型石叶工业的发现，则更明确地证明现代人类行为在这一地区的存在。从西施到李家沟的细石器文化的发展，则反映现代人类的继续发展并为新石器时代的到来准备了充分的条件。中原地区旧石器时代晚期文化所走过的是一条与旧大陆大部分地区不太一样的发展道路。这一独具特色的发展历程显然是现代人类在该区出现，并且不断适应该地区环境所采取的适应策略与生存方式的结果。

七、小　　结

综上所述，将嵩山东麓旧石器考古新发现放在华北南部早期人类发展的历史进程中观察，可以清楚地看到，该地区的旧石器时代文化在进入深海氧同位素3阶段即出现较明显的变化，如织机洞遗址在石器原料与组合变化以及人类活动范围的扩展等。本区

---

[1] Wang, Y P. Human adaptations and Pleistocene environment in South China. Anthropogie, 1998, 36:165-175.

[2] Bae, K D. Origin and patterns of the Upper Paleolithic industries in the Korean Peninsula and movement of modern humans in East Asia. Quaternary International. 2009, 211:307-325.

[3] Ono A. Recent studies of the Late Paleolithic industries in the Japanese islands. In: Yajima K, editor. Recent Paleolithic studies in Japan. Tokyo: The Ministry of Education, Culture, Sports, Science and Technology of Japan, 2004. pp.28-46.

[4] 王幼平：《青藏高原隆起与东亚旧石器文化的发展》，《人类学学报》2003年21卷3期，192~200页。

旧石器时代晚期文化的初始阶段具有明显的承前启后特点，仍以石英等原料为主，应用简单剥片技术生产石片石器，与华北地区石片石器工业传统没有特别明显的区别。但到3阶段与2阶段交替之际，以西施遗址为代表的石叶技术开始出现，同时细石器技术也初见端倪。随着末次冰期的最盛期来临，细石器逐渐成为该地区主导文化，并一直持续到更新世结束。从简单的石片石器到石叶工业，再到典型的细石器工业的历史轨迹，清楚地展示了华北南部地区旧石器时代晚期文化的发展特点。而这一特点的形成，显然则应该是现代人类在该地区出现与发展过程中，应对该地区生态与社会环境所采取的生存策略的表现与结果。

（原刊于《李下蹊华——庆祝李伯谦先生八十华诞论文集》，北京：科学出版社，2016年）

华北南部旧、新石器时代的过渡*

王幼平

（北京大学考古文博学院，北京　100871）

华北南部史前文化的发展，尤其是旧、新石器时代过渡等中国史前考古的关键课题，长期受到考古学及相关研究领域研究者们的关注。随着近20年来该地区史前考古发掘与研究工作的进展，目前已经有机会对上述课题及相关问题进行思考。本文拟对近年来该地区新发现的更新世之末到全新世之初的几处重要遗址的田野考古资料进行初步梳理，并对区域内与旧、新石器时代过渡相关的几个问题进行讨论。

一、过渡阶段的地层

该地区最早发现有典型的细石器文化层与新石器文化层叠压关系的是河南舞阳贾湖的大岗遗址[1]。20世纪80年代后期发掘的舞阳大岗遗址，首先发现细石器与裴李岗文化叠压关系的地层。该遗址位于舞阳侯集乡大岗村北的一处岗地之上。文化层并不厚，只有1.2米左右。从地表向下可见5层：第1层，表土层，黄褐色砂质黏土，含近晚期文化遗物；第2层，浅黄褐色亚黏土，含汉代及裴李岗文化陶片；第3层，灰褐色黏土，含裴李岗文化陶片；第4层，褐色亚黏土，较坚硬，层表有V形小冲沟，细石器文化层；第5层，浅黄色粉砂质亚黏土，质地坚硬，不见文化遗物。遗憾的是在第3、4层之间有明显的沉积间断，说明在细石器文化与裴李岗文化之间尚有缺环。

山西吉县柿子滩遗址群则以其数量众多的遗址及连续地层剖面与细石器文化的发展展示了区内旧、新石器时代过渡阶段一个侧面。观察柿子滩9地点以及其他已发表的地层剖面，也可以清楚看到吉县境内清水河流域从晚更新世末至全新世之初细石器文化的发展过程[2]。9地点坐落在清水河2级阶地之上，从上向下可分为9层。堆积的下部为砂砾层，其上的黄褐色堆积，显然可以晚期的马兰黄土堆积对比。再向上渐变过渡为黑垆土。典型的细石器文化从下向上连续分布，应该是同一人群所遗。而该遗址含细石器的黑垆土层的 ^{14}C 年代为距今9000多年（校正后），显然已进入全新世。不过遗憾的是，不仅9地点，在柿子滩遗址群的数十处地点，已发掘揭露的数千平方米的范围内，

---

*　基金项目：国家社科基金重大项目（11&ZD120）。

除石磨盘外，均不见其他磨制石器或陶片等。在该区内各细石器文化层之上也都没有早期新石器文化层叠压的记录[3]。这种情况说明，晋西南地区的狩猎—采集者的细石器文化从距今2万多年开始，一直延续到全新世的早期。

与前两者不太一样，近几年新发现的河南新密李家沟遗址在同一剖面上，发现含石片石器、细石器与新石器早期文化的地层关系[4]。这一发现更清楚地展示了区内旧、新石器时代过渡历史进程。如图一所示，李家沟遗址坐落在属于淮河水系的椿板河左岸的2级阶地之上。其下是马兰黄土基座。文化遗存埋藏在阶地堆积中。文化层由上向下有裴李岗、李家沟、细石器与石片石器等四个文化发展阶段的形成的堆积构成。以发掘区南区的南壁剖面为例，可以分为7层。

最上面褐色砂质黏土是扰土层。第2层则为棕褐色的含碳酸钙胶结物，发现有少量裴李岗陶片。这一层的堆积物在本区新石器时代较早阶段分布比较广泛，如新郑唐户遗址，即被叠压在裴李岗文化层之下。第3层是灰白色的砂砾层，也是裴李岗文化层，含零星陶片、石制品。第4层是棕黄色砂质黏土，文化遗物很少，亦属于裴李岗阶段的遗存。第5层上部为灰黑色砂质黏土，向下渐变为棕黄色，含夹砂压印纹陶片、少量石制品，是典型的李家沟文化遗存。第6层是褐色砂砾层，含大量料姜石，有船形、柱状等类型的细石核与细石叶等典型的细石器文化遗存发现，还有零星局部磨光的石锛与素面夹砂陶片。第7层是次生马兰黄土层，含少量以石英原料为主体的小型石片石器。

如前所述，与本省的舞阳大岗、山西的吉县柿子滩等地发现相比较，类似的地层

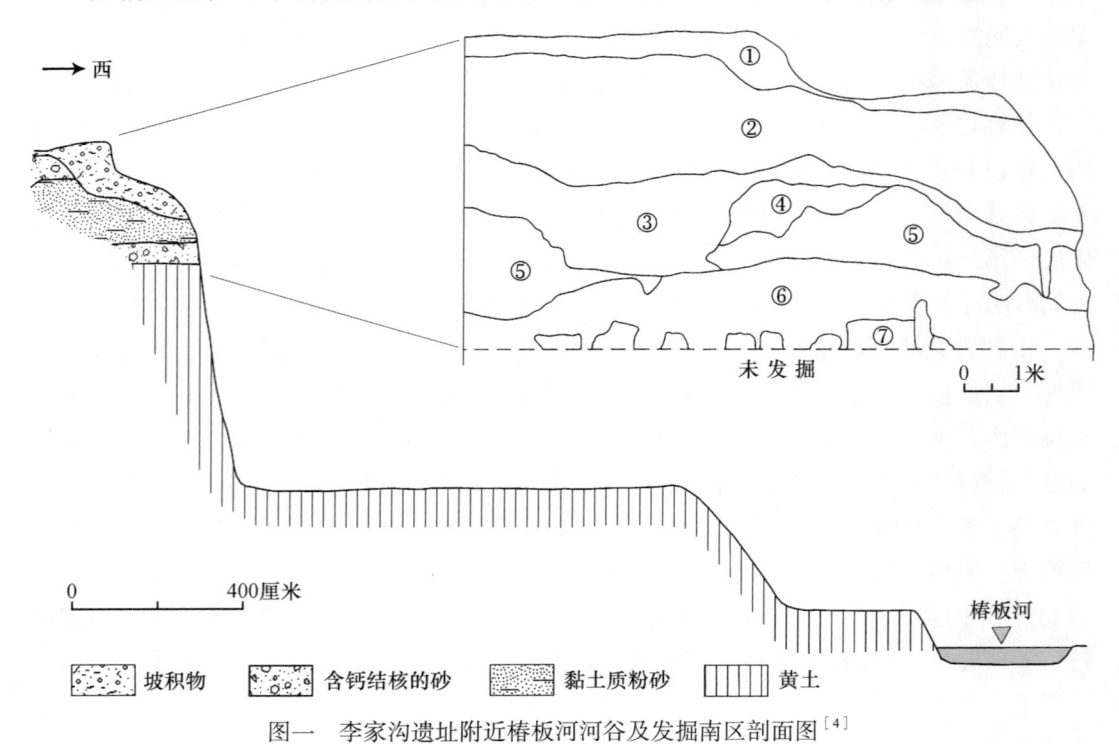

图一 李家沟遗址附近椿板河河谷及发掘南区剖面图[4]

关系,即从上部马兰黄土到黑垆土的连续堆积,都反映了本地区从晚更新世之末到全新世之初古环境与史前文化发展的基本情况[5]。而李家沟遗址的新发现,除了可以见到有晚更新世之末到全新世之初的连续沉积的剖面,还更清楚地展示了旧石器时代晚期的石片石器文化、细石器文化再到李家沟文化以及裴李岗文化的连续发展过程。

二、文化发展

经过近年来的工作,区内的旧石器晚期文化发展情况已有更详细的认识。在前述的马兰黄土堆积中夹的古土壤层或同期异相的河湖相堆积中,已发现数量众多的旧石器晚期遗存。这些发现反映在堆积形成的MIS 3阶段的气候环境更适合人类生存,因而有如此密集的旧石器文化遗存能够得以保存。这些发现的文化特点鲜明,均以石片石器为主,形体多属中小型,也有一部分形态较大者。石器原料则以本区常见的石英或石英岩为主。多以锤击技术直接剥取石片,尚不见预制石核的技术存在。但有数量较多的盘状及球状石核的出现,也已有利用长背脊剥取形态较为规整的长石片的情况。石器组合则主要是中小型的边刮器、小尖状器、凹缺器等。有些地点还有形体较大的砍砸器、石球等工具类型的存在。典型的发现如河南新郑黄帝口[6]、赵庄,郑州二七区老奶奶庙遗址等[5]。

总体来看,这些发现还是应该归入通常所称的小石器或石片石器传统。在属于这个文化传统的发现中,尚不见陶片或磨制石器技术的踪迹。这当与这些遗存的时代较早有关。MIS 3阶段的晚期距今也在3万年左右,本区当时的居民还是典型的狩猎—采集者,显然尚未掌握制陶和磨制石器的技术。

随着MIS 3阶段的结束,温暖湿润的环境逐渐被MIS 2阶段的干冷环境所取代。本区内石片石器遗存明显减少,但在河南登封等地新发现有典型的石叶工业遗存。西施遗址是近年来一项比较引人瞩目的发现。该遗址发现近万件石制品差不多均以本地出产的燧石原料,石核、石片、断块、碎屑及少量的端刮器、边刮器等工具遗存,反映了当时人类一次短期占用该遗址情况。令人意外的是这些石制品构成了一个石叶生产的完整的操作链,第一次清楚地揭示在东亚大陆腹地也有系统的石叶生产技术的存在[7]。

其实西施的发现并不应该是孤例。如果审视本区内较早时候发现的河南安阳小南海[8]与山西陵川塔水河等遗址的发现,也不难看到这两处的石制品与西施的新发现均有类似的特点。首先是后两者也都与西施类似,不再使用石英等本区更早阶段广泛使用的石料,而是选用燧石。石制品的类型也有与西施类似变化,如较多的柱状石核与长石片(石叶)的发现。尤其是小南海的新研究,已报导有典型石叶的存在[9]。关于塔水河石制品可能有预制石核的存在,或与细石叶、石叶技术的存在[10]。所以这几个遗址为代表的发现,应该是本区进入MIS 2阶段新出现的一个文化类型。这种文化类型可能是适应本区气候转冷干环境的产物。就其工具组合来看,显然也是典型的专业化狩猎者的文化遗存。

与石叶工业出现的时间稍晚或大致同时，本区还有另一类数量更多、文化内容更丰富的细石器遗存的发现。早在20世纪70、80年代，在山西沁水下川[11]、襄汾丁村[12]以及吉县柿子滩第1地点等这一阶段的细石器材料就有发现。进入90年代，尤其是2000年以来，随着大规模建设工程的开展，吉县等地又有数量众多细石器遗存的新发现。新发现的陕西宜川龙王辿的细石器工业，其时代可以早到距今2.5万年左右。这些典型的细石器遗存，除了细石核、细石叶及端刮器等典型的细石器工业的石制品类型，更令人瞩目的是一件经过磨制的石制品，也在龙王辿遗址的出现[13]。

本区的细石器文化从距今2万多年前开始出现，一直延续到距今1万年前后。近年来距今1万年左右的晚期细石器文化遗存也有越来越多的发现，如河南舞阳大岗遗址与新密李家沟遗址等都发现与典型细石器遗存共生的磨制石器。尤其是后者，除了一件局部磨制的石锛以外，还有两件陶片。这一新发现清楚显示磨制石器技术与制陶技术确切存在于细石器文化发展的晚期[14]。

李家沟遗址含陶片与局部磨制石器细石器文化的时代为距今1万年前后，加速器^{14}C年代为距今10 500～10 300年。比其稍晚，直接叠压其上李家沟文化层则出现大量反映更成熟制陶技术的陶片与多件石磨盘等。李家沟文化的时代为距今10 000～9000年之间。除了李家沟的发现以外，在新郑齐河以及许昌灵井等地，也都有这种早期新石器文化存在的线索。李家沟文化阶段除了有数量较多的压印纹夹砂陶片与石磨盘等发现，其石器工业与更早的细石器文化面貌并没有特别明显的区别。还可以见到较多的细石器以及简单的石片石器的使用。与早期不同的是数量众多的人工搬运石块的存在。这些石块被运进入遗址并不再仅仅是加工石器的原料，而更主要的用途则可能是用于建筑等与居住活动等相关[15]。

李家沟遗址发现的早于裴李岗的李家沟文化，是史前学者原来一直在寻找的本地区旧、新石器文化过渡阶段的一个环节[16]。这一阶段的文化遗存的发现为认识本区旧、新石器时代过渡问题提供了重要证据。在李家沟文化之后，随着裴李岗及磁山文化等的出现及广泛扩散，新石器文化才真正在该地区繁荣发展开来。

三、生计方式

史前人类的生计方式近些年来也越来越受到考古学者的关注。从旧石器时代晚期向新石器时代的过渡，生计方式的转变也当是非常重要的方面。从华北南部地区已经发现的旧石器晚期至新石器早期的文化遗存观察，其中的动植物遗存以及古环境的复原研究等，都为观察这一阶段人类生计方式的变化提供了依据。尤其是近年来在嵩山东南麓新发现的旧石器时代晚期至新石器时代早期的遗址，如前述的老奶奶庙与李家沟遗址等都有这方面的发现与研究，更为认识该地区从晚更新世之末到全新世初期史前人类生计方式的变化提供了方便。

距今4万年前后的老奶奶庙遗址已经发现数以万计的动物骨骼遗存。骨骼中可鉴定的动物种类主要是马、牛及鹿类，尤其是前两者更是居于主导地位。其他动物的发现均很少，食肉类动物更是很少见到。这种情况说明老奶奶庙遗址史前居民应该是大型群居的食草类动物为狩猎对象的专业化狩猎者。大型食草类动物为当时人类提供了食物、骨质工具原料等多用途资源。因而狩猎应该是老奶奶庙史前居民所主要依赖的生计方式[5]。

狩猎大型食草类动物这一生计手段一直持续到细石器文化阶段。李家沟遗址发现有数量较多的脊椎动物骨骼遗存[17]。动物骨骼多较破碎，有轻度的风化与磨蚀迹象。初步鉴定显示有牛，马，大型、中型和小等型鹿类，猪以及食肉类、啮齿类与鸟类等。如图二所示是可鉴定的标本数量与种类的统计。按照最小个体数目来统计，牛、马与大型鹿类等大型食草类的比例高达半数以上。动物遗存的情况也说明狩猎大型食草类动物仍是李家沟遗址早期阶段的主要生计来源（图二）。

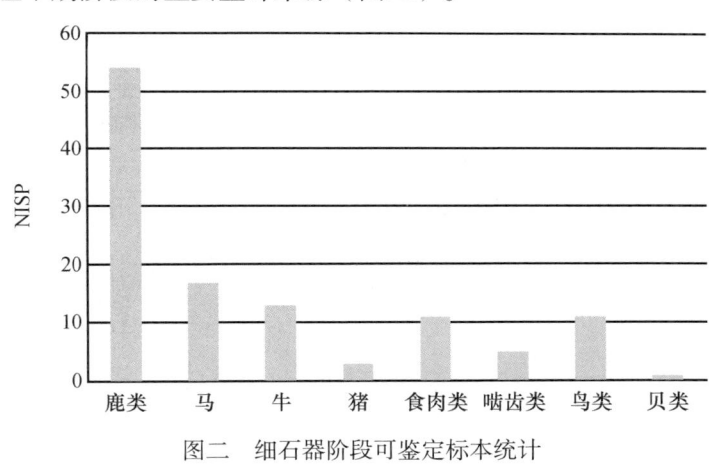

图二　细石器阶段可鉴定标本统计

到新石器时代早期阶段，在该遗址发现的动物化石种类亦较丰富，但与前一阶段明显不同，数量较多的是中型和小型鹿类、大型食草类则仅见零星的牛类与马类骨骼碎片。另外也可见到少量的羊、猪以及食肉类的骨骼遗存。啮齿类以及鸟类的遗存则与早期没有明显区别（图三）。

另外，动物骨骼保存情况与本阶段石器工具组合变化的情况十分吻合，大型食草类动物遗存数量锐减与精制便携的专业化狩猎工具组合的消逝当密切相关。而大型的陶制罐类等贮藏容器的出现，也暗示本阶段的生计方式的主要方面与早期相比，业已发生明显变化，即从以大型食草类动物为对象的专业化狩猎转向采集植物类的食物与狩猎并重的发展趋势。

如上所述，李家沟两个不同文化发展阶段的动物群的种类基本一致的信息说明，中原地区距今万年前后的旧新石器过渡时期的自然环境并没有很明显的变化。然而仔细

图三 李家沟阶段可鉴定标本统计

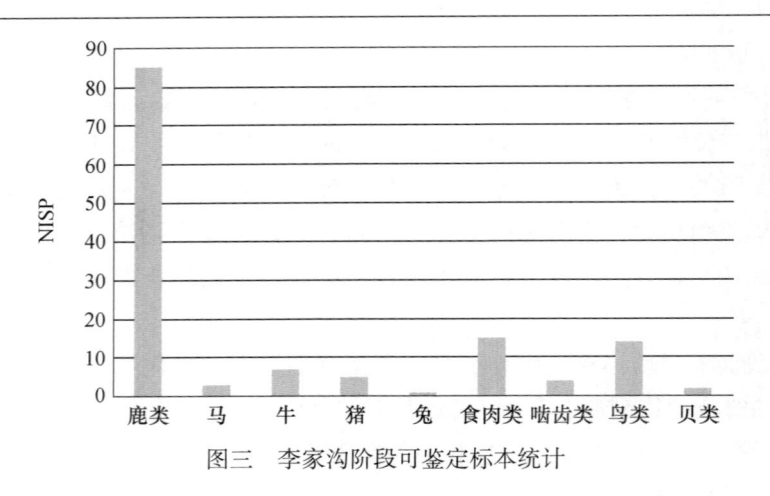

观察两个动物群不同种类数量方面的此消彼长，却反映了两个阶段人类行为变化的重要线索。两个动物群均以食草类动物为主，但在细石器文化阶段，却是形体较大的马、牛以及大型鹿类占主导地位。而到新石器早期阶段，马和牛的数量骤减，鹿类动物中也以形体较小者为主。形体较大动物的减少，小型动物的比例增加，说明人类狩猎对象的变化。同时也意味着，到新石器时代早期，可以提供给人类食用动物类资源总量在减少。所以，可能是为了尽量增加肉类资源，小型动物甚至形体较小兔类也进入当时人类利用的范围。肉类资源的减少所带来的另一项变化，应该是增加植物资源的开发利用。随着这些生计活动方面的变化，自然会影响到当时居民的栖居方式，乃至社会组织方面的变化。这些变化也是构成旧、新石器时代过渡历史进程的重要组成部分[18]。

四、栖居形态的变化

田野考古发现与研究结果显示，华北南部地区旧、新石器时代人类的栖居形态的演变过程也与其他地区一样，即从狩猎—采集者的临时营地到种植者定居的村庄。从华北南部，尤其是近年来工作较多的嵩山东南麓地区数以百计的旧、新石器时代遗址的时空分布态势[5]，也可以大致看到上述变化路径。这一变化过程并不是一蹴而就，一朝一夕就完成的事情，也同样是旧、新石器时代过渡历史进程中的一个重要方面。李家沟遗址的新发现刚好提供了本地区从旧石器时代之末到新石器时代早期人类栖居形态变化关键阶段的具体实证。

仔细观察李家沟遗址的发现可以看到，在属于细石器阶段的文化遗存主保存在发掘南区的第6层。该层的底部与下伏的次生马兰黄土呈不整合接触，保留有较清楚的侵蚀面。在次生马兰黄土的侵蚀面之上，分布着数量众多的石制品、人工搬运石块、动物骨骼碎片，以及陶片与局部磨制的石器。这些情况显示当时人类就活动在次生马兰黄土堆积被侵蚀之后形成的地面之上。数量众多遗物聚集分布的状况则显示当时人类在此有较明确的居住活动，因而留下丰富的文化遗物与比较清楚的遗迹现象。本层所揭露出的活动面的中心部分为石制品与人工搬运石块形成的椭圆形石圈，东西长约3.5米，南北宽约2.5米。2009年秋季发现其北侧的大部分，2010年揭露出南部所余的小部分。石圈的东侧主要是动物骨骼遗存。多是大型食草类肢骨、角类等遗存，多较破碎，显示出肢解处理猎物活动区的特征[4]。

上述埋藏情况显示，当时人类的活动之后，即被片流冲击带来的泥土夹杂砂砾所覆盖，因而得以较完整保存。石圈内除人工搬运石块外，还有数量较多的石核、石片与工具等。这些石制品多属使用后，或不具备继续剥片或修理加工的可能性者。如所发现的细石核多处废弃阶段，细石叶比例明显偏低，多是不适用者。出自该石圈南侧的石锛，也经过严重的使用磨蚀，已不宜继续使用。这些现象均显示该遗迹应是专业化的狩猎人群在此地暂短居住后废弃的遗存。

另外，动物骨骼遗存也有较多发现，以大型食草类为主，大型和中型的鹿类、马、牛等多见。大部分骨骼破碎严重，应与当时人类的敲骨吸髓或加工骨制品等活动有关。

在黑垆土堆积中也发现有与当时人类居住有关的遗迹现象。属于新石器时代早期文化遗存主要发现在发掘北区第5、6层。南区的第5层也含有少量这一阶段的陶片等遗物。这一阶段的文化层明显增厚，显示当时人类在该遗址停留的时间更长，使用规模与稳定性远大于南区发现的细石器文化阶段。亦发现了很清楚的人类活动遗迹，同样是石块聚集区，东西长约3米，南北宽约2米。

遗迹中心由磨盘、石砧与多块扁平石块构成。间或夹杂着数量较多的烧石碎块、陶片以及动物骨骼碎片等等。带有明显人工切割痕迹的食草类动物长骨断口，清楚显示遗迹区进行过加工动物骨骼的活动。大量烧石的存在则说明这里亦具有烧火的功能。虽然尚未发现柱洞等建筑遗迹的迹象，但石块聚集区显然应与当时人类的相对稳定的居住活动有关。

另外，仅在2009年发掘北区10平方米的范围内，就发现100多片陶片。多数陶片的断口未受到磨损，也有同一件器物的多件碎片保存在很小的范围内。陶片出土的情况说明当时人类应该就在发掘区原地或附近使用陶器。而人工搬运的石块的数量也较前一阶段更多，并且更集中的分布在与人类居住活动相关的"石圈"范围内。

上述两种情况比较清楚地反映了本地区从旧石器时代之末到新石器时代早期居住遗址的变化过程。李家沟遗址的早期居住者，还是专业化的狩猎人群。他们在临河阶地的马兰黄土侵蚀面之上临时安营扎寨。经过短暂的居住之后留下旧石器时代晚期常见的居住与肢解猎物的遗迹。到气候转暖黑垆土堆积形成时期，随着当时人类生计方式的转变，更多地依赖于植物性食物，也更长久地居住在同一地点。李家沟遗址本阶段厚层的文化堆积，数量较多的陶制品的出现等现象，都说明本阶段当已处于定居或半定居的状态。

五、小　结

　　到目前为止，尽管已经发现的遗址数量有限，已经发掘和所发现的文化遗存及相关信息也有局限，但还是为认识华北南部地区史前史的发展提供了新视角。通过这些发现，首先可以看到本地区从晚更新世末到全新世之初期间地层堆积的发育过程，即上部马兰黄土到黑垆土的沉积序列。这个沉积序列清楚地反映了旧、新石器时代过渡期间文化发展与环境变迁等多方面信息。另一项重要进展是，在繁荣发达的裴李岗文化到旧石器晚期文化之间，新发现有别于前者的李家沟文化。李家沟文化已有很发达的制陶工艺，较稳定的定居生活，然而其石器工业与生计方式，却与更早的细石器文化有着密切关系。

　　这些情况还进一步显示，华北南部的旧、新石器时代的过渡，以及农业起源，可能并非突变，而是经历了很漫长的发展历程。作为新石器时代的重要文化特点，即陶器与磨制石器的应用也不是一朝一夕的突然事件，而是陆续出现在更新世之末的细石器文化阶段。旧石器时代晚期石片石器、石叶与细石器技术及工具组合，也并没有突然被磨制石器完全取代，而是一直延续到李家沟文化甚至更晚。动物遗存等反映的生计方式的转变，尤其是栖居形态的变化，从狩猎采集者的临时营地到新石器时代早期的定居村落的演变过程，在李家沟遗址等都有踪迹可寻。从狩猎经济的逐渐弱化，到植物性资源更多的利用及农业的出现，都应该是本地区这一阶段发生的重要变化。正是随着这些变化过程的揭示，华北南部地区旧、新石器时代过渡的历史进程才逐渐清晰明朗。

参 考 文 献

[1]　张居中，李占扬. 河南舞阳大岗细石器遗址发掘报告［J］. 人类学学报，1996，15（2）：105-113.

[2]　柿子滩考古队. 山西吉县柿子滩遗址第九地点发掘简报［J］. 考古，2010（10）：7-17.

[3]　山西省临汾行署文化局. 山西省吉县柿子滩中石器文化遗址发掘报告［J］. 考古学报，1989（3）：305-323.

[4]　北京大学考古文博学院等. 新密李家沟遗址发掘简报［J］. 考古，2011（4）：3-9.

[5]　王幼平. 李家沟、大岗与柿子滩9地点的地层及相关问题［A］. // 考古学研究（九）［C］. 北京：文物出版社，2012：1-10.

[6]　王佳音等. 河南新郑黄帝口遗址2009年发掘简报［J］. 人类学学报，2012，31（2）：127-136.

[7]　王幼平. 嵩山东南麓MIS 3阶段古人类的栖居形态及相关问题［A］. // 考古学研究（十）［C］. 北京：科学出版社，2012：287-296.

[8]　安志敏. 河南安阳小南海旧石器时代洞穴堆积的试掘［J］. 考古学报，1965（1）：1-27.

[9] 陈淳等.小南海遗址1978年发掘石制品研究［A］.//考古学研究（七）［C］.北京：科学出版社，2008：149-166.
[10] 陈哲英.陵川塔水河的旧石器［J］.文物季刊，1989（2）：1-12.
[11] 王建等.下川文化——山西下川遗址调查报告［J］.考古学报，1978（3）：259-288.
[12] 王建等.丁村旧石器时代遗址群调查发掘简报［J］.文物季刊，1994（3）：1-23.
[13] 尹申平等.陕西宜川龙王辿旧石器时代遗址［J］.考古，2007（7）：3-8.
[14] 郑州市文物考古研究院，等.新密李家沟遗址发掘的主要收获［J］.中原文物，2011（1）：4-6，39.
[15] 王幼平等.李家沟遗址的石器工业［J］.人类学学报.2013（4）：411-420.
[16] 陈星灿.黄河流域的农业起源：现象与假设［J］.中原文物，2001（4）：24-29.
[17] 王幼平.李家沟遗址研究进展及相关问题［J］.中原文物，2014（1）.
[18] 潘艳，陈淳.农业起源与"广谱革命"理论的变迁［J］.东南文化，2011（4）：26-34.

（原刊于《中国·乌珠穆沁边疆考古国际学术研讨会论文集》，北京：科学出版社，2014年）

华北南部旧石器晚期文化的发展[*]

王幼平

（北京大学考古文博学院，北京　100871）

华北南部即中原及邻近地区，不仅是中华文明起源的核心地区，也是更新世人类生存演化的重要舞台。近十多年来在该地区陆续有越来越多的旧石器时代考古新发现。其中，尤为引人瞩目的是时代属于深海氧同位素3阶段和2阶段的古人类文化遗存，如河南荥阳织机洞[1]、新郑赵庄[2]、郑州市二七区老奶奶庙[3]、登封西施[4]、新密李家沟[5]等。这些新发现的共同特点是都有丰富的旧石器文化遗存，清楚的年代测定数据与古环境背景资料，为认识本地区旧石器时代晚期文化的发展提供了非常重要的新证据。本文拟简要介绍上述几处新发现，将这些发现与华北南部地区已有的考古资料一并观察，并进一步对该地区旧石器时代晚期文化发展特点及相关问题进行初步探讨。

一、地理环境与年代

上述几处新发现的遗址，均位于河南省会郑州及其所辖的几个县级市境内。这里是传统所称中原地区的核心部位。中原地区位于中国南北方过渡地带，是现代中国及东亚大陆南北与东西交通的枢纽，也是更新世期间早期人类迁徙与文化交流的必经之地。与此同时，这里也是中国自然地理区划南北方的交汇地带，南接江淮的亚热带，北连华北平原温带地区。在地形地貌方面，中原地区的东部是黄淮海平原，向西则逐渐过渡到嵩山山脉及黄土高原区。亚热带与暖温带的过渡气候，加上平原、山区以及黄土高原交替变化的地貌条件，两者共同铸就的中原地区多样性的生态环境。尤其是受到更新世冰期间冰期交替出现、古气候频繁变化的影响，更为这一地区的早期人类创造了复杂的生存条件。近年来在该区域内调查发现的数量众多的旧石器时代遗址，也充分反映了更新世期间，尤其是晚更新世的中、晚期，有数量众多的古人类在此生活的繁荣景象[3]。

中原地区的中西部，更新世期间形成了巨厚的黄土堆积。本文所讨论的几处遗址，除织机洞属于洞穴堆积以外，其他几处都是露天遗址。几个遗址所在地区均可见到典型黄土堆积。各遗址的文化层也都可以和典型的黄土地层序列进行详细对比。

---

[*] 本文承国家社会科学基金重大项目资助（项目编号：11&ZD120）。

其中新近发掘的郑州市西南郊的老奶奶庙遗址的堆积与黄土地层的关系最为清楚。在该遗址北面断崖剖面上清楚可见1~2m厚的全新世堆积，其下则是十余米厚的典型马兰黄土。马兰黄土之下的河漫滩相堆积即是该遗址的文化层。上述堆积序列刚好与典型黄土堆积的黑垆土（S_0）、马兰黄土上部（L_1）及古土壤层（L_1S）相吻合。这一序列也正好与深海氧同位素MIS 1~3的三个阶段相当。新郑赵庄遗址的地层也与老奶奶庙遗址相同。文化层位于相当于马兰黄土上部堆积之下的河漫滩相堆积。另一处露天遗址登封西施的文化层则与前两者稍有不同，大致是相当于马兰黄土上部堆积偏下的黄土状堆积。

几个遗址的年代测定数据也与上述地层关系相吻合。加速器^{14}C与光释光年代测定的初步结果显示，老奶奶庙遗址带时代最早，为距今4万年左右。赵庄遗址为距今3.5万年左右。西施遗址则为距今2.5万年前后。李家沟遗址的时代最晚，从距今10 500年前后遗址持续到距今8000多年的新石器时代。织机洞遗址的洞穴堆积虽然不能与黄土地层直接对比。但该遗址有比较详细的加速器^{14}C与光释光测年结果，可以看出早期人类居住在织机洞的时间大致是从距今5万年前后到距今3万多年[6]。

上述测年数据显示，这几处遗址的主要居住时间都处于MIS 3阶段，只有西施与李家沟遗址属于MIS 2阶段。后者延续的时代更长，已经进入全新世。清楚的古环境背景与地层关系，以及详细的年代测定数据等资料，为探讨区域内旧石器时代晚期文化的发展进程奠定了坚实的基础[7]。

二、田野考古新发现

以上提到的几处遗址均是最近几年郑州市文物考古研究院与北京大学考古文博学院合作发掘，详细的田野考古发掘报告尚未发表。这里初步介绍几处新发现的简单情况，以便对相关问题进行探讨。

（一）织机洞遗址

织机洞遗址是这几处遗址中，发掘工作进行最早，遗址本身年代也最早的洞穴遗址，位于郑州市区以西的荥阳市王宗店村，是沿石灰岩裂隙发育的岩厦式溶洞。遗址地处嵩山余脉所形成的低山丘陵区。堆积总厚达20m以上。新近发掘的洞口部位堆积共分9层。根据^{14}C年代与光释光等测年结果来看，其主体应该形成于距今4万年以前。织机洞内堆积与洞外黄土—古土壤剖面的对比研究也表明，各文化层人类活动时期在洞外黄土堆积区所发现的几处露天遗址相同，是古土壤（L_1S）发育时期。近些年来黄土研究表明，这一阶段形成的古土壤不仅见于郑州—洛阳一带，而且见于整个黄土高原。这意味着织机洞与另外几处露天遗址所在区同我国北方广大地区一样，当时都处于比较温暖湿润的间冰阶气候。适宜的气候环境不仅有利于古土壤的形成，而且也为人类活动提供了良好的生态环境和广阔的生存空间。

织机洞遗址最主要的发现是其石器工业。已发现的石制品数以万计。2001年以来在洞口部分新发现的石器工业，明显可以分为两种类型：即以第1~7层为代表的晚期的石片工业，以第8、9层为代表的早期的砾石工业[1]。

第1~7层经过初步整理的石制品有数千件。这些石制品的原料主要为石英，其次为燧石，还有少量的石英砂岩与石英岩等原料的使用。这些原料除了石英砂岩与石英岩系来自洞前河滩的砾石，其余均系采自数千米以外的出露的基岩岩脉或风化的岩块与结核。石核主要是不规则形者，绝大部分是锤击技术的产品。少数标本可能是砸击技术的产品。经过修理的工具的数量多达千件，可以分为边刮器、端刮器、凹缺刮器、尖状器、石锥、雕刻器与砍砸器等。这些工具的修理也多比较简单，较少经过仔细加工、形体规整的精制品。

织机洞遗址第8、9层所发现石制品的数量明显不如前者，经过整理者仅有100多件。这一阶段石器原料的使用情况与早期相比，种类发生很大变化，石英岩与砂岩的比例明显增高，占绝对优势，石英与燧石等则明显减少。原料的来源也明显不同，主要系来自洞前河滩的砾石，形体较前明显增大。

从发现的石核与石片来观察，两者剥取石片的技术并没有发生明显变化。都是以锤击技术直接生产石片为主，也不见预制石核与修理台面的情况出现。砸击技术的使用迹象也很少见到。不过从经过修理的工具类型来看，两者则有明显的变化。第8、9层的工具中，砍砸器等重型工具的比例逐渐增多，石器的体积与重量明显增加。

（二）老奶奶庙遗址

老奶奶庙遗址位于郑州市西南郊的樱桃沟景区内，附近有贾鲁河流过。遗址坐落在贾鲁河东岸的黄土台地上。2011年春夏之交，刚刚进行发掘。该遗址最主要的发现是多个文化层的连续堆积，并有保存完好的多个火塘成组分布，火塘周围是数量众多的石制品与动物骨骼残片[3]。

该遗址的文化层自上而下可分为13个亚层。其中第2层和第6亚层，均应是当时人类的居住营地遗存。第2层中部为一个含大量炭屑与黑色灰烬的火塘，其周围是动物骨骼残片与石制品。第6层的堆积更厚，在平面上可见4处火塘呈半环分布。在火塘周围也明显分布有丰富动物骨骼残片与石制品。同时还有石制品明显聚集区，是石器加工场所的遗迹。

老奶奶庙遗址所发现的文化遗物非常丰富，包括3000多件石制品与1万多件动物骨骼残片。石制品主要以灰白色石英砂岩制品和石英制品为主，石英砂岩石制品中，石片数量较多，石核多为多台面石核，均为简单剥片技术的产品，尚不见预制石核的迹象。

经过仔细加工的工具不多,可见到的类型有边刮器、尖状器等。形体多较细小。

动物骨骼残片的数量远远超过石制品。其大小尺寸也与比较相近,多在10cm上下,方便手握使用。有些残片上有比较清楚的打击修理痕迹。个别还可见到明确的使用磨痕。这些迹象显示,该遗址的居民除了使用石制品以外,还大量使用骨质工具。多数动物骨骼的石化程度较深。可鉴定种类主要是马、牛、鹿、羊等食草类。还有数量较多的鸵鸟蛋皮碎片。动物骨骼上完全不见食肉类或啮齿类动物啃咬痕迹,显示其完全是人类活动的结果。另外该遗址发现的用火遗迹已超过20处。这些遗物和遗迹的分布情况均说明早期人类曾较长时间居住在此遗址。

(三)赵庄遗址

赵庄旧石器遗址位于郑州市区以南的新郑市赵庄村北,溱水河东岸第三阶地。遗址西部是具茨山,西南距陉山5km余,东临黄淮大平原,属丘陵区向平原区过渡地形。该遗址2009年10~12月首次进行发掘,出土遗物有数量众多的石制品及少量动物化石[2]。

遗址地层从上至下分为七层,分别为全新世堆积,含钙质结核的马兰黄土,以及其下的漫滩相堆积即旧石器时代文化层。旧石器文化层的主体部分为灰白色黏质砂土,有锈黄色斑点,土质略硬,含砂量较大,局部可见黄灰相间的水平层理。大量石制品及动物化石主要分布在厚10~30cm的范围内。

发掘所获石制品数量超过5000件。原料有石英和石英砂岩两种。石英制品数量占绝对多数,但个体较小,多在5cm以下。种类主要有石料、石核、石片、断块、碎屑。还有少量经过修理的工具,类型有刮削器、尖状器与砍砸器等。引人瞩目的是个体较大的石英砂岩制品,长径平均在15cm左右,大者超过了20cm,小的也在5cm左右。种类主要是有打击痕迹的石块,极少有刻意加工的工具。

哺乳动物化石主要是一具古菱齿象头骨及一段门齿,还有少量象肢骨片,以及零星的羊、鹿化石等。

该遗址最重要的发现是石器加工场与置放象头石堆的遗迹现象。两者位于同一活动面,显然是同一时期活动的遗存。活动面由南向北由象头骨、石英砂岩制品和石英制品组成。象头骨呈竖立状,由于长期的挤压或受石块的砸击较为破碎;臼齿嚼面朝南,保存完整。大多数石英砂岩制品位于象头骨的下部和周围,互相叠压,形成堆状。而大块的紫红色石英砂岩则明显是直接采自距遗址5km以外的陉山基岩原生岩层,搬运至此,主要功能并非加工工具,而是围成石头基座,在上面摆置象头。

石英制品则主要分布于象头骨的北侧,构成石器加工区。调查发现,石英原料产地为遗址西部20多km的具茨山区。来自山区的石英碎块沿溱水顺河而下,可以冲到遗址附近。而在该遗址内发现的部分石英制品的表面尚保留有砾石面,也说明赵庄的古代居民可能是就地取材,采用石英原料在该遗址生产石器。

（四）西施遗址

　　西施旧石器遗址位于河南省郑州市辖的登封市西施村南，嵩山东麓的低山丘陵区，埋藏在洧水河上游左岸的2级阶地上马兰黄土堆积中。2010年发掘，出土各类石制品8500余件，并发现生产石叶的加工场遗迹。遗址堆积分为两大层，上层为表土层；下层为马兰黄土堆积，马兰黄土层厚达3m以上，在其下部发现厚度约30cm的密集的旧石器文化遗存。地层堆积中未发现显著的水流作用过遗留的痕迹。石制品本身也没有明显的磨蚀痕迹，应为原地埋藏。遗址附近黄土堆积发育，局部有燧石条带出露，为当时人类生产石叶提供了原料来源。

　　石叶加工的主要空间位于发掘区的东北部，石制品密集分布在南北长约6m、东西宽近4m的范围内。大部分标本在剖面上也很集中，主要分布在上下20cm左右的范围内。石制品种类包括石锤、石核、石片、石叶、细石叶、工具，以及人工搬运的燧石原料等。数量更多的是石器生产的副产品，即断、裂片、断块、残片与碎屑等。这些石制品及其分布状况，清楚地展示出该遗址石器加工的技术特点，完整地保留了石叶生产的操作链。出土石制品的组合，包括石核与石片等可以拼合，以及石制品主要堆积的厚度有限等特点，均说明该遗址的占用时间很有限。当时人类利用附近富集的燧石原料，集中生产石叶与石叶石核。并将适用的石叶以及石叶石核带离遗址去其他地点使用[4]。

　　该遗址出土的各类石片总数有近千件之多，而其中的典型石叶所占比例高达2成以上。石叶石核或石叶石核的断块两者占绝大部分。普通石核则很少见。还有数量较多的再生台面石片，以及带背脊的冠状石叶的发现。成品工具数量很少，类型包括端刮器、边刮器、雕刻器、尖状器等，并以端刮器为主。

　　除了大量的石叶石核与石叶，该遗址还出土了数件细石核和一些细石叶。细石核呈柱状，表面留有连续剥取细石叶的多个片疤。细石叶也很典型，只是与石叶保存状况相同，多是带厚背脊或曲度较大，不宜继续加工用作复合工具者。

（五）李家沟遗址

　　与前述几个遗址不同，李家沟遗址的发现更为丰富，不仅有旧石器时代之末的细石器遗存，其上还迭压着新石器时代早期文化层，完整地反映了该地区从旧石器向新石器时代过渡的历史进程。

　　李家沟遗址位于河南新密岳村镇李家沟村西。该处地形为低山丘陵区，海拔约200m。地势由东北向西南部倾斜，黄土堆积发育。属于淮河水系溱水河上游的椿板河自北向南流经遗址西侧。李家沟遗址即坐落在椿板河左岸以马兰黄土为基座的2级阶地堆积的上部。经过2009年秋季与2010年春季为期4个多月的发掘，李家沟遗址目前已揭露面积近100m^2。发掘探方分南北两区。其主剖面均包括了从旧石器时代晚期至新石器时代早期的地层堆积[8]。

北区的文化层厚约3米,从上向下共分7层。第1~3层为近代堆积;第4~6层为新石器时代早期堆积,发现数量较多的陶片、石制品与动物骨骼碎片等;第7层是仅含打制石器的旧石器文化层。南区的地层堆积自上向下亦可分为7层,第1层为扰土层;第2、3层为裴李岗文化层;第4层为棕黄色砂质黏土,未见文化遗物;第5层与北区第5、6层相同,为新石器早期文化层;第6层的发现最为丰富,含船形、柱状等类型的细石核与细石叶等典型的细石器文化遗存;第7层为次生马兰黄土层。综合观察南北两区剖面的层位序列,清楚可见本地区从旧石器时代晚期向新石器时代过渡地层关系。

李家沟遗址旧石器文化遗存主要发现在南区第6层,北区第7层也有少量旧石器发现。李家沟细石器的发现显示该遗址早期居民拥有十分精湛的石器加工技术。他们应用船形和柱状细石器技术剥取细石叶。少量以石叶为毛坯的工具的存在,说明李家沟早期居民也掌握并应用石叶技术制作石器。成熟的石器工艺技术加工出典型的端刮器、琢背刀、石镞、雕刻器等。这些精致石器刃口锋利,轻巧便携,是便于长途奔袭狩猎使用的工具组合。这些工具所使用的原料也多是不见于本地的优质燧石,是远距离采集运输所得。以上特点显然还是典型的旧石器文化形态。

李家沟遗址南侧发掘区还发现有数量较多的脊椎动物骨骼遗存。动物骨骼多较破碎,部分标本表面有轻度的风化与磨蚀迹象。初步鉴定动物种类有:食草类包括牛、马以及大型、中型和小型鹿类;杂食类有猪、还有食肉类、啮齿类与鸟类等。按照最小个体数目来统计,牛、马与大型鹿类等大型食草类的比例高达半数以上。动物遗存的情况也说明狩猎大型食草类动物仍是李家沟遗址早期阶段的主要生计来源。

在典型的细石器以外,尤其重要的是在李家沟遗址南区第6层还发现仅经过简单磨制加工的石锛,以及烧制火候较低,表面无装饰的夹粗砂陶片。典型细石器与局部磨制石器及陶片共存现象说明,本地区较晚阶段的新文化因素并不是突然出现,而是已经孕育在旧石器时代晚期之末。

李家沟遗址新石器文化遗存主要发现在北区第4~6层。这一阶段的文化层明显增厚,说明遗址使用规模与稳定性远大于南区发现的细石器文化阶段。除了数量众多的文化遗物,北区还发现有很清楚的人类活动遗迹。其中最具特色的是石块聚集区。遗迹中心由磨盘、石砧与多块扁平石块构成。间或夹杂着数量较多的烧石碎块、陶片以及动物骨骼碎片等。带有明显人工切割痕迹的食草类动物长骨断口,清楚显示遗迹区进行过加工动物骨骼的活动。大量烧石的存在则说明这里亦具有烧火的功能。虽然尚未发现柱洞等建筑遗迹的迹象,但石块聚集区显然应与当时人类相对稳定的居住活动有关。

北区属于新石器时代早期地层已发现200多件陶片。陶片出土的情况说明当时人类就在发掘区原地或附近使用陶器。已发现的陶片均为夹粗砂陶。陶片颜色有浅灰黄色、红褐色等。部分陶片的质地较坚硬,显示其烧成火候较高。这批陶片虽然包括多件不同陶器的口沿部分,但器形却很单一,均为直口筒形类器物,保留有早期陶器的特点。尤为突出的是绝大部分陶片的外表都有纹饰，以压印纹为主，还有类绳纹与刻划纹等。

与早期的石器工业不同，本阶段仅见个别的宽台面柱状细石核，细石器的应用明显衰落，技术特点也与早期明显不同。虽然还有少量的燧石与石英类石制品的发现，但基本不见刻意修整的精制品。砂岩或石英砂岩加工的权宜型石制品的数量则较多。这类石制品的形体多较粗大。与早期的细石器工业的精制品组合完全不同，应是适应不同生计活动的结果[5]。

三、相关问题的探讨

中原地区新发现的这些旧石器遗存，其地层关系清楚，也有比较可靠的年代测定结果。与此同时，遗址本身及周边的古环境研究也提供了详细的生存环境的详细资料。这些有着清晰时空背景的新资料，为深入探讨区域内旧石器时代晚期文化的发展历程、来龙去脉及其成因奠定了基础。

（一）文化发展与分期

如前所述，得益于近年来第四纪地质环境与旧石器时代考古等多学科研究者的努力，中原地区晚更新世，尤其是几个遗址所处的晚更新世中晚期环境变化特点，以及在此期间黄土沉积过程都越来越清晰[9]。从遗址所处的地貌部位与地层特点来看，老奶奶庙与赵庄等遗址显然都是河漫滩相堆积，应属气候相对温湿的MIS 3阶段。当时人类就生活在河边漫滩之上，所留下的文化遗存被洪水期的泥沙所迅速埋藏掩盖，因而得以较好的保存。区域调查结果显示，当时的遗址数量众多，成群组沿古代河流分布。这一阶段的石器工业以小型石片石器为主，石器原料主要是石英、燧石等容易加工小型利刃石器的原料。砂岩或石英砂岩等加工的大型工具则相对少见。时代大致同期或稍早的织机洞上文化层的石器组合也反映出相同特点。

随着气候变冷MIS 2阶段的来临，本区的遗址数量明显减少。到目前为止，明确属于本阶段的发现，还只有西施遗址。从文化面貌与测年数据等特点来看，早前发现的安阳小南海[10]与陵川塔水河[11]等遗址应与西施遗址属于同类发现。这几处遗址的时代均在距今2.5万年前后。此时中原及邻近地区开始进入最后冰期最盛期。遗址数量的剧减反映了人类活动的频率与数量的减少。与此相应，石器工业的面貌也发生显著的变化。这几处发现皆选用燧石原料，并且开始系统应用石叶技术，出现典型的石叶工业。如西施遗址所发现的石叶工业，包括了从原料、石核、石叶等完整的石叶生产操作链。高比例的石叶及石叶石核说明典型的石叶工业也曾出现并流行于中原地区[4]。

虽然中原到华北南部地区在旧石器时代晚期开始阶段并不见石叶技术，而仍然流行着简单剥片技术生产的石片石器工业[12]。但西施等遗址的发现说明，到深海氧同位素3阶段与2阶段之交，石叶工业也出现在本地区。结合与中原地区及邻近区域已有的发现来看，大致在距今2.5万年前后，以石叶技术为标志，中原及华北南部地区进入新的文化发展阶段。

西施遗址新发现还显示，在典型石叶技术出现的同时，细石器技术也已开始出现端倪。在西施遗址大量发现石叶石核与石叶的同时，也开始见到细石器技术的出现，只是所占的比例与绝对数量远远不及石叶。不过随着最后冰期最盛期的来临，细石器技术则越来越发展，并逐渐成为主导力量。这种情况一直持续到临近更新世结束之际甚至更晚。如李家沟遗址的新发现，即很清楚反映了这种发展趋势与历史进程。

上述发展过程显示，中原及邻近地区的旧石器时代晚期文化经历了很明显的三阶段：小型石片工业为主阶段为早期，始于距今4万年前后，一直延续到距今2.5万年前后；石叶工业阶段出现并流行在距今2.5万～2万年前后；细石器工业阶段（距今2万～1万年前后），最早与几乎与石叶技术同时出现，但随着最后冰期最盛期的来临，细石器技术才逐渐取代石叶技术，成为旧石器时代晚期之末的典型细石器文化。

（二）区域性文化特点及成因

从石片石器到石叶与细石器，中原及邻近地区的旧石器时代晚期文化走过与旧大陆大部分地区不同的发展道路，形成独具特色的区域性文化发展的特点。这一文化特点及其形成的原因是一个值得探讨的史前考古课题。

在前述发现之中，织机洞遗址时代最早，所保存的文化堆积巨厚，在时代上跨越了从旧石器时代中期到晚期的发展，清楚地反映了早期人类曾连续使用该洞穴。时代与其相近或稍晚的还有老奶奶庙与赵庄遗址的发现。这几处遗址的旧石器文化遗存的特点反映了该地区从旧石器时代中期一直到晚期的发展变化。

这些变化在织机洞遗址表现得尤为清楚，主要反映在石器原料的选择、石制品形体的大小以及工具组合等方面。织机洞的早期居民更偏重于就近选取石器原料，就地加工出石质工具。大型的砍砸工具在他们的生产生活中扮演着更重要的角色。这些工具加工简单，多为权宜型石器。从居住地到石器原料产地以及加工和使用石器的场所均在相对较小的范围内。这种情况暗示，织机洞遗址早期居民可能更多在遗址附近活动，砍砸等重型工具在他们的生活中承担着主要任务。上述情况到第7层以后发生急剧变化。此时织机洞的居民开始放弃附近河滩丰富的石英砂岩与石英岩原料，转而到远处山区去寻找燧石与石英等适合加工小型利刃工具的石料。此时织机洞居民经常性活动的半径至少在距居住地六七千米外。他们更多的活动则是应用小型利刃工具完成。扩大活动范围与工具小型化、多样化等新情况，都说明此时织机洞居民的行为较早期更为复杂化[1]。

老奶奶庙与赵庄的发现也都与织机洞上文化层的发现相同。远距离运输石料，更多的使用小型利刃工具。后两者还有大量食草类动物化石的发现，更直接地证明此阶段的人类已经更多地依靠肉类资源，出现专业化狩猎的迹象。

上述转变发生在距今5万~4万年之间，此时正值最后冰期最盛期之前的间冰阶。织机洞等遗址以及周围古环境的综合研究显示，当时植被以森林草原为主[13]。织机洞遗址早期居民在总体未变的温暖湿润环境条件下，石器工业却发生显著变化，从大型的砾石石器工业转变为小型石片石器工业。这一变化显然难以用环境适应的因素来解释。而远距离运输石料，仔细修理数量众多的精制工具，更适应大范围的复杂活动。生产与生活等活动的复杂化，生存领域的扩大等特点都是现代人所特有的行为特点。在织机洞遗址所发生的这一转化，显然不会是简单的对环境适应，而更可能与现代人及其行为的出现密切相关。

类似织机洞最下层的以砾石为原料的形体较大的石器工业，在织机洞遗址邻近及华北南部地区的晚更新世较早阶段分布很广泛，到晚更新世的晚期都很明显地被类似织机洞晚期的形体较小的石片石器工业取代[14]。这种现象在近年来中国南方甚至朝鲜半岛[15]及日本列岛的旧石器考古发现中也很常见[16]，反映了东亚地区旧石器时代中晚期的过渡以及旧石器时代晚期文化出现的区域性特点，与旧大陆西方从莫斯特到石叶文化的发展路径截然不同[17]。

除了上述石器工业方面的证据，在赵庄与老奶奶庙遗址所发现的石堆与火塘等遗迹现象更直接反映了现代人类行为在中原地区的出现与发展。如前所述，在新郑赵庄遗址出现的远距离搬运红色石英砂岩石块，集中摆放成堆并在其上放置古菱齿象头骨，这种非功利性的活动，显然是现代人所独具的象征性行为特点。同样，在郑州西南郊老奶奶庙遗址所发现的多个火塘半环状分布的居住面遗迹，也显示了当时人类群体内部结构复杂化的趋势，应与现代人类行为的发展密切相关。

如上所述，中原地区丰富的旧石器时代晚期文化及其发展特点，显然与现代人类在该地区出现与发展历程密切相关。该地区现代人类行为出现在深海氧同位素3阶段。大致在距今5万年前后，首先是在荥阳织机洞遗址，已经可以清楚地看到，石器工业小型化、复杂化，人类活动领地扩大发展趋势。登封西施典型石叶工业的发现，则更明确地证明现代人类行为在这一地区的存在。从西施到李家沟的细石器文化的发展，则反映现代人类的继续发展并为新石器时代的到来准备了充分的条件。中原地区旧石器时代晚期文化所走过的是一条与旧大陆大部分地区不太一样的发展道路。这一独具特色的发展历程显然是现代人类在该区出现，并且不断适应该地区环境所采取的适应策略与生存方式的结果。

四、小　　结

综上所述，将中原地区新发现放在华北南部早期人类发展的历史进程中观察，可以清楚地看到，该地区的旧石器时代文化在进入深海氧同位素3阶段即出现较明显的变化，如织机洞遗址在石器原料与组合变化以及人类活动范围的扩展等。本区旧石器时代晚期文化的初始阶段具有明显的承前启后特点，仍以石英等原料为主，应用简单剥片技术生产石片石器，与华北地区石片石器工业传统没有特别明显的区别。但到3阶段与2阶段交替之际，以西施遗址为代表的石叶技术开始出现，同时细石器技术也初见端倪。随着最后冰淇最盛期的来临，细石器逐渐成为该地区主导文化，并一直持续到更新世结束。从简单的石片石器到石叶工业，再到典型的细石器工业的历史轨迹，清楚地展示了华北南部地区旧石器时代晚期文化的发展特点。而这一特点的形成，显然则是现代人类应对该地区深海氧同位素3阶段以来气候与环境变化所采取的生存策略的表现与结果。

参 考 文 献

[1] 王幼平.织机洞遗址的石器工业与古人类活动［A］.// 考古学研究（八）［C］.北京：科学出版社，2008：136-148.

[2] 张松林等.河南新郑赵庄和登封西施旧石器时代遗址［A］.// 2010中国考古重要发现［C］.北京：文物出版社，2011：10-14.

[3] 郑州市文物考古研究院等.郑州老奶奶庙遗址暨嵩山东南麓旧石器地点群［N］.中国文物报，2012-1-13（4）.

[4] 王幼平等.河南登封西施旧石器时代遗址［J］.中国考古新发现·年度记录·2010（中国文化遗产增刊，2010），2011：280-283.

[5] 北京大学考古文博学院等.河南新密市李家沟遗址发掘简报［J］.考古，2011（4）：3-9.

[6] Wang Y P. Pleistocene human activity in the Zhijidong site, China, and its chronological and environmental context［A］. In Matsufuji Kazuto ed. Loess-paleosol and Paleolithic Chronology in East Asia. Tokyo: Yuzakaku［C］. 2008. pp. 173-182.

[7] 夏正楷等.郑州织机洞遗址MIS 3阶段古人类活动的环境背景［J］.第四纪研究，2008，28（1）：96-102.

[8] 郑州市文物考古研究院等.新密李家沟遗址发掘的主要收获［J］.中原文物，2011（1）：4-6.

[9] 柿子滩考古队.山西吉县柿子滩旧石器时代遗址S14地点［J］.考古，2002（4）：1-28.

[10] 安志敏.河南安阳小南海旧石器时代洞穴堆积的试掘［J］.考古学报，1965（1）：1-27.

[11] 陈哲英.陵川塔水河的旧石器［J］.文物季刊，1989（3）：1-12.

[12] 王建等.下川文化［J］.考古学报，1978（3）：59-88.

[13] 刘德成等.河南织机洞旧石器遗址的洞穴堆积与沉积环境分析［J］.人类学学报，2008，27（1）：71-78.

[14] Wang Y P. Human adaptations and Pleistocene environment in South China［J］. Anthropologie, 1998 (36): 165-175.

[15] Bae K D. Origin and patterns of the Upper Paleolithic industries in the Korean Peninsula and movement of modern humans in East Asia［J］. Quaternary International. 2009 (211): 307-325.

[16] Ono A. Recent studies of the Late Paleolithic industries in the Japanese islands [A]. // Yajima K, editor. Recent Paleolithic studies in Japan. Tokyo: The Ministry of Education, Culture, Sports, Science and Technology of Japan [C]. 2004. pp. 28-46.

[17] 王幼平. 青藏高原的隆起与东亚旧石器文化的发展 [J]. 人类学学报, 2003, 21 (3): 192-200.

(原刊于《中国考古学会第十四次年会论文集》, 北京: 文物出版社, 2012年)

中原地区现代人类行为的出现及相关问题*

王幼平

（北京大学考古文博学院，北京　100871）

一、概　　述

晚更新世现代人类及其行为在东亚地区的出现一直是史前学者关心的课题。很多学者曾对此进行讨论。然而由于该地区有关现代人类及其行为的考古资料所限，以往讨论很难深入展开。鉴于此，从2001年开始，北京大学考古文博学院与郑州市文物考古研究院合作先后发掘了河南荥阳织机洞、新郑赵庄、登封西施与郑州二七区老奶奶庙等多个旧石器时代遗址。这些遗址多处于现代人类出现与发展的关键阶段。发掘收获也很丰富，有数量众多的石制品，以及大量与古人类活动有关的动物骨骼碎片。还发现以火塘为中心的居住营地、专门的石器制作场所以及放置古菱齿象头的石堆等重要遗迹现象。这些发现为认识现代人类及其行为在该地区的出现与发展等课题提供了非常重要的新资料[①]。本文将简要介绍近年来中原地区的旧石器考古新发现，并就相关问题进行初步探讨。

二、地理环境与年代

上述几个遗址，均位于河南省会郑州及其所辖的几个县级市境内。这里是传统所称中原地区的核心部位（图一）。中原地区位于中国南北方过渡地带，是现代中国及东亚大陆南北与东西交通的枢纽，也是更新世期间古人类迁徙与文化交流的必经之地。与此同时，这里也是中国自然地理区划南北方的交汇地带，南接江淮的亚热带，北连华北平原温带地区。在地形地貌方面，中原地区的东部是黄淮海平原，向西则逐渐过渡到嵩山山脉及黄土高原区。亚热带与暖温带的过渡气候，加上平原、山区以及黄土高原交替

---

* 本文承郑州中华之源与嵩山文明研究会重大课题研究经费（项目编号：ZD-3）、国家社科基金重大项目（项目编号11&ZD120）资助。

① 王幼平：《华北南部地区旧石器时代晚期文化的发展》，《中国考古学会第十四届年会论文集》，北京：文物出版社，2012年。

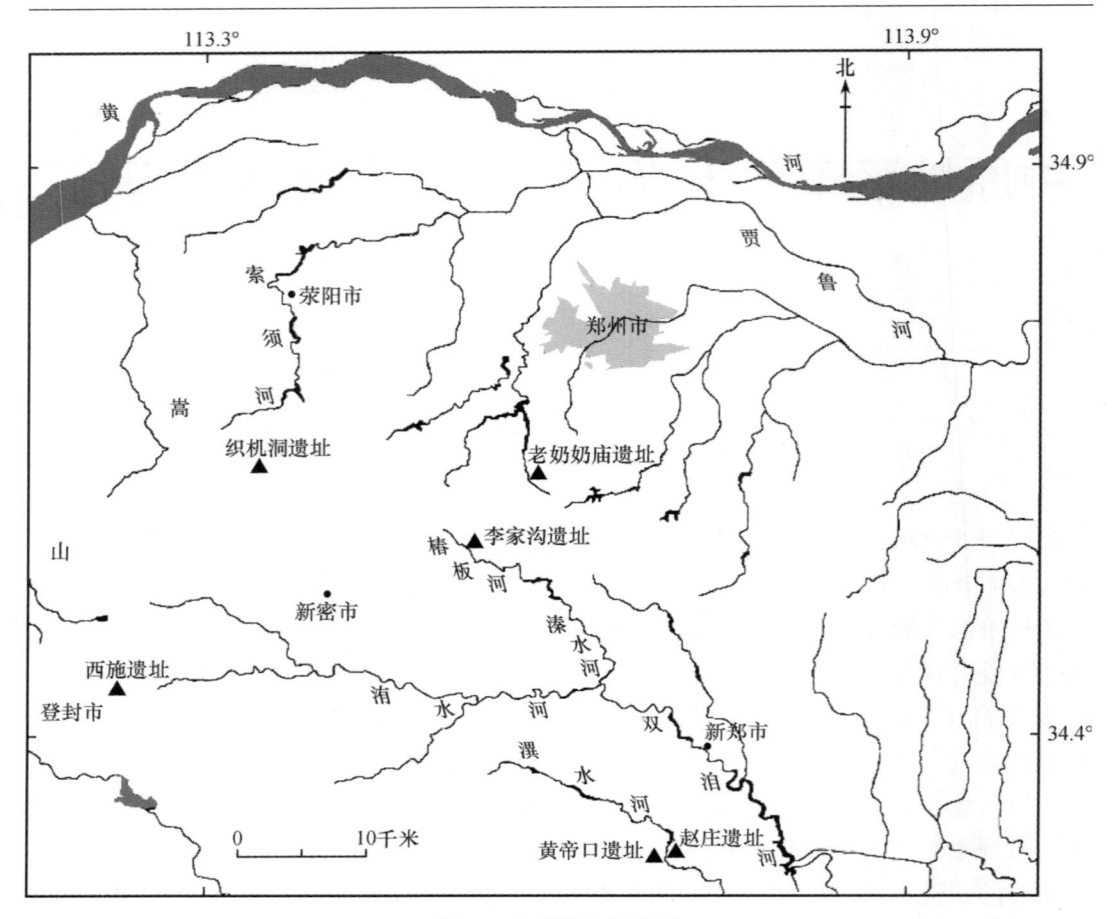

图一　主要遗址分布图

变化的地貌条件，两者共同铸就的中原地区多样性的生态环境。尤其是受到更新世期间的冰期与间冰期交替出现、古气候频繁变化的影响，更为这一地区的早期人类创造了复杂的生存条件。近年来在该区域内调查发现的数量众多的旧石器时代遗址，也充分反映了更新世期间，尤其是晚更新世的中、晚期，有数量众多的古人类在此生活的繁荣景象。

中原地区的中西部，更新世期间形成了巨厚的黄土堆积[①]。本文所讨论的几处遗址，除织机洞属洞穴堆积以外，其他几处都是露天遗址。几个遗址所在地区均可见到典型黄土堆积。各遗址的文化层也都可以和典型的黄土地层序列进行详细对比。

其中新近发掘的郑州市西南郊的老奶奶庙遗址的堆积与黄土地层的关系最为清楚。在该遗址北面断崖剖面上清楚可见1~2米厚的全新世堆积，其下则是十余米厚的典型马兰黄土。马兰黄土之下的河漫滩相堆积即是该遗址的文化层。上述堆积序列刚好与

---

① 孙建中：《黄土高原第四纪》，北京：科学出版社，1991年。

典型黄土堆积的黑垆土（S_0）、马兰黄土上部（L_1）及古土壤层（L_1S）相吻合。这一序列也正好与深海氧同位素MIS 1~3的三个阶段相当[1]。新郑赵庄遗址的地层也与老奶奶庙遗址相同。文化层位于相当于马兰黄土上部堆积之下的河漫滩相堆积。另一处露天遗址登封西施的文化层则与前两者稍有不同，大致是相当于马兰黄土上部堆积偏下的黄土状堆积[2]。

几个遗址的年代测定数据也与上述地层关系相吻合。加速器^{14}C与光释光的年代测定的初步结果显示，老奶奶庙为距今4万年以上，赵庄遗址为距今3.5万年左右。西施遗址则为距今2.5万年前后。织机洞遗址的洞穴堆积虽然不能与黄土地层直接对比。但该遗址有比较详细的加速器^{14}C与光释光方法的测年结果，可以看出早期人类居住在织机洞的时间大致是从距今5万年前后到距今3万多年。上述测年数据显示，这几处遗址的主要居住时间都处于MIS 3阶段，只有西施遗址稍晚，大致处于MIS 3到MIS 2的过渡时期。

三、主 要 发 现

（一）织机洞遗址

织机洞遗址位于郑州市区以西的荥阳市崔庙镇王宗店村北，是沿石灰岩裂隙发育的岩厦式溶洞。遗址位于嵩山余脉所形成的低山丘陵区[3]。堆积总厚达20米以上。新近发掘的洞口部位堆积共分9层。根据^{14}C与光释光等测年结果来看，其堆积主体应该形成于距今4万年以前。织机洞内堆积与洞外黄土—古土壤剖面的对比研究也表明，各文化层人类活动时期在洞外黄土堆积区所发现的几处露天遗址相同，是古土壤（L_1S）发育时期[4]。我国黄土研究表明，这一阶段形成的古土壤不仅见于郑州—洛阳一带，而且见于整个黄土高原[5]。这意味着织机洞与另外几处露天遗址所在区同我国北方广大地区一样，当时都处于比较温暖湿润的间冰阶气候。适宜的气候环境不仅有利于古土壤的形成，而且也为人类活动提供了良好的生态环境和广阔的生存空间。

织机洞遗址最主要的发现是其石器工业。洞口部分新发现的石器工业明显可以分为两种类型：即以第1~7层为代表的晚期的石片工业，以第8、9层为代表的早期的砾石工业。

---

[1] 王幼平：《嵩山东南麓MIS 3阶段古人类的栖居形态及相关问题》，《考古学研究》（十），北京：科学出版社，2012年。

[2] 张松林等：《河南新郑赵庄和登封西施旧石器时代遗址》，《2010年中国考古重要发现》，北京：文物出版社，2011年。

[3] 王幼平：《织机洞遗址的石器工业与古人类活动》，《考古学研究》（七），北京：科学出版社，2008年。

[4] 夏正楷等：《郑州织机洞遗址MIS 3阶段古人类活动背景》，《第四纪研究》2008年28卷1期。

[5] 孙建中：《黄土高原第四纪》，北京：科学出版社，1991年。

第1～7层经过初步整理的石制品有数千件。这些石制品的原料主要为石英，其次为燧石，还有少量的石英砂岩与石英岩等原料的使用。这些原料除了石英砂岩与石英岩系来自洞前河滩的砾石，其余均系采自数千米以外的出露的基岩岩脉或风化的岩块与结核。石核主要是不规则形者，绝大部分是锤击技术的产品。少数标本可能是砸击技术的产品。经过修理的工具的数量多达千件，可以分为边刮器、端刮器、凹缺刮器、尖状器、石锥、雕刻器与砍砸器等。这些工具的修理也多比较简单，较少见到经过仔细加工、形体规整的精制品。

织机洞遗址第8、9层所发现石制品的数量明显不如前者，经过整理者仅有100多件。这一阶段石器原料的使用情况与晚期相比，种类发生很大变化，石英岩与砂岩的比例明显增高，占绝对优势，石英与燧石等则明显较少。原料的来源也明显不同，主要系来自洞前河滩的砾石，形体明显较大。

从发现的石核与石片来观察，早晚两期剥取石片的技术并没有发生明显变化。都是以锤击技术直接生产石片为主，也不见预制石核与修理台面的情况出现。砸击技术的使用迹象也很少见到。不过从经过修理的工具类型来看，两者则有明显的变化。第8、9层的工具中，砍砸器等重型工具的比例逐渐增多，石器的体积与重量明显增加。

（二）赵庄遗址

赵庄旧石器遗址位于郑州市区以南的新郑市赵庄村北，溱水河东岸第三阶地。遗址西部是具茨山，西南距陉山5千米余，东临黄淮大平原，属丘陵区向平原区过渡地形。该遗址2009年10～12月首次进行发掘，出土遗物有数量众多的石制品及少量动物化石[①]。

遗址地层从上至下分为七层，分别为全新世堆积，含钙质结核的马兰黄土，以及其下的漫滩相堆积即旧石器时代文化层。旧石器文化层的主体部分为灰白色黏质砂土，有锈黄色斑点，土质略硬，含砂量较大，局部可见黄灰相间的水平层理。大量石制品及动物化石主要分布在厚10～30厘米的范围内。

发掘所获石制品数量超过5000件。原料有石英和石英砂岩两种。石英制品数量占绝对多数，但个体较小，多在5厘米以下。种类主要有石料、石核、石片、断块、碎屑。还有少量经过修理的工具，类型有刮削器、尖状器与砍砸器等。引人瞩目的是个体较大的紫红色石英砂岩块，长径平均在15厘米左右，大者超过了20厘米，小的也在5厘米左右。大部分石块上可见有人工打击痕迹，但缺少有刻意加工的工具。

哺乳动物化石主要是一具古菱齿象的头骨及一段门齿，还有少量象肢骨片，以及零星的羊、鹿化石等。

---

① 张松林等：《河南新郑赵庄和登封西施旧石器时代遗址》，《2010年中国考古重要发现》，北京：文物出版社，2011年。

该遗址最重要的发现是石器加工场与置放象头的石堆等遗迹现象。两者位于同一活动面，显然是同一时期活动的遗存。活动面由南向北由象头骨、石英砂岩块和石英制品组成。象头骨呈竖立状，由于长期的挤压或受石块的砸击变形较为严重；但保存完整。大多数石英砂岩块位于象头骨的下部和周围，互相叠压，形成堆状。调查显示，大块的紫红色石英砂岩则明显是直接采自距遗址5千米以外的陉山基岩原生岩层。石块被搬运至此，其主要功能并非加工工具，而是围成石头基座，在上面摆置象头。

石英制品则主要分布于象头骨的北侧，构成石器加工区。调查发现，石英原料产地为遗址西部20多千米的具茨山区。来自山区的石英碎块沿溟水顺河而下，可以冲到遗址附近。而在该遗址内发现的部分石英制品的表面尚保留有砾石面，也说明赵庄的古代居民可能是就地取材，采用石英原料在该遗址生产石器。

（三）老奶奶庙遗址

老奶奶庙遗址位于郑州市西南郊的樱桃沟景区内，附近有属于淮河水系的贾鲁河流过。遗址坐落在贾鲁河东岸的黄土台地上。2011~2013年连续3年进行发掘。该遗址最主要的发现是多个文化层的连续堆积，并有保存完好的多个火塘成组分布，火塘周围是数量众多的石制品与动物骨骼残片[①]。

该遗址的文化层自上而下可分为13个亚层。其中第2层与第6亚层，均应是当时人类居住活动的遗存。第2层中部为一个含大量炭屑与黑色灰烬的火塘，其周围是动物骨骼残片与石制品。第6层的堆积更厚，在平面上可见4处火塘呈半环分布。在火塘周围也明显分布有丰富动物骨骼残片与石制品。同时还有石制品明显聚集区，是石器加工场所的遗迹。

老奶奶庙遗址所发现的文化遗物非常丰富，包括数千件石制品与上万件动物骨骼残片。石制品主要以灰白色石英砂岩和石英制品为主，石英砂岩石制品中，石片数量较多，石核多为多台面石核，均为简单剥片技术的产品，尚不见预制石核的迹象。经过仔细加工的工具不多，可见到的类型有边刮器、尖状器等。形体多较细小。

动物骨骼残片的比例远远高过石制品。其大小尺寸也与比较相近，多在10厘米上下，方便手握使用。有些残片上有比较清楚的打击修理痕迹。个别还可见到较明显的使用磨痕。这些迹象显示，该遗址的居民除了使用石制品以外，还大量使用骨质工具。多数动物骨骼的石化程度较深。可鉴定种类主要是马、牛、鹿、羊等食草类。还有数量较多的鸵鸟蛋皮碎片。动物骨骼上均不见食肉类或啮齿类动物啃咬痕迹，显示其主要是人类活动的结果。另外该遗址发现的用火遗迹已超过20处。这些遗物和遗迹的分布情况也说明早期人类曾较长时间居住在此遗址。

---

① 郑州市文物考古研究院等，《郑州老奶奶庙遗址暨嵩山东南麓旧石器地点群》，《中国文物报》2012年1月13日3版。

（四）西施遗址

　　西施旧石器遗址位于河南省郑州市辖的登封市西施村南，嵩山东麓的低山丘陵区，埋藏在属于淮河水系的洧水河上游左岸2级阶地上马兰黄土堆积中。2010年发掘，出土各类石制品8500余件，并发现生产石叶的加工场遗迹[①]。遗址堆积分为两大层，上层为表土层；下层为马兰黄土堆积，马兰黄土层厚达3米以上，在其下部发现厚度约30厘米的密集的旧石器文化遗存。地层堆积中没有发现显著的水流作用的迹象。石制品本身也没有明显的磨蚀痕迹，应为原地埋藏。遗址附近黄土堆积分布广泛，但局部可见到燧石条带出露，为当时人类生产石叶提供了原料来源。

　　石叶加工的主要空间位于发掘区的东北部，石制品密集分布在南北长约6米、东西宽近4米的范围内。大部分标本在剖面上也很集中，主要分布在上下20厘米左右的范围内。石制品种类包括石锤、石核、石片、石叶、细石叶、工具，以及人工搬运的燧石原料等。数量更多的是石器生产的副产品，即断、裂片、断块、残片与碎屑等。这些石制品及其分布状况，清楚地展示出该遗址石器加工的技术特点，完整地保留了石叶生产的操作链。出土石制品的组合，包括石核与石片等可以拼合，以及石制品主要堆积的厚度有限等特点，均说明该遗址的占用时间比较短暂。当时人类利用附近富集的燧石原料，集中生产石叶与石叶石核。并将适用的石叶以及石叶石核带离遗址去其他地点使用。

　　该遗址出土的各类石片总数有近千件之多，而其中典型石叶所占比例高达2成以上。石叶石核或石叶石核的断块两者占绝大部分。普通石核则很少见。还有数量较多的再生台面石片，以及带背脊的冠状石叶的发现。成品工具数量很少，类型包括端刮器、边刮器、雕刻器、尖状器等，并以端刮器为主。

　　除了大量的石叶石核与石叶，该遗址还出土了数件细石核和一些细石叶。细石核呈柱状，表面留有连续剥取细石叶的多个片疤。细石叶也很典型，只是与石叶保存状况相同，多是带有厚背脊或曲度较大者，不宜继续加工用作复合工具。

四、讨　　论

　　在上述发现中，织机洞遗址时代最早，所保存的文化堆积巨厚，在时代上跨越了从旧石器时代中期到晚期的发展，清楚地反映了早期人类曾连续使用该洞穴。从旧石器时代中期一直到晚期，其文化特点也发生明显变化。这些变化主要反映在石器原料的选择、石制品形体的大小以及工具组合等方面。这个遗址的早期居民更偏重于就近选取石

---

① 张松林等：《河南新郑赵庄和登封西施旧石器时代遗址》，《2010年中国考古重要发现》，北京：文物出版社，2011年。

器原料，就地加工出石质工具。大型砍砸工具在他们的生产生活中扮演着更重要的角色。这些工具加工简单，多为权宜型。从居住地到石器原料产地以及加工和使用石器的场所均在相对较小的范围内。这种情况暗示，织机洞遗址早期居民可能更多在遗址附近活动，砍砸等重型工具在他们的生活中承担着主要任务[①]。

上述情况到第7层以后发生急剧变化。此时织机洞的居民开始放弃附近河滩丰富的石英砂岩与石英岩原料，转而到远处山区去寻找燧石与石英等适合加工小型利刃工具的石料。这一阶段织机洞居民经常性活动的半径至少在距居住地六七千米外。他们更多的活动则是应用小型利刃工具完成。扩大活动范围与工具小型化、多样化等新情况，都说明此时织机洞居民的行为较早期更为复杂化。这一转变发生在距今5万～4万年之间，此时正值最后冰期的最盛期之前的间冰阶。织机洞遗址以及周围古环境的综合研究显示，周围的植被以森林草原为主[②]。织机洞遗址晚期居民在总体未变的温暖湿润环境条件下，石器工业却发生显著变化，从大型的砾石石器工业转变为小型石片石器工业。这一变化显然难以用环境适应的因素来解释。而远距离运输石料，仔细修理数量众多的精制工具，更适应大范围的复杂活动。生产与生活等活动的复杂化，生存领域的扩大等特点都是现代人所特有的行为特点。在织机洞遗址所发生的这一转化，显然不会是简单的对环境适应，而更可能与现代人及其行为的出现密切相关。

类似织机洞最下层的以砾石为原料的形体较大的石器工业，在织机洞遗址邻近及华北南部地区的晚更新世较早阶段分布很广泛，到晚更新世的晚期，都很明显地被类似织机洞晚期的形体较小的石片石器工业取代。这种现象在近年来中国南方甚至朝鲜半岛的旧石器考古发现中也很常见，反映了东亚地区晚更新世人类行为的发展共同特点。

西施遗址所发现的石叶工业，以其丰富的文化内涵及清楚的年代学与古环境材料与证据，为了解最后冰期的最盛期来临之前的古人类适应中原地区，特别是开发遗址附近地区丰富的燧石资源，系统生产石叶的行为与活动历史提供了十分重要的新信息。石叶技术的出现与发展是现代人行为出现的重要标志之一。然而在目前已有的中国旧石器时代考古发现之中，典型的石叶工业仅发现于西北地区的宁夏灵武水洞沟遗址一处。近些年来虽然陆续有石叶发现的报道，但均是与其他石器技术共存，且不占主导地位；地理分布上也多处西北、华北至东北等边疆地区[③]。地处中国及东亚大陆腹心地带的西施遗址，新发现典型的石叶工业，显然具有改写已有的对中国及东亚地区旧石器时代晚期文化发展的传统认识的重要意义，同时也为研究这一地区现代人类行为的出现等课题提供了新视角。

除了上述石器工业方面的证据，在赵庄与老奶奶庙遗址所发现的石堆与火塘等遗

---

① 王幼平：《织机洞遗址的石器工业与古人类活动》，《考古学研究》（七），北京：科学出版社，2008年。
② 夏正楷等：《郑州织机洞遗址MIS 3阶段古人类活动背景》，《第四纪研究》2008年28卷1期。
③ 加藤真二：《中国的石叶技术》，《人类学学报》2006年25卷4期。

迹现象更直接反映了现代人类行为在中原地区的出现与发展。如前所述，在新郑赵庄遗址出现的远距离搬运红色石英砂岩石块，集中摆放成堆并在其上放置古菱齿象头骨，这种非功利性的活动，显然是现代人所独具的象征性行为特点。同样，在郑州西南郊二七区老奶奶庙遗址所发现的多个火塘半环状分布的居住面遗迹，也显示了当时人类群体内部结构复杂化的趋势，应与现代人类行为的发展密切相关。

五、结　　语

在中原地区新发现的考古证据显示，该地区现代人类行为应该出现在深海氧同位素3阶段。大致在距今5万年前后，首先是在荥阳织机洞遗址，已经可以清楚地看到，石器工业小型化、复杂化，人类活动领地扩大发展趋势。登封西施典型石叶工业的发现，则更明确地证明现代人类行为在这一地区的存在。尤其是赵庄遗址摆放象头的石堆与老奶奶庙遗址多个火塘的居住面等遗迹现象，更直接地反映了该地区现代人类行为的特点。

对上述新发现的初步观察显示，中原地区现代人类行为的出现与东亚及旧大陆大部分地区大致类似，在差不多同时，也出现象征性行为、居址结构复杂化，以及石叶与骨质工具的应用等现代人类行为的共同特点。然而，系统应用石叶技术的时代明显偏晚以及骨质工具主要是打制生产等特点，又与旧大陆其他地区有比较清楚的区别。对上述发现的继续研究，在该区展开更多的考古发掘与调查，则是深入认识该中原以及东亚地区现代人类行为的出现与发展课题的关键。

［原刊于《中华之源与嵩山文明研究（第二辑）》，北京：科学出版社，2015年］

略谈郑州地区旧石器考古几项新发现[*]

王幼平

（北京大学考古文博学院，北京 100871）

郑州地处中原核心地区。早在20世纪50年代，就有郑州商城发现，70年代之后又有裴李岗文化发现。从一系列重要的夏商周到新石器时代文化的发现与研究，郑州地区一直是探索华夏文明形成与发展课题的重要区域。然而在裴李岗文化发现之后很长时间内，有关时代更早的新石器到旧石器时代晚期之间的史前文化存在线索一直没有发现。寻找更早的史前文化，填补旧、新石器时代之间的空白，探索中华文明形成的源头，是在本地区工作的考古工作者长期探索的课题。近年来，郑州市文物考古研究院与北京大学考古文博学院合作，在郑州地区连续开展考古发掘与调查工作，发现发掘了一系列晚更新世到全新世早期的史前考古遗存，为探讨上述课题提供了新契机（图一）。

一、李家沟遗址的发现

为了寻找比裴李岗文化更早的史前文化遗存，填补中原地区旧石器向新石器时代过渡阶段的空白与缺环，2009年秋季，郑州市文物考古研究院与北京大学考古文博学院合作发掘了新密李家沟遗址。从2009年8月底到2010年5月，共在李家沟遗址发掘揭露100平方米，发现不仅有旧石器时代晚期的石片石器与细石器遗存，还发现其上迭压着新石器时代早期文化层，完整地揭露出从旧石器向新石器时代过渡阶段的连续剖面[1]。

李家沟遗址位于郑州西南的新密岳村镇，该处地形为低山丘陵区，海拔高约200米，附近黄土堆积发育（图二）。遗址坐落在属于淮河水系的椿板河左岸以马兰黄土为基座的2级阶地堆积的上部。发掘探方分南北两区。其主剖面均包括了从旧石器时代晚期至新石器时代早期的地层堆积。北区的文化层厚约3米，从上向下共分7层。第1～3层为近代堆积；第4～6层为新石器时代早期堆积，发现数量较多的陶片、石制品与动物骨骼碎片等；第7层是仅含打制石器的旧石器文化层。南区的地层堆积自上向下亦可分为7层：第1层为扰土层；第2、3层为裴李岗文化层；第4层为棕黄色砂质黏土，未见文

---

[*] 郑州地区的旧石器考古承国家社科基金重大项目（项目编号11&ZD120）和中华之源与嵩山文明研究会重大项目（项目编号：DZ-3）资助。

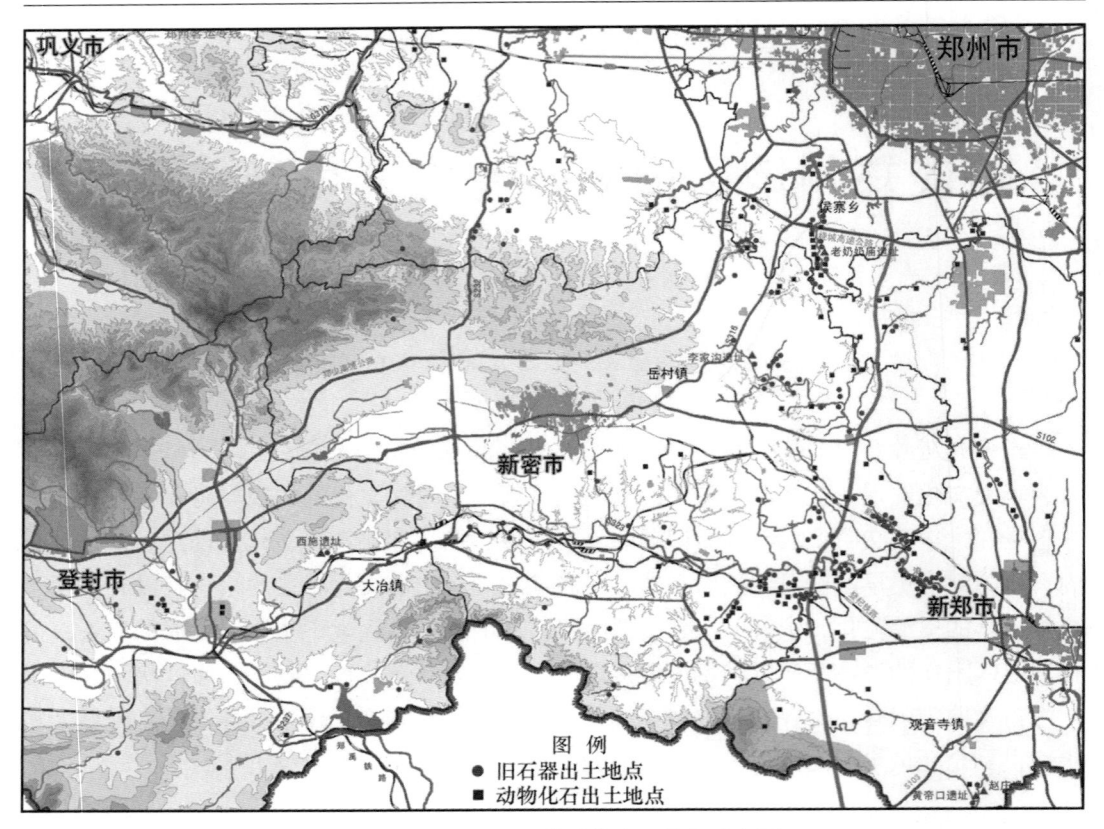

图一　郑州地区旧石器时代遗址分布示意图

遗物；第5层与北区第5、6层相同，为新石器早期文化层；第6层的发现最为丰富，含船形、柱状等类型的细石核与细石叶等典型的细石器文化遗存；第7层为次生马兰黄土层。综合观察南北两区剖面的层位序列，清楚可见本地区从旧石器时代晚期向新石器时代过渡地层关系。

李家沟的旧石器文化有属于旧石器时代晚期之初的石片石器工业的少量石制品，但更丰富的是属于旧石器时代晚期之末的细石器遗存。后者主要发现有船形和柱状细石器技术剥取的细石核与细石叶。石器组合包括端刮器、边刮器、琢背刀、石镞、雕刻器等。这些精致石器刃口锋利，轻巧便携，是便于长途奔袭狩猎使用的工具组合。这些工具所使用的原料也多是不见于本地的优质燧石，是远距离采集运输所得。在典型的细石器以外，还发现仅经过简单磨制加工的石锛（图三），以及烧制火候较低，表面无装饰的夹粗砂陶片（图四）。

李家沟遗址新石器文化层明显增厚。除了数量众多的文化遗物，北区还发现有石块聚集区等遗迹。遗迹中心由磨盘、石砧与多块扁平石块构成。间或夹杂着数量较多的烧石碎块、陶片以及动物骨骼碎片等。带有明显人工切割痕迹的食草类动物长骨断口，清楚显示遗迹区进行过加工动物骨骼的活动。大量烧石的存在则说明这里亦具有烧火的

图二 李家沟遗址远景

图三 石锛

图四 陶片

功能。还发现属于新石器时代早期200多片陶片。陶片均为夹粗砂陶。陶片颜色有浅灰黄色、红褐色等。部分陶片的质地较坚硬,显示其烧成火候较高。这批陶片虽然包括多件不同陶器的口沿部分,但器形却很单一,均为直口筒形类器物。新石器阶段的细石器技术明显衰落,基本不见刻意修整的精制品[2]。这些发现前所未见,很多学者将其命名为李家沟文化。

在李家沟文化之上,还有少量裴李岗文化遗存的发现。所以从石片石器、细石器再到李家沟文化和裴李岗文化,这样非常难得见到的"四叠层",清楚地展示了郑州以及中原地区从旧石器到新石器时代发展的历程[3]。

二、西施遗址的石叶遗存

石叶是一直认识旧石器时代晚期文化与现代人行为的标志性文化遗存。石叶技术与产品在旧大陆西侧旧石器时代晚期一直占据着主导地位,以至于成为这些地区旧石器时代晚期文化的代名词。然而,在我国及东亚大陆,除了地处西北的宁夏灵武水洞沟遗址有典型的石叶工业的发现,石叶遗存在其他地区一直鲜有发现。2010年5~7月,由郑州市文物考古研究院与北京大学考古文博学院联合发掘的西施遗址,以及近年来在该遗址附近地区连续工作的新发现石叶遗存,很清楚地改写了石叶技术在中国及东亚地区发现与分布的历史,为认识该地区旧石器晚期文化发展,特别是现代人行为的出现与发展等史前考古学重大课题提供了非常重要的新资料[4]。

西施旧石器遗址位于登封大冶镇西施村南,嵩山东麓的低山丘陵区,埋藏在洧水河上游左岸的2级阶地上马兰黄土堆积中。该遗址发掘出土石制品8500余件,更重要的是发现生产石叶的加工场遗迹(图五)。遗址堆积分为两大层,上层为表土层;下层为马兰黄土堆积,马兰黄土层厚达3米以上,在其下部发现厚度约20厘米的密集的旧石器文化遗存。地层堆积中未发现显著的水流作用过遗留的痕迹。石制品本身也没有明显的磨蚀痕迹,应为原地埋藏。遗址附近黄土堆积发育,局部有燧石条带出露,为当时人类生产石叶提供了原料来源。

石叶加工的主要空间位于发掘区的东北部,石制品密集分布在南北长约6米、东西宽近4米的范围内。大部分标本在剖面上也很集

图五　西施遗址发掘现场

中，主要分布在上下20厘米左右的范围内。石制品种类包括石锤、石核、石片、石叶、细石叶、工具，以及人工搬运的燧石原料等。数量更多的是石器生产的副产品，即断、裂片、断块、残片与碎屑等。这些石制品及其分布状况，清楚地展示出该遗址石器加工的技术特点，完整地保留了石叶生产的操作链。出土石制品的组合，包括石核与石片等可以拼合，以及石制品主要堆积的厚度有限等特点，均说明该遗址的占用时间很有限。当时人类利用附近富集的燧石原料，集中生产石叶与石叶石核。并将适用的石叶以及石叶石核带离遗址去其他地点使用。

该遗址出土的各类石片总数有近千件之多，而其中的典型石叶所占比例高达二成以上。石叶石核或石叶石核的断块两者占绝大部分（图六）。普通石核则很少见。还有数量较多的再生台面石片，以及带背脊的冠状石叶的发现。成品工具数量很少，类型包括端刮器、边刮器、雕刻器、尖状器等，并以端刮器为主。除了大量的石叶石核与石叶，该遗址还出土了数件细石核和一些细石叶。细石核呈柱状，表面留有连续剥取细石叶的多个片疤。细石叶也很典型，只是与石叶保存状况相同，多是带厚背脊或曲度较大，不宜继续加工用作复合工具者。

上述的典型石叶遗存，特别是石叶生产操作链（生产线）的发现，修正了原有的对中国旧石器文化发展模式的认识，即中国及东亚地区只是经历了从模式一（石片/砾石石器）到模式五（细石器）的发展。新发现说明，至少在地处中原核心区的郑州地区

图六　石叶石核

晚更新世人类同样具有生产石叶的技术与文化发展阶段[5]。

三、老奶奶庙及MIS 3阶段的遗址群

MIS 3是深海氧同位素3阶段的缩写。这一阶段的绝对年代在距今7万~2.5万年，正是现代人出现与发展的关键阶段。新近调查发现郑州地区数以百计的旧石器地点，以及多处已经发掘的旧石器遗址都属于这一阶段。这些新发现既有如2011年以来连续发掘的二七区老奶奶庙遗址类的中心营地遗址，也有如新郑赵庄与登封方家沟等各类临时活动地点。这些中心遗址与临时活动地点构成多个相对独立分布的遗址群，分布在古代河流或湖滨，清楚地反映了MIS 3阶段郑州地区古人类的栖居形态与当时繁荣景象[6]。

老奶奶庙遗址位于郑州市西南郊的樱桃沟景区内，附近有贾鲁河流过。遗址坐落在贾鲁河东岸的黄土台地上（图七）。该遗址最主要的发现是多个文化层的连续堆积，并有保存完好的多个火塘成组分布，火塘周围是数量众多的石制品与动物骨骼残片。下文化层的一个活动面可见4处火塘呈半环分布。在火塘周围也明显分布有丰富动物骨骼残片与石制品。同时还有石制品明显聚集区，是石器加工场所的遗迹。历年来的发掘出土的石制品已近万件，动物骨骼及残片数万件。这些遗物和遗迹的分布情况均说明早期人类曾较长时间居住在此遗址[7]。

新郑赵庄遗址则记录这一阶段人类生产石器和举行特殊活动的历史。该遗址位于

图七　老奶奶庙遗址发掘现场及东壁剖面

郑州市区以南的新郑市赵庄村北，溱水河东岸第三阶地。2009年10~12月发掘，出土5000多件石制品及少量动物化石。该遗址最重要的发现是石器加工场与置放象头石堆的遗迹现象。两者位于同一活动面，显然是同一时期活动的遗存。石英制品则主要分布于活动面的北侧，构成一个专门加工石器的工作区。通过对附近地区石器原料调查发现，石英产地为遗址西部20多千米的具茨山区。来自山区的石英碎块沿溱水顺河而下，可以冲到遗址附近形成砾石。但在遗址内很少发现有石英制品的表面保留有砾石面。这种情况说明赵庄的古代居民更多是远距离运输石料，到赵庄遗址来加工石器[8]。

在石器加工区的南侧，则发现一处紫红色石英砂岩垒砌石堆上摆放着古菱齿象头的遗迹。象头骨呈竖立状，由于长期的挤压或受石块的砸击较为破碎；臼齿嚼面朝南，保存完整。大多数石英砂岩制品位于象头骨的下部和周围，互相叠压，形成堆状。而大块的紫红色石英砂岩则明显是直接采自距遗址5千米以外的陉山基岩原生岩层，搬运至此，主要功能并非加工工具，而是围成石头基座，在上面摆置象头。

四、小　　结

郑州地区是当代中国及东亚大陆南北与东西交通的枢纽，也是更新世期间早期人类迁徙与文化交流的必经之地。从以上列举的几项近年来郑州地区旧石器时代考古工作可以更清楚看出，郑州地区的历史悠久，源远流长，不仅表现在宏伟辉煌的郑州商城与享誉中外史前考古学界的裴李岗等重要发现，早在旧石器时代就有我们的祖先生活在这片富饶的土地上，更留下了清楚的足迹与宝贵的文化遗产。李家沟遗址堆积连续、遗存丰富的剖面完整地记录中原及邻近地区旧、新石器时代过渡的历史进程，清楚地展示了这一地区狩猎—采集社会向农业社会过渡的独特方式。西施遗址的石叶生产操作链则确切证明，中国及东亚大陆的中部也有确切的石叶生产活动。无论是文化或技术的传播，或是生态适应的选择，西施石叶的发现都为探讨现代人及其行为在中原地区的出现与发展提供了非常重要的新证据。而老奶奶庙等一系列MIS 3阶段新发现及其展示的繁荣景象则更坚实地反映中国境内远古人类发展的链条完全没有因为末次冰期的来临而中断，而是承前启后不断发展，为中华文明的形成与发展奠定了坚实的基础。

参 考 文 献

[1] 北京大学考古文博学院等.河南新密市李家沟遗址发掘简报[J].考古，2011（4）：3-9.

[2] 郑州市文物考古研究院等.新密李家沟遗址发掘的主要收获[J].中原文物，2011（1）：4-6.

[3] 王幼平等.李家沟遗址的石器工业[J].人类学学报，2013，33（4）：411-420.

[4] 王幼平等.河南登封西施旧石器时代遗址[J].中国考古新发现·年度记录·2010（中国文化遗产增刊，2010），2011：280-283.

[5] 王幼平,等. MIS 3阶段嵩山东麓旧石器发现与问题[J]. 人类学学报,2014,33(3):304-314.

[6] 郑州市文物考古研究院,等. 郑州老奶奶庙遗址暨嵩山东南麓旧石器地点群[N]. 中国文物报,2012-01-16.

[7] 王幼平. 嵩山南东麓MIS 3阶段古人类的栖居形态及相关问题[A]. // 考古学研究(十):庆祝李仰松先生八十寿辰论文集[C]. 北京:科学出版社,2012:287-296.

[8] 张松林,等. 河南新郑赵庄和登封西施旧石器时代遗址[A]. // 2010年中国考古重要发现[C]. 北京:文物出版社,2011:10-14.

(原刊于《华夏文明》2016年6期)

从现代人出现到农业起源[*]

——郑州地区旧石器时代考古新进展

王幼平[1]　顾万发[2]

（1.北京大学考古文博学院，北京　100871；2.郑州市文物考古研究院，郑州　450052）

　　位于嵩山东麓的郑州地区是中原的核心区。这里历史悠久，不仅是中华文明起源与发展的重要舞台，也还是中国及东亚地区早期人类演化及其文化发展，尤其是从现代人出现到农业起源阶段一系列重大变化开始的关键地区。进入21世纪以来，北京大学考古文博学院与郑州市文物考古研究院展开合作，先后发掘了荥阳织机洞，新密李家沟，新郑赵庄、黄帝口，登封西施、东施、方家沟以及郑州市二七区老奶奶庙等一系列旧石器中、晚期到旧、新石器时代过渡的关键遗址，为探讨中国及东亚地区旧石器时代文化发展与现代人起源等史前考古重要课题提供一批了非常难得的新资料[1]。特别感谢《中原文物》编辑部的鼎力支持，提供这次机会，能够集中刊出近年来发掘的新材料，为读者全面了解郑州地区旧石器考古最新进展提供了非常便利的机会。

　　早在20世纪80年代，河南省与郑州市及所辖各县（市）的文物管理部门与科研单位，就非常重视郑州地区旧石器时代考古工作。省、市、县（市）的文物考古专业人员积极寻找线索，开展旧石器考古调查与发掘，先后有巩义洪沟[2]与荥阳织机洞[3]等重要发现，为郑州地区旧石器时代考古工作的发展奠定了非常重要的基础。进入21世纪以来，特别是最近10年来，郑州市文物考古研究院一直把旧石器时代考古发掘与研究作为本单位的学术重点，与北京大学考古文博学院密切合作，围绕东亚现代人起源、中原地区旧、新石器时代过渡与农业起源等史前考古重大课题，开展一系列考古发掘与研究。两单位的考古发掘与研究工作得到国家文物局、河南省文物局与郑州市文物局的大力支持，也受到国家社科基金与郑州中华之源与嵩山文明研究会基金的资助，并形成一系列的研究成果。这些成果集中反映出近年来嵩山东麓旧石器时代考古在以下几方面的新进展。

---

[*] 本文为国家社科基金重大项目《中原地区晚更新世古人类文化发展研究》（项目编号：11&ZD120）与郑州中华之源与嵩山文明研究会重大项目《东亚现代人起源——以嵩山地区为中心的研究》（项目编号：DZ-3）的成果。

一、中原地区旧石器中、晚期文化发展序列的确立

区域性文化序列的建立是一个地区考古学研究的基础。由于中原地区所处的地理位置，该地区旧石器时代文化框架，尤其是中、晚期文化发展序列的确立，不仅对于该地区旧石器文化研究的基础，同时对于从整体上把握中国旧石器时代文化的发展，探讨现代人类在该地区及东亚大陆出现与发展路径[4]，乃至中原地区农业起源等重大史前考古课题的研究，都具有十分重要的意义。最近10年来，得益于本地区晚更新世黄土堆积研究所展示的古环境背景与年代学框架，还有加速器^{14}C与光释光等测年技术进步所带来的大量年代数据的支持，新发掘的一系列遗址及研究成果完整地展示了本地区晚更新世以来，尤其是晚更新世中、晚期旧石器文化发展的进程。

本区新发掘的一系列MIS 3阶段的遗址，如本期所刊载的郑州市二七区老奶奶庙、登封方家沟与新郑赵庄等遗址，年代测定结果分布在距今4.5万~3万年之间[5]。这些遗址石器工业的特点均是典型的石片石器技术。采用简单剥片方法，直接剥取石片毛坯，再进一步加工出不同的形状与使用刃口的工具，与中国北方长期流行的小石片石器工业传统有非常明显的联系。但这些遗址的居民远距离运输石英原料，有更为娴熟的剥片技术，开始采用利用背脊、同向打片技术生产的长石片。石器刃口修理疤痕更均匀，形态也较规整的工具数量也渐增多等特点，均反映了这一时期旧石器文化发展的阶段性特点[6]。

随着MIS 2阶段的到来，到距今2.6万年前后，本地区石器工业发生明显变化。首先是由于气候变冷所带来环境变化的影响，遗址数量较前一时期骤减。石器原料的选择也发生明显变化，已发现的几处遗址均已采用燧石为主要石器原料。更重要的是剥片技术的变化，石叶与细石器技术开始占据主导地位。如本期刊载的登封东施与西施东区上层的发现，两者均发现典型的石叶剥片技术产品，尤其是前者，更可以完整复原出石叶与细石叶的生产操作链[7]。这些特点显示本区的旧石器文化随着全球性环境的变化，MIS 2阶段冷期的到来，也转变为适应干冷环境的高流动性的专业化狩猎人群使用的石叶—细石叶工业。不过这一阶段仍以石叶的生产为主，细石器技术尚不成熟，展示着与石叶技术尚无法截然分开的特点[8]。

到距今1万年前后，本区的细石器技术发展到成熟阶段，有新密李家沟遗址下文化层的发现，可以说明这一阶段文化发展的新特点。虽然简单的石锤直接打击剥片与系统的剥取石叶技术均可见到，但典型的船形与锥形细石叶技术已完全居于主导地位[9]。特别是新的文化因素，如局部磨刃石器及陶片也开始出现。从距今4万多年到3万年前后的典型石片石器的流行，到距今2万多年石叶及简单细石叶技术的出现与发展，再到距今1万年前后典型细石器工业的成为主导，以及新文化因素的出现等，郑州地区新发现的这些旧石器材料，已经展现出很清楚的旧石器中、晚期文化发展序列。

二、嵩山东麓现代人出现的考古学证据

现代人的起源一直是史前考古与古人类学领域研究的最核心课题。近年来围绕此问题的研究与争论非常激烈，位于中国与东亚大陆核心位置的中原地区的考古发现对于上述讨论尤为重要[10]。无论是坚持现代人起源的多地区连续进化，还是主张晚近走出非洲的完全替代等不同假说，都需要坚实的考古材料的支持。对于主张多地区连续进化的理论来说，显然需要完整展示中国与东亚地区远古人类与文化发展的连续性，中原地区旧石器文化发展无疑是其中最关键最重要的环节。而主张东亚现代人起源的替代模式，无论是主张南线或北线说，也都离不开郑州地区考古证据的检验[11]。郑州地区近年来新发现的一系列旧石器考古材料也为上述问题的讨论增加了非常难得的新证据。

如前所述，从距今5万～4万年一直到距今3万年前后，中原地区的石器工业仍然是中国北方地区长期流行的石片石器传统，以简单剥片技术来生产石器，满足生产生活的基本需要。在此期间，由于MIS 3阶段的相对暖湿环境，中原地区成为当时人类活动的重要区域。不同的人群分布在平原河谷区，聚集在适合居住地，安营扎寨，形成较长时间停留的中心营地。同时也在周边形成放射状的临时活动地点，完成狩猎、采集、选取石料并制作石器，乃至堆砌石堆并摆放古菱齿象头等多种活动，构成当时的栖居形态，展现了晚更新世人类在嵩山东麓生活的繁荣景象[12]。这种情况清楚地显示出中国境内的旧石器文化发展的连续性，并不似有学者一再论证中国古人类文化发展存在断层。尤其是强调末次冰期寒冷气候的影响或是东南亚多巴火山大爆发的作用，使得中国境内古人类文化发展链条的中断，这些推断显然都是经不住郑州地区考古新发现的检验[13]。

郑州地区考古新发现的证据不仅反映该地区古人类文化发展的连续性，而且更直接说明这一阶段简单石片石器主人的行为复杂化，特别是具备现代人独具的象征性行为的出现等重要转变。老奶奶庙遗址等有组织的营地安排、远距离的优质石料的运输，乃至在石器生产技术上的改进等都是重要证据。尤其是新郑赵庄远距离搬运紫红色石英砂岩，专门垒砌成石堆基座，再摆放巨大的古菱齿象头，这种非功利性的复杂活动，无论是出于对巨兽的恐惧或崇拜，还是对狩猎丰收的祈求，显然都具有某种象征性意义[14]。这应该是现代人行为在中原地区出现的最确切证据。赵庄遗址摆放象头的石堆遗迹不仅是中国，也是东亚地区的首次发现。该遗址典型石英石器工业与华北北部到中原地区的广泛流行等同类发现也很一致，都展示出此阶段东亚地区现代人的出现及发展特点。

登封西施与东施遗址石叶及细石器工业的发现，除了清楚反映中原地区受到晚更新世全球性气候变化与环境变冷对石器技术与生计方式的巨大影响之外，也反映了晚更新世期间中国及东亚大陆中部地区同样会发生人群迁徙与文化的传播扩散[15]。与中国北方长期流行的简单石核—石片技术的不同，石叶—细石叶技术显然是外来技术。这种

技术的出现更可能是受到末次冰期最盛期气候变冷,中北亚地区原来的专业化狩猎人群携带他们的石叶技术南下大潮的影响。这一波石器技术或人群的迁徙扩散,反映了来自北方的影响确实也曾波及中原腹地[16]。然而其时代显然要晚于中原地区现代人的出现。这种情况也进一步说明,在东亚现代人出现与发展的过程中如果有外来因素的影响,那么这种影响的痕迹显然也会在考古发现材料上留下痕迹。

三、旧石器向新石器时代过渡阶段的重要发现

新密李家沟遗址的发现在2009年的发掘中发现了早于裴李岗文化的李家沟文化,以及李家沟文化层叠压的细石器文化层[17]。这一发现是继20世纪70年代裴李岗文化发现之后,中原地区史前考古另一项重要收获,以至于被有关学者称之为一项期待已久的发现。本期刊载的李家沟遗址南、北两区2010年的发掘成果,进一步增加了李家沟遗址新发现的内容。该遗址在典型的李家沟文化层之上,另外还发现有裴李岗文化石器的陶片等遗存,进一步说明本地区从细石器文化发展至李家沟文化再到裴李岗文化阶段,旧石器时代末期到新石器时代具有不同文化传统的人群曾长期生活活动在李家沟遗址附近。他们留下的各类文化遗存,为认识中原地区从旧石器到新石器时代的过渡,以及从狩猎采集社会到农业社会的过渡提供了非常重要的证据[18]。

李家沟下文化层典型的细石器工业遗存,主要是船形与锥、柱形的细石核技术[19],这与邻近地区如本省舞阳大岗细石器遗存,及北邻山西吉县柿子滩遗址同时代的细石器工业均比较一致,显示出区域性旧石器晚期文化发展的共同特点。与细石器遗存共存的还有简单剥片技术的产品以及典型的石叶技术产品,只是所占比例有限,仅为细石器组合的补充成分。值得注意的是此时在李家沟遗址的下文化层,除石制品及相关的石器原料以外,还出现较多的人工搬运石块,可能是与居住活动有关的材料,如搭建帐篷或围筑火塘等所用。这些都很少出现在时代更早流动性强的狩猎采集人群的营地。而到时代更晚的李家沟文化阶段,人工搬运石块更多,且明显集中在火塘或居住区附近。尤其是2010年在南区发掘在典型细石器文化层出土的素面陶片与局部磨制的石锛,更展示了中原地区旧新石器时代过渡过程的复杂性[20]。

细石器技术到李家沟文化阶段已逐渐衰落。该层出土细石器制品与早期相比,在整个石器组合中所占比例降低,技术也显得更为随意简单。与此同时,磨制技术产品则增多,尤其是有石磨盘的大量出现。简单剥片技术的产品仍继续使用。动物骨骼碎片虽然仍较多发现,但已很少见到大中型哺乳动物,而多是小型哺乳类的骨骼碎片,说明此时专业化狩猎大型动物的活动已经不存在。小型动物的猎获只能是对本阶段李家沟居民生计的补充。虽然尚未发现植物遗存,但陶片的大量发现说明陶器在本阶段已经很流行。按照对早期陶器功能的认识,李家沟文化层陶器的出现也当与植物种子类的食用与保存相关。综合细石器与李家沟两个文化层的发现情况来看,李家沟遗址居民从流动性

较强的大动物狩猎者，逐渐转变为更多利用植物性资源的定居者的发展过程展现得更为清楚，揭开了中原地区从旧石器到新石器时代，由狩猎采集向定居与农业社会的发展历史的序幕。

参 考 文 献

［1］ 王幼平. 嵩山东麓晚更新世古人类文化的发展［A］.// 李下蹊华——庆祝李伯谦先生八十华诞论文集［C］.北京：科学出版社，2017.

［2］ 巩义市文物保护管理所等.河南巩义市洪沟旧石器遗址试掘简报［J］.中原文物，1998（1）.

［3］ 张松林，刘彦峰.织机洞旧石器时代遗址发掘报告［J］.人类学学报，2003，22（1）.

［4］ 吴新智，徐昕.从中国和西亚旧石器及道县人牙看中国现代人起源［J］.人类学学报，2016，35（1）.

［5］ 王幼平，汪松枝.MIS 3阶段嵩山东麓旧石器发现与问题［J］.人类学学报，2014，33（3）.

［6］ 陈宥成.嵩山东麓MIS 3阶段人群石器技术与行为模式——老奶奶庙遗址研究［D］.北京大学博士学位论文，2015.

［7］ 李昱龙.华北地区石叶技术源流——河南登封西施遗址的发现及相关研究［D］.北京大学博士学位论文，2018.

［8］ 王幼平.华北旧石器晚期环境变化与人类迁徙扩散［J］.人类学学报，2018，37（3）.

［9］ 王幼平.新密李家沟遗址研究进展及相关问题［J］.中原文物，2014（1）.

［10］ 李锋，高星.东亚现代人来源的考古学思考：证据与解释［J］.人类学学报，2018，37（2）.

［11］ 高星.更新世东亚人群连续演化的考古证据及相关问题论述［J］.人类学学报，2014，33（3）.

［12］ 王幼平.嵩山东南麓MIS 3阶段古人类的栖居形态及相关问题［A］.// 考古学研究（十）［C］.北京：文物出版社，2013.

［13］ Bae, C.J. Late Pleistocene human evolution in Asia: behavioral perspective［J］. Current Anthropology, 2017, 58.

［14］ 赵静芳.嵩山东麓MIS 3阶段人类象征性行为的出现——新郑赵庄遗址综合研究［D］.北京大学博士学位论文，2015.

［15］ 赵潮.登封东施遗址石制品研究［D］.北京大学硕士研究生论文，2015.

［16］ 李锋，陈福友等.晚更新世晚期中国北方石叶技术所反映的技术扩散与人群迁移［J］.中国科学：地球科学，2016（7）.

［17］ 王幼平.中原地区旧新石器时代的交替：河南新密李家沟遗址的发现［A］.// 泥河湾与垂杨介：第16届垂杨介与她的邻居们国际学术研讨会［C］.北京：海洋出版社，2013.

［18］ 王幼平.李家沟、大岗与柿子滩9地点的地层及相关问题［A］.// 考古学研究（九）［C］.北京：文物出版社，2012.

［19］ 王幼平，张松林，顾万发等.李家沟遗址的石器工业［J］.人类学学报，2013，32（4）.

[20] 王幼平，夏正楷，汪松枝.李家沟遗址与旧新石器时代过渡——嵩山东麓农业起源研究［M］.北京：科学出版社，2018.

（原刊于《中原文物》2018年6期）

后　　记

　　这部论文集是郑州市文物考古研究院与北京大学考古文博学院长期合作，在郑州地区开展旧石器时代考古发掘与研究成果的汇集。文集所收录的论文是两单位众多同事以及北京大学等高校历届研究生及本科生的辛勤耕耘与长期努力的见证。为迎接在郑州召开的第十届亚洲旧石器联合会年会，我们特将历年来发表在不同考古专业期刊及论文集的文章重新结集出版，希望能够更方便众多关注郑州地区旧石器考古新进展的考古同行与相关读者阅读参考，也藉此表达对这次盛会在郑州召开的祝贺！

　　郑州地区旧石器考古工作一直得到各级文物管理部门的大力支持。还分别受到过国家社会科学基金重大项目、教育部人文社会科学重点研究基地重大项目、郑州中华之源与嵩山文明研究会重大项目等基金资助。尤其是历年来的发掘与调查费用，更得到国家文物局的大力支持，郑州市文物考古研究院也主动筹措，充分保证工作顺利进行。所以特别要向上述支持表示最诚挚的谢意！

　　在文集即将付印出版之际，还要特别向文集所收录论文的作者们致谢，感谢各位对文集出版的大力支持与帮助。尤其要感谢的是北京大学考古文博学院博士研究生马宁，在论文集出版的准备过程中，从征集文稿到编辑校对，付出了大量时间与精力！

编　者

2020年9月